포스트 모던 시대의 총체적 진리
The Total Truth in this Post Modern Age

진리란 무엇인가?
WHAT IS THE TRUTH?

| 조 환 지음 |

쿰란출판사

"진리를 알지니 진리가 너희를 자유롭게 하리라"(요 8:32).
*"Then you will know the truth,
and the truth will set you free"(John 8:32).*

추천의 말

진리(眞理)와 지복(至福)의 현주소를 밝혀 준 책

많은 분이 한번쯤은 유익한 글을 써서 책으로 남기고 싶어 한다. 그러나 그런 생각이 마음에서만 머물다 끝나는 경우가 많은데, 저자는 그의 마음에 간직한 진리의 보화를 이렇게 책으로 출판하여 세상에 내놓았으니 기쁜 마음으로 축하를 드린다.

저자는 1971년에 예장 총회 선교사로 일본에 파송되어 오사카와 교토 지방에서 3년간의 선교사역을 했다. 이 사역을 마친 뒤 미국 괌에 재파송 받아 그곳에 최초의 한인교회를 개척하여 세우고, 그 교회를 모체로 사이판, 티니언(Tinian), 팔라우 공화국(Republic of Palau) 등 미크로네시아 군도(Micronesia Islands)에서 선교했다. 특히 이 지역에 일하러 온 중국인들에게 전도하여 그들 스스로 교회를 세우게 하고, 또한 현지에 파송된 예장 총회 세계선교회(Global Mission Society) 소속 선교사들과 함께 중국 교회 지도자 양성을 위해 사이판에 '내지선교훈련원'(Inland Mission Institute, IMI) 신학교를 설립했다. 저자는 IMI의 학장과 교수로 섬기며, 이 신학교를 통해 중국 교회 지도자를 양성하여 중국 본토에 선교사로 파송했다. 외국 국적을 가진 선교사는 중국에서 현지인을 전도할 수 없는 상황에서, 비밀리에 선교하는 것보다 중국인이 중국인에게 전도하게 하는 것이 더욱 안전하고 효과적인 선교전략이라 믿고 이를 실행해 온 것이다.

이 두 권의 책은, '모든 것은 상대적이며 절대 진리란 없다'고 주장하는 오늘의 포스트 모던(postmodern) 시대를 살아가는 현대인들에게, '여기에 진리가 있고, 지복(至福)이 있다'고 항변하며, 2천 년 전 로마 황제가 보낸 유대 총독 본디오 빌라도가 예수 그리스도께 던진 "진리가 무엇이냐?"라는 질문에 답함을 통해 우리에게 '그 진리'(the Truth)의 현주소를 밝혀 준다. 그러므로 진리를 알기를 열망하며, 이 불확실성의 시대에 확고한 지복(至福)의 삶을 원하는 사람이라면 이 '포스트 모던 시대의 총체적 진리'를 담은 이 두 권의 책을 꼭 읽어보기를 추천한다. 저자는 이 책들에서 어려운 신학 용어를 일반인들도 쉽게 이해할 수 있도록 평이하게 설명하고 있다.

제1권 진리의 규범(십계명)과 제2권 진리에 대한 신앙고백(사도신경)으로부터 '주기도'와 '팔복', 그리고 '구원의 서정' 등은 저자가 정통 개혁신학의 입장에서 강해한 것이므로, 목회자와 신학생들이 읽고 참고하면 매우 유익하리라 생각하며, 이 두 권의 책을 높이 추천한다.

림택권 박사
(목회학, 전 아세아연합신학대학교 총장)

추천의 말

총체적 진리를 담은 역작

《진리란 무엇인가?》의 저자 조환 박사는 대한예수교장로회 총회 세계선교회(Global Mission Society)의 원로 선교사로, 일본을 거쳐 현재 미국 괌에서 50년 이상 선교사로, 목회자로, 교수로 사역하고 있습니다. 바쁜 목회와 선교사역 중에도 틈틈이 시간을 내어 저술 활동을 계속하였는데, 최근에는 그 결실의 하나로 '포스트 모던 시대의 총체적 진리'라는 부제의 제1권 《진리란 무엇인가?》와 제2권 《진리, 여기에 지복이 있다》(부제: 불확실성 시대의 확고한 지복)라는 두 권의 책을 저술하여 세상에 내놓게 되었습니다.

제1권 《진리란 무엇인가?》는 책의 부제목이 암시하듯, 포스트 모던 시대를 살아가고 있는 현대인들이 매사에 진실, 진리를 추구하면서도, 특히 도덕과 종교적인 면에서는 종교 다원주의와 '절대적 진리는 없다'라고 주장하는 모순된 삶을 영위하고 있는 것을 보며 저자는 이 두 권의 책을 통하여, '아니다. 여기에 총체적 혹은 절대 진리(Total Truth)가 있다'라고 외치며, 참 진리의 실체를 제시하고 있습니다.

또한 저자는 오늘의 불확실성 시대를 살아가고 있는 현대인들에게 제2권《진리, 여기에 지복이 있다》에서 진리를 알고 그 안에서 믿음으로 사는 자들에게 약속된 확고한 지복과 그 진리 안에서 사는 자들의 진정한 삶의 모습을 제시해 주고 있습니다. 그러므로 진리를 알고, 그 안에서 참 자유와 속죄의 기쁨과 참된 행복, 곧 지복의 삶을 누리길 원하는 분은 이 두 권의 책을 통해 진리 되신 성령의 은혜로운 역사에 큰 감동과 감화를 받게 될 것입니다. 각 계층의 많은 분에게 일독을 권하면서 적극 추천합니다.

서철원 박사

(신학, 총신대학교 명예교수)

추천의 말

불확실성 시대를
살아가는 현대인의 필독서

존경하는 조환 목사님께서 두 권의 저서를 출판하게 됨을 진심으로 축하하며, 그가 온 마음을 다해 평생 목회하시면서 가르치고 전하셨던 내용만이 아니라, 심혈을 기울여 연구한 주제에 관한 《진리란 무엇인가?》와 《진리, 여기에 지복이 있다》 이 두 권의 책을 한국 교회 목회자와 신학생은 물론, 기독교에 대해 좀 더 깊이 알고자 하는 교인이나 일반인들에게 추천하게 되어 저에게는 영광이고 기쁜 일이 아닐 수 없다.

저자 조환 목사님은 선교사와 목회자로서 닮고 싶은 모형으로, 복음 전파의 열정과 신학적 깊이는 사도 바울을 닮았고, 그의 온화한 성품과 삶의 모습에서 묻어나는 그리스도의 향기는 우리 그리스도인이 어떻게 살아야 하는지를 보여 준다. 또한 높이 살 만한 그의 음악적 실력은 나의 부친(고 차남진 목사)이 "그는 음악가로 나섰어도 크게 성공할 수 있었을 것이다"라고 평할 정도다.

두 권의 저서를 통해 그는 해박한 세계사와 철학의 학문적 이해를 신학과 접목하여 일반인도 기독교의 핵심 가치를 이해하기 쉽게 접근하였다. 제1권 《진리란 무엇인가?》는 동양적 사고의 문화와 학문이 그 기초를 이루고 있던 한국에 기독교 복음 전파와 함께 서양 철학이 유입되면서 근대화가 이루어지고, 학교 교육과 인문 사회 분야에 불었던 서양화 영향이 한국 사회를 급속하게 발전시키는 역할을 한 것임을 알게 해준다. 다른 말로 하면, 동서양의 서로 다른 사상과 가치관의 만남 속에서 기독교를 어떻게 이해할 것인가에 대한 신학적 변증과 학문적 전개는 기독교의 진리를 이해하는 일에 크게 도움을 준다.

기독교의 핵심인 '예수 그리스도는 누구인가'와 '복음은 무엇이며, 왜 진리를 알아야 하는가'에 관한 서로 다른 견해들을 소개하면서, 개혁주의 신학에 기초하여 진리의 실재와 본질적 목적과 필요성을 잘 설명해 주고 있다. 그러므로 목회자와 신학생에게는 필독서라고 할 수 있다. 세상에는 많은 신(gods)을 숭배하는 종교가 있지만, 기독교가 타 종교와 다른 것이 무엇인지를 설명하면서, 계시된 진리(성경)의 중요성과 예수 그리스도를 통해 성취된 약속을 강조한 부분은 그리스도인이 신앙의 확고한 기초를 쌓는 데 빠져서는 안 될 내용이다.

이단에 미혹되는 것은 대부분 진리가 무엇인지를 잘 모르기 때문이라고 할 수 있는데, 이를 사전에 방지하기 위해서라도 진리가 무엇인지를 분명하고 확실하게 알도록 교육하는 데 좋은 교재로 활용할 수 있다.

저자는 진리를 지적으로 아는 것만이 아니라 그것을 믿는 자는 매일의 삶에서 그 진리를 실천할 때 그 능력과 효과를 경험할 수 있기에, 진리의 규범인 '십계명'을 마지막 부분에서 다루고 있는데, 이는 시리즈 설교나 교회 교육의 교재로 사용하면 큰 도움이 되리라고 본다.

제2권 《진리, 여기에 지복이 있다》는 불안하고 불확실한 메타 시대를 살아가고 있는 현대인에게 그들이 가야 할 참 길을 제시한다. 아무리 세상이 변하고 과학과 기술이 발전하여 인간의 삶의 방식을 획기적으로 바꿔놓아도, 진리는 확고하고 그 가치와 가르침은 변함이 없다. 세상을 놀라게 할 만한 어떤 발견도 중요하겠지만, 가장 중요한 것은 개인의 일상생활이다. 한마디로 어떻게 사는지가 중요한데, 그 삶의 방법은 어디로 가는지 곧 그 방향에 따라 달라진다. "얼마나 빨리 가느냐가 아니라, 어디로 가느냐가 중요하다"라는 말처럼, 저자는 2권에서 성도의 신앙생활의 방향과 함께 그 방법을 제시하고 있다. 즉, 성경적 진리를 기초로 하여 초기 교회가 기독교의 핵심 진리를 정리하여 제정한 신조(信條)들을 통해 신앙의 기초를 세우고, 세상에서 그리스도의 대사로 살아야 함을 역설한다.

또한 신앙의 기초 위에 골격을 세우는 '주기도'는 단순한 일회성 기도가 아니라, 본향으로 부름을 받는 그날까지 지속되어야 할 그리스도인의 기도 모형으로서, 소망의 삶을 살아가는 성도에게 힘이 되어 험한 세상에서 그리스도인으로 승리의 삶을 살 수 있게 하는 강력한 영적 무기인 것을 알게 한다. 이어서 '진리, 여기에 지복이 있다' (팔복)에서는 진리를 알고, 그 진리를 믿음으로 진리 안에 사는 자에게 약속된 지복(至福) 곧 그 위에 더 없는 최상의 행복한 삶이 무엇인지를 보여준다.

그리고 마지막 '진리, 여기에 구원이 있다'에서는, 진리 되신 예수 그리스도를 믿는 자에게 전개될, 이 땅에서 시작하여 영원한 천국에 이르는 구원의 전 과정을 개혁주의 신학의 곧점에서 이해하기 쉽게 정리해 줌으로써, '진리'에서 '구원'에 이르는 대단원을 마무리하고 있다.

진리를 부정하며 불확실성의 시대를 살아가고 있는 우리에게 많은 눈물과 땀을 흘리며 각고의 노력과 귀중한 연구를 통해 이 시대에 꼭 필요한 책을 저술해 주신 저자에게 감사를 드리며, 이 두 권의 저서를 읽는 독자들이 천국 가는 길을 여는 진리의 깨달음을 얻고 영원한 나라에 이를 그때까지 그리스도 안에서 늘 승리하시기를 기원한다.

차종률 박사
(철학, 전 개혁신학연구원 교수, 서울 새순교회 원로 목사)

추천의 말

개혁주의 신학과
신앙의 핵심 진리를 담은 걸작

저는 조환 박사의 두 권의 책 원고를 단숨에 다 읽었습니다. 저와 조환 박사는 1960년대 초반에 총신대 기숙사에서 함께 생활했습니다. 그의 스마트한 얼굴과 아름다운 찬송 소리가 아직도 귀에 생생합니다. 그는 주님의 소명에 따라 태평양의 미국령 괌으로 가서 한 평생을 목회자로, 선교사로 그리고 후학들을 양성하는 교수로 살았습니다.

지금으로부터 26년 전 1996년 2월에, 조 목사님의 초청을 받아 그가 시무하는 태평양장로교회에서 부흥회를 인도하기 위해 그곳에 간 적이 있습니다. 그때 조 목사님과 한 주간 주 안에서 교제하면서, 그가 태평양 지역의 센터에서 거대한 선교전략을 기획하고 실현할 뿐 아니라, 괌에 취업해 온 중국인들을 교육하고 훈련해 중국 복음화의 초석을 다지고 계시는 것을 눈으로 확인했습니다. 그 후에 사이판에 집회를 인도하러 갔을 때도, 조환 목사님의 태평양교회가 그 지역의 모 교회요, 선교 센터임을 확인할 수 있었습니다.

사실 오늘 우리 시대의 문화와 신학은 인문주의와 다원주의, 그리고 포스트 모더니즘에 대부분 오염되어 있습니다. 그런 상황에서 이번에 조환 박사님이 저술하신 두 권의 책은 우리 개혁주의 신학과 신앙의 핵심을 가장 평이한 문장으로 누구나 알기 쉽게 쓴 걸작입니다. 그는 제1권 《진리란 무엇인가?》에서 절대 진리를 부정하는 현대인들에게 절대 진리의 소재를 제시하고 있으며, 제2권의 사도신경, 주기도문, 팔복 그리고 구원의 서정에서는 돌트(Dort)의 핵심 교리를 평이하게 해설하면서도 적절한 예화와 권위 있는 인용문을 첨가하여 누구나 편안하게 읽을 수 있도록 했습니다.

바라기는 이 두 권의 책이 그동안 태평양 한가운데서 목회자와 선교사와 교수로 헌신하신 조환 박사 생애의 좋은 결과물이 되기를 기원합니다. 또한 이 책이 개혁주의 신학과 신앙을 사수하는 모든 목회자와 평신도에게 필독서가 되기를 소망하면서 기쁨으로 축하하고, 추천합니다.

정성구 박사
(철학, 전 총신대학교 대신대학교 총장)

추천의 말

진리에 대한 열망

오늘날의 다양한 시대적 특성 가운데 하나가 포스트 모더니즘입니다. 이것을 여러 가지로 설명할 수 있으나 그중 하나가 '절대 진리의 부정'입니다. 절대적 진리는 없고, 모든 것이 상대적이라는 의미입니다.

우리는 이러한 시대적 정신 속에서 살아가고 있습니다. 이것을 극복해 진리의 절대성을 수호하고, 그 가치를 전승하는 것이 그리스도인의 사명입니다. 이번에 반세기가 넘도록 일본과 괌에서 사역하신 조환 목사님이 '진리에 대한 열망'을 담은 두 권의 책을 상재(上梓)했습니다. 이것은 그의 신학이요, 신앙이며, 고백입니다.

저자 조환 목사는 하나님의 말씀을 선포하는 선교사의 직무를 헌신적으로 수행하면서, 성경이 가르치는 진리의 의미를 탐구하는 데 진력하였습니다. 그 결과물이 바로 본서입니다. 본서는 새로운 첨단 신학 이론을 소개하는 것이 아닙니다. 성경의 가르침을 토대로 개혁주의 신학의 요점을 체계화하여 정리했습니다. 이에 제1권에서는 진리의 바른 의미를 설명하고, 제2권에서는 진리를 따르는 그리스도인의 삶의 실체를 제시하고 있습니다.

나는 저자와 총신대학교 신학대학원 제62회 동기동창입니다. 허허로운 사당동 캠퍼스에서 '오직 진리, 오직 하나님의 영광을 위하여'라고 외치며 탐구하며 기도하던 것이 이제 형상화되어 우리 앞에 소개된 것을 축하하고, 이 두 권의 책을 기쁨으로 추천하는 바입니다.

정정숙 박사
(신학, 목회상담학, 총신대학교 명예교수)

추천의 말

진리에 대한 간절한 염원

미국의 물리학자이자 뉴욕대학교 교수인 앨런 소칼이 장 브리크몽과 함께 쓴 《지적 사기》라는 책이 있습니다. 그는 이 책에서 포스트모더니즘의 대표적인 지식인이었던 라캉, 보들리아르, 들뢰즈 등 기라성 같은 현대 철학자들의 지적인 남용을 폭로했습니다. 빈약한 내용을 난해하고 위압적인 과학 용어로 포장했다면서, 하이젠베르크의 불확실성의 원리와 괴델의 불완전성 정리를 전가의 보도처럼 휘두르면서 자신들의 횡설수설을 정당화한다고 주장했습니다.

이들의 주장은 일면 타당성이 있다고 생각합니다. 너무나 심오하여 이해하지 못하는 사상과 언어는 분명 존재하지만, 정직한 사유의 부재를 은폐할 목적으로 난해하게 꾸며진 언어가 존재하는 것도 사실입니다. 앨런 소칼의 주장을 모두 수용할 수는 없지만, 포스트모더니즘의 특징인 불확실성, 모호성, 해체성 등은 부인할 수가 없습니다.

이러한 사상이 한국교회를 휩쓸고 있습니다. 심히 우려되는 현실입니다. 성경은 하나님의 말씀이자 절대적인 진리입니다. 어떠한 명분으로라도 이를 상대적인 개념으로 전락시킬 수는 없습니다. 포스트 모던의 혼란과 해체의 흐름 속에서 50년 이상을 일본과 괌에서 사역하신 조환 목사님께서 '진리에 대한 간절한 염원'을 담은 두 권의 책을 출간하신 것은 뜻깊은 일입니다. 이 두 권의 책은 그동안 포스트 모더니즘에 따른 한국과 세계에서 일어나고 있는 진리에 대한 탈선을 지켜보고 기도하던 중에 탄생한 조환 목사님의 신학이자, 신앙의 기록입니다. 또한 하나님을 향한 그의 삶과 사역의 고백입니다.

이 책은 주제 하나하나가 신학자와 목회자뿐 아니라, 일반 성도들도 반드시 알아야 할 기독교의 핵심 주제로 구성되어 있으며, 깊은 내용이 이해하기 쉽게 기록되었습니다. 포스트 모던 사상이 거대한 물결처럼 번지고 있는 이 시대에 꼭 필요한 책입니다. 또한 진리에 대한 불확실성으로 푯대를 잃고 방황하는 현대인들이 반드시 읽어야 할 책이라고 생각합니다. 저자의 해박한 지식과 진리에 대한 간절한 염원이 담긴 이 책이 어두운 바다를 비추는 등대가 되어 많은 이가 유일한 구원의 진리 되시는 그리스도의 품으로 돌아오게 되기를 바라며 기쁜 마음으로 추천합니다.

소강석 목사
(새에덴교회 담임목사 예장(합동) 총회 증경 총회장)

머리말

누군가가 영어의 '크리스천'(christian)을 이렇게 해석했다. 그리스도를 뜻하는 'Christ' 다음에 있는 'ian'을 'I am nothing'으로 이해하여, "크리스천이란 진리이신 그리스도를 믿고, 그의 모범을 따라 '나는 아무것도 아닙니다'라는 마음의 자세로 그의 가신 길을 좇아 가는 자다"라고 말했다. 사실 크리스천이란 이 명칭이 처음 사용된 것은 예루살렘 교회가 아닌 이방의 안디옥 교회로 지금으로부터 약 2,085년 전에 처음 사용되었다(행 11:26). 또한 이 말은 교회 안에서 처음 사용한 명칭이 아니라, 교회 밖에서 기독교 신자를 경시하는 투로 사용한 호칭이다. 우리 한국교회 초기에 예수를 믿는 신자를 가르쳐 '예수쟁이'라고 불렀던 것과 비슷하다.

그러나 그 후 기독교가 지난 2천 년을 지나오는 동안, 전 세계에 복음 진리가 전파되어 세계 곳곳에 교회가 세워지고, 크리스천이라는 그 이름의 뜻도 많이 변했다. 웹스터(Webster) 영어 사전이나 서방 문학 작품에 보면, '크리스천'은 '기독교인'의 뜻만이 아닌 '존경할 만한 분', '예의 바른 분', '신사' 등 좋은 의미로도 사용되고 있다.[1] 이것은 가장 작은 변화에 불과하다. 예수 그리스도가 이 땅에 오심으로 세상에서 변천된 것을 열거하자면 능히 헤아릴 수 없을 만큼 많을 것이다. 그리스도께서 십자가에 달려 돌아가신 후 그의 교회가 세워졌을 뿐 아니라 그와 함께 흉악한 죄인에게 지웠던 그 끔찍한 형틀인 십자가 형상이 21개국 국기에 그려져 있고, 또한 그것은 적십자, 녹십자 운동 등 '사랑'과 '박애', 그리고 '평화' 운동의 상징이 되었다.

무엇보다도 예수 그리스도가 세상에 육신의 몸을 입고 강생하심으로 그리스도는 역사의 중심이 되셨다. 온 세계가 그리스도가 나신 그때를 기준으로 기원전(BC, Before Christ)과 기원후(AD, Anno Domini)로 나누어 역사를 기록하고 있다. 그뿐 아니라 어느 나라의 문화나 역사도 직접 또는 간접적으로 그의 영향을 받지 않은 것이 없기에, 인류의 역사(history)는 '그의 이야기'(his story)라고 말하기도 한다. 프랑스의 수학자이자 물리학자요 철학자인 블레이즈 파스칼(Blaise Pascal, 1623~1662)은 그의 명저 《팡세(Pensees)》에서 "교회의 역사는 본래 진리의 역사로 불러야 한다"(858)고 말했다.[2]

"그리스도를 모신 마음마다 선교사이며, 그리스도를 모시지 못한 마음마다 피선교지다"(Every heart with Christ is a missionary, every heart without Christ is a mission field)라는 말이 있다. 그렇다. 모든 그리스도인은 복음 진리를 모든 나라, 모든 족속에게 전하라는 그리스도의 지상명령(The Great Commission)을 받은 자다.

어느 시대든 복음 진리를 대적하는 세력들이 있었지만, 우리가 살아가고 있는 이 포스트 모던(post-modern) 시대의 문화는 진리에 대한 견해에 너무 많은 영향을 끼쳤다. 그 문화는 진리와 도덕은 상대적일 뿐이며, 따라서 절대 진리란 결코 존재하지 않는다고 가르친다. 설령 우리가 절대 진리(Total Truth)의 존재를 직관적으로 알고 있고, 나아가 그 점을 인식하고 있다고 해도, 우리의 대학들과 언론 매체를 장악하고 있는 지적 엘리트들은 이런(절대 진리란 존재하지 않는다는) 생각이야말로 미몽(迷夢)에서 깨어나는 일이자, 진보의 발걸음을 내딛는 것으로 간주하고 있다.

'대학'(university)이라는 말은 사실 '통일성'(unity)과 '다양성'(diversity)의 합성어다. 흔히 사람들은 대학에 입학하면 그 이름대로 다양성 안에서 통일성을 발견하는 탐구의 길을 걸어가도록, 다시 말하면 모든 다양한 분야의 지식(문학, 예술, 철학, 물리학, 수학 등)을 결합하여 하나의 통일된 삶의 모습을 제시하도록 지도를 받을 것이라고 기대한다. 그것은 분명 매우 중요한 과업이지만, 현대의 대학은 그것을 포기했을 뿐 아니라, 오히려 거꾸로 후퇴하고 말았다.

그래서 이제 우리는 다양성 안에서 통일성을 추구하는 '대학교'(university) 대신, 아무리 어리석은 개개인의 관점이라도 다른 것들과 동등하게 가치 있는 것으로 간주하는, 그러면서도 아이러니하게도 오직 하나의 종교 또는 세계관만이 참일 것이라는 관점을 인정하지 않는 교육기관, 곧 다양성 안에서 다양성을 추구하고 있는 '다원학교'(pluraversity)를 갖고 있을 뿐이다. 오직 하나의 종교 또는 하나의 세계관만이 참일 것이라는 견해야말로, 대다수의 대학에서 결코 받아들일 수 없는 편협한 견해로 금기시되어 있는 시대에 살고 있다. 그러나 현대의 대학과 사회가 그러한 부정적 관념을 가지고 있음에도, 우리는 다양성 안에서 통일성을 발견할 수 있는 길이 지금도 존재한다고 믿는다.

성경은 "너희 속에 있는 소망에 관한 이유를 묻는 자에게는 대답할 것을 항상 준비하되"(벧전 3:15)라고 말한다. 이는 우리가 기독교에 대한 변증학적 연구를 통해 복음 진리를 알지 못하고 듣지 못한 사람에 대한 복음 전파에서 효과적인 결과를 가져오기 때문만이 아니라, 우리가 복음 진리를 항상 준비해 놓음으로 우리의 믿음이 흔들리고 약해질 때 그 마음에 엄습해 오는 의심들에 맞설 수 있도록 우리 자신을 무장시키기 때문이다. 항상 복음을 준비해 놓는다면, 이는 곧 기독교를 옹호하는 증거들을 규합해 놓는 것이므로, 우리의 믿음은 든든한 요새로 변모하게 될 것이다.

우리의 신앙을 변론할 근거를 제시할 수 있게 늘 준비하라고 가르치는 이 성경 구절은 다음과 같은 권면의 말로 이어진다.

> "온유와 두려움으로 하고 선한 양심을 가지라 이는 그리스도 안에 있는 너희의 선행을 욕하는 자들로 그 비방하는 일에 부끄러움을 당하게 하려 함이라 선을 행함으로 고난받는 것이 하나님의 뜻일진대 악을 행함으로 고난받는 것보다 나으니라"(벧전 3:15-17).

프랜시스 쉐퍼(Francis A. Schaeffer, 1912~1984)는 "기독교는 일련의 복수 형태의 '진리들'(truths)이 아니라, 대문자 'T'로 시작하는 진리(Truth)다. 종교적인 것에 국한되지 않는, 총체적 실재(total reality)에 관한 진리다. 성경적 기독교는 총체적 실재와 관련된 진리며, 그 총체적 진리(The Total Truth)를 지적으로 붙들고 그 진리의 빛 가운데 살아가는 것이다"라고 말했다.³⁾ 그렇다. 우리는 이 진리를 전해야 한다. 비록 그것으로 인해 대중의 인기를 얻지 못하고, 관용을 모르며 감성이 메마른 자라는 비난을 받고, 더 나아가 고난이나 핍박을 받게 될지라도, 우리는 온유와 두려움으로 복음을 전해야 하겠지만, 무엇보다 현대의 모든 매개체와 방법을 다 동원하여 이 진리의 복음을 전해야 하는 것이다. 내가 이 책을 저술한 것도 그 이유 중 하나다.

나는 주의 종으로 부르심을 받고 한국, 일본, 미국 등지에서 목회자이자 선교사로, 교수로 사역하며 주님이 내게 맡기신 복음 진리를 57년간 전파하고 있다. 어느덧 나도 고희(古稀)를 맞이한 지 오래되었고, 함께 주의 부르심을 받고 국내외에서 동역하던 사랑하는 친구들이 하나둘씩 세상을 떠났다는 부음을 들으면서, 늘 주님 앞에 가기 전에 어떻게 하면 복음을 더 많은 사람에게 전파할 수 있을지 생각해 왔다. 그러다 복음 진리를 담은 책을 출판함으로 내가 세상을 떠난 후라도 그 책이 시간과 공간과 지역을 뛰어넘어 많은 사람에게 전해져 복음 진리를 바로 알고 믿음으로 복음이 약속한 지복(至福)의 삶을 누리며, 한 명이라도 더 구원 얻기를 바라는 간절한 마음으로 이 책을 저술하게 되었다.

이 책은 원래 한 권의 책으로 출판하려 했으나 분량이 너무 많아 두 권으로 나누게 되었다. 제1권은 1부 '진리란 무엇인가', 2부 '문자화된 진리', 3부 '성육신 된 진리', 4부 '진리의 규범'(십계명)으로 구성했다. 제2권의 '진리에 대한 신앙고백'(사도신경), '진리를 이루는 기도'(주기도), '진리, 여기에 지복이 있다'(팔복), '진리, 여기에 구원이 있다'(구원의 서정) 등은 제1권의 십계명과 함께 내가 현재 50년째 목회하고 있는 미국 괌에 소재한 태평양장로교회 강단에서 매회 30분 내외로 강해 설교했던 내용에 서론을 추가하고, 대상의 호칭을 바꾸고 거의 그대로 편집했다. 그러므로 목회자는 이 부분의 모든 본문을 강해 설교에 참고하면 좋을 것이다.

끝으로, 그리스도께서 "진리를 알지니 진리가 너희를 자유롭게 하리라"(요 8:32)라고 말씀하신 대로, 우리의 구원의 길이요 진리요 생명이신 예수 그리스도를 아직 알지 못하고, 구주로 믿고 영접하지 못한 분은, 이 책으로 인해 진리 되신 예수 그리스도를 알게 되고 그를 믿음으로 영접하여, 죄의 구속에서 자유를 얻고 영생을 소유하게 되기를 간절히 기도한다. 이미 주님의 부르심을 받고 신앙생활을 시작하였지만 아직 구원의 확신을 얻지 못한 분은 구원의 확신을 얻게 되는 계기가 되고, 신앙생활을 하고 있는 분들일지라도 현재 자신의 신앙이 성경의 진리(교의)에 부합하는지 재확인하거나, 자신의 신앙을 재정립하는 기회가 된다면, 나로서는 더할 나위 없는 기쁨이요, 이 책을 쓰게 하시고 그동안 항상 나와 함께하시며, 진리의 영으로 인도해 주시고 도우신 성 삼위 하나님께 모든 존귀와 영광을 돌리고자 한다.

주후 2023년 6월 17일
미국의 새날이 시작되는 괌에서
(At Guam, where America's day begins)

조 환(David H. Jo)

목차

추천의 말   림택권 박사(목회학, 전 아세아연합신학대학교 총장) _ 4
             서철원 박사(신학, 총신대학교 명예교수) _ 6
             차종률 박사(철학, 전 개혁신학연구원 교수, 서울 새순교회 원로 목사) _ 8
             정성구 박사(철학, 전 총신대학교 대신대학교 총장) _ 12
             정정숙 박사(신학 목회상담학, 총신대학교 명예교수) _ 14
             소강석 목사(서울 새에덴교회 담임목사, 예장(합동) 총회 증경 총회장) _ 16

머리말 _ 18
들어가는 말: 진리에 대한 인간의 목마름 _ 34

1부   진리란 무엇인가?(What is the Truth?)

1장 우주 창조론과 세계관   43
   1. 우주학 개의   43
   2. 주요 종교의 세계관   51
     1) 기독교 성경의 대전제   51
     2) 역경의 건괘와 태극   53
     3) 도덕경(道德經)의 도(道)   58
     4) 인도 사상의 우주관   59

2장 종교가 추구하는 진리   64

3장 종교와 신앙   70

4장 신학의 성질(The Nature of Theology)   75
   1. 신학과 윤리학   76

2. 신학과 종교   77
3. 신학과 철학   79

5장 **신학의 개연성**(The Probability of Theology)   81

하나님에 관한 계시(The Revelation of God)   81

1. 하나님에 관한 일반 계시   82
    1) 자연에 나타난 하나님의 계시   83
    2) 역사에 나타난 하나님의 계시   84
    3) 양심에 나타난 하나님의 계시   88

2. 하나님에 관한 특별 계시   89
    1) 기적에 나타난 특별 계시   90
    2) 예언에 나타난 특별 계시   95
    3) 예수 그리스도 안에 나타난 특별 계시   99
    4) 성경에 나타난 특별 계시   101
    5) 개인적 체험에 나타난 특별 계시   101

3. 인간의 기능(The Endowments of Man)   103
    1) 인간의 정신적 기능   104
    2) 인간의 영적 기능   106

6장 **유신론**(有神論)   109

서론: 신에 대한 인식 문제   109

하나님의 정의와 존재(Definition and Existence of God)   113

1. 하나님의 정의(The Definition of God)   113
2. 하나님에 대한 성경의 명칭들   114

3. 하나님에 관한 신학적 정의   116
4. 하나님의 존재 인식   119
    1) 하나님의 존재에 대한 신앙은 직관적이다   119
    2) 하나님의 존재성은 성경에 의해 확인된다   121
    3) 하나님의 존재에 대한 신앙은 제 논증에 의해 확증된다   123

7장 진리란 무엇인가?   135

1. 진리에 대한 어원적 고찰   135
    1) 구약 시대의 개념   136
    2) 신약 시대의 개념   136
2. 진리를 나타내는 구체적 성격   138
    1) 진리의 법적 개념   138
    2) 진리의 종교적 개념   139
    3) 진리의 헬라적 개념   142
    4) 진리는 영존하시는 하나님의 본체다   145
    5) 진리에 대한 지식과 믿음은 실존적이며, 전인의 자기 위임이다   146

2부   문자화된 진리, 성경 (The Characterized Truth, The Bible)

1장 종교   152

1. 보편적 현상으로서의 종교   152
2. 종교의 본질   153
    1) 종교의 어원   154
    2) 구약과 신약 시대 종교의 표현   154

3. 종교의 자리 — 156
   1) 종교의 자리에 대한 일반적 견해 — 156
   2) 종교의 자리에 대한 성경적 견해 — 157
4. 종교의 기원 — 158
   1) 종교의 기원에 대한 자연주의적 견해 — 158
   2) 종교의 기원에 대한 성경적 견해 — 160

2장 계시 — 161

1. 계시에 대한 개관 — 161
   1) 계시의 개념 — 162
   2) 계시의 종류 — 162
   3) 하나님의 계시의 부정 — 164
2. 일반 계시 — 165
   1) 하나님의 일반 계시의 관념 — 165
   2) 일반 계시의 불충족성 — 166
3. 특별 계시 — 168
   1) 특별 계시의 필요성 — 169
   2) 특별 계시의 방법 — 169
   3) 특별 계시의 내용 — 172

3장 성경 — 174

1. 특별 계시와 성경의 관계 — 174
   1) 특별 계시와 성경이 상이(相異)한 점 — 175
   2) 특별 계시와 성경이 동일한 점 — 176
2. 성경의 영감 — 176
   1) 영감에 대한 성경의 증거 — 177

2) 구약 성경의 예언과 성취	179
3) 구약 성경에 대한 예수의 증거	198
4) 신약 성경에 대한 예수의 증거	206
5) 영감의 성질	214
6) 영감의 범위	216
3. 성경의 완전성	**219**
1) 성경의 신적 권위	220
2) 성경의 필요성	220
3) 성경의 명료성	221
4) 성경의 충족성	222

3부 성육신한 진리, 예수 그리스도(The Incarnated Truth, Jesus Christ)

1장 그리스도의 품위	**233**
1. 그리스도의 명칭	**233**
1) 예수	234
2) 그리스도	234
3) 인자(Son of Man)	235
4) 하나님의 아들	236
5) 주(Lord)	240
2. 그리스도의 성질	**241**
1) 그리스도의 특징적 성질	241
3. 삼위일체 하나님	**245**
1) 삼위일체 교리 개관	245
2) 삼위일체 교리의 성경적 증거	248

   3) 삼위일체 교리에 대한 그릇된 사상   248

   4) 삼위의 개별적 고찰   249

2장 예수 그리스도의 탄생   256

  1. 성육신과 동정녀 탄생   257

   1) 성육신의 의미   257

   2) 동정녀 탄생   258

  2. 동정녀 탄생에 대한 잘못된 주장과 변증   263

3장 예수 그리스도의 수난과 죽음   270

  1. 그리스도의 수난   271

  2. 그리스도의 죽음   272

  3. 그리스도의 가상칠언(架上七言)   276

  4. 그리스도의 죽음의 중요성   332

  5. 그리스도의 죽음에 대한 오해   337

   1) 우발설   338

   2) 순교설   339

   3) 도덕 감화설   340

   4) 통치설   342

   5) 보상설   343

  6. 그리스도의 죽음의 진정한 의미   345

   1) 속죄의 원인과 필요성   347

   2) 속죄의 성질   348

   3) 속죄의 범위   360

4장 예수 그리스도의 부활　　　　　　　　364

1. 그리스도의 부활의 중요성　　　　　　364
2. 그리스도의 부활의 성질　　　　　　　367
3. 그리스도의 부활의 의의　　　　　　　371
4. 그리스도의 부활의 신빙성　　　　　　372
5. 그리스도의 부활에 대한 성경적 증거　376
6. 그리스도의 부활에 대한 정황적 증거　385
7. 그리스도의 부활에 대한 비기독교인의 역사적 증거　395

5장 그리스도의 승천과 재림　　　　　　　403

1. 그리스도의 승천　　　　　　　　　　403
2. 그리스도의 승천의 의의　　　　　　　405
3. 그리스도의 유형적 귀환　　　　　　　406

6장 예수 그리스도는 하나님인가?　　　　408

1. 예수 그리스도의 신적 행위　　　　　　409
2. 예수 그리스도가 하나님이라는 증거　　414
3. 그리스도의 신성에 대한 반대 의견　　　420
4. 예수가 자신의 신성을 간접적으로 부인한 듯이 보이는 경우　422
5. 예수께서 말씀하시는 예수 그리스도　　424
6. 인류의 유일한 구세주는 누구인가?　　　443
    1) 세상의 구세주들　　　　　　　　　443
    2) 오직 유일하신 구세주　　　　　　　446

4부 진리의 규범, 십계명(The Rule of the Truth, The Ten Commandments)

서론	460
1. 하나님의 법과 질서	461
2. 율법의 어원적 의미	462
3. 하나님께서 율법을 제정하신 목적	464
1) 율법의 정의	464
2) 율법의 성격	466
3) 율법 안에 있는 복음	472

1장 십계명 서문 — 476
 1. 서문의 서론 — 477
 2. 서문의 본론 — 479

2장 첫 번째 계명: "나는 여호와 너희 하나님이다"(신 5:6-7) — 482

3장 두 번째 계명: "우상을 섬기지 말라"(출 20:4-6) — 492

4장 세 번째 계명: "하나님의 이름을 헛되이 사용하지 말라"(출 20:7) — 502

5장 네 번째 계명: "주일을 기억하여 거룩히 지키라"(출 20:8-11) — 513

6장 다섯 번째 계명: "네 부모를 공경하라"(신 5 16) — 524

7장 여섯 번째 계명: "살인하지 말라"(출 20:13; 마 5:17-26) — 534

8장 일곱 번째 계명: "간음하지 말라"(출 20:14; 고전 6:9-20) — 543

9장 여덟 번째 계명: "도둑질하지 말라"(출 20:15) — 553

10장 아홉 번째 계명: "거짓 증거 하지 말라"(출 20:16; 약 3:1-12) — 566

11장 열 번째 계명: "네 이웃의 집을 탐내지 말라"(출 20:17) — 576

각주 _ 587
참고문헌 _ 599

"내가 산을 향하여 눈을 들리라 나의 도움이 어디서 올까 나의 도움은 천지를 지으신 여호와에게서로다"(시 121:1-2).
"I lift up my eyes to the hills where does my help come from? My help comes from the Lord, the maker of heaven and earth"
(Psalms 121:1-2).

제1부

진리란 무엇인가?
What is the Truth?

들어가는 말

오래전 경주에서 한 청년이 자신이 '이승만의 아들 이강석'이라고 사칭한 소위 '가짜 이강석 사건'이 발생했다. 이강석은 당시 국회의장 이기붕의 아들이었으며, 그의 아버지 이기붕은 자유당 말기 정권의 실세였다. 대한민국의 초대 대통령 이승만 박사는 호주 여성인 프랜체스카 여사와 미국 유학 시절에 만나 결혼하였으나 무자(無子)했는데, 이기붕과 그 아내 박마리아의 주선으로 1957년 3월 26일, 자신의 83세 생일에 이강석을 양자로 입적했다.

그 후 몇 개월이 지난 1957년 8월 30일, 경주 경찰서에 한 청년이 나타나 '아버지의 명을 받고, 경주지방 풍수 피해 상황과 공무원들의 기강을 살피려고 왔다'며 이강석을 사칭한 사건이 있었다. 당시 경주 경찰서 이인갑 서장은 물론, 소식을 듣고 급히 달려온 김교식

당시 경주시장 등은 '대통령 각하의 아드님께서 여기까지 와주셔서 소인 한평생의 영광입니다'라고 극존칭을 써가며 온갖 아양과 아첨을 아끼지 않았다. 자신이 이강석이라고 자처한 이 청년은 경주 경찰서의 극진한 대접을 받고 경호차까지 동원하여 경주를 관광했고, 이어 영천 경찰서에서도 마찬가지로 극진한 대접을 받았다. 그러나 이 청년은 진짜 이강석과 안면이 있는 아들을 둔 경북 도지사 이근직에 의해 3일 만에 가짜로 들통나 체포되었다. 검찰과 경찰은 철저하게 보안을 지키며 대충 넘어가려 했지만, 〈매일신문〉 기자가 이 '가짜 이강석 사건'을 들춰내 특종 보도했다.

당시 이강석이라고 사칭했던 청년의 본명은 강성병(姜聖炳)으로, 그는 고교 졸업 후 가출해 떠돌아다닐 때, 이승관 대통령의 양아들 이강석과 닮았다는 말을 주변 사람에게서 자주 들었다고 한다. 또한 이 청년은 "언젠가 서울에서 이강석이 헌병의 뺨을 치고 행패를 부리는데도 아무 일도 없었던 것을 보았는데, 그것을 한번 흉내 내 본 것이다"라며, "권력이 이렇게 좋은 것인지 비로소 알았다"라고 진술한 것으로 알려졌다. 당시 이 사건은 이승만 대통령의 양자로 입적되었던 이강석의 권력이 얼마나 막강했는지를 여실히 보여 준다.

그러나 이 사건이 일어난 지 불과 3년도 채 못 되어 일어난 1960년 4·19 혁명으로 대한민국 제1공화국이 몰락한 이후, 이강석은 자신의 친부모인 이기붕과 박마리아, 그리고 동생인 이강욱을 권총으로 살해하고 본인도 자살하고 말았다. 한편, 가짜 이강석 사건의 범인인 강성병은 감옥에서 10개월간 복역하고 출소했으나, 사건 발생 5년 뒤인 1962년 대구 시내의 유림옥이란 술집에서 음독자살함으로 아직 젊은 나이에 생을 마감했다.

진리에 대한 인간의 목마름

우리는 이렇게 가짜가 범람하는 세상에 살고 있다. 그런데 가짜가 어찌 사람뿐이겠는가? 우리가 일상생활에서 사용하는 갖가지 생활용품부터 식품, 의복, 가방, 장신구, 기계류 등에도 '진품'이 있고, '위조품'이 있다. 요즈음은 보이스 피싱이며 가짜 뉴스(fake news)도 많다. 이렇게 모든 것에 가짜가 있고 위조품이 있다는 것은 무엇을 의미하는가? 그것은 곧 '진짜'가 있고, '진품'이 있다는 것을 의미한다. '거짓'[僞]의 반대말은 '참'[眞]이요, '진실'(眞實)이다. 참과 진실은 진리의 동의어다. **진리(眞理)란 현실(現實)이나 사실(史實)에 분명하게 맞아떨어지는 참된 이치를 말한다.** 곧 진리(truth)란 실재(reality)하는 것의 긍정이며, 실재하지 않은 것의 부정이므로, 일반적으로 우리의 판단과 실재의 일치를 의미한다.

불교에서 '진리'는 전통적인 불교 용어로 '제'(諦)라고 하는데, '진실한 도리(道理)' 또는 '결코 변하지 않는 사실(事實)'을 뜻한다. 이는 인도 불교의 유식학(唯識學) 총 3기 중 제2기 논사인 세친(世親, 316?~369?)이 지은 논서인 《대승광오온론》(大乘廣五蘊論; Pancaskandhaka-parakarana)에 따르면 고제(苦諦), 집제(集諦), 멸제(滅諦), 도제(道諦)의 '사성제'(四聖諦)를 말한다. 이것을 별칭으로 조석체의론(組釋體義論), 또는 약칭하여 오온론(五蘊論)이라고도 한다. 《대승오온론》은 총 1권으로 당나라 현장(玄奘, 602~664)의 한역본이 있다. 초기 불교의 대표적인 법체계인 5온(五蘊)을 대승불교 유식유기행파의 법체계인 5위 100법의 법체계의 관점에서 논설하고 있으며, 이와 함께 초기 불교의 다른 법체계인 12처(十二處)와 18계(十八界)도 대승불교의 관점에서 논하고 있다).

사성제의 첫 번째는 괴로움에 대한 명확한 인식, 즉 고성제(苦聖

諦)다. 생로병사(生老病死)라는 삶의 모든 과정에 대한 괴로움의 여실한 인식이 사성제의 첫 번째다. 불교 수행은 여기서 출발하며, 괴로움의 실상을 바로 보는 순간 고통을 여의고 안락함을 얻을 수 있다고 본다.

두 번째는, 괴로움의 원인에 대한 확실한 인식, 즉 집성제(集聖諦)다. 여기서 '집'(集)이란, '함께 모여 일어나다'라는 뜻으로, 욕망에 대한 갈증과 존재에 대한 애착이 바로 괴로움의 원인이라고 본다. 그래서 부처는 최초의 설법을 통해 "진리가 괴로움의 인식이고, 괴로움의 원인을 여실히 관찰하고 인식한 사람이 있다면 그는 이미 괴로움에서 벗어난 사람"이라고 강조했다.

사성제 중에서 세 번째인 멸성제(滅聖諦)는 괴로움이 소멸한 상태, 즉 괴로움의 원인이 모두 사라진 평온의 경지를 나타낸다. 괴로움이 없는 인생, 이는 이미 중생의 삶이 아니라 열반과 해탈을 성취한 성자의 삶이다. 이렇게 괴로운 존재 현상의 시작과 끝을 여실히 관찰하면 해탈, 열반의 세계를 성취하게 된다. 즉, 괴로운 존재 현상을 떠나 어떤 열반 적정의 세계가 따로 존재하는 것이 아니다. 삶의 모습을 여실하게 바로 보면, 그것이 열반 적정이며 해탈이고, 잘못 보면 괴로움이고 번뇌다.

마지막으로, 도성제(道聖諦) 즉 고멸도성제(苦滅道聖諦)는 괴로움을 소멸하는 길 또는 8가지 수행 방법인 팔정도(八正道)를 말한다. 팔정도는, 바른 견해[正見], 바른 사유[正思惟], 바른말[正語], 바른 행위[正業], 바른 생활[正命], 바른 노력[正精進], 바른 마음 챙김[正念], 바른 선정[正定]이다. 이 팔정도는 불교의 종합수행법으로 불교 수행의 요체일 뿐 아니라, 불교의 각종 수행법의 토대가 된다. 팔정도의 수행 덕목들은 서로 밀접하게 연관되어 있고, 수행의 핵심 사항들이 종합적으로 집대성되어 있다.[1]

공자는 "누구나 오고 가며 문을 거치면서, 왜 이 길(道)로는 가려 하지 않을까?"(誰能出不由戶也, 何莫由斯道也)라며 의아해했다. 그리고 "아침에 도를 듣는다면 저녁에 죽어도 좋다"(朝聞道夕死可矣)라고 말했다. 공자의 삶의 목표는 도를 듣고 행하는 것이었다. 그에게는 도가 목표인 만큼, 그 목표를 이룬다면 곧 죽는다고 해도 두렵지 않다고 고백한 것이다.[2]

어찌 참된 이치, 곧 진리를 추구한 사람이 공자나 부처뿐이겠는가? 인류의 역사가 시작된 이래, 인간은 오랜 세월 동안 이 진리에 목말라해 왔다. 우리가 성인(聖人)이 아닌 범인(凡人)이라도, 우리의 삶의 모든 영역에서 참(眞)과 진실(眞實), 곧 진리(眞理)를 요구하고 있다.

사랑하는 배우자나 자녀로부터 거짓말을 듣기 원하는 사람은 아무도 없다. 우리는 병원을 방문했을 때 의사의 진정(眞正)한 진료와 처방을 바라며, 법원에서는 죄 있는 사람에게만 유죄 선고가 내려지고 모든 사건이 법에 따라 공의롭게 판결되기를 바란다. 고용주는 피고용인에게 진실을 말해 주고, 정당한 임금을 지불해 줄 것을 원한다. 또 우리는 여행할 때 안전한 항공기와 자격을 갖춘 마음과 정신이 바른 조종사를 원한다. 이뿐 아니라 참고 도서를 고르거나, 신문 기사를 읽을 때나, 뉴스를 시청할 때도 우리는 진실만을 듣기를 기대한다. 광고주와 교사, 그리고 정치인들도 진실만을 말해 주기를 바라며, 거리 표시판과 의약품, 그리고 먹거리 포장지에 적힌 내용도 진실을 그대로 알려주리라고 추측한다. 사실상 우리는 돈, 인간관계, 안전, 건강 등에 영향을 미치는 삶의 거의 모든 영역에서 바로 이 '진실'을 요구하고 있다.

하지만 우리는 정작 도덕이나 종교와 관련해서는 진실 혹은 진리에 별 관심을 두지 않는다. 실제로 아주 많은 사람이 어떠한 종교도 참일 수 있다는 생각을 거부하고 있다. 여기에 큰 모순이 존재한다. 왜 우리는 모든 영역에서 진실을 요구하면서 정작 도덕과 종교에서는 진리를 요구하지 않는가? 왜 우리는 종교나 도덕 문제를 이야기할 때면, "그것은 당신에게나 진리지 나에게는 진리가 아니다"라고 말하면서도, 정작 돈이나 건강 문제 등과 관련해서는 이와 같은 상식 밖의 이야기를 생각조차 하지 않는 것일까? 받아들이기 어려울 테지만, 우리가 종교와 도덕의 진리를 거부하는 것은 종종 우리가 '지성'보다 '의지'에 근거하고 있기 때문이다.

우리는 말 그대로 도덕 표준이나 종교 교리에 따른 책임을 지는 것을 원하지 않는다. 그리하여 소위 지성인이라 불리는 이들이 "진리는 존재하지 않는다", "모든 것은 상대적일 뿐이어서 절대적인 것은 결코 존재하지 않는다", "모든 것에는 견해 차이가 있기 마련이므로 누구라도 심판자처럼 행동해서는 안 된다", "종교는 신앙을 말하고 있을 뿐 사실을 말하는 것이 아니다"라는 식으로 주장을 펼칠 때마다 그것을 별 거부감 없이 받아들이는 것이 오늘의 현실이다. 어쩌면 이런 현상은 "진리가 우리를 계몽할 때는 우리가 그 진리를 사랑하지만, 그 진리가 우리를 정죄할 때는 증오하게 된다"는 성 어거스틴(St. Augustine)의 말이 옳음을 보여 주고 있는지도 모른다.[3]

지금으로부터 약 2,050여 년 전, 예수께서 어느 무더운 날 정오쯤 되어 중동지방의 뜨거운 햇빛을 피해 이스라엘의 사마리아 수가라는 동네에 있는 야곱의 우물가에 앉아 피곤한 몸을 쉬고 계실 때, 마침 한 사마리아 여자가 물을 길으러 우물가에 왔다. 보통 유대인들은 햇살이 뜨거운 정오 12시가 아닌 서늘한 오후 늦은 시간에 물을 길으러 이 우물에 나오는데, 이 여인은 동네에서 죄 많은 여인으로 널리 알려져 있었기에 남들이 오지 않는 그 시간 곧 정오에 혼자서 그곳에 온 것이다. 그녀를 보면 동네 아낙네들의 입이 가만히 있겠는가?

그런 사마리아 여인에게 예수께서 물을 좀 달라고 요청하셨고, 그 여인은 사마리아 사람과는 상종조차 하지 않는 유대인인 예수께서 자기에게 대화를 청하자 "당신은 유대인으로서 어찌하여 사마리아 여자인 나에게 물을 달라고 합니까?"라고 물었다. 그때 예수께서 여인에게 "네가 만일 하나님의 선물과 또 네게 물 좀 달라 하는 이가 누구인 줄 알았더라면 네가 그에게 구하였을 것이요 그가 생수를 네게 주었으리라"(요 4:10)라고 말씀하셨다. 그리고 "이 물을 마시는 자마다 다시 목마르려니와 내가 주는 물을 마시는 자는 영원히 목마르지 아니하리니 내가 주는 물은 그 속에서 영생하도록 솟아나는 샘물이 되리라"(요 4:13-14)라고 덧붙이셨다.

그러나 그 여인은 예수가 말씀하시는 그 진정한 뜻을 모른 채, "주여 그런 물을 내게 주사 목마르지도 않고 또 여기 물 길으러 오지도 않게 하옵소서"라고 요구했고, 예수께서는 여인에게 "가서 네 남편을 불러오라"라고 말씀하셨다. 여인이 "나는 남편이 없나이다"라고 말하자, 예수께서 "네가 남편이 없다 하는 말이 옳도다 너에게 남편 다섯이 있었고 지금 있는 자도 네 남편이 아니니 네 말이 참되도다"라고 말씀하셨다. 그러자 지금까지 예수를 그저 한 유대인 남자로만 보았던 그녀가 "주여, 내가 보니 당신은 선지자이십니다"라고 말했다(요 4:15-19). 그리고 사마리아 여자가 예배의 장소에 대하여 말할 때, 예수께서 "여자여 내 말을 믿으라 이 산에서도 말고 예루살렘에서도 말고 너희가 아버지께 예배할 때가 이르리라…아버지께 참되게 예배하는 자들은 영과 진리로 예배할 때가 오나니 곧 이때라 아버지께서는 자기에게 이렇게 예배하는 자들을 찾으시느니라 하나님은 영이시니 예배하는 자가 영과 진리로 예배할지니라"라고 말씀하셨다. 그러자 그 여인이 "메시아 곧 그리스도라 하는 이가 오실 줄을 내가 아노니 그가 오시면 모든 것을 우리에게 알려 주시리이다"라고 말할 때, 예수께서 그 여인을 향하여, **"네게 말하는 내가 그라"**라고 자신을 나타내셨다.

그 후 그 여인은 물동이를 버려두고 동네에 들어가 지금까지 만나는 것을 피해 오던 동네 사람들에게 "나의 행한 모든 일을 내게 말한 사람을 와서 보라. 이는 그리스도(메시아)가 아니냐!"라고 담대히 증거했고, 동네 사람들은 직접 예수께 나아와 그의 말을 듣고는 그들 중 많은 사마리아인이 예수를 믿게 되었다. 또한 그들이 예수께 자기들과 함께 유(留)하기를 요청하여 예수는 거기서 이틀을 더 머물며 복음 진리를 전하셨다. 예수의 전하는 말씀으로 믿는 자가 더욱 많아졌고, 그들이 사마리아 여인에게 "이제 우리가 그를 믿는 것은 네 말을 인함이 아니니, 이는 우리가 친히 듣고 그가 참으로 세상의 구주신 줄 앎이니라"라고 고백했다(요 4:39-42). 그리하여 한 죄 많은 사마리아 여인이 영원히 목마르지 않는 생수를 얻게 되었고(요 4:39; 참조. 계 21:6-7), 그를 통하여 수가 온 동네가 복음 진리를 듣고 구원을 얻게 되는 놀라운 일이 일어났다!(참조. 요 5:24-25, 39)

블레즈 파스칼(Blaise Pascal, 1623~1662)은 그의 명저《팡세(PENSEES)》에서 "세상에는 두 종류의 사람이 있을 뿐이다. 하나는 자기를 죄인이라고 생각하는 의인이고, 다른 하나는 자기를 의인이라고 생각하는 죄인이다"(534)라고 말했다. 그러면서 "기독교 이외의 어떤 종교도, 철학자들의 어떤 학파도 인간이 죄악(original sin) 중에 태어났다는 것을 가르쳐주지 않았다. 그러니까 누구도 진리를 말하지 않았던 것이다"(606)라고 지적했다.[4]

이제 우리가 우리 인간이 오랜 세월 추구해 온 그 진리를 찾아 길을 떠나는 순례자가 되어, 그 진리를 만나고 그것을 마음에 받아들임으로 앞서 언급한 사마리아 여인처럼 진리에 대한 갈증을 해소할 뿐 아니라, 그 진리 안에서 참된 자유와 지복(至福)의 삶을 누리기 위해 함께 순례의 길을 떠나 보자.

1장

우주 창조론과 세계관

1. 우주학 개의

　1960년대 초반 우주 비행을 다녀온 후로 현대인은 '우주' 혹은 '우주 시대'라는 말을 많이 쓰고 있다. 그런데 사실 동양에서는 아주 오랜 옛날부터 '우주'(宇宙)라는 말을 자주 사용하였으며, 어린아이에게 맨 처음 가르치는 《천자문(千字文)》의 개권벽두에도 "하늘과 땅은 까맣고 누르며"(天地玄黃), "우(宇)와 주(宙)는 널따랗고 거칠다"(宇宙洪荒)라고 표현되어 있다. 또 "위에는 하늘이 있고 아래는 땅이 있는 것이 '우'란 것이요"(上天下地曰宇), "지난 옛적과 오는 현재를 '주'라고 한다"(往古來今日宙)라고 하였다. 여기서 말하는 '우'(宇)는 공간을 가리키는 것이요, '주'(宙)는 시간을 나타내는 것으로, 결국 우주는 공간과 시간을 말하는 것이다. 또 공간과 시간을 물리학적, 천문학적 관점에서 본 사상을 우주관(宇宙觀)이라 하고, 이 우주에 대하여 연구하는 학문을 우주학(宇宙學) 또는 우주 개벽론(宇宙 開闢論)이라 한다.

서양에서는 고대 헬라 문화가 세계에 큰 영향력을 미쳤을 때, 헬라어(Greek)에서 파생된 '코스모스'(Cosmos)라는 말을 사용하였는데, 이는 원리 원칙이 있고 질서와 조화가 있는 우주 안의 모든 세계를 이르는 말이다. 이에 관한 학문을 '우주론'(Cosmology) 혹은 '우주 이론학'(Cosmonomy)이라 하고, 우주의 생성을 설명하는 학문을 '우주 개벽론'(Cosmogony)이나 '우주 진화론'(Cosmism) 혹은 '우주 형태론'(Cosmography) 등으로 말한다.

동양이든 서양이든 옛사람들의 우주에 대한 기록을 보면, 신화(神話)나 동화(童話)에 지나지 않다. 그러나 그중에 바벨론, 페르시아, 중국, 인도, 헬라 등에서 기록된 것들은 비교적 계통적이요 조직적인 것들인데, 이것들은 고대 인간의 역사를 신의 세계에서 일어난 일로 표현한 것도 있고, 인간의 사상에서 상상한 신의 세계를 묘사한 것도 있다. 헬라의 철학을 비롯하여 중국이나 인도, 그외 어디든지 고대의 자연 철학은 거의 신화의 형식으로 나타났다. 하여튼 이러한 신화는 철학 사상의 기원이 되기도 했다. 이것들은 기원전 10여 세기로부터 수십 세기에 걸쳐 시인(詩人) 혹은 사상가에 의해 신화의 형식으로 표현되어 세상에 나왔다. 현대와 같이 과학과 철학이 극도로 발달한 시대라도 우주학이라는 학문은 옛날 신화의 형식과 큰 차이가 없다.

지난 세기 독일 태생의 역사상 가장 위대한 이론 물리학자 중 한 사람으로 널리 인정받고, '상대성 원리'를 개발한 것만이 아니라, '양자역학' 이론의 발전에 크게 기여한 알베르트 아인슈타인(Albert Einstein, 1879~1955)이나, 금세기의 유명한 영국의 이론 물리학자 스티븐 윌리엄 호킹(Stephen William Hawking, 1942~2018) 등의 우주에 대한 이론이나, 우주인이라 칭함 받는 사람들의 우주관을 보아도 아직 신화적인 면이 많이 있다. 이것은 어쩌면 매사에 유한한 인간의 한계인지도 모른다. 그러나 하나님의 형상으로 창조된 인간은 우주의 신비를 알아내기 위해 끊임없이 우주를 탐색하고 있다.

미국의 캘리포니아주 로스앤젤레스 윌슨산에 세워진 윌슨산 태양관측소(Mount Wilson Solar Observatory)는 1904년 카네기 연구소에 의해 설립되었는데, 이 천문대에 비치된 100인치의 후커(Hooker) 망원경을 통하여 관측한 우주는, 은하계만 국한하여 5억 광년의 거리에 별 무리가 있다고 했다. 그 후 1948년에 완성된 캘리포니아 샌디에이고에 소재한 팔로마산 천문대(Mount Paloma Observation)에 비치된 200인치 헤일(Hale) 망원경으로는 10억 광년의 거리까지 관측할 수 있었다.

지난 1990년 4월 24일에는 세계에서 가장 크고 유용하게 사용되고 있는 '허블 우주망원경'(Hubble Space Telescope)이 케네디우주센터에서 디스커버리 우주 왕복선에 실려 지구 저궤도로 우주에 발사되어 현재 근점 고도 537km, 원점 고도 540.9km에서 95.42분 공전주기로 지구를 돌면서 우주를 관측하고 있다. 이 망원경은 2.4m의 주거울을 갖추었으며, 그 궤도가 지구의 대기권의 방해를 피해 지상 망원경과 비교해서 배경 광의 영향을 대폭 줄일 수 있으므로 해상도가 매우 높은 영상을 얻기에 적합하다. 또 이 허블 우주망원경은 천문학계의 필수적인 연구 도구이자, 대중 관계 구축에 도움을 주는 것으로 널리 알려져 있다.

이 허블 망원경의 명칭은 천문학자인 에드윈 허블(Edwin Hubble)의 이름에서 따온 것으로, 이 망원경의 특징은 정밀 유도 센서와 함께 근적외선 및 다중 천체 분광 카메라와 탐사용 고성능 카메라, 광시야 우주 기원 분광 카메라와 우주망원경 영상 분광 카메라 등이 장착되어 있다는 점이다. 이 외에 콤프틴 감마선 관찰 위성, 찬드라 엑스선 관찰 위성, 스피처 우주 망원경과 함께 미국항공우주국(NASA)의 거대 관찰 위성 등이 있다.

그런데 최근에는 노후화된 허블 우주망원경의 뒤를 이은 '제임스 웹 우주망원경'(James Webb Space Telescope)을 우주에 띄웠는데, 이 망원경은 가시광선 및 적외선 관측 우주망원경으로 주경 지름이 무려 6.5m로, 2.4m인 허블보다 2.7배 이상 크며, 집광력은 7배가 넘는다. 그러나 적외선 관측에 특화되어 파란색을 볼 수 없으며 주황색까지만 볼 수 있다. 반면 허블 우주망원경은 제임스 웹 우주망원경보다 주경이 작고 적외선까지는 볼 수 없지만, 청색광은 물론 자외선까지 영상화할 수 있다. 따라서 제임스 웹과 허블의 데이터를 결합하면 좀 더 다양한 색상의 이미지를 생성할 수 있다. 이 망원경의 주목적은, 지상에 설치된 망원경이나 허블 우주망원경이 관측하지 못했던 우주의 아주 먼 곳이나, 심우주의 우주 먼지에 가려진 외계 행성과 별 등의 천체를 관측하는 것이다.

이 제임스 웹 우주망원경은 2021년 12월 25일 오후 9시 20분(한국 시각)에 프랑스령 기아나에 있는 기아나 우주센터에서 '아리안 5'(ECA) 로켓에 실려 발사되어, 약 1개월에 걸쳐 목적지의 궤도에 성공적으로 진입했다. 그 후 몇 주간에 걸쳐 작동온도에 도달하도록 냉각시키고, 약 5개월 동안 최종 시험 및 수치 보정(캘리브레이션) 절차를 마친 뒤, 이 우주망원경이 131억 광년 전 우주의 모습을 포착하여 총천연색 이미지를 최초로 보내왔다. 미국항공우주국은 조 바이든 대통령의 백악관 행사에서 제임스 웹이 첫 번째 촬영한 사진들을 공개하였고, 다음날인 2022년 7월 12일(미국 동부 시각)에는 일반에도 공개했다. 이 사진들은 허블 망원경이 관측하고 촬영한 사진보다 더 깊고 요원한 은하계의 무리와 행성들의 모습이 담긴 아주 선명하고 아름다운 모습들을 담고 있어, 천문학자들은 물론 전 세계의 시청자들이 신비로운 우주와 은하계의 별 무리와 크기가 태양의 수백 배나 되는 별들이 능히 헤아릴 수 없을 만큼 산재해 있는 광활한 우주의 경이로운 모습에 경탄했다.

이 제임스 웹 우주망원경이 촬영한 천체가 지구에서 약 40억 광년(1광년=9조4600억km) 거리에 있다고 하니 이 얼마나 광대한 우주인가! 이 우주망원경의 이름은 2002년에 미국항공우주국의 제2대 국장이었던 제임스 웹(James E. Webb)의 이름을 따서 현재의 이름으로 명명되었으며, 이 망원경은 현재 근점 고도 374,000km(232,000mi)와 원점 고도 1,500,000km(930,000mi)로 우주를 돌며 우주의 심연을 관측하고 있다.

이렇게 거대하고 요원한 우주를 완전하게 관측하는 것과 그곳을 여행하는 것은 인간의 능력이나 수명으로는 도저히 불가능하다. 지구에서 태양까지의 거리가 3억 6천여 만 리인데, 이 거리를 8분 18초로 통과하는 광선의 속도로 5억 년이나 10억 년 동안 가야 비로소 그곳에 도달할 수 있다. 즉, 몇십만 년이 걸릴 텐데, 우리 인간은 그렇게 오래 살 수 없거니와 로켓의 좁은 공간에서 그렇게 오랜 세월을 보낸다는 것은 불가능하다.

그런데 우주 전체는 지금까지 우리 인간이 발견한 것보다 수만 배 이상 훨씬 광활하여, 우주 과학자들은 이 우주가 거의 무한대에 가깝다고 말한다. 사실 우리가 어린 시절에 배웠던 천체의 거리가 지금은 훨씬 멀어졌고, 그동안 우리 인간이 몰랐던 많은 별이 발견되기도 했다.

서울대학교 화학생물공학부의 성영은 교수는 "끊임없이 미지의 세계를 찾는 인간의 모습을 보고 있으면 인간이 하나님의 형상으로 만들어졌다는 확신이 든다. 그중 하나가 우주에 대한 인간의 호기심과 우주여행의 꿈을 실현하고 있는 인간의 능력이다. 최근 우주를 향한 인간의 성취가 얼마나 대단한지를 보며 감탄이 절로 나온다"라고 말했다. 그리고 우주에 대하여 그는 이렇게 말했다. "우주는 인간이 잠시도 생명을 유지할 수 없는 최악의 환경이다. 이 지구를 조금만 벗어나도 우리는 숨을 쉴 수 없고, 신체 조직들이 팽창하여 파괴되고 만다. 또 우주에서는 태양 빛이 있고 없음에 따라 120도에서 영하 120도를 오가는 극한의 온도 변화, 무중력(정확히는 무중량)으로 인한 근육과 골밀도의 급격한 감소, 우주 방사선에 의한 세포와 DNA 손상을 경험하게 된다. 우주는 인간의 생존 자체가 불가능한 곳인데, 인간은 그 불가능에 쉬지 않고 도전하고 있다."[5]

1961년 유리 가가린(Yurii Alekseevich Gagarin, 1934~1968)이 인류 최초로 우주 비행을 했고(그는 옛 소련 공군 대령으로 인류 최초로 우주에 1시간 48분 체류하였으며, 그 후 7번째 우주 비행 훈련 중 추락 사고로 1968년 3월 27일 사망했다), 그 후 1969년 미국의 닐 암스트롱(Neil Alden Armstrong, 1930~2012)이 인간 최초로 달 표면에 상륙했다. 암스트롱은 우주 비행사가 되기 전 한국 전쟁에 공군 비행사로 참전(1951-1952)한 바도 있으며, 1962년에 NASA의 우주 비행사가 되어 1966년 제미니 8호 사령관으로서 인류 최초의 지구 궤도 상 우주선 도킹에 성공했다. 그 이후 갑자기 심한 스핀에 빠져 NASA 최초로 우주에서 인명사고의 위기 상황을 맞았으나 그 위기를 잘 극복하고 제미니 우주선을 성공적으로 귀환시켰다. 이 일로 1969년 역사적인 아폴로 11호의 사령관 자격을 얻어 동료 우주 비행사 버즈 올드, 마이클 콜

린스와 함께 달을 향한 우주선에 다시 몸을 실었고, 대망의 1969년 7월 21일 오전 11시 56분 20초(한국 시각), '고요의 바다'로 명명된 달 표면에 인류 최초로 착륙하는 데 성공했다. 그 후 2021년까지 약 600명이 넘는 사람들이 우주 비행을 다녀왔다.

2021년 7월 11일은 아직 코비드-19 팬데믹 상황 중에 영국의 억만장자 리처드 브랜슨(Sir. Richard Charles Nicholas Branson, 71세) 버진(Virgin)그룹 회장이 민간인으로서 첫 '우주 관광'의 꿈을 실현한 날로 역사에 기록되었다. 리처드 브랜슨은 자신이 창업한 버진 갤럭틱 우주여행선, 'VSS Unity'를 타고 하늘로 올랐다. 비행 모선인 'VMS 이브'에 실려 미국 뉴멕시코주 스페이스 포트 우주센터에서 이륙하여, 고도 55마일(88.5km)에 도달해 약 4분간 중력이 거의 없는 '미세중력'(microgravity) 상태를 체험한 뒤, 이륙한 지 90분 만에 지구로 무사히 귀환했다.

리처드 브랜슨이 우주여행을 다녀온 9일 뒤, 세계 최고의 부자인 아마존(Amazon) 창업자 제프 베조스(Jeff Bezos)가 지상 107km의 우주여행을 다녀온 후, 진정한 민간인 최초의 우주 여행자는 자신이라고 주장했다. 이 논쟁은 사람들에게 어디까지가 지구이고 어디부터가 우주인지 그 경계에 대한 궁금증을 자아냈다.

이에 대하여 성영은 교수는 다음과 같이 서술하였다.

사실 지구와 우주의 경계를 명확하게 정하기는 어렵다. 아직 국제적으로 협의된 바도 없다. 다만 일반적으로 미국의 물리학자 시어도어 폰 카르만(Theodore von Karmar., 1881~1963)이 제안한 지상 100km의 소위 '카르만 라인'(Karman Line)을 지구와 우주의 경계로 이야기해 왔을 뿐이다. 이곳이 공기가 없어 더는 비행기를 뜨게 하는 힘인 양력이 없는 한계선이라는 이유에서다.

그러나 미항공우주국(NASA)과 미 공군은 인공위성이 지구로 추락하지 않고 궤도를 유지하는 최저 고도가 70~90km인 점을 들어 80km를 우주의 경계로 보고, 그 이상 올라간 사람을 우주 비행사라고 호칭한다.

이 논쟁에서 한발 더 나아간 인물이 최근 세계 최고 부자로 재등극한 테슬라의 일론 머스크(Elon Musk)다. 그의 회사 스페이스 X의 우주선이 2021년 9월 17일, 민간인 4명을 태우고 지상 585km까지 올라가 지구 궤도를 3일간 돌고 귀환한 것이다. 이는 우주 정거장이 있는 420km나 허블 망원경이 설치된 540km를 훨씬 넘어선 고도로서 그야말로 우주라고 부를 만한 곳이다. 우리가 사는 지구는 땅과 물과 공기로 구성되어 있다. 공기로 이루어진 영역을 대기권이라 부르는데, 대기권은 다시 대류권, 성층권, 중간권, 열권, 외기권(외권)으로 구분한다. 6~20km 높이인 가장 아래의 대류권은 공기의 80%가 있어 기후 변화를 일으키고, 비행기가 다니는 영역(10~13km)으로서 인간의 삶에 직접적인 영향을 미치고 있다. 대류권 위의 성층권(20~50km)에는 오존이 있어 우주에서 들어오는 방사선을 막아 준다. 그 위의 중간권(50~85km)은 희소한 공기가 있어 지구로 들어오는 우주 물체들을 태워 유성으로 만들며, 지구상의 생명체를 안전하게 보호한다. 지구상의 공기의 99.99997%는 이 부근 카르만 라인 이하에 있다고 한다. 그 위로 인공위성들이 돌고 있는 열권(85~690km)이 있고, 그 바깥의 지구 대기 가장 바깥층인 외기권은 옅고 옅은 수소와 헬륨으로 이루어져 있다고 하는데, 그 범위가 어디까지인지는 여전히 논란이 많다. 1만km에서 심지어 지구 지름의 50배인 63만km까지라는 다양한 주장이 있다. 이런 주장에 따르면, 지구로부터 38만km 떨어진 달도 지구 대기의 영향 안에 있다고 할 수 있다. 이렇게 우리가 사는 지구는 겹겹이 싸인 다양한 대기층의 보호 아래

있다. 그런데 인간 호기심은 이 안전한 지구를 떠나 점점 더 바깥으로 향하고 있다.[6)]

하여튼 우주의 광대무변한 공간성과 유구무한(悠久無限)한 시간성에 대하여 우리는 아연할 따름이다. 그런데 이렇게 거대하고 유구한 우주는 어떻게 생성되어 그토록 오랜 세월 동안 운행되고 있는 것일까? 이것은 저절로 생겨나 스스로 운행되고 있는 것인가, 아니면 그 배후에 무한 절대의 신이 존재해 그것들을 창조하고 지배하고 섭리하는 것인가 하는 문제들이 제기되는데, 이는 다음 장에서 다루게 될 것이다.

2. 주요 종교의 세계관

1) 기독교 성경의 대전제

문학 작품이나 음악의 소나타나 교향곡, 연설 혹은 설교 등에서 그 첫 부분, 서론이나 서곡은 그 작품 전체 내용을 암시하고 동기를 부여하는 매우 중요한 성격을 지닌다.

각 종교는 그 종교를 신종(信從)하는 자들이 귀히 여기는 경전이 있다. 기독교에는 성경이 있는데, 그리스도인들은 이 성경을 비록 사람이 기록하였지만 하나님의 영감으로 기록된 하나님의 성문서(The Holy Scriptures) 혹은 '하나님의 말씀'으로 믿고 있다. 성경은 전체 66권으로 구성되어 있고, 무려 약 16세기 동안 40여 명의 기록자에 의해 완성된 한 권의 책이다. 원래 구약 성경(Old Testament)은 (아람어로 기록된 부분이 몇 구절 있으나) 대부분 히브리어(Hebrew)로 기록되었다. 기원전(BC) 약 250~300년경에 구약 성경을 고대 그리스어인 코이 네 그리스어 곧 헬라어로 번역했는데, 이것을 '70인경'(LXX)이라고 한다. ('70인경' 또는 '70인역'은 라틴어로 '70'을 뜻하는 '셉투아진타'(Septuaginta) 혹은 '셉투아진트'(Septuagint)로도 불리며, 간략히 'LXX'로 표기한다. 번역 작업에 참여한 사람들은 정확히 72인이었지만, 보통 '70인역'이라고 부른다. 72인의 번역자는 이스라엘 12지파에서 히브리어와 헬라어에 능통한 6명씩을 선출하여 모은 수다.)

예수 그리스도께서 이 세상에 오신 후에 기록된 신약 성경(New Testament)은 그 당시 세계 공용어인 헬라어로 원문이 기록되었다. 영어로 성경을 'The Bible'이라고 하지만, 원래 정관사 'the'가 없는 'Bible'이란 말은 'biblos'라는 헬라어에서 유래된 것으로, '책들'(books) 혹은 '권위 있는 책들'을 말한다. '구약'과 '신약'의 '약'(testament)은, '언약' 혹은 '동의'라는 뜻을 지니고 있다. 즉, '구약'은 그리스도께서 오시기 이전에 인간의 구원에 대하여 하나님이 인간과 맺으신 '언약'이며, '신약'은 그리스도께서 오신 후 인간의 구원에 대하여 하나님께서 인간과 맺으신 '동의'인 것이다. 그래서 신구약 성경은 서로 연결되어 있다(갈 3:17-25). 구약에서 시작되고 예언된 것들이 신약에서 성취되고 완성되고 있다. 이것에 대해서는 2부 '문자화된 진리-성경'에서 상술하게 될 것이다.

성경 중 맨 처음에 있는 '창세기'(Genesis)는 그 개권벽두에 "태초에 하나님이 천지를 창조하시니라"(창 1:1)라고 기록되어 있다. 이 한 마디는 창세기의 대전제(大前提)이자 성경 전체의 대전제이며, 기독교 모든 교의(敎義)의 대전제다. 그뿐 아니라 이것은 모든 과학과 철학의 대전제가 되고, 전 세계 인류 역사의 대전제가 되어야 할 말씀이다. 성경의 모든 말씀은 이 대전제에서 연역적(演繹的)으로 전개되어 가는 과정이요 결론이며, 기독교의 모든 교의와 여러 가지 신학도 모두 그 기초와 본원을 이 말씀에 둔 것이다. 그렇다면 모든 성경 말씀의 대전제가 되며, 교의와 신학의 본거(本據)가 되는 이 말씀은 자명(自明)의 진리가 되지 않으면 안 될 것이다. 여기서 자명의 진리란, 아무런 증명도 요구할 필요가 없는 참된 이치와 원리를 가리키며, 저절로 분명하게 나타나는 것을 말한다.

그러므로 성경에는 하나님이 우주를 창조하신 것에 대하여 아무 변증이나 설명도 덧붙이지 않고, "창세로부터 그[하나님]의 보이지 아니하는 것들 곧 그의 영원하신 능력과 신성[神性]이 그가 만드신 만물에 분명히 보여 알려졌나니 그러므로 그들이 핑계하지 못할지니라"(롬 1:20)라고 말한다. 이후 세상에 나타난 유물론과 유심론(唯心論) 철학이나 자연론, 진화론 등은 성경의 이 대전제 말씀에 대하여 나름대로 비난하기도 하고 공격하기도 하였으며, 이에 대하여 기독교 진영에서는 방어하는 논증을 제시하여 역사상 일대 공방전이 전개되어 왔다.

2) 역경의 건괘와 태극

중국에서 발원한 유교는 많은 경전이 있는데, 그중 가장 높은 지위를 갖고 있고 또 가장 오래된 경전은 《역경》(易經)이다. 역경은 태고시대인 복희씨(伏羲氏) 시절에 시작된 것이라 하지만, 기원전 12세기에 이르러 주조(周朝)의 창업주인 무왕(武王)의 아버지 문왕(文王)과 무왕의 동생 주공(周公)과 후세의 공자(孔子)로 말미암아 완성된 경전이다. 역경은 이와 같이 주조에 완성된 책이므로 흔히 '주역'(周易)이라고 부른다.

'역'(易)이란 말은 본래 우주 만물만상(萬物萬象)의 변역(變易)하는 원리를 고찰한다는 의미에서 생겼다. 그 내용은 음(陰)과 양(陽)의 성쇠교역(盛衰交易)으로 팔괘(八卦)와 육십사괘(六十四卦)의 형성(形成)을 보게 된다. 역경은 개권벽두에 '건괘'(乾卦)를 내걸고, "건(乾)은 원(元)하고 형(亨)하고 이(利)하고 정(貞)하니라"라고 풀어놓았다.

여기서 '건'이란 세 '효'(爻)로 형성된 소성(小成)의 괘(卦)로 8괘 곧 건(乾, ☰), 태(兌, ☱), 이(離, ☲), 진(震, ☳), 손(巽, ☴), 감(坎, ☵), 간(艮, ☶), 곤(坤, ☷) 중 순양(純陽, ☰)이 첫 괘가 된다. 또 여섯 '효'(爻)로 나타내는 대성(大成)의 괘 곧 64괘에서도 순양(純陽, ☰ ☰)으로 첫 괘가 된 것이다. '건'은 한자로 '健'이라 하여 우주에서는 만물만법(萬物萬法)의 본원에 해당하고, 인간 중에서는 장년 남자에 해당하고, 국가에서는 '원수'(元首)에 해당한다. 그러므로 건괘는 그 본성을 '원', '형', '이', '정'의 네 가지 덕(德)에 합치시켰다. '원'(元)은 '크다' 또는 '으뜸' 등의 무시무종(無始無終), 유일무이(唯一無二)의 속성을 표시하는 것이며, '형'(亨)은 '통하다', '넓다'의 의미로 전지전능(全知全能), 만사형통(萬事亨通)의 보편성을 나타낸다. '이'(利)는 '편리하다', '잘 든다', '예리하다'라는 뜻으로, 칼로 무엇을 베어 낼 때 잘 드는 것과 같이 모든 것이 딱딱 들어맞아 합당한 것과 타당성이 있는 것을 말하며, '정'(貞)은 '바른'[正], '굳건한'[固]의 뜻을 포함하여 정당하고 정확한 진리성을 나타낸다.

그렇다면 '원'에는 제일성(第一性), 단원성(單元性)이 있고, '형'에는 보편성, 융통성이 있고, '이'에는 타당성, 합의성(合宜性)이 있고, '정'에는 정당성, 확고성이 있다. 이 네 가지를 도덕적 상징적으로 해명한다면 '원'은 만물의 원시(元始)로, '인'(仁)과 '봄'에 해당하고, '형'은 만물의 형통으로 '예'(禮)와 '여름'에 해당하고, '이'는 만물의 결실로 '의'(義)와 '가을'에 해당하고, '정'은 만물의 완성으로 '지'(智)와 '겨울'에 해당한다. 이것은 철학적으로는 고대 헬라 엘레아 학파의 유(有), 곧 존재(存在)의 본질과 비슷하며, 종교적으로는 신의 속성을 설명하는 것과 비등하다고 볼 수 있다.

8괘의 첫째인 '건'(☰)은 '순양'으로 '아버지'에 해당하고, 마지막인 '곤'(☷)은 '순음'으로 '어머니'에 해당한다. '양' 하나와 '음' 둘이 있는 '진'(震) '감'(坎) '간'(艮)은 남자로 생각하고, '음' 하나와 '양' 둘이 있는 '손'(巽) '이'(離) '태'(兌)는 여자라고 본다. 그중 하나인 양과 음이 있는 자리를 보아 형제와 자매의 분의를 결정하였는데, '진'에서는 '양' 하나가 제일효 곧 하효(下爻)에 있어 '장남'이라 하고, '감'에서는 양 하나가 제이효 곧 중효에 있으므로 '중남'(中男)이라 하며, '간'에서는 양 하나가 제삼효 곧 상효(上爻)에 있으므로 소남(少男)이라 한다. 이와 같이 '음' 하나가 하효에 있는 손(巽)을 '장녀'라 하고, '음' 하나가 중효에 있는 '이'(離)를 '중녀'(中女)라 하며, '음' 하나가 상효에 있는 '태'(兌)를 '소녀'(少女)라 칭한다. 이렇게 주역은 8괘를 윤리적 관계로 연결하여 천태만상(千態萬象)의 우주 현상과 인간 역사를 해명하려 했다.

이것들을 쉽게 이해할 수 있도록 다음 페이지에 도표로 표시했다.

▎8괘의 윤리적 관계에 관한 도표

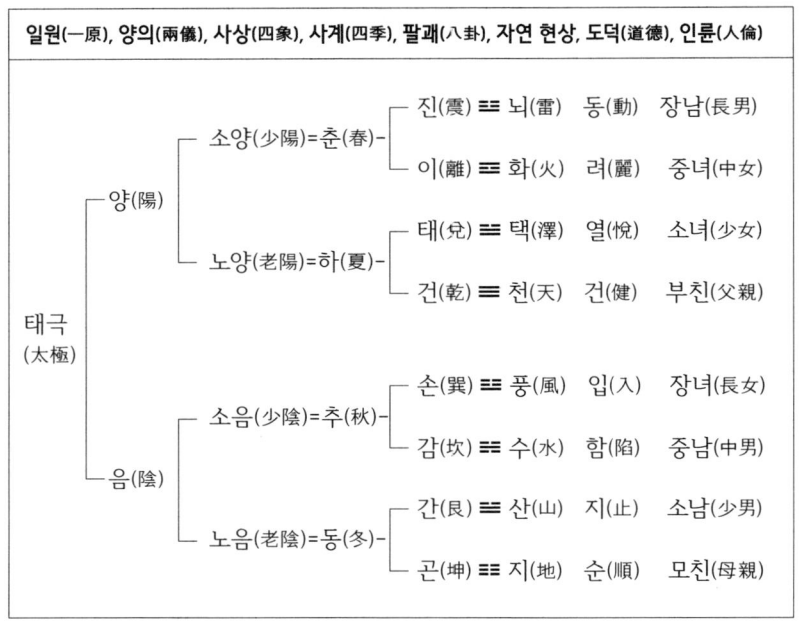

　공자가 《역경》을 해석하기 위해 《십익》(十翼)을 저술하여 《역경》 끝에 붙였는데, 그중 '계사전'(繫辭傳)에서 말하기를, 태극은 양의(兩儀) 곧 음과 양이 서로 배합하여 천지 만물을 낳았다고 하였다. 송대의 주렴계(周濂溪)는 유교의 학자이기도 하지만 도교(道敎)의 사상을 많이 받았던 인물인데, 그는 주렴계의 태극도설(太極圖說)에는 무극이태극(無極而太極)이라는 말을 사용했다. '무극이태극'이라는 말은 두 가지로 해석할 수 있는데, 하나는 무극에서 태극이 나온다고 해석하여 무(無)에서 유(有)가 생길 수 있다고 보는 견해로, 이것은 노장(老莊), 즉 노자(老子)와 장자(莊子)를 중심으로 한 도교류(道敎流)의 견해라고 할 수 있다. 다른 하나는 무극과 태극을 한 실재의 두 가지 방면으로 보아 인식을 초월한 점을 '무극'이라 부르고, 실재한다는 점을 '태극'이라 이름 지은 것이라고 하는데, 이것은 주자류(朱子流)의 해석이다. 주자(朱子)는 '이'(理)와 '기'(氣)의 두 가지로 양과 음을 설명하는데, 태극은 이와 기를 겸한 것이지만 태극은 결국 '이'(理)라고 하는 것이다. 무에서 유가 나왔다고 하든지, 무와 유가 한 실재의 양 방면이라고 하든지 양자 모두 이원적인 실재를 일원적으로 해석하려는 시도인데, 이것은 서양 철학에서 플라톤과 칸트의 이원론과 흡사하다.

대한민국의 국기에는 중앙에 태극이 자리하고 네 모서리에 대각선으로 건(☰), 곤(☷), 이(☲), 감(☵)의 네 괘를 넣었다. 그리고 태극은 적색과 청색으로 그려 위편의 적색은 양(陽)과 태양과 존귀를 상징하고, 아래편의 청색은 음(陰)과 태음(太陰)과 건강을 상징한 것이다. 사괘는 흑색으로 그렸는데, 부친을 상징한 건(☰)은 위편 좌측에 두고, 모친을 상징하는 곤(☷)은 아래편 우측에 두어 부친과 대각선상에 두었다. 장녀를 상징하는 이(☲)는 아래편 좌측에 두고, 중남을 상징하는 감(☵)은 위편 우측에 두었다. 이것은 의미보다는 형태에 따라 팔괘 중에서 사괘를 선택하여 사방(四方)에 배치한 것으로 보인다. 원래 태극은 오늘의 사괘가 있는 태극기가 생기기 오래전부터 사용한 것이지만, 사괘는 고종(高宗) 19년(1882)에 비로소 태극을 중심으로 그렇게 사방에 배치했다. 한국과 일본은 이웃해 있는 나라지만 임진왜란 이후 국교를 단절하여 지내오다 근대에 이르러 국가의 사절이 서로 왕래하게 되자 국기의 필요성을 느끼게 되었다. 1882년 8월, 소위 제물포 조약이 성립되어 한국 사절단이 일본과 외국을 방문하게 되었는데 그때 대표 사절로 간 사람은 박영효(朴泳孝)와 김옥균(金玉均)이었다. 이들 두 사람이 배를 타고 일본으로 가면서 대한민국을 나타내는 국기를 만들자고 서로 의기투합하여 급조하여 만든 것이 오늘의 태극기라고 전해지고 있다.

3) 도덕경(道德經)의 도(道)

유교는 중국 북방에서 발흥하였지만, 도교(道敎)는 중국 남방에서 많이 신봉하는 종교다. 유교를 실천적 동적(動的)이라 한다면, 도교는 자연적 정적(靜的)인 종교라 할 수 있다. 도교의 교조를 태곳적 황제헌원씨(皇帝軒轅氏)까지로 올려놓고자 하는 사람도 있지만, 보통은 공자보다 조금 선배인 노자를 도교의 첫 교조라고 본다. 노자의 《도덕경》은 81장으로 구성되어 있다. 상권은 1장부터 37장까지인데, 여기서는 우주의 원리가 되는 '도'(道)를 논하며, 하권인 38장부터 81장에서는 인간의 실제 생활에 필요한 '덕'(德)을 논한다. 그래서 노자가 도와 덕을 논한 이 책을 '도덕경'이라 부른다. 도덕경의 첫 장인 도가도장(道可道章)은 그의 철학 전체에 대한 대전제(大前提)가 된다고 할 수 있다. 그 원문을 소개하면 다음과 같다.

"도를 도라고 할 수 있을 때 그것은 벌써 길이 변함이 없는 도가 아니요, 이름을 이름이라고 할 수 있을 때, 그것은 벌써 길이 변함이 없는 이름이 아니니, 이름할 수 없는 것이 천지의 비롯이요, 이름 있는 것은 만물의 어머니라. 그러므로 없는 그대로에서 오묘한 구석을 보고자 하고, 있는 그대로에서 만물의 순행을 보고자 하느니라. 이 둘은 같이 생겨나 이름만 다를 뿐, 함께 일러 그윽함이라 하나니, 그윽하고 또 그윽한 그것이 온갖 오묘한 것의 문이니라"(道可道 非常道, 名可名 非常名. 無名 天地之始, 有名 萬物之母. 故, 常無 欲以觀其妙, 常有 慾以觀其徼 此 兩者, 同出而 異名, 同謂之玄, 玄之又玄, 衆妙之門).[7]

노자는, '도'(道)란 우주의 원리와 인생의 본성을 가르친 것이며, 도의 본체는 무엇이라고 말할 수 없고, 무슨 이름으로 부를 수도 없는 영묘(靈妙)한 것으로 보았다. 무엇이라 딱 부러지게 말할 수도 없고 이름을 붙일 수도 없는 것은 무(無)의 세계요, 말할 수 있고 이름 지을 수 있는 것은 유(有)의 세계다. 그러므로 그 오묘한 본질을 찾고, 유에서 여러 가지로 분화(分化)하여 만물로 나타난 것을 분류(分類)하는 것이 곧 도인(道人)의 역할이다. 이 무(無)가 유(有) 된, 그윽하고 오묘한 곳에 도인의 할 일이 있다고 하였다. 결국 도교의 '도'란 고대 헬라의 '로고스'(λόγος) 사상(말씀, 이성, 이론, 개념)이나 고대 인도의 '다르마'(達磨, 法), 그리스도교의 '하나님의 말씀'이나 '하나님의 아들' 곧 그리스도와 비슷한 면이 없지 않다. 그래서 중국에서는 신약 성경 요한복음 1장 1-2절에 나오는 "말씀", 곧 헬라어 "호 로고스"(ὁ λόγος)를 '도'(道, truth) 혹은 '언어'(言語, word)로 번역했다.

4) 인도 사상의 우주관

인도에서는 옛날부터 종교와 철학이 따로 구별되어 있지 않고 함께 어우러져 있어 그들에게는 철학이 종교요, 종교가 곧 철학일 수밖에 없다. 여러 종교의 종파와 철학의 학파에서 보는 우주관이나 인생관은 모두 그 근거를 옛날부터 전해오는 경전 《베다》(Veda, 吠陀)에 두었다. 《베다》에는 '리그베다', '사마베다', '야쥬르베다', '아타르바베다'의 네 종류가 있는데, 그중 가장 오래된 '리그베다'는 여러 신에게 드리는 송가집(頌歌集)이다. 그 송가집에 있는 노래 중에 "인드라라"라는 시구(詩句)의 내용은 다음과 같다.

⟨신의 지능과 권위⟩:	태초부터 한 분의 신
	지혜 권능 무한하다
	신들 위에 뛰어나니
	누가 복종 안 할쏘냐
⟨천지의 경배⟩:	하늘 땅도 경배하니
	그의 이름 인드라 천(天)
⟨만물의 창조⟩:	진동하는 하늘과 땅
	달려가는 산과 언덕
	각각 자리 차지하니
⟨만물의 찬양⟩:	모두 기뻐 뛰놀면서
	소리 높여 찬미한다.
	그의 이름 인드라 천.
⟨마귀의 방해⟩:	악한 용(龍)을 물리치니
	하수물이 흘러가고
	원수들을 쳐부수니
	잃었던 것 도로 찾네.
⟨신의 만물 회복⟩:	구름에서 불이 나니
	그의 이름 인드라 천.
⟨무신론자의 죄⟩:	전능의 신 어디 있나
	신은 아예 없느니라

회의론자 무신론자
그런 소리 하지 말라.

〈신의 최후 승리〉:   승리의 신 여기 있네
그의 이름 인드라 천.

　베다의 시가들은 오랜 시대를 두고 여러 지방에서 부르던 것들을 모아놓은 것이다. 베다에는 여러 신의 이름이 있는데, 각각 오직 하나의 신을 위한 노래같이 나타난다. 그래서 인도학의 권위자인 막스 뮬러(Max Muller, 1823~1900)는 고대 인도의 신관을 가리켜 '교체신교'(katheno-theism) 사상이라고 말했다. 이 말은 신은 하나뿐이라고 하는 신이 많이 있어, 시대에 따라 교체(交替)되었다는 말이다. 다시 말하면, 이 지방 저 지방에서 각각 하나의 신을 위하여 찬송하던 시가들이 한 책에 모여졌기 때문이다.
　인도에서는 베다나 우파니샤드(Upanishad)의 우주관, 신관, 인생관에서 윤회(輪廻), 해탈(解脫), 열반(涅槃), 업(業, 카르만), 연기(緣起) 등의 사상이 나타나기 시작했지만, 이런 사상이 집대성되어 불교에서 열매를 맺었다. 불교에서는 법인(法印)이라고 하며, 제법무아(諸法無我), 제행무상(諸行無常), 열반적정(涅槃寂靜) 등을 중심 교의로 여긴다. 다시 말하면, 모든 존재(存在, 法)에는 나[我]란 것이 없고, 모든 운동[行]에는 영원[常]이라는 것이 없는 만큼 열반적정이 있을 뿐이라는 것이다.
　모든 사물의 형상은 전부 인과법칙적으로 많은 인연이 모여들어 이루어지는 것뿐이요, 자아란 실재가 있어서 되는 것이 아니며, 모든 사물이 생성하고 변천하여 하나라도 존재하는 것은 없다는 것이다. 그러므로 고된 세상에서 해탈을 얻어 영원한 적정의 세계에 정주(定住)하여 불생불멸(不生不滅)의 열매를 맺어야 한다는 것이다. 인생은 신체적이든 정신적이든 다 자기가 원하는 대로 자유로울 수가 없는 것이므로, 말로는 "내가"라고 말을 하지만, 결국 '나'는 있는 것이 아니다. 또 어떤 물건이든 일이든 다 시시각각으로 변화하는 것이므로, 하나라도 멸절하지 않고 상주영존(常住永存)할 만한 것은 없다. 이와 같이 모든 것이 다 변화하는 이상에는 운동이 있고, 생로병사(生老病死)가 있는 곳에 고(苦)와 번뇌(煩惱)가 있을 것인즉, 인생은 이 사대고(四大苦)와 번뇌를 없이하지 않고는 참된 적정을 얻을 수가 없다. 그러나 인생이 우치(愚痴)하여 이것을 깨닫지 못하고, 현세에 집착하여 해탈할 길을 찾지 못하고 있다. 그러므로 정도를 닦아 불생불멸의 피안(彼岸)에 도달하는 것이 곧 해탈이며, 세 가지 법인이란 필경 무아, 무상, 불생불멸의 진리를 깨닫는 것이라고 말한다.

불교의 이 사상을 극단적으로 발달시켜 마지막에는 유식론(唯識論)을 창도한 사람도 있다. 유식론은 철저한 유심론으로 모든 사물의 형상을 다 환상으로 여긴다. 유식론의 표어라 할 만한 시구(詩句)는 다음과 같다.

"三界唯一心, 心外無別物." 이것을 우리말로 옮기면, "삼 계에 오직 한 마음이 있을 뿐, 마음밖에는 따로 아무 물건도 없느니라"라는 뜻이다. 여기서 말하는 3계는, 욕계(慾界), 색계(色界), 무색계(無色界)로 보든지, 과거계, 현재계, 미래계로 보든지 다 정신의 표현일 뿐이요, 정신이 아닌 물질과 같은 것은 아예 있는 것이 아니라는 것이다. 이에 대한 좋은 예가 있어 소개한다.

두 사람이 길을 걸어가다 깃대 위에서 펄럭거리는 깃발을 보고는 한 사람이, "오늘은 깃발이 몹시도 펄럭거린다"라고 중얼거렸다. 다른 한 사람은 그 말을 듣고 "깃발이 펄럭거리는 것이 아니라, 바람이 펄럭거리는 것이다"라고 말했다. 두 사람이 서로 "깃발이 펄럭거린다" "아니다, 바람이 펄럭거린다"라고 아옹다옹 다투고 있을 때, 마침 그 앞을 지나가는 승려가 있어 그 둘이 승려에게 판결을 요구했다. 두 사람의 송사를 듣던 승려는, "두 분의 말이 다 틀렸습니다. 그것은 깃발이 펄럭이는 것이 아니요, 바람이 펄럭거리는 것도 아니라, 두 분의 마음이 펄럭거린 것입니다"라고 말했다는 것이다.

원효대사(元曉大師)는 우리나라 불교계의 위인이었다. 그의 아들 설총(薛聰)은 후일 우리나라 유현(儒賢) 중 저명한 사람이 되었다. 설총이 아직 어린 시절에 대사가 보니 아들이 무슨 선한 일을 하려고 매우 노심초사하고 있었다. 그래서 아들을 보고, "조심하여 선을 하지 말아라"(愼膜爲善)라고 말했다. 총이 이 말을 듣고 놀라면서, "그러면 마땅히 악을 행해야 합니까?"(當爲惡乎) 하고 물었다. 그러자 원효대사는 엄격한 자세로 아들에게 "선도 하지 말라고 하였거든 하물며 악을 하라고 하겠느냐?"라고 대답했다고 한다.

불교에서는 이렇게 사람이 선(善)을 행하려고 노력하는 것조차도 번뇌의 한 가지로 보는 것이다. 아무 생각도 없어져 무념무상(無念無想)의 무아(無我)의 경지에 도달하는 것을 최고의 이상경(理想境)으로 삼는 것이다. 그러므로 불교의 열반 개념은 결과적으로 소극적이요, 부정적이다. 불교를 신봉하는 인도를 비롯하여 캄보디아, 미얀마, 스리랑카, 네팔, 태국 등 여러 나라와 민족을 살펴보면, 그 특성이 오늘에도 나타나고 있다.[8]

2장

종교가 추구하는 진리

세계의 종교들은 삶이란 퍼즐 조각 맞추기에서 그 많은 그림 조각이 어떻게 하나로 완벽하게 들어맞는지 사람들이 볼 수 있도록 상자 뚜껑에 큰 그림을 제시하려고 빈번히 시도해 왔다. 그런데 이 그림은 보통 신의 존재에 대한 주장으로 시작한다. 누군가 신에 대하여 믿고 있는 것은 그가 믿고 있는 다른 모든 것에 자연히 큰 영향을 미치기 때문이다.

모티머 애들러(Motimer Adler)는 '신'(神)이라는 부분이 그가 편집했던 「서구 세계의 위대한 도서 시리즈」(The Great Books of the Western World series)에서 가장 큰 비중을 차지하고 있는 이유에 대하여 질문을 받았을 때, "신(God)이라는 주제야말로 그 어떤 주제보다 많은 함의(含意)가 있기 때문이다"라는 통찰을 표명한 바 있다. 사실 인간의 삶에서 가장 중요한 질문은 다음의 다섯 가지일 것이다.

1. 기원(起源): 우리는 어디에서 왔는가?
2. 정체(正體): 우리는 누구인가?
3. 의미(意味): 우리는 왜 여기에 존재하는가?
4. 도덕(道德): 우리는 어떻게 살아야 하는가?
5. 운명(運命): 우리는 어디로 가고 있는가?

위의 각 질문은 신의 존재 여부에 따라 그 대답이 크게 달라질 것이다. 신이 존재한다면, 우리의 삶에는 궁극적 의미와 목적이 있게 된다. 또한 우리의 삶에 어떤 목적이 존재한다면, 삶을 살아가는 데도 분명히 옳고 그릇된 길이 존재하게 된다. 그리고 우리가 선택한 것들은 지금뿐 아니라 영원토록 우리에게 영향을 미치게 될 것이다. 반면 신이 존재하지 않는다면, 우리의 삶은 결국 아무 의미가 없을 것이다. 특정한 목적이 없기에 삶을 살아가는 데도 옳고 그른 것이란 처음부터 존재하지 않는다. 또한 우리가 어떻게 살든 아무 상관이 없기에 우리의 운명이란 결국 허무할 뿐이다.

그렇다면 세계의 어떤 종교가 신에 대한 물음에 올바른 대답을 제시하는가? 모든 종교가 인생이라는 조각 그림이 온전하게 맞추어진 큰 그림을 담은 상자 윗부분을 제시하고 있는가? 인류 공통의 지혜는 많은 이유를 들어 그렇지 않다고 답한다. 첫째, 많은 사람이 오직 하나의 종교만이 참이라고 믿는 것은 합리적이지 않다고 말한다. 만일 하나의 종교만이 실제로 참이라면, 그것은 곧 다른 모든 종교를 믿고 있는 수십억의 사람들이 오늘날도 잘못을 저지르고 있을 뿐 아니라, 지나온 세월 내내 잘못을 저질러 왔음을 의미하는 것이 된다. (기독교가 예수 그리스도를 믿지 않는 사람들은 사후에 지옥에 갈 것이라고 가르치고 있는 것처럼 보이기 때문에 기독교가 참이라고 한다면 그것은 더욱 심각한 문제다.) 자신들만이 유일한 진리를 소유하고 있다고 생각하는 사람들이 그 진리를 받아들이려 하지 않는 사람들을 용납하지 않을 것이라는 두려움 역시 전혀 근거가 없는 것이 아니다.

현대 미국인들은 어떤 종교도 진리가 아니라고 쉽게 생각하는 경향이 있다. 이런 생각은 종종 대학 교수들이 즐겨 쓰는 비유, 곧 '여섯 명의 맹인과 코끼리 비유'를 통해 설명되기도 한다. 각기 다른 맹인이 코끼리의 다른 부분을 만지게 되면, 그들 앞에 놓인 신체 부위가 무엇인지에 따라 서로 다른 결론을 내리기에 이른다. 코끼리의 상아(象牙)를 붙잡고 있는 맹인은 "이거 창이네"라고 말한다. 코끼리의 코를 만지고 있는 다른 맹인은 "이건 큰 뱀이야"라고 말한다. 그런가 하면, 코끼리의 다리를 끌어안고 있는 이는 "에이, 이건 나무 기둥이구먼" 하고 소리친다. 그러자 코끼리 꼬리를 붙잡고 있는 또 다른 맹인은 "아니야, 이건 밧줄이야"라고 말한다. 코끼리 귀를 만지고 있는 또 다른 맹인은 "다 틀렸어, 이건 프라이팬이야"라고 단언한다. 코끼리 옆구리에 기대어 서 있는 맹인은 "도대체 다들 무슨 소리를 하는 거야, 이건 벽이잖아"라고 확신한다. 이들이 자신들의 손으로 만져서 알게 된 것을 놓고 각각 다른 결론에 이른다는 점에서, 세계의 여러 종교를 대변하는 사람들로 비유되어 왔다.

각각의 종교를 대변하는 맹인들의 말처럼, 그 어떤 종교도 유일한 진리(The Truth)를 갖고 있지 않으며, 어떤 종교도 완벽히 맞추어진 퍼즐 조각의 큰 그림을 갖고 있지 않다는 것이다. 그런 논리라면, 각각의 종교는 단지 하나의 산꼭대기로 올라가는 여러 개의 등산로일 뿐이다. 물론, 이런 말은 너무나도 아량이 넓은 오늘을 살아가고 있는 미국인들뿐만 아니라, 현대인들에게 절절한 호소력을 발휘하고 있는 것이 사실이다.

그래서 미국에서, '종교의 진리'란, '똑똑한 바보', '슬픈 행복' 등 하나의 모순어법(oxymoron)으로 간주되고 있다. 어떤 진리도 종교 안에 존재하지 않는다는 것이다. 종교는 오로지 기호(嗜好) 또는 취향(趣向)의 문제일 뿐이다. 누군가 초콜릿을 좋아한다면, 나는 바닐라를 좋아한다는 식이다. 만일 불교가 마음에 와닿는다면, 그것이 곧 자신에게 진리가 되는 것이다. 더욱이 사람들은 우리의 신앙을 이유로 우리를 판단해서는 안 된다는 것이다.

종교의 진리와 관련해 제기되는 두 번째 큰 문제는, 그것이 삶이라는 퍼즐 조각 그림에 도무지 들어맞지 않는 듯 보인다는 점이다. 이 조각들에는 악의 존재 앞에서 침묵하는 신이 포함되어 있다. 이 세상에 악이 존재한다는 것, 그리고 신이 악에 대해 아무 조치도 하지 않고 침묵하고 있다는 것이야말로, 특별히 전능한 신이 존재한다는 주장에 대한 강력한 반대 주장이 된다. 많은 회의론자와 무신론자들은, 강력한 신이 실제로 존재한다는 사람들의 말이 참이라면, 그 신은 모든 혼란을 말끔히 제거하기 위해 당연히 개입했을 것이라는 논리를 편다. 신이 밖으로 드러나게 존재한다면, 왜 그는 스스로를 감추고 있는 것처럼 보이는가? 왜 그는 딱 부러지게 자신을 드러내 그릇된 종교들의 정체를 밝히고, 모든 대립을 종식하지 않는가? 왜 그는 자신의 이름에 먹칠하는 종교전쟁을 포함하여, 세상의 모든 악을 종식하기 위해 적극적으로 나서지 않는가? 왜 그는 선량한 사람들에게 나쁜 일들이 일어나도록 허락하는 것인가? 이런 문제들이야말로 자신들의 종교가 참이라고 주장하는 사람들에겐 곤란한 질문들이 아닐 수 없다.

결국 현대의 많은 지성인은 종교에 기반을 둔 어떤 식의 퍼즐 조각 맞추기 상자도 완전한 그림을 보여 주지 못한다는 결론을 암묵적으로 주장하고 있다. 그들은 진화(evolution)가 신이라는 존재의 필요성을 제거했지만, 오직 실험실에서 실험으로 입증할 수 있는 것만이 참으로 간주될 수 있다고 말한다. 이는 곧 오직 과학만이 사실의 문제를 다루며, 종교는 단지 신앙의 영역에 한정됨을 말하는 것이다. 따라서 종교의 진리성을 뒷받침하는 증거나 사실을 모으려고 애쓰는 행위는, 마치 초콜릿 아이스크림이 바닐라 아이스크림보다 더 맛있다는 것을 입증할 사실을 모으는 것과 같은 것이므로, 아무런 의미가 없다. 그러므로 그들은 종교가 만인에게 보편성을 띠는 사실의 문제가 아닌, 단지 각 사람의 취향 문제인 까닭에, 설령 완벽하게 맞추어진 퍼즐의 큰 그림이 실린 상자 뚜껑이라 하더라도 그것이 종교에서 나온 것이라면, 우리가 찾고 있는 삶의 객관적인 큰 그림을 제시할 수 없을 것이라고 애써 주장한다.

그렇다면 이러한 현대 지성들의 주장에 대해 우리는 어떻게 해야 하는가? 신을 향한 갈망과 인생이라는 수수께끼의 퍼즐 조각 그림들이 완전히 맞추어진 큰 그림을 기대하는 것은 부질없는 것인가? 삶은 어떤 식으로든 객관적 의미가 없으며, 우리 각자가 나름대로 조각 그림을 만들어낼 뿐이라는 결론을 내려야만 하는가?

우리는 그렇게 생각하지 않는다. 우리는 실제로 객관적인 답이 존재한다고 믿는다. 또한 앞서 살펴보았던 강력한 반대 주장들에도, 우리는 그 객관적인 답이 매우 타당성 있는 것이라고 믿는다. 사실 우리는 이 답이 어떤 다른 가능한 답, 심지어 무신론자들이 내놓은 답보다 합리적이어서 더 신뢰할 만하다고 확신한다. 그래서 우리가 말하고자 하는 것을 아래와 같이 제시한다.

논의를 전개하기에 앞서, 먼저 우리가 사용할 용어의 의미를 분명하게 밝혀 보도록 하자. 대부분의 주요 종교는 세 가지의 종교 세계관, 곧 유신론(theism), 범신론(pantheism), 무신론(atheism) 가운데 하나를 따르고 있다.

유신론(有神論)이란, 온 우주를 창조하셨으나 그 자신은 그 우주의 일부가 아닌 하나의 인격신을 믿는 것을 가리킨다. 이것은 화가와 그의 그림과의 관계로 쉽게 설명할 수 있다. 신은 화가와 같은 존재이며, 그의 피조물은 그의 그림과 같다고 할 수 있다. 신은 그 그림을 만들었고, 그의 속성(attribute)들은 그림 안에 표현되어 있지만, 신이 곧 그 그림은 아니다. 이러한 유신론을 믿는 주요 종교는 기독교, 유대교, 이슬람교 등이 있다.

이와 달리 범신론자(汎神論者)는 말 그대로 우주 전체인 비인격적 신을 믿는 사람이다. 범신론자는 그 그림을 그렸다기보다 그 그림 자체인 신을 믿는다. 사실 범신론자는 세상에 존재하는 만물 그 자체가 신이라고 믿는다. 그렇기에 그들에겐 들판의 풀도 신이요, 하늘도 신이며, 나무나 이 책, 나아가 당신과 나, 기타 모든 것이 신이 된다. 주요 범신론 종교로는, 동양의 힌두교, 불교의 몇몇 형태, 그리고 여러 형태의 뉴 에이지(New Age)를 들 수 있다.

범신론자와는 반대로 무신론자(無神論者)는 어떤 유형의 신도 믿지 않는 사람이다. 비유로 유추해 본다면, 무신론자는 하나의 그림처럼 보이는 것이 늘 존재하지만, 정작 누구도 그것을 그리지 않았다고 믿는 사람이다. 종교 인문주의자(religious humanism)들도 이 범주에 들어갈 것이다. 이 세 가지 종교 세계관을 쉽게 기억할 수 있게 다시 말하면, 유신론은 신이 인간은 물론 모든 것을 창조하셨고, 범신론은 모든 것이 곧 신이며, 무신론은 신은 없다는 말로 기억하면 된다.

이 외에 나중에 빈번하게 사용할 또 하나의 용어는 불가지론(不可知論, agnostic)이다. 이는 신이라는 문제에 대하여 확실히 알지 못하니 믿을 수 없다는 사람으로, 이들은 사실상 무신론에 가깝다.[9]

3장

종교와 신앙

앞서 언급한 종교가 단지 신앙의 문제에만 국한될 뿐이라는 주장은 일면 설득력이 있어 보이지만, 그럼에도 그것은 이 시대가 만든 하나의 신화에 지나지 않으며, 말 그대로 진실이 아니다. 종교가 분명 신앙을 요구하기는 하나, 그렇다고 종교가 오로지 신앙에만 국한되는 것은 아니다. 무신론을 포함한 모든 종교의 세계관 신봉자들은 자신들이 진리를 다루고 있음을 주장하며, 한 걸음 더 나아가 그런 진리 주장들 가운데 많은 부분이 과학적이고 역사적인 조사를 통해 평가될 수 있으므로 허구가 아닌 '사실'(fact)을 다룬다는 부분 역시 매우 중요한 사항으로 간주한다.

예를 들어, 유신론자들(기독교인, 유대교인, 이슬람교인)은 우주에 '시작'이 있었다고 믿고 있는 반면에, 무신론자들(힌두교인, 뉴 에이지 추종자 등)과 범신론자들은 우주에 시작은 없으며, 다만 영원할 뿐이라고 말한다. 이것은 서로 배척되는 주장이다. 두 주장 모두가 옳을 수는 없다. 우주는 분명한 어느 시작점이 있든지, 아니면 그 시작점이 존재하지 않든지 두 주장 중 하나만이 옳다. 여기서 우리는 우주의 본질과 역사를 면밀하게 조사함으로 두 가지 견해 중 하나는 옳으며, 나머지는 그릇된 결론임을 합리적으로 도출해 낼 수 있다고 믿는다.

또 다른 예로, 기독교의 중심이 되는 예수 그리스도가 부활했다는 주장을 들 수 있다. 기독교 신자들은 예수가 죽은 자 가운데서 부활했다고 주장한다. 그러나 이슬람교 신자들은 예수가 심지어 죽지도 않았다고 주장한다. 여기서도 또다시 하나의 견해는 맞지만, 다른 견해는 그릇된 것이다. 우리는 어느 주장이 옳은 것인지 어떻게 알 수 있는가? 서로 대치되는 이 두 주장 가운데 어느 것이 역사적 증거와 어긋나는지 조사를 통해 알 수 있을 것이다.

이러한 질문들에 대해 여러 종교뿐 아니라 과학자들 역시 무언가 말하려 한다는 사실에 주목할 필요가 있다. 그것은 곧 과학과 종교가 종종 같은 문제를 다루고 있음을 의미한다. 예를 들어, 우주는 어떻게 생성되었고, 생명은 어디에서 비롯되었으며, 기적은 가능한가 등이 그것이다.

다시 말해, 어떤 이들의 말처럼 과학과 종교는 서로 배척하는 범주가 아니라, 그 궤도를 함께하고 있는 것이다. 물론 종교가 내세우는 주장들이 과학이나 역사적 연구를 통해 모두 검증될 수 있는 것은 아니다. 몇 가지 입증할 수 없는 교의(敎義, dogma)도 있다. 그럼에도 많은 종교적 신념의 유효성은 충분히 검증이 가능하다. 어떤 신념은 매우 불합리하여 터무니없게 보이는가 하면, 또 어떤 신념은 확실한 입증이 가능할 정도로 합리적이다.

우리가 내리는 결론에 '신앙'이 요구되는 것처럼, 무신론과 범신론을 포함한 다른 세계관을 믿을 때도 동일하게 '신앙'이 요구된다는 사실을 그들은 종종 망각하고 있다.

칼 세이건(Carl Sagan)은 자신이 불가지론자라고 밝혔음에도 "우주는 지금도 존재하고, 이전에도 존재했으며, 앞으로도 영원히 존재할 모든 것"이라고 주장함으로 무신론적 유물론에 대한 그의 '신앙'을 자신의 책에서 드러낸 바 있다.[10]

그렇다면 그는 그것을 어떻게 확신했을까? 그는 확신하지 못했다. 그런데 그는 어떻게 그런 말을 할 수 있었을까? 그도 지식에 한계가 있는 유한한 인간이다. 세이건은 기독교인들이 하나님은 존재한다고 말할 때와 동일하게, 개연성의 영역에서 그런 주장을 한 것이다. 결국 문제는 자신들의 주장을 뒷받침할 증거를 누가 더 많이 갖고 있는가다. 어느 쪽의 결론이 더 타당한가? 앞으로 그 증거를 살펴보겠지만, 아마도 무신론자들은 기독교 신자들보다 더 많은 신앙이 필요할 것이다. 이렇게 말하면 이런 생각이 들 수도 있을 것이다. '무신론자가 기독교 신자보다 더 많은 신앙이 필요할 것이라니! 그게 무슨 뜻이지?' 이는 곧 주장을 뒷받침할 증거가 적을수록 그것을 믿기 위해 더 많은 신앙이 필요할 것이라는 말이다. (그 반대 명제도 마찬가지다.) 신앙은 지식에 존재하는 틈을 메워 준다. 그리고 기독교 신자의 주장을 뒷받침하는 증거보다 무신론자의 주장을 옹호하는 증거가 더 적으므로, 무신론이야말로 지식 면에서 큰 틈을 갖게 될 것이다. 경험이나 법정 변론 그리고 철학에서 제시하는 증거들은 대개 기독교와 일치하고, 오히려 무신론과 맞지 않는 결론들을 강력히 지지하고 있기 때문이다. 그런 면에서 기독교인만이 아니라 무신론을 포함한 다른 모든 세계관을 가진 사람들도 어느 정도의 신앙이 요구된다. 이 문제에 대해, 《나는 무신론자가 되기에는 충분한 신앙을 갖지 못했다(I Don't Have Enough Faith to Be an Atheist)》라는 책을 저술한 노먼 가이슬러(Norman L. Geisler)와 프랭크 튜렉(Frank Turek)은 그 책에서 아래와 같은 몇 가지 사실을 서술했다.

1. 현대 과학적 증거들의 대부분은 우주가 무(無)로부터 갑자기 탄생했다는 견해를 확인해 준다. 그렇다면 (기독교 성경의 견해대로) 누군가가 무로부터 우주를 창조했거나, 아니면 (무신론의 견해대로) 어떤 누구도 무로부터 어떤 것도 만들어내지 않았다는 견해 중 어느 것이 더 합리성을 갖는가? 기독교의 견해다. 어느 견해가 그것을 수용할 만한 신앙이 더 필요할까? 무신론의 견해다.

2. 현대 과학에서 밝혀진 바에 의하면, 가장 단순한 생명체도 1,000권의 백과사전에 달하는 정보를 갖고 있다고 한다. 기독교 신자들은 오직 지식을 갖춘 존재만이 1,000권의 백과사전에 달하는 정보량을 포함하고 있는 생명체를 창조할 수 있다고 믿는다. 무신론자들은 지식과 전혀 상관이 없는 자연의 힘들이 그것을 할 수 있다고 믿는다. 기독교 신자들은 자신들의 결론을 뒷받침할 증거를 갖고 있다. 그러나 무신론자들은 어떤 증거도 갖고 있지 않기에, 그들은 그리스도인보다 더욱더 많은 신앙이 필요하게 된다.

3. 오래전 고대의 저술들은 신이 인간으로 올 것을 예언했다. 이 신인(神人)은 특정한 혈통을 따라 특정한 성읍에서 태어날 것이며, 특별한 방식으로 고난을 당하고, 특별히 정해진 때에 죽을 것이며, 세상 사람의 죄를 대속(代贖)하기 위해 죽은 자 가운데서 부활할 것으로 예언되었다. 예언한 때가 되어 그 예언된 사건들 하나하나가 실제로 일어났고, 그것을 다수의 목격자가 선포하고 문서에 기록했다. 목격자들은 그 사건들이 실제로 일어났음을 침묵하거나 부

정했더라면 고난을 피하고 목숨을 구할 수 있었음에도, 기꺼이 핍박을 받았고, 죽음을 당했다. 당시 예루살렘에 살았던 수천 명의 사람이 그 예언된 사건들의 현실을 실제로 보거나 듣고 회개했으며, 이 소식과 믿음은 고대 세계에 빠르게 전파되었다. 고대의 역사가들과 저술가들이 이 사건들을 언급하거나 확증했으며, 나아가 고고학도 그 사건들이 실제로 역사에서 일어났음을 확증해 주었다.

기독교 신자들은 그 당시의 사건, 사건의 목격자들과 증거들을 통하여 하나님이 이 사건들에 개입하셨음을 합리적 의심을 넘어, 알고 믿게 되었다. 그러므로 무신론자들이 그 예언과 목격자들의 의지, 기독교 교회의 기원, 그리고 이런 내용을 확증하는 다른 저술가들의 증언, 고고학적 발견 및 본서가 이후 면밀하게 살펴볼 다른 증거들을 부인하고, 이 증거가 입증하는 사실들에서 발뺌하려면, 틀림없이 더욱더 많은 신앙(신념)을 가져야 할 것이다.[11]

앞서 언급한 대로, 불가지론자만이 아니라 회의론자도 마찬가지로 회의론이 참이라는 믿음을 가지고 있다. 믿음의 내용을 놓고 볼 때, 중립성을 띠는 주장이란 결코 존재하지 않는다. 필립 존슨(Phillip Johnson)이 적절히 지적한 바와 같이, "특정 신앙을 믿지 않는다고 주장하는 사람은 다른 쪽의 신앙을 참되게 믿고 있는 것이다."[12]

그의 말은 곧 기독교에 의문을 품고 있는 무신론자도 사실은 참된 무신론 신봉자라는 것이 자연스럽게 드러나게 된다는 점을 의미하는 것이다. 앞으로 더 살펴보겠지만, 무신론자들이 만약 향후 제시되는 증거들을 정직하게 대면한다면, 기독교인들이 신앙을 고수하는 데 필요한 것보다 무신론자들이 무신론에 대한 자신들의 믿음을 유지하는 데 더 많은 신앙이 필요함을 알게 될 것이다.

4장

신학의 성질
(The Nature of Theology)

'신학'(theology)이란 용어는 오늘날 협의(狹義)와 광의(廣義)로 사용되고 있다. 영어의 'theology'는 '하나님'을 뜻하는 '데오스'(θεός)와 '말씀' '강론' '교리'를 의미하는 '로고스'(λόγος)라는 헬라어에서 유래된 것이다. 그러므로 협의로 본 신학은 하나님에 관한 교리로 한정된다. 그러나 좀 더 일반적인 의미에서 신학은 하나님에 대한 특수한 교리는 물론이거니와 하나님께서 그가 만드신 우주를 통치하시고 섭리하시는 모든 관계를 다루고 있는 전반적인 교리를 포함한 기독교의 교리 전체를 말한다. 따라서 광의로 본 신학은 하나님과 그가 창조하신 우주 관계에 대한 학문으로 정의될 수 있다. 좀 더 분명한 개념을 포착하려면 다음과 같이 신학과 윤리학, 신학과 종교, 신학과 철학 간의 상이점을 살펴봐야 할 것이다.

1. 신학과 윤리학

　심리학은 행동을 다루고, 윤리학은 품행을 다룬다. 이것은 철학적 및 기독교적 윤리 양자에서 모두 사실이다. 심리학은 행동의 방법과 이유를 탐구하는가 하면, 윤리학은 품행의 도덕적 성품을 탐구한다. 윤리학은 서술적이거나 실천적이다. 서술적 용어는 어떤 옳고 그름의 표준에 비추어 인간의 품행을 설명한다. 실천적 윤리는 서술적 윤리의 기초를 놓지만, 그것보다 더 특수하게 강조하는 것은 그러한 표준에 맞추어 살도록 추구해 나가야 하는 동기에 있다. 어느 경우든 명백하게 드러나는 사실은, 철학적 윤리란 순전히 자연주의적 기초 위에서 발전한 것으로 죄, 구주(救主), 구속(救贖), 중생(重生) 등의 목표에 이를 수 있도록 능력을 주시고 내주(內住)하시는 하나님에 대한 교리는 전혀 없다는 것이다.

　기독교적 윤리는 철학적 윤리와 엄청나게 상이(相異)하다. 철학적 윤리가 인간과 인간 간의 의무에 국한되어 있는가 하면, 기독교적 윤리는 그것의 동기부터 다르다. 철학적 윤리의 동기는 인본주의(人本主義)에서처럼 쾌락주의나 공리주의(公理主義), 완전주의 또는 이것들이 혼합된 것이지만, 기독교 윤리에서 그 동기는 하나님에 대한 애정과 자발적인 순종이다. 그렇다 하더라도 신학은 기독교 윤리에 속하는 것 그 이상의 문제를 더 광범위하게 내포하고 있다.
　신학은 삼위일체, 창조, 섭리, 성육신, 구속 등에 관한 교리와 구원론 혹은 종말론까지 내포하고 있다. 이는 윤리학에는 없는 특이한 교리들이다.

2. 신학과 종교

'종교'(religion)란 용어는 우리가 상상할 수 있는 한 가장 다양한 의미로 사용되었다. 아프리카의 물신숭배(物神崇拜), 비인격적 절대자 앞에서의 힌두교도들의 주문(呪文), 신도승려(神道僧侶) 및 마호메트 승려들의 염불 행위, 고대 헬라 및 로마 가톨릭의 조직, 존 하이네스 호움스의 인도주의적 신전, 정통 프로테스탄트의 예배 및 봉사에 모두 종교란 말을 붙여 사용했다. 이에 혹자는 종교란 용어를 진정한 기독교 신앙에 붙여 사용하기를 싫어한다. 그러나 이런 문제는 종교에 대한 적절한 정의에 따라 결정되어야 할 것이다.

프랑스의 철학자이자 사회학자인 뒤르켐(David Emile Durkheim, 1858~1917)은 무신론자에 가까운 불가지론자였지만, "인간은 종교적 동물이다"라고 말한 바 있다. 철학자 헤겔(Hegel)은 우주적 진행을 '절대자'(絕對者)로 인정하고, 이 절대적 정신은 미술과 종교와 철학의 세 가지 단계로 표현된다고 보았다. 미술은 절대정신을 직관(直觀)의 형태로 나타내고, 종교는 감정 및 표상(表象)의 형태로, 철학은 사상(思想)과 개념(槪念)의 형태로 나타낸다고 주장했다. 각기 나타내는 형태는 직관과 감정 및 표상, 사상 및 개념으로 서로 차이는 있지만, 그 대상은 다 같이 절대정신 곧 신이라고 보았다. 슐라이어마허(Schleiermacher)는 종교를 단순한 '의존 감정'(依存感情, feeling of dependence)으로 생각했으나, 그는 그런 감정이 하나님께 의탁하고, 하나님께 경건한 봉사를 드리지 않는 한 결코 종교적이 될 수 없다는 사실을 까맣게 모르고 있었다.

칸트(Kant)는 종교를 윤리와 동일시했다. 매튜 아놀드(Matthew Arnold)는 종교를 감정에 의해 생겨난 '도덕성'으로 생각했다. 그런가 하면 헨리 위맨(Henry N. Wieman)은 "달성할 수 없는 가능성에 대한 인간의 예민한 인식과 이 인식에서 우러나온 행위"로 종교를 설명했다.

그러나 이 중 어느 것도 종교에 대한 정의로 온당치 못하다. 종교란 용어의 어원부터 불확실하다. 어거스틴은 인간이 하나님께 귀속한다는 의미로 'religere'에서 종교란 말의 유래를 찾고 있으나, 이것도 매우 의심스럽다. 이교도 세계의 '종교'는 어거스틴의 개념에 내포된 것과 같은 죄의 성질과 인간 구속의 필요에 대한 성경적 개념을 갖고 있지 않음에도 이 '종교'란 말이 이교도 세계에 있기 때문이다.

키케로(Cicero)의 견해는 더 그럴듯하다. 그는 '종교'란 용어를 '계속 반복하다', '계속 재고하다'라는 뜻의 'religere'에서 유래했다고 보았다. 다시 말하면, 특별히 신들을 경배하는 데 속한 것들을 정성스럽게 숙고하고 관찰한다는 말에서 왔다고 본 것이다. 이런 견해에서 이상에서 언급한 모든 행동 관습과 조직이 '종교'란 용어 아래 들어오게 되었다.

반면 스트롱(Strong)에게 종교는 "그 본질적인 개념상 하나님 안에 있는 하나의 생애, 곧 하나님을 인식하고 하나님과 친교를 나누며, 내주하시는 하나님인 성령님의 통치하에 살아가는 생애"다.[13] 그러므로 스트롱의 관점에서 종교란 엄격하게 말하면 오직 하나인데, 그것은 곧 기독교 종교다. 우리가 이런 견해를 가진다면, 정통주의 프로테스탄트의 신앙 및 예배에는 종교라는 용어를 사용하는 것이 정당화될 수 있지만, 동시에 기타 소위 '종교들'에 대해서는 종교라는 말을 붙여서는 안 될 것이다.

신학과 종교의 관계는 그것의 효과 면에서 살펴본 것이라 할 수 있다. 이 효과는 원인은 동일하지만, 그것이 미치는 영역이 다를 뿐이다. 조직적인 사고력을 가지고 말한다면, 하나님 및 하나님과 우주와의 관계에 대한 사실은 신학으로 인도되고, 그런 사실들이 개인 및 집단생활의 영역에서는 종교로 인도된다. 다시 말하면, 신학에서는 사람이 하나님과 우주에 대한 자기의 사상을 체계화하고, 종교에서는 그런 사상이 자기 속에서 일으킨 결과를 태도와 행위로 표현하는 것이라 할 수 있다.

3. 신학과 철학

신학과 철학은 사실상 동일한 목적을 가지고 있으나, 그 목적에 접근하여 그 목적을 달성하는 방법 면에서 크게 다르다. 신학과 철학 모두 포괄적인 세계관 및 인생관을 추구하고 있다. 그러나 신학은 하나님의 존재하심과 죄를 제외한 모든 것의 원인이 하나님임을 믿는 것에서 시작하지만, 철학은 어떤 주어진 사물 자체와 모든 사물의 존재를 설명하는 것에 만족한다는 개념 등 이 두 가지 사실을 가지고 시작한다. 헬라 철학자에게서 어떤 주어진 사물이란 물이나 공기, 불, 또는 동적 상태의 원자나 이성(nous), 인격이나 생명, 그외 어떤 다른 것들을 뜻한다. 신학은 단순히 하나님의 실존하심을 믿는 것에서 시작만 하는 것이 아니라, 더 나아가 하나님은 은혜롭게도 자기 자신을 계시하시고, 친히 인간 세상에 오심을 주장하기도 한다. 그러나 철학은 신학이 주장하는 이 두 관념을 부정한다. 신학자는 하나님에 대한 관념과 하나님의 계시에 대한 연구에서 그 세계관과 인생관을 발전시켜 나가는가 하면, 철학자는 이미 주어진 어떤 사물과 그 사물을 점유하고 있는 어떤 가상적인 위력에서부터 자신의 세계관과 인생관을 발전시킨다.

그러므로 신학은 확고한 객관적 기초에 근거하는 반면, 철학은 단순히 철학자의 가정(假定)과 사색(思索)에 근거하고 있다는 것이 명약관화하다. 그럼에도 철학이 신학자에게 일정한 가치를 지니고 있음은 사실이다. 첫째로, 철학은 신학자에게 기독교적 입장에 대해 다소 지지해 주고 있다.

칸트는 양심에 기초해서 하나님의 존재와 자유 및 분별을 주장했다. 앙리 베르그송(Henry Bergson)은 인간은 이성은 물론 직관에 의해서도 지각할 수 있는 존재라는 관념을 지지했다. 많은 철학자가 지성(mind)과 지력(brain)의 독립성을 주장하면서 이 양자의 관계를 제시하려고 했다. 신학자는 성경적 입장을 주장하는 데 이 같은 철학적 결론을 활용할 수 있다.

둘째로, 철학은 신학자에게 존재에 대한 근본적인 문제점을 해결하는 일에서의 이성의 부적격성을 알려 주고 있다. 신학자는 철학에서 입수할 수 있는 모든 진정한 도움에 대해 매양 감사를 표하고 있지만, 철학은 우주의 기원에 대한 진정한 이론도 없으며, 하나님의 섭리, 죄, 구원, 종말 등에 관한 교리를 전연 갖고 있지 않음을 철학자는 금세 발견할 뿐이다.

이러한 모든 개념이 적절한 세계관과 인생관에서 지극히 중차대한 문제인 만큼, 신학자는 하나님께서 이런 교리를 확정 짓기 위해 스스로 친히 나타내 주신 계시와 하나님 자신에게로 순순히 나아가고 있을 뿐이다.

셋째로, 철학은 신학자에게 교육을 받은 불신자들의 견해를 알도록 소개해 준다. 철학이 불신자에게 미치는 영향과 기독교 신앙이 신자에게 미치는 영향은 매일반이다. 그렇기에 신자가 자기 신앙에 집착하는 것과 동일한 끈기로 불신자도 자기 철학에 집착하고 있는 것이 사실이다. 그러므로 어떤 사람의 철학을 안다는 것은 그 사람을 이해하고 다루는 일에서 핵심적인 열쇠를 소유하는 것과 같다고 볼 수 있다.[14]

신학의 개연성
(The Probability of Theology)

신학의 개연성은 두 가지 사실에서 기원한다. 그것은 하나님에 대한 계시와 인간의 타고난 기능이다. 하나님에 대한 계시는 다시 두 가지 형태를 취하는데, 그것은 곧 일반 계시와 특별 계시다. 인간의 재능도 두 종류가 있는데, 정신적 기능과 영적 기능이 그것이다. 이에 관해 좀 더 유의하며 검토해 보자.

하나님에 관한 계시(The Revelation of God)

파스칼은 하나님을 "숨겨진 하나님"(Deus Absconditus, a hidden God)이라고 말했다. 그러나 그는 이 숨겨진 하나님이 자기 자신을 계시하셨으며, 따라서 알려지게 되었다고 주장했다. 이것은 사실이다. 확실히 우리는 하나님께서 하나님 자신을 계시해 주시지 않으면 하나님을 알 길이 없다. 그렇다면 계시(啓示, revelation)란 무엇인가? 계시는 하나님께서 자기 자신을 열어 보이시거나 진리를 사람에게 전하시는 것, 그리고 다른 방법으로 알려질 수 없는 것을 하나님이 친히 그의 피조물에게 나타내셔서 알리시는 것 등의 하나님 자신의 행위를 의미한다. 그러므로 계시란 단일한 즉석 행위에서도 일어날 수 있고, 또는 장시간에 걸쳐 일어날 수도 있다. 이렇게 하나님 자신과 하나님의 진리에 대한 의사소통이 인간의 지성에 의해 인식되는 정도는 각양각이(各樣各異)하다.

다음 장에서 하나님의 존재에 대한 공식적인 논증을 다루겠지만, 하나님의 계시에 대한 논의가 하나님의 존재 증명에 기본이 된다는 사실을 곧 알게 될 것이다. 먼저 넓게 말해서 계시에는 두 종류가 있는데, 곧 일반 계시와 특별 계시다.

1. 하나님에 관한 일반 계시

일반 계시는 자연, 역사, 양심에 나타나 있으며, 자연과 역사의 과정 안에서 일어나고 있는 자연 현상을 매개로 전달된다. 일반 계시는 모든 지적인 사람에게 공통적으로 전달되며, 따라서 누구나 일반 계시에 접할 수 있다. 일반 계시가 목적하는 바는 진정 하나님을 찾고자 하는 인간의 자연적인 필요를 충족시키며, 또 참된 하나님을 찾도록 설득하여 주는 것이다. 이에 일반 계시의 세 가지 형태를 살펴볼 필요가 있다.

1) 자연에 나타난 하나님의 계시

하나님에 대한 관념을 반대하며, 자연은 자족적(自足的), 자명적(自明的) 존재라고 주장하는 모든 자연주의자(自然主義者, naturalist)는 말할 것도 없이 자연에 나타난 하나님에 관한 계시를 보지 못할 것이다. 그뿐 아니라 범신론자(汎神論者, pantheist)도 자연에 나타난 하나님에 관한 계시를 볼 수 없다. 그들 가운데 혹자는 하나님을 단순히 '만유'(萬有), '우주', '대자연'과 동일시하며, 또 어떤 혹자는 하나님을 현상계의 모든 변화를 가능하게 하는 '위대한 세력'이라 말하기도 한다. 또 어떤 사람들은 하나님을 우주 안에 그 자체적으로 현현(顯現)된 '이성'(reason)이라고도 한다. 이들은 숙명론적 세계관을 주장하고 있기에, 우주 안에 있는 초월적인 하나님에 관한 계시를 보지를 못한다.

오늘날의 위기 신학자(危機 神學者, theologians of crisis)들도 자연에 나타난 하나님의 계시를 인정하지 않고 있다. 한 예로, 칼 바르트(Karl Barth)는 인간은 하나님의 원래 형상을 완전히 상실했기 때문에 개개인의 경우 초자연적 행위 없이는 하나님에 관한 지식을 조금도 취할 수 없다고 주장했다. 그러나 하나님은 계시를 받아들일 만한 능력을 창조하여 그것을 인간에게 주셨음이 틀림없다. 에밀 브루너(Emil Brunner)는 인간은 이 같은 형상의 내용은 상실했지만, 그 형상의 외형은 잃지 않았다고 주장하면서 결국 인간은 자연에서 하나님에 관한 어떤 사실을 지각할 수 있다고 믿었다.

반면 자연신론자(自然神論者, deist)들은 자연은 하나님에 관한 자족적(自足的) 계시라고 주장한다. 즉, 자연은 우리에게 하나님에 관한 소수의 지극히 단순하고 불변적인 진리인 미덕, 불멸성, 장차의 응보

(應報)를 너무도 명백한 방법으로 제시해 주고 있기에 특별 계시가 전연 필요치 않다는 것이다. 그러나 회의론적인 비판적 철학은 자연신론자들이 주장하는 것과 같은 그러한 계시가 자연에는 결코 없다고 말한다. 자연신론자들이 주장하는 것은 추상적인 진리에 불과하다. 그것도 자연으로부터 유출해 온 것이 아니라 다른 종교, 특별히 기독교에서부터 빌려온 것에 지나지 않는다. 그런데 이 견해는, 우리는 자연에서 하나님에 관한 계시를 전연 갖지 못한다는 신념에 크게 위축되어 있다.

그러나 일반적으로 사람들은 자연에서 하나님에 관한 계시를 항상 봐왔다. 더욱 많은 은사를 받은 사람일수록 시편 기자들과 예언자들과 사도들이 말한 언어와 유사한 언어로 자기들의 확신을 자주 피력해 왔다(시 8:1, 3, 19:1-2; 사 40:12-14, 26; 행 14:15-17; 롬 1:19-20).

회의주의적 상대주의자였던 볼테르(Voltaire, 1694~1778)는 알프스산의 천둥 치는 폭풍우를 만나면서 기도를 하게 되었다고 전해지고 있다. 자연과학 및 생물학 분야의 많은 저명인사가 자연은 창조주 하나님을 계시하고 있다는 확신을 입증해 왔다. 그들은 하나님의 능력과 영광과 신성과 자비의 현현으로서의 우주를 지적해 주고 있다. 그러나 기독교 과학자들은 자연에 나타난 하나님에 관한 계시의 제한성을 주장한다. 즉, 이 일반 계시는 인간을 구원하는 데는 불충분하며, 단지 사람으로 하여금 하나님에 관한 좀 더 충분한 계시를 찾도록 촉구하며, 사람을 하나님께로 돌아서게 하는 하나님의 일반적인 부르심을 형성하고 있다고 말한다.

2) 역사에 나타난 하나님의 계시

서방에서는 "워털루(Waterloo)가 하나님이었도다!"라고 흔히 말한다. 웰링턴(Wellington) 대신 나폴레옹이 승리를 거두었다면 유럽의 운명은 얼마나 달라졌을까! (워털루는 벨기에 중부의 한 마을로 1815년 나폴레옹 1세가 웰링턴 장군에게 참패한 곳이다) 역사상 수많은 세계 전쟁의 결말은 결국 하나님의 현현이라는 사실을 지각이 있는 사람치고 의심할 사람은 아무도 없을 것이다. 그러기에 우리는 더욱 강력하고 의로운 국가들에 의해서 고대의 부패한 국가들이 패배했던 사실을 소급해서 말할 수 있다. 사실 정복자도 대개는 사악했지만, 피정복자만큼 도가 지나칠 정도로 악하지는 않았다.

시편 기자는 제왕과 나라의 운명이 하나님의 손에 있다고 담대히 선포했다.

> "무릇 높이는 일이 동쪽에서나 서쪽에서 말미암지 아니하며 남쪽에서도 말미암지 아니하고 오직 재판장이신 하나님이 이를 낮추시고 저를 높이시느니라"(시 75:6-7, 참조, 롬 13:1).

바울은 다음과 같이 선언했다.

> "인류의 모든 족속을 한 혈통으로 만드사 온 땅에 살게 하시고 그들의 연대를 정하시며 거주의 경계를 한정하셨으니 이는 사람으로 혹 하나님을 더듬어 찾아 발견하게 하려 하심이로되"(행 17:26-27).

이와 관련해서 기독교의 체계는 역사 속에서 하나님의 능력과 섭리에 관한 하나님의 계시를 발견하게 된다.

성경은 하나님께서 역사상 세계 여러 나라의 문제에 관여하고 계신 것을 말한다. 성경에 나타난 하나님과 관계된 나라는 애굽(출 9:13-17; 렘 46:14-26; 롬 9:17), 앗수르(사 10:12-19; 겔 31:1-14; 나 3:1-7), 바벨론

(렘 50장, 51:1-4), 메대 - 바사(사 44:28, 45:1), 헬라(단 8:1-8, 15-21), 알렉산더 제국이 멸망한 후 일어난 네 나라(단 8:9-14, 22-25, 11:5-35), 로마 제국(단 7:7, 23) 등이다. 성경은 시종일관 "공의는 나라를 영화롭게 하고 죄는 백성을 욕되게 하느니라"(잠 14:34)라는 사실을 보여 주고 있다.

하나님은 자신의 지혜롭고 거룩한 목적이 있기 때문에, 더 사악한 나라가 덜 사악한 나라를 정복하도록 허용하실 때도 있지만, 결국에는 덜 사악한 나라보다는 더 사악한 나라를 호되게 다루신다(합 1-2장).

하나님께서 당신 자신을 이스라엘의 역사 속에 계시해 오셨다는 사실을 특별히 주목해야 한다. 즉, 이스라엘이 지니고 있던 하나님에 대한 신관(神觀)과 하나님께서 이스라엘과 관계하시던 과정 안에서 오랜 세월 동안 하나님은 당신 자신을 계시해 오신 것이다. 특히 이스라엘이 지니고 있던 신관은 특기할 만하다. 당시 온 세계가 다신론과 범신론에 절망적으로 빠져 있던 상황에서도, 아브라함과 이삭, 야곱, 그리고 그 외 많은 조상은 하나님을 인격적이고, 무한하시며, 거룩하시고, 자기 계시적 하나님으로 알았으며, 또 우주의 창조주와 통치자로 알았다. 그뿐 아니라 인간은 본래 하나님의 형상으로 창조되었으나 타락으로 인해 만물의 영장으로서 높은 지위에서 떨어져 죄책(罪責)을 가져왔으며, 이어 정죄함을 받고 자신과 자기 후손들에게 죽음을 초래했다는 사실도 알았다. 그들은 또 그 이상의 사실도 알고 있었는데, 즉 제사를 통한 하나님의 구속(救贖) 목적과 메시아의 죽음을 통한 구원과 모든 민족을 구원하시려는 목적, 의와 화평 안에서의 하나님의 최후 통치의 목적도 이해하고 있었다. 이러한 것들은 다른 어느 나라, 어느 민족에게서도 찾아볼 수 없는 실로 놀라운 개념이다.

그러나 이런 것들은 이스라엘의 '종교적 천재성'에서 기인한 것이 아니라, 이스라엘에게 내리신 하나님의 계시에서 기인한 것이다! 하나님께서는 이스라엘의 족장들에게 개별적으르 나타나셨고, 꿈과 환상으로 하나님 자신과 하나님의 뜻을 알리셨으며, 또 때론 자신의 메시지를 직접 전달하셨고, 하나님이 친히 제정하여 쓰신 '십계명'을 비롯하여 이스라엘이 수행해야 할 율법과 제사 제도, 성막 및 성전 예배 제도를 계시하셨으며, 예배자로서의 그들 자신의 거룩한 성품 등을 계시하셨다.

다음으로 하나님께서는 이스라엘 나라 자체의 역사에 관여하심으로 당신 자신을 계시하셨다. 이스라엘은 비록 조그마한 나라로 별로 눈에 띄지 않은 땅에 살고 있었으며, 세계 여러 나라와 활발한 교역을 하지는 않았지만, 전 세계의 이목(耳目)이 집중되기도 했다(신 28:10). 하나님께서 이스라엘 민족의 범죄함으로 인해 그들을 광야에서 멸하시려 위협하셨을 때, 모세는 하나님께 엎드려 이스라엘을 애굽에서 불러내신 하나님이 그들을 광야에서 멸하시는 것은 하나님의 거룩한 이름과 영예와도 관계되어 있다는 사실을 내세워 그 백성을 살려달라고 애원했다(출 32:12; 신 9:28).

하나님은 이스라엘이 하나님께 순종할 때는 자신들보다 더 강한 가나안의 일곱 족속을 진멸하게 하셨다(신 7:1, 9:1; 수 6-12장). 그러나 그들이 제 갈 길로 가며 고집을 피울 때는, 이웃 나라에게 괴로움을 당하게 하셨다. 또 그들이 다시 회개하고 하나님께 부르짖을 때는 구원자를 보내 대적을 물리치게 하셨다. 그러나 그들이 거듭 하나님의 경고를 무시하고 범죄하자 하나님은 그들을 이방인들에게 넘겨주어 멀리 포로로 잡혀가게 하시고, 그래도 깨닫지 못하자 나라가 멸망하게 하셨다.

이스라엘 열왕 중 다윗 왕이 하나님을 경외하고 기도하며 하나님의 뜻을 따라 모든 일을 행하자, 하나님께서는 그로 하여금 이스라엘의 모든 대적을 물리쳐 승리하게 하시고(삼하 7:9, 11), 이스라엘 역사상 가장 크고 강력하고 부강한 나라를 이루게 하셨다. 그 후에도 다윗을 따른 경건한 왕들은 그 가정과 나라가 번영하게 하시고 전쟁에서 승리하게 하셨다. 그러나 왕이나 나라가 하나님을 떠날 때는, 각종 재앙을 만나거나 전쟁에서 패하게 하셨다. 그러므로 이스라엘 역사의 과정에서 그들이 경험한 모든 체험을 통해 하나님은 자신을 계시하시되, 이스라엘뿐 아니라 그들을 통해 온 세계에 자신을 계시하셨다고 우리는 진지하게 말할 수 있다.

3) 양심에 나타난 하나님에 관한 계시

칸트는 우리의 양심에 기초해서 하나님과 자유와 불멸성을 믿는다고 말한 바 있다. 영국의 많은 도덕가도 같은 견해를 취하고 있다. 이것을 소위 '도덕적 논증'이라고 하는데, 그것은 이후에 좀 더 자세히 논하게 될 것이다. 다만 여기서 말하고자 하는 것은, 양심은 창의적인 것이 아니라, 그보다는 어떤 사건에 대해 비판적이며 충동적인 성격을 지녔다는 것이다. 가령 양심은 어떤 행위나 태도의 과정이 과연 우리의 도덕적 기준과 조화를 이루는지 그렇지 않은지를 먼저 판단해서, 조화를 이루는 것은 계속 그대로 행하게 하고, 그렇지 않고 오히려 반대되는 것은 삼가도록 만든다. 양심은 옳고 그름을 의식하는 인간 안에 있다. 즉, 양심은 하나님에 관한 계시를 형성하고 있는 비판적이며 충격적인 어떤 사실을 의식하는 인간 속에 있다. 인간이 양심을 스스로 취해 가진 것이 아니라는 것이다. 인간은 할 수만 있으면 양심의 제한에서 스스로 빠져나가려고 하는 것을 볼 때, 양심은 인간이 스스로 좋아서 취한 것이 아니라, 인간 영혼 안에 하나님이 반영된 것이다. 거울과 잔잔한 호수의 수면이 태양을 반영하여 태양이 실재함을 알리는 것은 물론이거니와 어느 정도까지는 태양 자체의 성질도 알려 주는 것과 마찬가지로, 인간 속에 있는 양심도 하나님의 실재하심을 계시하며, 어느 정도까지는 하나님의 성품도 계시해 준다. 다시 말하면, 양심은 하나님의 존재는 물론이거니와 하나님은 옳고 그름을 매우 선명하게 구분하는 성품을 가지신 분이심을 알려 주며(계 2:14-16), 또 하나님은 언제나 옳은 것을 행하시기에 이성적으로 만들어진 인간에게 언제나 옳은 것은 행하고, 나쁜 것은 피하라고 책임을 부과하시는 분이심을 계시해 준다. 양심은 또한 모든 죄는 책벌을 당할 것도 알려 준다.

그러므로 우리는 양심 안에도 하나님에 관한 또 하나의 계시가 있다고 결론 내릴 수 있다. 양심의 금지와 명령, 양심의 결정, 양심의 촉구는 우리에게 실제적 권위를 행사하고 있다. 그러나 만일 우리가 우리의 양심 안에 우리의 성품을 능가하는 어떤 실재적 요소가 깃들어 있다는 사실을 깨닫지 못한다면, 양심의 소리는 우리에게 아무런 권위도 행사할 수 없을 것이다. 다시 말하면, 양심은 우주 안에 옳고 그름의 절대적인 법칙이 있으며, 우리 자신의 인격과 행위에서 이 옳고 그릇됨의 절대적인 법칙을 실현할 최고의 법 수여자가 있다는 사실을 계시해 준다는 것이다.

2. 하나님에 관한 특별 계시

특별 계시는 특수한 시대에 특수한 사람에게 하나님이 자신과 하나님의 진리를 알리시는 하나님의 활동을 의미한다. 특수한 시대에 특수한 사람을 상대로 주어진 것은 사실이지만, 그렇다고 그 계시가 반드시 그 시대, 그 사람에게만 적용되는 것은 아니다. 진실로 모든 사람은 하나님의 행적과 놀라운 기적을 땅의 만민에게 전파하라는 당부를 받고 있다(시 105:1-2). 말하자면, 특별 계시는 온 세상이 공유할 하나의 보배인 것이다(마 28:19-20; 눅 2:10; 행 1:8). 특별 계시가 사람에게 주어진 방법은 다양하다. 즉, 기적과 예언의 형태로, 예수 그리스도의 인격과 그 사역으로, 성경으로, 그리고 개인적인 체험 등으로 주어졌다. 이제 이것들을 하나씩 간략하게 살펴보자.

1) 기적에 나타난 특별 계시

참된 기적은 하나님의 비범한 사건으로서 어떤 유용한 결과를 수반하면서, 동시에 하나님의 임재와 능력을 계시한다(출 4:2-5; 왕상 18:24; 요 20:30-31; 행 2:22). 그러나 거짓 기적은 단순한 하나의 속임수인 경우가 허다한데, 혹 속임수가 아니더라도 순전한 사람들에게 전시하고 허세를 드러내기 위해 행하는 어떤 능력의 기형적인 현상으로서 참된 기적에 비해 저속한 것이다(출 7:11-12, 22; 마 24:24; 행 8:9-11, 13:6-8; 살후 2:9; 계 13:13). 참된 기적은 소위 자연법칙의 단순한 결과가 아니라는 점에서 비범한 사건이다. 자연과 관련해 기적은 두 가지 종류가 있다. 하나는 자연법칙을 더욱 강하게 하거나 증대시킨 것으로서, 이런 기적은 노아 때의 대홍수 사건, 애굽에 내린 10가지 재앙, 삼손의 괴력(怪力) 같은 데서 나타난다. 또 다른 종류의 기적은 일체 자연법칙에서 제외된 것으로서, 이런 기적은 아론의 마른 지팡이에 싹이 난 사건, 반석에서 물이 쏟아져 나온 사건, 오병이어(五餅二魚) 사건, 병자들의 치유 사건, 죽은 자가 다시 살아난 사건 등에서 나타난다.

참된 기적은 실제적이고 유익한 효과를 수반한다. 알렉산드리아 학파를 대표하는 교부 오리겐(Origen, 185~254)은 이교도들과 현인(賢

人)들의 기적에 대해 언급할 때 다음과 같은 확인 방법을 적용했던 것으로 전해진다.

"그들의 기적은 어떻게 형성된 것인가? 그들의 기적은 어디서 생겨난 것인가? 그들의 기적의 도움을 받은 사회가 어디에 있는가? 세계 역사상 그들의 도움이 나중에도 계속되었다는 사실이 있는가?"라고 반문하는 것이다.[15]

그리고 《Pseudo-Clementine Homilies》에서, 베드로가 그리스도의 기적과 시몬 마구스(Simon Magus)가 행한 것으로 말하고 있는 기적을 대조하여 다음과 같은 결론을 내렸다. "만일 그가 유익하지 못한 기적을 행한다면 그는 사악의 대행자며, 만일 그가 유익한 것을 행한다면 선의 지도자일 것이다."

우리도 참된 기적의 확인 방법은 "그 기적이 과연 어떤 유익한 효과를 수반했거나, 또는 수반하고 있는가?" 하고 질문하는 것이 되어야 한다고 믿는다. 참된 기적은 하나님의 임재와 능력을 계시한다. 참된 기적은 하나님의 존재, 현존, 관심, 능력을 증명한다. 다시 말하자면, 참된 기적이란 하나님께서 인간의 인식 밖에 숨어 계시던 곳에서 나오셔서, "나는 살아 있는 너희 하나님이다"라고 선포하시며, 지금도 우주 만물을 통치하며 섭리하시고, 모든 문제 해결에 충분하시다는 사실을 우리 인간에게 보여 주는 특수한 사건이다. 우리는 이것을 기적이라고 말한다.

그러나 오늘날 기적에 대한 교훈에 반대하는 자들도 많다. 모든 자연주의적, 범신론적, 자연신교적 체계는 한결같이 기적을 반대하고 있다. 그들에게 우주는 하나의 거대한 자존자지적(自存自持的) 기계다. 데이비드 흄(David Hume, 1711~1776)은, "기적은 자연법칙을 파괴하는 것이기 때문에 불가능하며, 인간의 체험과 모순되기 때문에 믿

기 어려운 것이다"라고 말했다.[16]

　이러한 주장에 우리는 이렇게 답변한다. 기적을 자연법칙의 파괴라는 이유로 반대하는 입장은, 자연법칙들이 외부의 영향력이나 인도, 유지의 힘을 빌리지 않고도 자족적(自足的)인 것으로 잘못 생각하고 있다. 우리가 주장하는 것은 이와 정반대다. 우리는, 자연법칙은 완전히 자존적이지 않다고 주장한다. 단순한 세력은 자체적으로 유지되지 못할 뿐 아니라, 목적을 두고 작용하지도 못하기 때문이다. 그러기에 오직 무한하고 지적인 능력이 필요할 수밖에 없다.

　우리는 하나님만이 자연법칙을 파괴하는 일이 없으며, 물질과 정신 양자에서 작용할 수 있다고 주장한다. 하나님께서는 자연법칙을 정상적으로 활용하시는 가운데서도 기적을 행하신다. 그렇다면 하나님께서 비범한 방법을 사용하셔서 자연법칙을 더 강하게 하시거나 증대시키며, 또는 자연법칙을 중단하시거나 혹은 자연법칙과 무관하게 어떤 행동을 하신다고 해서 우리가 그것을 자연법칙의 파괴로 생각할 이유가 무엇인가? 기적은 인간의 체험과 모순된다는 이유로 믿기 어려운 것이라는 입장은, 모든 신념이 현재적 인간의 체험에 근거해야만 한다는 역시 잘못된 생각이다. 지질학자들은 과거의 거대한 빙하의 움직임에 의해 바다와 만(灣)이 형성되었다고 말하는데, 우리는 오늘날 그런 현상이 일어나는 것을 전연 보지 못하고 있다. 자연과 역사와 양심에 나타난 하나님의 자기계시(自己啓示)는 여러 시대에 걸친 기적을 우리로 하여금 기대하게 인도해 주고 있다. 이것은 현재는 물론 과거에서도 마찬가지다. 이런 사상을 지님으로 우리는 과거의 발생 사건에 대한 충분한 증거를 성경을 비롯한 역사를 통하여 발견하게 된다.

　더 나아가 지질학자들은 생명이 이 땅에 영원부터 존재해 있던 것은 아니라고 솔직하게 인정하고 있다. 체임벌린(Chamberlain)과 솔

즈베리(Salisbury)는 "생명이 유지될 수 있는 적절한 환경조건이 땅 위의 대기권(大氣圈)이고, 수권(水圈)이 상당히 발전되기 이전에는 생명이 전무(全無)했다고 말하고 있다.[17]

이들은 생명의 기원을 설명하기란 쉬운 일이 아니라면서, 그것에 대해서는 일체 말하지 않았다. 그러나 생명은 무생명적(無生命的) 물체에서 온 것이 아니다. 생명의 자연발생론(自然發生論, theory of abiogenesis)은 사멸된 지 이미 오래다. 생명은 생명에서만 올 수 있다. 이 땅에 생명이 들어왔다는 것은, 그 자체가 기적의 실재에 대한 하나의 증거다. 따라서 우리가 적극적으로 말할 수 있는 사실은 기적의 증명은 증거에 기초하고 있다는 것이다. 우리는 우리가 진정한 증거라고 생각하는 것에 기초해서 많은 사실을 믿고 있다. 만일 우리가 개인적으로 관찰하고 체험한 것만 믿겠다고 고집을 피운다면, 그야말로 역사에 대해서는 무식하기 짝이 없는 사람이 되고 말 것이다!

성경의 기적은 확고한 증거에 근거하고 있다. 성경의 모든 기적에 대한 증거를 여기서 다 설명한다는 것은 불가능하고 또 필요한 일도 아니기에, 다만 여기서는 성경의 기적 중에서 가장 중요한 한 가지 기적을 증명해 보임으로써, 여타 기적도 받아들일 수 있는 길을 터놓으려 한다.

우리는 성경에 기록된 수많은 기적 중에 그리스도의 신체적 부활이 가장 잘 증명된 역사적 사건이라고 믿는다. 예수 그리스도의 신체적 부활에 대한 거의 모든 설명이 모두 그 사건 이후 20~30년 안에 기록된 것들이다. 그 설명이 우리에게 확신시켜 주는 내용은 다음과 같다.

그리스도는 실제적으로 죽으시고 장사되었다. 그리스도의 추종자들조차 그리스도의 부활을 기대하지 않았지만, 그중 다수가 그리스도가 십자가에 달려 죽임을 당하신 이후 며칠이 못 되어 부활하신 그리스도를 만나게 되었다. 그리스도를 만나기만 한 것이 아니라 그와 대화를 나누었고, 제자들이 부활하신 그리스도를 처음 만났을 때 놀라고 무서워하여 그 보는 것을 영으로 생각하자 그리스도께서 "내 손과 발을 보고 나인 줄 알라 또 나를 만져 보라 영은 살과 뼈가 없으되 너희 보는 바와 같이 나는 있느니라"라고 말씀하셨다(눅 24:37-39). 이에 그의 제자 중 하나인 요한은, "태초부터 있는 생명의 말씀에 관하여는 우리가 들은 바요 눈으로 본 바요 자세히 보고 우리의 손으로 만진 바라"(요일 1:1)라고 말했다.

그 후 그들은 그리스도의 부활을 깊이 확신했다. 그리고 그리스도가 부활 후 40일을 이 땅에 머물러 계시는 동안 유대 당국자들의 눈을 피해 도피하지 않고 예루살렘에 머물며 그리스도와 여러 차례 만나며 그리스도의 부활을 공적으로 담대하게 선포했다. 그 후 부활 사건은 당시는 물론 사도 시대에 언급될 때도 전혀 의문시되지 않았다. 그리스도의 부활 사건을 부정하는 증언은 아직까지 어떤 근원에 의해서도 성립되지 못했다.

예수의 제자들은 이 부활 사건을 증거하기 위해 사회적 지위와 세상적인 소유와 자기들의 생명까지도 기꺼이 희생했다. 그리스도의 교회를 핍박하던 사울은 교인들을 체포하여 옥에 가두기 위해 대제사장으로부터 특명을 받아 다메섹 길을 가다, 태양보다 밝은 빛 가운데 나타난 부활하신 그리스도를 만났다. "사울아, 사울아, 네가 어찌하여 나를 박해하느냐?"라고 묻자, 그는 땅에 엎드러져 "주여, 누구십니까?"라고 물었고, "나는 네가 박해하는 예수라"라는 음성이 하늘로부터 들려왔다(행 9:1-5).

그 후 그는 회개하고 사도가 되어 그리스도의 부활을 기회 있을 때마다 힘있게 증거했다. 그리고 거기서 끝나지 않고, 그리스도의 부활은 그를 믿는 성도들의 부활의 첫 열매가 되기에 그를 믿는 모든 그리스도인도 부활할 것이라는 사실을 확신을 가지고 선포했다(고전 15장). 이같이 그리스도의 부활이 하나의 역사적 사실이라고 한다면, 기타 모든 이적을 받아들일 길도 자연히 열려야 할 것이다.

끝으로, 우리는 지금도 기적이 일어날 수 있다고 믿는다. 초대교회 당시와 똑같은 기적은 아닐지라도, 앞서 언급한 하나님께서 기적을 나타내시는 목적에 따라 오늘도 신실한 그리스도인의 기도 응답으로 수많은 기적적인 역사가 세계 각처에서 일어나고 있다. 기적을 체험한 그들은 자기들의 눈으로 똑똑히 보고, 또 자기들의 생활 속에서 체험한 그런 사건들을 단지 자연법칙으로는 도저히 설명할 수 없더라도 확신하고 있다. 불신자 편에서 어떠한 반기를 든다 할지라도, 참된 신자들은 자신들이 체험한 기적을 달리 생각할 수 없다.

특별히 우리는 세계 도처에서 지금도 일어나고 있는 중생(重生)의 기적을 무시할 수 없다. 육체적으로 죽은 자가 다시 살아나는 것만이 기적이 아니라, 영적으로 죽었던 사람이 완전히 다른 사람으로 중생하여 그리스도 안에서 새로운 피조물(고후 5:17)이 되게 하는 성령의 역사 역시 기적이라 하지 않을 수 없다.

2) 예언에 나타난 특별 계시

하나님의 계시와 관련된 예언이 의미하는 것은, 단순히 인간의 통찰력이나 선견지명(先見之明)에 의해서가 아닌 하나님과의 직접적인 교통에 의한 예언이다. 그러나 우리로서는 어떤 사람이 받은 예언이 그대로 성취되거나, 또는 성취되지 않을 것이라는 확증이 있기 전까지는 과연 그에게 그런 말이 전달되었는지 아닌지에 대하여 함부로 말할 수 없다. 따라서 하나님의 임재와 능력에 대한 증명으로서의 그 예언의 직접적인 가치는, 그 예언을 발설한 사람이 진정 하나님과 생동적인 관계를 누리며 살아가고 있는 사람인가 하는 문제에 의존할 수밖에 없다. 이것을 결정하는 것은 그의 다른 교훈과 경건한 생활에 기초해야 한다.

어떤 예언의 성취 가능성에 관해서 우리는 그것이 진정한 예언이라고 확신하기에 앞서 어떤 일정한 시험을 해보아야 한다. 그 첫째 시험은, 어떤 주어진 예언이 단순한 인간적인 통찰력이나 선견지명으로도 능히 알 수 있는 사건과는 관계없는, 예측불허한 사건 자체와 결부된 것인지 따져보는 것이다. 예수 당시 유대인들은 시대의 징조, 다시 말해 로마인들이 자기들의 도시와 나라를 곧 침략하여 파멸시킬 것이라는 사실을 자각하지 못하고 있었으나, 많은 정치가는 비교적 정확하게 이런 미래를 투시하고 예언할 수 있었다. 그렇다고 그런 예언이 진정한 예언이라고 할 수는 없다. 다음으로 생각해 볼 시험은, 예언의 내용이 한 가지 설명에 그치는 것이 아니라, 두 가지 이상으로 모호하게 해석할 수 있는 것은 아닌지 알아보기 위해, 먼저 예언의 말 자체를 세심하게 따져보는 것이다. 역사에서 다음과 같은 실화가 있었다. 크로이소스(Croesus)가 키루스(Cyrus)와 전쟁을 시작할 때, 델피의 신탁집(Delphic Oracle)을 찾아가 자기가 싸움을 먼저 시작해야 하는지 알아본 결과, 만일 그렇게 하면 큰 제국을 멸망시킬 것이라는 답을 얻었다. 그래서 크로이소스는 그대로 실행했다. 그러나 그 결과는 상대 나라가 아닌 자기 제국의 멸망이었다. 그러므로 우리는 어떤 예언을 진정한 예언이라고 하기 전에 먼저 발설된 그 말이 분명한 의미 없이 모호하게 여러 가지로 해석할 수 있는 말은 아닌지 조사해 보지 않으면 안 된다. 예언에 대한 반대도 기적에 관한 반대와 동일한 방법으로 해결될 수 있다.

예수 그리스도는 진정한 의미에서 온 세상을 비추는 '참빛'이다 (요 1:1-14). 쉐드(Shedd)는 이렇게 말한다. "성경은 이성의 모든 활동을 인간 지성의 창조자에게로 돌리고 있다. 인간 의식 속에 있는 것 중 하나님과 독자적으로 고립되어 있는 것은 아무것도 없다."[18]

다시 말하면, 하나님께서는 자연법칙에 함께하시듯이 인간의 생각에도 함께하신다. 그러면서도 인간의 생각을 파괴하거나 죄의 동참자가 되지도 않으시면서 묘하게 모든 것에 함께하신다. 하나님께서 일상적인 정신 과정 안에서 역사하시더라도, 때를 따라 이따금 일상적인 정신 과정을 초월해 그것과 무관하게 활동하신다 해서 그것을 조금도 이상하게 생각해서는 안 될 것이다. 이런 예언의 가능성 위에 예언 성취에 대한 직접적인 증거를 더 첨가할 수도 있다. 우리가 모든 성경적 예언의 성취를 증거하려고 시도할 필요는 없다. (실로 어떤 예언은 아직 성취되지 않은 채 미래를 가리키고 있기도 하다.) 그러나 우리는 이미 성취된 예언에 대해서는 분명한 선(線)을 지적하고자 한다. 아래 제시하는 성경 구절들이 진정한 예언으로서 성취를 보여 주었다면, 이제는 누구도 하나님으로부터 그런 직접적인 의사소통은 불가능하며 발생하지 않는다고 말할 수 없을 것이다.

그리스도의 초림에 대한 예언이 좋은 예가 될 것이다. 만약 그리스도의 초림에 관한 예언들을 인간의 선견지명이나 우연의 일치에 의한 것으로 믿으라고 한다면, 이것이야말로 그 예언들을 하나님의 직접적인 계시로 믿으라고 하는 것보다 더 어려운 부탁일 것이다. 자유주의자들은 구약의 맨 마지막 책인 말라기의 저작연대를 대략 BC 165년인 가장 늦은 일자로 보고 있는데, 만일 우리가 그들이 생각하는 저작연대를 그대로 인정하여 받아들인다 해도, 그리스도에 대한 구약의 예언이 성취되기까지는 무려 1세기 반 이상의 세월이라는 시간의 간격이 있다. 그런데 우리가 사실상 알고 있는 대로 보수주의적 저작연대를 받아들일 경우, 그리스도에 대한 예언이 성취되기까지 무려 400년 이상의 시간이 소요된 것이다. 이제 구약 성경의 그리스도에 대한 예언 중 지금까지 성취된 예언을 대략 개괄해 보면 다음과 같다.

그리스도는 ① 동정녀의 몸에서 출생하셨다(사 7:14; 마 1:23). ② 그는 아브라함의 후손으로 오셨고(창 12:3; 갈 3:8), ③ 유대 족속에서 나셨으며(창 49:10; 히 7:14), ④ 다윗의 가문에서 나셨다(시 110:1; 롬 1:3). 또 ⑤ 그리스도는 베들레헴에서 탄생했으며(미 5:2; 마 2:6), ⑥ 성령의 기름 부음을 받으셨다(사 61:1-2; 눅 4:18-19). ⑦ 그는 어린 나귀 새끼를 타고 예루살렘에 입성하셨고(슥 9:9; 마 21:4-5), ⑧ 친구(유다)에게 배신을 당하셨으며(시 41:9; 요 13:18), ⑨ 은 30에 팔리셨다(슥 11:12-13; 마 26:15, 27:9-10). ⑩ 제자들에게 버림을 당하셨고(슥 13:7; 마 26:31, 56), ⑪ 손과 발에 못이 박히셨으나 그 뼈는 부러지지 않았다(시 22:16, 34:20; 요 19:36, 20:20, 25). ⑫ 예수에게 쓸개 탄 포도주를 마시도록 주었으며(시 69:21; 마 27:34), ⑬ 그의 옷을 취하여 제비뽑기로 나눠 가졌다(시 22:18; 마 27:35). ⑭ 그리스도는 버림을 당하시고(시 22:1; 마 27:46), ⑮ 부자의 무덤에 장사되었다(사 53:9; 마 27:57-60). 그리고 죽은 자 가운데서 다시 살아나셔서(시 16:8-11; 행 2:27), 높은 데 오르셨고(시 68:18; 엡 4:8), 지금 아버지의 오른편에 앉아 계신다(시 110:1; 막 12:35-37).

이렇게 구약의 예언들이 이미 성취된 사실들을 볼 때, 구약의 예언 가운데서 하나님께서 자기 자신을 계시해 오셨다는 사실을 누가 부인하며, 하나님이 이에 대한 강력한 증거를 가지고 있지 않다고 할 사람이 있겠는가? 하나님께서 이런 예언들 가운데서 자신을 계시하셨다면 다른 예언들을 통해서도 그렇게 해오셨다는 사실을 못 믿을 이유가 도대체 무엇이란 말인가?

3) 예수 그리스도 안에 나타난 특별 계시

하나님에 대한 일반 계시는 이방 세계를 하나님의 존재, 성품, 뜻과 관련하여 명백하게 이해하도록 이끌지 못한다. 바울은 이 사실을 분명히 언급했다(롬 1:20, 23). 철학마저도 인간에게 하나님에 관한 참된 개념을 제시하지 못한다. 그래서 바울은 세상의 지혜에 대하여, "하나님의 지혜에 있어서는 이 세상이 자기 지혜로 하나님을 알지 못하므로"(고전 1:21)라고 말했다. 그리고 한 걸음 더 나아가 참된 지혜에 관해 "이 세대의 통치자들이 한 사람도 알지 못하였나니 만일 알았더라면 영광의 주를 십자가에 못 박지 아니하였으리라"(고전 2:8)라고 선언했다.

자연과 역사와 인간의 양심에 하나님에 대한 일반 계시가 있음에도, 이방 세계는 신화론과 다신론과 우상숭배로 돌아가고 있다. 그러므로 우리에게는 그보다 완전한 계시가 절실히 필요하다. 기적과 예언과 신의 현현에 나타난 하나님에 대한 추가적인 특별 계시도, 선민(chosen people)을 자처하던 이스라엘 백성도, 하나님의 성품과 그의 뜻에 대한 진정한 지식으로 이끌지 못했다.

이스라엘은 참되시고 거룩하시며 살아 계신 하나님을 믿었으나, 그들의 하나님에 대한 개념은 매우 불완전하고 왜곡되어 있었다. 그래서 그들은 하나님에 대해, 아브라함의 육체적 후손이 되는 것만이 하나님의 은총과 축복을 받는 조건이 되게 하시고, 이스라엘 외의 이방인들은 아브라함의 후손에 미치지 못하는 열등한 사람으로 보고 계시는 분으로 보았다(마 3:8-12, 12:17-21; 막 11:17). 이러한 이스라엘에게는 하나님에 대한 그보다 충분한 계시가 필요했다.

예수 그리스도는 역사의 중심이요 계시의 중심이다. 히브리서 저자는 "옛적에 선지자들을 통하여 여러 부분과 여러 모양으로 우리 조상들에게 말씀하신 하나님이 이 모든 날 마지막에는 아들을 통하여 우리에게 말씀하셨으니"(히 1:1-2)라고 말했다. 그는 그 아들을 "하나님의 영광의 광채시요 그 본체의 형상"(히 1:3)이라고 소개했다. 바울은 그 아들에 대해 "보이지 아니하는 하나님의 형상"(골 1:15)이시며, "그 안에는 신성의 모든 충만이 육체로 거하시고"(골 2:9)라고 말했고, 요한은 "본래 하나님을 본 사람이 없으되 아버지 품속에 있는 독생하신 하나님이 나타내셨느니라"(요 1:18)라고 말했다.

예수 그리스도는 친히 말씀하기를, "아버지 외에는 아들을 아는 자가 없고 아들과 또 아들의 소원대로 계시를 받는 자 외에는 아버지를 아는 자가 없느니라"(마 11:27), "나를 본 자는 아버지를 보았거늘"(요 14:9)이라고 하셨다. 결국 교회는 처음부터 그리스도 안에서 아버지에 대한 최고의 계시를 본 것이다.

우리는 그리스도 안에서 하나님에 관한 3중적인 계시를 얻었다. 그것은 곧 하나님의 존재와 성품과 뜻에 대한 계시다. 어떤 예언자보다도 그리스도는 하나님의 존재를 가장 잘 증거해 주신다. 그리스도는 사람들 가운데서 하나님의 삶을 사셨기 때문이다. 그리스도는 자신의 생활과 하나님과의 계속적인 친교 가운데서 아버지의 임재를 단순히 최고로 의식하는 것에서 그친 것이 아니라(요 8:18, 28-29, 11:41, 12:28), 그리스도 자신이 곧 하나님이라는 사실을 다음 여러 가지 양상을 통해 보여 주셨다.

그리스도 자신의 주장(요 8:58, 17:5), 무죄한 생활(요 8:46), 교훈(마 7:28-29; 요7:46), 역사(役事)(요 5:36, 10:37-38, 15:24), 직분과 특권(마 9:2, 6; 요 5:22, 25, 28), 아버지에 대한 관계(마 28:19; 요 10:38) 등이다. 그리스도는 하나님의 절대적인 거룩함(요 17:11)과 하나님의 심오한 사랑(요 3:14-16), 하나님은 모든 사람이 아닌 하나님이 보내신 그의 독생자를 믿는 자의 아버지가 되신다는 사실(마 6:32, 7:11; 요 8:41-44, 16:27)과 하나님의 신령한 성품(요 4:19-26) 등을 계시하셨다.

또한 그리스도는 하나님의 뜻을 계시하셨다. 하나님의 뜻은, 모든 사람이 반드시 회개하고(눅 13:1-5), 그리스도를 믿으며(요 6:28-29), 아버지의 온전하심같이 온전해지는 것이다(마 5:48). 그리고 믿는 자는 구속의 복음을 온 세상에 널리 전파해야 할 위대한 사명이 있는 것이다(마 28:19-20). 그리스도 안에 나타난 하나님에 대한 계시는 역사 중에서 가장 심오한 사실인 만큼 우리 인간이 가장 유의해서 고려해야 할 문제다.

4) 성경에 나타난 특별 계시

진정한 그리스도인은 성경에서 사실상 가장 분명하고 오류가 없는 하나님에 대한 유일한 계시를 얻는다고 항상 주장해 오고 있다. 그러나 우리는 오히려 그러한 계시들의 구체적인 실현으로 보아야 한다. 예를 들어, 성경은 옛사람들이 자연, 역사, 양심 등을 통해 얻을 수 있었던 하나님에 관한 지식과 또 하나님의 피조물과의 관계를 기록하고 있지만, 또한 이적과 예언과 주 예수 그리스도와 내적 경험 및 하나님의 지시를 통해 얻을 수 있는 그런 사실들도 아울러 기록하고 있다. 그러므로 그리스도인은 성경을 신학 형성상 가장 우월하고 유일하게 오류가 없는 근원으로 본다. 하나님의 특별 계시로서의 성경은, 다음 2부 '문자화된 진리-성경'에서 자세히 다루게 될 것이다.

5) 개인적 체험에 나타난 특별 계시

모든 시대의 사람들이 하나님과 직접적인 교제를 가졌다고 고백해 왔다. 그들은 자연, 역사, 양심을 통해서만 하나님을 안 것이 아니라, 기적과 예언을 통해서, 그리고 직접적인 개인의 체험을 통해서도 하나님을 알았다고 선언하고 있다. 우선 구약의 경우를 살펴보자.

에녹과 노아는 하나님과 동행했다(창 5:21-24, 6:9). 하나님과 대화를 나누었던 인물들은 노아(창 6:13, 7:1, 9:1), 아브라함(창 12:1-3), 이삭(창 26:24), 야곱(창 28:13, 35:1), 요셉(창 37:5-11), 모세(출 3:3-10, 12:1), 여호수아(수 1:1), 기드온(사 6:25), 사무엘(삼상 3:2-4), 다윗(삼상 23:9-12), 엘리야(왕상 17:2-4), 이사야(사 6:8) 등이다.

신약에서 하나님의 말씀을 직접 들은 인물은 예수(마 3:16-17; 요 12:27-28), 베드로와 야고보와 요한(막 9:2, 7), 빌립(행 8:29), 바울(행 9:4-6, 18:9), 아나니아(행 9:10) 등이다.

하나님의 말씀을 직접 듣고 대화하며 친교를 나눈 사람들은 그 생애에 놀라운 변화가 있었다(시 34:5; 참고. 출 34:29-35). 이 체험자들은 친교를 나누던 주님을 점점 닮아갔다(행 6:15; 참조. 고후 3:18). 예수의 열두 제자 중 특히 요한에게 그러한 현상이 두드러지게 나타난 것으로 보인다(요 13:23-25; 요일 4:7-11).

그러나 체험자들의 황홀한 감정과 변화된 인격이 결코 유일한 결과일 수는 없다. 하나님과의 친교는 그 친교와 더불어 하나님에 관한 좀 더 심오한 진리에 대한 계시를 수반하며, 그런 친교를 가진 자에게 교회와 세상을 위한 하나님의 메시지가 위임된다. 하나님은 개인적인 친교를 통해 단순히 메시지만 주시는 것이 아니라, 그 메시지를 선명하게 오류 없이 재생할 수 있도록 성령의 감동을 주신다(딤후 3:16; 벧후 1:21). 그러므로 개인적인 체험 안에 나타난 하나님에 관한 계시는 영감의 자료를 유출해 내는 중요한 자원이다. 그러나 좀 더 완전한 의미로 우리는 다음과 같이 말할 수 있을 것이다. 즉, 사람이 체험한 하나님에 관한 다양한 계시들로부터 성령 하나님은 어떤 것을 선택하셔서 그것을 성경에 영감으로 오류 없이 기록하도록 간섭하셨다. 이에 우리는 하나님에 대한 계시, 그중에서도 특별히 성경에 기록된 계시에서 신학을 옹호하고 신학을 가능케 하는 자료를 얻게 된다.

3. 인간의 기능(The Endowments of Man)

하나님께서 자기 자신을 친히 계시하셨다면, 인간은 그런 계시를 어떻게 소유할 수 있는가 하는 문제를 제기할 만하다. 이에 대하여 우리는 이렇게 답한다. 즉, 인간의 독특한 기능 없이는 외적 또는 내적 세계가 하나님에 대하여 아무것도 계시할 수 없을 것이다. 이 주제에 대해 이미 부분적으로 쉐드(Shedd)의 말을 인용한 바 있지만, 여기서는 더욱 충분히 그의 말을 인용해 보고자 한다. 쉐드는 이렇게 말했다.

"성경은 인간 지성의 창조자에게 모든 이성의 활동을 돌린다. 인간의 의식 속에 하나님과 아무 관계가 없고, 하나님으로부터 완전히 고립된 것은 아무것도 없다. 하나님은 갖가지 종류의 '빛의 아버지'(약 1:17)시다. 하나님은 인간의 체질을 통해서 알려질 수 있는 것은 무엇이나 '보여 주신다.' 수학적 직관과 논리적 법칙으로 볼 때는 자족적(自足的) 기능처럼 보이는 인간의 이성마저도, 성경에는 의존적(依存的) 성질의 것으로 제시되어 있다. 인간이 직관적으로 지각할 수도 있다. 그러나 그렇게 되는 경우는, 단지 최고의 이성적 존재자(Supreme reason)가 자기를 밝혀 주기 때문에 가능한 것이다."[19]

인간의 기능에는 두 종류가 있다. 곧 정신적 기능과 영적 기능이다. 이에 대하여 다음과 같이 고찰해 보고자 한다.

1) 인간의 정신적 기능

하나님에 관한 계시와 하나님으로부터 오는 계시에 대한 사상을 배격하는 사람은 자기의 모든 문제점의 해결책을 위해 이성(理性)에게로 향한다. 역사의 과정 안에서 나타난 세 가지 형태의 합리주의(合理主義, rationalism)가 있었다. 그것은 무신론, 범신론적, 유신론적 합리주의다. 무신론적 합리주의는 초기 헬라 철학자들 가운데서 나타났는데, 대표적인 인물은 탈레스(Thales), 아낙시만드로스(Anaximander), 아낙시메네스(Anaximanes), 엠페도클레스(Empedocles), 헤라클레이토스(Heraclitus), 레우키포스(Leucippus), 데모크리토스(Democritus) 등이었다. 범신론적 합리주의는 아낙사고라스(Anaxagoras)와 스토익파(The Stoics)에서 나타났다. 유신론적 합리주의는 처음에 18세기 영국 및 독일에서 자연신교(自然神敎, Deism)의 형태로 나타났다. 그러나 이 모든 형태의 합리주의는 종교 문제에서 이성에게 부당한 권위를 돌리고 있기에, 진정한 신자는 여기에 관심조차 두지 않는다. 여기서 이성은 단순히 인간의 논리적 능력이나 인간의 합리화하는 능력을 의미하는 것이 아니라, 인식능력 곧 지각하고, 비교하고, 판별하고, 조직화하는 능력을 의미하는 것이다. 하나님은 이런 이성을 인간에게 부여하셨다. 그러므로 이성을 사용하는 것이 잘못된 것이 아니라 그것의 남용이 잘못된 것이다. 여기서 이성의 모든 남용된 사실을 논한다는 것은 불가능하다. 그러나 신학 연구상 하나님께서 우리에게 부여하신 이성의 네 가지 기능을 언급하고자 한다.

① 이성은 진리를 아는 데 필요한 기관 또는 능력이다.

직관적인 이성은 우리에게 공간과 시간과 원인과 실체와 설계와 바름과 하나님에 관한 기초적인 개념을 제공한다. 이런 것은 부수적인 지식의 상태다. 이해적인 이성은 제시된 사실에 대해서 이해를 추구한다. 어떤 사물을 안다는 것과 이해한다는 것 사이에는 구별이 있음을 인식해야 할 것이다. 우리는 나무가 자란다든지, 의지가 수의근(隨意筋, 마음대로 움직일 수 있는 근육)을 움직인다든지, 예수 그리스도는 신인(神人)이라는 사실을 안다. 그러나 과연 그런 사실들이 어떻게 그렇게 되는 것인지에 대해서는 충분히 이해하지 못하고 있다.

② 이성은 진술의 진실성을 판단한다.

'진실성'이란 의미는 '믿을 수 있는지'의 여부를 말한다. 세상에는 소가 달을 뛰어넘는다든지, 달나라에서 토끼가 방아를 찧고 있다든지 하는 동화같이 있을 수 없는 비진실의 사실들도 있다. 우리의 이성은 이런 진술의 진실성을 가려내 선포하는 임무를 지니고 있다. 우리는 불가능한 일을 제외하고는 무엇이나 믿을 수 있다. 혹 어떤 일이 너무 이상해서 설명할 수도 없고, 또 지적이지 않더라도 그것을 완전히 신뢰하고 믿을 수 있다. 만일 우리가 이해할 수 없는 것이라고 해서 믿기를 꺼려만 한다면, 실제로는 아무것도 믿을 수 없을 것이다. 물론 모순을 내포한 것, 하나님의 알려진 성품과 불일치하는 것, 하나님이 우리에게 주신 신앙의 법칙에 위배되는 것, 그리고 기타 권위를 지닌 진리와 모순되는 것들은 인정할 수 없다.

③ 이성은 진술의 증거를 판단한다.

믿음은 동의를 포함하고 있으며, 동의는 증거에 의한 확신이기 때문에, 증거 없는 믿음은 비이성적이거나 불가능하다. 그래서 이성은 어떤 계시가 담고 있는 전달 사항과 또 그 계시를 기록하고 있는 문헌의 신임성을 조사, 탐구한다. 그 기록이 진짜인가 가짜인가, 또는 순수한가 혼탁한가를 마땅히 문의해 보아야 할 것이다. 이 증거는 생각하고 있는 그 진리 자체의 성질과 부합되지 않으면 안 된다. 역사적 진리는 역사적 증거를 필요로 하며, 경험적 진리는 실험의 증거를 필요로 하며, 수학적 진리는 수학적 증거를, 도덕적 진리는 도덕적 증거를, '성령에 속한 일들'은 성령의 나타남을 각각 필요로 한다. 많은 경우에 동일한 진리를 변호하는 데 나타나는 증거는 실로 다양할 것이다. 예를 들면, 그리스도의 신성(神性)에 관한 신앙을 입증하는 데서 그러한 현상이 벌어질 것이다. 더 나아가 증거는 타당해야 할 뿐 아니라 충분해야 한다. 즉, 이 증거를 제시받은 각 사람이 건전한 정신에 동의를 명할 만한 증거여야 하는 것이다.

④ 이성은 제시된 사실들을 하나의 체제로 조직한다.

벽돌 한 더미만으로 집이 될 수 없듯이 단순히 계시 사실들로서 유용한 체계가 성립되지는 않는다. 이성은 종합적 사실을 발견하고, 거기에 모든 적절한 사실들을 첨가하여 동등한 조직과 종속된 조직 속으로 적절히 배치해 준다. 이것은 이성의 체계화 능력으로서 본능적인 주장이다. 그러므로 이성이 신학상 매우 중대한 위치를 차지하고 있음이 분명하다.

2) 인간의 영적 기능

모든 사람은 회개와 예수 그리스도에 대한 신앙이 없어도, 단지 엄격한 교육과 사색을 통해 그들이 하나님에 대해 가지는 별칭(別稱)인 '궁극적 실체'(ultimate reality)에 직접적으로 접촉할 수 있다고 주장하는 철학적 신비가들의 견해를 우리는 단연코 배격한다. 그러한 신비가가 말하는 '종교적' 체험이 무엇이든 간에, 그것은 예수 그리스도와 성령의 중재를 통해 진정한 하나님과 친교하는 그리스도인의 체험은 아니라는 것이 명백하기 때문이다.

우리는 17세기에 일어났던 경건파(Pietism)와 퀘이커파(Quakerism),

정적주의(Quietism)의 극단적인 형태 역시 배격한다. 극단적인 형태의 경건파는 하나님과의 절대적인 연합의 가능성, 곧 성경의 교훈을 무시한 하나님과의 일치됨의 가능성을 신봉했다. 극단적인 형태의 퀘이커파는 모든 사람은 성경의 교훈과는 완전히 별개의 "내적 빛"을 가지고 있어, 이것이 그들을 경건하고 거룩한 생활로 이끌 수 있다고 주장했다. 또 극단적인 양상의 정적주의(靜寂主義)는 모든 생각과 활동이 중지되고 영혼이 하나님 안에 몰입되는 완전한 정적의 상태로 들어가는 하나님과의 친교를 추구했다. 그러나 불행하게도 이들 모두 신자의 귀한 특권인 영적 기능이 극단으로 흘러가는 경우가 허다했고, 심지어 어떤 형태의 퀘이커파에서는 구원받지 못한 사람도 그런 특권을 소유했다고 말했다.

그러나 이러한 비성경적인 견해를 다소라도 참작한 연후에, 우리는 사람은 하나님에 관한 본능적인 지식을 소유하고 있다고 본다. 성경은 이렇게 말한다.

> "이는 하나님을 알 만한 것이 그들 속에 보임이라 하나님께서 이를 그들에게 보이셨느니라 창세로부터 그의 보이지 아니하는 것들 곧 그의 영원하신 능력과 신성이 그가 만드신 만물에 분명히 보여 알려졌나니 그러므로 그들이 핑계하지 못할지니라"(롬 1:19-20).

여기서 우리가 특별히 지적하고자 하는 것은, 우리 인간에게는 하나님과 진실되고 소중한 교제를 할 수 있는 성경적인 기능이 주어졌다는 사실이다. 그것은 곧 우리 영혼이 하나님과 직접적인 친교를 나누는 것이다. 이러한 친교는 강력한 신앙의 체험을 가진 신자라면 누구도 부인하거나 버릴 수 없는 성질의 것이다. 그러나 여기에 첨가하여 말하고자 하는 것은, 모든 신자에게 수여된 '성령의 조명' (illumination of Holy Spirit)이 있다는 것이다. 예수께서 이렇게 말씀하셨다.

> "내가 아직도 너희에게 이를 것이 많으나 지금은 너희가 감당하지 못하리라 그러나 진리의 성령이 오시면 그가 너희를 모든 진리 가운데로 인도하시리니 그가 스스로 말하지 않고 오직 들은 것을 말하며 장래 일을 너희에게 알리시리라"(요 16:12-13).

사도 바울은 다음과 같이 말했다. "우리가 세상의 영을 받지 아니하고 오직 하나님으로부터 온 영을 받았으니 이는 우리로 하여금 하나님께서 우리에게 은혜로 주신 것들을 알게 하려 하심이라"(고전 2:12). 즉, 성령은 우리로 하여금 하나님께서 이미 자기 자신에 대하여 보여주신 계시를 이해할 수 있도록 도와주신다. 그것은 특별히 성경에 나타난 하나님의 계시다. 그러므로 진리를 추구하는 자에게는 자기 자신의 이성은 물론 성령의 도움이 있어야 하며, 당연하게도 이 성령의 도움은 오직 주 예수를 구주로 믿고, 성령으로 거듭난 하나님의 자녀에게만 유효한 것이다.[20]

6장

유신론(有神論)

서론: 신에 대한 인식 문제

앞서 언급한 것과 같이, 동양에서는 유교의 '하늘'[天]이나 상제(上帝)는 물론이고, 제일 원리로서의 태극(太極)이나 노자의 '도'(道)가 다 그 속성으로 보나, 그 작용으로 보나 신에 유사한 면이 많이 있다. 서양에서는 고대 헬라의 엘레아 학파의 '유'(有)의 개념이나 아낙사고라스(Anaxagoras, BC 500~428)의 '누스'(Nous), 플라톤의 '이데아'(Idea)는 하나님을 '영원한 정신'(the eternnal mind)으로 보았다. 아리스토텔레스의 경우는 하나님을 '우지아'(ousia) 혹은 '만물의 제일 근원'으로 보았고, 플로티노스(Plotinus, 204~269)는 '플루톤'(Plouton) 즉 '태원'(太原)의 개념으로, 데카르트는 '실체'(substance)로 보았다. 또 라이프니츠(Leibnitz, 1646~1716)는 '중심단자'(中心單子)론을 말하며, "사물의 최종적 원인이 하나님이라 불린다"고 말했고, 요한 피히테(Johann G. Fichte, 1762~1814)는 하나님은 우주의 도덕적 질서로서, 실제로 생활 속에 움직이는 질서라고 설명했다. 게오르그 헤겔의 경우는 하나님을 '절대정신'으로 생각했다. 그러나 그 정신은 인간의 이성과 사상 속에 의식되기 전까지는 무의식적 정신이었다. 쉘링(Scheling, 1775~1854)은 하나님을 '절대자'(The Absolute)로 보았고, 매튜 아놀드(Matthew Arnold, 1822~1888)는 '의를 향한 경향성의 조류'(stream of tendency that makes for righteousness)와 동일시했다. 스피노자(Baruch Spinoza, 1632~1675)는 다음과 같이 신을 정의했다. "신은 절대적인 우주의 실체, 모든 존재의 진정한 원인, 모든 존재의 원인일 뿐 아니라, 모든 존재 그 자체로서 모든 특수한 구체적 존재는 그 존재 자체의 변형(變形)에 불과하다."[21]

현대에도 하나님의 존재에 대하여 몰이해하거나 오해하는 예를 조금 더 거론해 보면 다음과 같은 것들이 있다. 토스 캐플러(Thos Kepler)가 저술한 《현대 종교 사상(Contemporary Religions Thought)》이란 책에 의하면, 지질학자 커틀리 마터(Kirtly F. Mather)는 "하나님은 우주 안에 내재한 신령한 능력으로서 우주 창조에 관여했다"라고 말한다.[22]

헨리 코핀(Henry S. Coffin)은 하나님에 대해 이렇게 말했다. "우주의 배후 그리고 우주 안에 있는 창조적인 위력으로서 자기 자신을 힘, 생명, 질서, 미(美), 사상, 양심, 사랑으로 나타내시는 분이다."[23] 그는 하나님을 인격적이라고 말함으로 하나님은 우리와 인격적인 관계를 맺고 계신다고 말하기를 좋아했다. 그런가 하면, 에드워드 에임스(Edward S. Ames)에게서 하나님은 "실재에 대한 인격화되고 이상화된 전반에 관한 개념"이었는데, 이것은 엉클 쌤(Uncle Sam)의 관념과 유사하다.[24]

이렇게 신의 개념에 대한 많은 사람의 다양한 견해가 있으나, 그중 상당한 부분이 하나님의 속성을 나타내고 있음을 발견하게 된다.

영국의 모니어 윌리엄스(Monier Williams, 1819~1899) 경은 원시(原始) 불교에는 신이 없으므로 원시 불교는 종교라고 볼 수 없다고 말했다. 신과 종교의 관계를 불가불리(不可不離)의 개념으로 본 것이다. 그 후 네덜란드의 종교학자 틸레(Tiele, 1830~1902)는 원시 불교에는 신이 없으나, 불교 신자들에게는 신 대신에 부처가 있으므로 원시 불교도 종교가 아니라고 볼 순 없다고 하였다.

원시 불교, 곧 소승(小乘) 불교는 순전한 자력(自力) 사상을 가지고 타력적(他力的) 신앙을 배척하기 때문에, 현세의 고(苦)는 전생(前生)의 악업에 따른 결과에 지나지 않는 것으로 본다. 또 장래의 해탈성불(解脫成佛)도 현세의 정업(正業)으로만 얻을 수 있는 것이기 때문에, 어디까지나 자업자득(自業自得)으로 천상에 올라가 신선(神仙)이 되든지, 지옥에 떨어져 귀졸(鬼卒)이 되든지 모두가 다 자기가 조작한 것으로 본다. 무슨 다른 존재가 있어 은혜를 베풀거나 보상을 주는 것이 아니라는 것이다. 그러나 그 후에 일어난 대승(大乘) 불교에 이르러서는 아미타불(阿彌陀佛)이나 관세음보살(觀世音菩薩) 같은 이를 신봉하고 그에게 예배하며 기도를 드림으로 타력적인 종교로 전향되었다.

앞서 잠시 살펴본 대로 유신론 종교라 해서 모두 동일한 신관을 가지고 있는 것은 아니다. 유신론에서 의미하는 내용에 모두가 동의하는 것도 아니다. 따라서 유신론이라는 용어는 다음과 같은 네 가지 의미로 통용되고 있다.

① 하나의 초자연적 세력이나 초자연적 세력들, 하나의 영적 대행자나 영적 대행자들, 하나의 신이나 많은 신을 믿는 신앙에 대해 유

신론을 공유하고 있다. 이 견해는 신들의 종류나 숫자가 어떻든 상관하지 않고, 하나의 신 또는 신들을 믿는 여러 가지 형태를 총망라 하는 것으로서, 단지 무신론을 배격하는 입장이다.

② 오직 한 하나님의 존재를 믿되, 그 하나님이 인격적이든 비인격적이든, 우주 안에서 현재 살아 역사하든 하지 않든 상관하지 않는 신앙에 대해 유신론을 쓰고 있는 경우다. 이 견해는 일신론(一神論, monotheism), 범신론, 자연신교를 포함하고 있다. 단지 이 견해는 무신론이나 다신론, 또는 한 신이 있는 것을 믿는 것이 아니라, 많은 신 중 한 신만을 믿고 섬기는 단일신론(單一神論, henotheism)을 배격할 따름이다.

③ 초월적이며 내재적이며 오직 한 인격으로만 존재하는 하나의 인격적인 신을 믿는 신앙에 대해 유신론을 쓰고 있는 경우다. 이것은 유대교, 이슬람교, 하나님에 관한 유니테리안(Unitarian)의 개념으로, 무신론이나 다신론, 범신론, 자연신교 등을 반박하고 있다.

④ 내재적이고 초월적이며 아버지와 아들과 성령으로 알려진 삼위(三位)의 인격적인 특징을 지니고 존재하시는 한 분의 하나님을 믿는 신앙에 대해 유신론이 쓰이고 있다. 이 마지막 견해가 기독교적 유신론의 입장이다. 이 마지막 유신론은 앞서 서술한 3가지 유신론에 대한 모든 개념을 반대한다. 이 기독교적 유신론은 일신론적 형태이나 유니테리안과는 다른, 삼위일체(三位一體)적 유일신론(唯一信論)이다. 그리스도인은 언급된 기타 모든 신념은 하나님에 대한 그릇된 개념을 지니고 있으나, 삼위일체적 유일신론만이 그리스도인의 유일하고 참된 신관이라고 믿고 주장한다.

지금까지 언급한 바와 같이 마지막 유신론만이 신론에 대한 가장 만족스러운 해석이다. 본서는 이와 같은 성경적 관점에서 유신론을 채택할 뿐 아니라, 이 신관(神觀)에서부터 진리를 규명하고, 이 진리 안에서 인류가 옛날부터 오늘에 이르기까지 추구해 온 그 '지복'(至福, the Beatitute)과 '구원'의 길을 제시할 것이다.

하나님의 정의와 존재(Definition and Existence of God)

여기서는 하나님의 정의를 규정하고 하나님의 존재에 관한 의미 있는 주장을 전개하고자 한다. 이 두 가지 주제는 다른 모든 신학적 연구에 기본이 되는 만큼 특별히 고려해 볼 만한 가치가 있다. 우리는 여기서 하나님에 대한 중요한 개념과 그의 존재에 관한 좀 더 의미심장한 논증들을 직면하게 될 것이다.

1. 하나님의 정의(The Definition of God)

우리가 사용하고 있는 언어 중에는 특정한 의미를 전달하는 데 오랫동안 사용되어 왔기 때문에 그것과 별개의 의미를 전하기에는 부적절한 용어가 허다하다. 이런 경우는 신학적 논쟁에도 흔히 발생한다. 가령 '하나님'(God)이란 용어가 최근 너무나 오용되고 있기에 기독교 체계에서 뜻하고 있는 그 본래적인 의미를 되찾아야 할 필요성이 요구되었다. 이제 우리는 이와 같은 오용된 용어의 경우를 잠시 고찰하고, 하나님에 관한 성경적 명칭과 기독교적 하나님에 관한 개념의 신학적 공식을 서술코자 한다.

2. 하나님에 대한 성경적 명칭들

인물이나 장소에 대한 성경의 명칭들은 매우 중요한 의미를 지니고 있지만, 이상하게도 하나님에 대한 근본적인 명칭들로부터는 별로 큰 도움을 얻지 못하고 있는 것이 사실이다. 이제 이 사실을 검토해 보고자 한다.

고대에 하나님에 관해 가장 널리 사용되어 온 용어 중 하나는 '엘' (אֵל)이다. 여기서 '엘림'(אֵילִים) '엘로힘'(אֱלֹהִים), '엘로아'(אֱלוֹהַּ)가 파생되었다. 헬라어의 'θεός', 라틴어의 'Deus', 영어의 'God'처럼 '엘'도 하나의 포괄적인 속명(屬名)으로서 여러 계급의 신을 총망라하고 있다. 하나님을 나타내는 명칭의 어근인 '엘'(אֵל)은 '위엄'과 '권위'를 나타낸다. 하나님은 우주 위에 계신 위엄과 권위의 대주재(大主宰)이심을 나타낸다. 게세니우스(Gesenius)는 '엘'을 '강하다'(to be strong)라는 동사의 일부로 여겨 '강한 자'(The Strong One)라고 했다. 뇔데케(Noeldeke)는 '앞에 나서다'(to be in front)라는 아랍어의 어근과 결부시켜 '치리자' (Governor) 혹은 '지도자'(Leader)라 했다. 딜맨(Dillman)은 '엘'을 '능력' (power) 또는 '힘'(mighty)이란 의미를 지닌 어근으로 추적해 나갔고, 레가르데(Legarde)는 '목표'란 의미를 지닌 어근으로 해석했다. 그러나 데이비드슨(A. B. Davidson)은 그의 저서《구약 신학》에서 '엘'의 복수형인 '엘로힘'(אֱלֹהִים)은 단수 개념을 지시하고 있는 단수 동사 및 형용사와 더불어 규칙적으로 사용되고 있는바, 이것은 구약 저자들에 의한 것이라며, 복합어인 '엘 엘리온'(אֵל עֶלְיוֹן)은 '지고하신 분'으로, '엘 샤다이'(אֵל שַׁדַּי)는 '전능자'(The Almighty)라고 설명하고 있다.[25]

'여호와'(יְהוָה) 혹은 '야훼'(Yahweh)는 이스라엘 하나님의 '우월성'에 대한 개인적 명칭이다. 히브리인들은 '존재하다'(to be)라는 뜻의

'하야'(היה)와 결부시켜 '자존자'란 의미를 지닌 것으로 생각하지만, 오늘날 학자들은 이런 변이와 해석에 도전하고 있다. 이 명칭은 의미심장한 복합어의 상태로 구약 성경에 자주 나타나는데, 이는 다음과 같다.

'여호와 이레'(יהוה יראה)는 '여호와께서 준비하시리라'(창 22:13-14)라는 뜻이고, '여호와 라파'(יהוה רפא)는 '치료하시는 하나님이다'(출 15:26)라는 뜻이다. '여호와 닛시'(יהוה נס)는 '하나님은 나의 깃발이다'(출 17:8-15), '여호와 샬롬'(יהוה שלום)은 '여호와는 우리의 평강이다'(삿 6:24), '여호와 라'(יהוה רעי)는 '여호와는 나의 목자다'(시 23:1), '여호와 치드케누'(יהוה צדקנו)는 '여호와는 나의 공의다'(렘 23:6), '여호와 삼마'(יהוה שמה)는 '여호와께서 거기 계시다'(겔 48:35)라는 뜻이다.

이 밖에 '나의 주'(my Lord)라는 뜻인 히브리어 '아도나이'(אדני)는 종이 주인에게, 아내가 남편에게 하듯, 의존과 순종을 표현하는 것으로 예언서에 자주 나타나고 있는 명칭이 있다. '만군의 여호와'를 뜻하는 '여호와 체바오트'(יהוה צבאות)는 예언 문헌과 포로 이후 문헌에 빈번히 나타난다(시 84:1; 사 1:9, 6:3 등). 혹자는 이 명칭을 군주 시대에 이스라엘의 군대와 함께하시던 하나님의 임전을 가리킨다고 하나(삼상 4:4, 17:45; 삼하 6:2), 그보다 가능성 있는 해석은 호전적(好戰的) 기질을 전혀 가지고 있지 않은 천사들 및 하늘의 천군과 함께하시던 하나님의 임재(臨在)를 뜻하는 것이라 하겠다(시 80:1, 4 이하; 사 37:16; 호 12:4-5).

신약에서 헬라어 '데오스'(θεός)는 히브리어 '엘'(אל), '엘로힘'(אלהים), '엘 엘리온'(אל עליון)의 자리에 들어가는 동의어다. 구약의 '샤다이'(שדי)와 '엘 샤다이'(אל שדי)라는 명칭은 신약 성경에서 '판토크라토'(παντοκράτωρ)와 '데오스 판토크라토'(θεός παντοκράτωρ)로 번역되고 있다. 때때로 '야웨'(Yehweh)란 이름은 '알파'(A)와 '오메가'(Ω)로, "이제도 계시고 전에도 계시고 장차 오실 이" "처음이요 나중이요" "시작과 끝"으로 번역되기도 했다(계 1:4, 8, 17, 2:8, 21:6, 22:13). 그 외는 히브리어 구약 성경을 헬라어로 번역한 70인역(LXX)을 따르는데, 여기서는 '야웨'(Yehweh) 대신 '아도나이'(Adonai)로 대치했다가 나중에 그것을 '주'(主, the Lord)라는 뜻인 '큐리오스'(Kurios)로 번역했다. 구약 성경에 이스라엘과 하나님의 특별한 관계를 나타내는 '아버지'라는 명칭(신 32:6; 시 103:13; 사 63:16; 렘 3:4, 19)은 신약 성경에서는 헬라어 '파테르'(pater)로 번역되어 더욱 빈번하게 나타난다(마 6:9, 13, 11:27, 12:50; 눅 11:2; 요 17:1-5).[26]

3. 하나님에 관한 신학적 정의

하나님에 대한 몇 개의 훌륭한 정의를 진술하기 전에, 우리가 과연 하나님을 정의할 수 있는가 하는 문제를 제기하고자 한다. 혹자는 하나님은 정의될 수 없다고 말한다. 하나님을 정의할 수 있다는 것은, 하나님에 관해 우리가 모든 것을 다 안다는 말이 되기 때문이다. 그러나 이런 이유를 들어 하나님을 정의할 수 없다는 견해에 대하여 나는 스미스(Smith)의 다음과 같은 답변에 동의한다.

> "만일 우리가 정의란 말의 의미가 완벽한 견해를 뜻하는 것으로서, 알고자 하는 주제를 완전하게 포착하고 또 완전하게 이해하여 말하는 것이라면, 우리로서는 하나님에 관한 정의를 내릴 수 없을 것이다. 또 이런 의미에서 하나님을 정의한다는 것은 하나님을 제한하는 일이 될 것이다. 그러나 정의란 말은 다른 의미로도 사용되고 있다. 우리가 어떤 문제를 긍정적으로 답변할 수 있는 두 개의 주

된 의미가 있다.

(1) 어떤 존재, 말하자면 실체나 사물의 근본적인 속성 또는 성질을 열거하거나 (2) 어떤 주제의 유개념(類槪念, genus)과 종차개념(種差槪念, differentia)을 내리는 논리적인 정의다. 이 두 경우에서 우리는 하나님이 어떤 분이신가에 대하여 적어도 개괄적인 이해를 포착할 수 있다."[27]

두 의미가 모두 완벽한 것은 아니지만, 그렇다고 부정확한 것은 아니다. 우리는 어떤 사물에 관해 모든 것을 전부 다 알지는 못해도, 어느 정도까지는 정확하게 알 수 있다. 이런 속성들은 진실된 것으로 나타난다. 우리는 또 하나님께 속한 유개념을 진술할 수도 있으며, 다른 유개념과 하나님을 구별되도록 하는 종차개념을 지적할 수도 있다. 가령, 의자는 앉을 수 있는 사물이다. 이것은 유개념을 말하고 있는 것이다. 그런데 그 의자가 등받이가 있는 단일 의자다. 이 경우에는 다른 의자와는 구별되는 종차개념을 말하고 있다. 벤치는 긴 의자로 둘 이상의 사람이 앉을 수 있다. 이렇게 하나님은 '한 분의 지존자이시다'라고 말할 수 있으며, 그 후에는 하나님에게 있는 다른 피조적 존재들과는 상이(相異)한 양상(樣相)을 지적해 낼 수 있는 것이다.

「웨스트민스터 소요리 문답」 제4문답은 "하나님은 어떤 분이신가?"이며, 이에 대해 "하나님은 영이시며(요 4:24), 그의 존재하심(출 3:14; 왕상 8:27; 시 90:2; 약 1:17)과 지혜(시 147:5; 롬 16:27)와 권능(창 17:1; 계 19:6)과 거룩하심(사 57:15; 요 17:11; 계 4:8)과 공의로우심과 선하심(신 32:4)과 인자하심(시 100:5; 롬 2:4)이 무한하시고(출 34:6; 시 117:2) 영원하시며 변함이 없으신 분이다"라고 답한다.

일찍이 찰스 하지(Charles Hodge)는 그의 《조직신학》에서 이 「웨스트민스터 소요리 문답」 제4문답에 대하여 "인간의 필치로 기록한 것 가운데서 하나님에 관한 가장 훌륭한 정의다"라고 말하며, "이것이 참된 정의인 것은, 하나님께 관설(關設)되어야 할 실유(實有)들의 반열(班列)을 진술하기 때문이다. 하나님은 영이시다. 그리고 그는 그의 실유와 완성(完性)들의 무한, 영원, 불변함의 측면에서 다른 모든 영들로부터 구별되신다. 이것은 또한 우리의 신 관념에 대한 총체적 진술인 한에서 가장 원만한 것이다"라고 말했다.[28]

마르텐센(Martensen)은 하나님에 관한 정의의 핵심은 '하나님은 영이시다'(요 4:22)라는 말에 있으며, "하나님은 영이시기 때문에 일차적으로 자기를 '주'(Lord)로 계시하시지만, 자기 자신을 세상과 구별되고 분리되게 하시는 주가 아니라, 세상을 자기와 화목하게 하시는 영원한 사랑이시다(요일 4:16)"라고 말한다.[29]

마일리(Miley)는 "하나님은 절대적인 지식과 능력과 선을 지니신 능력과 영원하신 인격적 존재이시다"라고 말했다.[30] 그러나 그의 정의는 하나님의 영성과 거룩함과 같은 특이한 속성들을 다수 생략하고 있기에 하나님의 정의로는 미흡하다.

스미스(H. B. Smith)는 "하나님은 그의 존재와 속성에서 절대적이며, 인격적이고, 거룩하며, 무한하신 영으로서 우주의 기초와 원인이시다"라고 했다.[31]

그런가 하면, 스트롱(A. H. Strong)은 말하기를, "하나님은 만물의 근원과 유지와 목적을 가지고 계신 무한 완전하신 영이시다"라고 하였다.[32]

하나님의 정의로서 가장 포괄적이며 간단한 스트롱의 정의와 「웨스트민스터 소요리문답」 제4문답의 정의가 가장 좋은 것으로 보인다.

4. 하나님의 존재 인식

우리는 앞 장에서 하나님은 자신을 계시하시고, 인간은 이 계시를 받아들일 능력을 지니고 있음을 논했다. 이제는 하나님의 존재에 대한 논증을 진술할 차례다. 하나님의 존재에 대한 논증은 크게 세 부류로 나누어 고찰해 보고자 한다.

1) 하나님의 존재에 대한 신앙은 직관적(直觀的)이다

하나님의 존재에 대한 신앙은 성경에 대한 신앙보다도 논리상 앞서야 하는 신앙이다. 어떤 한 신앙이 보편적이며 필연적일 경우 그것은 직관적이다. 칸트는 그의 저서 《순수이성 비판》에서, "필연성과 보편성은 경험적 지식에서부터 순수한 것을 구분해 내는 데 소용되는 오류 없는 시험물(tests)이며, 이 양자는 서로 불가분리의 관계에 있다"라고 말했다.[33]

성경과 역사 양자 모두가 하나님에 대한 신앙은 보편적인 것임을 증명하고 있다. 사도 바울은 다음과 같이 주장했다. "이교도들도 자기들의 불경건과 부도덕을 핑계할 수 없을 정도로는 하나님에 관한 지식을 충분히 지니고 있다. 그러나 하나님을 알되 하나님을 영화롭게도 하지 않고 감사하지도 않는다"(롬 1:20-21).[34]

바울은 아무리 타락한 사람이라도 죄 가운데 사는 사람은 사형에 해당한다는 것쯤은 알고 있으며(롬 1:32), 또 모든 사람은 그 마음에 새긴 율법의 행위를 나타낸다고 말했다(롬 2:15).

역사는 우리 성품의 종교적 요소는 이성적 또는 사회적 요소만큼 보편적인 것임을 보여 주고 있다. 유명한 인류학자 슈미트(William Schmidt)는 이렇게 말한다. "이 '신적 존재자'는 원시 문화권 속에 있는 사람들 가운데서도 발견된다. 신적 존재자의 모양이나 능력이 어디서나 동일하지는 않지만, 그 위치는 단연 최고의 지배적 수준에 이르고 있음은 의심의 여지가 없다."[35]

모펏(Moffat)은 아프리카 어느 종족은 일체 종교가 없다고 주장한 바 있는데, 이는 그의 사위 데이비드 리빙스톤(David Livingstone)의 다음과 같은 말에 의해 수정되었다고 스트롱(Strong)은 그의 저서에서 밝히고 있다. "하나님의 존재와 미래에 대한 신념은 아프리카 어느 지역에서나 인정되고 있다."[36]

슈미트는 또 이렇게 말한다. "테스만(W. Tessman)이 인디안(Indians of Ucayali) 가운데서 '신 없는 사람'들을 한번 찾아보려는 최후 시도를 최근에 해보았으나, 인종학적 비판주의에 의해 크게 반격을 당하고 말았다."[37]

이렇게 하나님의 존재에 대한 신앙은 필연적이다. 이는 우리가 우리 타고난 성품의 법칙을 파괴하지 않고서는 하나님의 존재성을 부인할 수 없다는 뜻에서 필연적이다. 만일 우리가 하나님의 존재를 부정한다 해도, 그런 부정은 강제로 된 것으로서 오직 일시적일 뿐이다. 이것은 마치 시계추가 내적 혹은 외적 힘에 의해 중심부를 좌우로 왔다 갔다 하는 것처럼, 사람도 하나님의 존재에 대한 자기의 정상적인 신념 주위를 왔다 갔다 할 뿐이다. 즉, 압력이 제거될 때 시계추가 본래의 자리로 오듯이, 사람도 거짓된 철학의 영향력 아래 의식적으로 놓이지 않을 때 하나님을 믿게 되는 정상적인 신앙으로 돌아오는 법이다. 하지(Hodge)는 이렇게 말했다.

"어떤 사람이 형이상학적(形而上學的) 이론의 영향을 받아, 외부

세계의 존재나 도덕적 법칙의 규범을 부정할지도 모른다. 그의 불신앙이 진지하기도 하며, 얼마 동안이지만 지속적일 수도 있을 것이다. 그러나 자기의 불신앙에 대한 추상적인 ㅇ유가 마음 안에서부터 사라지는 순간, 그 마음은 필연적으로 원러의 정상적인 확신으로 되돌아간다. 사람의 손이 굳어지거나 마비되어 감각기능을 상실할 수는 있지만, 그렇다고 그 사람의 손이 틀림없는 접촉의 큰 기관이 아니라는 사실을 입증하지는 않는다."[38]

이와 같이 하나님의 존재에 대해 인간이 소유한 보편적 필연적 신앙은 직관적이다. 이런 신앙은 이성의 필연적 추론(推論)으로 설명될 수 없다. 하나님의 존재에 대한 증거는 너무도 명약관화(明若觀火)해서 지성이 그것을 받아들이지 않을 수 없기 때문이다. 이성의 필연적 추론과 같은 귀납적 결과 따위는 단지 교육 받은 자나 할 수 있다. 그러나 불가지론과 무신론 따위는 이성적 활동의 교육을 받지 않은 사람들보다도 오히려 교육을 받은 사람들 가운데서 더 빈번히 나타나고 있는 실정이다. 하나님의 존재에 대한 보편적 필연적 신앙을 단순히 전통(傳統)으로 돌려 설명할 수도 없다. 우리는 하나님에 대한 초기 계시가 세대를 거듭해서 전수된 사실을 인정하지만, 이것이 신앙에 대한 모든 설명이 된다고 믿지는 않는다. 성경은 하나님의 법이 사람의 마음에 새겨졌다고 선언하고 있다(롬 2:14-16). 우리는 계시가 세대를 거듭해서 전수되었다는 주장이 인간 속에 있는 신앙의 힘은 설명하지 못하고 있음을 깨닫게 된다.

2) 하나님의 존재성은 성경에 의해 확인된다

우리는 성경이 모든 사람을 하나님의 존재를 믿고 있는 것으로 보고 있다는 사실을 누차 밝힌 바 있다. 모든 사람이 하나님의 존재를 알고 있음을 전제로 하기에 성경은 하나님의 존재를 증거하려는 시도를 하지 않는다. 에번스(Evans)는 이렇게 말했다.

"신구약의 어느 저자도 하나님의 존재에 대한 증거나 주장을 시도한 것 같지는 않은 듯이 보인다. 하나님의 존재를 언제 어디서나 이미 기정사실로 보고 있기 때문이다."[39]

성경은 "태초에 하나님이 천지를 창조하시니라"(창 1:1)라는 위엄 가득한 선언으로 시작한다. 그리고 계속해서 하나님의 존재를 기정사실로 취하고 있다(창 1:3-4 등). 성경이 하나님의 존재에 대하여 보여 주는 태도가 이와 같을 뿐 아니라, 성경은 하나님이 알려질지도 모른다는 사실을 주장하거나 증거하지도 않으며, 혹은 하나님에 관한 지식이 어떻게 인간의 마음속에서 일어나는지에 대해서도 추상하지 않는다.

데이비드슨(Davidson)은 이렇게 말했다. "사람들은 하나님을 알고 있다고 스스로 확신하고 있으며, 사람들의 의식과 모든 정신이 하나님에 대한 생각으로 충만해 불타고 있고, 또 성령을 통해서 하나님은 사람들을 감동케 하고 깨닫게 하시며, 사람들의 모든 역사를 인도하고 계시는 만큼 하나님이 알려질 수 있다고 주장하는 일 따위를 왜 굳이 새삼스럽게 생각할 필요가 있었겠는가?"[40]

성경에는 하나님에 대한 일반 계시와 특별 계시가 있으며, 이 계시들이 성경을 하나님의 말씀으로 믿게 하는 확신의 근거가 된다. 이것에 대해서는 II부 '성문화된 진리'에서 상세히 다룰 것이다.

3) 하나님의 존재에 대한 신앙은 제 논증에 의해 확증된다

칸트가 모든 이성적 논증이 절대로 무가치하다는 것을 보여 준 것으로 많은 사람이 주장하고 있지만, 칸트 자신은 결코 그런 주장을 한 적이 없다. 오히려 칸트는 다음 사실을 인정했다. "비록 순수 사색적 이성이 초월적 존재자의 존재를 과시하는 데는 부족하지만, 다른 기타 수단에 의해서 초월자를 인식할 수 있다는 전제하에서 볼 때, 순수 사색적 이성은 초월자에 대한 우리의 개념을 수정하는 일에 크게 활용되고 있다."[11]

그러나 우리는 하나님의 존재에 대한 논증을 연구할 때 다음 사실을 염두에 두어야 할 것이다. ① 그런 논증들은 하나님의 존재 증명에 대한 독자적인 논증이 아니라, 하나님 존재에 대한 우리 인간의 고유한 확신에 대한 확증과 설명이라는 것이다. ② 하나님은 영이시므로, 우리는 물질적 사물의 존재 증명에 요구되는 것과 같은 형태의 증명을 요구해서는 안 된다. ③ 하나님의 존재 증명은 누적적(累積的)이다.

하나님의 존재 증명은 오직 하나의 논증만으로는 부적절하다. 여러 논증이 종합될 때 단편적인 것보다 이해 증진에 도움이 되고, 신앙을 불러일으키는 일에 유용할 것이므로. 여기서는 하나님의 존재에 대한 제(諸) 논증을 소개한다.

① 우주론적 논증
이 논증은 다음과 같이 언급될 수 있다. "존재하기 시작한 만물은 적절한 원인이 있음이 분명하다. 우주가 존재했다. 그렇다면 그 우주는 생성의 적절한 원인을 분명히 지니고 있을 것이다." 이에 대

한 대전제(大前提)가 신약 히브리서 3장 4절에 있다.

"집마다 지은 이가 있으니 만물을 지으신 이는 하나님이시라."

흄(Hume)과 그의 추종자들, 그리고 최근에는 소수의 과학자를 제외하고는 이 전제에 도전하는 이는 아무도 없다. 흄은 자신이 이 전제를 거절한 이유는, 이 전제가 이성적으로 증명될 수 없기 때문이라고 했다. 그러나 그의 저술을 연구해 보면, 그는 스스로 모순을 범하고 있음과 그도 우리와 같이 결국 직관에 기초해서 원인을 믿고 있음이 드러난다.[42]

어떤 과학자들은 신적 활동의 가능성을 제거하고 이렇게 결론을 내리기도 했다. 즉, 자기들이 물리적 원인을 발견할 수 없을 때는 아무것도 존재하는 것이 없다는 식이다. 그러나 성경의 대전제는 여전히 건재하고 있다.

"태초에 하나님이 천지를 창조하시니라"(창 1:1).

많은 사람이 소전제(小前提)에 도전하고 있다. 그들은 우주가 영원하다거나, 영원하게 피조되어 왔다고 주장한다. 그러나 유명한 지질학자와 인류학자의 추산(推算)은 잠(Zahm), 도슨(Dawson), 라이트(Wright), 패티슨(Pattison) 파프(Pffaff) 등과 같은 학자들과 모순되고 있다.[43] 천문학은 하늘에 대변화가 있었다고 말하며, 지질학은 지상에 대변화가 있었다고 말한다. 이 모든 사실은 현재의 우주 질서가 영원하지 않음을 보여 주고 있다.

더욱이 세계의 질서는 부수적 곧 의존적 존재다. 칸트는 이렇게 말한다. "어떤 사물이 존재한다는 전제에서 볼 때, 나는 어떤 사물이 필연적으로 존재한다는 추론을 버릴 수 없다."[44]

그는 자신의 책에서 세계의 의존적 성격을 인정하고 있다. 개개의 모든 부분은 다른 부분에 의존하고 있으며, 또 다른 부분과 일정한 관계를 수립하고 있다. 전체를 구성하고 있는 수많은 부분이 의존적 존재들일 때 전체를 자존적(自存的) 존재라 할 수 있을까? 결과적인 양상에서는 연속이 존재한다. 원인이 결과를 낸다. 그러나 원인은 그 자체가 또한 기타 어떤 것의 결과다. 그러므로 하나의 '제일 원인'(第一 原因, First Cause)이나 '원인들의 영원한 연속'이 있음이 분명하다. 그러나 후자는 생각할 수 없는 문제다. "우주는 달리고 있다"라는 제임스 진(James Jean)의 책에서처럼 만일 우주가 달리고 있다면, 그것은 자립적인 존재는 아니며, 또한 자립적 존재가 아니라면 그것은 필연코 시작이 있었을 것이다.[45]

우주론적 논증이 증명하고 있는 내용은 무엇인가? 그것은 단지 세상 안이든 밖이든, 인격적이든 비인격적이든 하나의 필연적 존재자가 있다는 것이 아니다. 이는 하지(Hodge)가 주장한 것과 같은 내용으로, 그의 우주론적 논증은 다음과 같다. "우주론적 논증은 현세를 떠나 있는 초월적 존재자가 있다는 것이다. 그것은 지금 존재하고 있는 모든 것은 그 자체의 존재 원인이 외부에서 왔다는 원인의 원리를 주장하기 때문이다."[46]

쉐드(Shedd)가 말한 것처럼, "유한한 정신의 세계는 우주의 일부분이기 때문에" 제일 원인은 지적(知的)임이 분명하다.[47] 그러므로 우리는 다음과 같이 결론을 내릴 수 있다. 우주론적 논증이 증거하고 있는 내용은, 우주는 적절한 원인에 의해 존재하게 되었으며, 이 원인은 우주 밖에 있는 존재로 지적(知的)이라는 것이다. 후자의 관념은 앞으로 제시될 논증에서 좀 더 명백히 확정될 것이다.

② 목적론적 논증

목적론적 논증은 다음과 같이 언급되고 있다. 하나의 조직 속의 질서와 유용한 배열(配列)은 생성 원인의 지성과 목적을 나타낸다. 우주는 일목요연한 질서와 유용한 배열을 특징으로 구성되어 있다. 그러므로 우주는 지성과 자유적 원인을 지니고 있다. 이에 대한 대전제는 시편 94편 9절에 나타나 있다.

"귀를 지으신 이가 듣지 아니하시랴 눈을 만드신 이가 보지 아니하시랴."

실로 계획도 없이 질서와 유용한 배열이 있을 수 있다는 관념, 곧 질서와 배열이 법칙이나 우연한 기회의 작용에 기인한 것이라고 하는 관념은 비지성적이며 비상식적이므로 우리는 이를 배격한다. 자연법칙의 상호 의존적 특성은 그러한 관념을 배제하고 있다. 더욱이 이런 법칙들은 자기 원인적이거나 자존적인 것이 아닐 뿐 아니라, 다만 법칙 수여자와 법칙 유지자를 전제하고 있는 것이다. 예를 들면, 중력의 법칙은 자체적으로 설명할 수 없다. '왜 그렇게 작동하는가?' 하고 문의할 뿐이다.

쉐드(Shedd)는 이렇게 말한다. "중력의 법칙처럼 사물이 우연한 방법으로 가동하는 기회란 백만 번 가운데 단 한 번도 있을 수 없다. 그것은 기적만큼이나 일어나기 어려운 현상이다."[48]

소전제는 오늘날 좀처럼 논박을 당하지 않고 있다. 칸트는 이렇게 말한다. "우리는 이 세상 안에서 목적으로 충만한 배열에 대한 명백한 증거를 관찰할 수 있다. 이는 위대한 지혜로 된 것이다. 그리고 형언할 수 없는 다양한 천체적 내용 안에 그 목적의 배열이 존재하고 있으며, 그 범위에서는 제한이 없다."[49] 그런가 하면 스트롱은 이렇게 말한다. "소전제는 모든 과학의 작용원리를 제시하고 있다. 즉, 그것은 모든 사물은 나름대로 이용도(利用度)가 있고, 질서는 온 우주에 관통하고 있으며, 자연의 방법은 곧 이성적 방법이라는 말이다."[50]

사실 사람을 포함해서 모든 식물과 동물계의 구조는 질서와 적응을 지시하고 있다. 식물이나 동물, 사람은 너무나 조직적으로 구성되어 있기에 필요한 먹이를 충당해야 하며, 성장하고 종자를 생산하게 되어 있다.

우주 천체를 볼 때, 떠돌이별 유성, 작은 유성(화성과 목성의 궤도 사이 및 그 부근에 산재하는 별 무리), 위성, 혜성, 유성(流星), 성좌(星座) 등은 우주 안에서 거대한 원심력과 구심력에 의해 일정한 자기들의 궤도를 지키고 있다. 원자(原子), 양자(陽子), 중성자(中性子), 이중핵자(二重核子), 중간자(中間子), 전자(電子)는 질서적인 배열을 나타내고 있다.

다음으로 우리는 생명계와 비생명계 간의 관계를 볼 수 있다. 빛, 공기, 열, 물, 흙 등은 식물과 동물의 생명 유지를 위해 마련된 것이다. 여기에 우리는 자연법칙의 일반적인 일률성(一律性)을 추가해도 좋을 것이다. 그래서 사람들은 농작물을 심고 거두기도 하며, 인간의 복지 증진을 위해 과학적 발견을 활용하기도 한다.

목적론적 논증의 증거 내용은 무엇인가? 인간과 동물이 무용한 기관(器官)들, 곧 '퇴화된 구조들'을 지니고 있다는 이유를 들어 목적론적 논증은 무한(無限)한 것이라고 말하고 있지만, 정작 목적론적 논증은 그 사실을 부인하고 있다. '무용한' 기관들이 결국 무용한 기관들이 아니라는 사실을 과학이 누차 발견해 오고 있는 실정이며,

그 효용도(效用度)가 아직 발견되지 않은 기관들도 사실은 나름대로 효용성을 지니고 있을 것이라는 가정이 가능할 수 있기 때문이다. 칸트는 목적론적 논증은, "기껏해야 세계의 건축자의 존재를 과시할 뿐, 만물이 예속되어 있는 우주 창조주의 존재에 대해서 과시하지는 못한다"라고 말했다.[51]

칸트의 이런 진술에도 우리는 다음과 같이 주장한다. 목적론적 논증이 증거하고 있는 것은, 제일 원인(第一 原因, the First Cause)은 지적이며 자유로울 뿐 아니라, 우주 밖에 초월적으로 존재한다는 것이다. 우주 만물의 생성 계획이나 과정이 단순히 내부에서 발산한 것 같지 않고, 오히려 주로 외부에서 나온 것이기 때문에 그렇게 추론할 수 있다. 그것은 외부의 사물을 유기체(有機體)에 적응시키며, 수백만 마일이나 떨어져 있는 광대한 우주 안에 있는 사물의 실체를 배치하고 질서 있게 배열한 사실로 보아 알 수 있는 것이다. 그러므로 우리는 목적론적 논증은 제일 원인이 지적이며, 자유로우며, 초현세적이며, 인간의 상상을 초월하는 위대한 것임을 입증한다고 결론을 내린다.

③ 실체론적 논증

일반적으로 말해서 이 논증은 하나님에 관한 관념 안에서 신적 존재성을 증명하려는 것으로, 모든 사람은 직관적으로 하나님에 관한 관념을 지니고 있으며, 그 관념 자체에서 하나님의 존재에 대한 증명을 찾으려 한다고 말한다. 안셀무스(Anselm, 1033~1109), 데카르트 (Descartes, 1595~1650), 클라크(Clarke, 1675~1729) 등은 제각기 상이한 방법으로 이 논증을 언급하고 있다. 그러나 어느 진술도 만족스럽지 못하나, 다만 안셀무스의 진술이 다른 두 진술보다는 훌륭하다.

안셀무스는 《독어록(Monologium)》에서 원인과 결과의 관점에서 하나님의 존재에 대한 질의를 시도했으며, 《Plrosogium》에서는 이성의 한 관점에서 질의를 시도했다. 후자의 진술에서 그는 다음과 같이 말하고 있다. "우리는 절대 완전자의 존재에 대한 관념을 지니고 있다. 그런데 존재는 완전한 하나의 속성이다. 그러므로 절대 완전자는 존재하지 않으면 안 된다." 그러나 이것은 논리적 구실에 불과하다. 계속해서 칸트는 이렇게 말했다. "절대 필연적 존재에 대한 개념은 단순한 관념이며, 그것의 객관적 실체는 사실과 거리가 멀다. 절대 필연적 존재는 이성의 필요라는 단순한 사실에 근거하기 때문이다."[52]

우리는 단순한 추상적 사상에서 실재의 존재를 연역해 낼 수 없다는 사실, 곧 하나님에 관한 관념이 그 자체에 하나님의 존재에 대한 증거를 지니지는 못한다는 사실에 동의한다. 그러나 실체론적 논증이 하나님의 존재를 증명하지는 못하지만, 진정 하나님이 존재한다면 그가 어떻게 존재하는지는 보여 주고 있다. 앞서 살펴본 우주론적 논증이 이미 인격적인 원인과 우주에 대한 외적 고안자의 존재를 증명하고 있지만, 지금의 실체론적 논증은 이 존재자는 무한하고 완전하시다는 사실을 증명하고 있다. 그것은 이런 특질들이 논증에 의해 무한 완전자의 특질이 되기 때문이 아니라, 우리의 정신적 구조가 이와 달리 생각할 수 없기 때문이다.[53]

오르(Orr)는 그린(T. H. Green)이 이 논증에 대해 가장 훌륭한 진술을 내렸다고 판단한다. 그린은 "사상은 모든 존재하는 것, 심지어 모든 가능하거나 상상할 수 있는 존재의 필요 요건이다"라고 말했다. 그리고 다음과 같이 선언한다: 이성은 그 본질에서 생겨 나와 모든 가능한 지식의 조건이 되는 보편적 필연적 원리들의 근원이다. 그 자체의 본질적 성품을 지닌 이 이성은 그 주위의 세계로부터 반영된 배경을 발견한다. 우리는 우리 자신들 안에서 발견되는 원리를 통해 구성된 하나의 세계가 있음을 본다. 그것은 시공상(時空上), 수와 양, 물질과 본질, 원인과 결과로 구성된 세계다. 따라서 그런 세계는 우리가 알 만하고 우리 존재의 한 객관적 대상이 될 수도 있다.

그러므로 우리는 이런 결론에 이른다. 즉, 세계는 우리 자신의 이성과 유사한 하나의 이성으로 구성되어 있다.[54] 그러나 이와 같은 모든 진리와 지식의 보편적 필연적 조건들이 나의 개인적 지성 속에도 존재한다는 근거는 없다. 그런 조건들은 하나의 절대적 이성 안에서 그 위치와 근거를 가진다. 그것은 곧 존재하는 모든 것의 절대적 요건이다.

④ 도덕적 논증

칸트는 이론적 증거로서는 도덕적 존재자로서의 하나님에 관한 지식을 우리가 얻을 수 없음을 지적한다. 도덕적 존재자로서의 하나님에 관한 지식을 얻기 위해서는 실천이성(實踐理性, Practical Reason)에 의존해야 하기 때문이라는 것이다. 그는 책임과 의무의 사실은 적어도 존재의 사실만큼이나 확실하다고 말했다. 칸트는 양심에 근거해서 자유, 불멸성, 하나님을 주장하고 나섰다. 성경도 하나님의 존재 증명에서 도덕적 논증에 호소하고 있다(롬 1:19, 2:14-16).

스트롱은 이 논증에 대해 다음과 같이 말한다. "양심은 최상의 권위를 지닌 도덕적 법칙의 존재를 인식한다. 이 도덕적 법칙을 의식적으로 파괴하면 그다음에는 적막감과 심판에 대한 공포가 따른다. 이 도덕적 법칙은 사람이 스스로 부과한 것이 아니며, 이 심판의 위협도 스스로 집행이 되는 것이 아니다. 이 도덕적 법칙과 심판의 위협은, 법칙을 부과한 거룩한 의지의 존재와 도덕적 성품의 위협을 자아내게 하는 형벌적 능력의 존재를 주장한다!…도덕적 명령에 나타난 의지는 우리의 의지보다 더 우월하다. 그렇지 못하다면 그런 의지는 명령을 발할 수 없을 것이다."[55]

첫째, 무엇보다도 먼저 영구한 도덕적 법칙이 있다. 그 법칙은 우리에게 최상의 항구적인 권위를 지니고 있다. 진화론자들은 이 사실을 인정하려 하지 않는다. 그들은 모든 것이 유동적이며, 계속 변화하고 있다고 생각한다. 그러나 양심은 우리가 스스로 우리에게 부과한 것도 아니며, 우리의 사회생활에 의해 우리의 고유한 본능에서부터 발전되어 온 것도 아니라는 점이 다음과 같은 사실로부터 명백히 드러난다. 즉, 의무감은 우리의 기호, 쾌락, 행운, 사회적 관습 등에 아랑곳하지 않고 오히려 그런 것들과 흔히 대치(對峙)하고 있다는 사실이다. 이런 사실을 볼 때 양심은 우리가 만들어 낸 것이 아님을 알 수 있다. 그러나 양심은 우리에게 행할 바를 말해 주지는 않는다. 다만 양심은 우주 안에는 자연법칙과 함께 도덕적 법칙이 있으며, 우리는 그것을 준수해야 할 의무가 있음을 주장한다.

둘째, 이 도덕적 법칙을 의식적으로 파괴하면, 그다음에는 적막감과 심판에 대한 공포가 뒤따른다. 성경에서 이것을 말해 주는 좋은 예가 다윗이다(시 32:3-4, 38:1, 4). 어거스틴도 같은 사실을 입증하고 있다. 그는 이렇게 말했다.

"그리하여 나는 상심했다. 나는 괴로웠다. 나는 사실 이상으로 심하게 나 자신을 고발했다. 나는 쇠사슬이 완전히 풀리기까지 쇠사슬에 매인 나 자신을 구르고 돌리곤 했다. 그리하여 지금은 다소 의로운 듯하나 아직도 나는 큰 쇠사슬에 결박되어 있다."[56]

윌리엄 셰익스피어(William Shakespeare, 1564~1616)는 그의 작품 《맥베스 부인(Lady Macbeth)》에서, 맥베스 부인이 던컨(Duncan)왕을 살해

한 후 꿈에서까지 양심의 가책으로 괴로움을 당하고 있는 것을 묘사하고 있다.

그러므로 우리는 다음과 같은 결론을 내릴 수 있다: 이 도덕적 법칙은 인간이 스스로 인간에게 부여한 것이 아니며, 심판의 공포도 인간 스스로 집행한 것이 아닌 이상, 이 법칙을 부과하는 하나의 거룩한 의지와 이 도덕적 성품의 위협을 자아내게 하는 하나의 형벌적 능력이 있다. 이에 우리의 양심은 이렇게 외친다.

> "사람아 주께서 선한 것이 무엇임을 네게 보이셨나니 여호와께서 네게 구하시는 것은 오직 정의를 행하며 인자를 사랑하며 겸손하게 네 하나님과 함께 행하는 것이 아니냐"(미 6:8).
> "하나님은 모든 행위와 모든 은밀한 일을 선악 간에 심판하시리라"(전 12:14).

다시 말하면, 양심은 위대한 율법 수여자이신 하나님의 존재와, 하나님의 율법 파괴에 대해 내리는 형벌이 있다는 사실을 인식하는 것이다.

⑤ 일치론적 논증

이 논증은 관련된 사실들을 가장 잘 설명해 주는 근본원리(하나의 가정)는 사물 간에 서로 일치되는 실질적인 것이라는 사실에 기초한다. 이 논증이 말하는 내용은 다음과 같다: 하나님의 존재에 대한 신앙이 우리의 정신적, 도덕적, 종교적 성품을 가장 잘 설명해 준다. 그것은 또한 물질적 우주도 가장 잘 설명해 준다. 그러므로 하나님은 존재하신다.

이 논증은 만약 이 근본원리가 없다면 관련된 사실들을 진실하게 설명하는 것은 불가능하다고 주장한다. 과연 이 논증이 타당한

것인지 살펴보자.[57]

우리는 이러한 형태의 논증이 과학에 놀라운 결과를 초래했다고 말할 수 있다.

로웰(Percival Lowell)은 해왕성(Neptune)의 움직임을 오랜 시간 관찰해 왔다. 그리고 그는 변화를 일으키는 그 지역 안에는 어떤 큰 천체가 있음이 분명하다는 결론을 내렸다. 1930년 성능이 좋은 망원경을 가지고 천체를 예의 주시하며 연구 검토한 결과, 그는 지금까지 알려지지 않았던 유성인 명왕성(Pluto)를 발견하게 되었다. 그것은 태양계의 외부에 있던 천체였다. 이 원리는 현미경으로나 보이는 미물세계에서부터 예증되기도 한다. 원자를 구성하고 있는 부분들은 육안으로는 발견되지 않는다.

이 원자 형성 부분들의 양(量)을 추산하는 것은 그것들이 생산하는 결과와 그것들이 들어가는 연합을 통해 알 수 있다. 우리는 망원경과 현미경을 통한 연구에서, 관련된 사실들을 설명하고 조화시키는 하나의 근본원리는 진실하다는 결론을 내린다. 유신론적 근본원리가 물질적 우주의 사실과 일치 조화됨은 물론이거니와, 우리의 정신적, 도덕적, 종교적 성품의 모든 사실과도 일치되고 조화되고 있으므로, 동일 원리에 근거한다면 우리가 하나님의 존재에 대하여 의심하거나 그의 존재하심에 대한 결론을 내리지 못할 이유가 무엇인가?

패턴(Patton)은 이 질문에 긍정적인 답변을 내리면서 다음과 같이 말한다. "열쇠가 자물쇠에 들어가지 않을 경우, 그 열쇠는 그 자물쇠에 해당하는 열쇠가 아니다. 그러나 어떤 이론이 모든 사실을 설명할 수 있다는 것은 그 이론이 진실이라는 것을 강력히 주장하는 것이다. 자존적인 인격적 하나님에 대한 신앙은 자연법칙과 물질세계의 모든 현상은 물론, 우리의 정신적 도덕적 성품의 모든 사실과 일치하고 조화를 이루고 있다. 하나님이 존재하실 경우, 하나님의 존재에 대한 인간의 보편적 신앙은 당연하고, 충분한 이해가 가능하며, 제일 원인자를 추구하는 지성인의 불가항력적 충동도 설명될 수 있다. 우리의 종교적 성품은 하나의 대상을 가진다. 자연법칙의 일률성은 적절한 설명이 가능할 뿐 아니라, 인간 역사는 굉장한 사기(협잡)에 잡혀 있다는 근거 없는 비난에서 보호받을 수도 있다. 반대로 무신론자들은 자기들이 주장하던 바를 도저히 설명할 수 없을 것이며, 그렇다고 해서 역사를 고립시킬 수도 없으며, 우리의 지성적 성품을 사기와 거짓말이라고 말할 수 없게 될 것이다."[58]

우리는 지금까지의 논증으로 인격적이고, 초현세적이며, 윤리적이고, 전지전능하시며, 자기를 계시하시고, 영원 자존(自存)하시며, 만물의 창조자이신 하나님이 존재하신다는 결론에 이른다. 그러나 혹 아직도 하나님의 존재에 대해 확신이 없다면, 다음 장에서 이어지는 '진리란 무엇인가'의 내용과 함께 2부 '성문화된 진리'와 3부 '성육신된 진리'를 통해 기독교 정통교리 중 핵심인 '삼위일체 하나님'에 대한 신앙을 확고히 할 수 있을 것이다.

7장

진리란 무엇인가?

1. 진리에 대한 어원적 고찰

구약 성경에는 '진리'를 뜻하는 '아멘'(אמן)이란 말이 126회 나타난다. 본래 이 말은 '확실하다'(firm), '진실하다'(truth)라는 의미를 지니고 있는데, 오랜 세월 사용하는 가운데 이 외에도 여러 가지 뜻이 가미되었다. 이에 나중에는 '실체'(reality), '믿는다'(believe), '진실로'(truly), '견실한'(solid), '진실한'(true), '확실한'(sure), '신앙'(belief) 등의 뜻이 함축되었다. 이 '아멘'은 유대인들이 회당에서 예배를 드릴 때 흔히 쓰던 말인데, 그대로 신약 시대에도 사용되었으며, 오늘날 모든 그리스도의 교회에서도 예배를 드릴 때 동일한 뜻으로 그대로 사용하고 있다.

1) 구약 시대의 개념

유대인들은 누가 어떤 말을 했을 때, 그 말을 수긍하고 지지한다는 표시로 이 '아멘'을 사용했다. 그러므로 누가 무슨 말을 할 때 옆에서 그 말을 잘 들어야 하며, 그 말의 정당성을 인정하고 그것이 자기 의견과 일치할 때는 '옳다'라는 표현을 해야 했다. 구약 성경의 예를 든다면, 다윗왕의 칙명에 긍정하는 뜻에서 브나야는 '아멘'이라고 말했다(왕상 1:36). 법적으로 어떤 명령이 선포되었을 때, 이에 동의하는 표시로도 '아멘'을 사용했다. 또 어떤 계명을 받아들이는 것은 물론, 계명에 절대적으로 복종할 것과, 그 계명에 따르는 제약과 처벌을 받아들일 것을 서약하는 의미로도 사용했다(민 5:22; 신 27:15 이하; 느 5:13).

이러한 법적 용어가 나중에는 종교적인 용어가 되었다. 특히 회중에서 공중 기도를 하는 사람의 말을 그대로 동의한다는 뜻으로 사용되었다. 일반적으로는 기도 끝에 붙이는 송영과 같이 정중한 고백으로도 사용되었다(대상 16:36; 느 8:6; 시 41:13, 72:19). 또 예배할 때는 회중이 '아멘'으로 거듭 응답하면서 하나님을 찬양하며, 하나님께 간구와 기원을 드리게 되었다.

2) 신약 시대의 개념

신약 시대에서도 구약 시대와 같이 예배 때 회중이 한목소리로 응답할 때 '아멘'을 사용했다. 초대교회에서 이러한 사실은 흔히 찾아볼 수 있다(고전 14:16; 계 5:14). 그들은 기도와 송영 끝에 '아멘'으로 다 같이 동의를 표했다(롬 1:25, 9:5, 11:36; 갈 1:5; 빌 4:20). 또 '아멘'은 하나님을 찬양하는 찬송에도 많이 사용되었는데, 때로는 '할렐루야'의 대구로 사용되기도 했다(계 19:4).

신약 성경에서 히브리어 '아멘'은 헬라어의 '진리'라는 뜻인 '아레데이야'(ἀλήθεια)로 대치되었으나, '아멘'의 '참된'(sure), '진실한'(true)이라는 본래의 뜻을 되살리려 노력했고, 하나님께서 약속하신 것을 긍정하는 표시로 '아멘'을 병용해 사용했다. 이에 신약 교회의 '예'(眞實性)는 곧 하나님의 '예'(信實性)에 대한 응답이다. 그리고 이 '예'(信實性)는 예수 그리스도의 인격을 가리키는 말인데, 요한계시록에서는 "아멘이시요 충성되고 참된 증인이시요"(3:14)라고 표현했다. 이 말은 구약에서 예언된 말씀의 성취를 입증해 주는 말이다(사 65:17-20; 계 3:14). 그리스도께서 중요한 진리를 말씀하시기 전, "진실로 진실로 네게 이르노니"(Ἀμὴν ἀμὴν λέγω σοι)라는 말로 교훈을 시작하신 것도 그러한 의미가 있다. 이 말은 마태복음에 30회, 요한복음의 경우에는 "진실로 진실로"(Ἀμὴν ἀμὴν)라는 표현, 곧 아멘이라는 말을 거듭하여 강조하신 형태로 무려 25회나 나온다. 이로써 예수 그리스도가 메시아적 권위를 가지신 것을 확증해 주며, 예수 자신이 하나님의 대행자로서 절대적인 권위를 나타내 보이셨다.

이에 그리스도는 "나와 아버지는 하나이니라"(요 10:30), "나를 본 자는 아버지를 보았거늘"(요 14:9)이라고 말씀하셨으며, 하나님께서 모세를 애굽에 보내실 때 "나는 스스로 있는 자이니라"(출 3:14, I AM WHO I AM)라고 말씀하시면서 사용하신 '에고 에이미'(I AM)의 용법으로, "나는 선한 목자라"(요 10:11), "나는 양의 문이라"(요 10:7) "나는 참포도나무요"(요 15:1)라고 하시며 자신이 메시아임을 자주 나타내셨다.

2. 진리를 나타내는 구체적 성격

1) 진리의 법적 개념

앞서 진리에 대한 어원적 고찰에서 살펴본 것처럼, 성경에서 우리가 히브리 사상의 줄기를 다루는 한, '진리'라는 말이 근본적으로 '공고', '안전', '신실', '확고부동'의 개념을 나타내고 있다는 것을 알아야 한다. 우리 자신의 일상적인 사상의 형태에서 이 낱말에 제일 먼저 결부되는 개념은, 예를 들면 '참을 말하다'(to speak the truth)는 '정확한 진술을 하다'라는 뜻인데, 이 구절에서 우리가 생각하는 개념은 그 낱말의 근본 개념 가운데 어떤 특수하고 파생적인 면만을 들어 말하는 것이다.

히브리 말 표현에는 '진리의 사람'이라는 말이 있다(참조. 출 18:21; 느 7:2). 그것은 '성실하여 의뢰할 만한 사람'이라는 뜻이다.

또 '진리의 길'이란 말이 있는데, 그것은 목적지에 인도해 줄 확실성을 가진 길을 말한다(창 24:48). '진리의 씨'라는 말은 거기서 좋은 열매를 기대할 수 있는 씨라는 뜻이다(렘 2:21). 또 '진리의 화평'이라는 말은 지속되고 안전한 평화라는 뜻을 가진다(렘 14:13). '참'(true)의 반대말이 '거짓'(false)이듯, 참된 부유는 거짓 부유의 반대이며, 거짓된 안전밖에 줄 수 없는 그런 부유가 아니라는 말이다(눅 16:11).

하나님의 은혜는 참되다(벧전 5:12). 그래서 그것은 안전한 기반을 제공해 준다.

진리대로 심판한다(겔 18:8)는 것은, 객관적으로 사실을 그대로 입증하는 것만을 의미하지 않고, 그렇게 함으로써 당사자들 간의 참된 관계를 밝히며, 또 위험을 당한 생명에게 확고한 기반을 다시 얻게 하는 것을 의미한다(참조. 잠 14:25). 신약 성경의 몇몇 책에는 진리의 개념이 히브리 말의 개념과 통하지 않고, 헬라어 낱말의 개념과 통하는 경우를 볼 수 있다. 헬라어에서는 '진리'라는 말이 '확실성'이나 '신실성'보다는 오히려 드러나 있는 어떤 사실을 사실대로 기술하는 것을 의미한다. 즉, 가려진 것이 아니라 명백하며, 속이는 여러 가지 겉모양에서 벗어난 것들을 의미한다.

2천여 년 전, 로마 황제가 유대 나라 총독으로 임명하여 보낸 본디오 빌라도가 그의 법정에서 예수를 심문했다. 그때 예수가 "내가 세상에 온 것은 진리를 증거하기 위함이며, 진리에 속한 자는 내 소리를 듣는다"라고 말하자, 빌라도는 "진리가 무엇이냐?"라고 질문한다(요 18:37-38). 그리고 곧이어 빌라도는 자기 물음에 자기 스스로 대답한다. "이 말을 하고 다시 유대인들에게 나가서 이르되 나는 그에게서 아무 죄도 찾지 못하였노라"(요 18:38). 여기서 빌라도는 드러나 있는 어떤 사실을 사실대로 기술하는 헬라적 '진리'의 법적 개념으로, '그에게서 아무 죄도 찾지 못하였노라'라고 명백히 증언함으로써 즉 예수가 진리임을 역설했다.

이런 뜻으로 사용된 것이 바울 서신에서 종종 발견되며, 요한복음과 요한의 서신에서도 자주 혹은 조직적으로 사용되고 있다. 그러나 그 두 사상이 서로 배타적인 관계를 유지하는 것이 아니라, 서로 보충하여 결국 같은 뜻을 지향하는 것임을 쉽게 알 수 있다. 그리고 그 둘을 구별하기가 곤란한 경우도 더러 있는 것이 사실이다.

2) 진리의 종교적 개념

여하간 진리라는 말이 종교적 어휘와 신학적 어휘가 된 것은 아주 자연스러운 일이다. 확고하고 안전한 것을 의미하는 말로서 이 단어는 사람에 대한 하나님의 태도와 인간의 생활 속에 임재하시고 활동하시는 특징을 나타내는 데 종종 사용되고 있다. 오늘 우리의 현대역 성경은 거의 무심하게 "진실이 많은 하나님"(출 34:6), 혹은 "진리의 하나님"(시 31:5)과 같은 말을 사용하고 있다. 이와 같이 말의 전후를 환치(換置)하여 쓰는 현대의 낱말들은 원래의 뜻을 부분적으로 밖에 표현하지 못한다는 것을 밝히 보여 준다.

> "내가 나의 영을 주의 손에 부탁하나이다 진리의 하나님 여호와여 나를 속량하셨나이다"(시 31:5).

스스로 신실하시고 자기 약속에 대하여 신실하신 하나님은 항상 신자들의 편이 되어 주시고, 친히 간섭하셔서 신자를 위협하는 불안정과 불행에서 구출하시고, 새 기반을 닦아 생존의 터를 마련해 주시며, 미래의 소망을 열어 주신다. 시편 전체를 통하여 길게 묘사하는 것은, 우상의 허무와 대조되는 하나님의 참되심이다. 나아가 헛된 우상들을 예배하는 자들이 얻는 도움이란 거짓되고 허무한 것뿐임을 말한다. 그러나 하나님의 말씀은 그 전부가 진리이고, 그 본질 자체가 진리다(시 119:142, 151, 160). 즉, 하나님의 말씀은 절대적으로 정당하고 취소할 수 없으며, 생명을 참된 기초 위에 영원토록 세워 주신다. "주의 말씀들이 참되시니이다"(삼하 7:28). 하나님의 약속은 사람이 의뢰할 수 있는 진실이며, 사람은 그것을 신뢰함으로 장래를 향하여 담대히 나아갈 수 있다. "내가 주의 진리 중에 행하여"(시 26:3)라는 말은 하나님을 신뢰함으로 생명의 위협을 무릅쓰고 나아간다는 뜻이며, 그렇게 할 때 나타날 종교적, 도덕적 결과와 무관하게 나아간다는 뜻이다.

"하나님의 행사는 신실하고 바르며, 그의 법도는 믿을 만하여 신실하고 올바르게 수행되나이다"(참조. 시 119:7 이하). 하나님의 법도는 곧 언약의 은혜의 표현이며, 하나님과 그의 백성과의 관계에서 영원한 기초가 된다(참조. 시 93:5).

그리스도는 이스라엘 조상들에게 주셨던 약속들을 확증하시기 위하여, 즉 하나님의 진리(신실함)를 나타내시기 위하여 할례받은 자들의 종이 되셨다(롬 15:8). 그리고 진리라는 말의 의미는 다음 두 구절을 결부하여 볼 때 명백하게 나타난다. 즉, "그들이 신실하지 못했다고 해서, 하나님의 신실하심이 없어지겠습니까?"(롬 3:3, 새번역)라는 구절과 "나의 거짓됨 때문에 하나님의 참되심이 더욱 분명하게 드러나서 하나님께 영광이 돌아간다면"(롬 3:7, 새번역)이라는 구절이다. 이를 볼 때, 하나님의 진리는 하나님께서 이스라엘을 향하여 주신 약속에 대하여 신실하시다는 것 외에 다른 것이 아님이 명백해진다. 동시에 사람의 거짓이라는 것은 그가 하나님을 신뢰하지 않는 일로 구성된다는 것이 확실하다. 예수 그리스도를 참되신 분이라고 부른다면(계 3:7, 14), 그것은 그가 교회와 세계에 대하여 하나님의 구원하시고 심판하시려는 목적을 성취하신다는 것을 뜻한다.

진리는 또한 기록된 하나님의 말씀을 가리키며, 그 말씀으로 하나님께서 자기 백성 가운데 임재(臨在)하시는 것을 자연스럽게 떠올리게 된다. 즉, 그것들은 참된 율법(느 9:13; 말 2:6), 참된 증거, 참된 심판(율법의 조항들, 시 19:8)을 말하며, 혹은 참된 교리 곧 복음과 진리의 말씀(엡 1:13; 약 1:18; 딛 1:9) 등을 가리킨다. 그러므로 진리를 선포한다는 것은 복음을 전파하는 것이고(고후 4:2), 진리에 복종한다는 것은 복음을 믿는 것을 말한다(갈 5:7).

복음은 또한 이단(異端)과 대조하여 진리라고 일컬어지는데(딤전 6:5; 딤후 4:4; 딛 1:14; 벧후 2:2), 이것은 마치 나무와 돌에 새긴 우상과 대조하여 살아 계신 하나님을 '참되시다'라고 부르는 것과 같은 원리다(살전 1:9; 요일 5:20).

3) 진리의 헬라적 개념

요한복음과 요한 서신서에는 '참됨'이라든가 '참'이라는 말이 매우 자주 나오는데, 거기에서 그것들은 거의 일정하게 헬라적인 뜻으로 사용되며, 사물의 실재와 그 본질 자체의 표현을 의미한다. 따라서 이 경우에는 우선 진리는 위태롭게 된 인간 존재에게 안전한 기반을 주는 어떤 것으로 이해되는 것이 아니라, 거기에 빛을 비춰 주는 빛으로 이해된다. 즉, 그것은 계시이며, 사람을 위하여 스스로 드러내어 주시는 신적 실재로서, 사람을 스스로 포로가 되어 있는 거짓에서 구원하여 하나님을 알 수 있도록 하고, 따라서 자기 자신을 알 수 있도록 하는 목적이 있다.

> 말씀이신 예수 그리스도는 참 빛이시며, 각 사람을 밝혀 주시는 하나님 자신의 빛이시다(요 1:1-14).

예수께서 '나는 진리를 말하며, 진리에 대하여 증거한다'(요 8:40, 45 이하, 18:37)라고 말씀하셨을 때, 이것은 그의 말씀이 실재와 부합한다는 뜻만 가진 것이 아니라, 그것들이 하나님 자신의 표현이라는 뜻을 지닌다. 즉, 하나님께서 사람에게 접근하셔서 사람이 뒤집어쓰고 사는 거짓을 폭로하시는 그 신적인 사건 자체를 의미한다. 인간의 거짓이란 곧 사람이 하나님의 말씀을 듣지 않고, 하나님께서 도구로 쓰셔서 말씀하시는 예수를 대적하고 죽이고자 하며, 하나님 없이 독립해서 살고자 하다, 결국은 그 살인자의 희생물이 되고 마는 것(요

8:37, 40, 44)을 말한다. 그러나 하나님은 그리스도께서 증거하신 진리의 말씀들과 그의 희생을 통하여 죄인 된 사람을 불러 스스로 복종케 하며 생명을 얻도록 하신다. 그러므로 진리는 죄인이었던 사람이 하나님께 회개하여 화해를 이루게 하고, 죄와 죽음에서 그들을 해방하시는 하나님의 은혜다(요 5:24-25, 8:32, 34).

예수 그리스도는 말씀이시며(요 1:1), 은혜와 진리가 충만하신 분이시다(요 1:14).

사람에게 허락하신 신적 실재, 곧 은혜가 예수 안에서 충분히 드러났다. 그러므로 예수께서는 "나를 보내신 이는 참(진리)되시며, 나는 그에게서 들은 것을 세상에 선포한다"(참조. 요 8:26, 7:28)고 말씀하실 수 있다. 이에 그는 전적으로 하나님을 의지하고 행동하고 말하며 자신이 하나님의 진정한 대표자라는 것을 언명하신다. 하나님이 그와 항상 함께하시며 그를 떠나지 않으신다. 하나님께서는 그 안에 행하시며 말씀하신다. 그러므로 사람은 예수를 떠나서 혹은 예수 이외에서 하나님을 찾아서는 안 된다. 예수는 자신을 보내신 진리의 아버지로부터 영광을 구하신다. 이로써 그야말로 그는 참되시고 진리이시다(요 7:18, 14:6, 5:31-32). 사람들은 자기 자신의 영광을 구하며, 자기 자신의 이익만을 구한다. 따라서 그의 모든 생각과 생활이 거짓 되다. 그러나 그리스도는 그와 같은 분이 아니며, 오직 하나님과 그의 뜻만을 추구하고, 그의 뜻을 이루려고 세상에 왔노라고 말씀하셨다. 따라서 그는 진리이시며, 그야말로 우리가 그 안에서 만나는 참된 하나님이시다(요 1:1-3, 14, 18, 4:26, 10:30). 그러나 그의 원수들은 서로 자기들의 영광을 구하며, 동료들의 승인 아래 자기들의 기반을 자신 안에서 찾았기 때문에 예수를 믿지 않았다. 따라서 그들은 하나님을 사랑하지 않으며, 그의 재가를 구하지도 않는다(요 5:41-44).

예수는 하늘의 참된 떡이요, 참 포도나무이시다(요 6:32, 15:1).

그의 살과 피는 그를 믿고 따르는 자들의 새 생명을 위한 음식이요 음료다(요 6:55). 사람들은 섭취하는 빵, 곧 음식과 음료수를 통해 생명을 유지하려 하지만, 그것들이 죽음을 대항하여 안전을 가져다주지는 못한다. 그런데 예수는 그와 같이 없어지는 떡(음식)과는 다르다(요 6:27). 또 그는 인간이 꿈꾸는 모든 생명 나무들과도 다르다. 인간이 바라고 추구하는 생명의 나무란 오직 인간 욕심의 표현에 불과하지 않기 때문이다. 예수는 인간을 위한 하나님의 나타나심이며, 하나님의 임재 그 자체이시므로, 그만이 인간을 구원하신다. 예수는 참 포도나무이시다. 그에게서 떨어져 나간 가지는 열매는커녕 조만간에 말라 아궁이의 땔감이 되고 만다(요 15:6).

예수 안에서 하나님이 인간을 만나 주시기 때문에, 이 만남에는 사람에 대한 하나님의 심판이 내포되어 있다. 예수의 심판은 참되다. 그것은 예수를 보내신 아버지께서 그와 함께하시기 때문이다(요 8:16; 참조. 요 5:40). 이것은 하나님께서 그에게 사람에 대한 깊은 지식을 주셨기 때문에 그가 사람들을 공정하게 심판하신다는 것을 의미한다기보다, 오히려 하나님의 대표이신 그를 만남이 구원받을 자와 망할 자에게 결정적이며, 궁극적인 분별이 생긴다는 것을 의미한다.[59]

예수가 자신에 대하여 말씀하시는 것은 "나는 길이요 진리요 생명이다"라는 말씀에 잘 요약되어 있다(요 14:6). 여기서는 그중의 하나가 다른 두 개에 의하여 더욱 명백해진다. 즉 예수가 길이요, 하나님께로 가까이 나아갈 수 있는 방도인 것은 그가 진리이기 때문이며, 동시에 사람을 위한 하나님의 임재로서 인간 생명에게 참 광명을 주고 있기 때문이다. 이같이 그는 또한 생명이시다. 즉, 그를 믿는 사람은 누구든지 구원을 받아 하나님께서 예비하신 그 영원한 처소에서 영생의 지복(至福)을 누리게 되기 때문이다. 그곳은 오직 예수 그리스도를 구주로 믿고 구원받은 자들을 위해 하나님이 선물로 예비하신 "새 하늘과 새 땅"(계 21:1)으로, 하늘의 영원한 처소다(요 14:1-4; 벧후 3:8-13; 계 21:1-7).

4) 진리는 영존하시는 하나님의 본체다

"죄의 삯은 사망이요"(롬 6:23)라고 성경이 언급한 대로, 하나님 앞에서 범죄한 인류의 조상 아담 이래로 모든 사람은 영적으로 죽은 상태다. 즉, 사람은 진리에 대하여 눈이 감긴 상태가 되었고, 죄의 포로가 되어 있는 인간은 그 진리를 찾으려 하여도 헛된 일이고, 이제는 자연적인 통찰력을 가지고는 그것을 인식할 수 없는 자리에 이르고야 말았다. 이것은 진리 되신 예수께서 육신의 몸을 입고 이 세상에 친히 오셨을 때, 그와 동시대에 살던 수많은 사람이 예수를 목격하고 그의 말을 듣고 하나님만이 행하실 수 있는 많은 기적을 보았음에도 그의 말을 믿지 않고, 언제나 그에 대하여 오해하고 있었다는 사실이 예증한다(요 3:4, 4:15). 그뿐 아니라, 예수의 제자들 자신도 예수께서 말씀하시는 진리, 즉 구원의 도리를 이해할 수 없었다. 그래서 예수께서 장차 진리의 성령이 오셔서 그들을 모든 진리 가운데로 인도하실 것이고, 장래 일을 그들에게 알리시리라고 말씀하셨다(요 16:4-15). 또한 성령은 예수께서 말씀하신 대로 그들에게 임하여, 그들을 가르치고 예수께서 말씀하셨던 말씀들을 기억나게 하실 것이다. 즉, '성령이 너희에게 하나님의 진리(진실)를 전해 줄 것이다'라고 약속하셨는데, 말씀하신 그대로 그들에게 이루어졌다(요 14:26; 참조. 요일 2:20, 27).

이와 동일한 사상이 다른 술어로 사도 바울에게서도 나타난다(고전 2:6-16). 바울은 "죄의 삯은 사망이요"라고만 말하지 않고, 곧이어 "하나님의 은사는 그리스도 예수 우리 주 안에 있는 영생이니라"라고 덧붙였다(롬 6:23). 이처럼 성령은 예수 자신과 같이 '진리'로 호칭(呼稱)되었고(요 14:16-17, 15:26), 신적인 실재로서 계시 자체 내에서 활동하며, 사람들로 진리를 인식할 수 있게 하고(요 14:26), 말씀 자체를 비추는 신적인 능력인 진리의 성령 하나님이시다.

5) 진리에 대한 지식과 믿음은 실존적이며, 전인의 자기 위임이다

진리가 무엇인가에 대한 깨달음과 그 진리에 대한 지식과 믿음은 이론적인 것이 아니라 '실존적'(實存的)이며, 전인(Total man)의 자기 위임(self-committal)에 뿌리를 내린 생생한 실재다. 성령이 나누어 주시는 그 지식은, '예수가 그리스도(메시아)이시다'라는 진리다(요일 2:20-22; 참조. 고전 12:3). 이 지식은 학술적이며 신학적인 공식으로 나타나는 것이 틀림이 없지만, 본질적으로는 계몽과 회심(回心)을 포함하는, 즉 나는 예수 안에서 '길'과 '생명'과 '진리'를 인식한다는 것과, '나는 하나님께 대한 나의 반역을 포기한다'는 것을 내포한다. 그리고 이 진리를 알고 믿는다는 것은, 그것으로 인해 내가 성령으로 '중생'(Regeneration)하여 '하나님의 자녀'가 되고, 하나님으로부터 '칭의'(Justification)를 받고 '성화'(Sanctification)되는 것이며(요 17:17, 19), 허위와 죄의 종살이에서 해방되어 그리스도 안에서 새로운 피조물이 되는 신생(新生)을 의미한다(고전 6:19-20, 10:31; 고후 5:17). 사람이 진리를 아는 것은 예수 그리스도 안에 거하는 한에서만 가능하며, 계속적인 신앙생활을 통해서만 가능하다.

"그러므로 예수께서 자기를 믿은 유대인들에게 이르시되 너희가 내 말에 거하면 참으로 내 제자가 되고 진리를 알지니 진리가 너희를 자유롭게 하리라"(요 8:31-32).

　더 구체적으로 말하면, 이 지식은 우리가 하나님의 진리의 말씀인 계명에 복종하는 생활을 하는 한에 있어서만 진실하고 참될 수 있다. 그를 안다고 하면서 그의 계명에 순종하지 않는 사람은 거짓말하는 사람이며, 진리가 그 안에 있지 않음을 나타낸다. 그러나 그의 말씀을 믿고 지키는 사람은 하나님에 대한 사랑이 그 안에서 참으로 완성된다(요일 1:6, 2:4 이하). 이 문맥에서 '계명'과 '말씀'은 동의어다. 말씀 혹은 복음을 이해하려면 거기에 복종하라는 도전의 소리를 그 안에서 들어야 하며, 우리도 예수 그리스도가 걸어가신 대로 걸어 나감으로 그 도전에 응해야만 하는 것이다. 즉, 예수 그리스도에게서 나타난 하나님의 계시 위에 우리의 전 생활을 기초해야만 하는 것이다. 그때 비로소 그 진리의 말씀, 곧 복음이 바로 이해가 되고, 그 복음 진리 안에, 진리 되신 예수 그리스도 안에 거하게 된다.
　그러므로 진리란, 형이상학적이거나 철학적인 하나의 개념이 아닌 실존적이며 실제적인 것으로, 영원히 살아 계시는 성부, 성자, 성령 곧 삼위일체가 되신 유일하신 하나님이 진리이며(사 65:16), 또한 하나님의 영감으로 기록되어 문자화된 진리인 성경이 진리다(요 17:17). 그러므로 탕자(눅 15:11-24)와 같이 진리를 떠나 그 진리를 거역하며 살았던 우리는 마땅히 하나님 앞에 돌이켜 회개하고, 무엇이 진리이며, 어떻게 해야 구원을 받고, 지복(至福)에 이르게 되는지를 깨닫고 바로 결단해야 한다.
　이에 성경은 이렇게 말한다.

"한 사람으로 말미암아 죄가 세상에 들어오고 죄로 말미암아 사망이 들어왔나니 이와 같이 모든 사람이 죄를 지었으므로 사망이 모든 사람에게 이르렀느니라"(롬 5:12).

"하나님이 세상을 이처럼 사랑하사 독생자를 주셨으니 이는 그를 믿는 자마다 멸망하지 않고 영생을 얻게 하려 하심이라"(요 3:16).

"이제 그리스도 예수 안에 있는 자에게는 결코 정죄함이 없나니 이는 그리스도 예수 안에 있는 생명의 성령의 법이 죄와 사망의 법에서 너를 해방하였음이라"(롬 8:1-2).

또한 그리스도께서는 이렇게 말씀하셨다.

"너희가 성경에서 영생을 얻는 줄 생각하고 성경을 연구하거니와 이 성경이 곧 내게 대하여 증언하는 것이니라"(요 5:39).

"내가 하늘에서 내려온 것은 내 뜻을 행하려 함이 아니요 나를 보내신 이의 뜻을 행하려 함이니라 나를 보내신 이의 뜻은 내게 주신 자 중에 내가 하나도 잃어버리지 아니하고 마지막 날에 다시 살리는 이것이니라 내 아버지의 뜻은 아들을 보고 믿는 자마다 영생을 얻는 이것이니 마지막 날에 내가 이를 다시 살리리라"(요 6:38-40).[60]

이제 우리는 계속해서 2부 '문자화된 진리'와 3부 '성육신 된 진리'를 좀 더 자세히 살펴볼 것이다. 그리고 4부에서 '진리의 규범'으로서의 십계명을 제시함으로 제1권을 마치고, 제2권에서는 '진리에 대한 신앙고백'(사도신경)과 '진리를 이루는 기도'(주기도)를 살펴본 후, 인류의 역사가 시작된 이래, 인류가 지금까지 추구해 온 '그 진리'(The Truth)를 발견하고, 그 진리 안에서 사는 사람에게 약속되고 주어지는 복에 관한 '진리, 여기에 지복(至福)이 있다'(팔복)와 '진리, 여기에 구원(救援)이 있다'(구원의 서정) 등을 차례로 살펴볼 것이다.

"그들을 진리로 거룩하게 하옵소서
아버지의 말씀은 진리니이다"(요 17:17).
"Sanctify them by the Truth; Your Word is Truth."
(John 17:17).

제2부

문자화된 진리, 성경
The Characterized Truth, The Bible

1장

종교

1. 보편적 현상으로서의 종교

우리는 인간을 가리켜 '불가피하게 종교적인 존재'라고 일컬어 왔다. 이것은 종교가 보편적 현상이라고 하는 것에 대하여 다만 그 표현 방법을 달리한 것뿐이다. 다른 나라, 타 문화권에 들어가 선교 활동을 하는 선교사들은, 땅 위에 있는 모든 국가와 민족 가운데서 이런 형태, 저런 형태로 종교의 실재를 증명했다. 종교는 인간 생활에서 나타나는 가장 뚜렷한 현상의 하나로, 인간 영혼의 가장 깊은 근원과 접촉하고, 인간의 사상을 지배하며, 인간의 감정을 자극하고, 인간의 행동을 지도하는 것이다. 이것은 일반적으로 인류 최대 축복의 하나로 예찬이 되고 있지만, 어떤 사람들은 종교를 인간 생활에서 가장 해로운 요소 중 하나라고 비난하기도 한다. 그러나 종교의 최대 원수들까지도 개인 생활이나 여러 나라에서 볼 수 있는 종교의 그 탁월한 의의와 놀라운 감화력을 부정하지 못하는 것이 사실이다.

종교는 필연적으로 모든 진실한 정신의 소유자들의 주의를 끌고 있다. 이에 급진적인 회의주의자요, 초자연적인 것을 반대하는 철학자 데이비드 흄마저도 한때 "종교가 전혀 없는 사람을 찾아보라. 만일 찾는다면 분명히 그들은 어느 정도 짐승에서 멀지 않음을 알게 될 것이다"라고 말했다.[1]

2. 종교의 본질

그렇다면 종교란 무엇인가? 오늘날 많은 사람이 세계의 여러 종교와 인간 생활에 나타난 여러 가지 종교 형태를 연구함으로 이 질문에 대한 해답을 찾고 있다. 그들은 비교연구를 통하여 종교의 참 성격을 찾고자 한다. 그리고 세계 여러 나라에서 볼 수 있는 종교 생활의 모든 형태를 알기 위해서는 충분히 광범위한 정의를 찾아야 한다고 주장한다. 그러나 이것은 따를 만한 방법은 아니다. 그것은 현재의 종교 생활을 비교하고 통찰할 수는 있겠지만, 종교의 참 성격이 무엇인지는 결정짓지 못한다. 종교는 인간과 하나님의 관계를 말하기 때문이다. 그리고 인간은 이 관계의 성격을 결정할 아무런 권리를 갖지 못한다. 사람이 하나님과 관계를 맺는 방법을 세우는 것은 오직 하나님의 특권으로, 하나님께서는 자신의 거룩하신 말씀으로 이것을 행하신다. 그러므로 하나님의 특별 계시인 오직 성경만이 이에 대한 올바른 개념을 줄 수 있다.

1) 종교의 어원

종교라는 말의 어원은 이 말이 사용된 종교의 개념을 우리에게 알려 주는 것으로, 다음 두 가지 단어가 있다. ① 영어에서 '종교'란 뜻인 'religion'은 라틴어 '렐레게레'(relegere)에서 온 것으로, '다시 읽다'(re-read), '반복하다'(repeat), '주의 깊이 관찰하다'(to observe carefully) 등 여러 가지 뜻을 지니고 있다. 이 말은 가끔 신에 대한 예배와 관계된 것들을 끊임없이 또는 열심히 살피는 것을 표현하기 위해 사용되기도 했다. ② 또 하나의 종교의 어원은 라틴어 '렐리가레'(religare)로, '결부하다', '확실히 수립하다', '함께 결속하다' 등의 뜻으로, 이 어원은 종교를 하나님과 사람 사이의 결속으로 이해하게 한다. 이것은 오랫동안 일반적으로 수용해 온 종교에 대한 최선의 설명이라고 루이스 벌코프(Louis Berkhof)는 말한다.[2]

이 어원들은 종교를 하나님과 사람의 관계로 암시하기에 "종교는 하나님이 사람 안에 계시고, 사람이 하나님 안에 있음이다"(Godet), "하나님과 사람의 상호적 관계 혹 교통이다"(Sterrett), "종교는 하나님과의 친교다"(J. W. A. Stewart), "경건은 하나님이 심정에 느껴지는 것이다"(파스칼) 등의 진술을 정당화하고 있다. 이 단순한 어원적 고찰은, 신학에서 보는 바와 같이, 종교에서도 하나님은 객체, 실유(實有)의 원리요, 사람은 주체, 내적 원리를 가지고 있으며, '수행'이나 '결속'을 위한 어떤 외적 원리의 역사(役事)가 있을 것임을 암시하고 있다.

2) 구약과 신약 시대 종교의 표현

① 구약 시대: 구약에서는 종교를 '주님에 대한 경외'(fear of the Lord)라고 보았다. 이 '경외'는 두려움의 요소가 없는 것은 아니지만,

이방 종교의 특징이라 할 수 있는 '공포' 같은 것이 아니라, '두려움' 과 '공경심'이 합쳐진 경외감을 말한다. 그러므로 이 '경외'를 다시 정의한다면, 그것은 두려운 마음으로 하나님을 공경하는 감정이요, 불순종의 공포 혹은 불순종에 대한 형벌의 공포라고 할 수 있을 것이다. 구약 시대 율법에 대한 경건한 이스라엘 백성의 반응이 그것을 잘 표현해 주고 있다.

② 신약 시대: 신약에 와서는 종교의 의미가 복음의 메시지에 현저히 나타나 있다. 이 하나님의 계시에 대한 인간의 호응은 다소 다른 형태, 곧 '신앙'의 형태로 표현되었다. 신약 성경에 종교에 대한 다른 말로 '공경'(딤전 2:10, 개역한글)이나 '경외'(히 5:7, 개역한글) 같은 말이 있으나, '신앙'이라는 말이 일반적으로 인간의 종교적 태도를 나타내는 일에 사용된 것이다. 이러한 신앙으로 우리는 그 말씀 속에서 보여 주신 하나님의 증거를 진리로 받아들이는 동시에, 하나님께서 예수 그리스도 안에서 자신을 계시해 주셨기 때문에 우리의 구원을 위해서 우리 자신을 하나님께 맡기는 것이다. 따라서 신약 성경에는 신뢰의 요소가 현저히 맨 앞자리를 차지하고 있다. 구속의 영광스러운 메시지에 대하여 인간으로서 할 일은 다만 이에 응답하는 신앙뿐이다. 그런데 이 신앙은 인간이 예수 그리스도에 대하여 어린아이와 같이 신뢰하는 것을 뜻하며, 동시에 하나님께 대하여는 사랑과 봉사의 원천이 되는 것을 말한다.

성경에서 '종교'라는 말은 인간이 하나님과 맺는 관계를 표시하는 것으로 이해하게 된다. 또 종교의 특징적인 요소는 경건, 경외, 신앙, 의존감 등에서 볼 수 있다. 그런데 이것들은 모두가 다 인간에 대해서도 느낄 수 있는 감정이다. 참으로 종교에서 특징적인 것은, 하나님의 절대적인 위엄과 무한하신 권능을 의식하는 동시에, 인간 자신의 전적인 비천함과 절망을 아는 것에 있다. 그러나 이것은 종교가 다만 감정의 문제라는 것을 의미하지 않는다. 그렇다고 그것이 인간에게 주어진 필연이라고도 말하지 않는다. 종교에서 인간이 하나님과 갖는 관계는 의식적(意識的)이며 자발적인 것으로, 자신을 예속시키는 대신에, 자신을 이끌어 최상의 자유에 따른 희열을 얻게 한다. 그러므로 종교는 하나님에 대한 의식적이며 자발적인 영적 관계로, 그 자체를 자신의 생활 전체에서, 특히 예배 행위에서 표현하는 것으로 정의할 수 있다.

3. 종교의 자리

인간 정신에서 종교가 차지하고 있는 자리는 어디인가에 대해서는 의견의 차이가 매우 크다. 어떤 사람은 인간 생활에서의 종교의 중심적 의의를 전혀 보지 못한 채 마치 정신 기능 중의 하나를 통해서만 존재하고 작동하는 것처럼 생각한다. 또 어떤 사람은 인간의 전 심리적 성질이 종교 생활에 내포되어 있다는 사실을 강조한다.

1) 종교의 자리에 대한 일반적 견해

어떤 학자들은 종교의 자리가 지성에 있다고 본다. 그들은 종교를 일종의 지식, 일종의 철학으로 보고, 사실상 인간의 하나님 지식의 한도를 그의 경건의 한도로 만들어 버렸다. 또 다른 학자들은 종교를 감정 안에 자리 잡게 했다. 그들에 의하면, 종교는 지식과는 거의 혹은 전혀 관계가 없고, 다만 어떤 우월적 존재에 대한 의존감일 뿐이다. 그리고 어떤 학자들은 종교는 의지에 자리한다고 주장한다.

인간은 자기의 행동을 명령하는 양심의 소리를 자기 속에서 느끼는데, 종교에서 인간은 양심에 의하여 규정된 의무를 단순하게 신적 명령으로 인정한다는 것이다. 이 견해에 의하면, 종교는 다만 실천적 도덕에 불과한 것이다.

이 같은 여러 견해는, 인간 생활에서의 종교의 근본적이며 중심적인 위치를 바로 이해하고 공정하게 말하지 못했다. 그것들은 성경뿐 아니라 현대 심리학에 대해서까지도 모순된 견해들이다. 그 이유는 이 견해들이 인간 정신의 근본적 통일성을 무시한 까닭이며, 또한 정신의 한 기능이 다른 기능에서 떠나서 일한다고 가정했기 때문이다. 종교에서 작용하는 것은 언제나 '전인'(the whole psychical nature of man)이라는 것을 잊어서는 안 된다.

2) 종교의 자리에 대한 성경적 견해

유일하고도 정당한 성경적 견해에 의하면, 종교는 인간의 '마음'(heart)에 자리하고 있다. 성경 심리학에서 마음은 인간의 전 도덕 생활의 중심이요 초점, 곧 영혼의 인격적 기관이다. 이 마음으로부터 생활, 사상, 의욕, 정서가 나온다. 종교는 하나님의 형상 안에 뿌리를 박고 있으며, 이 형상은 전인(全人) 속에서 그의 모든 재능과 능력으로 자체를 나타내 보여 주는 핵심이다. 그러므로 인간의 하나님에 대한 관계 역시 핵심적인 것으로, 전인을 내포하고 있다. 이렇게 종교는 그 자리를 '마음'에 가지기 때문에, 그것은 인간의 사상, 감정, 의지 등 모든 것을 소유하는 전인을 포함하고 있다. 이에 성경은 하나님이 우리 인간에게 "네 마음을 나에게 바치라"라고 말하고 있으며, 인간이 하나님께 바쳐야 할 것은 우리의 마음이라는 것을 거듭 강조한다(신 30:6; 잠 3:5, 4:23, 23:26; 마 22:3-8; 롬 10:3-9; 고전 14:15; 빌 2:2-

5). 그러므로 종교에서 마음은 지성(롬 10:13-14; 히 11:6), 감정(시 28:7, 30:12), 의지(롬 2:10, 13; 약 1:27; 요일 1:5-7)를 지배한다. 따라서 전인이 삶의 모든 영역에서 하나님께 헌신하게 된다. 이것이 바로 종교를 바르게 평가하고, 인간의 삶의 전 영역에서 나타내야 할 그 최고의 중대성을 인정하는 유일한 견해다.

4. 종교의 기원

지난 19세기에 종교의 기원에 관한 문제는 많은 학자의 주의를 환기시켜 주었다. 그러나 오늘날에 와서도 이 문제에 대한 논문은 수없이 많이 나왔지만, 별 해결을 보지 못하고 막연한 채로 남아 있을 뿐이다. 어떤 학자는 진화론의 영향을 받아, 인간은 무종교적 존재에서 종교적인 존재로 진화했다고 가정하고, 어떻게 해서 이러한 변화가 왔는지 알려고 결정적인 노력을 기울이고 있다. 그러나 하나님의 계시에 비추어 이 문제의 해결을 찾고자 하는 학자들은 전혀 다른 결론에 도달하게 되었다. 곧 인간은 본래 종교적인 존재로 창조되었다는 것을 인정하는 것이다.

1) 종교의 기원에 대한 자연주의적 견해

어떤 학자들은 종교를 무지한 대중을 손에 넣고 지배하기 위하여 그들의 정신과 공포를 농락하는 승려들의 속임수와 지배자들의 기교의 산물로 보았다. 어떤 사람은 '서물숭배'(기암절벽, 고목, 뼈, 발톱 등 신성한 것으로 여겨지는 무생물적 대상에 대한 예배)에서 그 기원을 찾고 있는데, 여기에서 좀 더 높은 종교의 형태가 발전되었다고 본다.

그런가 하면 다른 사람들은, 정령숭배 곧 이미 죽은 선조들의 영에 대한 예배가 종교의 가장 근원적인 형태이며, 여기서부터 모든 다른 형태가 점진적으로 발전되었다고 주장한다. 그리고 그중에서도 다소 인기가 있는 관념은, 자연숭배가 서서히 종교의 발생을 일으켰다고 하는 주장이다. 인간은 웅대하고 존엄한 자연현상 앞에서 자신의 연약함과 무능력을 실감했다. 그래서 이러한 현상 자체 혹은 거기에 감추어져 있는 힘(사실은 외적 현상에 지나지 않지만)에 압도되어 예배하게 되었다는 것이다. 최근에 와서는 종교란 어떤 의미에서 마술에 대한 일반적 신앙에서부터 발전되었다고 하는 관념이 환영을 받기도 했다.

그러나 이러한 여러 견해는, 종교의 기원을 명확히 해명해 주지 못하고 있다. 이 견해들은 사실과 모순되는 가정 위에 기초를 두고 있다. 그러나 이러한 비종교적 인간은 지금까지 한 번도 발견된 적이 없다. 그러므로 그처럼 종교를 발전 도상에 있는 것으로 볼 수는 없는 것이다. 더욱이 그들은 종교의 가장 저급한 형태는 필연적으로 가장 오래된 것이며, 종교는 순수한 자연적 진화의 결과라고 하는 단순한 자연주의적 가정에서 그들의 이론을 전개했다. 그들은 민족의 종교 생활에서 진보가 아닌 퇴보도 있을 수 있었다는 사실을 깨닫지 못했다. 또한 그들은 마지막으로 해명해 주어야 할 사실까지도 잊어버리고 자주 엄단하기도 했는데, 그들이 가설로 내세운 기만적인 승려, 서물숭배, 정령숭배, 높은 능력에 대한 의존감, 자연의 세력 배후에 어떤 보이지 않는 힘이 있다고 하는 관념, 이 모든 것이 바로 해명되어야 할 것들이다. 사실 이것들은 단지 종교의 현상에 지나지 않는 것들이다.

2) 종교의 기원에 대한 성경적 견해

하나님의 특별 계시는 종교의 기원에 대하여 분명히 밝혀 준다. 즉, 종교는 하나님에게서만 그 해답을 찾을 수 있다고 하는 사실을 우리에게 알려 준다. 우리가 종교의 기원을 설명하려 한다면, 먼저 하나님의 존재를 가정해야 할 것이다. 하나님이 없는 종교는 생각조차 할 수 없기 때문이다. 만일 종교가 실재성 위에 수립되지 않으면, 당분간은 어떤 실용가치가 있을지 모르나, 마침내는 사라져 없어지게 될 기만적인 환영(幻影)에 지나지 않을 것이다. 인간은 스스로 하나님을 발견할 수도, 알 수도 없기 때문에 하나님은 자기 자신을 계시하실 필요가 있었다. 이같이 하나님 편에서 스스로를 계시하시지 않았다면, 인간이 하나님과의 종교적인 관계에 들어가는 것은 불가능했을 것이다. 이에 하나님은 자신을 여러 가지 방법으로 계시하셨다. 그리고 자기를 계시함에서 그는 자신이 기뻐하시는 예배와 봉사를 결정하셨다. 그러나 하나님의 이러한 자기 계시마저도, 그것을 이해하고 이에 응답할 수 있는 능력을 인간에게 주시지 않았다면, 그것(자기 계시)은 하나님과 종교적 관계를 수립하는 일에 아무런 공헌도 하지 못했을 것이다. 종교는 인간의 본성에서 발견되는 것이며, 그것은 외부에서 인간에게 부가된 것이나 진화된 결과가 아니다.

하나님의 형상대로 창조된 인간은 하나님의 자기 계시를 받아들이고 평가할 수 있는 자연적 능력을 소유하고 있다(창 1:26-28). 아담의 후손으로 태어난 인간은 지금은 본성적으로 사악한 방법으로 하나님과의 교통을 추구하고 있지만, 사실은 주어진 그 자연적 은사에 의하여 하나님과의 교통을 추구하고 있다. 죄인이 적어도 원리상 타당한 봉사를 하나님께 드릴 수 있는 것은, 오직 하나님의 특별 계시와 성령의 감화와 조명을 통해서만 가능한 것이다.

2장 계시

종교의 관념은 반드시 계시의 관념으로 이끌어 준다. 많은 사람이 계시를 떠나서 종교를 해석해 보려 했음에도, 오늘날 모든 종교가 계시에서부터 비롯된다는 확신이 고조되고 있다. 이러한 견해만이 가장 타당한 것이라 할 수 있다. 만일 하나님께서 자신을 계시하지 않았다면 인간은 전혀 하나님을 알 수 없었을 것이며, 따라서 모든 종교는 존재하지도 않았을 것이다.

1. 계시에 대한 개관

하나님께서 인간에게 주신 계시(啓示)의 여러 종류를 말하기 전에 먼저 계시 일반에 대하여 몇 가지 요점을 알아 들 필요가 있다.

1) 계시의 개념

하나님은 인간이 불가해한 존재이시다. 하나님께서는 감추어져 있는 심연에 계시기 때문에, 인간으로서는 그를 알 도리가 없다. 다만 하나님의 영(靈)만이 하나님의 깊은 것을 찾아낼 수 있다(고전 2:10). 매사에 유한하고 불완전한 인간이 무한하시고 전능하시고 영원하신 하나님을 완전히 아는 것은 불가능하다. 하나님에 대한 완전한 지식을 가지려면 인간이 하나님보다 더 위대해져야 하기 때문이다. 이에 구약 시대 삼대 의인으로 불리는 욥은, "네가 하나님의 오묘함을 어찌 능히 측량하며 전능자를 어찌 능히 완전히 알겠느냐"(욥 11:7)라고 말하며, 무한자를 이해하려는 인간의 능력에 완강히 거부했다. 한편 인간은 자기의 개인적 욕구에 합당한 범위 내에서는 하나님을 알 수 있다. 그러나 이 지식마저도 하나님께서 자신을 즐겨 계시하시기 때문에 얻을 수 있는 것이다. 사실 그것은 하나님께서 은밀히 감추어졌던 자신의 베일을 벗으시고, 자신을 드러내셨다는 것을 뜻한다. 다른 말로 하면, 하나님은 어떤 방법을 통해 인간에게 자신에 관한 지식을 전달하여, 그것으로 하나님을 알게 하고, 하나님을 예배하게 하며, 하나님과 교제하면서 살 수 있게 길을 열어 주신 것이다.

2) 계시의 종류

하나님의 계시는 두 가지로 구분된다. 곧 자연 계시와 초자연 계시, 또는 일반 계시와 특별 계시다. 일반적으로 말하면 이 두 가지는 서로 병행하지만, 어떤 특수성에서는 주목할 만큼 다른 점이 있다.

① 자연 계시와 초자연 계시

이 구분은 하나님의 계시 양식에 근거하고 있다. 모든 계시는 그 기원에서 초자연적이다. 계시가 하나님으로부터 오기 때문이다. 그러나 하나님께서 자신을 계시하시는 방법에는 차이가 있다. 자연 계시는 인간의 구조와 자연현상을 통하여 전달되는 계시다. 이것은 말씀에서 주어진 계시가 아니라, 무궁한 의미가 있는 여러 사실에서 구체화된 계시다. 예를 들어, 자연은 하나님께서 대소문자를 갖고 쓰신 한 권의 방대한 책이라고 할 수 있다. 여기서부터 인간은 하나님의 선하심과 지혜로우심, 곧 "그의 영원하신 능력과 신성"(롬 1:20)을 배우게 되는 것이다.

한편 초자연 계시는 하나님께서 자연적 과정 안에서 간섭하시는 계시로, 꿈이나 구전(口傳)과 같은 자연적 방법을 사용하실 때도 하나님은 초자연적 방법으로 그것들을 사용하신다. 그것은 말씀과 사실의 계시인데, 여기서 말씀은 사실을 해명하고, 사실은 말씀을 예증해 준다.

② 일반 계시와 특별 계시

이 제2의 구분은 하나님의 계시의 성격과 대상과 관련하여 정해진다. 일반 계시는 창조에, 그리고 하나님과 인간의 일반적인 관계에 뿌리를 박고 있는 계시로, 하나님이 자신의 창조물이며 하나님 형상의 소유자로서의 인간에게 말씀하시는 계시다. 이 계시는 인간 창조의 목적을 실현하는 일을 그 목표로 삼고 있다. 또한 이 계시는 인간이 하나님을 알고, 하나님과 더불어 교통하는 곳에서만 얻어질 수 있는 계시이기도 하다.

다른 한편 특별 계시는 하나님의 속죄 사역에 뿌리를 내리고 있는 것으로, 하나님이 죄인인 인간에게 말씀하시며, 타락한 인간의 도덕적, 영적 요구에 적용되는 계시다. 이 계시의 목적은, 죄인으로 하여금 예수 그리스도 안에서 계시된 하나님의 구속적인 사랑에 관한 특수한 지식을 통하여 하나님께로 돌아오게 함에 있다. 이 계시는 일반 계시와 같이 모든 사람에게 비추어 주는 빛이 아니라, 성령의 특별하신 역사를 통하여 진리를 받아들인 사람들을 비추어 주는 빛이다.

3) 하나님의 계시의 부정

하나님의 계시의 역사적 사실은 가끔 이런저런 형식으로 부정되었다. 일반 계시와 특별 계시가 다 같이 부정의 대상이었지만, 전자는 후자보다 비교적 적게 부정되었다.

① 일반 계시의 부정

하나님의 존재를 부정하는 무신론자들은 당연히 모든 계시를 반대한다. 불가지론자는 인간은 하나님을 알 수 없다고 믿기 때문에, 하나님을 위대한 불가지자(不可知者)라고 말한다. 그런가 하면, 범신론자들은 가끔 하나님이 스스로 자신을 계시하신다는 사실을 믿는 척했다. 그러나 계시의 관념은 그들의 사상과 전혀 맞지 않는다. 그들은 의식적으로 또는 자발적으로 자신을 계시하실 수 있는 인격적 신의 존재를 인정하지 않는다. 혹시 그들이 시인한다 하더라도 하나님께서 자신을 알게 하시는 어떠한 객관적 실재에 대해서도 알지 못할 것이다. 그들에게 하나님과 인간은 하나이기 때문이다.

② 특별 계시의 부정

지난 18세기의 자연신교(Deism)는 하나님의 일반 계시는 인정하면서도, 특별한 초자연 계시의 필요성과 가능성, 그리고 실재성은 부정해 버렸다. 자연신교는 일반 계시가 타락한 인간을 위해서까지도 충분하다고 보았으나, 하나님의 지혜와 능력을 드러내기에는 충분치 못하다고 생각했다. 이들은 하나님께서 모든 상황에서도 계시의 요구와 꼭 일치하는 세계를 창조하실 때, 이에 필요한 지혜가 부족하였든지 아니면 능력이 부족하였든지 둘 중의 하나가 부족했다고 생각하는 것으로 보인다. 현대의 자유주의 신학도 역시 범신론적 관념론의 영향을 받아, 하나님의 특별 계시를 부정하고 있다. 이는 성경을 하나님의 일반 계시의 한 부분으로 보고, 자연과 초자연의 구분을 말살해 버린 처사다.

2. 일반 계시

하나님의 일반 계시와 특별 계시는 서로 병행하지만, 전자는 시간적으로 볼 때 후자보다 앞서게 된다. 그러므로 일반 계시를 먼저 고찰하고자 한다.

1) 하나님의 일반 계시의 관념

일반 계시는 직접적인 말씀의 전달 형식으로 인간에게 오는 것이 아니다. 그것은 자연현상, 인간 정신의 일반적 구조, 그리고 경험 혹은 역사의 사실에서 볼 수 있는 신적 사상의 구체적 표현이다. 하나님께서는 그가 지으신 모든 피조물, 자연의 세력과 그 힘, 인간 양심의 소리 안에서, 일반적으로는 우주 만물을 다스리시는 그의 섭리적 통치에서, 특수적으로는 인간 각 개인의 삶의 섭리적 지배 안에서 우리 인간에게 말씀하신다. 이에 다윗왕은 "하늘이 하나님의 영광을 선포하고 궁창이 그의 손으로 하신 일을 나타내는도다 날은 날에게 말하고 밤은 밤에게 지식을 전하니 언어도 없고 말씀도 없으며 들리는 소리도 없으나 그의 소리가 온 땅에 통하고 그의 말씀이 세상 끝까지 이르도다 하나님이 해를 위하여 하늘에 장막을 베푸셨도다"(시 19:1-4)라고 노래했다. 사도 바울도 "창세로부터 그의 보이지 아니하는 것들 곧 그의 영원하신 능력과 신성이 그가 만드신 만물에 분명히 보여 알려졌나니 그러므로 그들이 핑계하지 못할지니라"(롬 1:20)라고 말했다. 이 일반 계시는 전적으로 자연적인 것만은 아니었고, 항상 초자연적인 것이 함께 있었다. 타락 전에도 하나님께서는 행위언약에서 자신을 초자연적으로 인간에게 보여 주셨다. 또 계시의 역사 과정에서 하나님은 가끔 특별 계시의 영역 밖에서도 초자연적인 방법으로 자신을 계시하셨다(창 20:3-18, 40:5-23, 41:1-45; 삿 6:16-40; 단 2장).

2) 일반 계시의 불충족성

펠라기우스파나 자연신론자들, 합리주의자들은 모두 하나님의 일반 계시를 인간의 현재적 요구에 충분하다고 생각했으나, 로마 가톨릭교회와 프로테스탄트 개혁교회는 그것이 불충분하다는 것에 일치했다. 그렇다면 그것이 왜 불충분한가에 대하여 몇 가지 살펴보아야 할 필요가 있다.

① 죄는 일반 계시와 이 계시에 대한 인간의 감수성을 모두 변화시켰다.
인간이 타락한 결과, 죄의 오염은 피조물 전반에 자리를 잡게 되

었다. 부패의 요인은 하나님의 아름다운 창조 세계에 들어와 비록 전멸시키지는 못했지만, 하나님의 그 솜씨를 몽롱하게 했다. 자연은 아직도 그 신적 기원의 특징을 보여 주고 있으나, 뚜렷하게 불완전으로 차 있으며, 또한 파괴적 세력의 희생물이 되었다. 그것은 처음 있었던 것과 같은 하나님의 명백한 계시로서는 이미 그 자격이 상실된 것이다. 특히 인간은 죄로 인해 그 심령이 어두워졌기 때문에, 자연에 나타난 하나님의 글씨를 읽을 수 없게 되었으며, 따라서 오류와 곡해의 세력에 사로잡히게 되었다. 따라서 인간은 불의로써 진리를 대적하며 반항하고, 허위로 진리를 바꾸기까지 했다(요 1:5; 롬 1:18, 25; 엡 4:18; 골 1:13; 요일 2:9, 11).

② 일반 계시는 하나님에 대한 지식과 영적 사물에 관한 확실한 지식을 충분히 전달하지 못한다.

앞서 진술한 사실에 비추어 볼 때, 일반 계시에 의해 전달된 하나님의 지식과, 영적이며 영원한 사물에 관한 지식은 너무 불확실하기에 영원을 구축하기에는 신뢰할 만한 것이 못 된다. 인간이라면 미래를 향한 자기의 소망을 불확실한 것 위에 둘 수는 없는 것이다. 과학자와 철학자가 우리에게 보여 주는 대로, 일반 계시는 분명히 안전하지 못하며, 확실한 안내자가 되지 못한다. 진리의 한 체계는 차례로 구축되었지만, 다음에 오는 세대에 의하여 그것은 결국 전도(轉倒)되고 말 것이다.

③ 일반 계시는 대체로 종교를 위한 적당한 기초도 제공하지 못한다.

종교사에 의하면, 자연 계시에 전적으로 기초한 종교는 없다. 그리고 이 사실은 오늘날 더욱 인정받고 있다. 순수한 자연 종교는 존재하지도 않으며, 존재할 수도 없다는 것이 점점 밝혀지고 있지만, 아직도 세계 여러 나라와 민족들은 한결같이 제신(諸神)에 의해서 주어진 어떤 특수한 계시를 그들 종교의 기초로 삼고 있다.

④ 일반 계시는 그리스도교를 위한 기초로서도 턱없이 불충분하다. 일반 계시를 통하여 우리는 하나님의 선, 지혜, 권능에 관한 지식을 다소 인식할 수는 있으나, 구원의 유일한 길이요 진리요 생명이신 그리스도를 배울 수는 없다(마 11:27; 요 14:6, 17:3; 행 4:12). 그것을 통해서는 구원하는 은혜, 사죄, 속죄 등 어느 하나도 알지 못하기 때문에, 그것은 죄인인 인간을 그 죄의 종 된 자리에서 해방하여 하나님 자녀의 영광스러운 자유로 이끌어 주지 못할 뿐 아니라, 인간의 구원을 위하여 하나님께서 역사하시는 구속적 과정의 일부도 되지 못하는 것이다. 이것이 바로 일반 계시가 그리스도교의 기초로서 턱없이 불충분하다고 하는 최대의 이유다. 하나님은 죄인을 구원하셔서 그의 이름이 거룩히 여김을 받으시며, 그의 이름에 합당한 영광을 받기를 원하신다. 그러므로 하나님께서는 더욱 특수한 계시가 필요한 인간에게 그의 말씀과 계시를 문자로 기록하여 주신 것이다.

3. 특별 계시

자연과 역사에 나타난 일반 계시와 함께, 우리는 이제 성경에서 구체화된 특별 계시를 고찰하고자 한다. 성경은 탁월한 특별 계시의 책으로, 이 계시에서 '말씀'(words)과 '사실'(facts)은 서로 손을 맞잡고 걸어가고 있다. 이에 전자는 후자를 해석하고, 후자는 전자에게 구체적인 체현(體顯)을 보여 준다.

1) 특별 계시의 필요성

　죄가 인간 세계에 들어오면서 하나님의 일반 계시는 흐려지고 부패하고 말았다. 그래서 자연과 인간 구조에 나타난 하나님의 솜씨는, 처음 창조되었을 때처럼 분명하게 읽을 수 없게 되었다. 더욱이 인간은 암흑과 무지, 오류와 불신앙의 권세에 종속되고 말았다. 그리고 자기 맹목과 왜곡 속에서 지금은 그 최초 계시의 흔적까지도 바로 읽을 수가 없게 되었다. 심지어 인간은 하나님의 진리를 거짓으로 바꾸어 놓는 데 기뻐하고 있다. 그리하여 일반 계시는 더는 하나님과 영적 사물에 관한 믿을 만하고 절대적인 지식을 인간에게 전달하지 못하고, 또한 인간에게 올바르게 이해되지 못하고 있다. 그리고 그것은 인간을 하나님과의 친교 상태로 회복시킴에 아무 소용이 없게 되었다. 따라서 다음 네 가지 목적을 수행할 특별한 신적 사역이 필요하게 되었다.
　① 일반 계시에서 수집한 진리들을 정정하며 해석할 것, ② 자연에 나타난 하나님의 솜씨를 인간이 다시 한번 읽을 수 있도록 계명(啓明)할 것, ③ 하나님의 구속적 사랑의 계시를 인간에게 마련해 줄 것, ④ 죄의 권세에서 인간을 구속하고, 하나님과 함께 생명의 친교를 갖도록 하여 인간의 영적 상태를 전적으로 변화시킬 것이 그것이다.

2) 특별 계시의 방법

　그렇다면 하나님의 특별 계시의 방법은 무엇인가? 그것은 대략 세 가지로 구분된다.
　① 하나님의 현현(顯現)
　성경에 의하면, 하나님은 멀리 계시는 하나님이실 뿐 아니라, 가까이 계시는 하나님이시기도 하다. 상징적으로는 하나님은 구약 시대에 그룹(cherubim) 사이에 임재하셨다(시 80:1, 99:1). 하나님의 임재는 불과 연기의 구름 속에서 나타났고(창 15:17; 출 3:2, 19:9, 16 이하, 33:9; 시 78:14, 99:7), 폭풍우(욥 38:1, 40:6; 시 18:10-16) 또는 미풍 속에서도 나타났다(왕상 19:12). 이것들은 모두 그의 임재의 표상으로, 이 가운데서 하나님은 그의 영광의 한 부분을 계시하신 것이다. 그리고 구약에서는 "주(主)의 사자(使者)"의 현현이 매우 특수한 자리를 차지하고 있다. 이 사자는 분명히 창조된 사자가 아니다. 한편 이 '사자'는 하나님과 구별되었으나(출 23:20-23; 사 63: 8-9), 다른 한편으로는 하나님과 동일시되기도 했다(창 16:13, 31:11, 13, 32:28). 일반적인 견해에 의하면, 그는 삼위 하나님의 제2위라고 말한다(참조. 말 3:1).

하나님의 현현은 예수 그리스도의 성육신에서 그 최절정에 달했고, 그리스도 안에서 신격의 충만함이 육체적으로 이 세상에 임재하셨다(골 1:19, 2:9). 나아가 그리스도 안에서 교회는 성령 하나님의 전이 된다(고전 3:16, 6:19; 엡 2:21).

② 직접적인 전달

하나님은 여러 가지 방법으로 인간에게 그의 사상과 의지를 전달하셨다. 하나님은 가끔 사람이 들을 수 있는 음성으로 계시의 대상에게 말씀하셨다(창 2:16, 3:8-19, 4:6-15, 9:1, 8, 12, 32:26; 출 19:9; 신 5:4-5; 삼상 3:4). 어떤 때는 제비 또는 '우림'(Urim)과 '둠밈'(Thummim)과 같은 방법을 사용하셨다(민 27:21; 신 33:8; 삼상 10:20-21; 대하 24:5-31; 느 11:1). 그리고 꿈은 계시의 통상적인 방법이었으며(민 12:6; 신 13:1-6; 삼상 28:6; 욜 2:28), 이스라엘 백성 이외의 사람들에게 계시하실 때도 꿈이 사용되었다(창 20:3-6, 31:24, 40:5, 41:1-7; 삿 7:13).

계시의 익숙하고 좀 더 숭고한 형태는 환상(幻像)이었으며, 이것은 선지자들의 경우 극히 통상적인 것이었다(사 6장. 21:6 이하; 겔 1-48장; 단 1:17, 2:19, 7-10장; 암 7-9장). 선지자들은 눈을 뜨고 있을 때, 또는 가끔 다른 사람이 있는 앞에서도 이 환상을 보았다(겔 8:1 이하). 그러나 대개의 경우 하나님께서는 계시의 영이나 내적 조명(照明)의 방법을 사용하여 선지자들에게 자신을 계시하셨다. 신약 성경에서 그리스도는 지고자(至高者)와 진리(眞理), 어떤 의미에서는 유일하신 예언자(豫言者)로 나타나신다. 그는 계시와 조명의 영이기도 하신 성령을, 그리스도를 믿는 모든 자에게 주신다(막 13:11; 눅 12:12; 요 14:17, 15:26, 16:13, 20:22; 행 6:10, 8:29). 그리고 하나님의 소유 된 모든 백성은 그리스도 안에서 이 거룩한 분의 기름 부음을 받아 진리 되신 그와 그의 가르침을 깨닫게 된다(요일 2:20).

③ 이적(異蹟)

성경에 의하면 하나님은 이적(異蹟)을 통해서도 자신을 계시하셨다. 특히 성경의 이적을 연구해야 한다는 것은 바로 이러한 맥락 때문이다. 이적이 경이의 감정을 유발하는 것은 사실이지만, 그럼에도 그것은 이교(異敎) 마술사의 기적처럼 기괴한 것으로 사람을 대경실색(大驚失色)하게 하는 이상한 것이 아니다. 이적은 하나님의 특별한 권능의 현현이며, 특별한 임재의 상징이다. 그리고 가끔 영적 진리를 상징하기도 한다. 앞으로 도래할 하나님 나라의 현현으로서의 이적은 위대한 구속사업을 돕는다. 따라서 이적은 자주 악인을 벌하며, 하나님의 백성을 돕고 구원하는 일에 사용된다 이적은 예언의 말씀들을 확증하고, 하나님께서 수립하고 계시는 새 질서를 강조한다. 성경에 나타난 수많은 이적도 그리스도의 성육신에서 최정점에 도달한 것으로, 이것은 이적 중 이적이요, 가장 중심적인 이적이다(눅

2:12). 이 절대적인 이적이신 그리스도로 말미암아 만물이 새롭게 회복되고, 인간의 죄로 잃어버린 낙원이 회복되되, 처음 것보다 더 아름답고 완전한 낙원으로 회복될 것이다.

3) 특별 계시의 내용

특별 계시의 내용과 관련하여 특별히 고찰해야 할 점은 다음의 세 가지다.

① 그것은 구속의 계시다.
특별 계시는 하나님에 관한 어떤 일반적인 지식을 인간에게 전달하는 것에만 그 목적을 두고 있는 것이 아니다. 그것은 죄인의 구원을 위한 하나님의 계획, 예수 그리스도 안에서 이루어지는 하나님과 죄인의 화목, 그리스도의 구속사업으로 인해 시작된 구원의 길, 변화시키고 성화시키시는 성령의 감화, 영적 생활에 참여하는 자들을 위한 하나님의 요구 등 여러 사실에 관한 특수한 지식을 인간에게 드러내 준다. 계시는 인간을 갱신하며, 그의 마음을 조명하고, 그의 의지를 선으로 바꾸어 거룩한 감정으로 채워 주며, 영원한 하늘나라의 본향 집을 준비하게 한다.

② 그것은 말씀과 함께 사실의 계시다.
특별 계시는 전적으로 말씀과 교리로만 된 계시가 아니다. 그러므로 지식인에게만 주시는 계시가 아니다. 하나님은 율법과 예언자, 신약의 복음서와 서신서에서만 자기를 계시하시는 것이 아니라, 이스라엘 역사와 구약의 의식적 예배, 하나님의 현현과 이적, 예수 그리스도의 생애의 구속적 사실에서도 계시하셨다. 더욱이 특별 계시는

구원의 도리에 관한 지식을 인간에게 전달할 뿐 아니라, 죄인의 생활을 바꾸어 그들을 하나님의 거룩한 백성 곧 성도(聖徒)로 변화시킨다.

③ 그것은 역사적 계시다.

특별 계시의 내용은 여러 세기를 거쳐 점진적으로 전개되었기 때문에, 역사적으로 또는 점진적으로 발전하는 성격을 가지고 있다. 구속의 대진리는 처음에는 어렴풋이 나타나다 점진적으로 명확성이 증진되고, 마지막에는 신약에서 웅대하게 두드러진다. 하나님은 지속적인 현현과 예언과 이적을 통해 인간에게 다가오시는 것이며, 이 하나님의 강림은 그의 독생자의 성육신에서, 또한 그리스도의 교회에 대해서는 그가 보내신 성령의 내주(內住)에서 그 최정점에 도달하게 된다.[3]

3장 성경

앞서 특별 계시를 고찰한 데 이어 이제는 성경에 대하여 고찰하고자 한다. 성경은 하나님의 특별 계시의 책이기 때문에, 이러한 순서로 논하는 것은 자연스러운 일이며, 당연한 일이기도 하다. 여기서 논하게 될 문제는 세 가지로 곧 특별 계시와 성경의 관계, 성경의 영감, 성경의 완전성이다.

1. 특별 계시와 성경의 관계

일반적으로 하나님의 특별 계시가 성경에서 영구적인 형태를 취하여 후대를 위해 보존되었다고 말할 수 있다. 하나님께서는 그의 계시가 인간의 모든 세대를 향하여 말씀하시는 영원한 말씀이 되어야 하기에, 이 계시를 마땅히 모순과 부패와 허위에서 보호함을 받도록 작정하셨다. 그래서 하나님은 계시를 잘못이 없는 기록으로 작성하시고, 그의 섭리적 보호로 그것을 지키시고 그 일을 성취하셨다. 특별 계시와 성경은 모든 면에서 동일하다고 말할 수 없다. 이에 '특별 계시'란 말이 언제나 같은 뜻으로 사용되지는 않는 것이다. 그것은 하나님의 자기 전달의 연속을 뜻하는 것이지만, 또한 성경의 칭호로 사용되기도 한다.

1) 특별 계시와 성경이 상이(相異)한 점

'특별 계시'라는 말이 하나님의 직접적인 자기 전달을 가리키는 것이라면, 그것은 단순히 성경에 대한 별칭으로 여겨질 수는 없다. 이는 성경이 초자연적인 방법으로 전달되지 않았고, 인간의 경험에 의해 확인되었으며, 역사적 연구에 따라 수집된 것들을 많이 내포하고 있다는 사실에서 명백해질 뿐 아니라, 예언자들과 사도들이 성경을 기록하기 오래전에 이미 자주 신적 전달을 받았다고 하는 사실에서도 확실해진다(렘 25:13, 30:1, 36:2; 요 20:30, 21:25). 이러한 특수한 의미에서 '특별 계시'란 말을 사용하는 경우, 성경은 하나님의 말씀이라고 할 수 없고, 다만 하나님의 말씀이 성경 가운데 포함되어 있다고 말할 수 있을 뿐이다. 그러나 명심해야 할 것은, 하나님이 직접적으로 말씀하신 것은 신적인 것으로, 그 말씀을 받아 인간이 기록한 것은 인간적인 것으로 구별하는 것은 올바른 태도가 아니라는 점이다. 또한 성경이 하나님의 말씀이 아니라, 다만 하나님의 말씀을 내포하고 있다는 부당한 진술도 정당한 것은 아니다. '따라서 하나님의 말씀'과 '특별 계시'라는 말은 역시 '성경'과 동일한 의미로도 사용되는 것이다.

2) 특별 계시와 성경이 동일한 점

'특별 계시'란 말은 그 본래의 역사적 설정과 함께, 성경에서 발견되는 구속적 진리와 구속적 사실 전체에도 적용될 수 있다. 그리고 특별 계시는 성경 전체가 성령으로 말미암아 무오(無誤)하게 영감이 되었다는 사실에서 그 진리의 신적 보증을 얻게 된다. 이런 의미에서 볼 때, 창세기에서 요한계시록에 이르기까지의 모든 성경만이 하나님의 특별 계시서다. 만일 이 말이 이러한 의미에서 이해된다면, 그것은 성경이 하나님의 말씀을 포함할 뿐 아니라, 성경 자체가 하나님의 말씀이라는 주장이 타당하다. 성경은 계시의 책이라는 사실에서 명백히 그 의의(義意)를 찾게 된다. 그것은 단순히 옛날에 일어났던 하나의 이야기가 아니라, 인간을 향하여 끊임없이 말씀하시는 하나님의 말씀이다. 하나님의 계시는 성경 속에서 활동하여, 마치 그것이 처음 기록될 때와 마찬가지로 오늘날도 인류에게 광명과 생명과 성결을 가져다주고 있다.

2. 성경의 영감

성경은 그 신적 영감에 의해서만 인간의 모든 세대를 위한 하나님의 말씀이 되며, 또한 계속해서 하나님의 말씀이 될 것이다. 모든 성경은 하나님의 영감으로 기록된 것이다(딤후 3:16). 이 사실은 성경이 인류를 위한 신앙과 행위의 무오한 법칙이 되게 한다. 그러나 이 영감은 가끔 부정되고, 많은 오해를 받고 있으므로 특별한 주의가 요청된다.

1) 영감에 대한 성경의 증거

　영감의 교리는 모든 다른 교리와 마찬가지로 성경에 기록되어 있다. 성경은 그 자체가 영감에 대하여 풍부히 증명해 준다. 또한 철저하게 영감의 견해를 확증해 주기도 한다. 합리주의자들도 이에 기꺼이 동의하고 있다. 구약 성경의 저자들은 주 하나님께서 그들에게 명한 것을 기록하도록 반복적으로 명령을 받았다(출 17:14, 34:27; 민 33:2; 사 8:1; 30:8; 렘 25:13, 30:2; 겔 24장; 단 12:4; 히 2:2). 예언자들은 자신들이 신적 메시지를 전한다는 것을 의식했다. 그래서 그들은 "이와 같이 주께서 말씀하셨느니라" "주의 말씀이 나에게 임하였느니라" "이와 같이 주 여호와가 나에게 보이셨느니라" 등의 형식으로 그 자신을 소개한 것이다. 이러한 형식들은 자주 언급하신 말씀에서 인증되었으나, 역시 기록된 말씀과 관련하여 사용되기도 했다(렘 36:27, 32; 겔 26-27장, 31-32장, 39장). 이사야는 자기가 쓴 예언을 "여호와의 책"이라고 말하기도 했다(사 34:16).

　신약 성경의 저자들은 자주 구약 성경의 말씀들을 인용할 때 그것을 '하나님의 말씀' 혹은 '성령의 말씀'이라고 칭했다(마 15:4; 히 1:5 이하, 3:7, 4:3, 5:6, 7:21). 바울은 자기의 말을 성령이 가르쳐 준 말씀이라고 말하고 있으며(고전 2:13), 그리스도께서 자기 안에서 말씀하고 계신다고 주장하기도 했다(고후 13:3). 데살로니가 교회에 보낸 편지에서는 분명히 그 편지를 "하나님의 말씀이다"라고 확언하고 있다(살전 2:13).

　성경 영감론의 근거 구절인 디모데후서 3장 16절에서 바울은 "모든 성경은 하나님의 감동으로 된 것으로 교훈과 책망과 바르게 함과 의로 교육하기에 유익하니"라고 말했다. 여기서 '모든 성경'은 신약 성경 원어인 헬라어 '파사 그라페'(πᾶσα γραφή)에서 온 말로, 이는 창세기에서 요한계시록까지의 66권(구약 39권, 신약 27권) 전체

성경을 말하며, 우리말 성경에서 '하나님의 감동'으로 번역된 단어는 '하나님의 영감'이란 뜻을 가진 말로, 헬라어 '데오프뉴스토스' (θεόπνευστος)에서 온 말인데, '하나님의 창조적 기운의 산물'(the product of the creative breath of God)이란 뜻이다. 그리고 여기서 "'하나님의 기운이 불어옴'이란, 성경에서 사용되는 하나님의 전능하신 능력에 대한 상징이다"(The breath of God is in the Scripture just the symbol of His almighty power)라고 벤자민 B. 워필드(Benjamin B. Warfield) 박사는 주석했다.[4] 그래서 개혁자 존 칼빈은 "성경이 말할 때는 하나님이 말씀하시는 것이다"(When the Bible speaks, God speaks)라고 말했다.[5]

워필드(B. B. Warfield) 박사는 미국 프스턴 신학교에서 33년간이나 조직신학 교수로 봉직한 미국이 낳은 가장 위대한 조직신학자요, 헬라어 학자다. 성경의 권위를 무너뜨리려는 여러 비평가의 제 논문을 검토한 후, 그는 이렇게 말했다. "비평가들이 주장하는 증거는 아무 가치가 없으며, 또한 성경은 창세기부터 요한계시록에 이르기까지 그 자체가 자증(自證)하는 바와 같이 바로 하나님의 말씀이다."

45개 방언에 능통하고, 누구보다 구약 성경 분야에서 학문적 권위를 가지고 있는 구약 성경의 대가 로버트 D. 윌슨(Robert D. Wilson) 박사는 이렇게 말했다.

"나는 지난 45년간 계속하여 구약을 연구하는 데 헌신하여 구약에 속하는 모든 어학과 고고학과 번역문과 그 밖에 할 수 있는 대로 구약의 본문과 역사에 관한 모든 것을 연구했다. 그렇게 연구한 결과, 나는 다음과 같은 사실을 확신하게 되었다. 곧, 하나님이 옛적에 선지자들로 여러 부분과 여러 모양으로 우리 조상들에게 말씀하셨고, 히브리어 구약은 하나님의 영감으로 주신 것으로, 그의 전무후무한 보호와 섭리로 여러 시대를 거쳐 순수하게 보호되었다는 것이다."[6]

우리는 앞서 워필드 박사가 언급한 바와 같이, 위대한 학자들의 논거나 변증도 좋지만, 성경 그 자체가 하나님의 말씀으로서 자증(自證)하고 있다는 것에 관심을 두지 않으면 안 된다. 베드로후서 1장 19절 이하의 말씀을 보라. 여기서 사도 베드로는, 그 앞 절에서부터 그리스도의 재림에 대하여 논거해 오다, 16절 이하에서 그 증거로서 자기 자신이 변화산에서 직접 본, 광채가 나는 영광의 모습으로 변형된 예수 그리스도의 영광과 함께 하늘로부터 "이는 내 사랑하는 아들이요 내 기뻐하는 자라"라는 소리를 들었던 사건을 소개했다. 그런데 여기서 베드로는 자기 눈으로 목격한 그 신비한 광경보다도 구약 성경의 말씀이 더 확실하다며 이렇게 말하고 있다.

> "또 우리에게는 더 확실한 예언이 있어 어두운 데를 비추는 등불과 같으니 날이 새어 샛별이 너희 마음에 떠오르기까지 너희가 이것을 주의하는 것이 옳으니라 먼저 알 것은 성경의 모든 예언은 사사로이 풀 것이 아니니 예언은 언제든지 사람의 뜻으로 낸 것이 아니요 오직 성령의 감동하심을 받은 사람들이 하나님께 받아 말한 것임이라"(벧후 1:19-21).

그리고 여기서 '예언'은 헬라어 '톤 프로페티콘 로곤'(τὸν προφητικὸν λόγον)에서 온 말인데, 이 말을 직역하면 '그 예언의 말씀'으로, 이는 곧 예언서 곧 구약 성경 전체를 단일체로 보고 일컫는 말이다.

2) 구약 성경의 예언과 성취

구약 성경이 기록될 당시에는 대략 성경의 4분의 1이 예언이었다.

그중 다수가 특히 예수 그리스도가 '메시아' 혹은 '기름 부음 받은 자'로 오실 것을 예언했다. 많은 유명한 기독교 신학자가 얼마나 많은 예언적 약속이 예수 그리스도의 지상 사역 기간에 성취되었는지에 대해 자신들의 견해를 피력했다.

"약속과 성취라는 주제는 실타래처럼 성경 전체에 얽혀 있다"(레슬리 뉴비긴).

"예수는 구약 성경의 메시아 사상을 성취하셨을 뿐 아니라 확장하셨다"(마틴 셀먼).

"구약 성경은 신약 성경에 계시되었고, 신약 성경은 구약 성경에 감춰져 있다"(아우구스티누스).

"예수 그리스도는 성경적 예언의 총화요, 실체다"(킴 리들바저).

"기독교인이 구약 성경을 읽고 공부해야 하는 가장 강력한 이유는 신약 성경에 있다. 하나님의 약속은 나사렛 예수 안에서, 나사렛 예수를 통해 모조리 성취되리라는 사실을 신약 성경이 증언하기 때문이다"(그레엄 골즈워디).[7]

이 문제에 대해서는 신학자들의 말이나 견해보다 예수 그리스도 자신의 말씀이 더욱 중요하다. 예수 그리스도는 반복적으로 자신이 구약 성경 전부를 결합해서 짠 실타래라고 말씀하셨다. 이것은 그리스도의 인격과 사역을 계시된 성경의 중심 진리로 삼지 않으면 성경을 올바르게 이해하거나 배우지 못한다는 것을 의미한다. 그리스도는 자신이 하는 사역의 목적을 구약 성경의 율법과 예언의 모든 면을 성취하시는 것이라고 요약하셨다(마 5:17-18). 당시 가장 종교적이며 성경적으로 학식 있는 사람들과 논쟁할 때, 그리스도는 매우 놀라운 주장들을 하셨다.

"내게는 요한의 증거보다 더 큰 증거가 있으니 아버지께서 내게 주사 이루게 하시는 역사 곧 나의 하는 그 역사가 아버지께서 나를 보내신 것을 나를 위하여 증거하는 것이요 또한 나를 보내신 아버지께서 친히 나를 위하여 증거하셨느니라 너희는 아무 때에도 그 음성을 듣지 못하였고 그 형용을 보지 못하였으며 그 말씀이 너희 속에 거하지 아니하니 이는 그의 보내신 자를 믿지 아니함이니라 너희가 성경에서 영생을 얻는 줄 생각하고 성경을 상고하거니와 이 성경이 곧 내게 대하여 증거하는 것이로다 그러나 너희가 영생을 얻기 위하여 내게 오기를 원하지 아니하는도다"(요 5:36-40, 개역한글).

이렇게 예수께서는 구약 성경을 모조리 외우느라 평생을 바친 성경학자들이 성경을 전혀 알지 못한다고 책망하셨다. 그들은 성경 공부를 그렇게 많이 했음에도 예수 그리스도가 홀로 성경의 중심 주제임을 파악하지 못했고, 구원받기 위해 예수 그리스도만을 믿기를 거부했다. 즉, 그들은 모세의 율법에 소망을 두었다. 그들은 율법을 지키며, 그들 자신의 의를 통해 스스로 구원을 얻을 수 있다고 믿었다. 하지만 예수께서는 구약 성경의 처음 다섯 권을 쓴 모세가 자신에 대하여 기록했다고 말씀하셨다(요 5:39-47). 예수께서는 모세가 기록한 다섯 권의 모세 오경에 기록된 그 모든 율법조차도 우리가 얼마나 죄악 된 존재인지를 드러내는 데 도움이 되는지를 보여 주셨다. 우리가 끊임없이 율법의 정신과 문자적인 뜻, 둘 모두에 순종하지 못하기 때문이다. 구약 성경의 명령들은 죄가 없으신 예수 그리스도만이 우리의 유일한 희망이심도 계시한다.

예수께서는 구약 성경의 적절한 사용 모형도 제시해 주셨다. 그 모형에 의하면, 예수 그리스도는 모든 율법과 선지서가 예언한 그 주인공이며, 인류 구원의 주제가 됨을 이렇게 말씀하셨다.

"또 이르시되 내가 너희와 함께 있을 때에 너희에게 말한 바 곧 모세의 율법과 선지자의 글과 시편에 나를 가리켜 기록된 모든 것이 이루어져야 하리라 한 말이 이것이라 하시고 이에 그들의 마음을 열어 성경을 깨닫게 하시고 또 이르시되 이같이 그리스도가 고난을 받고 제삼 일에 죽은 자 가운데서 살아날 것과 또 그의 이름으로 죄 사함을 받게 하는 회개가 예루살렘에서 시작하여 모든 족속에게 전파될 것이 기록되었으니 너희는 이 모든 일의 증인이라"(눅 24:44-48).

예수께서는 자신의 고난과 부활도 구약 성경의 예언의 성취로서, 이로 말미암아 인류가 죄 사함을 받고 구원을 얻는 복음이 예루살렘에서부터 시작하여 모든 나라, 모든 족속에게 전파될 것을 말씀하시고, 그 예언들이 예수 그리스도 안에서 어떻게 궁극적으로 성취되었는지 보여 주셨다. 그러므로 이 장에서는 수백 년 전 구약 성경에 예언된 25개 예언을 선택하여 그 예언들이 어떻게 성취되었는지 살펴보고자 한다.

이 예언들은 하나님이 그리스도의 도래를 위해 자기 백성을 어떻게 준비시키셨는지를 명확히 드러낸다. 구약 성경의 그 약속들이 그에 상응해 신약 성경에서 어떻게 성취되었는지 비교해 보면, 신약 성경이 구약 성경에 기초하고 있음을 분명히 알 수 있다. 그 이상의 증거는 신약 성경에 300개 이상의 구약 성경 인용구와 수천 개의 구약의 참고문과 결론이 있다는 것이다.

나는 이 책의 독자 중 아직 예수를 믿지 않는 분이 있다면, 성경 저작에 영감을 주신 성령 하나님께서 그분의 이해력 역시 계발하셔서, 성경의 주제이자 그 주인공이신 예수 그리스도를 주님과 구세주로 영접함으로 그분 역시 "하나님의 자녀가 되는 권세"(요 1:12-13)를 얻게 되기를 기도한다.

예수 그리스도께서 세상에 오시기 전, 곧 기원전 약 약 4천 년 전부터 하나님께서는 인류의 조상 아담에게 예언해 주신 이후, 구약시대 그 오랜 세월 동안 수많은 선지자의 입을 통하여 인류를 구원할 메시아가 세상에 오실 것을 다음과 같이 소상하게 예언해 주셨는데, 그 예언들은 이 세상 역사 안에서 모두 성취되었다!

아래의 연대는 대략적이지만, 성경을 연구하는 복음적인 학자들이 말하는 연대표에 의하면 매우 정확하다.

(1) 주전 4000년: 하나님은 아담과 하와에게 메시아(예수 그리스도)가 여자에게서 태어나시리라고 예언하신다.

약속: "내가 너로 여자와 원수가 되게 하고, 네 후손도 여자의 후손과 원수가 되게 하리니, 여자의 후손은 네 머리를 상하게 할 것이요 너는 그의 발꿈치를 상하게 할 것이니라"(창 3:15).

성취: "때가 차매 하나님이 그 아들을 보내사 여자에게 나게 하시고 율법 아래에 나게 하신 것은, 율법 아래에 있는 자들을 속량하시고, 우리로 아들의 명분을 얻게 하려 하심이라"(갈 4:4-5).

(2) 주전 2000년: 하나님은 아브라함에게 메시아가 아브라함의 아들 이삭, 이삭의 아들 야곱, 야곱의 아들 유다를 통해 나심으로 아브라함의 계통을 이으실 것이라고 약속하신다.

약속: "땅의 모든 족속이 너(아브라함)로 말미암아 복을 얻을 것이라"(창 12:3).

"하나님이 이르시되, 아니라 네 아내 사라가 네게 아들을 낳으리니 너는 그 이름을 이삭이라 하라. 내가 그와 내 언약을 세우리니 그의 후손에게 영원한 언약이 되리라"(창 17:19).

"내가 그를 보아도 이때의 일이 아니며, 내가 그를 바라보아도 가까운 일이 아니로다. 한 별이 야곱에게서 나오며, 한 규(珪; the Scepter)가 이스라엘에게서 일어나서…"(민 24:17).

"규(珪)가 유다를 떠나지 아니하며 통치자의 지팡이가 그 발 사이에서 떠나지 아니하기를 실로가 오시기까지 이르리니, 그에게 모든 백성이 복종하리로다"(창 49:10).

성취: "아브라함과 다윗의 자손 예수 그리스도의 계보라 아브라함이 이삭을 낳고, 이삭은 야곱을 낳고, 야곱은 유다와 그의 형제들을 낳고"(마 1:1-2).

(3) 주전 700년: 이사야는 예수의 어머니가 기적으로 임신한 처녀이고, 예수는 인간이 되신 하나님이시라고 예언한다.

약속: "그러므로 주께서 친히 징조를 너희에게 주실 것이라. 보라, 처녀가 잉태하여 아들을 낳을 것이요, 그의 이름을 임마누엘이라 하리라"(사 7:14).

성취: "예수 그리스도의 나심은 이러하니라. 그의 어머니 마리아가 요셉과 약혼하고 동거하기 전에 성령으로 잉태된 것이 나타났더니, 그의 남편 요셉은 의로운 사람이라 그를 드러내지 아니하고 가만히 끊고자 하여 이 일을 생각할 때, 주의 사자가 현몽하여 이르되, '다윗의 자손 요셉아, 네 아내 마리아 데려오기를 무서워 말라. 그에게 잉태된 자는 성령으로 된 것이라. 아들을 낳으리니 이름을 예수라 하라 이는 그가 자기 백성을 그들의 죄에서 구원할 자이심이라' 하니라. 이 모든 일이 된 것은 주께서 선지자로 하신 말씀을 이루려 하심이니, 이르시되 보라, 처녀가 잉태하여 아들을 낳을 것이요, 그의 이름은 임마누엘이라 하리라 하

셨으니, 이를 번역한즉 하나님이 우리와 함께 계시다 함이라"(마 1:18-23).

(4) 주전 77년: 미가는 예수께서 베들레헴에서 태어나실 것을 예언한다.

약속: "베들레헴 에브라다야, 너는 유다 족속 중에 작을지라도 이스라엘을 다스릴 자가 네게서 내게로 나올 것이라. 그의 근본은 상고에, 영원에 있느니라"(미 5:2).

성취: "그때에 가이사 아구스도가 영을 내려 천하로 다 호적하라 하였으니, 이 호적은 구레뇨가 수리아 총독이 되었을 때 처음 한 것이라…요셉도 다윗의 집 족속이므로 갈릴리 나사렛 동네에서 유다를 향하여 베들레헴이라 하는 다윗의 동네로 그 약혼한 마리아와 함께 호적하러 올라가니, 마리아가 이미 잉태하였더라. 거기 있을 그때에 해산할 날이 차서 첫아들을 낳아 강보로 싸서 구유에 뉘었으니, 이는 여관에 있을 곳이 없음이러라"(눅 2:1-7).

(5) 주전 700년: 이사야는 그리스도가 전혀 죄를 짓지 않는 삶을 사실 것을 예언한다.

약속: "그는 강포를 행하지 아니하고, 그의 입에 거짓이 없었으나"(사 53:9).

성취: "이를 위하여 너희가 부르심을 받았으니 그리스도도 너희를 위하여 고난을 받으사 너희에게 본을 끼쳐 그 자취를 따라오게 하려 하셨느니라. 그는 죄를 범하지 아니하시고, 그 입에 거짓도 없으시며"(벧전 2:21-22).

(6) 주전 700년: 호세아는 그리스도의 가족이 어린 생명을 구하기 위하여 이집트로 피난하리라고 예언한다.

    약속: "이스라엘이 어렸을 때에 내가 사랑하여 내 아들을 애굽에서 불러냈거늘"(호 11:1).

    성취: "그들이 떠난 후에 주의 사자가 요셉에게 현몽하여 이르되, 헤롯이 아기를 찾아 죽이려 하니 일어나 아기와 그의 어머니를 데리고 애굽으로 피하여 내가 네게 이르기까지 거기 있으라 하시니, 요셉이 일어나서 밤에 아기와 그의 어머니를 데리고 애굽으로 떠나가 헤롯이 죽기까지 거기 있었으니 이는 주께서 선지자를 통하여 말씀하신 바 애굽으로부터 내 아들을 불렀다 함을 이루려 하심이라"(마 2:13-15).

(7) 주전 400년: 말라기는 예수가 성전에 들어가시리라고 예언한다. 이 예언은 매우 중요한데, 성전이 주후 70년에 파괴되어 더는 존재하지 않았고, 따라서 주후 70년 이후에는 어느 때도 예언이 성취될 수 없었기 때문이다.

    약속: "보라, 내가 내 사자를 보내리니 그가 내 앞에서 길을 준비할 것이요 또 너희가 구하는 바 주가 갑자기 그의 성전에 임하시리니 곧 너희가 사모하는 바 언약의 사자가 임하실 것이라"(말 3:1).

    성취: "예루살렘에 시므온이라 하는 사람이 있으니 이 사람은 의롭고 경건하여 이스라엘의 위로를 기다리는 자라. 성령이 그 위에 계시더라. 그가 주의 그리스도를 보기 전에는 죽지 아니하리라 하는 성령의 지시를 받았더니, 성령의 감동으로 성전에 들어가매 마침 부모가 율법의 관례대로 행하고자 하여 그 아기 예수를 데리고 오는지라"(눅 2:25-27).

(8) 주전 700년: 이사야는 세례 요한이 그리스도를 위해 길을 예비하리라고 예언한다.

약속: "외치는 자의 소리여, 이르되 너희는 광야에서 여호와의 길을 예비하라. 사막에서 우리 하나님의 대로를 평탄하게 하라"(사 40:3).

성취: "그때에 세례 요한이 이르러 유대 광야에서 전파하여 말하되, 회개하라 천국이 가까이 왔느니라 하였으니, 그는 선지자 이사야를 통하여 말씀하신 자라 일렀으되, 광야에 외치는 자의 소리가 있어 이르되, 너희는 주의 길을 준비하라, 그가 오실 길을 곧게 하라 하였느니라"(마 3:1-3).

(9) 주전 700년: 이사야는 그리스도께서 많은 이적을 행하시리라고 예언한다.

약속: "그때에 맹인의 눈이 밝을 것이며, 못 듣는 사람의 귀가 열릴 것이며, 그때에 저는 자는 사슴같이 뛸 것이며, 말 못하는 자의 혀는 노래하리니, 이는 광야에서 물이 솟겠고, 사막에서 시내가 흐를 것임이라"(사 35:5-6).

성취: "요한이 옥에서 그리스도께서 하신 일을 듣고 제자들을 보내어 예수께 여짜오되 오실 그이가 당신이오니이까? 우리가 다른 이를 기다리오리이까? 예수께서 대답하여 이르시되, '너희가 가서 듣고 보는 것을 요한에게 알리되, 맹인이 보며, 못 걷는 사람이 걸으며, 나병환자가 깨끗함을 받으며, 못 듣는 자가 들으며, 죽은 자가 살아나며, 가난한 자에게 복음이 전파된다 하라'"(마 11:2-5).

(10) 주전 500년: 스가랴는 그리스도께서 나귀 새끼를 타시고 예

루살렘으로 들어가시리라고 예언한다.
- **약속**: "시온의 딸아, 크게 기뻐할지어다. 예루살렘의 딸아, 즐거이 부를지어다. 보라, 네 왕이 네게 임하시나니 그는 공의로우시며, 구원을 베푸시며, 겸손하여서 나귀를 타시나니, 나귀의 작은 것 곧 나귀 새끼니라"(슥 9:9).
- **성취**: "예수께서 이 말씀을 하시고 예루살렘을 향하여 앞서서 가시더라…그것을 예수께로 끌고 와서 자기들의 겉옷을 나귀 새끼 위에 걸쳐 놓고 예수를 태우니 가실 때에 그들이 자기의 겉옷을 길에 펴더라. 이미 감람산 내리막길에 가까이 오시매 제자의 온 무리가 자기들이 본바 모든 능한 일로 인하여 기뻐하며, 큰 소리로 하나님을 찬양하여 이르되, '찬송하리로다. 주의 이름으로 오시는 왕이여, 하늘에는 평화요, 가장 높은 곳에는 영광이로다' 하니"(눅 19:28, 35-38).

(11) 주전 1000년: 다윗은 그리스도께서 친구에게 배신을 당하시리라고 예언한다.
- **약속**: "내가 신뢰하여 내 떡을 나눠 먹던 나의 가까운 친구도 나를 대적하여 그의 발꿈치를 들었나이다"(시 41:9).
- **성취**: "곧 (유다가) 예수께 나아와 '랍비여, 안녕하시옵니까?' 하고 입을 맞추니, 예수께서 이르시되, '친구여, 네가 무엇을 하려고 왔는지 행하라' 하신대, 이에 그들이 나아와 예수께 손을 대어 잡는지라"(마 26:49-50).

(12) 주전 500년: 스가랴는 그리스도를 배신한 친구가 당국에 그리스도를 넘기는 대가로 은 30을 받지만, 마음이 바뀌어 돈을 성전에 던져 버리리라고 예언한다. 다시 언급하지만, 성전이 주후 70년에

완전히 파괴되어 이 예언은 그 후에는 결코 성취될 수가 없는 것이었는데 그 전에 정확히 성취되었다.

약속: "내가 그들에게 이르되 너희가 좋게 여기거든 내 품삯을 내게 주고 그렇지 아니하거든 그만두라. 그들이 곧 은 삼십 개를 달아서 내 품삯을 삼은지라. 여호와께서 내게 이르시되 그들이 나를 헤아린 바 그 삯을 토기장이에게 던지라 하시기로, 내가 곧 그 은 삼십 개를 여호와의 전에서 토기장이에게 던지고"(슥 11:12-13).

성취: "그때에 열둘 중의 하나인 가룟 유다라 하는 자가 대제사장들에게 가서 말하되, 내가 예수를 너희에게 넘겨주리니 얼마나 주려느냐 하니, 그들이 은 삼십을 달아 주거늘"(마 26:14-15).

"유다가 은을 성소에 던져 넣고 물러가서 스스로 목매어 죽은지라. 대제사장들이 그 은을 거두며 이르되, 이것은 피 값이라, 성전고에 넣어 둠이 옳지 않다 하고 의논한 후, 이것으로 토기장이의 밭을 사서 나그네의 묘지를 삼으니"(마 27:5-7).

(13) 주전 700년: 이사야는 그리스도가 매 맞고, 수염이 뽑히고, 조롱과 침 뱉음을 당하시리라고 예언한다.

약속: 나="나를 때리는 자들에게 내 등을 닮기며, 나의 수염을 뽑는 자들에게 나의 뺨을 맡기며, 모욕과 침 뱉음을 당하여도 내 얼굴을 가리지 아니하였느니라"(사 50:6).

성취: "이에 예수의 얼굴에 침 뱉으며, 주먹으로 치고, 어떤 사람은 손바닥으로 때리며"(마 26:67).

(14) 주전 1000년: 다윗은 사람들이 그리스도의 옷가지를 놓고 제비뽑기를 하리라고 예언한다.

약속: "내 겉옷을 나누며 제비 뽑나이다"(시 22:18).

성취: "군인들이 예수를 십자가에 못 박고 그의 옷을 취하여 네 깃에 나눠 각각 한 깃씩 얻고, 속옷도 취하니 이 속옷은 호지 아니하고 위에서부터 통으로 짠 것이라 군인들이 서로 말하되, 이것을 찢지 말고, 누가 얻나 제비 뽑자 하니, 이는 성경에 그들이 내 옷을 나누고 내 옷을 제비 뽑나이다 한 것을 응하게 하려 함이러라 군인들은 이런 일을 하고"(요 19:23-24).

(15) 주전 700년: 이사야는 그리스도가 미움을 받아 버림받으시리라고 예언한다.

약속: "그는 멸시를 받아 사람들에게 버림을 받으며, 간고를 많이 겪었으며, 질고를 아는 자라 마치 사람들이 그에게서 얼굴을 가리는 것같이 멸시를 당하였고, 우리도 그를 귀히 여기지 아니하였도다"(사 53:3).

성취: "지나가는 자들은…예수를 모욕하여…대제사장들도 서기관들과 장로들과 함께 희롱하여…함께 십자가에 못 박힌 강도들도 이와 같이 욕하더라(마 27:39-44).

(16) 주전 700년: 이사야는 그리스도께서 미움을 받아 버림받으시면서도 자신을 변호하지 않으시리라고 예언한다.

약속: "그가 곤욕을 당하여 괴로울 때에도 그의 입을 열지 아니하였음이여, 마치 도수장으로 끌려가는 어린 양과 털 깎는 자 앞에서 잠잠한 양같이 그의 입을 열지 아니하였도

다"(사 53:7).
성취: "대제사장들과 장로들에게 고발을 당하되 아무 대답도 아니하시는지라"(마 27:12).

(17) 주전 1000년: 다윗은 그리스도께서 십자가에 못 박히시리라고 예언한다.
약속: "개들이 나를 에워쌌으며 악한 무리가 나를 둘러 내 수족을 찔렀나이다"(시 22:16).
성취: "해골이라 하는 곳에 이르러 거기서 예수를 십자가에 못박고 두 행악자도 그렇게 하니, 하는 우편에, 하나는 좌편에 있더라"(눅 23:33).

(18) 주전 700년: 이사야는 그리스도께서 죄인들과 함께 죽임을 당하리시라고 예언한다.
약속: "그러므로 내가 그에게 존귀한 자와 함께 몫을 받게 하며, 강한 자와 함께 탈취한 것을 나누게 하리니, 이는 그가 자기 영혼을 버려 사망에 이르게 하며, 범죄자 중 하나로 헤아림을 받았음이니라. 그러나 그가 많은 사람의 죄를 담당하며, 범죄자를 위하여 기도하였느니라"(사 53:12).
성취: "이때에 예수와 함께 강도 둘이 십자가에 못 박히니 하나는 우편에, 하나는 좌편에 있더라"(마 27:38).

(19) 주전 1400년: 모세는 그리스도의 어떤 뼈도 꺾이지 않으리라고 예언한다. 또한 주전 100년에 다윗 역시 같은 내용을 예언한다.
약속: "(유월절 어린 양을) 한 집에서 먹되 그 고기를 조금도 집 밖으로 내지 말고 뼈도 꺾지 말지며"(출 12:46).

"그의 모든 뼈를 보호하심이여, 그중에서 하나도 꺾이지 아니하도다"(시 34:20).

성취: "군인들이 가서 예수와 함께 못 박힌 첫째 사람과 또 그 다른 사람의 다리를 꺾고 예수께 이르러서는 이미 죽으신 것을 보고 다리를 꺾지 아니하고, 그중 한 군인이 창으로 옆구리를 찌르니 곧 피와 물이 나오더라. 이를 본 자가 증언하였으니 그 증언이 참이라. 그가 자기의 말하는 것이 참인 줄 알고 너희로 믿게 하려 함이니라. 이 일이 일어난 것은 그 뼈가 하나도 꺾이지 아니하리라 한 성경을 응하게 하려 함이라"(요 19:32-36).

(20) 주전 1000년: 다윗은 그리스도가 하나님께 버림을 받으시리라고 예언한다.

약속: "내 하나님이여, 내 하나님이여, 어찌 나를 버리셨나이까 어찌 나를 멀리하여 돕지 아니하시오며, 내 신음 소리를 듣지 아니하시나이까?"(시 22:1)

성취: "제 구 시쯤에 예수께서 크게 소리 질러 이르시되, '엘리, 엘리 라마 사박다니' 하시니, 이는 곧 '나의 하나님, 나의 하나님, 어찌하여 나를 버리셨나이까?' 하는 뜻이라"(마 27:46).

(21) 주전 700년: 이사야는 그리스도께서 죽으시리라고 예언한다.

약속: "그가 살아 있는 자들의 땅에서 끊어짐은 마땅히 형벌 받을 내 백성의 허물 때문이라"(사 53:8).

성취: "예수께서 큰 소리로 불러 이르시되 '아버지여, 내 영혼을 아버지 손에 부탁하나이다.' 하고 이 말씀을 하신 후 숨지시니라"(눅 23:46).

(22) 주전 700년: 이사야는 그리스도께서 부자가 제공한 새 무덤에 장사 되리라고 예언한다.

약속: "그는 강포를 행하지 아니하였고, 그의 입에 거짓이 없었으나 그의 무덤이 악인들과 함께 있었으며, 그가 죽은 후에 부자와 함께 있었도다"(사 53:9).

성취: "저물었을 때에 아리마대의 부자 요셉이라 하는 사람이 왔으니, 그도 예수의 제자라. 빌라도에게 가서 예수의 시체를 달라 하니, 이에 빌라도가 내주라 명령하거늘 요셉이 시체를 가져다가 깨끗한 세마포로 싸서 바위 속에 판 자기 새 무덤에 넣어두고 큰 돌을 굴려 무덤 문에 놓고 가니, 거기 막달라 마리아와 다른 마리아가 무덤을 향하여 앉았더라"(마 27:57-60).

(23) 주전 1000년: 다윗은 그리스도께서 죽음에서 부활하시리라고 예언한다. 주전 700년에 이사야도 같은 내용을 예언한다.

약속: "이는 주께서 내 영혼을 스올에 버리지 아니하시며, 주의 거룩한 자를 멸망시키지 않으실 것임이니이다"(시 16:10). "여호와께서 그에게 상함을 받게 하시기를 원하사 질고를 당하게 하셨은즉 그의 영혼을 속건 제물로 드리기에 이르면 그가 씨를 보게 되며, 그의 날은 길 것이요 또 그의 손으로 여호와께서 기뻐하시는 뜻을 성취하리로다. 그가 자기 영혼의 수고한 것을 보고 만족하게 여길 것이라. 나의 의로운 종이 자기 지식으로 많은 사람을 의롭게 하며, 또 그들의 죄악을 친히 담당하리로다"(사 53:10-11).

성취: "다윗이 그를 가르켜 이르되, '내가 항상 내 앞에 계신 주를 뵈었음이여, 나로 요동하지 않게 하기 위하여 그가 내

우편에 계시도다. 그러므로 내 마음이 기뻐하였고 내 혀도 즐거워하였으며, 육체도 희망에 거하리니, 이는 내 영혼을 음부에 버리지 아니하시며, 주의 거룩한 자로 썩음을 당하지 않게 하실 것임이로다. 주께서 생명의 길을 내게 보이셨으니, 주 앞에서 내게 기쁨이 충만하게 하시리로다' 하였으므로, 형제들아, 내가 조상 다윗에 대하여 담대히 말할 수 있노니, 다윗이 죽어 장사 되어 그 묘가 오늘까지 우리 중에 있도다. 그는 선지자라 하나님이 이미 맹세하사 그 자손 중에서 한 사람을 그 위에 앉게 하리라 하심을 알고 미리 본 고로 그리스도의 부활을 말하되, '그가 음부에 버림이 되지 않고, 그의 육신이 썩음을 당하지 아니하시리라' 하더니"(행 2:25-31).

(24) 주전 1000년: 다윗은 그리스도께서 승천하셔서 그분과 함께 죽은 그리스도인의 영을 취하시리라고 예언한다.

약속: "주께서 높은 곳으로 오르시며 사로잡은 자들을 취하시고, 선물들을 사람들에게서 받으시며, 반역자들로부터도 받으시니, 여호와 하나님이 그들과 함께 계시기 때문이로다"(시 68:18).

성취: "우리 각 사람에게 그리스도의 선물의 분량대로 은혜를 주셨나니, 그러므로 이르기를 그가 위로 올라가실 때에 사로잡혔던 자들을 사로잡으시고, 사람들에게 선물을 주셨다 하였도다. 올라가셨다 하였은즉 땅 아래 낮은 곳으로 내리셨던 것이 아니면 무엇이냐 내리셨던 그가 곧 모든 하늘 위에 오르신 자니, 이는 만물을 충만하게 하려 하심이라"(엡 4:7-10).

(25) 주전 1000년: 다윗은 예수께서 하나님 우편에 앉으시리라고 예언한다.

약속: "여호와께서 내 주에게 말씀하시기를 내가 네 원수들로 네 발판이 되게 하기까지 너는 내 오른쪽에 앉아 있으라 하셨도다"(시 110:1).

성취: "이는 하나님의 영광의 광채시요, 그 본체의 형상이시라. 그의 능력의 말씀으로 만물을 붙드시며, 죄를 정결하게 하는 일을 하시고, 높은 곳에 계신 지극히 크신 이의 우편에 앉으셨느니라"(히 1:3).[8]

구약 성경에는 수많은 예언이 기록되어 있지만, 그 중심은 장차 메시아가 도래하리라는 예언이며, 신약 성경은 그 예언의 성취를 기록한 책이다. 이렇게 메시아이신 예수 그리스도의 탄생, 삶, 죽음, 부활, 승천 등 모든 면이 역사에서 전개되기 훨씬 전, 무려 수백 년 전에서 천수백 년 전에 이르기까지 약 1,000년 동안 기록된 히브리어 구약 성경에 예언되었다. 그러므로 메시아 예수가 당시 유대 지도자들에게 이렇게 말씀하신 것은 놀라운 일이 아니다.

"너희가 성경에서 영생을 얻는 줄 생각하고 성경을 연구하거니와 이 성경이 곧 내게 대하여 증언하는 것이니라"(요 5:39).

따라서 메시아 예수 그리스도에게 초점을 맞추지 않고, 그를 주인공으로 삼지 않으면, 성경의 복음을 제대로 이해하거나 선포할 가치가 없어진다.

그뿐 아니라 먼저 확실한 예언적 약속이 있고, 그 후 그 예언적 약속의 성취로 예수께서 태어나신 점은 기독교의 독특한 특징 중 하나로, 이는 기독교와 다른 모든 세상 종교 및 종파를 분명하게 구별해 준다. 이 점에 대하여 윌버 스미스(Wilbur M. Smith)는 다음과 같이 말했다.

"성경은 한 권으로 출간되고…성경에서 우리는 메시아가 되실 분의 도래에 대한 대규모 예언을 발견할 수 있다. 고대 세계는 미래를 결정하는 데 점(占)으로 알려진 여러 장치를 가지고 있다. 하지만 그리스 문학과 라틴 문학의 전 영역에서 예언자와 예언이란 말을 사용하는데도, 미래에 닥칠 역사적으로 아주 중요한 사건에 대한 특정 예언도, 구세주가 인간 가운데서 일어난다는 예언도 전혀 찾아볼 수 없다.…(이슬람교는) 마호메트가 태어나기 수백 년 전에 그가 올 것이라는 예언을 했다는 증거가 없다. 어떤 종파의 창시자도 그의 출현을 독특하게 예언하는 고대의 문서를 찾을 수 없다."[9]

예수 그리스도에 대한 성경적 예언의 중요성에 대해 성경학자 드와이트 팬테코스트(J. Dwight Pentecost)는 이렇게 말한다.

"예언이란 주제를 너무 집중적으로 연구하다 말씀 연구에서 주 예수 그리스도를 완전히 놓친 사람들이 있다. 우리에게 성경이 주어진 것은 주 예수 그리스도를 계시하기 위해서다. 예수 그리스도는 성경의 주제다. 예수 그리스도는 모든 성경이 축으로 삼아 회전하는 중심이다.…예언 연구를 통해 얻은 최초의 위대한 결과는 예언적인 성경들이 하나님 말씀 전체의 권위를 증명해 준다는 점이다. 성경은 다른 어떤 종교 서적과도 다르다. 한 종교가 기초를 두고 있고, 그 안에 예언을 담고 있는 책은 성경 말고는 없다.…성취된 예언보다 더 성경의 영감, 타당성, 권위, 신뢰성을 시험하거나 증명하는 것은 없다."[10]

여기서 팬테코스트 박사는 지혜롭게도 성취될 예언의 본질을 성경의 신뢰성과 연결한다. 성취된 예언의 본질은 하나님이 미리 역사적인 계시를 주신 것에 불과하기 때문이다. 성취된 성경 예언의 특수성과 다양성은 성경 서술에 역사하신 하나님의 기적적인 손길이 아니고는 설명할 길이 없다. 그래서 조쉬 맥도웰(Josh McDowell)은, "천년에 걸쳐 기록된 구약 성경은 메시아의 도래에 대한 수백 개의 언급을 담고 있다. 그 모든 언급이 예수 그리스도 안에서 성취되었다"라고 진술한다.[11]

더구나 아직 성취되지 않은 예수 그리스도에 대한 예언들은 장차 예수가 재림하실 때 모두 실현될 것이다. 예수 그리스도 안에서 성취된 그 예언들을 잠시 묵상해 보라. 그 예언들이 얼마나 상세한지(그 당시에는 세상에 알려지지 않았던 조그만 시골 마을 '베들레헴'에서 출생했으며, 주후 70전 로마군에 의해 예루살렘 성전을 비롯하여 예루살렘이 멸망하여 초토화되기 전에 예언이 이루어져 예수께서 '성전'에 들어가셨다), 그리고 얼마나 경이로운지!(예수의 동정녀 탄생과 그가 죄인들과 함께 나무에 달려 죽은 지 사흘 만에 부활하실 것 등).

이에 17세기 프랑스의 저명한 심리학자이자 수학자, 과학자, 발명가, 작가, 철학자였던 블레이즈 파스칼은 이렇게 결론을 내렸다. "단 한 사람이 예수의 도래 시간과 방법을 미리 말해 주는 책을 썼다고 해도, 그 오심은 더없이 중요할 것이다. 하물며 그보다 더한 것이 있는데 4,000년이 넘는 기간에 똑같은 그리스도의 오심을 미리 말하기 위해, 차례차례 한결같이 나타난 사람들의 행렬이 있었다는 점이다. 그런가 하면, 한 민족 전체가 예수 도래의 확실성을 집단적으로 증명하기 위해 4,000년 동안 존재하면서 예수가 오시리라고 선포한다. 그 백성은 어떤 위협과 핍박을 당해도 메시아의 오심에 대한 확실성을 포기할 수 없다. 이것은 또 다른 대단히 중요한 명령이다."[12]

결론적으로, 그토록 오랜 세월 동안, 그토록 많은 예언자를 세워 메시아의 도래를 예언했던 모든 내용은, 하나님의 '때가 차매' 남자가 아닌 '여자에게' 성령 하나님의 능력으로 '태어나신'(갈 4:4) 예수 그리스도 안에서 모두 성취되었고(마 5:17-18), 이것에 비견되는 일은 이 세상 어디에도 없다.

3) 구약 성경에 대한 예수의 증거

예수는 구약 성경에 대하여 무엇이라고 가르치셨는가? 우리는 그 무엇보다도 예수 그리스도께서 성경에 대하여 어떻게 말씀하셨는지 귀 기울여 듣지 않으면 안 될 것이다. 예수께서는 이렇게 말씀하셨다.

> "성경은 폐하지 못하나니 하나님의 말씀을 받은 사람들을 신이라 하셨거든"(요 10:35).
> "내가 율법이나 선지자를 폐하러 온 줄로 생각하지 말라 폐하러 온 것이 아니요 완전하게 하려 함이라 진실로 너희에게 이르노니 천지가 없어지기 전에는 율법의 일점 일획도 결코 없어지지 아니하고 다 이루리라"(마 5:17-18).

여기서 예수께서는 율법서와 선지서들로 구성된 구약 성경을 폐하러 온 것이 아니라, 거기에 예언된 것들을 완성하고 성취하려고 세상에 왔다고 말씀하시며, 히브리어로 기록된 구약 성경에서 폐할 수 없는 한계를 한 글자도 아닌 '일점일획'으로 규정하며 그 일점일획도 없어지지 않고 다 이루리라고 말씀하셨다.

여기서 '일점'은 헬라어로 '이오타'(iῶτα)인데, 이것은 히브리어 중 가장 작은 한 점과 같은 단순 인용부호(')와 비슷하고, '일획'은 '케라이아'(κεραία)로 이 '일획'은 '뿔'이란 뜻으로 글자 끝의 뿔 또는 우리한글의 '기역'(ㄱ)과 '니은'(ㄴ)처럼 획이 굽음으로 다른 글자가 되는 것을 가리킨다. 역사적으로 신뢰할 만한 신약 성경에는 많은 주제에 관한 예수의 가르침이 기록되어 있다. 그러나 예수가 성경에 대해 가르치신 내용이야말로 가장 광범위한 영향을 미쳤다. 만일 예수가 성경이 하나님의 말씀이라고 가르쳤다면, 성경은 우리가 하나님의 진리를 알 수 있는 최우선의 자료가 되는 것이다. 그렇다면 예수는 성경에 대해 무엇을 가르치셨는가? 그는 구약 성경이 하나님의 말씀임을 다음 몇 가지로 가르치셨는데, 노먼 가아슬러와 프랭크 투렉은 이를 다음과 같이 잘 요약해 주었다.

① 신적 권위가 있다.

예수는 사탄에게 시험을 당하실 때, 구약 성경을 인용하여 사탄의 잘못을 지적하며 책망하셨다. 그는 "기록되었으되 사람이 떡으로만 살 것이 아니요 하나님의 입으로부터 나오는 모든 말씀으로 살 것이라 하였느니라…또 기록되었으되 주 너의 하나님을 시험하지 말라 하였느니라…사탄아 물러가라 기록되었으되 주 너의 하나님께 경배하고 다만 그를 섬기라 하였느니라"(마 4:4, 7, 10)라고 하셨다.

만약 구약 성경이 신적 권위가 없다면, 왜 예수가 그토록 확신에 찬 어조로 구약 성경을 인용하여 말씀하셨겠는가? 그는 자신의 가장 강력한 대적을 물리치기 위해 구약 성경을 진리의 원천으로 삼으신 것이 틀림없다.

실제로 예수와 그의 제자들은 92차례에 걸쳐 "기록되었으되"라는 말을 거듭한 다음 구약 성경을 인용하여 자신들의 주장을 뒷받침했다. 왜 그랬을까? 예수와 그의 사도들은 구약 성경이 문자화된 진리로 하나님의 진리를 알 수 있는 최고의 권위를 가진 것으로 간주했기 때문이다.

② 결코 소멸하지 않는다.

예수의 산상설교 내용 중에서 보수주의자들과 자유주의자들이 공통적으로 좋아하는 구절이 있는데, 그것은 예수가 성경의 '일점일획'이라도 없어지지 않고 다 이루리라고 주장하신 대목이다. 앞서 이 구절에 대하여 언급했듯이, 성경의 불멸성에 대해 이보다 더 강하게 표현한 예수의 발언이 또 있겠는가?

③ 절대 흠이 없다(infallible).

요한복음 10장에서 예수는 하나님을 참칭했다는 이유로 돌에 맞을 뻔했다. 이런 상황에서도 그는 구약 성경을 인용하여, "성경은 폐하지 못한다"(요 10:35)라고 선언하신다. 즉, 자신의 생명이 경각 간에 있을 때조차 예수는 폐할 수 없는 성경의 권위를 언급하신 것이다. 그리고 그는 나중에 제자들을 위한 대제사장의 기도에서 성경의 진리를 확인해 주신다. 즉, "그들을 진리로 거룩하게 하옵소서 아버지의 말씀은 진리니이다"(요 17:17)라고 기도하셨다.

④ 오류가 없다(inerrant).

사두개인들이 예수를 함정에 빠뜨리기 위해 교묘한 질문을 던졌을 때, 그는 이렇게 말씀하신다. "너희가 성경도, 하나님의 능력도 알지 못하는 고로 오해하였도다"(마 22:29). 물론 이 말이 암시하는 바는 성경에 오류가 없다는 뜻이다. 우리는 예수가 다음과 같이 말씀하시는 장면을 결코 상상할 수 없다. "너희가 '오류가 있는' 성경을 알지 못하는 고로 오해를 하였도다."

⑤ 역사적으로 신뢰할 수 있다.

구약 성경이 하나님의 말씀으로서 권위가 있으며, 불멸성을 가지고 있고, 틀림이 없으며, 오류가 없음을 선언한 것에 덧붙여, 예수는 역사적으로 가장 논란이 많은 구약 성경의 두 이야기, 곧 노아(마 24:3-39)와 요나(마 12:40)의 이야기가 진실임을 확인해 주셨다. 그는 이 이야기들이 역사적으로 사실임을 말씀하셨다. 그뿐 아니라 예수는 특별히 이사야서의 각기 다른 부분들을 인용하시며(마 13:14-15; 막 7:6-7; 눅4:17-19), 단 한 번도 비평가들의 주장대로, 둘 혹은 세 가지의 이사야서가 존재한다고 하시지 않았다.

⑥ 과학에 비추어 보아도 정확하다.

예수는 오늘날 비평가들과 상반되는 다른 주장도 하셨다. 이혼의 허용 여부와 관련된 질문을 받으셨을 때, 예수는 창세기에서 빌려온 과학적인 사실을 인용하셨는데, 곧 "사람을 지으신 이가 본래 그들을 남자와 여자로 지으시고 말씀하시기를 그러므로 사람이 그 부모를 떠나서 아내에게 합하여 그 둘이 한 몸이 될지니라 하신 것을 읽지 못하였느냐 그런즉 이제 둘이 아니요 한 몸이니 그러므로 하나님이 짝지어 주신 것을 사람이 나누지 못할지니라"(마 19:4-6)라고 하셨다. 혼인의 본질은 아담과 하와가 하나의 목적을 위해 창조되었다는 과학적 사실과 연관되어 있다. 더욱이 예수는 성경이 천국에 어떻게 가는지에 대하여 말해 줄 뿐, 천국이 어떤 곳인지는 말해 주지 않는다는 잘못된 생각을 받아들이지 않으신다.

예수는 니고데모에게 "내가 땅의 일을 말하여도 너희가 믿지 아니하거든 하물며 하늘의 일을 말하면 어떻게 믿겠느냐"(요 3:12)라고 하셨다. 여기서 말하는 '땅의 일'과 '하늘의 일'은 각각 무엇을 의미하는가? 이것은 본문에 나타난 그대로, '땅의 일'에 대해서는 예수께서 이미 말씀하셨다고 하니(εἶπον), 이것은 두말할 것 없이 그가 이미 말씀하신 '중생'에 관한 일이다. 그리고 '하늘의 일'에 대하여는 그가 앞으로 말씀하시리라고 하니(ἐὰν εἴπω), 그것은 13절 이하에 계시된 하나님 아버지의 구속사업, 곧 그의 아들이 십자가에 달려 인류의 구속사업을 완성하실 것을 말한 것이다. 이 말을 다른 말로 표현하면, 예수는 성경이 가시적이고 물리적인 세계에 관해서 참된 말을 하는데도 이해하지 못하고 믿지 못하는데, 하물며 눈에 보이지 않는 영적 세계에 관해 말하는 것은 더더욱 이해나 믿는 것이 불가능하지 않겠느냐는 말이기도 하다.

실제로 기독교는 과학과 역사의 탐구를 통해 실증될 수 있는 창조와 그리스도의 부활 같은 역사적 사건 위에 건설되었다. 다른 종교를 믿는 사람들은 종교와 과학이 공존할 수 없다고 생각할지 모르지만, 기독교인은 그렇게 생각하지 않는다. 우주에 관한 진리는 결코 모순될 수 없다. 모든 진리는 곧 하나님의 진리이기 때문이다. 따라서 진정한 종교적인 믿음은 과학적 사실들과 반드시 일치해야 한다. 만일 그 둘이 일치하지 않는다면, 우리의 과학 이해에 오류가 있거나, 아니면 우리가 종교를 통해 믿고 있는 것들이 잘못되었다는 뜻이다.

⑦ 궁극적 우월성이 있다.

예수는 구약 성경이 하나님의 말씀으로서 권위를 갖고 있으며, 결코 폐할 수 없고, 틀림이 없으며, 오류가 없는 데다, 역사에 비추어 보아도 신뢰할 수 있으며, 또한 과학에 비추어 보아도 정확하다는 것을 가르치셨다. 따라서 우리는 그가 구약 성경이 인간의 어떤 가르침보다 궁극적으로 우월하다는 주장을 펼칠 것을 예상할 수 있다.

다음은 예수가 말씀하셨던 내용이다. 예수는 바리새인들과 율법사들이 스스로 만든 인간의 전통 대신 구약 성경에 순종해야 한다고 주장함으로 그들의 잘못을 바로잡고 있다.

> "너희는 어찌하여 너희의 전통으로 하나님의 계명을 범하느냐…그 부모를 공경할 것이 없다 하여 너희의 전통으로 하나님의 말씀을 폐하는도다"(마 15:3, 6)

그런 다음 예수는 구약 성경을 인용해 그들이 성경을 따라 살지 않음을 혹독하게 비판하셨다.

"외식하는 자들아 이사야가 너희에 관하여 잘 예언하였도다 일렀으되 이 백성이 입술로는 나를 공경하되 마음은 내게서 멀도다 사람의 계명으로 교훈을 삼아 가르치니 나를 헛되이 경배하는도다 하였느니라"(마 15:7-9).

만일 구약 성경이 그들의 사상보다 더 차원 높은 궁극적 우월성을 갖고 있지 않다면, 예수가 구약 성경으로 이스라엘 종교 지도자들의 그릇됨을 지적하고 그들을 바로잡을 이유가 어디 있겠는가?

예수의 가르침을 살펴볼 때, 그가 구약 성경을 오류가 없는 기록된 하나님의 말씀으로 간주했다는 사실은 의심의 여지가 없다. 그는 자신이 "율법이나 선지자"로 불렀던 히브리어로 기록된 구약 성경의 예언을 완성하기 위해 이 세상에 왔다고 하셨다(마 5:17; 참조. 눅 24:26-27). 그는 또 유대인들에게 이렇게 말했다.

> "너희가 성경에서 영생을 얻는 줄 생각하고 성경을 연구하거니와 이 성경이 곧 내게 대하여 증언하는 것이니라 그러나 너희가 영생을 얻기 위하여 내게 오기를 원하지 아니하는도다"(요 5:39-40).

예수는 자신에 대하여 증거하는 성경의 예언을 성취하러 이 세상에 오셨다. 그런데 그 구약 성경은 무엇으로 구성되어 있는가? 예수가 '성경'이라고 언급하신 그때는 어느 책을 가리키는 것인가? 마태복음 23장에 기록된 그가 바리새인들을 질책한 기사에서 예수는

"그러므로 의인 아벨의 피로부터 성전과 제단 사이에서 너희가 죽인 바라갸의 아들 사가랴의 피까지 땅 위에서 흘린 의로운 피가 다 너희에게 돌아가리라"(마 23:35)라고 하시면서, 유대인의 구약 성경에 있는 모든 책을 처음부터 끝까지 언급하셨다. 아벨은 유대인의 구약 성경 중 첫 번째 책(창세기)에서 살해된 인물로 나오며, 사가랴 ('스가랴', 대하 24:20)는 마지막 책(역대기) 속에서 살해된 인물로 각각 나오고 있다. 실제로 예수와 신약 성경의 저자들은 유대인의 구약 22권 가운데 18권에 실린 사건들을 언급할 정도로 구약의 모든 부분을 권위 있게 인용하고 있다.[13]

유대인의 구약 성경은 프로테스탄트 교회의 구약 성경과 동일한 내용을 담고 있지만, 그 책의 구분을 달리하고 있다. 개신교의 구약 성경은 사무엘서, 열왕기서, 역대기서, 그리고 에스라서와 느헤미야서를 둘로 나누며, 열두 개의 소선지서를 열두 개의 각기 독립된 책으로 구분한다. 따라서 유대인들은 구약 성경을 모두 22권으로 구분하지만, 개신교는 똑같은 책을 39권으로 나누고 있다.

아래 도표는 구약 성경에 등장하는 주요 사건들을 신약 성경이 확인한 구절들을 정리한 내용이다.

| 진리란 무엇인가 I-2 도표

구약 성경에 등장하는 사건	신약 성경이 확인한 구절
1. 우주의 창조(창 1장)	1. 요한복음 1:3, 골로새서 1:16
2. 아담과 하와의 창조(창 1-2장)	2. 디모데전서 2:13-14
3. 아담과 하와의 혼인(창 1-2장)	3. 마태복음 19:4-5
4. 여자의 유혹(창 3장)	4. 디모데전서 2:14

구약 성경에 등장하는 사건	신약 성경이 확인한 구절
5. 아담의 불순종과 죄(창 3장)	5. 로마서 5:12, 고린도전서 15:22
6. 아벨과 가인의 제사(창 4장)	6. 히브리서 11:4
7. 가인이 아벨을 죽이다(창 4장)	7. 요한1서 3:12
8. 셋이 태어나다(창 4장)	8. 누가복음 3:38
9. 에녹을 하나님이 데려가시다(창 5장)	9. 히브리서 11:5
10. 노아의 홍수 이전의 혼인(창 6장)	10. 누가복음 17:27
11. 대홍수와 인류의 멸절(창 7장)	11. 마태복음 24:39
12. 노아와 그의 가족을 보존하시다(창 8-9장)	12. 베드로후서 2:5
13. 셈의 족보(창 10장)	13. 누가복음 3:35-36
14. 아브라함의 출생(창 11장)	14. 누가복음 3:34
15. 아브라함을 부르심(창 12-13장)	15. 히브리서 11:8
16. 멜기세덱에게 십일조를 바치다(창 14장)	16. 히브리서 7:1-3
17. 아브라함을 의롭게 여기시다(창 15장)	17. 로마서 4:3
18. 사라가 이스마엘을 낳다(창 16장)	18. 갈라디아서 4:21-24
19. 이삭을 주실 것을 약속하시다(창 17장)	19. 히브리서 11:18
20. 롯과 소돔(창 18-19장)	20. 누가복음 17:29
21. 이삭의 출생(창 21장)	21. 사도행전 7:8
22. 이삭을 제물로 바치려 하다(창 22장)	22. 히브리서 11:17
23. 불이 붙은 가시덤불(출 3:6)	23. 누가복음 20:37
24. 홍해를 거쳐 애굽에서 나오다(출 14:22)	24. 고린도전서 10:1-2
25. 물과 만나를 베푸시다(출 16:4, 17:6)	25. 고린도전서 10:3-5
26. 광야에서 놋뱀을 장대에 메달다(민 21:9)	26. 요한복음 3:14

구약 성경에 등장하는 사건	신약 성경이 확인한 구절
27. 여리고성을 무너뜨리다(수 6:22-25)	27. 히브리서 11:30
28. 엘리야가 행한 기적들(왕상 17:1, 18:1)	28. 야고보서 5:17
29. 요나의 큰 물고기(욘 2장)	29. 마태복음 12:40
30. 풀무불에 던져진 세 히브리 청년(단 3장)	30. 히브리서 11:34
31. 사자굴에 던져진 다니엘(단 6장)	31. 히브리서 11:33
32. 스가랴를 죽이다(대하 24:20-22)	32. 마태복음 23:35

위에 열거된 많은 사건의 역사성은 비평가들 사이에서 뜨거운 논란이 되고 있다. 그러나 예수와 사도들은 그 사건들을 역사 속에 있었던 실제 사실로 언급하고 있다. 노아와 요나의 기사 이외에도, 예수는 천지창조(막 13:19), 아담과 하와(마 19:4-5), 소돔과 고모라(눅 10:12), 모세와 불붙은 가시덤불(눅 20:37) 등의 역사성을 확인했다. 이것은 구약이 역사적 실재라는 점을 예수가 자신의 영적 메시지의 진실성과 연계시키고 있다는 사실을 보여 준다.[14]

4) 신약 성경에 대한 예수의 증거

앞서 살펴본 것처럼, 예수는 구약 성경에 오류가 없다고 가르치셨지만, 신약 성경에 대해서는 뭐라고 이야기하실 수 있었을까? 예수 그리스도가 지상에서 보낸 시간이 끝날 때까지 신약 성경은 기록되지 않았기 때문이다. 예수는 구약 성경을 확인해 주셨던 반면, 신약 성경은 미래의 것으로 약속하셨다. 그는 성령이 자신이 사도들에게 말했던 내용을 되새기게 하고, 모든 진리로 인도할 것이므로, 신약 성경이 그의 사도들을 통하여 등장하게 될 것이라고 하셨다. 예수는 이렇게 선포하셨다.

"내가 아직 너희와 함께 있어서 이 말을 너희에게 하였거니와 보혜사 곧 아버지께서 내 이름으로 보내실 성령 그가 너희에게 모든 것을 가르치고 내가 너희에게 말한 모든 것을 생각나게 하리라"(요 14:25-26).

그리고 이렇게 말했다.

"내가 아직도 너희에게 이를 것이 많으나 지금은 너희가 감당하지 못하리라 그러나 진리의 성령이 오시면 그가 너희를 모든 진리 가운데로 인도하시리니 그가 스스로 말하지 않고 오직 들은 것을 말하며 장래 일을 너희에게 알리시리라"(요 16:12-13).

이것을 달리 표현하면, 예수는 성령이 사도들을 인도하여 오늘날 우리가 신약 성경으로 알고 있는 것들을 저작하게 할 것임을 약속하고 있는 것이다. 사도 바울은 나중에 교회를 향해, "너희는 사도들과 선지자들의 터 위에 세우심을 입은 자라 그리스도 예수께서 친히 모퉁잇돌이 되셨느니라"(엡 2:20)라고 강조함으로, 이 예수의 가르침을 되새기고 있다. 초대교회 역시 이 점을 알고 있었는데, 이는 그들이 사도들의 가르침을 따라 헌신했기 때문이다(행 2:42).

그렇다면 사도들은 실제로 예수가 약속한 대로 성령으로부터 말씀을 받았는가? 그들은 여러 곳에서 이 점을 분명히 주장하고 있다. 요한은 사도들을 '하나님께 속한 자'라고 기록하면서(요일 4:6), 요한계시록을 "예수 그리스도의 계시라 이는 하나님이 그에게 주사"(1:1)라는 말로 시작하고 있다. 바울은 그가 기록한 말을 '성령이 가르치신 것'(고전 2:10, 13, 7:40)이라고 주장하면서, 그가 쓴 내용이 "주의 명령"(고전

14:37)이라고 말한다. 갈라디아서 서두에서 바울은 이렇게 선언한다.

> "형제들아 내가 너희에게 알게 하노니 내가 전한 복음은 사람의 뜻을 따라 된 것이 아니니라 이는 내가 사람에게서 받은 것도 아니요 배운 것도 아니요 오직 예수 그리스도의 계시로 말미암은 것이라"(갈 1:11-12).

실제로 데살로니가전서에서 바울은 자신이 데살로니가 교인들에게 하나님의 말씀으로 공급하고 있음을 강조한다.

> "이러므로 우리가 하나님께 끊임없이 감사함은 너희가 우리에게 들은 바 하나님의 말씀을 받을 때에 사람의 말로 받지 아니하고 하나님의 말씀으로 받음이니 진실로 그러하도다 이 말씀이 또한 너희 믿는 자 가운데에서 역사하느니라"(살전 2:13).

그는 그가 쓴 책들이 성령의 영감으로 기록된 것임을 확인하는 것에 덧붙여, 누가복음과 마태복음을 성경으로 인용하면서 이 둘을 구약 신명기와 같은 반열에 두고 있다(신 25:42; 마 10:10; 눅 10:7; 딤전 5:18).

사도 베드로는 바울의 서신들(신약 성경 중 13권)을 언급하면서, "우리가 사랑하는 형제 바울도 그 받은 지혜대로 너희에게 이같이 썼고 또 그 모든 편지에도 이런 일에 관하여 말하였으되 그중에 알기 어려운 것이 더러 있으니 무식한 자들과 굳세지 못한 자들이 다른 성경과 같이 그것도 억지로 풀다가 스스로 멸망에 이르느니라"(벧후 3:15-16; 참조. 딤후 3:15-16)라고 기록하여, 그것들이 영감으로 기록된 책들이라는 것에 동의하고 있다. 또한 베드로는 그가 기록한 말씀과 다른 사도들이 기록한 말씀들이 모두 하나님으로부터 온 것임을 다음과 같은 말로 강조한다.

> "우리 주 예수 그리스도의 능력과 강림하심을 너희에게 알게 한 것이 교묘히 만든 이야기를 따른 것이 아니요 우리는 그의 크신 위엄을 친히 본 자라…또 우리에게는 더 확실한 예언이 있어 어두운 데를 비추는 등불과 같으니…너희가 이것을 주의하는 것이 옳으니라 먼저 알 것은 성경의 모든 예언은 사사로이 풀 것이 아니니 예언은 언제든지 사람의 뜻으로 낸 것이 아니요 오직 성령의 감동하심을 받은 사람들이 하나님께 받아 말한 것임이라"(벧후 1:16-21).

하지만 사도들은 자신들이 기록한 말씀을 하나님으로부터 받은 것이라고 단지 주장만 하지 않았다. 그런 주장은 누구라도 할 수 있기 때문이다. 그들은 기적이라는 표적을 행함으로 자신들이 기록한 말씀이 성령으로 영감 된 것이라는 증거를 제시하고 있다. 실제로 사도가 갖추어야 할 두 가지 자격 중 하나가 표적을 행하는 능력이었으며, 다른 하나는 예수 그리스도의 부활을 목격한 자여야 한다는 것이었다(행 1:22; 고전 9:1). 바울은 자신이 사도라는 사실을 고린도 사람들에게 이렇게 확증하고 있다.

> "사도의 표가 된 것은 내가 너희 가운데서 모든 참음과 표적과 기사와 능력을 행한 것이라"(고후 12:12).

여기서 바울은 자신이 그들과 함께 지내면서 기적을 행했던 장면에 관해 말하고 있음이 분명하다. 만일 그런 일이 없었다면 그는 그의 독자들로부터 신뢰를 얻지 못했을 것이다.

바울 자신이 기적을 행했다고 주장하는 것 외에도, 누가는 사도행전에서만 35개의 기적에 관한 기사를 기록하고 있는데, 그 기적의

대부분은 사도들이 행한 것이다.[15]

그뿐 아니라 히브리서 기자는 주께서 천명하신 구원에 대해 말하면서, "이 구원은 처음에 주로 말씀하신 바요 들은 자들이 우리에게 확증한 바니 하나님도 표적들과 기사들과 여러 가지 능력과 및 자기의 뜻을 따라 성령이 나누어 주신 것으로써 그들과 함께 증언하셨느니라"(히 2:3-4)라고 말한다. 이렇게 하나님은 선지자들에게 기적을 행하게 하심으로 그들이 선포하는 신언(神言)의 진정성을 확증하셨다. 그러므로 기적은 말씀을 확증해 주고, 표적은 선포한 말씀을 확증한다. 이것은 어떤 말씀이 정말 자신에게서 나온 것임을 확증하는 하나님의 방식이다. 또한 신약 성경의 기자인 사도들은 기적을 행함으로 자신들의 메시지가 하나님으로부터 나온 것임을 확증했다 (출 4장; 왕상 18장; 요 3:2; 행 2:22).

그러나 회의론자들은 이렇게 말할 수 있다. "그들이 기록한 기적 이야기들은 자기들이 선포하는 말의 권위를 높이기 위해 그들이 만들어낸 것에 불과하다." 그러나 이것은 사실이 아니다. 그들은 기적 이야기를 거짓으로 만들어낼 아무런 동기도 갖고 있지 않았다. 실제로 그들은 그 이야기의 진정성을 확증하기 위해 극심한 고문을 당하고, 매를 맞고, 죽음까지 감수했다는 점에서, 그런 이야기를 가공해낼 만한 어떤 이유나 동기가 없었다. 더욱이 기적을 행할 능력은 최종적으로 그들이 아닌 하나님에게 있었다. 우리는 그것을 어떻게 알 수 있는가? 이는 두 가지 이유 때문이다.

첫째, 사도들은 주후 60년대 중반 어느 시점부터 기적을 행할 능력을 잃어버린 것으로 보인다. 히브리 기자는 60년대 후반에 자신의 책을 기록하면서, 사도에게 주어진 그 특별한 표적의 은사를 '과거 시제'로 언급하고 있다(히 2:3-4). 또한 바울은 그의 사역 후반에 들어가면서, 자신을 신뢰하고 따랐던 몇몇 조력자의 질병을 고치지 못하고 있었다(빌 2:26; 딤후 4:20). 만일 그에게 여전히 기적을 행할 능력이 있었다면 그가 기도할 것을 권유하며, 조력자들에게 약을 사용하도록 권면할 이유가 무엇인가?(딤전 5:23). 둘째, 바울은 자신이 기적을 행했던 시기에도 자신의 질병만은 고치지 못했다(갈 4:13). 사실 성경을 보면 누군가가 사적인 이익이나 즐거움을 위해 기적을 행한 사례는 전혀 없다. 이것은 곧 기적을 행하는 능력이 인간이 아닌 하나님의 뜻에 따라 제한을 받고 있음을 보여 준다(참조. 히 2:4). 기적은 보통 새로운 메신저나 새로운 계시를 확증하는 등의 특별한 목적을 위해서만 일어났다. 이것이 어쩌면 주후 62년 이후에 기록된 바울 서신에서는 사도가 기적을 행한 자취가 전혀 없는 이유가 될 수 있다. 아마도 이 62년은 사도행전이 기록된 가장 늦은 추정 연대일 것이다.[16)] [성경이 사도들의 이 특별한 기적의 본질, 목적, 기능에 대해 침묵을 지키고 있지 않다는 점(고후 12:12; 히 2:3-4)에서, 이것은 침묵으로부터 나온 논증은 아니다. 사도들의 계시를 확증하는 이런 기능은, 그 계시들이 확증된 이후에는 기적이 더는 필요하지 않았기 때문에 중지되었다는 사실과 들어맞는다.]

이 무렵에 이르러 바울과 다른 사도들은 하나님의 진정한 메신저로 입증되었으며, 더는 그들의 사도성(使徒性)을 확증할 필요가 없어졌기 때문이다.

앞서 인용한 성구에 더하여 예수와 성령이 신약 성경을 장차 허락할 것이라는 사실과 관련한 추가적인 증거가 필요하다. 구약 성경은 메시아가 오셔서 '좋은 소식을 선포할 것'이라고 예언했다(사 40:1-11, 52:7-10, 61:1-2). 그리고 예수는 자신이 이 예언을 성취했다고 선언하셨다. 누가복음 4장에 기록된 것처럼, 예수는 고향 나사렛 회당에 들어가 이 놀라운 주장을 하셨다.

"예수께서 그 자라나신 곳 나사렛에 이르사 안식일에 늘 하시던 대로 회당에 들어가사 성경을 읽으려고 서시매 선지자 이사야의 글을 드리거늘 책을 펴서 이렇게 기록된 데를 찾으시니 곧 주의 성령이 내게 임하셨으니 이는 가난한 자에게 복음을 전하게 하시려고 내게 기름을 부으시고 나를 보내사 포로 된 자에게 자유를, 눈먼 자에게 다시 보게 함을 전파하며 눌린 자를 자유롭게 하고 주의 은혜의 해를 전파하게 하려 하심이라 하였더라 책을 덮어 그 맡은 자에게 주시고 앉으시니 회당에 있는 자들이 다 주목하여 보더라 이에 예수께서 그들에게 말씀하시되 이 글이 오늘 너희 귀에 응하였느니라 하시니"(눅 4:16-21).

그날 성취된 것은 무엇인가? 바로 메시아의 초림(初臨)이다. 예수는 이사야 61장 1-2절을 인용하다, 자신이 가난한 자에게 복음을 전하고, 포로 된 자에게 자유를 전파하며, 눈먼 자를 다시 보게 하고, 그 밖의 다른 일들을 행하기 위해 이 땅에 온 메시아임을 가르치기 위해, 중간에 읽기를 멈추셨다. 그는 이사야 61장 2절의 중간에서 멈추셨는데, 2절 후반부는 예수 그리스도의 재림을 말하는 "우리 하나님의 신원의 날"(개역한글)을 선포하고 있기 때문이다. 이것은 고향 나사렛에서 된 일이었기에 예수가 요셉의 아들임을 알고 있던 고향 유대인들은, 구약 성경에 예언되었고 유대인들이 오랜 세월 동안 고대해 오던 메시아가 바로 자신임을 주장하는 예수의 선언을 듣고도 처음에는 별일 없이 지나갔다. 그러나 예수가 자신의 메시아 됨을 한 차례 더 주장한 뒤에는 "분이 가득하여"(개역한글) 그를 동네 밖으로 데리고 가서 절벽 아래로 떨어뜨려 죽이려 했다. 예수께서는 그들을 떠나 자리를 피하셨다(눅 4:22-30). 이사야 61장은 주의 영을 통해 메시아가 치유의 기적을 베풀고, 좋은 소식을 전파하며, 눌린 자를 자유하게 할 것이라고 예언했다. 즉, 메시아는 예수가 행한 바로 그 일들을 할 것이라고 예언했다. 그는 새로운 계시를 선포하고 그 계시를 기적으로 뒷받침할 것이다. 그리고 메시아가 새로운 계시를 선포할 것이므로, 누군가가 그것을 기록해야만 한다. 그것이 바로 예수가 사도들을 향해, 성령이 자신이 가르친 모든 말씀을 기억나게 하고, 그들을 모든 진리 가운데로 인도할 것이라고 약속하신 이유다 (요 14:26, 16:13).

이 모든 것은 신약 성경과 관련해 어떤 의미가 있는가? 예수의 말씀에 의하면, 사도들이 기록하거나 사도들이 확증한 책만이 신약 성경에 들어가야 한다는 의미인데, 그렇다면 그런 책들은 어떤 것을 말하는가? 기독교회는 그 책들을 '정경'(Canon)이라 말하는데, 우리는 먼저 '정경'이라고 부르는 것들에 대한 일반적인 오해를 제거해야 한다. 그것은 곧 '교회' 또는 초대교회 교부들이 신약 성경 안에 들어갈 책들을 결정했다고 말하거나 생각하는 것은 잘못이라는 것이다. 그들은 신약 성경 안에 들어갈 어느 책도 결정하지 않았으며, 다만 신약 성경 안에 있도록 하나님이 의도하신 것들을 발견하고 받아들였을 뿐이다. 이 점을 프린스턴 대학의 브루스 메츠거(Bruce Metzger) 교수가 잘 지적해 주고 있다. 그는 이렇게 말했다. "정경은 책들을 열거한 하나의 권위 있는 목록이라기보다, 권위 있는 책들을 열거한 하나의 목록이다. 이 기록들은 누군가에 의해 선택된 결과로 권위를 갖게 된 것이 아니다. 각각의 책은 누군가 그것들을 하나로 모으기 이전부터 권위를 가지고 있었다."[17]

다시 말하면, 신약 성경에 들어갈 유일한 책이 있다면 그것은 하나님께서 영감을 주신 책이다. 예수는 사도들이 성령의 도움을 받아 그런 책들을 만들 것이라고 이미 말씀하셨고, 때가 되어 그 성령의 감화와 감동을 받은 사람들에 의해 신약 성경이 기록되어, 하나님의 특별하신 보호와 섭리 가운데 오늘의 27권의 신약 성경이 완성되고 정경으로 보존되어 온 것이다. 그러므로 이제는 신약 성경의 저자들에게 주어진 성령의 영감(감동)의 성질과 그것이 영향을 미치는 범위, 그리고 성경의 완전성을 살펴보고자 한다.

5) 영감의 성질

영감의 성질을 말하기 전에 두 가지 잘못된 견해를 먼저 소개하고자 한다.

① 기계적 영감설(Mechanical Inspiration)
영감의 과정이 가끔 기계적 방법에 의한 것으로 고찰되어 왔다. 이 견해에 의하면, 성경의 저자들은 성경을 기록할 때 하나님께서 불러 주시는 것을 그대로 받아 썼다는 것이다. 즉, 성경의 저자들은 하나님의 선택한 말씀으로 그의 사상을 기록하고 있는 성령의 필기자에 지나지 않는다. 그들의 정신 활동은 중지되어, 그들 저작의 내용과 형태 어느 면에서도 공헌하지 못했고, 그 문체까지도 성령의 문체라고 보는 것이다.

그러나 더욱 깊이 연구한 결과, 이와 같은 입장은 전혀 지지할 수 없다는 것이 명백해졌다. 저자들이 그들의 저작을 기록할 때, 다만 피동적인 도구가 아니라 참된 저자였다는 사실은 성경 자체에서 밝혀졌다. 어떤 때는 그들이 역사적 연구의 결과를 명백히 제시해 주기도 했다. 곧, 그들은 누가복음 1장 1-4절에 언급된 것과 같이 자신이 조사한 것을 말했고, 때로는 사무엘서, 열왕기서, 역대기서 등의 책과 같이 그들 나라의 역사 사료를 기재하기도 했다. 또한 시편이나 예언서, 사도행전, 서신서 등에서도 자신들의 개인적인 경험을 기록했다. 더욱이 그들은 각각 자신만의 문체로 성경을 기록했다. 이사야의 문제는 에스겔의 문제와 같지 않고, 바울의 문제도 요한의 문제와 같지 않다는 것이다.

② 동력적 영감설(Dynamical Inspiration)

지난 18~19세기에는 많은 학자가 '기계적 영감설'을 반대하고, '동력적 영감설'을 옹호했다. 이 학설은 성경 저작에서 저자의 일반 영감을 주장하면서, 성령의 직접적인 활동이 있었다는 것, 곧 저술에서 그 목적을 정확히 발견하게 하는 성령의 역사가 있었다는 관념을 부정한다. 이 일반 영감은 저자들의 영구한 특징이었다. 그러므로 이러한 영감은 우연히 그들 저작에도 영향을 주게 되었다는 것이다. 그것은 대체로 신자의 영적 개발과 본질적으로 다른 것이 아니며, 다만 정도의 차이가 있을 뿐이다. 또 그것은 성경의 모든 부분에 영향을 미쳤으나 그 정도에서는 모두가 다 똑같은 것은 아니다. 성경의 역사서는 교리서와 똑같은 정도의 영감을 나누어 받지 못했다. 이 학설은 일반적으로 성경 저작의 신빙성을 어느 정도 뒷받침해 주고 있는 것이 사실이나, 오류의 가능성을 특히 역사서에서 인정하고 있다. 또한 분명히 영감에 대하여 확증해 주는 성경의 보도를 올바로 평가하지 못하고 있다. 나아가 성경에서 초자연적 특징을 박탈하고, 성경을 일반 계시의 수준으로 끌어내려 성경의 정확 무오성(無誤性)을 파괴하고 있다.

③ 유기적 영감설(Organic Inspiration)

오늘날 일반적으로 개신교 전반에서 수용하고 있는 영감설은, 학자 중에는 그것을 '동력적 영감설'이라 부르는 자도 있지만, 보통은 '유기적 영감설'이나 '완전 영감설'(Plenary Insipiration)로 부른다. 여기서 '유기적'이라는 말은, 하나님께서 성경 저자들을 기계적으로 사용하지 않고, 그들 자신의 내적 존재의 규칙들과 조화를 이루어 유기적인 방법으로 사용하신다는 사실을 강조하기 위하여 사용되고 있다. 다시 말하면, 하나님께서 저자들의 성품과 기질, 은사와 재능, 교육과 교양, 그리고 그들의 용어, 어법, 문체 등 그 모든 것을 있는 그대로 무오(無誤)하게 사용하셨다는 것이다. 그리고 하나님께서는 저자들의 마음을 조명(照明)했으며, 저자들을 격려하여 저술하게 했고, 저자들의 문서 활동에 미치는 죄의 영향력을 억압했으며, 저자들을 인도하여 그들의 언어를 선택하고, 그들의 사상을 표현하게 하셨다. 이 견해는 분명히 성경의 표현과 가장 잘 조화를 이루고 있으며, 성경의 저자들을 단순한 도구가 아닌 참 저자로 제시해 주고 있다. 이 학설에 의하면, 성경의 저자들은 가끔 하나님의 직접적인 전달을 기록하면서도, 그들 자신의 역사적 탐구의 결과를 써 내려갔고, 또한 그들의 죄와 사죄, 희열과 비애, 고통과 은혜로우신 구원 등의 체험을 기록했다. 이 학설은 또한 각 저자가 그들 자신의 문체를 사용했고, 그들 자신의 개인적 특징과 그들이 살고 있던 시대의 특징을 그 문학적 창작에서 나타냈기 때문에, 성경의 각 책에는 개체성이 있음을 설명해 주고 있다.

6) 영감의 범위

영감의 성질뿐 아니라 그 범위에 관해서도 역시 여러 가지 견해가 있다.

① 어떤 학자는 성경 저자에게 주어진 것은 언어의 영감이 아니라 사상의 영감이라고 주장한다.

성경의 영감을 전적으로 부정하는 사람들이 많은 반면, 어떤 학자들은 이와 같은 완전 부정 대신 이를 다소 수정해, 언어 영감보다 사상 영감을 더 강조한다. 그들에 의하면, 사상은 신적으로 영감이 되었으나, 언어는 단순히 인간 저자의 선택에 의한 것이다. 그러나 이것은 올바른 견해가 아니다. 사상은 언어와 결코 분리할 수 없기 때문이다. 제임스 오르(James Orr) 박사는, "사상은 반드시 형태를 취하고 언어로 표현된다. 만일 영감이 있다면 그것은 틀림없이 사상과 함께 언어에도 침투하여 표현을 형성할 것이다. 그리고 그것은 언어로서 전달될 관념의 산 매개체로 사용될 것이다"라고 말했다.[18]

② 영감이 성경의 어떤 부분에만 관련되었다고 주장하는 사람들도 있다.

18세기 합리주의의 영향으로 당시 영감에 대한 막연한 학설들이 인기를 끌게 되었다. 그것들은 성경의 역사적 부분의 영감을 부정하고, 공통적으로 교리적 부분에만 영감을 한정시켰다. 이같이 교리적 부분에만 한정시킨 영감마저도, 처음에는 성질상 그것을 초자연적인 것으로 간주했으나, 결국에 가서는 순수하게 자연적인 과정으로, 곧 특수한 영적 개발로 생각하게 되었다. 그것은 도덕적이며 영적인 사건에서는 저자들을 신빙성 있는 증인으로 만드는 효과를 가져왔지만, 역사적으로나 연대적, 과학적인 모든 종류의 오류에는 반증을 제공하지 못했다. 영감의 정확한 범위에 관해서는 그들 사이에서도 의견의 일치를 보지 못하고 있다. 어떤 학자들은 그것을 교리적 사건에 한정시키고, 또 다른 학자들은 신약 성경에만, 또 어떤 학자들은 예수의 말씀에만 한정시킨다. 심지어 산상보훈만 영감 된 것으로 생각하는 학자들도 있다. 그리고 각자 성경의 어떤 부분은 영감이 되었으나 어떤 부분은 그렇지 않다고 제멋대로 단정하기도 한다. 이러한 견해를 받아들이는 사람은 그 순간 바로 문자화된 진리인 성경을 사실상 상실하게 될 것이다.

③ 성경에 의하면 영감은 성경의 모든 부분과 관련되어 있다.

예수와 사도들은 구약 성경의 책들을 '성경' 혹은 '성경들'이라고 불렀다. 그리고 자신들의 교훈을 실증하기 위하여 자주 성경에 호소했다. 그들에게서 성경에 호소하는 것은 분명히 하나님께 호소하는 것과 같은 일이었다. 이는 모든 논쟁의 초점이 되고 있다. 더욱이 앞서 언급한 바와 같이, 신약 성경의 몇몇 저자는 반복적으로 구약 성경의 구절을 하나님의 말씀 또는 성령의 말씀으로 인용했다. 이는 특히 히브리서에서 현저하게 나타나고 있다. 더욱이 베드로는 바울의 서신들을 구약 성경의 기록들과 동등한 수준인 '신언'(神言)의 위치에 두었다. 그리고 신약 성경에는 구약 성경 중 25권에서 가져온 인용문이 있는데, 비록 그 상당 부분이 역사서에서 취한 것이긴 하지만 모두 '성경'으로 간주되었다. 그러므로 우리는 성경을 두 부분, 곧 신적인 것과 인간적인 것으로 나눌 수 없는 것이다. 우리 인간의 경우에서도 육신은 일을 마치고 영혼은 활동한다고 말할 수 없는 것처럼, 성경에서 인간적인 것은 멈추고 신적인 것은 활동한다든가, 혹은 그 반대로 된다는 것은 전혀 있을 수 없는 일이다. 이 둘은 서로 스며들어 침투하는 것이다. 그리고 이 상호침투의 결과로, 성경이 한편으로는 인간의 작품으로, 다른 한편으로는 하나님의 창작품으로 그 완전성을 유지하는 것이다.

④ 영감은 성경의 언어 하나하나에까지 영향을 미쳤다.

성경은 축자적(逐字的)으로 영감 되었다. 여기서 특히 주의해야 할 것은, 이는 기계적으로 영감 되었다는 말과 같지 않다는 점이다. 그러나 반대자들은 이 둘을 같은 것이라고 주장한다. '축자영감'(逐字

靈感) 교리에서 주장하는 것은, 하나님께서 저자들에게 성경의 말씀 한 구절 한 구절을 받아 기록하도록 하셨다는 것이 아니다. 오히려 하나님께서 성경의 저자들로 하여금 그 용어와 표현을 선택함에서 오류에 빠지지 않도록 보호하시고, 그들의 단어 선택을 무시하거나 문체와 표현의 개성을 억제하지 않으시고 보호하셨다는 것을 전제한다.

어떤 학자는 이 학설을 기계적 영감설과 동일시되는 위험에서 보호하기 위하여 '완전 영감설'(Plenary Inspiration)이라 부르기도 한다. 이 학설은 성경의 충분한 확증을 받고 있다. 몇 가지 예로, 하나님께서는 기록해야 할 사건들을 모세와 여호수아에게 분명히 말씀해 주셨다(출 3-4장, 6:2, 7:1, 12:1; 레 4:1, 6:1, 24, 7:22, 28; 수 1:1, 4:1, 6:2). 예언자들은 여호와께서 자신들의 입에 그의 말씀을 위탁하시고(렘 1:9), 백성들에게 그 말씀을 전하도록 자기들을 교도하신다고 말했다(겔 3:4, 10-11). 바울은 자기의 말을 성령이 가르치는 말씀이라고 했다(고전 2:13). 그리고 예수님과 바울은 가끔 하나님이 아브라함에게 약속하신 "또 네 씨로 말미암아 천하 만민이 복을 받으리니"(창 22:18)라는 구절에 나타난 대로, 아브라함의 후손으로 오실 메시아를 뜻하는 '네 씨'(seed, offspring)는 여럿을 가리키는 말이 아니라, 단수로 오직 하나를 두고 하는 말이라며 유대인들과 논쟁을 펴기도 했다(마 22:43-45; 요 10:35; 갈 3:16).

3. 성경의 완전성

종교 개혁자들은 로마 가톨릭교회의 잘못을 시정하기 위하여 성경의 교리를 발전시킬 필요가 있다고 생각했다. 그래서 그들은 다음 몇 가지를 특히 강조했다.

1) 성경의 신적 권위

로마 가톨릭교회와 개혁자들 모두 성경의 신적 권위를 인정했으나, 그들이 각각 생각하고 있던 내용은 전혀 달랐다. 로마 가톨릭교회에 의하면, 성경은 그 자체로서 권위를 갖지 못하며, 그 존재와 권위는 교회로부터 주어지는 것이다. 그러나 로마 가톨릭교회의 이러한 입장을 반대하여, 종교 개혁자들은 성경은 성령의 감동으로 기록된 하나님의 말씀이므로 그 자체가 고유의 권위를 가진다는 사실을 주장했다. 그렇다. 성경은 영감 된 하나님의 말씀이며 그 권위로 인간에게 말씀하시는 것이다. 그러므로 인간은 그 말씀을 믿고 순종해야 할 의무가 있다. 성경의 지상의 권위에 관한 이 같은 견해는 개혁된 모든 교회에서 일반적으로 받아들여졌다. 그러나 합리주의의 찬 바람이 전 유럽을 휩쓸고, 이성이 진리의 판결자로 군림하면서 이러한 영향을 받은 근래의 많은 사람은, 성경을 일반 서적과 같은 수준에 놓고 있으며, 따라서 성경의 신적 권위를 부정하고 있다. 그러나 성경의 신적 권위를 강조하는 것은 매우 중요한 일이며, 성경은 무엇보다도 역사적 권위를 지니고 있다. 다시 말하면, 그것은 참되고 절대적으로 믿을 수 있는 기록이기에, 성경이 내포하고 있는 것은 하나도 빠짐없이 그대로 믿고 받아들일 수 있다는 것이다. 그러므로 성경은 인간 생활과 행위의 유일한 법칙으로서의 규범적 권위를 지니고 있으며, 인간에게는 이에 대한 절대적인 순종을 요구하고 있다.

2) 성경의 필요성

로마 가톨릭교회는 성경의 중요성과 유용성을 인정하면서도 그 절대적 필요성은 인정하려 하지 않는다. 그들에 의하면, 교회가 성경을 필요로 하기보다 오히려 성경이 교회를 필요로 한다고 하는 것이 더 타당하다. 몬타누스파(Montanists)와 재세례파(Anabaptists), 그리고 제네바의 방임파(Libertiness)와 같은 신비주의적 종파의 사람들 역시 성경의 필요성을 부정하고, 신자의 마음속에서 말하는 성령의 말씀인 '내적 광명'(內的 光明)의 중요성을 더 강조했다. 개혁자들은 이 점에 대해서도 그들과 논쟁했다. 이들은 하나님께서 기록된 말씀의 용도를 폐지하실 수도 있다는 것을 부정하지는 않았으나, 그 말씀으로 교회의 씨(種子)가 되게 하는 것이 하나님의 선하신 기쁨이었기 때문에 말씀의 필요성을 옹호했다. 이러한 점에서 성경은 시간의 종말까지 존재하게 되며, 또한 필요한 것으로 반드시 남게 되는 것이다.

3) 성경의 명료성

로마 가톨릭교회는 성경이 흐려지고 손상되어 신앙과 행위의 문제까지도 해석해 줄 필요가 있게 되었다고 보았다. 이러한 이유로 무오한 해석이 필요하게 되었는데, 그것은 교회만이 할 수 있다고 생각했다. 로마 가톨릭교회의 이 같은 견해에 반대하여, 종교 개혁자들은 성경의 명료성 혹은 명확성을 강조했다. 이렇게 강조했음에도 그들은 인간 정신으로서는 도저히 측량할 수 없는 신비가 성경에 내포되어 있다는 사실을 부정하지 않았다. 그렇다고 성경 주석가들의 노고를 전적으로 무시해도 된다고 주장하지도 않았다. 그뿐 아니라 그들은 구원의 도리가 누구에게나 자기의 영적 상태와는 아무 상관도 없이, 성경을 용이하게 이해할 수 있을 정도로 성경 안에 명백히 계시되어 있음을 주장하지도 않았다. 구원에 필요한 지식이 성경의 모든 페이지에서 동등하게 명백하지는 않지만, 진실하게 구원을 사모하며 찾는 사람은 누구나 자기를 위하여 이 지식을 얻을 수 있는 단순하고도 이해하기 쉬운 형식으로 성경을 통하여 인간에게 전달되었기 때문에, 이것은 교회나 사제에 의존할 필요가 없다고 그들은 주장했다. 성경의 명료성은 시편 19편 7-8절, 119편 105, 130절 등의 구절에 그 근거를 두고 있다. 그리고 영적인 사람은 그것을 판단하고 이해할 수 있다고 말했다(고전 2:15, 10:15; 요일 2:20).

4) 성경의 충족성

로마 가톨릭교회와 재세례파(再洗禮派)는 성경을 하나님의 충분한 계시로 인정하지 않는다. 후자는 저급한 성경관을 가지고 내적 광명 또는 각종 특별 계시의 절대적 필요성을 주장한다. 한편, 전자는 구전(口傳), 곧 사도들이 전한 진리를 구체화한 것이지만, 그리스도로부터 기록하도록 위탁된 것은 아니었다. 그러나 그것은 대대로 아무 제재도 없이 로마교회 내에서 계승되어 왔다. 이것들은 오늘날 주로 각종 회의의 신조, 교부의 저작, 교회의 선언문, 기도서의 식사(式辭)와 관예문(慣例文) 등에 포함되어 있다. 이와 같은 로마교회의 입장을 반대하여, 종교 개혁자들은 성경의 완전성과 충족성을 주장했다. 이것은 예언자들이나 그리스도, 사도들이 말하고 쓴 것은 무엇이든 다 성경에 담겨 있다는 것이 아니라, 기록된 말씀이 지닌, 개인과 교회의 영적 도덕적 욕구와 속죄, 구원에 이르는 진리의 완전성과 충족함을 의미하는 것이다. 이것은 성경에 기록되지 않은 누군가의 저작이나 선언문, 기도문 등이 하나님의 말씀인 성경과 동등하게 혹은 그 이상으로 우월한 권위를 가질 수도 있다는 것을 분명히 거부한다.

예수께서는 십자가를 앞에 두고 이 세상에 두고 갈 제자들과 교회를 위해 기도하신 요한복음 17장의 '대제사장의 기도'에서 "그들을 진리로 거룩하게 하옵소서 아버지의 말씀은 진리니이다"(17절)라고 말씀하셨다. 이에 대하여 에드워드 영(Edward J. Young)은, 성경은 참되신 하나님의 말씀이며, 그 말씀은 문자화된 진리임을 다음과 같이 말했다.

이 "그들을 진리로 거룩하게 하옵소서"라는 말씀은, 곧 파견하게 될 제자들에 대한 그리스도의 애정 어린 총애로 가득 찬 말씀이다. 악한 세상에 살고 있지만, 그들이 결과적으로 주님의 증인으로서 사용되기 위해서는 성화되어야 한다는 사실 때문에, 그리스도께서는 거룩하신 아버지 하나님께 그들이 거룩함에 참여하도록 기도하고 있으며, 거룩함 또는 성화를 위한 이 기도는 진리 안에서, 진리를 통해서 성취되어야만 한다는 것을 의미한다.

다음으로 "아버지의 말씀은 진리니이다"라는 주목할 만한 진술이 이어진다. 얼핏 보기에 이 구절은 그리스도가 자기 자신에 대해 언급한 것으로 보일지 모른다. 그 자신이 이미 참으로 하나님의 말씀이고, 진리이기 때문이다(요 1:1-14). 그러나 다시 살펴보면, 여기서 그리스도가 유념하고 있는 것은 그러한 관점이 아님이 확실해진다. 그리스도께서는 하나님의 말씀을 그 자신과 구별되는 것으로 규정하고 있기 때문이다. 그는 이미 6절에서 제자들에게 하나님의 칭호에 대해 논증했고, 그들이 하나님의 말씀을 지키고 있다고 진술하셨다. 그리고 다시 14절에서 주님은 제자들에게 하나님의 말씀을 전언하고, 하나님이 그에게 주신 말씀(8절)을 전해 주셨음을 선포하고 계신다. 그러므로 주님이 하나님의 말씀을 언급하실 때 그 자신과 다른 어떤 것으로 유념하고 계셨다는 것이 명백한 듯 보인다. 그러나 더 자세히 살펴보면, 17절에서만은 그리스도가 자신과 하나님의 말씀을 동일시하지 않았다는 것을 명백하게 알 수 있다. 그런데 그리스도는 구약 성경의 분위기 속에서 그의 지상 생활을 영위하셨다는 점을 우리는 결코 망각해서는 안 된다. 하나님의 말씀에 관해 17절의 진술에서조차 구약 성경을 재조명하고 있는 흔적이 나타나기 때문이다.

시편 119편에서만도 "주의 율법은 진리로소이다"(142절), "주의 모든 계명들은 진리니이다"(151절), "주의 말씀의 강령은 진리이오니 주의 의로운 모든 규례들은 영원하리이다"(160절) 등의 구절을 볼 수 있다. 이것들을 볼 때 요한복음 17장 17절의 기도에서 예수는 구약 성경의 사상을 표현하고 있고, 거의 동일한 언어 구사법이라고 볼 수 있을 정도로 그 표현 양식이 시편에 기초하고 있음을 알 수 있다. 이런 사실은 그리스도가 하나님의 말씀을 언급한 기도에서 그것으로 그 자신을 암시하고 있지 않음이 분명하다. 즉, 예수께서 요한복음 14장 6절의 "내가 곧 길이요"(I am the truth)라는 말씀에서는 자신을 그 진리와 동일시하셨으나, 여기 요한복음 17장 17절에서는, "당신(아버지)의 말씀은 그 진리입니다"(Your word is the truth)라고 말하지 않고, 오히려 "당신의 말씀은 진리입니다"(Your word is truth)라고 말씀하심으로, 자신이 아닌 하나님의 말씀이 진리라고 그 성격을 규정하고 있다. 그리스도는 자신이 진리이기 때문에 그 자신에 관해서 언급할 때는 정관사('the')를 사용하셨다.

우리는 "아버지의 말씀은 진리니이다"라는 그리스도의 기도에서 하나님의 말씀을 진리로서 그 성격을 규정지으려는 주님의 의도를 엿볼 수 있다. 즉, 이것은 진리를 말하고 있고, 이것이 제공하는 메시지는 진실된 메시지다. 그리스도는 언제까지나 그의 제자들과 함께 있을 수 없었기에 그러한 것을 분명히 해야 할 필요가 다분히 있었다. 주님이 그들로부터 떠나게 될 때가 이르면, 그들은 영원하신 하나님의 말씀만 의존해야 될 것이다. 이 말씀은 신뢰할 수 있는 진리이기 때문이다. 그러므로 그리스도가 하신 말씀은 하나님의 메시지로서, 하나님이 인간에게 전달하신 지식이고, 하나님이 말씀하신 그것이다. 그래서 그리스도는 이 말씀이 진리의 증거가 되는 것이거나, 계시의 기록 또는 계시에 대한 암시라고 말씀하지 않고, 오히려 그 말씀 자체가 하나님께로부터 온 메시지이며, 그리스도가 제자들에게 주신 메시지라고 말씀하신다. 또한 그 말씀은 진실된 것이고, 실천적 목적을 위해 인간에게 주어진 것이다. 그러므로 하나님의 말씀은 진리 자체이고, 이것에 의해서만 인간은 성화될 수 있는 것이다. 하나님은 참되시기에 하나님이 말씀하신 것은 무엇이나 진리이며, 하나님이 말씀하시고 계시는 한 그럴 수밖에 없다. 이는 확실히 놀라운 사상이다.

지혜와 지식이 무한하신 하나님은 인간적 말씀으로, 즉 인간의 유한한 정신으로는 완전히 파악할 수 없으나, 이해가 가능한 말씀으로 진리를 계시하셨다. 그렇다면 하나님의 말씀은 어떠한 것인가? 그것은 모든 인류를 위해 말씀하신 것이다. 우리는 그 말씀이 완전히 성경 자체이며, 진실된 것임을 믿고 있다. 다시 말해, 그 말씀 모두가 '하나님의 기름 부으심'(영감)에서 나왔기 때문에 성경은 진실된 것이다. 따라서 하나님은 모든 말씀의 저자이시다. 그래서 우리는 그것이 참된 하나님의 말씀이라고 말할 수 있는 것이다.[19]

그렇다 해도 사람이 기록한 성경에 어떻게 오류가 있을 수 없느냐고 말할 수 있다. 앞서 성경의 영감에 관해 언급한 대로, 모든 성경은 하나님의 감동으로 기록된 것이므로, 비록 인간을 통하여 기록하였으나 전적으로 하나님의 말씀이요, 에드워드 영이 말한 것처럼 하나님은 모든 말씀의 저자라고 할 수 있는 것이다. 또한 만일 예수께서 구약 성경이 오류가 없는 하나님의 말씀이라고 확증했다면, 상술한 것처럼 그가 약속한 신약 성경도 역시 오류가 없는 하나님의 말씀임이 틀림없을 것이다. 성경에는 오류가 없다. 다만 유한한 인간의 시각에서 볼 때, 오류 논란이 있는 사항이나 난해한 것이 있을 뿐이다.

그렇다면 왜 성경은 오류가 없는 문자화된 진리인지 논리의 법칙을 따라 살펴보자.

1. 참되고 완전하신 하나님은 오류가 없으시다.
2. 하나님의 영감으로 기록된 성경은 하나님의 말씀이다.
3. 따라서 성경은 하나님의 문자화된 진리다.

만일 이 삼단논법의 전제들이 참이라면, 이는 유효한 추론 형식이므로 그 결론 역시 참이다. 성경은 스스로가 하나님의 말씀이라고 명백히 선포하고 있으며, 우리 역시 성경이 하나님의 말씀이라는 강력한 증거를 이미 살펴보았다. 그뿐 아니라 성경은 여러 차례에 걸쳐 하나님에게는 오류가 있을 수 없음을 밝히고 있으며, 나아가 우리는 이 하나님의 무오성(無誤性)을 자연 계시를 통해서도 알고 있다. 따라서 성경은 오류가 있을 수 없다는 타당한 결론에 이른다. 만일 성경이 스스로 확증하는 내용에 오류가 있다면, 그것은 하나님의 실수일 것이다. 그러나 하나님은 전능하시고 완전하신 분이시기에 결코 실수를 하실 수 없다.

그렇다면 성경에서 오류가 발견되었다고 판단될 경우에는 어떻게 되는 것인가? 어거스틴은 이에 대한 현명한 답을 제시했다. "만일 우리가 성경에 존재하는 어떤 명백한 모순으로 말미암아 혼란을 겪는다면, 그 경우 '이 책의 저자가 실수를 범한 것이다'라는 말은 허용될 수 없으며, 다만 그 필사본에 잘못이 있거나, 번역에 잘못이 있거나, 우리가 이해하지 못했기 때문이다."[20]

어거스틴의 이 말은 성경보다 매사에 유한하고 불완전한 우리 인간이 잘못을 저질렀을 개연성이 훨씬 높다는 것이다. 그럼에도 비평가들은 "인간은 오류를 범하므로, 성경도 오류가 있을 수밖에 없다"라고 말할 수 있다. 그러나 다시 말하지만, 오류를 범하는 사람은 바로 비평가 자신이다. 인간이 오류를 범하는 것은 사실이지만, 항상 오류를 범하는 것은 아니다. 틀리기 쉬운 인간들도 오류가 없는 책을 쓴다. 따라서 틀리기 쉬운 인간들이 완전하신 성령 하나님의 인도를 받아 오류가 없는 책을 쓸 수 있다는 것은 자명한 사실이다.

1827년 미국 인디애나주 브룩빌에서 태어난 루이스 월레스(Lewis Wallace, 1827~1905)는 변호사, 주지사, 정치인, 장군, 역사 소설가로 여러 문헌에 소개되는 인물이다. 한때는 그가 무신론자라는 설도 있었지만, 최근 밝혀진 바에 따르면 그것은 사실이 아니었다. 열정적인 신앙을 소유한 것은 아니었지만, 그는 일평생 감리교회에 출석했다. 그는 어느 날 공화당 전당대회에 참석하기 위해 기차를 타고 여행하는 중에 우연히 당시 뉴욕 출신의 대표적인 불가지론자이자 무신론자였던 로버트 G. 잉거솔(Robert G. Ingersoll, 1833~1899)을 열차에서 만나 신과 종교에 관한 토론을 하게 되었고, 잉거솔의 반기독교적 화려한 논설에 압도를 당한다. 월레스는 열차에서 나와 객사로 가면서 잉거솔에게 가부간 논박하지 못한 자신의 무지와 무관심을 반성하고, 관련된 모든 사항을 철저히 연구하여 동방 박사와 아기 예수에서 십자가의 수난에 이르는 책을 쓰기로 결심한다. 그렇게 함으로 그는 "진정으로 가치 있는 자신의 주관을 확보하기를 원했다." 그러한 이유로 글을 쓰기에 앞서, 잉거솔의 말대로 성경의 허구는 무엇인가를 밝혀내고, 진정으로 가치 있는 자기 자신의 분명한 주관을 발견하기 위해 그는 성경을 읽기 시작했다. 한 번 정독한 후, 그는 처음 생각이 조금 달라졌고, 그 후 두 번, 세 번 성경을 계속 읽고 연구하는 중에 처음 생각이 완전히 달라져, "하나님과 그리스도의 신성에 대한 절대적인 확신"(a conviction amounting to absolute belief in God and the divinity of Christ)을 갖게 되었다고 고백했다. 그리고 그 후 그가 쓴 소설이, '그리스도의 이야기' 곧 《벤허(Ben-Hur: A tale of the Christ)》이며, 소설 《벤허》는 1959년에 윌리엄 와일러 감독에 의해 영화로 만들어져 수십 년간 세계적으로 선풍적인 흥행을 일으킨 영화로 역사에 기록되어 있다.[2]

　루이스 월레스는 어릴 때부터 신앙인으로 살아왔다. 그러나 형식적인 신앙생활을 하던 그에게 무신론자 잉거솔의 도전은 참된 신앙인이 되도록 일깨우는 결정적인 계기가 되었고, 그는 성경을 반복하여 읽고 연구하는 중에 구원의 확신을 얻은 신앙인이 되었다!

　결론적으로, 예수 그리스도는 유대인의 구약 성경이 오류가 없는 하나님의 말씀이라고 가르쳤으며, 하나님의 말씀 가운데 남은 부분이 사도들을 통해 주어질 것이라고 약속했다. 그 후, 그리스도의 부르심과 이적으로 그 자격과 진정성이 입증된 사도들은 27권의 책을 쓰고 이를 확증했다. 모든 주요 책들은 사도들과 초대교회 지도자들에 의해 즉시 하나님의 말씀으로 인정을 받았고, 하나님의 특별하신 보호와 섭리로 구약 성경과 신약 성경이 오늘 우리에게까지 보존되고 전해져 왔다. 그러므로 우리가 오늘날 가지고 있는 성경은 진실하고 전혀 오류가 없는 하나님의 진리의 말씀이다. 성경은 우리에게 증명된 진리요, 진리의 표준이므로, 성경의 가르침과 모순되는 그 어떤 것도 거짓이다. 그러나 이것은 곧 다른 종교에는 진리가 전혀 없다는 말은 아니다. 단지 성경에 있는 가르침에 어긋나는 그 어떤 가르침도 거짓임을 의미할 뿐이다.

따라서 신의 존재를 인정하지 않는 모든 세계관과 종교는 거짓이라는 결론을 내릴 수밖에 없다. 이제 신의 존재를 인정하는 세계의 주요 종교 곧 유대교, 기독교, 이슬람교를 고려하는 일이 남았는데, 이 가운데 어느 것이 참(진리)인가?

유대교의 계시는 참이지만, 그들이 하나님의 말씀으로 인정하는 구약 성경만으로는 불완전하다. 그들은 신약 성경을 인정하지 않고, 이미 이 땅에 오신 그리스도를 영접해 들이지 않았을 뿐 아니라 오히려 그를 대적하여 죽였으며, 아직도 그리스도(메시아)를 기다리고 있기 때문이다. 이슬람교의 계시는 몇 가지 진리를 담고 있지만, 그들은 그리스도의 신성과 부활을 부인하고 있으며(수라 5:75, 4:157-159), 그들의 근본 가르침에는 많은 오류가 있다. 그러므로 오직 하나님의 특별 계시인 기독교의 성경만이 역사적으로나 객관적으로 완전하고 오류가 없는 하나님의 말씀이자, 문자화된 진리다.

"그들을 진리로 거룩하게 하옵소서 아버지의 말씀은 진리니이다"(요 17:17).

"무엇이든 성경이 말하는 것은 성령이 말씀하시는 음성이다"(닛사의 그레고리).

"그러므로 우리는 속임이 없고 거짓되게 할 수도 없는 성경의 그 권위에 양보하고 동의해야 한다"(어거스틴).[22]

"수고하고 무거운 짐 진 자들아 다 내게로 오라
내가 너희를 쉬게 하리라"(마 11:28).
*"Come to me, all you are weary and burdened,
and I will give you rest"*
(Matt. 11:28).

제3부

성육신한 진리, 예수 그리스도
The Incarnated Truth, Jesus Christ

우리는 2부에서 성문화된 진리로서 성경, 즉 구약 성경과 신약 성경은 하나님의 특별 계시이자, 성령의 영감으로 기록된 하나님의 말씀으로, 역사에 비추어 신뢰할 만한 것임을 입증한 바 있다. 그렇다면 구약 성경이 예언하고 유대인들이 오랜 세월 고대한 메시아는 누구이며, 신약 성경이 말하는 예수 그리스도는 누구인가? 성경 기자들은 그에 대하여 무엇이라 말하며, 예수는 자신에 대하여 무엇이라 하셨는가? 그는 기독교인들이 주장하는 것처럼 정말 하나님인가? 지금 3부에서는 이러한 내용을 중점적으로 살펴보고자 한다.

1장 그리스도의 품위

1. 그리스도의 명칭

성경에는 예수 그리스도에게 적용된 이름이 매우 많이 있다. 그 중 어떤 이름은 그리스도의 본질적 존재를 지적하고, 또 어떤 이름은 그의 성질을 나타내 주고 있다. 그런가 하면 어떤 것은 그의 상태를, 다른 것은 그의 직책을 표시해 주기도 한다. 그는 하나님의 아들, 인자, 슬픔의 사람, 영광의 주, 메시아, 중보자, 주님, 선지자, 제사장, 왕 등으로 불렸다. 여기서는 이 중 다섯 가의 호칭 곧 예수, 그리스도, 인자, 하나님의 아들, 주(主)에 대해서만 특별히 논하고자 한다.

1) 예수

'예수'(Jesus)란 이름은 단순히 히브리어 '여호수아'(יהושׁע)의 헬라어 형으로(수 1:1; 슥 3:1), 포로기 이후 여러 역사서에 나타난 대로 그 정규형은 '예수아'(ישׁוע)다(스 2:2). 이 이름은 '구원하다'(to save)라는 뜻의 히브리어에서 나왔다. 이것은 천사가 그 명칭에 대하여 해석한 것과 전적으로 일치한다(마 1:21). 이 이름은 구약의 두 유명한 예수의 '전형'(types)에 의해 생겨났는데, 그 하나는 눈의 아들 여호수아다. 그는 하나님의 백성으로 대적과 싸워 승리케 하여, 그들을 하나님이 약속하신 땅, 가나안 성지로 인도한 충성된 지도자로서 그리스도의 전형이 되었다. 둘째 전형은 호사닥의 아들 여호수아다. 그는 이스라엘 백성의 죄를 짊어진 대제사장으로서 또한 그리스도의 전형적 인물이 되었다(슥 3장).

2) 그리스도

'그리스도'(Christ)란 이름은 '기름 부음 받은 자'(the anointed one)라는 뜻으로, 이는 '메시아'라는 이름과 동일한 뜻을 가진 헬라어이자 예수의 '직명'(職名)이다. 구약 시대에는 왕과 제사장은 정규적으로 기름 부음을 받았다(출 29:7; 레 4:3; 삿 9:8; 삼상 9:16, 10:1; 삼하 19:10). 그래서 왕은 '여호와의 기름 부음을 받은 자'로 불렸다(삼상 24:6). 선지자가 기름 부음을 받은 경우는 열왕기상 19장 16절에 기록되어 있으나, 시편 105편 15절과 이사야 61장 1절에도 이와 관련된 듯한 기록이 있다. 주유식(注油式)에 사용된 기름은, 하나님의 영 곧 성령을 상징했다(사 61:1; 슥 4:1-6). 그리고 '기름 부음' 그 자체는 성별(聖別)된 인물에게 성령이 임하는 것을 의미했으며(삼상 10:1, 6, 10, 16:13-14), 다음

세 가지 요소를 내포하고 있다.

① 직위(職位)에 임명되는 것이다.

② 기름 부음을 받은 자와 하나님 사이에 거룩한 관계가 성립되는 것이다.

③ 직위에 임명된 자에게 성령 하나님과의 교제가 있게 됨이다(삼상 16:13).

구약 성경에서는 시편 2편 2절과 45편 7절에서 주님의 기름 부음을 말하고 있고, 신약 성경에서는 사도행전 4장 27절과 10장 38절에 그것이 기록되어 있다. 그리스도께서는 영원 전부터 그의 직위에 임명되었으나, 역사적으로 그의 기름 부음은 그가 성령으로 잉태되었을 때(눅 1:35), 특히 그가 구약의 마지막 선지자 세례 요한에게 세례를 받으실 때, 성령으로 그에게 임했다(마 3:16; 막 1:10; 눅 3:22; 요 1:32, 3:34). 이것들은 그리스도로 그의 인류 구속의 대과업을 수행할 수 있게 했다.

3) 인자(Son of Man)

'인자'(人子)란 이름은 시편 8편 4절, 다니엘 7장 13절, 외경 에녹서 46장과 62장, 에스드라 2서 13장 등에서 발견된다. 이 명칭은 특히 구약 에스겔서에 자주 명시되고 있다.

그리스도에게 적용된 이 명칭이 다니엘 7장 13절에서 유래했다는 것은 오늘날 일반적으로 인정되고 있다. 물론 이 구절에서 그것은 단순히 묘사적인 총칭이요, 특수한 명칭은 아니었다. 그러나 에녹서가 기록되었을 때, 그것은 벌써 하나의 명칭이 되어 있었다.

'인자'란 이름은 예수께서 가장 통상적으로 자칭하신 이름이었다. 예수는 이 '인자'라는 자칭어(自稱語)를 40회 이상이나 사용하셨다.

그러나 다른 사람들은 이 명칭을 사용하지 않았다. 다만 몇 개의 예외가 여러 성구에서 보일 뿐이다(요 12:34; 행 7:56; 계 1:13, 14:14). 이 명칭은 그리스도의 인성을 나타내주고 있으며, 가끔 예수께서 고난과 죽음에 대하여 말씀하신 구절에서 사용되기도 했다. 그러나 예수의 특수성과 초인간적 특성, 그리고 그가 하늘나라의 영광 중에 구름을 타고 장차 심판주로 재림하실 것에 대하여 말하면서 이 명칭을 자주 사용하셨다(마 16:27-28, 26:64; 막 8:38; 눅 21:27; 요 3:13-14, 5:27, 8:28).

어떤 사람들은 예수께서 이 명칭을 다른 이름보다 더 좋아하셨다고 말한다. 그것은 이 명칭이 사람들에게 거의 이해되지 않았기 때문이며, 또한 자신의 메시아성(性)을 은폐하려는 목적에 크게 도움이 되었기 때문이라는 것이다. 그러나 이 인자란 호칭은 하나님이신 예수에게 그의 성육신과 함께 그에게 인성이 추가되어 사람의 아들이 되었음을 알리시기 위해 사용하셨다. 예수께서는 이 진리를 밝히기 위해 "하늘에서 내려온 자 곧 인자 외에는 하늘에 올라간 자가 없느니라"(요 3:13)라고 하셨고, 혹은 '인자가 이전에 있던 곳으로 가는 것을 보면 어떠하겠느냐'고 반문하기도 하셨다. 또 인자가 '안식일의 주인'이라고 말씀하심으로 자신이 창조주로서 안식일을 제정하신 분이심을 밝히셨다(마 12:8; 막 2:27). 또 "인자가 땅에서 죄를 사하는 권세가 있는 줄을 너희로 알게 하리라"라고 진술하셨는데, 사죄의 권세는 하나님의 고유 권한이지만 자신이 비록 성육신하여 인자가 되었을지라도 신인(神人) 양성을 소유한 하나님이시므로 사죄의 권세를 행사하신 것이다(눅 5:20-24, 7:48-49, 23:43).

4) 하나님의 아들

'하나님의 아들'이라는 이름은 구약 성경에서 여러 가지로 사용되었다. 그것은 한 민족으로서의 이스라엘(출 4:22; 호 11:1), 다윗의 집에 약속된 왕(삼하 7:13-14; 시 89:27), 천사(욥 1:6, 38:7; 시 29:1), 그리고 일반적으로 경건한 사람들에게(창 6:2; 시 73:15; 잠 14:26) 적용되었다. 신약에서는 이 명칭이 예수에게 전용(專用)되었다. 그의 제자들뿐 아니라 악귀들까지도 가끔 이 명칭으로 예수를 불렀으며, 혹은 예수에 대한 신앙고백으로 사용되기도 했다. 예수 그리스도에게 적용된 이 명칭은 이처럼 언제나 정확하게 같은 의미는 아니었고, 다음과 같이 다양하게 사용되었다.

① 이 명칭은 탄생의 의미로 사용되었다.

'하나님의 아들'이라는 명칭은 그리스도의 인간성이 그 기원을 하나님의 직접적으로 역사하신 초자연적인 활동, 특히 성령의 역사(役事)에 두고 있음을 지시하기 위하여 탄생의 의미로 사용되었다. 이 사실은 누가복음 1장 26절 이하에 명백히 표현되어 있다. 천사 가브리엘이 하나님의 보내심을 받아 나사렛 동네에 가서 다윗의 자손 요셉과 정혼한 처녀 마리아에게 이르러 "은혜를 받은 자여 평안할지어다 주께서 너와 함께 하시도다"(28절)라고 말했다. 처녀가 그 말을 듣고 놀라 이런 인사가 어찌함인가 생각하고 있을 때 천사가 말하기를, "무서워하지 말라 네가 하나님께 은혜를 입었느니라 보라 네가 잉태하여 아들을 낳으리니 그 이름을 예수라 하라 그가 큰 자가 되고 지극히 높으신 이의 아들이라 일컬어질 것이요 주 하나님께서 그 조상 다윗의 왕위를 그에게 주시리니 영원히 야곱의 집을 왕으로 다스리실 것이며 그 나라가 무궁하리라"(30-33절)라고 했다. 그때 마리아가 천사에게 "나는 남자를 알지 못하니 어찌 이 일이 있으리이까"(34절) 하고 물었고, 천사는 "성령이 네게 임하시고 지극히 높으신 이의 능력이 너를 덮으시리니 이러므로 나실 바 거룩한 이는 하나님의 아들이라 일컬어지리라"(35절)라고 말했다.

② 이 명칭은 직위적, 곧 메시아적 의미로 사용되었다.
'하나님의 아들'이라는 명칭은 다음 구절에서처럼 그리스도의 성질보다는 오히려 그의 직위를 묘사하기 위하여 직위적 명칭 혹은 메시아적 의미로 사용되었다.

"하나님의 아들 예수 그리스도의 복음의 시작이라"(막 1:1).
"이튿날 요한이 예수께서 자기에게 나아오심을 보고 이르되 보라 세상 죄를 지고 가는 하나님의 어린 양이로다 내가 전에 말하기를 내 뒤에 오는 사람이 있는데 나보다 앞선 것은 그가 나보다 먼저 계심이라 한 것이 이 사람을 가리킴이라 나도 그를 알지 못하였으나 내가 와서 물로 세례를 베푸는 것은 그를 이스라엘에 나타내려 함이라 하니라 요한이 또 증언하여 이르되 내가 보매 성령이 비둘기같이 하늘로부터 내려와서 그의 위에 머물렀더라 나도 그를 알지 못하였으나 나를 보내어 물로 세례를 베풀라 하신 그이가 나에게 말씀하시되 성령이 내려서 누구 위에든지 머무는 것을 보거든 그가 곧 성령으로 세례를 베푸는 이인 줄 알라 하셨기에 내가 보고 그가 하나님의 아들이심을 증언하였노라 하니라"(요 1:29-34).
"나다나엘이 대답하되 랍비여 당신은 하나님의 아들이시요 당신은 이스라엘의 임금이로소이다"(요 1:49).

다음의 구절들도 보라: 요 10:25-38, 11:4, 롬 1:4, 고후 1:19, 히 4:14, 요일 3:8, 4:15, 5:4-5, 11-12.
그런가 하면, '메시아'는 때때로 하나님의 후사(後嗣) 또는 대표자로서의 하나님의 아들로 불렸다. 마귀 역시 예수를 알아보고 '하나님의 아들'이라는 명칭을 그렇게 사용했다(마 4:3, 6, 8:29; 막 5:7).

"더러운 귀신들도 어느 때든지 예수를 보면 그 앞에 엎드려 부르짖어 이르되 당신은 하나님의 아들이니이다 하니 예수께서 자기를 나타내지 말라고 많이 경고하시니라"(막 3:11-12).

③ 이 명칭은 삼위일체의 의미로 사용되었다.

이 '하나님의 아들'이라는 명칭은 삼위일체 하나님의 제2위가 되시는 그리스도를 가리키기 위하여 사용되었다. 이것이 바로 이 명칭이 사용되고 있는 가장 심원한 의미일 것이다. 예수 자신도 이 명칭을 그 특수한 의미에서 꾸준히 사용하셨는데, 이것은 다음 여러 구절에서 명백히 드러난다: 마 11:27, 14:28-33, 16:16, 21:33-46, 22:41-46, 22:41-46, 26:63-64.

삼위일체의 교리는 자연신학의 진리가 아니라 특별 계시의 진리다. 이에 대해 스트롱은 이렇게 말했다. "이성(reason)은 우리에게 하나님의 통일성을 보여 주는 반면 오직 계시만이 하나님의 삼위일체성을 우리에게 보여 준다."[1]

'삼위일체'라는 용어 자체는 성경에 직접적으로 나타나지 않는다. 그러나 그 개념은 풍부히 나타나 있다. 이 달의 헬라어 '트리아스'(Trias)는 안디옥의 테오필루스(Theophilus, AD ?~181)가 처음으로 사용한 것으로 보이며, 라틴어 '트리니타스'(Trinitas)는 교부 터툴리안(Tertullian, AD 155~220)에 의해 처음 사용된 것으로 알려졌다. 그러나 삼위일체에 대한 신앙은 그보다 훨씬 오래전에 있었다. 삼위일체란 한 신적 본질 안에 세 개의 영원한 구별이 있다는 말로, 그것은 명백하게 성부와 성자와 성령을 뜻한다. 이 셋은 세 인격(person)인데, 우리는 이를 하나님의 3위격(三位格)이라고 표현한다.

아타나시우스 신조(Athanasian Creed)는 삼위일체의 신앙을 이렇게 말하고 있다. "우리는 삼위일체 안의 유일하신 하나님과 통일성 안의 삼위일체 하나님을 경배하지만, 그 위격을 조금도 혼동하는 일이 없으며 실체를 분리하는 일도 없는 삼위일체 하나님을 경배하고 있다."

삼위일체 교리는 삼신론(三神論, Tritheism)이나 사벨리우스주의(Sabellianism)와 구별되지 않으면 안 된다. 삼신론은 하나님의 본질의 통일성을 부정하고, 오직 세 개의 개별적 신(three distinct gods)을 주장한다. 삼신론이 주장하는 유일한 통일성은 신들의 목적과 활동의 통일성뿐이다. 그러나 우리는 하나님은 목적과 활동의 통일성은 물론이거니와 본질적으로도 통일성을 지니신다는 사실을 이미 언급한 바 있다. 3세기에 대두한 사벨리우스주의는 계시의 삼위일체성은 주장하지만, 본질상의 삼위일체성은 부정한다. 따라서 사벨리우스주의는 성부 하나님은 창조주와 율법 수여자이고, 성자 하나님은 구속의 임무를 완수하기 위해 성육신하신 동일하신 하나님이며, 성령 하나님은 중생과 성화의 사역을 담당하고 있는 동일한 하나님이라고 주장한다. 그러므로 사벨리우스주의는 실체론적(實體論的, ontological) 삼위일체와는 판이한 양태론적(樣態論的, modal) 삼위일체를 가르치고 있다. 라이먼 애보트(Lyman Abbott)도 한 인간이 한 사람의 예술가와 교사와 친구가 될 수 있다는 의미로서 하나님의 삼중적 성질에 관해 말한 바 있다. 그러나 이것은 사실상 삼위일체의 교리를 부정하는 논리다. 그가 말한 3직능은 본질상에 드러난 세 구별이 아니라, 단지 하나의 동일한 인격 안에서의 세 자질(資質)에 불과한 것이기 때문이다. 이 삼위일체에 대해서는 따로 더 자세히 논하게 될 것이다.

5) 주(Lord)

신약 성경에서 그리스도에게 적용된 '주'라는 이름 역시 몇 가지의 의미가 내포되어 있다.

① 어떤 경우에 이 명칭은 단순히 정중하고 존경하는 인사의 형식으로 사용되었다(마 8:2, 20:33). 이런 경우에 이 명칭은 우리가 정중한 인사에서 가끔 사용하는 '선생님'(Sir)이라는 말의 의미를 넘지 않는다.

② 다른 구절에서 이 명칭은 소유권과 권위를 표현하고 있을 뿐, 그리스도의 신격이나, 영적이며 영원한 것들에 대한 그리스도의 권위에 대해서는 아무 의미도 내포하고 있지 않다(마 21:3, 24:42).

③ 마지막으로, 이 명칭은 때로 그리스도의 숭고한 인격과 최고의 권위를 표현한다. 그리고 사실상 하나님의 명칭과 동일한 뜻으로 사용된다(막 12:36-37; 눅 2:11, 3:4; 행 2:36; 고전 12:3; 빌 2:11). 특별히 이 명칭은 그리스도께서 부활하신 후 그에게 적용된 이름으로, 그가 교회의 머리인 소유주요 통치자라는 사실을 가리키기 위하여 사용되었다. 물론 이 명칭이 예수의 부활 전에도 그 같은 특수한 의미를 지녔음이 나타나기도 한다(마 7:22; 눅 5:8).

2. 그리스도의 성질

1) 그리스도의 특징적 성질

성경은 하나님과 인간 사이에 단 한 분의 중보자가 있음을 가르치고 있다. 한편 이 중보자는 신성(神性)과 인성(人性)의 두 구별된 성질을 지니고 있다고 말한다. 이것은 하나님께서 육신으로 나타나신 바 된 경건의 위대한 신비다(딤전 3:16). 이는 구약 성경에서 이미 예고되었지만, 분명하고 충분히 계시되지는 않은 사실로서, 성경적 의미에서뿐 아니라 인간의 이해를 초월하고 있다는 점에서도 하나의 신비인 것은 물론 온 인류에게 미칠 큰 기쁨의 좋은 소식이자 표적이다(눅 2:10-12). 그러나 그리스도의 이 양성(兩性)에 대한 문제는 역사상 많은 논쟁을 불러일으켰다. 어떤 사람들은 그리스도의 양성을 구별하는 일에 실패했고, 또 어떤 사람들은 그리스도의 인격의 통일성을 주장하는 일에 실패했다.

그리스도의 신성과 인성, 양자 모두를 확보하지 못한 결론은 만족한 것으로 간주할 수 없는데, 이는 성경이 그리스도의 양성을 분명히 말하고 있으며, 그리스도의 양성으로 구별된 성질을 우리가 인정할 것을 요구하고 있기 때문이다.

① 그리스도의 신성(The Divine Nature of Christ)
유감스럽게도 오늘날 그리스도의 신성(divinity), 다시 말하면 그리스도의 신격(deity)이 광범위하게 부정되고 있다. 그러나 문자화된 진리이자 하나님의 말씀인 성경은 이 사실을 명백히 가르치고 있다. 구약 성경까지도 장차 오실 메시아 예언에서 이에 대한 증거를 제공하고 있다(사 9:6; 렘 23:6; 단 7:13; 미 5:2; 슥 13:7; 말 3:1).

신약 성경의 이에 대한 증거는 더욱 풍부하다. 공관복음(마 5:17, 9:6, 11:1-6, 27, 14:33, 16:16, 25:31 이하, 28:18-20; 막 8:38)과 요한복음뿐 아니라, 바울 서신들과 히브리서와 그 밖의 다른 서신들에서도 그리스도의 양성에 대한 표현이 많이 발견된다(롬 1:7, 9:5; 고전 1:1-3, 2:8; 고후 5:10; 갈 2:20, 4:4; 빌 2:6; 골 2:9; 딤전 3:16; 히 1:1-3, 5, 8, 4:14, 5:8). 특히 요한복음은 그리스도의 양성에 관한 숭고한 견해를 풍성히 보여 주고 있다는 것은 잘 알려진 사실이다. 이 요한복음에 나타난 그리스도에 관한 기사를 바르고 신중하게 살펴본다면 누구든 그리스도의 신성을 인정하지 않을 수 없다: 요 1:1-3, 14, 18, 25-27, 4:13-14, 25-26, 29-30, 5:24-29, 39, 6:37-40, 67-69, 7:28-29, 37-39, 8:42, 9:28-38, 11:25-44, 12:44-50, 14:6-20, 15:26, 16:5-15, 17장, 20:28.

② 그리스도의 인성(The Human Nature of Christ)

초대교회 시대에는 그리스도의 참 인성에 대하여 이의를 제기하는 경우가 있었으나, 오늘에 와서는 이를 문제시하는 사람은 없다. 오랫동안 그리스도의 신격만을 일방적으로 강조하여 그의 인성에 대하여는 올바른 판단을 상실하고 있었으나, 오늘날에는 도리어 그 반대가 된 것이 사실이다. 중세기 르네상스 이후 점진적으로 자라난 인본주의는 그리스도의 참된 인성을 전적으로 강조하게 되었다. 더욱이 많은 사람이 그리스도에게 돌리고 있는 찬미는 그의 신성이 아닌 단순히 그의 완전한 인성에 대한 것임이 사실이다. 그리스도의 참된 인성을 보여 주는 풍부한 성경적 증거는 수없이 많다. 그리스도 역시 자신을 '사람'이라 부르셨으며, 다른 사람들도 그를 그렇게 불렀다(요 8:40; 행 2:22; 롬 5:15; 고전 15:21). 우리는 그리스도께서 육신으로 오셨고, 육신으로 나타나 보이셨다는 것, 곧 그가 인성을 취하셨다는 것을 성경로부터 반복적으로 교훈을 받고 있다(요 1:14; 딤전 3:16; 요일 4:2). 그는 인성의 본질적 요소, 곧 물질적 육체와 이성적 영혼을 소유하셨다(마 26:26, 28, 38; 눅 23:46, 24:39; 요 11:33; 히 2:14). 더욱이 그는 인간의 일반적 법칙에 따라 신체가 발육했으며, 인간의 결핍과 고난에 종속되었다(마 4:2, 8:24; 막 3:5; 눅 2:40, 52, 22:44; 요 4:6, 11:35, 12:27, 19:25, 30; 히 2:10, 18, 5:7-8).

그러나 그리스도가 참된 인간임에도 그에게는 죄가 없었다는 것을 주목해야 한다. 그에게는 인성과 신성의 본질적인 연합이 있었기 때문에, 그는 죄를 범하지 않았을 뿐 아니라 범할 수도 없었다. 오늘날 어떤 사람들은 그리스도의 무죄성을 부정하나, 성경은 다음 여러 구절에서 명백히 이에 대하여 증거하고 있다(눅 1:35; 요 8:46, 14:30; 고후 5:21; 히 4:15, 9:14; 벧전 2:22; 요일 3:5). 그러므로 예수께서 인간이 되셨을 때, 하나님으로서의 정체성을 바꾸신 것이 아니라, 역할을 바꾸셨다는 결론을 내려야 한다. 이에 교부 어거스틴은 "그리스도는 이전에 없던 것을 얻으신 반면, 이전의 자신을 잃지도 않으셨다"라고 말했다.[2]

③ 그리스도의 양성의 필요성(The Necessity of the Two Natures in Christ)

현대에 와서 많은 사람이 예수를 한 인간으로만 생각하고, 그리스도의 양성의 필요성을 인정하지 않고 있다. 그러나 만일 그리스도가 인간도 하나님도 아니라면, 그는 우리의 중보자가 될 수 없을 것이다. 그는 구속 사역에서 죄인을 대표하기 위해서는 반드시 한 사람의 인간이 되셔야 했다. 즉, 그는 육체와 영혼의 모든 본질적인 특성뿐 아니라, 타락 후에 떨어지기 쉬운 모든 허약함을 지닌 인성을 취할 필요가 있었다. 인류의 고뇌에 대한 경험적인 지식을 가지고 모든 시험을 이긴 이러한 참 인간적인 중보자만이 인간의 모든 경험과 시련과 유혹에 동정할 수 있으며(히 2:17-18, 4:15-5:2), 또한 그의 추종자들에 대한 하나의 완전한 인간적인 모범이 될 수 있다(마 11:29; 막 10:39; 요 13:13-15; 빌 2:5-8; 히 12:2-4; 벧전 2:21). 동시에 그는 무죄한 인간이어야 했다. 자기의 생명을 상실한 자는 다른 사람의 생명을 구원할 수 없기 때문이다(히 7:26).

더욱이 그는 첫째, 무한한 가치의 완전한 희생을 드리기 위해, 둘째, 하나님의 죄에 대한 진노를 그의 속죄 사역으로 부담하기 위해,

곧 율법의 저주에서 사람들을 구원하기 위해, 그리고 마지막으로 구속 사업의 결과를 적용하기 위해 참된 하나님이어야 했다(시 49:7-10, 130:3).

이에 블레즈 파스칼은 "교회는 예수님이 하나님이심을 증명하느라 고생한 만큼, 예수님의 인성을 부인하는 사람들에게 예수 그리스도가 인간이셨음을 증명하느라 고생했다. 예수님의 신성과 인성의 확률은 똑같이 높다"라고 말했다.[3] 그렇다면 하나님은 어떤 분이신가를 먼저 고찰해 보고자 한다.

3. 삼위일체 하나님

1) 삼위일체 교리 개관

성경은 한 하나님이 삼위(三位) 혹은 세 인격으로 이루어져 있다고 가르치고 있다. 이것은 분명히 특별 계시의 교리로서, 자연계에서는 계시되지 않은 진리이며, 인간 이성으로서는 발견할 수 없는 진리다.

하나님은 그의 본질적 존재에서 한 분이시나, 이 한 분 안에는 성부, 성자, 성령이라 부르는 삼위(세 인격)가 존재하신다. 그러나 이 삼위는 사람들의 여러 인격처럼 전혀 분리된 세 인격이 아니다. 삼위는 오히려 신적 본질이 존재하는 세 형태다. 동시에 명심해야 할 것은, 신적 존재에서 이들의 자기 구별은, 그들이 서로 인격적 관계를 유지할 수 있는 그런 성질의 것이라는 점이다. 성부는 성자에게 말씀하실 수 있으며, 또한 성령을 파송하실 수 있다. 이 삼위가 그 본질적 존재에서 하나라고 하는 것에 삼위일체의 참된 신비가 있는 것이다. 삼위는 각자가 완전성을 지니고 있으면서 전체를 이루고 있어, 그것은 위(인격) 밖에서나 위를 떠나서는 존재하지 않는다. 더욱이 그 위들은 그 본질적 존재에서 한 위가 다른 위에 종속되지 않는다. 그러나 존재의 질서로 보아 성부가 제1위요, 성자가 제2위요, 성령이 제3위라 할 수 있다. 이 순서는 역시 창조와 구속 사역에서도 그대로 나타난다. 이 삼위는 어떤 인격적 특성에 의해서 구별된다. 곧, 성부는 성자를 발생시키고(generate), 성자는 성부에 의해서 발생되며, 성령은 성부와 성자로부터 나오신다(proceed)고 성경은 말한다. 이 교리는 신앙의 위대한 신비 중 하나로, 인간의 이해를 초월하고 있다. 웨스트민스터 소요리 문답은 제6문의 "하나님의 신격에는 몇 위가 계시는가?"라는 질문에 "하나님의 신격에는 삼위가 계시는데, 성부와 성자와 성령을 말하며(마 3:16-17, 28:19; 고후 13:13), 이 삼위는 한 하나님으로 본체는 하나이시며(요 1:1; 행 5:3-4; 히 1:3), 권능과 영광은 동등하시다"라고 밝히 답하고 있다.[4]

삼위일체 하나님은 각기 다른 특성을 가지며, 서로 다른 관계를 맺고 계신다. 예를 들면, 제1위와 제2위는 아버지와 아들의 관계로서 영원 전에 아버지가 아들을 낳으셨다. 성령이 아들을 낳으신 것이 아니라 오직 아버지께서 아들을 낳으셨다. 이와 마찬가지로 성령과 다른 두 위 사이에도 일정한 관계가 있는데, 성령은 성부와 성자로부터 '나오신다.'[5] 여기서 하나님의 영의 '나오심'을 적절히 설명하기란 매우 어렵다. 성경에서 이 말을 더 설명해 주지 않으므로, 우리는 성경 말씀을 따라 같은 말을 되풀이할 뿐 그 이상의 방법이 없다. 그러나 성령이 다만 성부로부터만 나오지 않고, 성자로부터도 나오신다는 사실에 주목해야 한다(요 15:26, 16:7, 20:22).

따라서 성령은 "하나님의 영"(롬 8:9)으로 불리기도 하지만, "아들의 영"(갈 4:6) "그리스도의 영"(롬 8:9) "예수 그리스도의 성령"(빌 1:19) 등으로도 불린다. 이러한 성령의 다른 두 위와의 관계는 성령이 삼위일체의 제1, 2위가 아닌 제3위로 여겨지는 이유가 된다. 아버지는 아들을 낳았으니 맨 처음이요, 아들은 낳음을 입었으니 제2위이며, 성령은 아버지와 아들로부터 나왔으니 제3위인 것이다. 물론 회의론자들은 인정하지 않겠지만, 삼위일체는 불합리하지도, 이성에 어긋나지도 않는다. 하나님은 한 분이면서 또한 세 분이라고 말한다면, 오히려 그것이 비논리적일 것이다. 그러나 한 하나님이 세 인격을 가지셨다고 말하는 것은 논리에 어긋나지 않는다.

이 사실은 인간 이성의 한계를 뛰어넘을 수는 있으나, 이성에 반하는 것은 아니다. 그렇다고 우리가 삼위일체를 완벽하게 파악할 수 있는 것은 아니다. 유한한 존재가 무한한 하나님을 완전히 파악할 수 있겠는가? 그러나 우리가 대양(大洋)의 신비에 대해 어렴풋이나마 이해하고 있는 것처럼, 우리는 삼위일체를 어렴풋이 이해할 수 있다. 바닷가에 서면 끝없이 펼쳐지는 수평선만 보이는 대양을 우리가 볼 수 있지 않은가? 비록 그 광활함을 다 보지 못하고 헤아리지 못하더라도 말이다.

어떤 이슬람교 신자들은 삼위일체 교리가 너무 복잡하다고 논박한다. 그러나 진리가 항상 단순해야 할 이유가 있는가? 루이스(C. S. Lewis)는 이 점에 대해 적절한 대답을 제시하고 있다. "기독교가 우리가 만들어낸 것이라면, 지금보다 훨씬 단순했을 것입니다. 그러나 기독교는 만들어낸 것이 아닙니다. 우리는 단순성이라는 점에서는 새로이 종교를 창안해 내는 사람들과 경쟁할 수 없습니다. 어떻게 그들과 경쟁할 수 있겠습니까? 우리는 '사실'(fact)을 다루는데 말입니다. 물론 이를 신경 쓸 필요가 없는, '사실'이 없는 사람들은 얼마든지 단순해질 수 있겠지만 말입니다."[6]

비평가들과 이교도 지도자 중에는, 교회가 후대에 와서 삼위일체 교리를 만들어냈다고 주장하는 사람도 있다. 그러나 그것은 전혀 사실이 아니다. 성부, 성자, 성령은 모두 성경에서 하나님으로 언급되고 있다. 그러므로 이제 삼위일체 하나님에 대한 성경의 증거와 함께 이에 대한 그릇된 사상들을 간략히 살펴보고자 한다.

2) 삼위일체 교리의 성경적 증거

① 구약의 증거

구약은 삼위일체에 대하여 말하지 않는다고 주장하는 학자들이 더러 있으나, 그것은 잘못된 생각이다. 구약 성경에도 하나님께서는 1위(一位) 이상을 가지고 있다고 말하는 구절이 많이 있다. 예를 들면, 하나님은 자신을 가리켜 복수형으로 말씀하셨고(창 1:26, 11:7), "여호와의 사자"는 신적 인격(位)으로 묘사되었으며(창 16:7-13, 18:1-21, 19:1-22), 영(靈)은 확실한 인격으로 불렸다(사 48:16, 63:10). 이 외에도 삼위가 명백히 지시된 곳은 더 있다(사 61:1, 63:8-10).

② 신약의 증거

신약의 증거가 구약의 증거보다 더 명확하다는 것은 매우 당연한 일이다. 그것은 성자의 성육신과 성령의 강림을 기술하고 있기 때문이다. 신약 성경에는 삼위가 명백히 언급된 구절이 여러 군데 있다. 곧 예수께서 세례를 받으실 때(눅 3:21-22)를 비롯해 예수의 고별 강화(요 14-16장)와 대 위임령(마 28:19), 사도의 축도(고후 13:13), 그리고 이 밖의 여러 다른 구절(눅 1:35; 고전 12:4-6; 벧전 1:2)에서 언급되었다.

3) 삼위일체 교리에 대한 그릇된 사상

초기 교회의 어떤 사람들은 삼위일체의 삼위를 세 신적 존재로 보고 사실상 삼신론(三神論)을 주장했다. 사벨리우스파(Sabellian)는 삼위를 단순히 신적 행위 혹은 신적 현현(顯現)의 여러 형태로 보고, 하나님은 창조와 율법의 수여자로서는 성부로, 성육신과 구속 사역에서는 성자로, 중생과 성화에서는 성령으로 각각 자신을 나타내 보이셨다고 설명했다. 결국 이로써 그들은 삼위를 한 위로 축소해 버렸다.

사모사타의 바울(Paul of Samosata)과 중세 종교개혁기의 소치니교(Socinian), 오늘날의 유니테어리언파(Unitarian)와 근대주의자들은 모두 삼위일체는 성부이신 하나님과 인간이신 예수 그리스도와 하나님의 영이라고 하는 한 신적 세력으로 되었다고 주장하는데, 이 견해 역시 하나님을 그 존재뿐 아니라 그 위(位)에서도 한 분으로 보기 때문에, 사실상 성경이 말하는 삼위일체 교리를 멀리 떠난 이단 사상이다.

4) 삼위의 개별적 고찰

① 성부(聖父)

하나님께 적용된 이 '성부'라는 이름은 성경에서 항상 같은 의미로 사용되지 않았다. 이 명칭은 다음과 같은 뜻으로 삼위일체 하나님을 나타내 준다.

a. 모든 창조물의 근원(고전 8:6; 엡 3:14-15; 골 1:17)

b. 선민 이스라엘의 아버지(신 32:6; 사 63:16, 64:8; 렘 3:4; 말 1:6, 2:10)

c. 하나님의 영적 자녀인 신자들의 아버지(마 5:45, 6:6-15; 롬 8:15; 요일 1:3)

그러나 한층 더 근본적인 의미에서 이 명칭은 삼위일체의 제2위와 관련하여 제1위에게 적용되었다(요 1:14, 3:5, 17-26, 8:54, 14:12-13).

이것은 하나님의 원시적(原始的) 부격(父格)으로 이 세상의 모든 부격은 이를 희미하게 반영할 뿐이다. 성부의 판이한 특성은, 그가 영원으로부터 성자를 발생시켰다는 것이며, 구속 사역의 계획, 창조와 섭리의 사역, 인류의 구원 설계에서 삼위일체를 대표하는 사역 등이 모든 일은, 물론 다른 두 위(位)도 여기에 참여했지만, 특수적으로는 성부(聖父) 하나님의 일로 분류된다.

② 성자(聖子)

삼위일체의 제2위는 '아들' 혹은 '하나님의 아들'이라 불렸다. 그러나 이 명칭은 항상 동일한 의미로 그에게 적용되지는 않는다. 그를 순수하게 삼위일체의 제2위로 생각할 때, 그가 성부에 의하여 영원히 발생되었기 때문에 '아들'이라 불린다(요 1:14, 18, 3:16, 18; 갈 4:4). 그는 또한 하나님의 선택을 받은 메시아임을 나타내기 위해, 직위에 따른 의미에서 하나님의 성육신(成肉身)한 아들로서의 그 명칭을 지니고 있기도 하다(마 8:29, 26:63, 27:40; 요 1:49, 11:27). 마지막으로, 그는 특별히 성령의 능력에 의해 탄생하셨다는 사실을 보여 주는 다음 구절들에서 "하나님의 아들"이라 불리고 있다(눅 1:32, 35). 성자와 관련해서는 다음의 여러 부분이 특히 주목을 받는다.

a. 성자의 영원한 발생

성자의 인격적 특성은 그가 성부에게서 영원히 발생하셨다는 것에 있다. 성자의 발생 교리는 필연적으로 삼위일체의 제1위와 제2위가 부자(父子) 관계를 갖는다는 성경적 묘사에서 나온 것이며, 더욱이 그것은 시편 2편 7절, 사도행전 13장 33절, 히브리서 1장 5절 등과 같은 여러 성구를 근거로 하고 있다. 그리고 성부가 성자를 발생케 하였다는 의미는, 성부가 성자의 본질(the essential nature)을 존재케

한 것이 아니라, 신적 존재 내에서 성자의 인격적 실체-실재의 제2형태-의 원인이 되었다는 것이다.

이 점에 대하여 총신대학교 신학대학원에서 오랫동안 조직신학을 가르친 서철원 박사는 "아들의 출생은 하나님의 자기 객관화다"라고 말하며, 다음과 같이 설명했다.

"기독교는 삼위일체 교리로 성립된다. 구약에서 하나님은 자기를 여호와 한 분 하나님으로 계시하셨다. 그러나 주 예수 그리스도가 오사 자기 계시를 계속하셨다. 그리하여 하나님의 존재 방식에 대한 새로운 이해가 주어졌다. 하나님은 아버지 한 위격만이 아니라 아들과 성령의 세 위격이 계심이 확실하게 계시되었다. 그 계시가 자기를 하나님의 아들로 계시하셨다. 그러면서도 그는 아버지와 아들은 하나라고 선언하셨다.…여기서 아들의 출생은 사람의 경우와 전혀 같은 것이 아니다. 하나님은 자기를 영원히 객관화하시는 방식으로 계신다. 이 자기 객관화가 한 인격을 이룬다. 이것이 아들의 출생에 대한 바른 이해다. 아들은 하나님의 자기 객관화이므로 아버지의 모든 것이 다 아들에게 전달되어 있다. 아버지 안에 있는 모든 것이 다 전달되어 있고, 아들 안에 다 있다. 사람의 경우에는 사람의 자기 객관화가 하나의 심리적인 과정일 뿐인데, 하나님의 경우는 전혀 달라서 하나님의 자기 객관화는 한 인격을 이룬다. 이것이 하나님의 자기 존재 방식과 우리 피조물의 방식의 차이점이다. 하나님은 하나님이시므로 자기 객관화가 하나의 신적 인격을 이룬다. 이것이 바로 아들이고, 아버지의 객관호-이므로 로고스다."[7]

영원하신 여호와 하나님, 성삼위 하나님의 존재하심은 그의 이름에 나타난 대로 항상 현재형으로 표기되어야 하듯(출 3:14; 요 8:58), 성자의 이 발생은 과거에 이미 완성된 행위로 간주되어서는 안 되며, 성부의 필연적인 것으로서 그의 영원한 행위로 간주되어야 한다. 그것은 영원한 것이며, 언제나 계속되며, 아직도 완성된 적이 없는 것이다.

b. 성자의 신성

성자의 신성은 초대교회의 몇몇 소분파와 지난 두 세기 동안의 많은 자유주의자, 오늘날의 유니테리언파와 근대주의자들, 그리고 인문주의자들에 의하여 부정되었다. 그러나 그것은 진리의 말씀이요, 확고히 문자로 기록된 하나님의 말씀인 성경의 확증을 제거하지 않고서는 결코 부정될 수 없는 것이다. 다음과 같은 여러 구절은 성자의 신성을 명백히 말해 주고 있다. 요 1:1, 20:28, 롬 9:5, 빌 2:6, 딛 2:13, 요일 5:20도 보라.

- 신적 명칭이 성자 그리스도에게 적용된다(렘 23:5-6; 행 2:21과 비교; 사 9:6; 딤전 3:16).
- 성자에게 신적 속성들이 있음을 나타낸다(사 9:6; 마 18:20, 28:20; 요 2:24-25, 21:17; 빌 3:21; 계 1:8).
- 신적 사역들이 성자에 의해서 성취된다(마 9:2-7; 눅 10:22; 요 1:3, 10, 3:35, 5:22, 25-30; 엡 1:22; 빌 3:21; 골 1:17; 히 1:10-12).
- 신적 존영이 성자에게 돌려진다(요 5:22-23, 14:1; 고후 13:13; 히 1:6).

c. 성자의 사역

삼위일체에서 삼위의 실재(實在)의 차서(次序)는 그들의 사역의 차서에 반영되어 있다. 만물이 성부에게서 나온다면, 그것들은 성자를 통해서도 나오게 된다. 성부가 종국적이라고 하면, 성자는 모든 창조와 구속의 중보적 원인이 된다. 만물은 성자를 통해서 창조되며 보존되는 것이다(요 1:3, 10; 히 1:2-3). 그는 이 세상에 태어나는 모든 사람을 비추어 주시는 광명이시다(요 1:9). 특히 구속 사역이 성자의 성육신과 고난과 죽음을 통하여 이루어졌고(엡 1:3-14), 그의 부활을 통하여 "첫 사람 아담은 생령이 되었다 함과 같이, 마지막 아담은 살려 주는 영이 되었나니"(고전 15:45)라는 말씀처럼, 누구든지 저를 믿는 자는 영생을 얻게 되는, '새롭고 산 생명의 길'을 열어 놓으신 것이다(히 10:19-20). 그리스도의 탄생과 죽음, 부활은 성자 그리스도 사역의 핵심으로, '예수 그리스도는 누구인가', '그는 유대인들이 고대하던 메시아인가', '그는 그리스도인들이 말하는 하나님인가' 등의 질문에 대한 답도 되므로, 삼위일체 하나님의 제3위이신 성령을 살펴본 후, 더 상세히 고찰하고자 한다.

③ 성령(聖靈)
성령에 대해서는 특히 다음 몇 가지 요점을 고찰할 필요가 있다.

a. 성령의 인격성
성령의 인격만큼 많은 사람에게 의심을 받은 신성은 없다. 그것은 기독교 초기의 여러 분파, 종교 개혁시대의 소치니파, 유니테리언파, 근대주의자들, 그리고 오늘날에 와서는 모든 종류의 사벨리우스주의자들에 의하여 부정되었다. 그들은 성령을 단순히 하나님의 한 능력이나 감화력으로 생각하기를 좋아했다. 그러나 성령은 분명히 한 인격으로 성경에 묘사되어 있다(요 14:16-17, 26, 15:26, 16:7-15; 롬 8:26). 인격적 특성이 그에게 주어졌으니, 곧 이지(理知, 요 14:26, 15:26; 롬 8:16), 의지(행 16:7; 고전 12:11)와 같은 것들이다. 더욱이 그는 인격적인 행동을 하신다. 곧 예언, 탐구, 증거, 명령, 계시, 노력, 조정 같은 것들이다(창 1:2, 6:3; 눅 12:12; 요 14:26, 15:26, 16:8; 행 8:29, 13:2; 롬 8:11; 고전 2:10-11). 마지막으로, 성령의 권능의 특색을 나타내 주는 여러 구절은

다음과 같다: 눅 1:35, 4:14, 행 10:38, 롬 15:13, 고전 2:4.

b. 성령과 다른 위격의 관계

성령이 성부에게서 '나오신다'(come)는 것이 요한복음 15장 26절을 근거로 처음 주장되었으나, 서방교회는 AD 589년에 성령은 성자에게서도 나오신다는 입장을 공적으로 취했다. 이것은 성령 역시 "그리스도 영"(롬 8:9) 또는 "아들의 영"(갈 4:6)으로 불리며, 그리스도에 의하여 파송된다(요 15:26, 16:7)는 사실에 기초를 두고 있다. 성령은 성부와 성자에게서 나오시기 때문에, 성령은 그의 지위에서 가장 친밀한 관계를 지니고 있다. 성령은 하나님의 깊은 것을 탐지하며(고전 2:10-11), 어느 정도까지는 그리스도와 동일시된다(고후 3:17). 또한 그리스도는 영으로서 그의 제자들에게 돌아오셨다(요 15:16-18). 더욱이 바울 서신에서는 신자들 안에 내주하시는 분이 때로는 그리스도요, 때로는 성령으로 기술되어 있다(롬 8:9-10; 갈 2:20).

c. 성령의 신성(神性)

성령의 신성은 성자와의 관계에서 사용된 것과 매우 유사한 계통의 성경적 증언에 의하여 확증된다. 즉, 성경은 신적 명칭들이 그에게 붙여졌고(행 5:3-4; 고전 3:16; 딤후 3:16), 신적 완전성이 그에게 주어졌으며(시 139:7-10; 사 40:13, 15; 고전 2:10-11, 12:11; 롬 15:19; 히 9:14), 신적 사역들이 그에게서 시행되었고(창 1:2, 욥 26:13, 33:4; 시 104:30; 요 3:5-6; 딛 3:5; 롬 8:11), 신적 존영도 그에게 허락되었다(마 28:19; 고후 13:13)고 증언한다.

d. 성령의 사역

삼위일체 사역 중 특히 성령에게 주어진 사역이 있다. 일반적으로 창조와 구속에서 하나님의 일을 완성케 하는 것이 성령의 특별 임무라고 할 수 있다. 자연의 영역에서 성령은 생명을 발생하여 창조 사역에 완성을 가져오신다(창 1:3; 욥 26:13; 시 33:6, 104:30). 성령은 특수한 임무를 위해 인간에게 영감을 주시고 재능을 부여하신다(출 28:3, 31:2-3; 삼상 11:6, 16:13-14). 그리고 구속의 영역에서 구속 사역을 위해 그리스도를 준비하시고, 그리스도에게 권능을 주신다(눅 1:35, 3:22; 요 3:34; 히 10:5-7). 또한 성경의 저자들을 감동하여 하나님의 말씀을 오류 없이 기록하도록 그들에게 특수한 임무를 맡기셨다(딤후 3:16-17; 고전 2:13; 벧후 1:21). 나아가 성령은 교회를 설립하시고, 확장시키시며, 교회 안에 계셔서 새 생명의 원리로 내재(內在)하신다(엡 1:22-23, 2:22; 고전 3:16, 12:4 이하). 그리고 교회를 가르치시며, 보호하시고, 모든 진리 안에서 교회를 인도하신다(요 14:26, 15:26, 16:13-14; 행 5:32; 히 10:15; 요일 2:27).[8]

2장

예수 그리스도의 탄생

마크 드리스콜과 게리 브레셔스는 "예수 그리스도보다 더 사랑받은 사람도, 더 미움받은 사람도 없다"며 그리스도의 탄생에 대한 기사를 다음과 같이 기술했다.

"예수는 약 2천 년 전, 세상에 알려지지 않은 매우 작고 초라한 시골 농촌 마을에서 태어나셨다. 그곳은 오늘날과 같은 마을이 아니었다. 예수의 어머니 마리아는 성령으로 임신했다고 주장해 조롱당한 미혼의 가난한 십대(十代) 소녀였다. 마리아와 약혼한 요셉이라는 순박한 목수가 예수를 입양했고, 예수는 서른 살까지 아버지와 함께 목수 일을 하면서 세상에 알려지지 않은 채 사셨다. 서른 살 즈음에 예수는 공적 사역을 시작하여 말씀을 가르쳤으며, 몸이 아픈 사람들을 치료하고, 굶주린 자들을 먹이고, 타락한 사람과 술

주정뱅이 그리고 도둑 같은 사회 부적응자들의 친구가 되어 주셨다. 예수는 겨우 3년의 사역을 한 후, 하나님의 신성을 모독한 참람죄(僭濫罪)로 십자가에 달려 사형을 당하셨다(요 10:33). 그는 십자가에 못 박혀 치욕스럽게 돌아가셨는데, 그렇게 처형을 당한 사람은 예수 이전에도, 이후에도 많이 있었다. 첫눈에 보아도 예수의 이력은 보잘것없이 초라하다. 예수는 고향에서 몇백 마일 떨어진 곳까지 여행하신 것이 고작이었다. 예수는 행정 관청에서 일한 적도, 책을 쓰신 적도, 결혼한 적도, 대학에 다니신 적도 없이, 그는 노숙자 신세인 채로 돌아가셨다.

그런데도 예수는 인간 역사를 통틀어 가장 유명하시다. 역사상 가장 많은 노래가 예수 그리스도에게 바쳐졌고, 그를 소재로 한 예술 작품이 가장 많으며, 예수에 관해 쓰인 책이 또한 가장 많다. 예수는 역사상 가장 거창하게 등장하셨고, 우리는 그런 예수의 출현을 시간의 척도로 삼고 있다. 그래서 역사의 달력을 예수 그리스도의 출생 이전과 이후로 나누어, 각각 기원 전(BC, Before Christ)과 기원 후(AD, '주님의 해'라는 뜻인 'Anno Domini')로 표기한다. 어떤 군대도, 어떤 나라도, 어떤 사람도 집이 없으신 예수만큼 인류 역사를 바꾸진 못했다. 예수 그리스도는 이 세상을 방문하신 후 지난 2천여 년 동안 한결같이 화제의 중심에 서 계신다."[9]

1. 성육신과 동정녀 탄생

1) 성육신의 의미

삼위일체 하나님의 제2위께서 인간이 되어 인류 역사에 들어오신 사건을 지칭하는 특수 용어로 이것을 '성육신'(成肉身, incarnation)

이라고 말한다(요 1:14; 빌 2:5-7; 골 2:9; 요일 4:2). 이 '성육신'이란 말은 라틴어 '육신이 되다'(in+carne)에서 온 말로, '육신을 입은'(in flesh)이란 뜻이다. 요한복음 1장 14절에는 삼위일체 하나님의 제2위이신 '말씀'(ὁ λόγος)이 육신이 되었다고 기록하고 있다. 요한이 여기서 말하고자 하는 점은 영원하시고, 육안(肉眼)으로 볼 수 없는 하나님이 우리가 볼 수 있도록 완전한 인간의 몸을 입으시고 이 세상에 오셨다는 것이다.

(2) 동정녀 탄생

예수의 동정녀 탄생은, 우연히 일어난 사건이거나, 어느 날 갑자기 일어난 일이 아니다. 성경이 동정녀 탄생을 최초로 약속한 것은, 성경의 첫 번째 책인 창세기 초반에 기록되어 있다(창세기는 모세가 이스라엘 백성을 애굽에서 이끌고 나와 광야 생활을 하던 동안에 기록되었는데, 그때는 BC 1446~1406년경으로 추정된다). 창세기 3장 15절에서, 하나님은 뱀의 모습으로 나타난 사탄(롬 16:20; 계 12:9)에게, "내가 너로 여자와 원수가 되게 하고 네 후손도 여자의 후손과 원수가 되게 하리니 여자의 후손은 네 머리를 상하게 할 것이요 너는 그의 발꿈치를 상하게 할 것이니라"라고 말씀하셨다. 여기서 하나님은 예수가 '여자'에게서 태어나실 것을 약속하셨다. 이것은 이해하기 어려운 약속인데, 아브라함의 후손인 유대인뿐 아니라, 동서양을 막론하고 모든 인간은 누구나 '아버지'가 아들을 낳는 것이 상식이다. 그래서 성경에서도 "아브라함이 이삭을 낳고 이삭은 야곱을 낳고 야곱은 유다와 그의 형제들을 낳고"(마 1:2)라고 말하며, 이조(李朝)시대 시인 정철(鄭澈)은 《훈민가(訓民歌)》에서 "아버님 날 낳으시고 어머님 날 기르시니, 두 분 곧 아니시면 이 몸이 살았을까! 하늘 같은 가업슨 덕을 어디 대어 갚사오리"라고 노래했다.

이것은 예수께는 생물학적인 세상의 아버지가 없을 것이라는 사실을 암시한다. 사도 바울 역시 동일한 생각으로, "때가 차매 하나님이 그 아들을 보내사 여자에게서 나게 하시고 율법 아래에 나게 하신 것은"(갈 4:4)이라고 기술한다. 예수가 탄생하시기 700여 년 전, 선지자 이사야는 예수의 동정녀 탄생을 좀 더 자세히 조명해, "그러므로 주께서 친히 징조를 너희에게 주실 것이라 보라 처녀가 잉태하여 아들을 낳을 것이요 그의 이름을 임마누엘이라 하리라"(사 7:14)라고 기록했다.

이 구절로 인해 사람들은 예수의 동정녀 탄생을 놓고 두 진영으로 갈려 매우 격렬한 논쟁을 벌인다. 이 예언은 미래의 사건이 아니라, 아하스왕의 아들의 출생을 일컫는 것이라고 주장하는 사람들이 있다. 하지만 이 주장은 일부만이 진실이다. 전체 맥락을 검토해 보면, 이 예언이 이중으로 성취되었음이 드러나기 때문이다. 이 예언은 아하스의 아들의 출생뿐 아니라, '다윗의 집'의 메시아 출생을 언급한다(사 7:10-14).

그뿐 아니라 하나님은 그 아들의 이름을 '임마누엘'이라고 하며 단순한 사내아이 이상을 말씀하신다. '임마누엘'은 '하나님이 우리와 함께 계시다'라는 뜻이다. 더욱이 이어서 "이는 한 아기가 우리에게 났고 한 아들을 우리에게 주신 바 되었는데 그의 어깨에는 정사를 메었고 그의 이름은 기묘자라, 모사라, 전능하신 하나님이라, 영존하시는 아버지라, 평강의 왕이라 할 것임이라 그 정사와 평강의 더함이 무궁하며 또 다윗의 왕좌와 그의 나라에 군림하여 그 나라를 굳게 세우고 지금 이후로 영원히 정의와 공의로 그것을 보존하실 것이라 만군의 여호와의 열심이 이를 이루시리라"(사 9:6-7)라는 구절이 나온다. 이 약속은 평범한 한 남자아이의 출생보다 훨씬 더 많은 내용을 담고 있다.

한편, 이사야의 이 예언이 생물학적인 '처녀'를 언급하는 것이 아니라고 주장하는 사람들이 있다. 그들은 이사야 7장 14절에서 사용된 '처녀'에 해당하는 히브리어 '알마'(עַלְמָה)가 '처녀'(virgin)가 아니라, 전형적으로 '젊은 여자'(young woman)를 의미하며, 히브리어 '베툴라'(בְּתוּלָה)가 진짜 '처녀'를 의미한다고 주장한다. 그러나 이 구절에서 '알마'를 '처녀'로 읽어야 하는 여러 가지 이유가 있다. 여기서 '알마'가 '젊은 여자'를 의미한다고 해서 처녀가 아니라는 뜻은 아니다. 당시 젊은 여자는 대부분 처녀였기 때문에, 처녀란 단어는 아예 젊은 히브리 여인과 동의어로 사용될 정도였다. 처녀가 아닌 미혼 여자는 율법에 따라 죽임을 당했기 때문이다. 만일 어떤 여자의 처녀성에 의심이 생길 경우, 그 여자는 신체검사를 받아야 했는데, 이것은 신명기 22장 13-22절에 규정되어 있다. 그뿐 아니라 '알마'란 단어는 구약 성경 다른 곳에서 '젊은 처녀'란 뜻으로 사용된다. 한 가지 분명한 예를 들면, "보기에 심히 아리땁고 지금까지 남자가 가까이하지 아니한 처녀"(창 24:16)라고 묘사된 리브가는 이후 "젊은 여자"(창 24:43)라고 불린다. 이 두 단어는 실제로 동의어지만, '베툴라'는 그 여자가 처녀라는 것을 확실히 밝힐 필요가 있을 때 사용되었고, '알마'는 그러지 않아도 될 때 사용되었다. 더욱이 그리스도가 태어나기 3세기 전 유대인들은 '알마'의 뜻을 정확히 이해했다. 즉, 주전 250~300년경에 유대인들이 히브리어 성경을 그리스어로 번역한 70인경(LXX)에서 '알마'를 '파르데노스'(παρθένος)로 번역했는데, 이 '파르데노스'는 명백하게 '처녀'를 뜻한다.

마지막으로, 신약 성경은 이사야 7장 14절을 예수의 탄생에 대해 마리아에게 전해진 예언적 약속으로 명쾌하게 해석해 주고 있는데, 그것은 마리아는 젊은 여자임과 동시에 처녀였다는 사실이다. 창세기 3장 15절에 나타난 '원복음'(Proto-evangelium)의 추론과 이사야서 약속의 성취는 두 복음서, 마태복음 1장 18-25절과 누가복음 1장 26-38절에 역사적으로 아주 상세히 기록되어 있다. 마태복음과 누가복음 저자들이 예수의 어머니 마리아가 성령 하나님의 기적에 의해 임신했다는 그 정체성을 확실히 밝히기 위해 애쓴 흔적을 아래 구절들에서 볼 수 있다.

"예수 그리스도의 나심은 이러하니라 그의 어머니 마리아가 요셉과 약혼하고 동거하기 전에 성령으로 잉태된 것이 나타났더니 그의 남편 요셉은 의로운 사람이라 그를 드러내지 아니하고 가만히 끊고자 하여 이 일을 생각할 때에 주의 사자가 현몽하여 이르되 다윗의 자손 요셉아 네 아내 마리아 데려오기를 무서워하지 말라 그에게 잉태된 자는 성령으로 된 것이라 아들을 낳으리니 이름을 예수라 하라 이는 그가 자기 백성을 그들의 죄에서 구원할 자이심이라 하니라 이 모든 일이 된 것은 주께서 선지자로 하신 말씀을 이루려 하심이니 이르시되 보라 처녀가 잉태하여 아들을 낳을 것이요 그의 이름은 임마누엘이라 하리라 하셨으니 이를 번역한즉 하나님이 우리와 함께 계시다 함이라 요셉이 잠에서 깨어 일어나 주의 사자의 분부대로 행하여 그의 아내를 데려왔으나 아들을 낳기까지 동침하지 아니하더니 낳으매 이름을 예수라 하니라"(마 1:18-25).

"여섯째 달에 천사 가브리엘이 하나님의 보내심을 받아 갈릴리 나사렛이란 동네에 가서 다윗의 자손 요셉이라 하는 사람과 약혼한 처녀에게 이르니 그 처녀의 이름은 마리아라 그에게 들어가 이르되 은혜를 받은 자여 평안할지어다 주께서 너와 함께하시도다 하니 처녀가 그 말을 듣고 놀라 이런 인사가 어찌함인가 생각하매 천사가 이르되 마리아여 무서워하지 말라 네가 하나님께 은혜를 입었느니라 보라 네가 잉태하여 아들을 낳으리니 그 이름을 예수라 하라 그가 큰 자가 되고 지극히 높으신 이의 아들이라 일컬어질 것이요 주 하나님께서 그 조상 다윗의 왕위를 그에게 주시리니 영원히 야곱의 집을 왕으로 다스리실 것이며 그 나라가 무궁하리라 마리아가 천사에게 말하되 나는 남자를 알지 못하니 어찌 이 일이 있으리이까 천사가 대답하여 이르되 성령이 네게 임하시고 지극히 높으신 이의 능력이 너를 덮으시리니 이러므로 나실 바 거룩한 이는 하나님의 아들이라 일컬어지리라 보라 네 친족 엘리사벳도 늙어서 아들을 배었느니라 본래 임신하지 못한다고 알려진 이가 이미 여섯 달이 되었나니 대저 하나님의 모든 말씀은 능하지 못하심이 없느니라 마리아가 이르되 주의 여종이오니 말씀대로 내게 이루어지이다 하매 천사가 떠나가니라"(눅 1:26-38).

　이렇게 구약 성경은 예수의 동정녀 탄생을 때로는 조용히 암시하기도 하고, 때로는 큰소리로 외쳐 예언하기도 했다. 신약 성경 기자들은 모든 면에서 예수의 어머니 마리아조차도 천사의 말을 듣고 놀라며 믿을 수 없었던 그 일을, 오직 성령 하나님의 기적적인 능력으로 이루어졌음을 강조하기 위해 기사를 상세히 기술했다.
　그러나 슬프게도 성경적으로 정당성이 없는 주장과 잘못된 교리가 마치 조개삿갓처럼 이 영광스러운 동정녀 탄생 진리에 달라붙어 있다. 그러므로 성경이 말하지 않는 예수의 동정녀 탄생에 관한 다음의 몇 가지 잘못된 주장을 살펴볼 필요가 있다.

2. 동정녀 탄생에 대한 잘못된 주장과 변증

1) 성경은 마리아가 정상 분만을 하지 않았다고 가르치지 않는다

예수께서 마리아의 출산 경로를 통해 정상적으로 탄생하신 것이 아니라고 가르치는 가톨릭 신학자들이 있다. 하지만 성경에는 그런 주장을 뒷받침해 주는 구절이 단 하나도 없다. 오히려 그런 설명에 대해, "베들레헴 에브라다야, 너는 유다 족속 중에 작을지라도 이스라엘을 다스릴 자가 네게서 내게로 나올 것이라 그의 근본은 상고에, 영원에 있느니라 그러므로 (임산(臨産)한) 여인이 해산하기까지 그들을 붙여 두시겠고 그 후에는 그의 형제 가운데에 남은 자가 이스라엘 자손에게로 돌아오리니"(미 5:2-3)라고 반박하고 있다. 한마디로 성경은, 마리아의 '해산(解産)'이 어떤 면에서는 비정상적이거나 기적적이라는 암시를 하지 않는다. 성경의 예언과 같이, 죄인 중 한 사람인 마리아는 한 아이의 어머니가 되는, 하와의 모든 딸과 똑같은 해산의 고통을 겪었다.

2) 성경은 마리아가 예수를 낳은 후에도 평생 처녀로 살았다고 말하지 않는다

마리아의 영속적인 처녀성(處女性)에 대한 주장은, 2세기에 시작하여 4세기에 유행했고, 제3차 콘스탄티노플 공의회에서 절정에 이르렀는데, 이 공의회는 553년에 소집되어 마리아가 '평생 처녀'(ever virgin)였다고 선언했다. 또 일부 초대 교부(오리게네스 등)와 가톨릭 및 개신교 일부 신학자들도 제2 스위스 신앙고백서, 제네바 성경과 더불어 마리아가 '평생 처녀'였다고 주장했다.

마리아의 영속적인 처녀성이 암시하는 바는 중요하다. 이는 실제로 마리아가 예수를 임신했을 때 처녀였을 뿐 아니라, 예수를 해산한 후에도 그 남편 요셉과 부부 관계를 전혀 맺지 않았다는 것을 의미한다. 그러나 그러한 주장은 다음과 같은 세 가지 이유로 부적절하며 옳지 않다.

① 첫째, 하나님이 육체적 결합을 포함해 결혼을 기획하셨다(창 2:24-25). 따라서 오히려 성경은 부부간의 친교를 빼앗는 것은 일종의 죄라고 말하고 있다(고전 7:3-5).
② 둘째, 마태복음 1장 25절에는 마리아와 요셉이 예수 탄생 후 부부 관계를 가졌다고 기록되어 있다. 즉, "아들을 낳기까지 동침하지 아니하더니 낳으매 이름을 예수라 하니라"라는 말은 그들이 예수 탄생 후에는 정상적인 부부 관계를 가졌음을 암시하고 있다.
③ 셋째, 성경은 반복해서 마리아가 다른 아들들과 딸들을 두었다고 기술한다(마 12:46-50, 13:55-57; 막 3:31-35, 6:3-4; 눅 8:19-21; 요 2:12, 7:3, 5, 10; 행 1:14; 고전 9:5; 갈 1:19).

3) 성경은 동정녀 탄생에 대한 믿음이 예수의 신성을 증명한다고 가르치지 않는다

동정녀 탄생을 믿는 사람이 반드시 그리스도의 신성을 믿는다고 말할 수는 없다. 예를 들면, 여호와 증인은 동정녀 탄생을 철석같이 믿지만, 예수가 천사장 미가엘의 성육신이라고 선언하는 오류를 말한다. 그러다 고대의 이단 아리우스(Arius)를 따르게 된 것이다. 동정녀 탄생을 믿는 회교도 중에도 주님의 신성을 믿지 않는 사람이 많다.

4) 성경은 우리의 죄성이 남자의 혈통을 통해서만 전해진다고 가르치지 않는다

역사적으로 볼 때, 어거스틴이나 암브로시우스, 토마스 아퀴나스, 마틴 루터를 포함한 많은 신학자가 죄성이 남자의 혈통을 통해 전해진다고 믿었다. 이것이 사실이라면, 예수는 동정녀 탄생을 해야만 된다는 논리가 성립된다. 세상 아버지는 예수에게 죄성을 물려주어 예수를 아담의 정죄 아래 놓이도록 하기 때문이다. 성경은 아담의 죄가 모든 인간에게 죽음과 정죄를 가져왔다고 명확히 가르치지만, 죄성이 부계(父系)를 통해서만 온다고 가르치지는 않는다. 사실 성경은 죄의 유전을 정상적인 임신 과정과 연결시키는 것 같기도 하다(시 51:5). 게다가 그런 계열의 가르침은 어째서인지 모르나 여자는 남자만큼 타락하지 않았다고 가정하는 것만 같다. 그러나 성경은 단호하게 그런 추측을 부정한다. 남자와 여자에게는 똑같이 죄성이 있다(롬 3:10-12, 23).

여기서 더 나아가는 사람들도 있다. 예수 그리스도를 그 어떤 종류의 죄에서도 보호하기 위해, 로마 가톨릭교회는 마리아 역시 순결하게 임신했고, 따라서 죄성이 없고 죄인이 아니었다는 '마리아 무죄설'을 주장한다. 이러한 주장의 근거는 성경 어디에도 없으나, 그렇다고 그들은 자신에게 구세주가 필요하다(눅 1:46-47)는 마리아 자신의 말을 단호하게 반박하지도 않는다. 마리아에게 어떤 종류의 죄도 없었다면, 어째서 그녀가 속죄 제물을 들고 성전을 찾아갔던 것인가?(눅 2:22-24; 참조. 레 12:6-8) 그리고 "의인은 없나니 하나도 없으며 깨닫는 자도 없고 하나님을 찾는 자도 없고 다 치우쳐 함께 무익하게 되고 선을 행하는 자는 없나니 하나도 없도다"(롬 3:10-12)라는 말씀이나, "모든 사람이 죄를 범하였으매 하나님의 영광에 이르지 못

하더니"(롬 3:23)라는 성경 말씀이 잘못되었다는 것인가?

5) 성경은 마리아가 하나님과 성관계를 가졌다고 가르치지 않는다

몰몬교는 성부 하나님이 마리아와 육체적 관계를 가졌고, 그래서 마리아가 예수를 임신했다고 가르친다. 그러면서도 그들은 다시 마리아가 여전히 처녀였다고 주장한다. 그들은 신과의 동침은 성관계로 간주하지 않기에 신과 동침한 여자는 성적인 면에서 여전히 처녀라고 생각하기 때문이다. 이와 같은 주장은 비상식적이며 비성경적인 잘못된 주장이다.

6) 성경은 예수의 동정녀 탄생이 중요하지 않다고 가르치지 않는다

요즈음 관용과 다원주의가 우리 삶의 많은 부분에 영향을 미치고 있는데, 롭 벨(Rob Bell)이라는 한 젊은 목사가 다음과 같이 말했다. "예수에게 래리라는 이름의 현실적이고 세속적이며 생물학적인 아버지가 있어, 고고학자들이 래리의 무덤을 찾아내 DNA 샘플을 채취했다고 치자. 그렇게 해서 고고학자들이 동정녀 탄생은 복음서 기자들이 그 당시 엄청나게 인기를 끌었던 미트라 신과 디오니소스 종파의 추종자들에게 호소하기 위해 집어넣은 신화화된 복음의 한 조각일 뿐이라고 명쾌하게 증명했다 하더라도, 우리는 신앙의 중요한 부분을 조금도 잃지 않을 것이다. 신앙은 어떻게 사느냐는 문제와 더 관계가 깊기 때문이다."[10]

여기서 벨은 예수의 동정녀 탄생을 부인하지는 않으나, 그것이 신학적으로 특별히 중요하다는 것을 부인한다. 하지만 이런 그의 주장은 다음 세 가지 이유에서 매우 위험한 시도라고 하지 않을 수 없다.

첫째, 동정녀 탄생이 사실이 아니라면, 예수에 대한 복음서의 내용은 극적으로 바뀌게 되고 만다. 우리는 성적으로 문란한 젊은 여인을 만나게 된다. 그녀는 하나님의 기적적인 도움으로 아들을 낳았다고 거짓말을 하고, 그 아들을 길러 하나님이라고 선언하면서, 그 아들의 종교에 가입한다(행 1:14). 마리아가 죄 많은 사기꾼에 지나지 않는다면, 우리는 마리아도, 그 아들 예수 그리스도도 신뢰할 수 없을 것이다.

둘째, 벨은 유전자 검사가 성경의 증언보다 더 믿을 만하다고 가정한다. 그런 견지에서 벨은 신학적 결론을 내리기 위해서는 잠정적으로 성경보다 위에 있는 권위가 있을 수 있고, 있어야 한다고 말하는데, 이것은 대단히 위험한 발상일 뿐 아니라, 성경의 완전성 및 권위와 신뢰를 축소하는 잘못된 견해다. 성경은 예수의 어머니 마리아가 성령으로 잉태한 동정녀였음을 마태복음 1장 18-25절과 누가복음 1장 26-38절에서 강조하고 있다. 그러므로 예수의 동정녀 탄생을 부인하는 것은 곧 성경에 오류가 있음을 단호하고 분명하게 진술하는 것이다. 이것을 방어하기 위해 쓴 가장 위대한 책은 아마도 존 그레샴 메이천 박사의 《그리스도의 동정녀 탄생(The Virgin Birth of Christ)》(CLC, 2018)일 것이다. 이 책에서 메이천은 "성경이 예수가 성령으로 잉태되어 동정녀 마리아에게서 탄생하신 분으로 주장하는 것은 누구나 인정한다. 그러므로 단 하나의 문제는, 그런 주장을 하는 성경이 옳으냐 그르냐다"라고 말한다.[11] 그는 계속해서 말하기를, "그리스도의 탄생에 대한 성경의 언급이 오류로 간주된다면, 그 어떤 높은 의미에서의 성경 권위도 분명히 사라지고 만다"라고 못 박는다.[12]

셋째, 초대교회 시대에도 이사야 7장 14절의 '처녀'(알마)가 생물학적인 의미의 처녀라는 것을 부정하고, 단지 '젊은 여자'에 지나지 않는다고 믿는 무리가 있었는데, 그들은 에비온파로 불린 이단의 무리였다. 그러나 제임스 오르는 "에비온파…그리고 몇몇 영지주의 분파를 제외하고는 예수 그리스도가 동정녀 마리아에게서 탄생하셨음을 신앙의 한 부분으로 수용하지 않은 초창기 기독교 집단은 전혀 없었다"라고 말한다.[13]

또 다른 저술가는 "2세기 초의 교의학은 그 당시에 마리아의 처녀성은 공식화된 기독교 신앙의 일부였다는 신념과 일치한다"라고 기록했다.[14] 그뿐 아니라 사도 요한의 제자이자 안디옥 교회의 감독이었던 이그나티우스(Ignatius)는 "마리아의 처녀성"이라고 일컬으면서 이 사실을 증명했다.[15]

마지막으로 메이첸 교수는 "교회가 인간 아버지가 없는 예수 그리스도의 탄생을 믿게 된 것은, 예수께서 실제로 그렇게 태어나셨기 때문일 뿐이라고 주장할 만한 확실한 근거가 있다"라는 말로 이 사실에 대한 증거를 요약했다.[16]

성경, 삼위일체, 예수의 죽음과 부활 등의 교리는 기독교 신앙의 핵심이기 때문에 1차 교리가 된다. 그런가 하면, 예수의 재림을 둘러싼 세부 사항과 같은 교리는 예수 그리스도와 성경을 사랑하는 사람들 사이에서도 서로 견해 차이가 있으므로 2차 교리가 된다. 하지만 동정녀 탄생의 교리를 잃는다면, 그것은 기독교인이 된다는 것이 의미하는 바의 핵심을 잃는 것이다. 그것은 성경의 완전성과 신뢰성, 예수 그리스도나 그 어머니 마리아의 증언이 축소 내지는 거부되기 때문이다.

신약 성경의 저자들은 창세기 3장 15절을 메시아적인 의미로 넓게 이해했다(롬 16:20; 히 2:14; 계 12장). 여기서 약속된 '여자의 후손'이 오직 예수 그리스도이심을 분명히 밝혀 주는 구절은 갈라디아서

3장 16절이다.

"이 약속들은 아브라함과 그 자손에게 말씀하신 것인데 여럿을 가리켜 그 자손들이라 하지 아니하시고 오직 한 사람을 가리켜 네 자손이라 하셨으니 곧 그리스도라."

3장

예수 그리스도의 수난과 죽음

참 하나님이시며, 참 인간이신 예수 그리스도는 어리석은 자들을 가르치시고, 굶주린 자들을 먹이시고, 병든 자들을 치유하시고, 마음이 무너진 자들을 일으켜 격려하시고, 방황하는 자들을 이끄시고, 죄인들을 사랑하셨다. 그러나 예수는 자신이 이 세상에 오신 첫 번째 목적은 고난과 죽음이라고 강조하셨다. 요한복음 12장 27-28절에서 예수는 십자가 죽음을 앞두고 "지금 내 마음이 괴로우니 무슨 말을 하리요 아버지여 나를 구원하여 이때를 면하게 하여 주옵소서 그러나 내가 이를 위하여 이때에 왔나이다 아버지여, 아버지의 이름을 영광스럽게 하옵소서"라고 말씀하신다. 바로 그 순간에도 예수께서는 십자가를 응시하고 계셨다.

1. 그리스도의 수난

　우리는 종종 그리스도의 수난이 그의 생애 마지막 한 주간의 고통에 제한되었다고 생각하는 경향이 있다. 그러나 그리스도는 그의 전 생애가 수난이었다. 하늘 영광의 보좌에 계시던 우주의 주권적 통치자이신 그리스도가 자신의 신적 위엄을 포기하시고 종의 형체로 인성(人性)을 취하셨다는 사실, 그리고 최고의 율법 수여자이신 그가 율법의 요구와 저주 아래 있게 되었다는 것을 우리는 단순히 '그리스도의 비하(卑下)의 신분'이라 말하지만, 인류 역사상 이렇게 놀라운 사건은 전무할 뿐 아니라, 이와 비슷한 일도 전혀 없을 정도로 놀라운 일이다. 더욱이 그리스도, 즉 거룩하시고 의로우신 그분이 허물과 죄로 얼룩진 인간들에게 온갖 수난을 당하시고, 당시 로마법에 극형에 해당하는 십자가형을 받아 십자가에 달려 죽으셨다는 것은 인류 역사상 가장 큰 난센스다.

　죄 없으신 거룩하시고 의로우신 분이 죄로 저주받은 이 세상에서 죄인들과 어울려 사는 그 생애 자체가 괴로운 일이요, 율법 아래에서 여인의 후손으로 오셔서 걸어간 그 순종의 길 자체가 수난의 길이었다. 그는 끊임없는 사탄의 공격과 자기 백성의 증오와 불신, 그리고 원수들의 박해로 수난을 당하셨다. 그의 고적감은 틀림없이 무거웠을 것이며, 그의 책임감은 더욱 막중했을 것이다. 그러므로 그리스도의 수난의 본질은 육체적 패배나 고통에서만 찾을 것이 아니라, 영혼의 고민과 그가 걸머지셔야 했던 중보적 죄의식에 수반하는 고통 속에서 찾아야 할 것이다. 그의 윤리적 완전성과 의로우심, 거룩성, 진리에 대한 열정 때문에, 수난의 원인은 우리보다 그에게 훨씬 더 크고 많았을 것이다. 아무도 예수 그리스도처럼 고통과 비애와 도덕적 악을 심각하게 느낄 수는 없기 때문이다. 그리스도의 시험도 역시 그의 수난의 일부였으며, 또한 본질적인 부분이었다. 그가 인간의 여러 가지 시험을 받음으로, 인간에 대한 이해와 동정을 소유한 대제사장이 되었기에 시험받는 자들을 이해하시고, 또한 구하실 수 있었던 것이다(마 4:1-11; 눅 22:28; 요 12:27; 히 2:18, 4:15, 5:7-9).

2. 그리스도의 죽음

십자가형은 주전 500년경에 페르시아에서 시작되어, 예수께서 사시던 당시 로마 제국에서 성행했고, 4세기에 로마를 통치한 콘스탄티누스 황제 시대에 이르러서야 불법으로 선포되었다. 당시에는 로마인이 아닌 식민지 백성 중 가장 끔찍한 범죄자들에게 이 십자가형을 내렸다. 가장 악한 사람일지라도 로마인에게는 십자가형이 아닌 참수형을 내렸다. 유대인 역시 십자가형을 가장 끔찍한 사형제도로 여겼는데, 이는 "사람이 만일 죽을 죄를 범하므로 네가 그를 죽여 나무 위에 달거든 그 시체를 나무 위에 밤새도록 두지 말고 그 날에 장사하여 네 하나님 여호와께서 네게 기업으로 주시는 땅을 더럽히지 말라 나무에 달린 자는 하나님께 저주를 받았음이니라"라는 신명기 21장 22-23절을 통해 알 수 있다.

고대의 유대인 역사가 요세푸스(Josephus)는 십자가형을 "가장 비참한 죽음"이라고 불렀다.[17] 고대 로마의 철학자 키케로(Cicero)는 "고상한 로마 시민에게 십자가는 너무나 수치스러운 주제이기에, 입에 담는 일조차 삼가라"라고 요구했다.[18]

히틀러 치하의 독일 병사들은 다하우(Dachau)의 강제수용소에서 유대인들에게 그 다리와 어깨와 목구멍과 고환에 대검과 작은 칼을 꽂은 채 달리게 하여 형벌을 가했다. 캄보디아의 폴 포트(Pol Pot) 치하에서 크메르루주는 이 십자가형을 실행했고, 오늘날은 아프리카 수단에서 시행되고 있는 것으로 알려져 있다.

십자가형의 고통이 얼마나 끔찍했던지 그 고통을 설명하기 위해 단어 하나가 생길 정도였다. '몹시 고통스러운'이라는 뜻의 'excruciating'이 바로 그 단어인데, 문자적인 뜻은 '십자가로부터'다. 십자가형을 당하는 사람은 몸무게에 압박당하는 폐로 호흡하기 위해 죽을힘을 다하고, 숨을 들이쉬고 내쉼에 따라 의식이 오락가락하는데, 그런 상태로 며칠을 십자가에 매달려 있었다. 십자가형을 당하는 사람이 폐에서 공기를 빼려고 애쓰다 기진맥진하여 죽음을 재촉하는 것은 흔한 일이었다.

십자가형은 죄수에게 최대의 고통을 주기 위해 또한 매질이 선행되었다. 사형 집행일에 사용된 매는 아홉 가닥으로 된 채찍이었다. 예수의 두 손은 머리 위로 묶여졌는데, 사형 집행인이 그 채찍으로 등과 다리에 쉽게 매질을 할 수 있게 하기 위해서였다. 채찍은 긴 가죽끈이었으며, 거기에는 사형수의 어깨와 등과 엉덩이와 다리에 깊이 박힐 금속이나 뼈로 된 날카로운 조각들이 달려 있었다. 채찍을 가할 때, 채찍에 달린 그 날카로운 쇠붙이나 뼈들이 피부에 상처를 내고 깊이 박히게 되면, 사형 집행인은 사형수의 피부나 근육의 힘줄과 뼈까지도 무자비하게 떼어낸다. 그러면 사형수는 고통으로 부르짖으며 심하게 피를 흘렸다. 주전 700년대의 선지자 이사야는 장차 메시아가 당할 고난에 대해 "그의 모양이 타인보다 상하였고 그의 모습이 사람들보다 상하였으므로 많은 사람이 그에 대하여 놀랐거니와"(사 52:14)라고 예언했다.

로마 군병들이 예수의 머리 위에 날카로운 가시로 엮어 만든 가시 면류관을 씌우고 '유대인의 왕'이라고 조롱할 때, 가시에 상한 예수의 머리와 이마에서는 피가 흘러내려 얼굴과 수염에 뒤엉켰고, 흘러내리는 땀과 피 사이에서 눈은 충혈되었다. 그의 옷은 군병들의 제비뽑기 상품으로 사용되었다. 그런 다음 예수는 거칠게 제작된 약 45킬로그램 정도의 나무 십자가를, 상처 입고 피로 범벅된 그의 맨 어깨와 등에 지고 처형 장소까지 운반해야 했다. 그 십자가는 이미 다른 사람들이 피로 얼룩져 있었을 것이다. 당시 목재가 너무 비싸 십자가를 재활용했고, 이에 예수의 피는 이전에 같은 길을 걸어갔던 무수히 많은 사람의 켜켜이 쌓인 피와 섞였다. 예수 그리스도는 젊고 건강하셨음에도 불면과 긴 보행, 그리고 심한 매질로 체력이 이미 바닥나 무거운 십자가를 지고 가다 자주 넘어졌다. 이에 길가에 서 있던 구레네에서 온 시몬이란 남자를 군병이 억지로 징발하여 예수의 십자가를 대신 지게 했다.

안토니아(Antonia) 요새로부터 골고다에 이르는 650야드(약 594미터)의 여정이 마침내 끝이 났다. 예수는 유대인에게 허용되는 고의(袴衣)만 제외하고 모든 옷이 벗겨진다. 십자가형이 시작된다. 예수에게 몰약이 든 포도주가 건네진다. 죽음의 고통을 조금이나마 덜어 주려는 마지막 자비다. 그러나 그는 그것을 마시기를 거부한다. 시몬에게 십자가를 땅 위에 내려놓으라는 명령이 떨어지고, 예수는 지체함 없이 십자가에 던져진다.

로마 병사는 예수의 야위고 상처 입은 손목을 바라보며 왠지 우울해진다. 하지만 병사는 이내 아무렇지 않다는 듯 둔중한 사각 쇠못을 예수의 손목에 탕탕 박아 버린다. 그 쇠못은 예수의 손목을 꿰뚫고 나무 십자가에 깊이 박힌다. 병사는 숙련된 솜씨로 재빨리 다른 편으로 옮겨가 똑같은 일을 수행한다. 예수의 팔이 못에 의해 지나치게 당겨지지 않도록, 그래서 약간은 움직일 수 있는 여유를 주기 위해 나름 신경을 쓴다. 마침내 십자가가 언덕에 세워지고, '유대인의 왕, 나사렛 예수'라고 쓰인 명패가 십자가 수직대 위에 달린다. 그곳을 지나가는 자들은 자기 머리를 흔들고 예수를 모욕한다.

"성전을 헐고 사흘에 짓는 자여 네가 만일 하나님의 아들이어든 자기를 구원하고 십자가에서 내려오라 하며 그와 같이 대제사장들도 서기관들과 장로들과 함께 희롱하여 이르되 그가 남은 구원하였으되 자기는 구원할 수 없도다 그가 이스라엘의 왕이로다 지금 십자가에서 내려올지어다 그리하면 우리가 믿겠노라 그가 하나님을 신뢰하니 하나님이 원하시면 이제 그를 구원하실지라 그의 말이 나는 하나님의 아들이라 하였도다"(마 27:40-43).

의학박사 트루먼 데이비스(Truman Davis)는 십자가에 달리신 예수께서 고통 중에 서서히 죽어가는 모습을 전문인으로서 이렇게 묘사했다.

"희생자 예수는 이제 십자가에 못 박혔다. 손목을 박힌 쇠못에 체중이 실리면서 몸이 서서히 늘어지게 되자, 격렬하고 불이 붙는 것 같은 고통이 손가락을 따라 팔을 타고 뇌 속에서 폭발하고 만다. 손목에 박힌 못이 정중(正中)신경에 엄청난 압력을 가한다. 점점 극심해지는 고통을 식혀 보려고 몸을 끌어 올릴 때마다, 이번에는 모든 무게가 발목에 박힌 못에 가해진다. 다시 한번 중족골(中足骨) 사이의 신경을 지나가는 못이 온몸을 마비시키듯 고통을 안겨 준다. 이때가 되면 또 다른 현상이 나타난다. 팔에 힘이 빠지고, 격렬한 경련의 파도가 근육을 휩쓸다 이내 근육들이 마비되기 시작한다. 이로 말미암아 그는 이제 자신의 몸을 지탱하기 위해 끌어 올릴 수조차 없다. 자신의 팔에 매달린 채, 가슴 근육은 마비되고, 늑간(肋間) 근육도 움직일 수 없게 된다. 허다 안으로 공기가 들어갈 수는 있지만, 밖으로 내뱉을 수는 없다. 예수는 조금이라도 숨을 쉬어보려고 몸을 끌어 올리려다 진저리를 친다. 마침내 이산화탄소가 그의 허파를 채우고 그의 혈관을 타고 흐르면서 경련은 조금씩

잦아든다. 발작을 일으키듯이, 그는 자신을 위로 끌어 올려 숨을 내뱉고, 생명에 필요한 산소를 간신히 흡입한다. 믿을 수 없는 일이지만, 바로 이 시간에 성경에 기록된 일곱 마디의 짧은 말을 토해낸다. 거친 십자가에 등을 밀착한 채 위아래로 움직이면서, 등에 난 상처 부위로부터 피부 세포가 떨어져 나가고, 경련과 발작의 반복, 부분적인 질식 상태, 찢어질 듯한 통증이 계속 이어진다. 이어서 또 하나의 고통이 시작된다. 심낭에 서서히 혈장이 고이면서 심장을 압박하기 시작하자, 몸이 부서지는 듯한 극도의 고통이 몸을 파고든다. 이제 거의 끝났다. 세포액의 유실도 생명을 앗아갈 정도에 이르렀다. 압박을 받은 심장은 탁해지고 굳었으며, 흐름이 느려진 피를 세포 조직으로 보내느라 분투하고 있다. 고문당하는 허파는 조금이라도 숨을 내어 보려고 필사적으로 몸부림친다. 수분이 현저하게 빠져나가 버린 세포 조직에서는 자극받은 혈액을 뇌로 보내고 있다. 그의 대속(代贖) 사명은 완수되었다. 마침내 그는 자신의 몸이 숨을 거두도록 허락했다. 마지막 힘을 다해 다시 한번 못이 박혀 상처 난 발에 의지하여 다리를 곧게 편 다음, 깊이 숨을 내쉬고 자신의 일곱 번째이자 마지막 말씀을 외치신다. "아버지 내 영혼을 아버지 손에 부탁하나이다"(눅 23:46).[19]

3. 그리스도의 가상칠언(架上七言)

우리가 여기서 말하는 그리스도의 죽음은 그의 육체적 죽음을 말한다. 그리스도는 불의의 사고나 자객의 손에 죽은 것이 아니라, 법정의 선고를 받아 죽으신 것이다. 그는 죄수로 판결되었기 때문에 나무에 달렸으나 그의 좌우편에 달렸던 강도들보다 먼저 운명하여, 다른 사람처럼 다리를 꺾어 일부러 죽게 할 필요가 없었던 것도 우연한 일 같으나 성경의 예언을 이루는 일이었다(출 12:46; 요 19:32-36). 더욱이 그리스도께서 당시 세계 최고의 법치국가였던 로마 정부를 대표하는 재판관에게 심문을 받고 선고를 받은 것이나, 한 걸음 더 나아가 그가 당시 성행하던 교수형이나 돌로 타살되지 않고 십자가에 못 박혀 죽으셨다는 것은 특별한 의의를 가질 뿐 아니라, 성경의 예언을 성취한 것이었다(신 21:22-23; 사 52:13-15, 53장).

로마의 형벌법에 따라, 그는 가장 비열한 죄수와 인간의 찌꺼기로 간주되었고, 법률에 따라 내린 극단의 명령에 순응하셨다. 동시에 그는 그 저주받은 죽음의 고난을 통하여 그가 우리 때문에 저주받은 자가 되었다는 사실을 입증하셨다(신 21:23; 갈 3:13). 그는 십자가에 달려 그 극심한 고통 중에서 놀랍게도 일곱 마디 말씀을 남기셨는데, 우리는 그 주옥 같은 말씀을 '가상칠언'(架上七言)이라고 한다. 그리스도께서 고통 중에 남기신 그 말씀 하나하나가 깊은 뜻을 담고 있을 뿐 아니라, 그리스도께서 하늘 보좌를 떠나 이 땅에 오셔서 이루신 그의 사역을 요약한 말씀들이므로, 이제 함께 그 뜻을 살펴보고자 한다.

그리스도께서 십자가의 고통 중에서도 남기신 가상칠언 중 첫 번째 말씀은, 자신을 십자가에 못 박고 조롱하는 원수의 무리를 위한 용서의 기도였다.

1) 첫 번째 말씀: "이에 예수께서 이르시되 아버지 저들을 사하여 주옵소서 자기들이 하는 것을 알지 못함이니이다"(눅 23:34).

인간은 인류 최악의 일을 저질렀다. 세상을 지으신 주님이 자기 땅에 오셨으나 그의 백성은 죄로 눈이 어두워져 그를 알아보지 못했다. 영광의 주님이 사람 가운데 거하셨으나 그의 백성은 그를 배척하고 말았다. 흉악한 죄인에게 내렸던 십자가 형틀이 준비되고, 그 위에 죄 없으신 주님의 벌어진 양손과 함께 모은 두 발에 각각 세 개의 큰 대못을 박았다. 이윽고 주님이 지신 십자가는 공중에 곧게 세워졌다. 주님이 지신 그 십자가 밑에서는 로마 군병들이 예수의 옷을 찢어 나누려 하다, 한 사람의 제안으로 제비를 뽑아 그중 한 사람이 차지했고, 이들은 "네가 만일 그리스도이거든 그 십자가에서 어서 내려오라" 하며 조롱했다. 그때까지 아무 말씀이 없으셨던 주님이 입을 열어 "아버지 저들을 사하여 주옵소서 자기들이 하는 것을 알지 못함이니이다"(눅 23:34)라고 말씀하셨다.

십자가에서 하신 주님의 일곱 말씀 중 첫 번째는 기도하시는 주님의 모습을 보여 주고 있다. 이 얼마나 의미심장하며, 깊은 교훈을 주는가? 주님의 공생애는 기도로 막이 올랐다(눅 3:21). 그런데 여기서 주님의 공생애가 기도로 막을 내리고 있다.

(1) 주님은 그 고통의 순간에도 기도하시되, 자신을 십자가에 못 박고 조롱하는 죄인들을 위해 기도하셨다. 주님은 우리가 우리를 미워하고 우리에게 잘못을 범하며 악하게 행하는 자들을 어떻게 대하여야 하는지에 대한 완전한 모범을 우리에게 남겨 주셨을 뿐 아니라, 그 어떤 사람도 우리의 기도가 미치지 못할 사람으로 생각하지 말아야 할 것을 가르쳐 주셨다.

(2) 또 하나, 여기서 우리는 주님이 행하신 그 기도의 효력을 확인하게 된다. 주님께서 원수들을 위하여 십자가에서의 하신 중보기도는 분명하고 확실한 응답을 받았는데, 이는 곧 오순절 날 3천 명의 영혼이 회개하고 돌아온 사실에서 확인할 수 있다. 사도행전 3장 17절의 "형제들아 너희가 알지 못하여서 그리하였으며 너희 관리들도 그리한 줄 아노라"라는 사도 베드르의 말에 근거하여 이 결론을

내릴 수 있다. 베드로가 사용한 "너희가 알지 못하여서"라는 말이, 주님의 "자기들이 하는 것을 알지 못함이니이다"라는 말씀과 연결되어 있다는 것은 주목할 만한 사실이다.

베드로가 행한 단 한 차례의 설교에 3천 명이 회개하고 주께로 돌아온 사건에 대한 설명이 사도행전 2장에 기록되어 있다. 즉, 그것은 베드로의 뛰어난 웅변술로 인하여 이루어진 일이 아니라, 주님이 십자가상에서 하신 그 중보기도에 대한 응답이다. 이같이 우리가 예수를 믿기 오래전부터 주님은 우리를 위해 기도하셨다. 이는 요한복음 17장 20절을 보면 알 수 있다.

"내가 비옵는 것은 이 사람들만 위함이 아니요 또 그들의 말로 말미암아 나를 믿는 사람들도 위함이니."

그러므로 우리도 주님의 모범을 따라 하나님과 주님의 몸 된 교회를 대적하는 원수들을 위하여 중보기도를 하야 한다. 우리가 믿음으로 기도하면, 우리 역시 버려진 죄인들을 구원으로 인도하는 기도의 효력을 목격하게 될 것이다. 주님이 십자가에서 첫 번째로 하신 기도에서 우리는 다음과 같은 것을 보게 된다.

① 예언의 말씀의 성취를 본다

성경에는 주님과 그가 받으실 수난에 대해 매우 자세하고 완벽하게 예언되어 있다. 그 예언의 말씀 중에 먼저 주님께서 범죄자를 위하여 기도할 것(사 53:12)이라고 예언되어 있다. 이는 주님이 십자가에 달리셨을 때 행하실 자비하신 행위에 관한 말씀으로, 주님의 이 중보기도가 다음 성경 구절에 연결되어 나타난 것이다.

"그러므로 내가 그에게 존귀한 자와 함께 몫을 받게 하며 강한 자와 함께 탈취한 것을 나누게 하리니 이는 그가 자기 영혼을 버려 사망에 이르게 하며 범죄자 중 하나로 헤아림을 받았음이니라 그러나 그가 많은 사람의 죄를 담당하며 범죄자를 위하여 기도하였느니라"(사 53:12).

주님께서 그의 원수들을 위하여 기도하시리라는 예언은 이사야 53장의 메시아 수난에 관한 여러 예언 중 하나다. 이 본문에는 주님의 낮아지심과 고난을 보여 주는 적어도 10가지의 예언이 있다. 즉, 주님께서 (1) 멸시를 받아 사람들에게 싫어 버린 바 되고, (2) 간고를 많이 겪고 질고를 아는 자가 되고, (3) 채찍을 맞아 찔리며 상하고, (4) 잠잠히 저항하지 않고 도수장으로 끌려가고, (5) 털 깎는 자 앞에서 잠잠한 양같이 되고, (6) 사람들에게 곤욕을 받으실 뿐 아니라, 하나님께도 맞고, (7) 자기 영혼을 버려 사망에 이르고, (8) 그 무덤이 부자와 함께 있게 되고, (9) 범죄자 중 하나로 헤아림을 입고, (10) 마지막으로 범죄자를 위하여 기도하실 것이라고 예언되어 있다. 그러므로 "범죄자들을 위하여 기도하였느니라"라는 예언은, "아버지 저들을 사하여 주옵소서 자기들이 하는 것을 알지 못함이니이다"라고 하신 주님의 기도에서 성취된 것이다.

② 자기 백성과 하나가 되신 그리스도를 본다

"아버지 저들을 사하여 주옵소서." 이전 어느 경우에서도 그리스도께서 아버지에게 이와 같은 요청을 하신 일이 없다. 그는 다른 사람들의 죄를 용서해 주시도록 아버지 하나님께 간구한 적이 없다. 이제까지 그는 '자신이 친히' 죄를 사하여 주셨다.

침상에 누워 있는 중풍병자에게 예수는 "작은 자야 안심하라 네 죄 사함을 받았느니라"라고 말씀하셨다(마 9:2). 한 바리새인의 집에서 눈물로 주님의 발을 적시며 자기 머리털로 씻고 그 발에 입 맞추며 향유를 부은 한 여인에게도 "네 죄 사함을 얻었느니라"라고 말씀하셨다. 그런데 지금은 그 자신이 직접 그들의 죄를 사하여 주시는 대신에 '아버지께' 그들의 죄를 사하여 주시기를 구하셔야 했는가? 죄를 사하여 주는 일은 하나님만의 고유 특권이다.

어떤 유대 서기관이 "오직 하나님 한 분 외에는 누가 능히 죄를 사하겠느냐?"라고 반문했던 것은 당연한 일이었다. 그러나 그들은 자신들 앞에 계신 그분 예수 그리스도가 하나님이신 사실을 깨닫지 못했다. 주님은 참 하나님이시며, 동시에 참 인간이시다. 그는 자신을 죄를 위하여 드리는 희생 제물로 삼으시려는 특별한 목적으로 사람의 아들 곧 인자가 되신 하나님의 아들이셨다. 예수께서 "아버지 저들을 사하여 주옵소서"라고 성부 하나님께 기도하셨을 때 그는 '땅 위'가 아닌 '십자가'에 높이 달려 계셨다. 즉, 주님은 십자가에서는 죄를 사하는 특권을 행사하지 않으셨다. 주님은 "그러나 인자가 세상에서 죄를 사하는 권능이 있는 줄을 너희로 알게 하려 하노라"(마 9:6)라고 말씀하신 적이 있다. 지금 주님이 그 죄 사하는 권세를 사용하지 않으신 이유는, 십자가에 매달려 있는 지금은 하나님의 아들로서가 아니라, 죄인들을 구속하시기 위한 '속건 제물'로서 땅 위가 아닌 십자가에 높이 달려 계셨기 때문이다(요 12:32). 그러므로 우리 죄인들의 대표자로서 십자가에 달리신 주님은 더는 그의 신적인 특권을 행사하실 수 있는 '권위의 자리'에 계신 것이 아니었다. 이같이 우리의 찬송과 경배를 받으실 주 예수께서 "아버지 저들을 사하여 주옵소서"라고 기도하시는 모습에서 우리는 자기 백성과 절대적으로 하나가 되신 그리스도를 보게 된다. 그는 이제 죄를 사하는 '권세' 혹은 '권리'를 행사할 수 있는 '땅 위'의 위치에 계신 것이 아니라, 죄인들을 위하여 기도하시는 중보자의 위치에 계셨던 것이다.

③ 인간의 마음이 극히 어두워진 것을 본다

"자기들이 하는 것을 알지 못함이니이다"라는 말씀은 주님의 원수들이 그를 십자가에 못 박은 사실을 몰랐다는 의미가 아니다. 그들은 자기들이 빌라도 총독에게 "십자가에 못 박게 하소서. 십자가에 못 박게 하소서!"라고 소리를 질렀던 사실을 너무나 잘 알고 있었다. 그들은 자신들의 악독한 요구가 빌라도에 의해서 받아들여졌다는 사실을 너무나 잘 알고 있었다. 그렇다면 무슨 뜻으로 주님께서 "자기들이 하는 것을 알지 못한다"라고 말씀하셨는가? 주님이 하신 말씀의 뜻은, 저희가 자기들의 범죄가 얼마나 끔찍하고 큰 것인지를 알지 못하고 있다는 말이다. 여기서 강조점은 저희는 자기들이 십자가에 못 박는 분이 영광의 주님이라는 사실을 알지 못했다는 것이 아니라, '자기들이 하는 것을 알지 못했다'에 있다. 사실 그들은 마땅히 그가 누구이신지 알아야 했다. 그들의 무지는 도저히 용서받을 수 없는 것이었다. 예수 그리스도 안에서 성취된 구약의 수많은 예언은 그가 하나님의 거룩한 자이심을 명백히 입증해 주고도 남음이 있었다. 그의 가르침은 유일무이한 것이었다. 이는 그에게서 흠을 잡으려는 자들마저도 "그 사람이 말하는 것처럼 말한 사람은 이때까지 없었다"(요 7:46)라고 스스로 인정하지 않을 수 없었기 때문이다. 또한 그의 생애는 얼마나 완전했는가!

그들이 하나님의 아들을 거절한 일은 오로지 '육신의 생각은 하나님과 원수가 된다'(롬 8:7)라는 사실을 여지없이 입증해 준 것이다. 이 끔찍한 비극이 아직도 여전히 되풀이되고 있다는 사실을 생각하면 이 얼마나 안타깝고 슬픈 일인가! 그리고 이 말씀은 우리에게, "죄인들이여! 당신들이 하나님의 크신 구원을 소홀히 여기는 일이 얼마나 큰 죄라는 사실을 모르고 있단 말인가! 여러 해 동안 당신은 주님의 영이 당신을 위해 행하시는 역사에 저항해 온 것이 아닌가?

당신은 극히 중요한 생각들을 묵살해 온 적이 얼마나 많은가? 오랫동안 당신은 당신의 마음의 문을 닫아 버리고, 성령이 들어오시지 못하게 하고 귀를 막아 그의 호소하는 음성을 듣지 않고, 눈을 감아 성령의 은혜로운 손길을 보지 못하며, 그의 역사하심을 깨닫지 못하고 있는 것이 아닌가?"라고 말하는 것과 같다.

히브리서 10장은 "우리가 진리를 아는 지식을 받은 후 짐짓 죄를 범한즉 다시 속죄하는 제사가 없고 오직 무서운 마음으로 심판을 기다리는 것과 대적하는 자를 태울 맹렬한 불만 있으리라"(히 10:26-27)라고 말씀하고 있다. 하나님의 백성들 가운데 많은 이가 이 점에 대한 확고한 지식을 갖지 못하여 혼동하고 있다. 그들은 자신들이 그리스도를 구주로 영접하기 이전에 지었던 모든 죄가 어떻게 사해졌는지는 잘 이해하고 있다. 그러나 중생한 이후로 지은 죄들에 관해서는 분명한 지식을 갖고 있지 않다. 많은 사람이 자신이 죄를 범함으로, 하나님께서 자신들에게 베풀어 주셨던 용서가 취소될 가능성이 있는 것으로 생각한다. 즉, 그리스도의 피는 과거의 죄에만 관계되어 있고, 현재와 미래의 죄에 관해서는 자기들 스스로 해결해야 될 것으로 알고 있다. 그러나 우리가 하나님께 감사와 찬양을 돌려야 할 이유가 여기에 있는데, 하나님께서 죄인들에게 베푸시는 용서는 '과거'뿐 아니라, '현재'와 '미래'의 모든 죄를 다 덮고도 남음이 있다!

그리스도께서 우리의 죄를 대신 지시고, 그 저주의 십자가에 달려 보배로운 피를 흘려주시지 않았는가? 그리고 그가 친히 "다 이루었다"라고 선언하시지 않았는가? 이 말은 죄의 값은 사망인데, 그 죄의 값이 다 지불되었다는 말이다. 그리고 이 말은 그리스도께서 우리의 과거에 지은 죄들만이 아니라, 미래에 지을 모든 죄까지도 담당하여 청산했다는 말이다. 그러므로 그리스도인들은 용서받은 백성이다. 그래서 성령께서, "주께서 그 죄를 인정하지 아니하실 사람은 복이 있도다 함과 같으니라"(롬 4:8)라고 말씀하셨다. 신자는 그리스도를 믿는 그 믿음 안에 사는 사람이다. 그리스도 안에 있는 사람에게는 다시 죄가 전가되지 않는다. 그리스도께서 우리의 모든 죄를 대속하셨기 때문이다. 이것이 하나님 앞에 선 우리의 입장이다. 하나님께서 우리를 대하시는 것은 그리스도 안에 있는 현재의 나이지, 과거나 미래의 내가 아니다. 지금 내가 그리스도 안에 있기에 나는 완전히 그리고 영원히 죄 사함을 받은 것이다!

성령께서 하시는 말씀에 귀를 기울여 보라!

> "또 범죄와 육체의 무할례로 죽었던 너희를 하나님이 그와 함께 살리시고 우리의 모든 죄를 사하시고"(골 2:13).

여기서 그리스도와 내가 연합되어 있다는 사실에 주목하라! 부활하신 그리스도와 내가 연합되었다는 사실은, 나의 모든 죄가 사하여졌다는 것과 관련되어 있다. 나의 생명이 그리스도와 함께 하나님 안에 감추어 있다면(골 3:3), 나는 영원히 죄의 종 된 상태에서 벗어나 있는 것이다.

이에 성경은 "그러므로 이제 그리스도 예수 안에 있는 자에게는 결코 정죄함이 없나니"(롬 8:1)라고 말하고 있다. 이어서 이같이 우리의 모든 죄가 사하여졌는데, 어찌 정죄함이 있으며, 또 누가 능히 하나님의 택하신 자들을 송사할 것이며, 누가 능히 정죄할 것인가(롬 8:33-34)라고 말한다.

2) 두 번째 말씀: "내가 진실로 네게 이르노니 오늘 네가 나와 함께 낙원에 있으리라"(눅 23:43).

주님의 십자가 위에서의 일곱 말씀 중 두 번째는, 그와 함께 십자가에 못 박혀 죽어가던 두 강도 가운데 한 사람의 요청에 대한 응답으로 하신 말씀이다. 주님께서 두 강도 사이에서 십자가에 못 박히신 것은 결코 우연이 아니었다. 하나님께서 통치하시는 세계에는 우연이 있을 수 없다. 더구나 모든 날 중의 날이요, 모든 사건 중의 사건이며, 곧 세계 역사의 중심점이 된 그날과 그 사건은 더욱더 우연일 수가 없는 것이다.

영원 전부터 하나님께서는 그의 사랑하시는 독생자 예수 그리스도가 언제 어디서 어떠한 죽음을 맞이할지 예정하여 두신 것이다. 하나님께서 예정하신 일을 인간이 바꾸거나 변경할 수는 없는 것이다. 총독 빌라도가 영을 내려 주님을 두 행악자 사이에서 십자가에 못 박도록 할 때, 그 자신은 하나님의 섭리를 전혀 모르고 있었지만 실상 그는 하나님의 영원한 섭리의 뜻을 이루고 있었으며, 또한 하나님께서 그의 선지자들을 통하여 예언하신 말씀을 성취하고 있었다. 이때로부터 700년 전 하나님께서는 이미 선지자 이사야를 통하여 그의 독생자가 범죄자 중 하나로 헤아림을 받을 것(사 53:12)이라고 예언하셨다.

하나님의 아들이 행악자들과 함께 처형되시다니, 이 얼마나 천부당만부당한 일인가! 이는 도저히 생각조차 할 수 없는 일이다. 그러나 이 일은 실제로 이루어졌다. 하나님의 말씀은 한마디도 땅에 떨어질 수 없는 것이다. 하나님께서 예정하신 대로, 또 선지자들을 통하여 말씀하신 대로 틀림없이 정확하게 이루어졌다.

우리는 하나님의 구원 역사의 절정에 달한 이 극적인 장면에서 주님의 대속적인 희생과 이 희생에 대한 죄인들의 두 가지 반응을 볼 수 있는데, 하나는 회개한 강도에게 나타난 대로 그리스도의 대속적 희생을 믿고 받아들이는 태도요, 다른 하나는 회개하지 않은 강도에게서 나타난 것처럼 오히려 그의 희생을 비방하고 거부하는 태도다. 주님께서 두 강도 사이에서 십자가에 못 박히신 일과 그중 한 강도는 주님을 영접하고, 다른 강도는 주님을 거절한 사실에서 우리가 배울 수 있는 또 하나의 중요한 교훈은, 하나님의 절대주권에 관한 것이다. 두 강도는 주님이 지신 십자가 좌우편에 함께 십자가에 못 박혔다. 그들은 십자가에 달리신 주님의 가까운 거리에서 십자가에 달려 있었고, 그 극심한 고통 중에 죽음에 이르는 6시간 동안에 일어난 모든 것을 보고 들었다. 그 두 사람은 악명 높은 죄인으로, 자신의 죄에 대한 형벌로 십자가에 달려 견딜 수 없는 고통 중에 죽어가고 있었다. 이때 그들에게 절박하게 요구되는 것은 '사죄'이자 '사면'이었다.

그러나 이들 중 한 명은 그 마음이 심히 강퍅하고 완악해 그가 그때까지 살아오던 그대로 죄 가운데서 죽고 말았고, 다른 한 명은 자기의 사악한 죄를 회개하고 그리스도를 믿고 그에게 자비를 구하여 구원을 얻음으로 주님과 함께 낙원에 들어갔다. 이것은 하나님의 절대주권을 가장 잘 설명해 주는 매우 좋은 예다.

오늘날에도 이와 같은 일은 흔히 일어난다. 매우 동일한 환경과 조건에서도 어떤 사람은 은혜를 받고 그 심령이 변화되어 부드러워지나, 또 어떤 사람은 그 마음이 굳어진 그대로 남아 있다. 같은 날, 같은 시간에, 같은 설교를 들어도 한 사람은 무관심하고 아무런 반응이 없는데, 다른 사람은 눈이 뜨여 자신에게 필요한 것이 무엇인지를 깨닫고 하나님의 자비를 간절히 간구한다. 이렇게 어떤 사람에게는 복음이 밝히 드러나 있으나, 또 어떤 사람에게는 복음이 감추어져 있다. 그 이유는 무엇인가? 이에 대하여 우리가 말할 수 있는 것은, 그렇게 하는 것이 하나님이 보시기에 선한 것이기 때문이라는 고백뿐이다. 그러나 하나님의 절대주권은 결코 인간의 책임을 방해하거나 파괴하지 않는다는 사실이 성경에 분명히 밝혀져 있다.

그렇다면 두 행악자 중 한 사람은 어떻게 구원을 얻게 되었는가?

① 구원받은 강도의 회개

여러 면에서는 회개를 떠올릴 수 있다. 회개는 죄에 대한 마음의 변화, 죄에 대하여 슬퍼하는 태도, 죄를 버리는 생활을 포함한다. 그러나 회개에는 단순히 이러한 것들만 포함되어 있는 것이 아니라 그 이상의 무엇이 함축되어 있다. 참으로 회개란 우리 자신의 잃어버린 상태를 깨닫고 파멸 상태를 발견하는 것이요, 우리 자신을 판단하는 일이다. 그러므로 회개란 지적인 과정이라기보다는 오히려 하나님 앞에서 행하는 바 양심의 행위다. 이것이 구원을 얻은 그 강도의 회개에서 정확히 발견할 수 있는 부분이다.

a. 그는 먼저 그의 동료 강도에게, "네가 동일한 정죄를 받고서도 하나님을 두려워하지 아니하느냐"(눅 23:40)라고 책망했다. 사실 그는 몇 시간 전까지만 해도 무리와 함께 그리스도를 비웃고 조롱했다(마 27:44). 그러나 성령께서 그의 마음에 역사하실 때 그의 양심이 깨어나 하나님 앞에서 행동의 변화가 나타났다. 그가 한 말은 "네가 정죄 받은 것을 두려워하지 아니하느냐?"가 아니다. 그는 "네가 하나님을 두려워하지 아니하느냐"라고 말했다. 그는 하나님을 심판자로 바로 깨달았다.

b. 그가 두 번째 한 말은, "우리는 우리가 행한 일에 상당한 보응

을 받는 것이니 이에 당연하거니와 이 사람이 행한 것은 옳지 않은 것이 없느니라"였다. 여기서 그는 자기의 죄과를 인정하고 자기가 받은 정죄를 당연한 것으로 받아들이고 있다. 자신에게 내려진 판결을 이의 없이 인정하고 있는 것이다. 그는 자신에 대하여 어떤 변명을 하거나 자신이 받은 형벌을 가볍게 하기 위한 어떤 노력도 하지 않았다. 곧 자신이 범죄한 사실을 시인했으며, 자신이 저지른 죄에 대하여 마땅한 보응을 받고 있다고 생각했다. 그는 스스로 죽어 마땅한 죄인임을 인정했다.

우리는 하나님 앞에서 이 회개한 강도와 같은 태도를 가지고 있는가? 자신이 하나님 앞에 잘못한 일에 대하여 솔직하게 시인하며 그 죄를 즉시 고백하고 있는가? 우리는 우리가 살아가는 과정에서 주어진 하나님의 심판을 그대로 불평하지 않고 이의 없이 받아들이고 있는가?

c. 우리는 구원받은 강도의 회개가 참으로 용기 있는 결단과 함께 이루어졌다는 것을 알 수 있다. 갈보리 언덕에 세워진 세 개의 십자가 중 중앙에 세워진 십자가에 달려 있는 분에게 모든 사람의 시선과 조소와 희롱이 집중되고 있었다. 각계각층의 무리가 그를 비웃고 희롱하는 일에 가담하고 있었다. 그러므로 십자가에 달린 그 강도들 역시 그 분위기에 편승하여 주님을 비난하는 일은 극히 자연스러울 수 있는 일이었다.

그러나 지금까지 그리스도를 욕하고 비방하던 그 행악자 중 하나가 갑자기 돌변하여 그 욕하던 것을 그치고, 그리스도를 향하던 그의 시선을 돌려 자기 동료에게로 향하더니 거침없이 그를 꾸짖었다. 십자가 주변에 있는 여러 사람이 다 듣는 가운데 그 강도는 동료 강도를 향하여 "네가 동일한 정죄를 받고서도 하나님을 두려워하지 아니하느냐 우리는 우리가 행한 일에 상당한 보응을 받는 것이니 이에 당연하거니와 이 사람이 행한 것은 옳지 않은 것이 없느니라"라고 말했다.

이는 곧 그리스도를 십자가에 못 박도록 내어준 총독 빌라도를 비롯하여 그를 십자가에 못 박게 하도록 백성을 선동했던 대제사장과 온 유대 백성을 정죄하는 말이다! 그러면서 그리스도의 무죄를 증언하였을 뿐 아니라, 거기서 더 나아가 그리스도의 왕 되심을 고백한 것이다. 이로써 그는 단칼에 그의 동료만이 아니라 그리스도를 조롱하는 군중과도 분명히 입장을 달리하고 그들과 결별한 것이다!

② 구원받은 강도의 신앙

이 강도가 죽어가는 몇 시간 동안에 보여 준 변화의 과정은 정말 놀라운 것이다. 주님의 은혜와 주님을 아는 지식 안에서의 그의 영적인 성장은 참으로 놀라울 정도다. 우리는 그의 말을 간략히 기록한 성경 구절에서 그가 성령의 지도 아래 깨달은 다음과 같은 몇 가지 진리를 발견할 수 있다.

a. 그의 말에는 공의로우신 하나님의 심판이 있을 내세에 대한 신앙이 분명히 나타나 있다. "네가 동일한 정죄를 받고서도 하나님을 두려워하지 아니하느냐"라는 말이 이것을 입증해 주고 있다. 그는 날카롭게 동료를 꾸짖었을 뿐 아니라, "네가 어찌 감히 이 무죄하신 분을 비방한단 말이냐? 이제 곧 너는 너에게 십자가형을 선고한 이 세상 법정보다 무한히 엄숙한 하나님의 심판대 앞에 서게 될 것이라는 사실을 아직도 모르느냐? 하나님은 두려우신 분이거늘 어서 입을 닫고 가만히 있지 못하겠느냐!"라고 말하고 있는 것이다.

b. 앞서 살펴본 바와 같이 그는 자신의 죄를 바라볼 수 있는 눈이 열렸다. "네가 동일한 정죄를 받고서도…우리는 우리가 행한 일에 상당한 보응을 받는 것이니 이에 당연하거니와"(눅 23:40-41)라는 말이 이를 입증해 주고 있다. 그는 자신이 죄인임을 깨닫고 있었다. 이것은 그의 동료 강도가 깨닫지도, 고백하지도 못했던 참으로 귀중한 부분이다.

c. 그는 그리스도의 무죄를 증거했다. "이 사람이 행한 것은 옳지 않은 것이 없느니라"(눅 23:41)라는 말이 이것을 입증해 주고 있다. 최후의 순간까지도 하나님의 독생자 예수 그리스도의 무죄한 성품이 강도의 증거를 통해 입증되고 있다. 이처럼 가룟 유다도 뉘우쳐 "내가 무죄한 피를 팔고 죄를 범하였도다"(마 27:4)라고 말했고, 총독 빌라도 역시 "보라 내가 너희 앞에서 심문하였으되 너희가 고발하는 일에 대하여 이 사람에게서 죄를 찾지 못하였고 헤롯이 또한 그렇게 하여 그를 우리에게 도로 보내었도다 보라 그가 행한 일에는 죽일 일이 없느니라"(눅 23:14-15)라고 증거했다. 또한 빌라도의 아내도 "저 옳은 사람에게 아무 상관도 하지 마옵소서"(마 27:19)라고 말했다.

d. 이 강도는 그리스도의 죄 없으신 인성을 증거하였을 뿐 아니라, 그의 신성도 고백하며 자신의 구원을 부탁했다. "예수여 당신의 나라에 임하실 때에 나를 기억하소서"(눅 23:42)라는 말이 이를 입증하고 있다. 이 강도는 대제사장들이 주님에 대하여 비방하는 말을 다 들었다. 그들은 "그가 남은 구원하였으되 자기는 구원할 수 없도다 그가 이스라엘의 왕이로다 지금 십자가에서 내려올지어다 그리하면 우리가 믿겠노라 그가 하나님을 신뢰하니 하나님이 원하시면 이제 그를 구원하실지라 그의 말이 나는 하나님의 아들이라 하였도

다"(마 27:42-43)라고 하며 조롱했다. 그러나 예수께서는 아무 말씀도 없으셨다. 그런데 이 강도는 육신의 눈이 아닌 믿음의 눈으로 그와 함께 십자가 못 박혀 숨을 헐떡이며 죽어가고 계신 주님에게서 죄인의 구주이신 하나님의 독생자의 신성을 보았고, 그에게 자신의 구원을 의탁하며 간구했던 것이다!

e. 그는 그리스도께서 왕이신 사실을 믿었다. "당신의 나라에 임하실 때에"(눅 23:42)라는 말이 이를 입증한다. 이 역시 놀라운 고백이다. 당시 외부에 나타나고 있는 모든 상황은 도무지 그를 왕이라고 볼 수 없는 형편이었다.

우선 왕이시라면 높은 보좌에 앉아 계셔야 하는데 그는 지금 저주의 십자가를 지시고 온갖 조롱과 멸시를 받고 있었다. 진정 왕의 예복을 입고 계셔야 할 그분이 벌거벗겨진 알몸이었으며, 찬란한 왕관을 써야 할 이마에는 가시관이 씌워져 피가 흘러내리고 있다. 많은 수행원을 거느리고 계셔야 할 그분이, 오히려 범죄자 중 하나로 헤아림을 받고 있었다. 그럼에도 이 강도는 그를 왕으로 고백했다. 주님의 십자가 위에 달린 죄패가 말해 주듯 그는 정녕 '유대인의 왕'(마 2:2)이었던 것이다. 구원받은 강도는 믿음의 눈으로 이 사실을 모두 간파하고 고백했던 것이다.

f. 마지막으로, 그는 믿음의 눈으로 그리스도의 재림을 바라보았다. "당신의 나라에 임하실 때에"(눅 23:42)라는 말이 이것을 입증해 준다.

이 죽어가는 강도의 그리스도에 대한 영적 이해력을 우리가 어떻게 설명할 수 있는가? 그는 그리스도에 대하여 그처럼 밝히 알아낼 수 있는 영적 통찰력을 누구로부터 받은 것인가? 말하자면, 그리스도 안에서 갓 태어난 갓난아이와 같은 그가 어떻게 그처럼 급속하게 성장할 수 있었는가? 그것은 오직 하나님의 은혜와 능력의 역사로만 설명될 수 있다. 이 강도에게 그러한 영적 지식을 가르치신 선생님은 누구인가? 이 모든 것을 그에게 알게 한 이는 혈육이 아닌 성령 하나님이시요, 하늘에 계신 하나님 아버지다. 이것은 또한 하나님의 일들이 지혜롭고 슬기 있는 자들에게는 숨겨지고, 어린아이들에게는 밝히 드러난다는 사실을 보여 주는 좋은 예가 아니고 무엇이겠는가?

이러함에도 많은 사람이 이 구원받은 강도의 신앙을 과소평가하고 있다. 예컨대, 교회에 나간 적도 없고, 세례를 받지 않았을 뿐 아니라, 헌금한 적도, 예수를 위해 희생이나 핍박을 받은 일도 없이, 일평생 죄만 짓고 악한 일만 하고 산 그가 십자가상에서 몇 마디 말로 구원을 받았다면, 그것은 너무 값싼 구원이 아닌가? 그러나 우리가 꼭 기억하고 깨달아야 할 중요한 사실이 있다. 그것은 앞서 살펴본 이 강도가 보여 준 회개와 신앙으로, 그는 십자가에 달려 숨을 헐떡이고 피를 흘리며 죽어가면서도, 함께 정죄를 받고 십자가에 못 박혀 자신과 똑같이 고통당하며 운명하기 직전에 있던 예수께 진정한 회개와 신앙고백을 했다는 것이다. 그것만이 아니다.

이때는 예수께서 가는 곳마다 많은 사람이 모여와 그의 말씀을 듣고, 각종 병자가 고침을 받고, 죽은 자가 살아나고, 광풍으로 인해 풍랑이는 파도와 바다가 그의 말 한마디에 잔잔해지는 이적이 나타나고, 백성들 사이에서의 인기가 치솟아 백성들이 억지로 그를 왕으로 삼으려 했던 때가 아니다. 오히려 예수와 함께 어디든 가겠다던, 아니 죽는 데도 함께 가겠다던 제자들마저 다 달아나 버리고, 예수의 십자가가 세워진 골고다 언덕에는 예수의 어머니 마리아와 몇몇 여인이 눈물을 흘리고 있었을 뿐, 어떤 사람이나 천사가 나타나 예수를 십자가에서 끌어 내리는 것 같은 이적도 나타나지 않았던 때였다. 온 천지가 암흑에 휩싸여 있었던 그 시각에, 함께 죄인이 되어 십자가에 달려 고통 중에 숨을 헐떡거리며 운명 직전에 있는 그 예수께 자신의 죄를 회개하고 예수를 재림하실 주님으로, 왕으로 고백하는 이 강도의 신앙은 보통 신앙이 아닌 정말 대단한 신앙인 것이다!

③ 오직 예수 그리스도만이 죄인의 구주이시다

이 강도의 요청에 대한 주님의 응답은 무엇이었는가? 주님께서는 "네 죗값을 네가 받고 있지 않느냐? 너는 악한 강도니 그렇게 죽어 마땅하다!"라고 말씀하실 수도 있었다. 혹은 "때가 이미 늦었다! 좀 더 일찍 나를 찾았어야 했다!"라고 대답하실 수도 있었다. 그러나 주님께서는 "내게 오는 자는 내가 결코 내어쫓지 아니하리라!"라고 약속하시지 않았던가? 이제 그 약속의 말씀이 여기서 입증되고 있는 것이다.

주님은 군중의 비웃고 희롱하며 비방하는 말에는 아무런 반응도 보이지 않고 모른 척하셨다. 대제사장들이 "지금 십자가에서 내려오라. 그리하면 믿겠노라" 하며 희롱해도 아무 말도 하지 않으셨다. 그러나 자기 죄를 뉘우치며 믿음으로 간구하는 이 강도의 간구는 주님의 마음을 사로잡았다. 이때 주님께서는 어두움의 세력들과 싸우고 계셨고, 또한 자기 백성들의 무서운 죄의 짐을 지시고 온몸으로 버티고 계셨다. 주님께서는 이처럼 개인적인 요청을 받아 주실 겨를이 없었을 것이다. 그러나 죄인이 언제 어디서 어떤 형편과 처지로 나아오더라도 결코 물리치시는 일이 없으셨던 주님께서는 이 강도의 간구에도 지체하지 않으시고 참으로 놀라운 은총과 평안을 끼치는 대답을 해주셨다. 그것이 무엇인가?

"내가 진실로 네게 이르노니 오늘 네가 나와 함께 낙원에 있으리라."

자기 죄를 회개하고 주님에 대한 믿음을 고백한 강도가 구원받게 된 이 일은, 그리스도는 죄인들을 구원하실 준비가 언제나 되어 있을 뿐 아니라, 그들을 구원하실 능력을 가지신 분임을 우리에게 말해 준다. 주 예수께서는 결코 연약한 구주가 아니시다. 그는 자기를 의지하여 나아오는 자를 구원하시되 끝까지 구원하실 수 있는 능력의 구주시다. 이 같은 사실이 주님이 십자가에서 이 강도의 요청에 응답하실 때만큼 두드러지게 나타난 적은 없다. 이때는 우리 주님께서 가장 '약하실'(고후 13:4) 때였다. 이 강도가 "예수여, 나를 생각하소서!"라고 외쳤을 때 주님은 저주받은 나무에 달려 고통 중에 죽어가고 있었다! 그러나 그때 그 자리에서도 주님께서는 여전히 그 강도의 영혼을 사망에서 구원하여 낙원으로 들어가게 하실 수 있는 능력을 소유하신 구세주이셨다!

예수께서 십자가에 달려 죽어가시던 상황에서도 죄인을 능히 구원하실 수 있었다면, 사망 권세를 깨뜨리고 무덤에서 부활하셔서 이제 다시는 죽지 않을, 그리고 죽을 필요도 없는 상황에서는 얼마나 더 많은 죄인을 구원하실 수 있겠는가?

죽어가던 그 강도가 구원받은 사건은, 주님께서 누구든지 자기에게 나아오는 자를 물리치지 아니하시고 기꺼이 받아 주시며, 또한 구원해 주실 수 있다는 사실을 보여 준다. 그리스도께서 회개한 강도마저 영접해 주셨다면, 우리는 '과연 주님께서 나 같은 죄인도 받아 주실까?' 하고 의심하거나 낙심할 필요가 전혀 없는 것이다. 또한 그 죽어가던 강도도 하나님의 은혜를 받을 수 있었다면, 하나님의 은혜의 초청에 응하지 못할 사람이 누가 있겠는가? 주님이 친히 "인자가 온 것은 잃어버린 자를 찾아 구원하려 함이니라"(눅 19:10)라고 말씀하셨는데, 이 말씀을 듣고도 주님 앞에 나오기를 망설이거나 어려워할 이유가 또 어디 있겠는가?

그리스도의 복음은 "모든 믿는 자에게 구원을 주시는 하나님의 능력"이 된다(롬 1:16). 그러므로 우리는 하나님의 능력을 제한해서는 안 된다. 사도 바울은 "미쁘다 모든 사람이 받을 만한 이 말이여 그리스도 예수께서 죄인을 구원하시려고 세상에 임하셨다 하였도다 죄인 중에 내가 괴수니라"(딤전 1:15)라고 말했다. 죄인의 괴수라 할지라도 이 구원받은 강도와 같이 예수를 구주로 믿기만 하면, 주님께서 그를 구원해 주실 것이다.

그렇다. 우리의 구주 예수 그리스도께서는 죄인을 구원하시려고 이 세상에 오셨다. 그리고 주님은 구원받은 행악자를 동반하시고 이 세상을 떠나 저 낙원으로 올라가셨다. 따라서 이 회개한 강도는 예수 그리스도께서 구속의 피를 흘리신 후 그 현장에서 첫 번째로 구원받은 구원의 '첫 열매'가 된 것이다. 할렐루야!

3) 세 번째 말씀: "예수께서 자기의 어머니와 사랑하시는 제자가 곁에 서 있는 것을 보시고 자기 어머니께 말씀하시되 여자여 보소서 아들이니이다 하시고 또 그 제자에게 이르시되 보라 네 어머니라 하신대 그때부터 그 제자가 자기 집에 모시니라"(요 19:26-27)

"예수의 십자가 곁에는 그 어머니와 이모와 글로바의 아내 마리아와 막달라 마리아가 섰는지라"(요 19:25).

마리아는 자기가 낳아 기른 아들이 십자가에 못 박혀 죽어가는 골고다 언덕에 서서 그 모습을 바라보며 깊은 슬픔에 잠겨 있었다. 마리아는 33년 전 천사 가브리엘이 찾아와 "은혜를 받은 자여, 평안할지어다. 주께서 너와 함께하시도다"라고 말했을 때, 깜짝 놀라 "이런 인사가 어찌함인가!"라고 대답했다. 사실 마리아가 예수의 수태고지를 받았을 때, 이미 여기에는 장차 닥쳐올 수많은 괴로움과 슬픔이 암시되어 있었다. 천사가 마리아에게 "무서워하지 말라 네가 하나님께 은혜를 입었느니라 보라 네가 잉태하여 아들을 낳으리니 그 이름을 예수라 하라 그가 큰 자가 되고 지극히 높으신 이의 아들이라 일컬어질 것이요 주 하나님께서 그 조상 다윗의 왕위를 그에게 주시리니 영원히 야곱의 집을 왕으로 다스리실 것이며 그 나라가 무궁하리라"(눅 1:30-33)라고 말하자 마리아는 "나는 남자를 알지 못하니 어찌 이 일이 있으리이까?"라고 반문했다. 그때 천사는 "성령이 네게 임하시고 지극히 높으신 이의 능력이 너를 덮으시리니 이러므로 나실 바 거룩한 이는 하나님의 아들이라 일컬어지리라"(눅 1:35)라고 대답했다. 얼른 생각해 보아도, 이처럼 신비스럽고 이제까지 들어보지도 못했던 방법으로 자신이 하나님의 아들을 낳게 된다는 것은 결코 사소한 일이 아니다. 그 일이 먼 훗날에 큰 영광이 될 것은 틀림없겠지만, 지금 당장은 사람들 사이에서 나쁜 평판이 나돌게 될 것이며, 따라서 당시 법에 따라 돌에 맞아 죽게 될 위험도 컸다.

사실 이 일은 마리아의 신상에 적지 않은 시련을 가져오게 될 것이 분명했다. 그럼에도 "주의 여종이오니 말씀대로 내게 이루어지이다"(눅 1:38)라고 말하며, 하나님의 뜻에 조용히 믿음으로 순종한 마리아의 태도는 참으로 훌륭한 것으로 우리가 마땅히 본받아야 할 자세다.

그 후 마리아의 생애는 어떠했는가? 아이를 낳을 사관의 방이 없어서 마구간에서 몸을 풀어야 했고, 갓 태어난 아기를 말구유에 뉘어야 했을 때 그의 심정은 어떠했겠는가? 헤롯 왕이 그 아이의 목숨을 빼앗으려 했을 때는 얼마나 번민했을 것이며, 헤롯을 피해 낯선 애굽 땅에 피신하여 수년간 지내야만 했을 때는 또 얼마나 괴로웠겠는가! 그런데 그 사랑하는 아들이 지금 사람들에게 멸시와 배척을 당하고, 동족에게 미움을 받아 십자가에 처형당하는 것을 보면서 마리아의 가슴이 얼마나 미어지듯 아프고 비애로 가득했겠는가! 그리스도께서 슬픔의 사람이었다면, 마리아는 슬픔의 여인이 아니었겠는가?

① 여기서 우리는 시므온의 예언이 성취된 것을 보게 된다

모세의 법대로 결례의 날이 찼을 때, 요셉과 가리아는 아기 예수를 데리고 그를 하나님께 봉헌하기 위해 예루살렘 성전에 갔다. 그때 예루살렘에 시므온이라는 의롭고 경건한 사람이 있었는데, 마침 부모가 아기 예수를 데리고 오자, 그는 그 아이를 자기 품에 안고 하나님을 찬송하며 "주재여 이제는 말씀하신 대로 종을 평안히 놓아 주시는도다 내 눈이 주의 구원을 보았사오니 이는 만민 앞에 예비하신 것이요 이방을 비추는 빛이요 주의 백성 이스라엘의 영광이니이다"(눅 2:29-32)라고 말했다. 그러고는 그 모친 마리아에게 "보라 이는 이스라엘 중 많은 사람을 패하거나 흥하게 하며 비방을 받는 표적이 되기 위하여 세움을 받았고 또 칼이 네 마음을 찌르듯 하리니 이는 여러 사람의 마음의 생각을 드러내려 함이니라"(눅 2:34-35)라고 말했다. 사실 이 말은 좀 이해하기 어려운 이상한 말이다.

마리아가 받은바 그 특별한 은혜 중 가장 큰 은혜가 그에게 모든 슬픔 중 가장 큰 슬픔을 안겨다 준다니! 당시 시므온의 말은 마리아에게 맞지 않는 말로 들렸을 것이다. 그러나 그 말이 얼마나 진실하

게, 그리고 얼마나 비극적으로 이루어졌는가!

　예수의 유년과 소년 시절 이후로 그의 공생애 기간에는 마리아에 관한 기사를 성경에서 거의 찾아볼 수 없다. 그러나 이제 그 아들의 고뇌가 절정에 이르렀을 때, 세상이 그 태의 열매를 세상 밖으로 쫓아내려는 순간에 마리아는 아들의 십자가 곁에 나타나 그 자리를 지키고 있다. 이 어머니의 심정과 그 마음의 고통을 누가 알겠는가! 그 어머니의 심령을 찌른 그 칼, 그 가슴을 조각조각 도려낸 그 칼은 어떤 것이었는가? 세상의 어떤 어머니가 아들을 낳아놓고 "칼이 네 마음을 찌르듯 하리라"라는 말을 들어보았겠는가? 사랑하는 아들이 아무리 비인간적인 죽임을 당한다 해도, 아무 잘못도 없이 십자가에 달려 죽어가는 아들의 모습을 보게 된 이 어머니보다 슬픈 어머니가 있겠는가?

　이 어머니는 사랑하는 아들이 잔인한 가시관에 무참히 찔려 그 이마에서 피가 흐르는 것을 보면서도 그것을 닦아 줄 수 없었다. 이 어머니는 아들의 두 손과 발이 큰 대못에 박혀 핏방울이 떨어지고 퉁퉁 부어오른 것을 보면서도 아무런 손을 쓸 수가 없었다. 이 어머니는 아들이 몹시 목말라하는 것을 눈앞에서 보고 있으면서도 그 타는 목을 축여 줄 수가 없었다. 이 어머니는 시므온의 예언처럼 그 가슴을 도려내는 처절한 고통을 당하고 있었다.

　② 여기서 우리는 효도의 완전한 모본을 보게 된다

　예수께서는 요한복음 4장 34절에서, "나의 양식은 나를 보내신 이의 뜻을 행하며 그의 일을 온전히 이루는 이것이니라"라고 말씀하셨다. 주님은 이 땅에 계시는 동안 언제나 하나님의 뜻을 행하며 온전히 그 뜻을 이루기 위해 사셨다. 그리고 우리에게도 하나님의 뜻이 하늘에서 온전히 이루어진 것처럼 이 땅 위에서도 이루어지도록 기도하며, 그렇게 살 것을 당부하셨다(마 6:9-10). 주님은 아버지 하나님께서 자신을 이 땅에 보내신 사역을 온전히 수행하심으로써 중보자로서 자신의 완전성을 입증하셨다. 그리고 주님은 이제 그 고통의 십자가에서 모친을 염려하고 걱정하시며, 자기 대신 모친을 돌보도록 사랑하는 제자에게 부탁하는 효성스러운 모습을 보여 주고 있다.

마태복음 15장을 보면, 바리새인들과 서기관들이 어느 날 예수께 나아와 "어찌하여 당신의 제자들이 떡 먹을 때 손을 씻지 않느냐"고 힐문했다. 그때 예수께서는 "너희는 어찌하여 너희 유전으로 하나님의 계명을 범하느냐?"라고 반문하시며, "하나님이 이르셨으되 네 부모를 공경하라 하시고 또 아버지나 어머니를 비방하는 자는 반드시 죽임을 당하리라 하셨거늘 너희는 이르되 누구든지 아버지에게나 어머니에게 말하기를 내가 드려 유익하게 할 것이 하나님께 드림이 되었다고 하기만 하면 그 부모를 공경할 것이 없다 하여 너희의 전통으로 하나님의 말씀을 폐하는도다"(마 15:4-6)라고 하시며 책망하셨다.

성경은 "자녀들아 주 안에서 너희 부모에게 순종하라 이것이 옳으니라 네 아버지와 어머니를 공경하라 이것은 약속이 있는 첫 계명이니 이로써 네가 잘되고 땅에서 장수하리라"(엡 6:1-3)라고 말씀한다. 여기서 부모를 '공경'할 것을 가르치는 자녀들에 대한 계명은 단순히 부모에게 '순종'할 것만을 요구하지 않는다. 이 계명은 사랑과 애정과 감사와 존경에 대한 명령을 함축하고 있다.

주님께서 그의 모친에게 하신 말씀 중에 우리가 한번쯤 생각해 봐야 할 것이 있다. 그것은 주님이 모친 마리아를 부르실 때 사용하신 '여자여'(헬라어 '구나이' γύναι)라는 호칭이다. 사복음서 전체를 통틀어 주님은 마리아를 '어머니'라고 부르신 적이 간 한 번도 없다. 현대를 사는 우리로서는 그 이유가 무엇이었는지를 알아내는 일은 그리 어렵지 않을 것이다. 그것은 주님께서 전지전능하신 지혜로 수세기 앞을 내다보셨기 때문이다. 우리는 지나온 교회 역사의 발자취를 더듬어 볼 때, 오직 그의 아들에게만 돌려야 할 존귀와 영광을 마리아에게 돌리며, 또한 마리아를 '하나님의 어머니'로 경배한 우상 숭배자들의 무리를 발견하게 된다. 오늘날에도 이러한 있어서는 안 되는 끔찍한 마리아 숭배가 자행되고 있다. 주 예수 그리스도는 이러한 일을 미리 내다보시고, 이 어리석은 일을 막기 위하여 '어머니' 대신에 '구나이' 즉 '여자여'라는 호칭을 사용하신 것이다.

복음서 두 곳에서 우리는 주님이 마리아를 '여자여'로 부르신 것을 볼 수 있는데, 두 번 다 요한복음에서 발견되고 있다는 사실은 이미 잘 알려진 바와 같이 사도 요한은 주님의 신성을 강조하고 있기 때문이다. 공관복음의 저자들은 구주 예수를 인간적인 관계에서 진술하고 있으나, 제4복음서 저자는 그렇지 않다. 요한복음은 그리스도를 모든 인간 위에 뛰어나신 하나님의 아들로 묘사하고 있으며, 여기서 예수께서 마리아를 '여자여'로 부르신 것으로 기록한 것은 그 사실과 완전한 조화를 이룬다. 주님이 십자가 위에서 그 모친 마리아를 사랑하시는 제자에게 부탁하신 일은, 그 모친이 과부가 된 상태였다는 사실에 비추어 볼 때 더 잘 이해가 된다. 복음서들은 요셉의 죽음을 기록하고 있지 않지만, 그가 예수께서 공생애를 시작하시기 얼마 전에 죽었다는 사실에는 거의 의심의 여지가 없다. 그리스도께서 12세 되던 해의 사건을 말해 주는 누가복음 2장의 기록 이후로는 마리아의 남편에 관한 구절이 전혀 나타나지 않는다. 요한복음 2장의 갈릴리 가나의 혼인 잔칫집에서도 마리아는 등장하나 그 남편이 그 잔치에 참석했다는 암시는 전혀 보이지 않는다. 그렇다면 더는 주님께서 모친을 집에 모시고 돌보아 드릴 수가 없는 때가 이르렀기 때문에, 과부가 된 모친을 그의 사랑하는 제자에게 부탁하신 것이다.

이것을 우리에게 적용해 보자. 우리는 지금 부모님을 어떻게 대하고 있는가? 진실로 부모를 공경하고 있는가? 십자가에서 보여 주신 주님의 이 모범이 우리를 부끄럽게 만들고 있지는 않은가? 우리는 아직 젊고 혈기왕성하나 우리의 부모는 머리가 하얗게 세고, 기력이 쇠약해 있을지도 모른다. 그러나 성경은 "너를 낳은 아비에게 청종하고 네 늙은 어미를 경히 여기지 말지니라"(잠 23:22)라고 말씀한다. 우리는 부모 보살피는 일을 게을리하지 말아야 할 것이다.

③ 여기서 우리는 영적인 일로 인하여 육신적인 관계의 책임을 무시해서는 안 된다는 사실을 배우게 된다

예수께서는 죄인들의 구주로서 십자가에 달려 죽어가고 계셨다. 지금 주님은 이 세상이 영원토록 증거할 가장 중요하고 위대한 일에 관여하고 계셨다. 즉, 하나님의 공의를 충족시키기 위하여 자신을 죄인들의 죄에 대한 희생물로 드리는 순간에 계셨다. 주님은 세상이 저지른 죄악, 인류가 범한 죄악을 대신하여 형벌을 당하고 계셨다. 이 대속의 순간은 모든 세대가 오래도록 기다려오던 것이다. 바로 이 일을 위하여 영원한 말씀이 육신을 입으시고 이 세상에 오신 것이다.

그러나 주님은 이러한 신령하고 위대한 사역 때문에 육신적인 일에 대한 책임을 소홀히 하거나 회피하거나 무시하지 않으셨다. 즉, 주님께서는 육신의 모친의 뒷일을 모른 척하거나 내버려두지 않으셨다. 그러므로 여기서 오늘날 우리가 마음속 깊이 명심해야 할 교훈이 있다. 우리가 아무리 중요한 임무나 중대한 일을 수행 중이라 할지라도, 그것으로 인하여 우리에게 딸린 육신적인 가족을 돌보는 책임을 소홀히 하는 것은 결코 용납될 수 없다는 것이다. 제아무리 신앙적인 집회에 열심히 참석하고, 가난한 사람을 돌보고 불쌍한 이

옷을 보살피는 등 좋은 일을 많이 한다 할지라도, 가정주부가 집안 일과 자녀들을 내팽개치고 대부분의 시간을 집 밖에서 보내는 것은 오히려 그리스도의 이름을 욕되게 하는 일이다. 아무리 그리스도의 사업에 앞장서서 열심히 가르치고 설교하더라도, 그 일에만 전념하고 가족을 전혀 보살피지 못한다면, 그 역시 여기 십자가에서 친히 보여 주신 주님의 완전하신 모범에 나타난 원리와 교훈을 배워서 실천해야 할 필요가 있는 사람이다.

주님께서는 지금 고난의 십자가에서 역사상 가장 위대하고 능력 있는 일을 행하고 계셨다. 주님께서는 이 일을 행하심으로 이 세상을 떠나시게 될 텐데도 뒤에 남게 되는 모친 마리아의 장래를 그의 제자에게 부탁하고 맡기신 것이다.

> "예수께서 자기의 어머니와 사랑하시는 제자가 곁에 서 있는 것을 보시고 자기 어머니께 말씀하시되 여자여 보소서 아들이니이다 하시고 또 그 제자에게 이르시되 보라 네 어머니라 하신대 그때부터 그 제자가 자기 집에 모시니라"(요 19:26-27).

이렇게 주님께서는 나사렛에 계실 때 모친을 돌보셨던 것처럼, 그가 떠나신 후에도 그의 사랑하는 제자로 자신의 모친을 돌보도록 부탁하셨다. 이처럼 주님은 하나님 아버지의 뜻을 온전히 이루어 드리셨을 뿐 아니라, 참된 인간의 도리와 의무까지도 모두 이행하셨다.

4) 네 번째 말씀: "제육시로부터 온 땅에 어둠이 임하여 제구시까지 계속되더니 제구시쯤에 예수께서 크게 소리 질러 이르시되 엘리 엘리 라마 사박다니 하시니 이는 곧 나의 하나님, 나의 하나님, 어찌하여 나를 버리셨나이까 하는 뜻이라"(마 27:45-46).

주님이 십자가상에서 하신 네 번째 말씀은, 고뇌와 비애에서 비롯된 절규의 말씀이자 깜짝 놀랄 만한 중요한 의미가 함축된 말씀이다. 참으로 이 말씀은 깊은 신비에 싸여 있다. 그렇지만 이 신비로운 말씀의 의미를 이해할 수 있도록 하나님께서는 성경에 그 의미를 계시해 놓으셨다. 성경은 이 고뇌와 비애의 말씀이 하나님의 '사랑'을 온전히 나타내 주며, 또한 하나님의 영원불변한 '공의'를 가장 엄숙하게 나타내 주고 있다고 말한다. 이제 우리가 주님께서 십자가에서 죽어가시면서 네 번째로 하신 이 말씀의 뜻을 깨닫게 된다면, 우리는 그 모든 생각이 자연히 주님께 집중될 것이며, 우리의 온 마음은 자기도 모르는 사이에 숙연해질 수밖에 없을 것이다.

"나의 하나님, 나의 하나님, 어찌하여 나를 버리셨나이까."

① 여기서 우리는 죄의 두려움과 그 죗값의 성격을 보게 된다.

주님이 지신 십자가에서 우리는 죄의 극악성뿐 아니라, 가공할 만한 죗값의 성격을 보게 된다. 로마서 6장 23절에서 "죄의 삯은 사망이요"라고 말씀하신 대로, 사망은 죄의 삯이다. 로마서 5장 12절에서는 "그러므로 한 사람으로 말미암아 죄가 세상에 들어오고 죄로 말미암아 사망이 들어왔나니 이와 같이 모든 사람이 죄를 지었으므로 사망이 모든 사람에게 이르렀느니라"라고 말한다.

만일 세상에 죄가 들어오지 않았다면 사망도 없었을 것이다. 그렇다면 사망이란 무엇인가? 그것은 인간의 코에서 마지막 호흡이 끊어지고 육신의 동작이 멈춰지는 것을 뜻하는가? 그것은 심장이 멎은 후 피가 돌지 않아 얼굴이 무섭도록 창백해지고 눈망울이 초점을 잃게 되는 상태를 말하는가? 그렇다. 죽음은 그러한 현상으로 나타난다. 하지만 죽음이란 단순히 그것만으로 끝나는 것이 아니라,

그보다 훨씬 많은 문제를 포함하고 있다. 죽음이란 말에는 육체적인 파멸보다 훨씬 더 참혹하고 비극적인 무언가가 포함되어 있다. 죄의 삯은 영적인 사망이다. 죄는 인간을 모든 생명의 근원이 되시는 하나님과 분리한다. 이 같은 사실은 에덴동산에서 분명히 확인할 수 있다. 타락하기 전에 아담은 그를 지으신 하나님과 긴밀한 교제를 나누었다. 그러나 세상에 죄가 처음 들어온 날, 우리의 시조 아담과 하와는 더는 이전처럼 하나님과 친밀한 교제를 나눌 수 없게 되었다.

하나님이 그들을 방문하셨을 때, 그들은 하나님을 두려워했으며, 나무 뒤에 몸을 숨겼다. 범죄한 그들은 이제 더는 빛 되신 하나님과 교제를 나눌 수 없었고, 대신 하나님에 대한 두려움과 함께 그에게서 멀어지고 말았다. 지성소와 성소 사이를 가로막고 있는 휘장은 범죄한 죄인과 하나님 사이가 분리되어 있다는 엄숙한 사실을 증거해 주었다.

죄의 삯은 사망이다. 이 사망은 육체적인 사망만이 아니라 영적인 사망도 포함하며, 단순히 자연적 사망이 아니라 본질적으로 형벌적인 사망이다. 육체적인 사망이란 무엇인가? 그것은 육체로부터 영혼이 분리되는 것을 의미한다. 그렇다면 영적 사망은 무엇인가? 그것은 하나님으로부터 우리의 영혼이 단절되는 것을 의미한다.

디모데전서 5장 6절은 "향락을 좋아하는 자는 살았으나 죽었느니라"라고 말한다. 잃은 아들을 되찾은 아버지의 비유가 '사망'이라는 말의 의미를 잘 설명해 준다. 집을 떠난 아들이 돌아왔을 때, 그의 아버지는 "이 내 아들은 죽었다가 다시 살아났으며 내가 잃었다가 다시 얻었노라"(눅 15:24)라고 말했다. 그가 먼 나라에 가서 허랑방탕하며 지내는 동안 그가 존재하지 않았거나, 육체적으로 죽어 있었던 것은 아니다. 그의 아버지가 이렇게 말한 의미는, 아들이 육체적으로 죽었던 것이 아니라, 영적으로 죽어 있어 그가 먼 나라에 가 있는 동안에는 서로 간의 교제가 단절되고, 완전히 타인처럼 되었다는 말이다.

이제 주님께서는 십자가에서 그의 백성이 받아야 할 죄의 값을 대신 받고 계셨다. 주님 자신은 전혀 죄가 없으신 분이시다. 하나님의 거룩하신 자이기 때문이다. 그러나 성경이 말한 대로, 친히 나무에 달려 그 몸으로 우리 죄를 담당하셨다(벧전 2:24). 그는 우리를 대신하여 죽으셨으며, 불의한 자들을 위하여 대신 고난을 당하신 것이다. 주님은 우리가 평화를 누리도록 하기 위하여 징계를 대신 받으셨고, 우리를 살리시기 위하여 우리가 마땅히 받아야 할 죄의 삯 곧 사망을 대신 걸머지셨다. 주께서 우리 대신 당하신 죽음은 우리가 앞서 살펴본 것과 같이 단순히 육신적인 죽음만이 아니라, 영적인 죽음까지도 포함한다. 이 죽음은 하나님과 단절된 상태를 뜻한다. 그래서 주님은 큰소리로 "나의 하나님, 나의 하나님, 어찌하여 나를 버리셨나이까"라고 외치신 것이다. 이같이 주님은 십자가에서 바로 죄인을 대신하여 이 사망을 맛보신 것이다.

② 여기서 우리는 하나님의 절대적인 신성과 영구불변한 그의 공의를 본다.

갈보리의 비극은 적어도 네 가지 서로 다른 관점에서 보아야만 한다.

a. 십자가에서 인간은 자신의 할 일을 행했다. 인간은 완전하시고 거룩하신 분을 정죄하고, '사악한 손'으로 십자가에 못 박아 죽임으로 인간의 타락한 본성을 그대로 드러냈다.

b. 십자가에서 사탄도 자기 할 일을 행했다. 사탄은 십자가에서 '여자의 후손'의 발뒤꿈치를 상하게 하여(창 3:15), 하나님에 대한 완강하고 사악한 증오를 드러냈다.

c. 십자가에서 우리 주님께서도 할 일을 행하셨다. 주님은 우리를

하나님께로 데려가시기 위하여 불의한 자들을 대신하여 의로우신 자로서 대속의 죽음을 당하셨다.

　d. 십자가에서 하나님께서도 자신의 할 일을 행하셨다. 하나님께서는 우리를 대신하여 죄악의 짐을 지고 있는 자기 아들에게 그의 진노를 쏟으심으로써, 하나님의 절대적인 신성과 영구불변한 그의 공의를 남김없이 나타내셨다.

　거룩하신 하나님께서 그 아들 예수 그리스도를 버려 그에게서 얼굴을 돌리시고, 그의 부르짖음에 아무런 대꾸도 하지 않으신 것은, 그리스도께서 우리의 죄를 담당하고 죄인들을 대표하는 자로 거기 계셨기 때문이었다. 하나님께서는 우리의 모든 불의와 죄악을 그리스도에게 담당시키고, 우리가 받아야 할 진노를 그에게 대신 쏟으셨다. 그렇기에 십자가에서, 오직 주님이 지신 그 십자가에서 우리는 말로 다 표현할 수 없는 죄의 사악성과 그 죄를 벌하시는 하나님의 공의를 보는 것이다.

　옛 세상이 노아의 홍수 때 물로 심판을 당하지 않았는가? 소돔과 고모라가 유황불로 멸망하지 않았는가? 애굽에 열 가지나 되는 재앙이 임하고 바로와 그 군대가 홍해에 수장되지 않았는가? 우리는 이러한 역사적 사건들에서 죄의 결과가 무엇이며, 하나님께서 죄를 얼마나 미워하시는지를 잘 볼 수 있다. 그러나 저 골고다 언덕 위의 하나님께 버림받으신 그리스도의 십자가에서는, 그 어떤 곳에서보다도 더욱 뚜렷하게 그 사실을 볼 수가 있는 것이다. 그곳 십자가에 매달려 있는 분은 하나님이 사랑하시는 독생자이시다. 그는 그때 하나님의 공의의 검으로 내려침을 당하고, 하나님의 죄에 대한 심판의 채찍으로 매를 맞고 계셨고, 죽음의 고난을 당하고 계셨다. 하나님께서는 그의 독생자일지라도 아끼지 아니하시고, 죄인을 대신하여 그 십자가의 고난을 당하게 하셨다. 그리하여 저 갈보리 언덕 위에 세워진 그리스도의 십자가에서 하나님의 공의가 충족되었고, 하나님의 거룩하심이 여실히 입증된 것이다.

③ 여기서 우리는 하나님의 놀라운 사랑을 깨닫게 된다

하나님은 거룩하신 분이시다. 그러므로 그는 죄를 차마 보지 못하신다. 하나님은 의로우신 분이시다. 그러므로 죄를 공의롭게 심판하신다. 그러나 성경이 우리에게 계시해 주신 하나님은 또한 사랑의 하나님이시다. 그 하나님은 자비를 기뻐하신다. 그러므로 하나님께서는 그 무한하신 지혜로 자신의 공의를 만족시키심과 동시에, 죄인들에게 값없이 자비를 베푸실 수 있는 길을 고안해 내셨다. 이것은 곧 의로운 자가 불의한 자를 대신하여 고난을 당하는 바로 대속의 길이었다. 그런데 이 세상에는 성경이 말한 대로, 의인이 한 사람도 없다(롬 3:10-12). 그래서 이 세상을 사랑하시는 하나님은 그의 독생자를 선택하여 속건 제물로 삼으셨다. 오직 그분만이 죄에 대한 하나님의 진노를 감당하실 수 있고, 승리하실 수 있으며, 오직 그분만이 율법의 저주를 감당하고 그 율법의 요구를 만족시킬 수 있으며, 오직 그분만이 사탄에게 발꿈치를 상하고서도 오히려 그 사탄의 머리를 상하게 하시고 사망의 권세를 깨뜨리실 수 있기 때문이다. 하나님이 자기의 독생자를 십자가에 내어주신 것은 그 이유만은 아니었다. 그것은 하나님이 죄악으로 물든 이 세상을 사랑하셨기 때문이다. 그리고 하나님은 자기의 독생자를 십자가에 내어주시기까지 사랑하셨다(요 3:16).

이 얼마나 놀라운 사랑인가! 이에 하나님께서 인간을 타락하도록 유혹한 사탄에게, "내가 너로 여자와 원수가 되게 하고 네 후손도 여자의 후손과 원수가 되게 하리니 여자의 후손은 네 머리를 상하게 할 것이요 너는 그의 발꿈치를 상하게 할 것이니라"(창 3:15)라고 말씀하셨고, 사도 요한은 "하나님이 세상을 이처럼 사랑하사 독생자를 주셨으니 이는 그를 믿는 자마다 멸망하지 않고 영생을 얻게 하려 하심이라"(요 3:16)라고 말했다.

십자가에서 우리의 모든 불의는 그리스도에게 옮겨졌다. 그래서 하나님의 심판이 그에게 남김없이 임했다. 죄책의 제거 없이는 죄의 제거가 있을 수 없다. 그래서 죄와 죄책이 모두 다 예수 그리스도에게 전가(轉嫁)되었고, 예수는 그의 대속의 피로 하나님과 원수 된 이 세상 죄인들에게 화목의 길을 활짝 열어 놓으신 것이다. 사도 바울은 갈라디아서 2장 20절에서, 그리스도를 믿는 자들을 위한 십자가의 의미를 이렇게 해석했다.

> "내가 그리스도와 함께 십자가에 못 박혔나니 그런즉 이제는 내가 사는 것이 아니요 오직 내 안에 그리스도께서 사시는 것이라 이제 내가 육체 가운데 사는 것은 나를 사랑하사 나를 위하여 자기 자신을 버리신 하나님의 아들을 믿는 믿음 안에서 사는 것이라."

그리스도는 우리의 구속자시다. 하나님께서는 예수 믿는 우리를 그리스도 곧 우리의 구주와 하나로 보신다. 그러므로 예수의 죽음은 곧 나의 죽음인 것이다. 이에 선지자 이사야가 "그가 찔림은 우리의 허물 때문이요 그가 상함은 우리의 죄악 때문이라"(사 53:5)라고 예언했던 것이다.

④ 여기서 우리는 불신자들의 최후가 어떻게 될 것인지 깨닫게 된다

"나의 하나님, 나의 하나님, 어찌하여 나를 버리셨나이까." 주님의 이 절규는 구원받지 못한 모든 잃어버린 영혼, 곧 하나님께 버림

받은 영혼들의 최후 형편을 예언해 주고 있다. 어떤 사람들은 "하나님은 모든 사람을 사랑하시며 너무나 자비가 많으셔서, 그가 말씀하신 모든 심판의 경고를 그대로 시행하지 않으신다"고 말한다. 이것은 옛날 옛적에 뱀이 아담의 아내 하와를 유혹하던 말과 같다.

하나님께서는 분명히 말씀하시기를, "네가 먹는 날에는 반드시 죽으리라"(창 2:17)고 하셨다. 그러나 뱀은 "너희가 결코 죽지 아니하리라"(창 3:4)라며 그들을 속였다. 누구의 말이 옳았는가? 마귀의 말은 옳지 않았다. 그는 처음부터 거짓말하는 자였다. 하나님의 경고는 그대로 시행되었다. 우리의 시조는 하나님의 명령을 거역했던 그날, 영적으로 정녕 죽고 말았다. 장차 올 날에도 이와 같이 하나님의 심판에 대한 경고는 그대로 어김없이 시행될 것이다.

그렇다면 그리스도의 이 절규가 죄에 대한 하나님의 증오를 어떻게 증거하고 있는가? 하나님은 거룩하시고 의로우신 분이시기 때문에, 그 죄가 어디서 그리고 누구에게서 발견되든지 그 죄를 심판하지 않을 수 없다. 하나님께서 그 죄를 독생자 그리스도에게 지우셨을 때, 그토록 사랑하시는 그마저 아끼지 않으셨는데, 구원의 복음을 계속 거절하고 자기 죄를 지고 있다면, 장차 그리스도의 백 보좌 심판대 앞에 서게 될 때, 과연 하나님께서 그 사람을 아끼시리라는 소망이 있겠는가?

하나님께서 자기 백성의 보증이요 대속자(代贖者)로서 십자가에 달리신 그리스도에게도 그의 진노를 남김없이 다 쏟으셨는데, 만일 어떤 사람이 계속하여 사죄의 복음을 거절하고, 그리스도의 피의 공로를 불신하며 주님을 거절하다 죽게 된다면, 그야말로 가차 없이 하나님의 진노가 임할 것은 자명한 일이다. 이에 요한복음 3장 36절은 "아들을 믿는 자에게는 영생이 있고 아들에게 순종하지 아니하는 자는 영생을 보지 못하고 도리어 하나님의 진노가 그 위에 머물러 있느니라"라고 분명히 말씀하고 있다. 하나님께서는 그의 독생자라도 죄인의 자리에 대신하여 서셨을 때는 아끼지 않으셨다. 하물며 하나님께서 자신이 이 세상에 보내신 구주 예수를 거절하는 자를 아끼시겠는가?

그리스도께서는 세 시간 동안이나 하나님과 격리되어 있으셨다. 만일 우리가 예수 그리스도를 개인의 구주로 영접하여 들이기를 끝내 거절한다면, 우리는 하나님과 영원히 격리될 것이다. 데살로니가후서 1장 9절은 "이런 자들은 주의 얼굴과 그의 힘의 영광을 떠나 영원한 멸망의 형벌을 받으리로다"라고 말씀하고 있다.

그러므로 자기의 사랑하는 외아들일지라도, 그가 자기 백성의 죄를 걸머지고 대속의 십자가에 달려 있을 때, 그를 외면하고 버리셨던 공의의 하나님으로부터 진노의 심판을 받을 수밖에 없었던 우리에게, 독생자 예수를 보내 주신 성부 하나님께 감사와 찬양을 드리자! 우리를 위해 대속의 십자가를 지심으로 우리의 죄를 구속하시고, 우리를 하나님의 자녀가 되게 하신 성자 예수께 감사와 찬양을 드리자! 우리를 불러 예수 믿게 하시고, 늘 진리 안에서 살도록 우리를 보호해 주시고 인도해 주시는 성령 하나님께 우리 모두 찬송과 영광과 감사를 드리자!

5) 다섯 번째 말씀: "그 후에 예수께서 모든 일이 이미 이루어진 줄 아시고 성경을 응하게 하려 하사 이르시되 내가 목마르다 하시니"(요 19:28).

"내가 목마르다"라는 말씀은 주님께 십자가에서 다섯 번째로 하신 말씀으로 주님이 운명하시기 조금 전에 하신 말씀이다. 이는 요한복음에만 기록되어 있는 말씀으로, 그리스도의 인성을 입증해 주고 있을 뿐 아니라, 그의 영광스러운 신성도 나타내 주고 있다. "내가 목마르다."

① 여기서 우리는 그리스도의 인성에 대한 확실한 증거를 본다

주 예수 그리스도는 참 하나님이며, 참사람으로 이 세상에 오셨다. 이는 예수 그리스도는 하나님 같은 인간이나, 인간화된 하나님이 아니었다는 말이다. 그는 하나님인 동시에 사람이셨다. 하나님의 사랑하시는 자가 육신의 몸을 입고 인간이 되셨을 때, 그는 비록 세상이 창조되기 전부터 아버지와 함께 가지셨던 영광을 버리셨으나, 그렇다고 그가 하나님의 신분을 포기하셨거나 신의 속성들을 버리신 것은 아니었다. 주님은 모든 신적 속성을 그대로 유지하시면서, 다만 그 위에 그가 이전에 소유하지 않았던 인성(人性)을 덧입으신 것이다. 그러나 그리스도께서 취하신 인성은 무흠하고 완전한 인성이었다. 구주 예수의 신성과 인성은 각기 메시아 예언에 잘 나타나 있다. 메시아에 대한 구약의 예언들은 장차 오실 자를 때로는 하나님으로, 때로는 인간으로 묘사했다. 즉, 그의 이름에 대해 "기묘자라, 모사라, 전능하신 하나님이라, 영존하시는 아버지라, 평강의 왕이라"(사 9:6)라고 예언되었고, 베들레헴 에브라다에서 나서 이스라엘을 다스리실 자의 근본은 "상고에, 영원에"라고 말하고 있다(미 5:2). 그런데 한편으로 그는 "여자의 후손"(창 3:15)으로 나셨고, 모세와 같은 선지자요(신 18:18), 다윗 혈통의 자손이었으며(삼하 7:12-13), 여호와의 종이셨다(사 42:1). 이 서로 다른 두 국면의 예언이 하나로 조화되고 일치됨을 우리는 신약 성경에서 보게 된다. 빌립보 2장 6-7절은 "그는 근본 하나님의 본체이시나 하나님과 동등됨을 취할 것으로 여기지 아니하시고 오히려 자기를 비어 종의 형체를 가져 사람들과 같이 되셨고"라고 말하고 있다.

베들레헴에 어린 아기의 모습으로 태어나신 그분은 '임마누엘'('하나님이 우리와 함께 계시다'라는 뜻의 히브리어)이셨다. 그는 단순히 하나님의 현현에 그치신 것이 아니라 육신의 몸을 입고 태어나신, 즉 성육신하신 하나님이셨다. 그래서 그는 하나님의 아들인 동시에 사람의 아들이셨다. 둘로 분리된 인격체가 아니라 두 성품, 즉 신성(神性)과 인성(人性)을 함께 소유하신 한 인격체인 것이다. 그는 이 세상에 갓난아이로 태어나 "강보에 싸여 구유에"(눅 2:7) 누이셨다. 그의 소년 시절에 관하여 누가는 "예수는 지혜와 키가 자라가며 하나님과 사람에게 더욱 사랑스러워 가시더라"(눅 2:52)라고 기록했다. 성인이 되었을 때, 그는 때로는 피곤해하시고(요 4:6), 주리시고(마 4:2), 주무시고(막 4:38), 눈물을 흘리시고(요 11:35), 기도하시고(막 1:35), 기뻐하시고(눅 10:21), 심령이 통분히 여기시고 민망히 여기셨다(요 11:33). 그리고 지금 주님은 목마르다고 하신 것이다. 이 모든 것은 주님의 인성을 증거해 주고 있다.

② 여기서 우리는 그리스도께서 당하신 고통의 심도를 보게 된다

주님은 십자가를 지시기 전날 밤에 제자들과 함께 예루살렘의 한 다락방에서 성찬예식을 제정하시고, 제자들에게 긴 유월절 설교를 하셨다. 그리고 겟세마네 동산에 가셔서 극심한 고뇌를 겪으며 기도하셨다. 이제 곧 마셔야 할 고난의 잔을 앞에 두고, 그는 땀방울만이 아닌 핏방울을 흘리며 기도하셨다. 그리고 배신자 유다가 인도한 로마 군병들에게 붙잡혀 온 밤을 가야바, 헤롯, 빌라도의 법정 등에 끌려다니며 재판을 받으셨고, 무서운 채찍에 맞아 상한 몸에서는 피가 흘렀다. 결국 주님은 십자가형을 언도 받고, 예루살렘 시내를 가로질러 골고다 언덕에 이르렀고, 군병들은 거기서 주님의 양팔과 두 발을 나무에 못 박았다. 못에 박힌 그의 손과 발에서, 군병들

이 조롱하기 위해 만든 가시 면류관이 씌워진 이마에서 피가 흘러 내렸다.

이렇게 주님은 세 시간 동안 십자가에 높이 달려 극심한 고통을 겪으셨다. 이 세 시간이 지난 뒤에는 세 시간의 어두움이 뒤따랐다. 한낮의 한밤중과 같은 이 어두움은 영원이 응축된 시간이었다. 주님께서는 이 모든 고난을 한마디 말씀도 없이 침묵 속에서 견뎌내셨다. 털 깎는 자 앞에 잠잠한 양처럼, 주님께서는 아무 말씀이 없으셨다.

그러나 지금 마지막 순간에 이르러, 전신이 고통으로 일그러지고 입술이 타들어 가게 되었을 때, 큰소리로 "내가 목마르다!" 하고 외치셨다. 이것은 동정을 구하시는 말씀이 아니었다. 또한 그의 고통을 경감시켜 주기를 구하시는 말씀도 아니었다. 그것은 주님께서 우리를 위하여 대신 당하고 계시는 그 고통의 심도를 나타내는 말씀이었다.

"내가 목마르다!" 이것은 우리가 일반적으로 느끼는 목마름의 정도가 아니라, 그보다 훨씬 더 심하게 목마르다는 표현이다. 주님께서 당하셨던 그 고통에는 보통의 육체적인 고통보다 더욱 큰 무언가가 있었다. 이 본문을 마태복음 27장 48절과 주의 깊게 비교해 보면, "내가 목마르다"라는 말씀이 우리 주님이 십자가에서 하신 일곱 말씀 중 네 번째 말씀, 곧 "엘리 엘리 라마 사박다니"(나의 하나님, 나의 하나님, 어찌하여 나를 버리셨나이까) 바로 다음에 하신 말씀임을 알 수 있다. 주님께서 세 시간 동안 계속된 어두움에서 이제 막 벗어난 것을 생각해 볼 때, 그동안 하나님께서 쏟으신 무서운 진노를 받으며, 그 진노에 따른 극심한 고통을 견디고 계시는 그의 사랑하시는 독생자에게서 하나님은 그의 얼굴을 완전히 돌리시고 외면하고 계셨던 것이다. 그렇다면 이 육체적인 고통의 절규는, 그가 이제 막 당하신 심령의 고통이 얼마나 가혹했는지를 우리에게 잘 말해 주는 것이다!

③ 여기서 우리는 주님께서 아버지의 뜻에 절대 복종하신 사실을 본다

주님께서는 진정 목마르셨다. 이처럼 목마르셨던 분은 사실 하늘과 땅의 모든 권세를 가지신 주님이셨다. 주님께서 만일 그의 전능하신 능력을 나타내기로 작정하셨다면, 그는 얼마든지 쉽게 자신의 필요를 만족시키실 수 있었을 것이다. 옛날 광야에서 이스라엘 백성을 소성시키기 위하여 반석에서 생수가 흘러나오게 하셨던 주님은 이때도 그의 원하시는 뜻대로 행하실 수 있었다. 심지어 그는 무에서 유를 창조하신 하나님이시다. 갈릴리 가나의 혼인 잔치 자리에서 한마디 말씀으로 물이 변하여 포도주가 되게 하신 주님은, 여기 십자가에서도 그의 능력의 말씀을 발하여 자신의 필요를 충족시키실 수 있었다. 그러나 주님께서는 자기 자신의 유익이나 위안을 위해서는 단 한 번도 이적을 행하신 일이 없으셨다. 사탄이 꾀어서 그 일을 행하도록 시험했을 때도 주님은 이를 단호히 거절하셨다(마 4:3-10).

그런데 왜 그때 그 순간에는 주님께서 그의 갈급한 요구를 충족시키려 하셨는가? 주님은 왜 타는 입술로 십자가에 매달려 계신 것인가? 그것은 다름이 아니라, 하나님의 뜻이 담겨 있는 성경에, 주님께서 목마르실 것과 그때 그가 신포도주를 받으실 것이 기록되어 있었기 때문이다. 우리 주님은 이러한 하나님의 뜻을 아셨다. 실로 주님은 하나님의 뜻을 행하기 위하여 이 땅에 오신 것이다. 그러므로 그는 그 하나님의 뜻에 그렇게 철저히 복종하신 것이다.

그랜트(F. W. Grant)는 "예수는 십자가에 달리심으로 인해 극심한 갈증을 겪게 되었다. 그러나 그것만으로는 그의 타는 입술을 움직여 말씀하시도록 하기에 족하지 못했다. 다만 기록된바 '저희가 쓸개

를 나의 식물로 주며 갈할 때에 초로 마시웠사오니'라고 하신 말씀이 주의 입술을 움직이게 했다"고 말했다. 그렇다면 여기서도 다른 경우와 같이 주님은 그가 성취하고자 하신 하나님의 뜻에 능동적이며 적극적으로 순종하신 것을 보여 주신 것이다. 그래서 주님은 단순히 "내가 목마르다"라고만 말씀하셨을 뿐이었으나, 그에게 신포도주가 제공되어 성경의 예언이 그대로 성취되었다. 주님께서는 이 얼마나 완전하게 아버지의 뜻을 이루는 일에 철저하셨는가!

이 사실을 우리에게 적용해 보자! 먼저 주님은 그 극심한 고통 중에서도 아버지 하나님의 뜻을 이루기를 기뻐하시고, 자신의 육체적 고통을 감내하며 아버지의 뜻에 따라 복종하셨다. 우리 그리스도인은 그리스도의 가신 길로 그의 모본을 따라 살아가는 자들이다. 그렇다면 지금 우리는 주님처럼 하나님의 뜻을 이루기를 기뻐하며, 그분의 뜻에 내 뜻을 복종시키며 살고 있는가? 우리도 주님처럼, "나의 원대로 마시옵고 아버지의 원대로 하옵소서"(막 14:36)라고 말할 수 있는 은혜를 간구하고 있는가? 하나님의 아들은 타는 목을 축일 냉수 한 모금 마시는 일조차 허락되지 않았다. 이것은 오늘 우리와 얼마나 다른가? 하나님께서는 시시때때로 우리의 갈하고 곤한 영혼을 촉촉이 적셔 주시는 갖가지 돕는 은혜를 우리에게 베풀어 주셨다. 그러함에도 우리는 얼마나 하나님께 감사할 줄 모르고 살아가는가?

하나님께서는 우리가 목마를 때 갈한 목을 축일 만한 냉수 한 그릇 정도가 아니라, 더 풍부한 음료수들을 취할 수 있게 하셨다. 그런데도 우리는 그것들을 대할 때 감사할 줄 모른다. 마땅히 진노의 잔을 받아야 할 사람이 시원한 냉수를 받고서도 불평불만을 토로하다니, 말이 되는가! 그러므로 우리는 우리를 위해 고난의 잔을 다 마신 주님을 생각하며, 비록 냉수 한 잔을 들고 마실 때도 감사하며, 내가 가진 그것으로 만족하며 자족하는 삶을 살아야 한다.

④ 고통을 체험하신 주님이시기에, 고통 중에 있는 자기 백성을 깊이 동정하신다

고통의 문제는 언제나 우리를 당황스럽게 한다. 완전하신 하나님, 악을 막으실 권능을 가지셨을 뿐 아니라 사랑이신 하나님께서 다스리는 이 세상에 왜 고통이 있어야 하는 것인가? 왜 고통과 비참함과 질병과 죽음이 있어야만 하는가? 다른 모든 질문들처럼 이 질문들도 역시 그리스도의 십자가 앞으로 가지고 나아가야 한다. 십자가는 우리에게 하나님이 우리의 슬픔을 모르고 계시지 않음을 보여 준다. 이는 그의 아들 안에서 그가 우리의 질고를 지고 슬픔을 담당하셨기(사 53:4) 때문이다. 십자가는 하나님이 우리의 비참함과 고뇌를 모른 척하지 않으신다는 것을 우리에게 보여 준다. 이는 그가 그리스도의 성육신을 통하여 친히 고난을 당하셨기 때문이다! 그렇다면 이 사실들이 지닌 가치는 무엇인가? 그 대답은 히브리서 4장 15-16절이 잘 말해 주고 있다.

> "우리에게 있는 대제사장은 우리의 연약함을 동정하지 못하실 이가 아니요 모든 일에 우리와 똑같이 시험을 받으신 이로되 죄는 없으시니라 그러므로 우리는 긍휼하심을 받고 때를 따라 돕는 은혜를 얻기 위하여 은혜의 보좌 앞에 담대히 나아갈 것이니라."

우리 주님은 우리에게서 너무나 멀리 떨어져 계셔서 우리의 고통이나 슬픔을 알지 못하기에 동정도 체휼도 하실 수 없는 분이 결코 아니시다. 혹 누군가에게 오해를 받고, 잘못된 판단을 받으며, 잘못 인식되고 있는가? 우리 주님께서도 그러하셨다. 가장 가깝고 소중히 여기던 사람이 등지고 떠나 버렸는가? 우리 주님께서도 그러한 일을 당하셨다.

히브리서 2장 17-18절은 "그러므로 그가 범사에 형제들과 같이 되심이 마땅하도다 이는 하나님의 일에 자비하고 신실한 대제사장이 되어 백성의 죄를 속량하려 하심이라 그가 시험을 받아 고난을 당하셨은즉 시험 받는 자들을 능히 도우실 수 있느니라"라고 말씀한다. 여기서 "그가 시험을 받아 고난을 당하셨은즉 시험 받는 자들을 능히 도우실 수 있느니라"라는 말씀에 주목하자! 베드로전서 5장 7절에는 "너희 염려를 다 주께 맡기라 이는 그가 너희를 돌보심이라"라고 말씀하고 있다.

이 세상이 주는 물은 그 어느 것도 우리에게 참 만족을 줄 수 없다. 그것은 한 번 마신 후에 다시 마셔야 하기 때문이다. 그러므로 인간의 근본적인 갈증은 영적인 것이다. 이것이 바로 물질적인 것으로 그 욕구를 만족시킬 수 없는 이유다. 야곱의 우물가에서 주님을 만났던 사마리아 여인은 남편을 여섯이나 두었음에도 그 갈증이 해소되지 않았다. 그러나 주님을 만나 주님으로부터 "이 물을 마시는 자마다 다시 목마르려니와 내가 주는 물을 마시는 자는 영원히 목마르지 아니하리니 내가 주는 물은 그 속에서 영생하도록 솟아나는 샘물이 되리라"(요 4:13-14)라는 말씀을 듣고는 눈이 떠져 예수를 그리스도, 곧 메시아로 알아보게 되자, 물동이를 버려두고 그 즉시 동네에 들어가 전도하지 않았는가?

그렇다! 그리스도만이 우리의 갈증을 해소해 주실 수 있다. 오직 그만이 세상이 알지 못하고, 줄 수도 없으며, 앗아갈 수도 없는 참 평강을 우리에게 주실 수 있다. 주님은 "의에 주리고 목마른 자는 복이 있나니 그들이 배부를 것임이요"(마 5:6)라고 말씀하셨다. 심령에 의에 주리고 목마른 갈증이 있는가? 그렇다면 이미 복을 받은 것이다. 영적 갈증을 느끼는 자는 주님의 긍휼하심을 받고 때를 따라 돕는 은혜를 얻기 위하여 은혜의 보좌 앞에 담대히 나아가는 생활을 하게 되고, 그런 사람은 그 의로 배부름을 얻고, 사마리아 여인처럼 변화되어 참된 만족을 얻게 되는 날이 주님으로부터 임하게 되는 것이다.

6) 여섯 번째 말씀: "예수께서 신 포도주를 받으신 후에 이르시되 다 이루었다 하시고"(요 19:30).

"다 이루었다!" 플라톤, 소크라테스, 아리스토텔레스 등 수많은 철학자와 웅변가들을 배출한 고대 헬라인들은 몇 마디로 많은 것을 표현할 수 있는 것을 자랑으로 여겼다. 그래서 "한 방울의 물로 바닷물처럼 많은 내용을 표현하는 것"이 완벽한 웅변으로 간주되었다. 그들의 추구하던 바가 바로 오늘 본문에서 발견된다.

"다 이루었다!" 이 말은 헬라어 원문에는 한 단어로 되어 있다. 그런데 이 한마디 안에는 하나님의 복음이 다 포함되어 있다. 또 이 한마디에는 그리스도인들이 믿고 있는 모든 진리의 배경이 내포되어 있고, 이 말씀 속에서 모든 기쁨이 발견될 뿐 아니라, 하나님의 모든 위로가 함축되어 있다.

"다 이루었다!" 이것은 버림받고 죽음에 처한 환경에서 비롯된 절망의 부르짖음이 아니었다. 또 극심한 고통이 이제 그 끝에 이르게 되어 만족한다는 표현도 아니었다. 물론 기진맥진하여 마지막 숨을 거두는 순간에 나온 자포자기의 부르짖음도 아니었다. 그것은 우리 구속의 온전한 값이 이제 다 지불되었음을 주장하는 주님의 당당한 승리의 선언이다! "다 이루었다!" 그렇다면 무엇을 다 이루었다는 말씀인가? 그 뜻을 구체적으로 살펴보자.

① 메시아에 관하여 기록된 모든 예언이 성취된 사실을 말한다

이것은 "예수께서 신 포도주를 받으신 후에 이르시되 다 이루었다 하시고"(요 19:30)라는 말씀에서 얻게 되는 직접적인 뜻이다. 수세기 전 하나님의 선지자들은 장차 오실 구주께서 걸어가야 할 겸손과 고난의 길을 하나하나 묘사했다. 그런데 그 기록된 예언들이 문자 그대로 놀랍도록 완전하게 성취되었다.

주님이 "여자의 후손"(창 3:15)으로 나실 것을 예언했는데, 그 예언대로 그는 여자에게서 나셨다(갈 4:4). 그의 모친이 처녀일 것이라고 예언했는데(사 7:14), 그 예언대로 주님은 동정녀 마리아를 통해 태어나셨다(마 1:18). 그가 아브라함의 씨가 될 것을 예언했는데(창 22:18), "아브라함과 다윗의 자손 예수 그리스도의 계보라"(마 1:1)라는 기록처럼 그 예언이 성취되었다. 그가 다윗의 혈통에서 날 것이라고 예언했는데(삼하 7:12-13), 그는 실제로 "다윗의 후손"으로 이 세상에 오셨다(마 1:1; 롬 1:3).

그가 태어나기 전에 이름을 가지게 되리라고 예언했는데(사 49:1), 그 예언대로 성취되었다(눅 1:30-31). 그가 유대 땅 베들레헴에서 탄생하리라 예언했는데(미 5:2), 그 예언대로 그는 베들레헴의 한 마구간에서 나셨다(눅 2:7). 그가 애굽으로 피신하리라 예언했는데(사 49:6; 호 11:1), 그 예언 역시 실제로 이루어졌다(마 2:14-15).

그리스도가 임하시기 전에 그의 길을 예비하는 사자가 앞서 오리라 예언했는데(말 3:1), 구약의 마지막 선지자 세례 요한에게서 그것이 성취되지 않았는가! 메시아가 오시면 "그때에 맹인의 눈이 밝을 것이며 못 듣는 사람의 귀가 열릴 것이며 그때에 저는 자는 사슴같이 뛸 것이며 말 못하는 자의 혀는 노래하리니"(사 35:5-6)라고 예언했다. 사복음서를 보면 이 예언들이 얼마나 놀랍게 이루어졌는지 확인할 수 있다. 그가 비유를 말할 것이라고 예언했는데(시 78:2), 실제로 주님께서 진리를 가르치실 때 얼마나 빈번히 비유를 사용하셨는가! 예언에 그분을 광풍을 고요하게 하시는 분으로 묘사했는데(시 107:29), 주님께서 정확히 그 일을 행하시지 않았는가! 예언에 그가 예루살렘에 승리의 입성을 하시리라고 했는데(슥 9:9), 2천여 년 전 종려 주일에 그대로 이루어지지 않았는가!

예언에 그가 인격적으로 멸시와 모욕과 조롱을 당할 것이고(사 53:3), 유대인에게 배척을 당할 것이며(사 8:14), 무고히 미움을 받을 것이라고 했는데(시 69:4), 슬프게도 주님께서는 정확히 그 모든 일을 당하셨다. 그 밖에 나무에 달리실 것과 범죄자 중 하나로 헤아림을 받을 것, 그의 옷이 제비 뽑혀 나누일 것, 부자의 묘실에 장사 될 것까지, 주전 700년의 선지자 이사야의 입을 통하여 예언된 그 말씀들이 모두 정확하게 성취된 것이다. 주님은 자신에 관한 성경의 모든 예언을 낱낱이 검토해 보셨을 것이다. 그리고 그 모든 예언이 다 성취된 것을 확인하시고 "다 이루었다!"고 선언하신 것이다.

② 여기서 우리는 구속의 성취를 본다

주님이 사람의 모습, 즉 '인자'로 세상에 오신 것은 "잃어버린 자를 찾아 구원하려"(눅 19:10) 함이다. 하나님께서는 "율법 아래에 있는 자들을 속량"(갈 4:5)하시기 위하여 그의 아들을 여자에게서 나게(갈 4:4) 하셨다. 사도 요한이 말한 대로, 그리스도께서는 "우리 죄를 없애려고 나타나신 것"(요일 3:5)이 되셨다. 이 모든 일이 십자가에 다 포함되어 있었다. "다 이루었다!" 수많은 형태로 예표되었고, 많은 선지자가 예언했던 일들이 이제 이루어졌다. 하나님께서 우리의 시조에게 지어 입히신 가죽옷으로 상징되었던 죄와 그 수치를 가리는 '의의 흰옷'이 이제 제공되었다. 아벨의 '어린양'으로 예표되었던 '더 낳은 제사'가 이제 드려졌다.

유월절 어린양의 피 흘림으로 예표되었던, 죽음의 사자로부터의

시내산: 하나님께서 두 돌판에 새기신 '십계명'을 모세가 받았던 산으로, 시내(Sinai) 반도에 있다(출 31:18).

시내산과 홍해: 시내산에서 보이는 '홍해'(Red Sea)에서 애굽의 군사들은 수장되고, 이스라엘 백성들은 바다를 육지와 같이 건너갔다(출 14:13-31).

쿰란 공동체: 지금까지 발견된 성경 사본 중 가장 오래된 성경 사본이 발견된 이스라엘 '쿰란 공동체'의 잔해

갑바도기아 동굴 도시: 속세를 떠나 산속에 들어가 굴을 파고 들어가 그곳에서 기거하며 성경을 읽고 기도와 경건에 힘썼던 곳이다.

오병이어 모자이크: 예수께서 물고기 2마리와 보리떡 5개로 5천 명을 먹이시고 12광주리를 남기신 이적을 기념하는 오병이어교회의 내부 벽에 있는 모자이크다.

황금 성전: 예루살렘 모리아 산에 세워진 황금 돔 성전이다(대상 21:18-27; 대하 3:1).

동산 무덤: 아리마대 사람 요셉이 기증한 새 무덤에 3일 동안 예수께서 장사되어 누워 계셨던 동굴 무덤이다 (요 19:38-42).

통곡의 벽: 예루살렘 모리아 산 성전에서 가장 가까운 곳에 위치한 성벽으로, 성전 서쪽에 위치해 있어 '서쪽 성벽'(Western Wall)이라고 부른다. 그러나 많은 사람이 자기의 소원을 메모지에 적어 그곳 바위틈에 끼워 놓고 통곡하며 성전 회복을 위해 기도하여 '통곡의 벽'이라고도 한다.

유대인 랍비들: 유대인 율법학자들이 서편 벽 회당에 모여 성인식을 거행하고 있다.

로마의 콜로세움: 콜로세움(Colosseum)은 고대 로마 시대 건축물의 하나로 로마 제국 시대에 만들어진 5만 명 이상을 수용할 수 있는 거대한 원형 경기장이다. 이곳에서 네로 황제 때, 수많은 기독교인이 사자의 먹이가 되어 순교를 당했다.

안전한 보호가 이제 제공되었다. 모세가 광야에서 나무 위에 높이 단 '놋 뱀'으로 예표되었던 주님이 십자가에 달리심으로, 불 뱀에게 물린 상처의 치유가 시작된 것이다.

"다 이루었다!" 여기에 사용된 헬라어는 '테텔레스타이'(Τετέλεσται)라는 단 하나의 단어인데, 이 말은 '테레오'(τελέω)라는 동사에서 파생된 것이다. '테레오'는 신약 성경에 다양하게 번역되어 사용되었다. 서로 다른 구절에서 다양하게 번역된 몇 가지 구절을 살펴보면, 주님께서 사용하신 그 말의 온전하고 궁극적인 의미를 분별할 수 있게 될 것이다.
  a. 마태복음 11장 1절의 "예수께서 열두 제자에게 명하기를 마치시고 이에 그들의 여러 동네에서 가르치시며 전도하시려고 거기를 떠나 가시니라"에서는 '테레오'가 '마치다'로 번역되었다.
  b. 마태복음 17장 24절의 "가버나움에 이르니 반 세겔 받는 자들이 베드로에게 나아와 이르되 너의 선생은 반 세겔을 내지 아니하느냐"에서는 '테레오'가 '내다' 즉 '지불하다'로 번역되었다.
  c. 누가복음 2장 39절의 "주의 율법을 따라 므든 일을 마치고 갈릴리로 돌아가 본 동네 나사렛에 이르니라"에서는 '테레오'가 '마치다'로 번역되었다.
  d. 누가복음 18장 31절의 "예수께서 열두 제자를 데리시고 이르시되 보라 우리가 예루살렘으로 올라가노니 선지자들을 통하여 기록된 모든 것이 인자에게 응하리라"에서는 '테레오'가 '응하다'로 번역되었다.
  이 모든 의미를 종합해 보면, 주님의 십자가에서의 일곱 말씀 중 이 여섯 번째 말씀이 지닌 의미의 범위를 잘 알 수 있는데, 이는 곧 '다 마쳤다', '다 지불되었다', '다 응했다', '다 이루었다'라는 뜻이다.

무엇을 다 마치셨는가? 우리의 죄와 죄책을 우리에게서 옮기시는 일을 마치셨다. 또 율법이 요구하는 모든 일을 다 마치셨다. 무엇을 다 지불하셨는가? 우리의 죄에 대한 구속의 값을 다 지불하셨다! 무엇이 다 응했는가? 아버지 하나님께서 그에게 하라고 주신 일이, 기록된 그에 관한 성경의 모든 예언이 다 응했다. 그렇다면 무엇이 다 이루어졌는가? 우리의 구속이 다 이루어졌다! 할렐루야!

하나님께서는 그리스도께서 자기에게 맡겨진 사역을 다 이룬 사실에 대하여 적어도 네 가지의 증거를 나타내셨다. 첫째는, 성소의 휘장을 위로부터 아래로 찢으심으로써 하나님께로 나아가는 길이 이제 활짝 열렸다는 것을 보여 주셨다. 둘째는, 그리스도를 죽은 자 가운데서 일으키심으로 하나님께서 그의 대속적인 희생의 제사를 열납하셨음을 보여 주셨다. 셋째는, 그리스도를 지극히 높여 자기 우편에 앉히심으로 그리스도께서 이룩하신 사역이 얼마나 값진 것이며, 그가 그리스도를 얼마나 기뻐하시는지를 나타내 보여 주셨다. 넷째는, 이 땅에 그의 성령을 보내심으로 그리스도의 대속적인 죽음으로 말미암는 모든 덕과 유익을 그의 백성들에게 적용시키도록 하셨다.

"다 이루었다!" 무엇이 다 이루어졌다는 말인가? 주님의 구속 사역이 다 이루어졌다는 말이다. 이것은 우리에게 어떤 가치가 있는가? 그것은 죄인에게 "큰 기쁨의 좋은 소식"이다. 거룩하신 하나님께서 요구하시는 모든 일이 다 이루어졌다. 그러므로 죄인들이 여기에 덧붙일 일은 아무것도 남지 않았다. 우리 구원의 값으로서 우리의 행위는 아무것도 요구되지 않는다. 죄인들이 해야 할 일이란, 다만 이제부터 그리스도께서 행하신 그 일을 믿고 의지하는 것뿐이다.

③ 여기서 우리는 사탄의 권세가 무너진 것을 보게 된다

그리스도의 십자가는 마귀의 권세인 죽음에 경종을 울렸다. 겉으로 보기에 그리스도의 십자가는 마귀에게 가장 위대한 승리의 순간처럼 보였다. 그러나 사실은 최후의 패배의 순간이었다! 주님은 십자가를 바라보시면서 "이제 이 세상에 대한 심판이 이르렀으니 이 세상의 임금이 쫓겨나리라"(요 12:31)라고 말씀하셨다. 사탄이 아직 결박되어 무저갱에 던져지지 않은 것이 사실이다. 그러나 이미 그에게는 사형 언도가 내려졌다. 다만 아직 그 형이 집행되지 않았을 뿐이다. 우리 주님이 십자가에서 구속 사역을 완성하시고 "다 이루었다"라고 선언하실 때, 마귀의 목에는 날카로운 비수가 꽂힌 것과 같다. 따라서 그가 장차 멸망 당하는 것은 기정사실이다.

이제 신자들에게 마귀는 이미 주님께 정복된 원수다. 마귀는 십자가에서 우리 주님 그리스도에게 완전히 패배를 당했다. 히브리서 2장 14절은 "자녀들은 혈과 육에 속하였으매 그도 또한 같은 모양으로 혈과 육을 함께 지니심은 죽음을 통하여 죽음의 세력을 잡은 자 곧 마귀를 멸하시며"라고 말한다. 사탄은 이제 더는 우리에게 정당한 요구를 할 수 없게 되었다. 한때 우리는 사탄의 합법적인 '포로'였다. 주님이 말씀하신 것처럼 "죄를 범하는 자마다 죄의 종"(요 8:34)이기 때문이다. 그러나 이제 그리스도께서 우리를 죄에서 자유롭게 하셨다(요 8:32, 36). 이전에 우리는 공중에 권세 잡은 자를 따라 행하였다. 그러나 이제 우리는 그리스도께 보여 주신 모범을 따르는 자가 되었다. 이전에는 사탄이 우리 안에서 역사했다. 그러나 이제는 우리로 그의 기쁘신 뜻을 행하도록 하나님이 우리 안에서 역사하고 계신다! 그러므로 이제 우리가 해야 할 일이란, 주님의 이름으로 마귀를 대적하며 하나님을 가까이하는 것이다. 그래서 야고보는 "그런즉 너희는 하나님께 복종할지어다 마귀를 대적하라 그리하면 너희를

피하리라 하나님을 가까이하라 그리하면 너희를 가까이하시리라"(약 4:7-8)라고 말한다.

우리는 "다 이루었다"라고 선언하신 주님의 말씀에 담긴 뜻을 충분히 이해하고 있으며, 그 사실 그대로를 믿고 있는가, 아니면 아직도 우리 자신의 구원을 위하여 무엇인가를 덧붙이려 노력하고 있는가? 우리가 해야 할 일이란 이제 그리스도께서 그 큰 희생을 치르시고 이루어 놓으신 그 용서를 받아들이는 것이다. 하나님께서는 그리스도께서 이루신 일로 만족하셨다. 그런데 어찌하여 우리는 그것으로 만족하지 못하고 있는가? 인간이 죄 사함을 받고, 그 마음에 기쁨을 얻고, 참 평안을 얻는 길은 오직 하나, 곧 하나님의 어린양이 흘리신 대속의 피를 믿는 믿음밖에 없다.

주님이 십자가에서 여섯 번째로 말씀하신 "다 이루었다"라는 말씀에는 참으로 귀하고 은혜로운 뜻이 담겨 있다. 다시 한번 스스로 돌아보자. 우리는 이 사실을 그대로 믿고 있는가, 아니면 거기에 우리의 무엇인가를 덧붙여 하나님의 호감을 사려고 애쓰고 있는가? 그리스도께서 외치신 "다 이루었다"라는 말씀은, 허물과 죄로 얼룩진 우리 인간이 자신의 사죄와 구원을 위하여 할 수 있는 것은 아무것도 없으며, 오직 그리스도께서 십자가에서 이루신 그 공로를 믿고 의지하는 것뿐임을 분명히 말씀하신 것이다.

"십자가의 도가 멸망하는 자들에게는 미련한 것이요 구원을 받는 우리에게는 하나님의 능력이라"(고전 1:18).

7) 일곱 번째 말씀: "예수께서 큰 소리로 불러 이르시되 아버지 내 영혼을 아버지 손에 부탁하나이다 하고 이 말씀을 하신 후 숨지시니

라"(눅 23:46).

　이 말씀은 주님께서 운명 직전에 마지막으로 하신 말씀이다. 주님께서 아버지의 손에 부탁하신 것은, 이제 막 자기가 육체로부터 분리되려는 찰나에 있는 그의 '영혼'이었다. 성경은 우리 인간은 영혼과 육체로 되어 있다는 사실을 말한다. 우리 인간에게 영혼이 있다는 사실이 우리로 다른 피조물, 특히 동물과 완전히 구분되게 한다. 영혼은 하나님께서 우리 속에 지어 주신 귀중한 것이다. 그러므로 하나님은 "모든 육체의 생명(혹은 영혼)의 하나님"(민 16:22)으로 불리며, 이에 사람이 죽을 때, 그 영혼은 그것을 주신 하나님께로 돌아가고, 육체는 다시 흙으로 돌아간다(전 12:7)고 성경은 말한다.

　십자가에 달리신 주님은 일곱 차례에 걸쳐 말씀하셨다. '일곱'은 성경에서 '완전'을 뜻하는 숫자다. 그렇다면 다른 곳에서와 마찬가지로 갈보리 언덕에서도 우리 주님은 완전하심을 드러내신 것이다. 일곱은 또한 일을 다 마친 뒤의 '안식'을 뜻하는 숫자이기도 하다. 하나님께서 엿새 동안에 천지와 그 가운데 모든 만물을 창조하시고 그 지으신 피조물에 대하여 "심히 좋았다"라고 만족을 표하신 뒤, 이레째 되는 날에 안식하셨다. 이것은 그리스도에게서도 마찬가지였다.

　위대한 사명이 그에게 맡겨졌고, 그 일이 이제 다 이루어졌다. 엿새 동안에 창조의 일이 완성되었던 것과 같이, 우리 주님이 십자가에서 하신 여섯 번째 말씀도 "다 이루었다"였다. 또 '이레째 되는 날'이 '만족과 안식의 날'이었던 것과 같이, 우리 주님이 십자가에서 하신 일곱 번째 말씀도 자신의 영혼을 안식의 처소, 곧 아버지의 손에 부탁하시는 내용이었다.

"아버지 내 영혼을 아버지 손에 부탁하나이다."

① 여기서 우리는 아버지와의 교제를 다시 회복하신 주님을 보게 된다

이것은 말할 수 없이 값진 것이다. 잠시 하나님의 얼굴빛이 죄를 짊어진 그리스도에게서 숨겨졌을 때, 이 교제는 외적으로 깨어져 있었으나, 이제는 그 어두움이 지나가고 영원히 끝났다. 이제 십자가에서 아버지와 아들 사이에 완전하고 파손되지 않은 교제가 회복되었다.

우리 주님의 십자가에서의 첫 번째 말씀은 "아버지여, 저희를 사하여 주옵소서!"였고, 마지막 말씀은 "아버지 내 영혼을 아버지 손에 부탁하나이다"였다. 그러나 그 사이에는 여섯 시간이 흘렀다. 주님은 여섯 시간 동안 십자가에 달려 계시면서 처음 세 시간 동안은 죄인들과 사탄의 손에서 고난을 받으셨다. 그리고 마지막 세 시간 동안 하나님은 아들에게서 얼굴을 감추셨고, 그 일이 주님으로 하여금 "나의 하나님, 나의 하나님, 어찌하여 나를 버리셨나이까?"라고 절규하게 만들었다. 그러나 이제 모든 일이 다 이루어졌다. 주께서 마셔야 할 잔은 이미 다 비워져 바닥이 드러났고, 진노의 폭풍우도 고요해졌으며, 어두움도 물러갔고, 주님께서는 이제 다시 아버지와의 교제에 들어가신 것이다. 이제 영원히 이 교제가 단절되는 일은 없을 것이다.

그리스도를 구주로 믿는 우리에게 그리스도의 아버지는 우리의 아버지이요, 나의 아버지다. 이 얼마나 복된 사실인가! 하나님은 그리스도 곧 우리의 구주이신 예수의 아버지이시기 때문에 우리의 아버지가 되신다. 그래서 예수 그리스도께서는 제자들의 요구에 따라, "너희는 이렇게 기도하라"라고 말씀하시면서 기도를 가르쳐 주실 때, 그 기도의 시작을 "하늘에 계신 우리 아버지"라고 부르도록 친히 가르쳐 주셨다(마 6:9-13; 눅 11:2-4). 이 얼마나 놀라운 일인가! 그렇

다. 하나님이 나의 아버지시다. 그렇다면 그가 나를 사랑하시되, 그리스도를 사랑하신 것처럼(요 17:23) 나를 사랑하신다! 하나님이 나의 아버지요, 또 나를 사랑하실진대, 그는 또한 나를 돌보실 것이다. 하나님이 나의 아버지시요, 또 나를 돌보실진대, 그가 또한 나의 모든 쓸 것을 채우실 것이다(빌 4:19). 하나님이 나의 아버지이실진대, 그가 나를 지켜 아무 해도 당치 않게 하실 것이다(시 121:3-7). 그렇다. 그가 나를 돌아보심으로 모든 것이 합력하여 선을 이루게 하실 것이다(롬 8:28). 그래서 사도 요한은 이 은혜를 깨닫고 감격하여, "보라 아버지께서 어떠한 사랑을 우리에게 베푸사 하나님의 자녀라 일컬음을 받게 하셨는가"(요일 3:1)라며 감격했다.

② 여기서 우리는 하나님과의 교제가 얼마나 복된 것인지를 깨닫게 된다

a. 우리가 십자가의 고통 중에서도 하늘에 계신 아버지와 교제하시는 주님을 통하여 깨닫게 되는 진리는, 그리스도인은 어떤 장소나 환경에서도 하나님과의 교제를 나눌 수 있다는 사실이다. 주님께서는 십자가에 달려 계시는 동안 자신을 비웃고 욕하고 조롱하는 무리에게 둘러싸여 정신적으로나 육체적으로 극심한 고뇌와 고통을 겪으셨으나, 그럼에도 아버지와 긴밀한 교제를 나누고 계셨다!

이것은 이 말씀이 드러내고 있는 가장 아름답고 귀한 진리 가운데 하나다. 우리가 처한 모든 환경과 처지를 초월하여 어느 때나 항상 아버지와의 교제를 나눌 수 있는 것은, 그야말로 우리에게 큰 특권이 아닐 수 없다. 물론 이 하나님과의 교제는 믿음으로 이루어지며, 이 믿음은 보이는 것에 지배받지 않는다. 그래서 바벨론 포로 중에 있었던 다니엘의 세 친구에게 느부갓네살 왕이 "너희가 내가 만든 신상 앞에 엎드려 절하면 좋거니와 너희가 만일 절하지 아니하

면, 즉시 너희를 극렬히 타는 풀무 가운데 던져 넣을 것이니 능히 너희를 내 손에서 건져낼 신이 어떤 신이겠느냐?"라고 위협할 때 이렇게 그들이 답할 수 있었던 것이다.

> "느부갓네살이여 우리가 이 일에 대하여 왕에게 대답할 필요가 없나이다 왕이여 우리가 섬기는 하나님이 계시다면 우리를 맹렬히 타는 풀무불 가운데에서 능히 건져내시겠고 왕의 손에서도 건져내시리이다 그렇게 하지 아니하실지라도 왕이여 우리가 왕의 신들을 섬기지도 아니하고 왕이 세우신 금 신상에게 절하지도 아니할 줄을 아옵소서"(단 3:16-18).

그러자 왕이 노를 발하며 그들을 극렬히 타는 풀무에 던져 넣었다. 그러나 그들은 풀무 불 속에서도 주님의 보호를 받아 털끝 하나 상하지 않고 오히려 주님과 교제를 즐기고 있었다!(단 3:24-25)

또한 다니엘은 자기를 책 잡기 위해 만들어진 법령에 왕의 제가(制可)가 이미 난 것을 알고도 하루에 세 번 정한 시간에 기도하다 대적들에게 발각되어 굶주린 사자의 굴에 던져지게 되었다. 그러나 다니엘은 주님의 보호를 받아 굶주린 사자가 있는 굴에서 주님과 교제를 즐길 수 있었고, 오히려 그 일로 인해 이방 나라 느부갓네살 왕에게 능력의 하나님을 보여 주고, 그의 입으로 하나님의 이름을 찬송하게 했으며, 왕의 총애를 받아 전국을 다스리는 국무총리가 되지 않았는가!(단 6:10-28)

전도하다 붙잡혀 매를 맞고 깊은 감옥에 갇혔으나 주님이 곁에 찾아오셔서 위로해 주시고 평안을 주심으로 기뻐 찬송하던 바울과 실라처럼, 그리고 십자가에서 아버지와의 마지막 교제를 나누셨던 주님처럼, 우리도 언제 어디서나 믿음으로 하나님과의 교제를 즐길 수 있다.

b. 주님은 운명하시기 바로 직전에도 아버지와 교제를 나누셨다. 그렇다. 복음을 전하다 붙잡혀 돌에 맞아 죽어가는 순간에도 스데반 집사는, 십자가에서 우리 주님이 그리하셨던 것처럼, 자기에게 돌을 던지는 무리들의 죄를 사하여 달라고 기도했다. 그리고 그 순간에도 주님과 교제를 누렸기에 자연히 고통도 느끼지 못했고, 힘든 환경도 보이지 않았으며, 오히려 눈이 열려 주님이 양팔을 벌리고 서서 "어서 오라!"고 자신을 환영하는 모습을 보게 되었다. 그리고 주님과 교제를 나누고 있던 그의 얼굴은 '천사의 얼굴'과 같이 빛이 났다!(행 7:55-60) 그래서 다윗은 "내가 사망의 음침한 골짜기로 다닐지라도 해를 두려워하지 않을 것은 주께서 나와 함께하심이라 주의 지팡이와 막대기가 나를 안위하시나이다"(시 23:4)라고 노래했다. 사망이 구원받지 못한 사람에게는 '공포의 왕'이 될 수 있다. 그러나 우리 그리스도인에게 사망은 다만 우리를 지극히 사랑하시는 주님이 계시는 곳으로 인도하는 관문일 뿐이다. 살아 있을 때만이 아니라 죽는 순간에도 우리 영혼의 동작은 본능적으로 하나님께로 향한다. 우리가 만약 임종 시에 의식을 잃지 않는다면 주님처럼, "아버지여, 내 영혼을 아버지 손에 부탁하나이다" 하고 외치게 될 것이다. 우리가 이 땅의 장막에 거하는 동안에는 쉼이 없으나, 하나님의 품에는 영원한 안식이 있다. 그리고 우리가 이 육신의 장막을 벗게 될 때, 우리의 기대와 진정한 소망은 주님과 함께 있는 것이다.

③ 여기서 우리는 가장 안전한 피난처와 영원한 안식처를 보게 된다

주님께서는 아버지께서 자기에게 '주신' 백성에 대하여 자주 말씀하셨다. 그는 군병들에게 체포될 때 "너희에게 내가 그니라 하였으니 나를 찾거든 이 사람들이 가는 것은 용납하라"라고 말씀하셨다.

이는 요한복음 17장의 대제사장의 기도 중의 "아버지께서 내게 주신 자 중에서 하나도 잃지 아니하였나이다"(요 17:12)라고 하신 말씀을 응하게 하려 하심이었다(요 18:8).

그렇다면 죽음의 순간에도 우리가 주님께서 기도하신 것처럼, 하나님 아버지의 안전한 보호의 날개 안으로 인도를 받는다는 것은 얼마나 복된 일인가! 주님은 지금 자기 백성의 '대표자'로서 십자가에 달려 계셨다. 따라서 우리는 그의 마지막 행동 역시 하나의 대표성을 띤 것으로 본다. 주님은 자기 영혼을 아버지 손에 부탁하실 때, '자기 영혼'과 함께 '우리의 영혼'도 역시 아버지의 돌보심에 맡기신 것이다. 주님은 살아서도, 죽어 가시면서도 자신이 아닌 그의 백성들을 위하셨다. 그의 마지막 말씀도 그 자신만 아니라 자기 백성들과도 관계된 것이었다.

아버지의 손은 영원히 안전한 피난처다. 주님께서는 바로 그 손에 자기 백성을 부탁하셨다. 그러므로 그들은 영원히 안전할 것이다. 주님은 일찍이 하나님의 선택을 받은 자들에 대하여, "내가 그들에게 영생을 주노니 영원히 멸망하지 아니할 것이요 또 그들을 내 손에서 빼앗을 자가 없느니라 그들을 주신 내 아버지는 만물보다 크시매 아무도 아버지 손에서 빼앗을 수 없느니라 나와 아버지는 하나이니라"(요 10:28-30)라고 말씀하셨다. 이 얼마나 확고한 보장인가! 우리가 '만유보다 크신' 하나님의 전능하신 손에 붙들려 있을 때, 우리의 영혼에 감히 손댈 자가 아무도 없다는 말씀이다. 이 세상 그 어떤 것보다 크신 전능하신 하나님 아버지의 손에서 우리를 빼앗아 갈 자는 아무도 없다. 그래서 베드로전서 1장 5절은 "너희는 말세에 나타내기로 예비하신 구원을 얻기 위하여 믿음으로 말미암아 하나님의 능력으로 보호하심을 받았느니라"라고 말씀하고 있다. 그렇다. 우리는 비록 약하나 하나님의 능력으로 보호하심을 입을 때 우리는 강하다.

주님께서는 운명하시기 직전에 자신의 영혼을 아버지의 손에 의탁하시면서, 주님 안에 거하는 모든 성도의 영혼까지 만유보다 크신 아버지의 손에 부탁하신 것이다! 사실 우리가 죽을 때 주님께서 받아 주시는 것은 우리의 몸이 아니다. 그가 염려하시는 것은 우리의 이 흙으로 돌아갈 육신이 아니라 영혼이다. 주님께서는 우리의 질그릇과 같은 육체가 깨어질 때 그 안에 든 보화를 안전히 보호하실 것이다. 그리고 주님이 이 땅에 다시 오실 때는, 우리의 깨어진 질그릇들도 다시는 깨어지지 않는 영원하고 흠이 없는, 부활하신 주님의 몸처럼 신령한 몸으로 바꾸어 놓으실 것이다. 그러나 우리는 지금 고통으로 가득 찬 세상에 살고 있다. 우리는 이 땅에 사는 동안에 우리 자신을 잘 돌볼 수가 없다. 더구나 우리가 죽게 될 때는 더욱 자신을 돌볼 수 없을 것이다. 우리의 나그네 인생길에는 정말 수많은 시험과 환난이 있다. 우리의 영혼은 사방에서 위협을 받고 있다. 어느 곳이나 위험과 함정이 도사리고 있다. 세상과 육신과 마귀가 연합하여 우리를 공격하고 있다. 그것들을 이기기에는 우리의 힘이 너무나 부족하다. 그러나 여기 어둠 속을 비추는 횃불이 있다. 모든 폭풍우를 피할 수 있는 안전한 항구가 있다. 악한 자가 던지는 모든 불화살을 피할 수 있는 안전한 피난처와 마음의 참된 안식처가 있다. 그것은 만유보다 크신 우리 아버지의 손이요, 인생의 폭풍과 죽음의 공포에서도 벗어나 안전히 피할 피난처와 참된 안식처이신 우리 주님의 품이요, 그의 보호하시는 날개 안에 거하는 것이다 (시 17:8). 이와 같은 은혜와 축복이 우리와 함께하시기를 주님의 이름으로 기원한다.[20]

4. 그리스도의 죽음의 중요성

일반적인 사람의 경우와는 달리 그리스도는 그의 지상 생활보다 오히려 그의 죽음이 더 중대한 의미를 지닌다. 이는 다음과 같은 여러 가지 면에서 고려해 보면 명백해진다.

1) 그리스도의 죽음은 구약에서 예언된 것이다

그리스도의 죽음은 구약의 많은 모형과 예언의 주제가 되었다. 최초의 복음인 창세기 3장 15절과 아담과 하와의 가죽옷을 위해 죽임을 당한 짐승으로부터 시작해서(창 3:21), 우리는 전 성경을 통해 피의 흔적을 추적할 수 있다. 다음의 사례들을 살펴보자.

아벨의 제사(창 4:4), 모리아산의 숫양(창 22:13), 일반적인 족장들의 제사(창 8:20, 12:8, 26:25, 33:20, 35:7), 출애굽 전의 유월절 양(출 12:1-28), 레위기의 각종 제사(레 1-7장), 마노아의 제물(삿 13:16, 19), 엘가나의 연례적인 제사(삼상 1:21), 사무엘의 제물(삼상 7:9-10, 16:2-5), 다윗의 제물(삼하 6:18), 엘리야의 제물(왕상 18:38), 히스기야의 제물(대하 29:21-24), 에스라 시대의 각종 제물(스 3:3-6), 느헤미야 시대의 각종 제물(느 10:32-33) 등이 그것이다. 이 모든 것은 그리스도에 의해 드려질 하나의 위대한 제물을 가리키고 있다.

이 외에 우리는 그리스도의 죽음을 의미하는 예언도 발견할 수 있다. 예를 들면, 그리스도께서 배신당할 것이라는 예언(시 41:9-11; 행 1:16)이나 그리스도께서 십자가에 못 박히실 것과 이에 따르는 여러 사건에 대한 예언(시 22:1, 7-8, 18; 마 27:39-41, 45-46; 막 15:34; 요 19:23-24), 시편에 있는 그리스도의 부활에 관한 예언도 있다(시 16:8-10; 행 2:22-32). 구약의 예언서에서는 다음과 같은 그리스도에 대한 예언의 말씀을 발견한다. 이사야는 그리스도가 우리의 허물로 인해 찔리시고, 우리의 죄악으로 인하여 상함을 받으실 것이라고 말한다(53:4-6). 다니엘은 69주 이후에 메시아가 끊어질 것이며, 가진 것이란 아무것도 없이 되는 날이 있을 것이라고 말했다(9:26). 스가랴는 그리스도가 은 30에 팔릴 것이며, 그 금액은 토기장이의 밭을 사는 데 사용될 것임을 예언했다(11:12-13). 마태는 이 예언이 가룟 유다가 그리스도를 판 죄에서 성취되었다고 우리에게 말해 주고 있다(마 26:15, 27:9-10). 스가랴는 목자가 공격을 받게 될 것(13:7)과, 죄와 더러움을 씻는 샘이 열릴 것을 예언했다(13:1). 이렇게 구약 성경 전체가 장차 오실 메시아, 곧 그리스도와 그가 오셔서 하실 사역에 대한 예언이 대부분이지만, 그중에서도 그리스도의 수난과 죽음에 대하여 더욱 많이 언급했다.

2) 그리스도의 죽음은 신약에서 현저한 위치를 차지하고 있다

그리스도의 죽음은 신약에서 매우 현저한 위치를 차지하고 있다. 그리스도의 지상 생활 중 최후 3일간의 기록이 사복음서 기자들이 기록한 그리스도 전 생애의 기록의 5분의 1을 차지하고 있다. 그토록 신약에서는 그리스도의 마지막 3일을 중요하게 다루고 있다. 분명히 주님의 죽음과 부활은 성령께서도 매우 중요시한 일이다. 토레이는 그리스도의 죽음이 신약에서만 무려 175회 이상 직접적으로 언급되고 있다고 말한다.[21]

신약의 성경 구절이 모두 7,959절이라고 할 때, 53절마다 한 번씩 그리스도의 죽음을 언급했다는 계산이 나온다. 이 진리의 빈번한 언급은 잘 알려진 사실인 만큼, 여기서 다 제시할 필요는 없으리라고 본다.

3) 그리스도의 죽음은 성육신의 주요 목적이다

그리스도께서 동정녀 마리아의 몸을 통해 성육신하신 것은, 일차적으로 우리에게 하나의 모범 된 삶을 보여 주기 위해서지만, 우리에게 어떤 교리를 가르치시기 위함은 아니다. 즉, 그리스도는 우리를 위해 죽으려고 오셨다는 것이다. 그리스도의 죽음은 사건 발생 후의 때늦은 생각이거나 우발적인 사건이 아니다. 그것은 앞서 언급한 구약 성경이 예언한 것처럼, 하나님의 뜻을 이루어 성육신과 관련된 일정한 목적을 완성하는 것인데, 곧 그리스도의 십자가상의 죽음을 통해 잃어버린 자들을 구속하는 위대한 일이다. 이 사실을 증거해 주는 대표적인 성경 구절은 다음과 같다: 막 10:45, 히 2:9, 14-17, 9:26, 요일 3:5.

4) 그리스도의 죽음은 복음의 근본 주제다

'복음(εὐαγγέλιον, Gospel)'이란 말은 단순히 '기쁜 소식'(Good News)이다. 따라서 이 말은 그리스도의 지상 생활의 네 방면의 설명으로 볼 때, 여러 가지로 사용되고 있으나 결국은 그의 피조물에 대한 하나님의 모든 계시다. 그러나 이 복음이라는 말을 좁은 의미로 사용할 경우, 그것은 '구원의 기쁜 소식'이다. 바울은 복음을 말하면서 먼저 이렇게 규정한다.

> "형제들아 내가 너희에게 전한 복음을 너희에게 알게 하노니 이는 너희가 받은 것이요 또 그 가운데 선 것이라 너희가 만일 내가 전한 그 말을 굳게 지키고 헛되이 믿지 아니하였으면 그로 말미암아 구원을 받으리라"(고전 15:1-2).

그리고 이어서 그 복음이 무엇인지를 설명한다.

"내가 받은 것을 먼저 너희에게 전하였노니 이는 성경대로 그리스도께서 우리 죄를 위하여 죽으시고 장사 지낸 바 되셨다가 성경대로 사흘 만에 다시 살아나사"(고전 15:3-4).

여기서 바울은 복음이란 우리 죄를 위한 그리스도의 죽음과 장사, 부활이라고 말한다. 우리 죄를 위한 그리스도의 죽음은, 이제 우리가 우리 죄 때문에 죽을 필요가 없다는 이유로 '기쁜 소식'이다. 이런 의미로 볼 때, 모세의 율법이나 산상수훈, 그리스도의 교훈과 모범까지도 복음이 아닌 셈이다. 이 모든 것은 '한 분 구주의 필요성'을 우리에게 제시해 주지만, 그리스도를 바로 그 구주로 제시해 주지는 않는다. 다만 이 모든 것은 우리의 죄를 보여 준다. 그것들은 우리가 어떤 사람이 되어야 하며, 현재의 상태가 어떤지를 보여 준다는 것이다. 그러나 그것이 죄의 처방책을 제시해 주지는 않는다. 이 처방책은 오직 예수 그리스도의 죽음 안에서만 발견된다.

5) 그리스도의 죽음은 기독교에서 본질적이다

그리스도의 죽음은 기독교의 본질적인 교리다. 다른 종교는 교조(敎祖)의 교훈을 인정하는 데 근거하고 있지만, 기독교는 기독교 창시자의 죽음의 중요성을 강조하는 데서 여타 종교와 구별된다. 성경에서 설명하고 있는 그리스도의 죽음을 제거해 보라, 그러면 기독교는 다른 종교의 수준으로 격하되고 말 것이다. 비록 고차원의 윤리 체계를 지니고 있을지는 몰라도, 그리스도의 십자가를 만일 제거해 버린다면, 우리 역시 다른 종교와 마찬가지로 구원이 없는 종교가 되고 말 것이다. 무력으로 유럽 일대를 점령하였던 나폴레옹이 세인트 헬레나섬에 유배되어 있었을 때 이렇게 말했다고 한다. "나는 무력으로 여러 나라를 점령하여 강한 나라를 건설했지만, 예수 그리스도는 그의 사랑으로 온 세계에 그의 나라를 세웠다." 이것은 우리가 그가 말한 사랑을 대속적인 그리스도의 죽음에서 찾는다 해도 엄연한 사실이다.

6) 그리스도의 죽음은 우리의 구원에서도 본질적이다

사람이 구원을 얻으려면, 인자(人子)가 반드시 들림을 받아야 한다(요 3:14-15). 한 알의 밀이 열매를 맺으려면 땅에 떨어져 죽어야만 한다(요 12:24). 하나님은 단순히 죄인의 회개에 근거해서만 죄를 사해 주실 수는 없다. 의로우신 하나님이 그렇게 하시기란 불가능하다. 하나님은 일단 먼저 죄의 값(형벌)이 지불되었을 때만 사하실 수 있다. 하나님께서 죄인을 용서하시고도 동시에 자신도 의롭게 존재하실 수 있기 위해, 그리스도가 죄인을 대신하여 형벌을 받으셨다. 하나님이 불경건한 자로 의롭다 여기시고, 자기도 의롭게 존재하시기 위해서는 그리스도가 반드시 죽으셔야만 했다(롬 3:25-26). 그래서 예수께서 거듭 자기가 많은 고난을 받아 죽임을 당하고, 제삼일에 살아나셔야 한다고 말씀하신 것이다(마 16:21; 막 8:31; 눅 9:22, 17:25; 요 12:32-34). 그리스도가 무덤에서 다시 살아나신 후, 무덤에 있던 두 천사는 예수의 시신에 기름을 바르려고 왔던 여인들에게, 그리스도께서 전에 그들에게 하신 말씀을 기억나게 했는데, 그것은 곧 그가 반드시 죽을 것과 다시 살아나실 것이라는 내용이었다(눅 24:6-7). 사도 바울도 데살로니가 교인들에게 그리스도의 죽음의 필연성을 증거했다(행 17:3). 하나님의 관점에서 볼 때, 그리스도의 죽음은 인간을 구원하기를 위한 절대적인 필연성을 지니고 있었다.

7) 그리스도의 죽음은 천국에서도 지대하게 관심을 갖는 일이다

그리스도의 죽음은 천국에서도 지대한 관심의 주제였다. 우리는 지금 천국에 가 있어서 세상에 없는 앞서간 성도들은, 지금 여기서 육신을 가진 존재로 매사에 제한성을 가지고 살아가는 우리보다 생명의 가치에 대한 좀 더 완전하고 참된 개념을 가지고 있을 것으로 기대한다. 모세와 엘리야가 변화산에 나타났을 때, 그들은 그리스도와 더불어 "예수께서 예루살렘에서 별세하실 것"에 대해 서로 대화를 나누었다(눅 9:30-31). 또한 우리는 요한계시록에서 네 생물과 24장로들이 그리스도의 죽음으로 말미암은 구속의 찬가를 부르는 광경을 목격한다(계 5:8-10). 보좌에 둘러선 무수한 천사의 무리도, 그들이야 우리 인간처럼 구속함을 받을 필요가 없겠지만, 죽임을 당한 어린양의 노래에 서로 화답했다(계 5:11-12).

인간의 제한된 장막이 자기들의 시야에서부터 말끔히 제거된 사람들, 다시 말해 그리스도의 피로 말미암은 구속의 완전한 결실 안에 들어간 이 사람들이 다른 무엇보다도 일차적으로 그리스도의 죽음을 이처럼 격찬하고 찬송하는 모습을 볼 때, 아직 이 땅에서 매사에 제한된 시각으로 살아가고 있는 우리로서는 그 죽음의 진정한 의미를 마땅히 탐구해 보아야 할 것이다.

5. 그리스도의 죽음에 대한 오해

그리스도의 죽음과 속죄에 대하여 초대교회 시대로부터 오늘에 이르기까지 많은 오해와 잘못된 주장이 제기되어 왔다. 그러므로 우리 기독교 복음의 핵심 진리이자 교리인 그리스도의 죽음의 진정한 의미를 밝히기에 앞서, 역사적으로 예수 그리스도의 죽음에 대하여 제기된 몇 가지 오해를 살펴보고자 한다.

1) 우발설

이 견해는 그리스도의 죽음에 아무런 의미도 없다는 이론이다. 이 견해에 의하면, 그리스도는 한 인간으로서 그냥 죽어간 것이다. 그리스도의 삶의 원리와 방법이 그가 살았던 당시의 사람들에게 동감을 얻지 못했기 때문에 사람들이 그를 죽여버렸다는 것이다. 그토록 선한 사람이 죽임을 당했다는 사실은 불행일지 모르나, 그의 죽음은 기타 다른 사람에게 아무런 의미도 지니지 못했다고 본다.

우리는 이에 대하여 이렇게 답한다. 그리스도의 죽음이 단순한 우발 사건이 아니라는 것은, 이미 그것이 구약에 여러 차례에 걸쳐 예언되어 있는 사실로 보아서도 명백해진다. 시편 22편과 이사야 53장, 스가랴 11장을 보라. 그리스도께서 폭력에 의해 죽을 것을 반복해서 예언했다는 사실만 보아도 그리스도의 죽음이 우발적 사건이 아님이 확실하다. 다음 구절들도 보라: 마 16:21-23, 17:22-23, 20:17-19, 막 9:30-32, 눅 9:44-45, 22:19-23, 요 12:32-34, 13:21.

이 이론은 극단적인 합리주의자들이 주장하는 것으로 논의할 가치조차 없다. 그리스도는 죽음이라는 결정적인 목적을 가지고 세상에 오신 만큼, 그의 죽음은 결코 우연히 발생한 우발적인 죽음이 아니니다.

2) 순교설

이것은 일명 '모범설'이라고도 한다. 이 이론은, 그리스도의 죽음은 한 사람의 순교자의 죽음이라고 주장한다. 그리스도의 죽음은, 그리스도 자신의 원리와 또 자기가 의무로 생각한 것에 대해 신실성을 지킨, 즉 이 모든 것에 대해 그와 일치하지 않고 동감하지 않은 세대에 의해 발생한 것이다. 그리고 사람을 구원하는 데 필요한 유일한 일은 자기를 개선하는 것이다. 그리스도의 모범(example)은 사람들에게 자기 죄를 회개하고 개선할 것을 가르치는 것이다. 이 이론은 때로 소시니안적 속죄설이라고도 불린다. 현대 유니테리언 운동의 창시자들인 16세기 폴란드의 렐리우스 소시누스(Laelius Socinus)와 그 조카 파우스투스 소시누스(Faustus Socinus)가 그들의 특유한 속죄설을 고안해 냈기 때문이다. 소시누스는, "죄를 보상함은 이교적이며 불가능하기 때문에, 각자는 자기 행위에 일치한 응분의 조치를 받지 않을 수 없다. 그런데 하나님은 단순한 회개에 근거해서 사죄를 허락할 준비 태세를 갖춘다"라고 말했다.[22]

이 이론에 대해 우리는 이렇게 답한다. 먼저 순교설은 속죄의 기본적인 개념, 즉 죄를 속하고 화해하는 행위 자체는 먼저 하나님께 대하여 행해지는 사건이라는 사실을 무시하고 있다(출 12:13, 23; 롬 3:24-25; 히 2:17, 9:11-14, 22; 요일 2:2, 4:10). 이 순교설은 그리스도의 모범을 구원에 충분한 것으로 여기는데, 사실 그리스도의 모범은 오직 믿는 자만을 위해 계획된 것이다(벧전 2:21, 24; 요일 2:6). 또한 이 견해는 영감, 죄, 그리스도의 신성, 칭의, 중생, 영원한 징벌 등과 같은 성경의 모든 기본적인 교리를 곡해(曲解)한다. 나아가 그리스도의 겟세마네와 십자가에서의 비순교적 고뇌(아직 죽지 않았지만 현실적으로 당하고 있는 괴로움)와 아버지께서 구속주로서 그리스도께서 죄인들의 죄를 담당하시고 십자가에 달리셨던 그를 잠시 외면하시고, 그의 기도를 거부하셨던 것과 같은 사실에 대해 충분한 설명을 내리지 못한다(마 26:37-39, 27:46; 요 12:27; 참조. 행 7:54-60, 스데반의 고난 등도 설명하지 못한다).

실상 순교설이 해석하는 대로 그리스도의 죽음이 사람들을 도덕적 개선으로 인도한다고 한들, 그것이 이미 지난 과거의 죄는 속할 수 없으며, 또한 죄인을 구원하지도 못하는 것은 자명한 일이다(요 6:53; 행 20:28; 고전 11:25; 벧전 1:19; 계 7:14).

3) 도덕 감화설

이 이론은 일명 '하나님의 사랑의 이론'(The Love of God Theory)이라고도 한다. 이 이론의 주장은, 그리스도의 죽음은 그리스도 자신이 인성을 취한 지극히 단순한 자연적 결과일 뿐이며, 그리스도는 그의 피조물의 죄로 인해 죄와 더불어 고통을 받으셨다는 것이다. 따라서 그리스도의 고난과 죽음은, 한센병 환자를 구원하기 위해 생명을 걸고 나환자 집단촌락에 들어간 어떤 선교사의 고난 및 죽음과 유사하다.

그러나 이와는 대조적으로 예수 그리스도의 성육신에서 드러난 하나님의 사랑과 그리스도의 고난 및 죽음은, 인간의 마음을 가난한 자가 되게 하고, 애통하는 자, 온유한 자, 의에 주리고 목마른 자가 되게 하며, 한 걸음 더 나아가 긍휼히 여기는 자, 마음이 청결한 자가 되어, 화평케 하는 자가 되고, 결국은 의를 위하여 핍박을 받는 복된 자가 되어 그들로 구원을 얻게 한다(마 5:3-10).

스트롱은 부쉬넬(Bushnell)이 그의 책《대리 제사(Vicarious Sacrifice)》에서 이것을 가르친 것으로 언급하며 이 이론을 '부쉬네리안설'

(Bushnellian theory)이라고 불렀다. 실제로 이 이론은 알렉산드리아 교부, 특히 오리겐에게까지 소급되며, 슐라이어마허(Schleiermacher)도 이 견해를 변호했고, 리츨(Ritschl)도 지지했다고 말하고 있다.[23]

그렇다면 이 도덕 감화설에 대해 우리는 어떻게 판단하고 무엇이라 답해야 하는가? 물론 그들의 주장과 같이 그리스도의 죽음이 하나님의 사랑의 한 표현인 것은 사실이다(요 3:16; 롬 5:6-8). 그러나 하나님께서는 그리스도가 세상에 오시기 훨씬 전에도 인간을 사랑하셨다(신 7:7-8; 대하 2:11, 9:8; 아 7:12-13; 사 38:17, 63:9; 렘 2:2, 31:3; 호 3:1, 11:4; 습 3:17). 이 도덕 감화설은 그리스도의 죽음에 다한 하나님의 거룩성이나 그에 따른 공의성의 측면은 보이지 않고, 오직 사랑만 보인다. 그리고 하나님께서는 범죄한 인간을 용서해 주시기 전에, 먼저 하나님이 만족할 만한 화해(Reconciliation)를 이루셔야 한다는 성경의 제안에 모순상치(矛盾相値)된다(롬 3:25-26; 히 2:17, 9:14; 요일 2:2, 4:10). 극장에서 슬픈 영화나 연극을 관람하는 경우 단순히 감정이 격해져서 눈물을 흘릴 수는 있으나, 자기 죄를 깨닫고 회개하고 예수를 구주로 믿어 회심(回心)하게 되는 일은 없다. 또한 이 이론에 의하면, 구약 시대 성도들의 구원 방법에 대한 설명이 지극히 어려워진다. 구약 시대 신자들은 도덕 감화설과 같은 사랑의 객관적 교훈을 듣지 못했기 때문이다. 우리는 그리스도의 속죄 사건을 단순한 하나의 '자선공연'(Passion-Play)으로 격하시켜서는 안 된다. 자선공연에서는 배우들이 자신이 맡은 역할을 매우 진지하고 능숙한 행동으로 연기하지만, 사실 그들의 속 사람과 그들이 연기하는 역할의 모습은 같지 않으며, 단지 관중의 감정에 동감하도록 호소하고 있을 뿐이다.

4) 통치설

통치설도 하나님의 성품 속에는 속죄에 필요한 화해의 원리가 전연 없다고 주장하는 의미에서 앞의 세 이론과 일치한다. 이 통치설은 하나님은 하나님의 법의 준수를 위해 그리스도의 죽음에서 하나님의 죄에 대한 증오의 모범을 정하셨다고 주장한다. 그 죽음 안에서 하나님은 인간에게, 죄는 하나님께 반항하는 것이며, 그 죄를 회개하지 않을 때는 반드시 형벌을 받고야 말 것을 보여 주셨다. 그리스도는 법이 정한 정확한 형벌을 그대로 받은 것은 아니다. 하나님은 그리스도가 받으신 고난을 우리 형벌적 대치(代置)로 은혜롭게 받아들이셨다.

이렇게 그리스도께서 대신해서 고난을 짊어진 것이 다른 사람의 마음을 사로잡아, 결국 다른 사람도 회개하게 된다. 그리고 회개야말로 사죄의 유일한 조건인 만큼, 하나님은 그리스도의 죽음을 통해 죄인의 구원을 보증한다. 이 이론은 네덜란드의 법률학자이자 신학자인 휴고 그로티우스(Hugo Grotius, 1583~1645)가 창안했다.

이는 아르미니우스주의의 속죄관이다. 존 마일리(John Miley)는 이에 대해 이렇게 말한다. "대체로 웨슬리파의 구원론은 만족설을 제거하고, 통치설을 유일하게 일치되는 설로 요구한다."[24]

통치설에 대한 개혁주의 교회의 입장은 다음과 같다. 율법 준수는 형벌이 죄와 동등할 때만 유지될 수 있다. 그리스도는 죄인이 반드시 겪어야 할 동일한 형벌(identical penalty)을 받은 것이 아니라, 동등한 형벌(equivalent penalty)을 받았다. 이에 대해 쉐드(Shedd)는 이렇게 말한다. "대신적(代身的) 형벌은 동일적(同一的) 형벌일 수가 없다. 동일성(identity)은 어떠한 교환(exchange)과도 일치되지 않는다. 대신적 형벌을 동일적 형벌로 말한다는 것은 용어상 모순이다. 동일적 형벌은 여하한 '구체적'인 면에 이르기까지 전연 차이점이 없는 정확하게 동일한 것을 의미한다. 그러나 형량(刑量)도 같고, 형질(形質)도 같다. 반면 대신적 형벌은 어떤 구체적인 면에서는 차이가 있는 동일한 것을 말한다. 우리 앞에 있는 경우처럼, 하나님의 만족하신 관점에서 보더라도 차이점은 질(質, quality)에 있다. 양은 불변이다. 그리스도의 대리적 고난은 모든 인류의 고난과 동등한 가치를 지니나 종류는 다르다."[25]

이 점에 대해 스트롱은 이렇게 말했다. "수난자의 무한한 위엄은 무한한 공의의 눈으로 볼 때, 그의 수난을 온전히 동등하게 보신다. 유한적 존재는 무한의 저주로 다 알 수 없지만, 무한적 존재자는 불과 수시간 내에 그것을 다 알 수 있다."[26]

이처럼 형벌의 질(quality)과 양(quantity)에 관한 해설 외에도, 이 통치설은 이 모범이 왜 반드시 무죄한 인격자여야 하는지를 설명하지 못한다. 그뿐 아니라 더 중요한 것은, 이 통치설은 그리스도의 고난의 심각성을 설명하지 못한다(마 27:46; 막 15:23; 눅 22:44). 앞서 언급한 주장들과 마찬가지로 통치설 역시 속죄의 근본적인 국면, 곧 하나님의 거룩성을 만족시켜야 한다는 사실을 부정하고 있다.

5) 보상설

이 보상설은 많은 보수주의자가 참된 견해로 여겨왔다. 보상설을 주장하는 사람들의 견해는 다음과 같다. 인간의 죄는 하나님의 존귀를 파괴했다. 무한하신 존재자를 거스른 죄를 범한 만큼 이에 상응한 무한한 형벌을 받아야 한다. 하나님의 존귀는 하나님을 향해 그 죄를 벌하라고 요구하는 한편, 하나님의 사랑은 하나님을 향해 죄인을 변호해 주라고 요구한다. 이렇게 되어 하나님의 두 속성 사이에 갈등이 생긴다. 그런데 이 갈등은 그리스도의 자원적 희생으로 해결되었다. 즉, 그리스도의 희생으로 인해 하나님의 요구 조건들이 충족되고, 하나님은 자유롭게 죄인들을 사해 주실 수 있었다. 이상의 보상설을 제일 먼저 제시한 사람은 캔터베리의 대감독 안셀무스였다. 이에 앞서 그리스도의 죽음은 인간의 죄 때문에 인간 위에 권리행사를 하고 있던 사탄에게 지불한 하나의 속전(ransom)이었다는 견해가 있다.

스트롱이 그리스도가 사탄에게 속전을 지불했다는 견해를 먼저 제시했고, 알렉산드리아학파를 대표하는 교부 오리겐도 이 견해를 그리스도의 죽음에 대한 중요한 일부로 수용했다.[27]

닛사의 그레고리(Gregory of Nyssa)는 이렇게 말했다.

"하나님은 사탄을 다룸에서 불공평하다는 비난의 모든 근거를 사탄으로부터 빼앗아 버렸다. 하나님은 스스로 항복자가 되어 사탄의 권세 아래 들어가 있는 포로 된 자들을 악한 자로부터 구출해 내기 위해 투쟁하시지 않았다. 포로 된 자들을 값을 지불하고 매입해 들일 계획이 있었기 때문이다. 사탄은 그리스도의 이적을 행하는 능력과 기타 특성에 매혹되어 그리스도를 얻고자, 그 대신 포로 된 자들을 놓아 주기를 좋아하게 되었다. 그리스도가 인간 형태의 베일을 쓰고 있기에 사탄은 속고 말았다. 그 후 사탄은 베일을 벗은 하나님의 현현(顯現)을 감당할 수 없었다. 이 계획에는 물론 하나님의 지혜와 능력이 함께 작용했다는 것은 두말할 필요가 없다."[28]

우리는 안셀무스의 보상설에 대하여 이렇게 답변한다. 이 보상설은 하나님의 신성 안에 있는 한 원리를 만족시켜야 할 필요성은 인정하지만, 올바른 원리를 인식하지 못하고 있다. 다시 말하면, 속죄의 궁극적 기초는 하나님의 존귀나 위엄에 있는 것이 아니라, 하나님만 가지신 그의 거룩성에 있다. 더욱이 안셀무스는 그리스도의 대속적인 죽음에 대한 충분한 설명이나 강조를 보이지 않았다. 그뿐 아니라 이런 하나님의 만족은 죄의 형벌에 대한 대리적 인내였다고 말하지 않았다. 또한 하나님을 만족하게 한 것은 그리스도의 수동적 순종이 아니라, 단순한 의미로 그리스도의 능동적 순종이다. 그것은 그리스도의 생명을 유감없이 다 바친 은사요, 철저한 순종의 행위다. 이 그리스도의 능동적 순종 안에 용서받을 수 없는 자를 용서해 줄 수 있는 온갖 공로와 도덕적 가치, 그리고 능력이 있다. 이 보상설은 어느 정도 참된 것을 말하지만, 아직 단족할 수 있을 만큼은 나아가지 못한 아쉬움이 있다.

6. 그리스도의 죽음의 진정한 의미

우리는 앞서 가장 극단적인 합리주의자들이 주장하는 우발설로부터 복음적 보수주의자가 지지하는 안셀무스의 보상설에 이르는 그리스도의 죽음에 대한 제 견해를 살펴보았다. 극단적인 합리주의자들을 제외한 그들의 견해는 어느 정도까지는 참된 것이지만, 아직도 만족하리만큼 나아가지 못한 견해들이었다. 그리스도께서 자기 신념에 충성한 결과로 죽으셨다는 것도 사실이다. 그리스도의 죽음이 하나님의 사랑의 표현이란 말도 사실이다. 그리스도의 죽음이 하나님의 존귀에서 오점을 제거한 것도 사실이다. 그러나 이 모든 것은 그리스도의 죽음에 대한 단지 부분적 설명일 뿐이며, 그의 죽음의 주된 사상과 비교해 볼 때 이차적인 중요성에 불과하다. 그러므로 이제 그리스도의 죽음의 진정한 의미와 범위를 고찰해 보고자 한다.

예수 그리스도의 십자가형은 인간의 이성으로는 이해하기 어려운 기이한 현상임에 틀림이 없다. 그러나 그 '고난의 종 메시아'를 통하여 인류를 구속하실 하나님의 위대한 계획을, 선지자 이사야는 그런 일이 일어나기 약 700년 전에 예언했다.

"그는 멸시를 받아 사람들에게 버림 받았으며 간고를 많이 겪었으며 질고를 아는 자라 마치 사람들이 그에게서 얼굴을 가리는 것 같이 멸시를 당하였고 우리도 그를 귀히 여기지 아니하였도다 그는 실로 우리의 질고를 지고 우리의 슬픔을 당하였거늘 우리는 생각하기를 그는 징벌을 받아 하나님께 맞으며 고난을 당한다 하였노라 그가 찔림은 우리의 허물 때문이요 그가 상함은 우리의 죄악 때문이라 그가 징계를 받으므로 우리는 평화를 누리고 그가 채찍에 맞으므로 우리는 나음을 받았도다 우리는 다 양 같아서 그릇 행하여 각기 제 길로 갔거늘 여호와께서는 우리 모두의 죄악을 그에게 담당시키셨도다 그가 곤욕을 당하여 괴로울 때에도 그의 입을 열지 아니하였음이여 마치 도수장으로 끌려 가는 어린 양과 털 깎는 자 앞에서 잠잠한 양같이 그의 입을 열지 아니하였도다 그는 곤욕과 심문을 당하고 끌려 갔으나 그 세대 중에 누가 생각하기를 그가 살아 있는 자들의 땅에서 끊어짐은 마땅히 형벌 받을 내 백성의 허물 때문이라 하였으리요 그는 강포를 행하지 아니하였고 그의 입에 거짓이 없었으나 그의 무덤이 악인들과 함께 있었으며 그가 죽은 후에 부자와 함께 있었도다 여호와께서 그에게 상함을 받게 하시기를 원하사 질고를 당하게 하셨은즉 그의 영혼을 속건제물로 드리기에 이르면 그가 씨를 보게 되며 그의 날은 길 것이요 또 그의 손으로 여호와께서 기뻐하시는 뜻을 성취하리로다 그가 자기 영혼의 수고한 것을 보고 만족하게 여길 것이라 나의 의로운 종이 자기 지식으로 많은 사람을 의롭게 하며 또 그들의 죄악을 친히 담당하리로다 그러므로 내가 그에게 존귀한 자와 함께 몫을 받게 하며 강한 자와 함께 탈취한 것을 나누게 하리니 이는 그가 자기 영혼을 버려 사망에 이르게 하며 범죄자 중 하나로 헤아림을 받았음이니라 그러나 그가 많은 사람의 죄를 담당하며 범죄자를 위하여 기도하였느니라"(사 53:3-12).

1) 속죄의 원인과 필요성

① 속죄의 원인

그리스도가 죄인에 대하여 갖고 계신 동정적인 사랑이 곧 속죄의 원인인 것처럼 표현되는 일이 종종 있다. 속죄가 이렇게 표현될 때, 하나님은 죄인을 멸망시키는 데 열중하시는, 진노하기 좋아하시는 분이시고, 그리스도는 사랑이 많으셔서 자기의 생명을 바쳐 죄인을 구원하기를 좋아하시는 분이라는 인상을 받게 된다. 그리고 그리스도는 영광을 받게 되고, 하나님은 그 명예를 박탈당하게 된다.

그러나 성경은 속죄의 원인을 대속(代贖)에 의하여 죄인을 구원하시려는 하나님의 기쁘신 뜻에서 찾는다(사 53:10; 눅 2:14; 골 1:19-20). 하나님의 이 기쁘신 뜻은 제멋대로 선택된 것이 아니다. 대속으로 죄인을 구원하시려는 하나님의 그 열의(悅意)는 그의 사랑과 공의에서 볼 수 있다고 말하는 것이 더욱 성경과 잘 조화된다. 죄인에게 도피의 길을 제공한 것은 하나님의 사랑이었다. "하나님이 세상을 이처럼 사랑하사 독생자를 주셨으니 이는 그를 믿는 자마다 멸망하지 않고 영생을 얻게 하려 하심이라"(요 3:16). 그리고 그것은 "자기의 의로우심을 나타내사 자기도 의로우시며 또한 예수 믿는 자를 의롭다 하려 하심이라"라고 한 율법의 요구에 응할 것을 요청하신 하나님의 공의이기도 했다(로마서 3장 26절과 24-25절을 비교해 보라).

② 속죄의 필요성

던스 스코터스(Duns Scotus)와 소치니(Socinus)를 비롯해 현대의 많은 자유주의 신학자가 속죄의 필요성을 부정했다. 그들은 하나님께서 죄인을 용서하기 전에 먼저 하나님 안에 있는 어떤 무엇이 죄의 형벌을 요구한다는 것을 믿지 않았다. 그러나 속죄(贖罪)가 하나님의 공의에서 볼 때 반드시 필요했다는 것은 매우 명백한 일이다. 하나님의 공의가 인간의 범죄로 인해 무너졌기 때문에, 필연적으로 배상(賠償)이 요구된 것이다. 전혀 죄가 없으시고 순결하신 하나님의 의로우심과 거룩하심은, 그의 무한하신 엄위에 대하여 공공연히 도전하는 인간의 모습을 참으로 수수방관(袖手傍觀)만 할 수 없는 것이다(창 18:25; 출 20:5, 23:7; 시 5:6-7; 나 1:2; 롬 1:18, 32). 더욱이 하나님의 진실성은 하나님께서 죄에 대하여 선언하신 "죄의 삯은 사망"이라는 선고가 그대로 집행되어야 할 것을 요구했다(겔 18:4; 롬 6:23).

2) 속죄의 성질

① 그리스도의 죽음은 하나님께 만족을 드렸다

거룩성이 하나님의 기본적인 속성인 만큼 죄의 불법을 제거하기 위해서는 하나님께서 그럴만한 어떤 만족을 반드시 얻으셔야 한다는 것이 지극히 합리적이다. 그런데 그리스도의 죽음이 바로 그런 만족을 하나님께 제공했다.

a. 그리스도의 죽음은 하나님의 공의(公義)를 만족시켰다. 사람은 하나님께 범죄하여 하나님의 분노와 정죄를 유발했다. 하나님은 지극히 당연하게 침범된 율법에 상응한 형벌을 요구하신다. 하나님의 공의가 요구하는 것이 충족되기 전까지는 죄인을 해방할 수 없다.

그리스도의 죽음이 이런 요구를 온전히 만족시켰다.

일반적으로도 범법자가 법이 규정한 형벌을 다 치르고 나면, 더는 정죄를 받지 않는다. 그 범죄에 대해서 더는 어떤 형벌을 가할 수 없다. 이것이 소위 그리스도의 죽음이 하나님을 온전히 만족시킨 점이다. 그것은 본질적 가치로 인해 온전히 공의의 요구를 만족시켰기 때문이다. 여기서 공의는 인격의 일반적 공정함 그 이상을 뜻하는 것이다. 즉, 이 공의는 "하나님의 지배 아래서 보상과 형벌을 정당하게 분배하기를 요구하는 도덕적 미의 형태로서, 순종은 보상을 받고, 범죄는 형벌을 받는 것을 뜻하는 것으로…죄와 관련될 때는 옹호적 공의(vindicatory justice)라고 적절히 호칭되는데, 그것은 자기에게 속한 당연한 권리를 옹호하고 유지하는 것이기 때문이다"[29] 우리는 여기서 '형벌적 만족'(penal satisfaction)과 '과료 지불적 만족'(pecuniary satisfaction) 사이를 명백히 구별해야 하는데, 그리스도의 죽음은 형벌적 만족으로서의 죽음이다.

형벌적 만족에서는 어떤 특수한 정도나 종류의 고난을 다시 요구하지 않는다(이미 형벌을 받았기 때문이다). 과료 지불적 만족의 가치는 과료를 지불한 당사자의 신분이나 위엄과는 하등의 상관없이 과료금의 가치뿐이지만, 형벌적 만족의 경우에는 형벌을 받는 당사자 자신의 위엄에 모든 것이 의존한다.

b. 그리스도의 죽음은 하나님의 율법을 만족시킨다. 그리스도의 죽음은 단순히 하나님의 공의를 만족시키는 것으로 그치는 것이 아니라, 하나님의 율법도 만족시킨다. 율법은 죄에 대한 형벌 이상을 요구한다. 그러므로 율법에 대한 만족은 겨우 권리를 지키는 옹호적 공의의 만족 이상을 포함한다. 율법에 대한 우리의 관계는 이중적이다. 곧 연대적이며, 도덕적이다. 우리는 율법에 대한 연대적 관계에서

부터 구출받았는데 그것은 복음 아래서다. 우리는 더는 모든 죄에서 해방을 받아야 할 의무나 구원의 조건으로서 율법에 온전히 순종해야 할 의무 등이 없다.

율법에서의 해방은 율법을 폐기하거나 율법의 요구를 저하시킴으로써 이루어지는 것이 아니라, 그리스도의 행적(行積)으로 이루어진다. 그러므로 그리스도의 행적이야말로 율법의 요구에 대한 만족의 본질이 된다. 그리스도가 순종하고 고난을 받은 사실과 능동적 수동적인 그의 모든 전체적인 의로 말미암아, 우리의 대표자며 대속자이신 그리스도께서 율법이 요구하는 모든 것을 행하셨고 감당하셨다. 이제 믿음으로 이런 의를 받고 이에 근거하여 칭의를 얻은 자는 구원을 받았다. 그들의 모든 성품은 새롭게 됨을 받아 하나님의 형상으로 변화한다. 하나님의 이런 의를 거절하고 자기 자신의 의를 내세우고자 하는 사람은 아직도 율법의 요구 아래 놓여 있다. 그는 아직도 모든 죄에서 자유함을 받을 필요가 있으며, 또는 범죄하고 있는 만큼, 마땅히 형벌을 받아야 하는 것이다.[30]

c. 그리스도의 죽음은 속죄를 포함한다. '하나님의 만족'이란 개념에는 흔히 성경에서 발견되는 기타 다수의 용어가 포함된다. 그리스도의 죽음은 속죄(贖罪)며, 회유(懷柔)다. 레위기 6장 2-7절에는 개인의 범죄에 대한 개인의 속죄에 대해 기록되어 있다.

> "누구든지 여호와께 신실하지 못하여 범죄하되…그 속건제물을 여호와께 가져갈지니…제사장은 여호와 앞에서 그를 위하여 속죄한즉 그는 무슨 허물이든지 사함을 받으리라."

또한 레위기 4장 13-20절은 국가적인 범죄에 대한 국가적 속죄에 대해 말한다.

> "만일 이스라엘 온 회중이…그 범한 죄를 깨달으면 회중은 수송아지를 속죄제로 드릴지니…회중의 장로들이 여호와 앞에서 그 수송아지 머리에 안수하고 그것을 여호와 앞에서 잡을 것이요…제사장이 그것으로 회중을 위하여 속죄한즉 그들이 사함을 받으리라."

이 구절들에서 볼 때, 속죄를 위해서는 수송아지나 숫양이 반드시 죽어야 하며, 사죄는 대속자(물)의 죽음에 근거해서만 가능하다는 사실이 명백하다. 여기와 기타 유사한 구절에서 사용된 '속죄'의 히브리어는 '카팔'(כפר)인데, 이것이 'piel' 동사형에서는 '속죄가 되다'로 번역된다. 이것의 문자적인 의미는 '~ 위를 덮는다'라는 뜻으로, 그 내부에 있는 것이 보이지 않도록 하는 것을 의미한다.

쉐드는 이에 대해 다음과 같은 결론을 내린다.

> 히브리어 본문에 있는 사상들의 관련성은 이렇게 나타난다. 대신 희생을 당하는 수송아지나 숫양의 고난은 실제적인 범죄의 죄책을 '덮어 가리는' 효과를 지닌 것으로, 그 죄책을 거룩하신 하나님의 눈에 보이지 않게 만든다. 이와 동일한 사상이 시 51편 9절의 "주의 얼굴을 내 죄에서 돌이키시고 내 모든 죄악을 지워 주소서"와 이사야 38장 17절의 "내 모든 죄를 주의 등 뒤에 던지셨나이다", 미가 7장 19절의 "우리의 모든 죄를 깊은 바다에 던지시리이다"에서 나타나고 있다. 이런 '덮어 가리는 것'이 완결될 때, 범죄자의 양심은 비로소 편안해진다.[31]

d. 그리스도의 죽음은 회유를 포함한다. 70인역에서는 히브

리어가 다른 의미를 지닌 헬라어로 번역되었다. 이 '회유'(懷柔) 라는 말은 '달래다', '어루만져 달래다'라는 의미의 '카탈락산토스' (καταλλάξαντος)로 번역되었다. 성경은 하나님의 진노에 관해서 많이 말하고 있다(요 3:36; 롬 1:18, 2:5, 5:9; 엡 5:6; 살전 1:10; 히 3:11; 계 19:15 등). 이 사상과 일치하게 신약 성경은 그리스도의 죽음을 하나님의 진노를 누그러지게 하는 것(달램, 회유)으로 제시하고 있다. 사도 바울은 하나님이 그리스도를 '화목(회유)제물'로 삼으셨다고 말했다(롬 3:25). 사도 요한은 그리스도가 우리 죄를 위한 '화목(회유)제물'이라고 선언했다(요일 2:2, 4:10). 히브리서 기자는 그리스도께서 백성들의 죄를 속량하셨다고 선언했다(히 2:17). 세리의 기도에도 달램(회유)의 의미가 있다. 그것은 문자적으로 "하나님이여, 죄인인 나에게 너그럽게 대해 주소서"라는 의미다(눅 18:13). 이처럼 그리스도는 자신의 죽음을 통해 죄에 대한 하나님의 거룩한 분노를 진정시키셨다(달래고 회유하셨다). 이에 대해 쉐드는 이렇게 말한다.

> 헬라어 번역에 나타난 사상의 관련성은 이렇다: 죄인의 대속자의 고난으로 인해 죄에 대한 하나님의 분노는 '달래졌다.' 이 '회유'의 결과로 마땅히 돌아갈 죄에 대한 형벌이 '면제(免除)되었다.' 또는 범죄자에게 고통이 가해지지 않게 되었다. 이 면제 또는 형벌적 고통의 제거(除去)를 성경의 표현으로 말하면 곧 '사죄'(赦罪)다.[32]

e. 그리스도의 죽음은 화목을 포함하고 있다. 앞서 살펴본 '회유'와 밀접한 관련이 있는 것은 '화목'(和睦, reconciliation) 사상이다. 이 두 사상은 피차 원인과 결과의 관계를 맺고 있는 것으로 나타난다. 즉, 그리스도의 죽음은 하나님을 회유했으며, 그 결과 하나님은 사람들과 '화목'하게 되셨다(롬 5:10; 고후 5:18-19; 엡 2:16). 이 '화목'을 뜻

하는 헬라어 '카탈라소'(καταλλάσσω)라는 동사는 신약에 6회나 나오며(롬 5:10; 고전 7:11; 고후 5:18-20), '카탈라게'(καταλλαγή)라는 명사형은 4회 등장한다(롬 5:11, 11:15; 고후 5:18-19). 쉐드는 이 화목에 대하여 이렇게 설명하고 있다.

> 화목 또는 화해는 객체에서 해결하는 것이지 주체에서 해결하는 것이 아니다. 가령 범죄자(잘못을 저지른 자)는 자기 자신과 화목하는 것이 아니라, 자기가 손상을 입힌 상대방(객체)과 화목하는 것이다. 가령 손해를 입힌 자에게 손실을 배상하거나 파괴된 것을 복구시켜 줌으로 그렇게 하는 것이다. 이것은 마태복음 5장 24절에서 명백히 밝혀진 것이다. "먼저 가서 형제와 화목하고." 여기서 보면, 상대방에게 손상을 입힌 형제가 반드시 보상의 책임을 지고 있다. 손상을 가한 주체자는 손상을 입은 객체인 형제에게 모종의 보상을 해줌으로써 그와 화목 내지는 회유를 얻어야 한다. 여기서 화목은 가해자(침범자) 측 생각의 과정을 가르치는 것이 아니라, 피해자(피침입자) 측 생각의 과정을 가리키는 것이다. "네 형제에 대한 너 자신의 불쾌함부터 먼저 화해하라(진정시켜라)"라는 의미가 아니라, "너에 대해 가지고 있는 네 형제의 네 불쾌함부터 먼저 화해하라(진정시켜라)"라는 의미다.[33]

하지(Hodge)는 고린도후서 5장 21절을 이렇게 주석했다.

"죄를 알지도 못하신 이를 우리를 대신하여 죄로 삼으신 것은…." 사도가 여기서 의도한 것은, 하나님께서 사람에게 허물을 전가시키지 않고 세상과 화목하게 되는 것이 어떻게 가능할 수 있는지 그 방법을 설명하고자 한 것이다. 하나님께서는 본질적으로 의롭지 못한 자를 용서해 주시고 의롭게 대우하 주시는 데서 자유롭게 되었다. 그것은 죄 없으신 그리스도께서 우리를 위해 우리를 대신해 죄인으로 이미 취급을 당하셨기 때문이다.[34]

성경에서 화목이란 용어는 하나님과 사람 양자에게 적용되고 있다(롬 5:10; 고후 5:18-20). 즉, 처음에 하나님과 인간은 피차 대면하고 있었다. 그런데 아담은 범죄한 뒤 등을 돌려 하나님을 외면했다. 그리고 하나님도 등을 돌려 아담을 외면했다. 그런데 그리스도의 죽음이 하나님의 요구를 충족하자, 이제 하나님은 그의 얼굴을 다시 사람에게로 돌리셨다. 이젠 사람 편에서 돌아서서 하나님께 대면해야 하게 되었다. 하나님께서 그의 아들의 죽음을 통해 화목하게 하셨기에 인간은 하나님과 화목할 수 있게 되었다. 화목이란 말을 가장 넓은 의미로 말하면, 하나님은 사람만이 아니라 하늘과 땅에 있는 모든 것도 자기 자신과 화목시키신 것이다(골 1:20). (이 사상은 그리스도의 죽음이 미친 영향의 범위를 논할 때 다시 논의할 것이다.) 그러나 하나님께서 지금 구원받지 않은 사람에게 현세적(일시적) 축복을 내려주신다든지(마 5:45; 롬 2:4), 사람에게 회개할 기회를 연장해 주신다든지(벧후 3:9), 하늘과 땅이 결국엔 타락의 결과에서 구출될 것이라는 사실 등은 의심할 것도 없이 이런 화목에서 기인한 것이다.

속죄란 주로 죄인을 감화하여 회개하도록 각성시켜서 하나님께 돌아오도록 계획된 무엇으로 자주 표현되어 왔고, 오늘날도 그렇게 간주되고 있는 실정이다. 그러나 이것은 매우 잘못된 개념이다. 사람이 만일 다른 사람에게 악을 행하고 배상해 준다면, 이 배상은 필연적으로 피해자에게 영향을 주기로 계획된 것이지, 가해자에게는 아니다. 죄인의 경우에, 속죄란 하나님을 달래어 범한 죄를 회개함으로써 그의 선하신 호의와 사랑을 다시 얻으려는 데 이바지하는 것이다. 이것은 속죄의 본래 목적이 하나님을 죄인고- 화목시키는 데 있었다는 것을 의미하며, 죄인이 하나님과 화목하게 된 존재임을 말할 수 없음을 뜻하는 것이 아니다. 성경은 여러 곳에서 이 사실을 지적해 주고 있다(롬 5:10; 고후 5:19-20). 죄인이 하나님께 화목하게 됨은 속죄의 제2차적인 목적으로 간주될 수 있다. 죄인과 화해하신 하나님께서는 죄인을 의롭다고 간주하시고, 성령을 통하여 죄인의 마음속에서 역사하시며, 하나님을 멀리 떠나 있던 죄인을 돌아오게 하시고, 죄인으로 하여금 그리스도의 완전한 속죄의 열매를 맺게 하신다.

② 그리스도의 죽음은 대리적 속죄(Vicarious Atonement)였다

개인적 속죄(Personal Atonement)와 대리적 속죄(Vicarious Atonement)는 서로 다르다. 하지(Hodge)는 대리적 속죄의 죽음에 대하여 다음과 같이 정의했다.

> 대리적 고난은 갑(甲)이 을(乙)을 대신하여 당하는 고난이다. 따라서 고난을 당하고 있는 갑의 상대자인 을은 고난에서 제외됨을 필연적인 전제로 한다. 대리자는 다른 사람의 자리를 취해 그를 대신해 행동하는 대행자다.[35]

그리스도께서 자기 자신의 죄 때문에 죽지 않았다는 것은 명백한 사실이다(요 8:46; 벧전 2:22; 히 4:15). 성경은 그리스도께서 죽으신 것은 다른 사람의 죄 때문이라고 다음과 같이 여러 곳에서 말한다.

"성경대로 그리스도께서 우리 죄를 위하여 죽으시고"(고전 15:3).
"하나님이 죄를 알지도 못하신 이를 우리를 대신하여 죄로 삼으신 것은 우리

로 하여금 그 안에서 하나님의 의가 되게 하려 하심이라"(고후 5:21).

"우리가 아직 죄인 되었을 때에 그리스도께서 우리를 위하여 죽으심으로 하나님께서 우리에 대한 자기의 사랑을 확증하셨느니라"(롬 5:8).

"친히 나무에 달려 그 몸으로 우리 죄를 담당하셨으니 이는 우리로 죄에 대하여 죽고 의에 대하여 살게 하려 하심이라"(벧전 2:24).

"그리스도께서도 단번에 죄를 위하여 죽으사 의인으로서 불의한 자를 대신하셨으니 이는 우리를 하나님 앞으로 인도하려 하심이라"(벧전 3:18).

예수 그리스도 자신도 이렇게 말씀하셨다.

"나는 선한 목자라 선한 목자는 양들을 위하여 목숨을 버리거니와"(요 10:11).

"인자가 온 것은 섬김을 받으려 함이 아니라 도리어 섬기려 하고 자기 목숨을 많은 사람의 대속물로 주려 함이니라"(막 10:45).

그렇다. 그리스도는 참된 유월절 양으로서 우리를 대신해서 죽으셨으며(출 12장; 고전 5:7), 우리를 위한 진정한 속건 제물이 되셨다(사 53:10).

인간이 하나님에게서 멀리 떠났을 때, 인간은 범죄자가 되었기 때문에 마땅히 하나님께 보상의 책임을 져야만 했고, "죄의 삯은 사망"(겔 18:4; 롬 6:23)이라는 하나님의 법 원칙에 따라 죄의 형벌을 영원히 받음으로 자기의 죄를 속(贖)할 수 있었다. 만일 하나님께서 사랑과 동정으로 죄인을 대하지 않으셨다면, 하나님은 엄격한 그의 공의의 법칙으로 인간의 죄에 대한 보상을 요구할 수 있었으며, 또한 마땅히 요구하셔야 했다. 그러나 하나님께서는 이러한 개인적 속죄를 강요하는 대신에, 자기의 독생자 예수 그리스도를 대리자로 세워 범죄한 인간을 대신하게 하셨다. 그리고 이 대리자는 인류의 죄를 대속하시고, 인간의 영원한 구속을 이루어 놓으셨다. 개인적 속죄에는 긍휼의 요소가 없지만, 대리적 속죄는 긍휼이 최고의 형식이다. 즉, 죄인에 의한 개인적 속죄는 영원히 진행 중이므로 구속의 결과를 얻지 못하지만, 하나님에 의해서 이루어진 대리적 속죄는 하나님과 죄인 간에 화목과 영생을 가져온다. 그리스도로 말미암아 이루어진 대리적 속죄는 구약 성경의 동물 제사에서 예표되었다. 성경은 반복적으로 이 제사가 죄를 속하고, 범죄자로 하여금 용서받게 했다고 말한다(레 1:4, 4:20, 31, 35, 5:10, 16, 6:7, 17:11). 어떤 구절들은 그리스도가 우리의 죄를 '담당하신'(laid upon) 바 되고, 우리의 죄와 불의를 '담당하셨다'(bearing)고 말하고 있다(사 53:6, 11; 요 1:29; 고후 5:21; 갈 3:13; 히 9:28; 벧전 2:24). 그리고 다른 구절들은 그리스도가 죄 혹은 죄인을 위하여 죽으시고 자신을 내어주신 일에 대하여 말하고 있다(막 10:45; 롬 8:3; 갈 1:4; 벧전 3:18; 요일 2:2).

③ 그리스도의 죽음은 하나의 대속물(代贖物) 혹은 속전(贖錢)이다

성경은 그리스도의 죽음을 값의 지불 또는 속전으로 제시했다. 스데반은 모세를 "속량하는 자"(lutrotes)로 말했다(행 7:35). 그러나 대속물은 다른 사람을 속박에서 풀어주기 위해 값을 지불한다는 개념이다. 그래서 예수께서도 많은 사람을 위하여 자기 생명을 대속물(lutron)로 주려고 세상에 오셨다고 말씀하셨다(마 20:28; 막 10:45). 그리스도의 사역은 하나님의 속량으로 언급되었다(눅 1:68, 2:38; 히 9:12). 성경 여러 구절에서 우리는 '속량'(lutrosin)이란 말을 볼 수 있으며, 이 단어의 동사형 'lutromai'도 종종 등장한다(눅 24:21; 딛 2:14; 벧전 1:18). 복합명사 'apolutrosis'는 무려 10회나 나온다(눅 21:28; 롬 3:24, 8:23; 고전 1:30; 엡 1:7, 14; 골 1:14; 히 9:15).

다이스만(Deissmann)은 '속전'에 대하여 이렇게 말했다.

> 1세기에는 누구든지 헬라어 'λύτρον'(ransom, 속전)이란 말을 들을 때면 의당히 노예를 해방시키기 위해 지불한 노예매입금으로 이해했다. 주후 86년, 100년, 91년 또는 107년에 노예 해방과 관련된 '옥시링쿠스'(Oxyrhynchus)에서 나온 세 문헌이 다 이 말을 사용하고 있다.[36]

앞서 이미 지적한 바와 같이 이 대속물은 사탄에게 지불한 것이 아니라, 하나님께 지불한 것이다. 상환을 요구하는 채무는 하나님 공의의 속성에 기인한 것이다. 사탄은 죄인에게 하등의 법적 요구권이 없다. 따라서 죄인이 석방되기에 앞서 사탄에게 무엇을 지불할 필요는 전혀 없다. 그래서 쉐드는 "하나님의 자비가 사람을 하나님의 공의에서부터 속량했다"라고 말했다.[37] 사람이 사탄에게도 속박되어 있음은 사실이지만, 쉐드는 이 점에 대해서 이렇게 말했다.

> 사탄의 포로가 된 것은 그리스도의 피의 구속적 효험에 관계된 것이라기보다는 성령에 관계된 것이다. 사탄의 속박으로부터의 구출은 칭의의 역사라기보다는 성화의 역사 중 일부가 된다. 사탄의 포로 됨에서의 구출은 다른 구출 뒤에 온다. 즉, 구출의 성질상, 속죄의 피에 의한 공의의 주장으로부터의 일차적인 구속이 있은 후, 내주하시는 성령에 의하여 죄와 사탄의 포로 및 속박으로부터의 구속이 가능한 것이다.

우리는 대체로 쉐드의 의견과 일치하고 있지만, 한편으로는 하지(Hodge)가 지적한 바와 같이, 다수의 성경 구절이 우리가 '그리스도 죽음에 의해' 율법의 형벌과 율법 자체, 능력으로서의 죄와 사탄, 그리고 모든 악으로부터 구속함을 받았다는 것을 가르치고 있음을 인정한다. 율법의 형벌에서부터의 구속, 또는 사도 바울이 갈라디아서 3장 13절에서 말한 것처럼, 율법의 '저주'에서 구속함을 받은 것은, 그리스도께서 우리를 위하여 저주를 받은 바 되었기 때문이다. 율법 자체에서 구속함을 받은 것은 그리스도의 몸으로 말미암아 우리가 율법에 대하여 죽임을 당하였기 때문인 바(롬 7:4), 따라서 우리는 더는 율법 아래 있지 않고 은혜 아래 있게 되었다(롬 6:14). 능력으로서의 죄에서 구속함을 받은 것은 그리스도께서 죄에 대하여 죽으시고, 우리도 그리스도 안에서 죄에 대하여 죽었기 때문이며(롬 6:2, 6; 딛 2:14; 벧전 1:18-19), 따라서 우리는 더는 죄의 통치에 순종할 필요가 없다(롬 6:12, 14). 사람을 포로로 사로잡고 있는 사탄으로부터 구속함을 받은 것(딤후 2:26) 역시 십자가상에서의 그리스도의 죽음으로 인한 것이다(히 2:14-15). 우리의 현재의 죽을 몸을 포함하여 모든 악으로부터 구속함을 받게 되는 것(엡 1:14; 롬 8:23)은, 그리스도의 재림 시에 완전히 허락된다(눅 21:28). 지금까지 우리는 구속이란 말이 때로는 빚 청산을 의미하며, 때로는 포로 된 자의 석방을 의미함을 살펴보았다.

④ 그리스도의 죽음은 그의 능동적 피동적 순종을 내포한다

그리스도께서 하나님의 뜻에 순종하심에서 그의 능동적 순종과 피동적 순종을 구별할 필요가 있다. 능동적 순종이란, 그리스도가 자기 백성으로 영생을 얻게 할 목적으로 죄인을 위하여 율법을 준수하셨다는 것을 말한다. 또 피동적 순종이란, 그리스도가 범죄한 인간의 그 죄에 대한 형벌을 대신 지불하고, 그의 모든 백성의 부채를 갚기 위해 수난을 당하신 것을 말한다. 이 양자를 구별하는 것

은 필요하나, 이것을 분리할 수 없다는 것도 명백히 알아야 한다. 이 둘은 구주의 생애의 모든 면에서 서로 함께하는 것이다. 그리스도께서 스스로 고난과 죽음에 자신을 종속시킨 것은 그의 능동적 순종의 일부였다(요 10:18). 한편 그리스도께서 율법을 따라 살고 종의 형상으로 활동하셨다는 것은 그의 피동적 순종의 일부였다. 일반적으로 그리스도는 그의 피동적 순종을 통하여 죄의 형벌을 지불하시고, 그 결과로 인간으로부터 저주를 제거하셨다고 말할 수 있다(사 53:6; 롬 4:25; 벧전 3:18; 요일 2:2). 그리고 그의 능동적 순종을 통하여 죄인을 위한 영생을 효력 있게 하심으로, 죄인 되었던 자들로 첫 사람 아담이 이루지 못한 그 최종 목표에 이르게 하셨다(롬 8:4, 10:3-4; 고후 5:21; 갈 4:4-5, 7).

3) 속죄의 범위

그리스도께서 순종하심으로 이루신 속죄가 물론 모든 사람이 다 구원을 얻게 한 것은 아니었지만, 그 자체가 모든 사람의 구원을 위한 것을 충족시켰다는 것이 일반적으로 인정되고 있다. 그러나 그리스도가 모든 사람을 구원할 목적으로 고난을 당하고 죽으셨는가, 아니면 그것이 오직 선택자만을 위함이었는가 하는 문제에 대해서는 여러 가지 상이한 견해가 있다.

① 로마 가톨릭교회나 루터교회, 아르미니우스 교파는 그리스도의 속죄가 보편적이라고 주장한다

이 견해에 의하면, 이것은 모든 사람이 다 구원을 받는다는 것을 뜻하는 것이 아니라, 다만 그리스도의 속죄 사역을 완수함에서는, 어떠한 예외도 없이 그들 전부를 구원하는 것이 그리스도를 보내신 성

부 하나님의 뜻이요, 그리스도의 뜻이었다는 의미다. 그들은 한결같이 주장하기를, 계획된 결과가 사실상 달성되지는 않는다고 말한다.

그러나 개혁교회들은 그들과는 달리 '제한된 속죄'(Limited Atonement)를 믿는다. 이것은 칼빈주의의 5대 강령 중 하나다. 선택자만을 구원하는 것이 성부와 성자의 의도이며, 또한 실제적으로 성취될 목적이었다고 그들은 주장한다. 이에 대해 보편 속죄의 옹호자들은, 그리스도는 모든 사람을 위하여 구원을 가능하게 했으며, 그들의 사실상의 속죄는 그들 자신의 자유 선택에 달려 있다고 말한다. 한편, 제한 속죄의 옹호자들은, 그리스도께서 만세 전에 하나님이 예정하신 자들을 위하여 자신의 생명을 버리셨고, 그 사람들만을 사실상 구원하시며, 그가 죄의 대가를 지불한 사람들은 누구도 예외 없이 마침내 구원을 얻게 된다고 주장한다.

성경은 분명히 그리스도께서 이루신 사역의 효력이 속죄를 가능하게 할 뿐 아니라, 인간으로 하나님과 더불어 화목하게 하며, 영원한 구원을 실제적으로 얻게 한다는 것을 가르치고 있다(눅 19:10; 롬 5:10; 고후 5:21; 갈 1:4, 3:13; 엡 1:7). 더욱이 성경은 여러 가지 방법으로, 그리스도께서 어떤 제한된 사람의 수를 위하여, 곧 "자기 백성"(마 1:21, "아들을 낳으리니 이름을 예수라 하라 이는 그가 자기 백성을 그들의 죄에서 구원할 자이심이라 하니라")을 비롯하여, "내 양"(요 10:11-15), "자기 피로 사신 교회"(행 20:28; 참조. 엡 5:25-27), "하나님께서 택하신 자들"(롬 8:32-35)을 위하여 자기 생명을 버리셨다는 것을 말해 주고 있다. 만일 모든 사람을 구원하는 것이 하나님의 뜻이고, 그리스도의 구속의 목적이었다면, 인간이 그 하나님의 뜻이나 목적을 좌절시킨다는 결론에 도달하게 된다. 그러나 이것은 전혀 있을 수도 없고, 불가능한 일이다.

② 제한 속죄(制限 贖罪)에 대한 이의(異議)

속죄 교리에 대하여 몇몇 반대 의견이 야기되었는데, 그중에 다음과 같은 것들이 가장 중요하다고 할 수 있다.

a. 그리스도가 '세상'을 위하여 죽으셨다고 가르치는 성구들이 있다(요 1:29, 3:16; 요일 2:2, 4:14). 반대자들은 이 여러 구절의 '세상'('all the world' or 'the world') 이라는 말이 항상 세계를 구성하는 개인들을 의미한다고 가정한다. 그러나 '세상' 혹은 '세계'라는 말이 언제나 그러한 의미를 갖는 것은 아니다. 그 의미는 확실히 누가복음 2장 1절과 사도행전 22장 22절, 신명기 4장 10절, 예레미야 51장 7절 등에서 자주 제한되어 사용되었다. 이 구절들 중에서 누가복음의 본문을 보면, 예수께서 탄생하실 즈음인 제정 로마 시대 최초의 황제였던 가이사 아구스도가 "천하로 다 호적하라"고 명령을 내린다. 여기서 '천하'(all the world, KJV, RSV)는 그 당시 이 세상 모든 나라가 아닌, 로마가 지배하던 나라를 국한해서 가리키는 것이었다. 이처럼 그리스도가 '세상'을 위하여 죽으셨다는 것은, 유대인을 위해서만 아니라, 세계의 모든 사람을 위해서 죽으셨다는 것을 의미하고 있을 뿐이다.

b. 그리스도가 '모든 사람'을 위하여 죽으셨다고 말하는 구절들이 있다(고전 15:22; 고후 5:14; 딤전 2:4, 6; 딛 2:11; 히 2:9; 벧후 3:9). 그러나 이 '모든'이라는 말 역시 성경에서 때때로 제한된 의미를 지니고 있다. 어떤 때는 특수 계급의 전수를 가리키고(고전 15:22; 엡 1:23), 또 어떤 때는 모든 종류의 계급의 사람을 지시하기도 한다(딛 2:11). 만일 이 말이 반대자들이 취하는 구절들의 절대적인 의미에서 해석된다면, 이 구절들의 어떤 것은 '모든 사람'이 실제로 구원을 받게 된다고 가르치게 될 것이다. 그러나 그것은 그들 자신도 믿지 못하는 사실이다.

c. 마지막으로, 복음 선교적인 면에서, 구원의 복음을 보편적으로 선포하며 전하는 것은, 말하자면 보편 속죄를 전제하는 것이다. 만일 그리스도가 모든 사람을 위하여 죽지 않으셨다면, 구원의 제공은 선한 신앙을 가진 모든 사람 중에도 미칠 수 없을 것이라는 것이다. 그러나 구원의 복음을 보편적으로 전파하는 것은, 그리스도께서 모든 죄인을 위해 속죄하셨다는 선언을 내포하고 있는 것이 아니다. 더욱이 개인의 구원은 성령의 역사로 각 사람의 마음 안에서 일어나는 회개와 신앙에 의해서 이루어지는 것인데, 이것은 하나님의 선택을 받은 자만이 그 요구에 응할 수 있으며, 그리하여 그들만이 구원의 축복을 받게 되는 것임을 성경은 말한다(엡 1:3-14).

4장

예수 그리스도의 부활

우리 구원의 객관적인 면은 그리스도의 죽음 이상을 내포하고 있는데, 곧 그리스도의 부활과 승천, 재림이다. 하나님의 구속 계획에 대한 전반적인 성경적 견해를 이해하려면 마땅히 이것들을 개별적으로 고찰하지 않으면 안 된다.

먼저 구원에 관련된 그리스도의 부활을 살펴보자. 그리스도의 부활은 그의 신분의 위대한 전환점이 되었고, 그의 십자가 죽음과 부활을 믿는 성도들에게도 신분의 상승과 함께 여러 가지 유익을 가져다주었다.

1. 그리스도의 부활의 중요성

성경에 의하면 그리스도의 부활을 믿는 신앙은 구원에 본질적이다(롬 10:9-10). 우선 이 문제를 간략히 살펴보고자 한다.

1) 그리스도의 부활은 기독교의 근본 교리다

많은 사람이 그리스도의 죽음의 필요성은 인정하면서도, 그리스도의 육체적 부활의 중요성은 부정하고 있다. 그러나 그리스도의 육체적 부활이 매우 중요하다는 사실은 기독교와 이 교리 간의 근본적인 관련성 면에서 볼 때 확실하다.

고린도전서 15장 12-19절에서 바울은 모든 것이 그리스도의 육체적 부활에 따라 서기도 하고, 무너지기도 한다고 말했다. 만약 그리스도께서 부활하지 않았다면, 사도들이 전파하는 것도 헛것이고(14절), 사도들은 거짓 증인으로 발견될 것이며(15절), 고린도 교회 성도는 여전히 죄 가운데 있을 것이며(17절), 그리스도 안에서 잠자는 자도 망했을 것이며(18절), 그리스도인들이 모든 사람 가운데서 더욱 불쌍한 자일 것이다(19절). 사도행전과 바울의 복음 전파에서 시종일관 강조된 것은 바로 그리스도의 부활이다(행 2:24, 32, 3:15, 4:10, 10:40, 13:30-37, 17:31; 롬 4:24-25, 6:4, 9, 7:4, 8:11, 10:9; 고전 6:14; 고후 4:14; 갈 1:1; 엡 1:20; 골 2:12; 살전 1:10; 딤후 2:8; 벧전 1:21). 부활하신 그리스도를 직접 만남으로, 자신이 핍박하던 예수 그리스도의 사도가 된 자답게 바울은 진실로 그리스도의 부활을 복음의 본질적 부분으로 삼았음을 볼 수 있다(고전 15:4; 딤후 2:8).

2) 그리스도의 부활은 구원의 적용에서 중요한 역할을 담당한다

하나님께서 그리스도를 죽음에서 다시 일어나 하나님의 우편 자리에 앉게 하신 목적은, 그리스도께서 교회의 모든 것에서 머리가 되도록 하기 위함이었다(엡 1:19-23). 그러므로 그리스도는 우리에게 성령으로 세례를 주기에 앞서 다시 살아나시지 않으면 안 되었다(요 1:33; 행 2:32-33; 참조. 요 15:26, 16:7). 또한 그리스도의 죽음, 부활, 승천은 그리스도께서 우리 인간에게 은사를 부여하심에서 결정적인 준비적 사건이다(엡 4:8-13). 마지막으로, 그리스도는 임금과 구주가 되시며, 이스라엘에게 회개와 죄 사함을 주시기 위해 반드시 살아나셔야 했다(행 5:31). 바울은 그리스도의 죽음은 우리를 하나님께 화목하게 하며, 그의 현재적 생명은 우리의 구원을 온전케 한다고 말함으로 그리스도의 부활을 잘 요약하고 있다(롬 5:8-10). 이 모든 사실로 볼 때 성경은 그리스도의 부활을 준비된 구원의 적용에 근본적인 것으로 보았음이 확실하다.

3) 그리스도의 부활은 이적의 변증으로서 매우 중요하다

스트롱은 "성경의 이적을 증명하려는 시도는 발람의 나귀나 요나와 큰 물고기의 이적으로 시작할 것이 아니라, 그리스도의 부활로 시작해야 한다"고 말했다.[38] 이 말은 그리스도의 부활이 입증되면, 다른 이적의 증거는 어렵지 않다는 말이다.

로드 리틀턴(Lord Lyttleton)과 길버트 웨스트(Gilbert West)는 그리스도의 부활과 바울의 회심 사건은 기독교 신앙에 대한 두 개의 최강 변증임을 자각했다. 이 두 사람은 아직 불신자였을 때 그리스도의 부활과 바울의 회심이라는 두 가르침이 사실이 아니라는 것을 보여 주려고 작심했다. 그리고 이런 이적들이 틀린 것임을 증명해 내기 위해 먼저 성경과 역사 공부에 착수했다. 그러나 그들은 정직한 사람들이었기에 자기들의 원래 계획을 끝까지 완수해 내지 못했고, 그 두 사건의 증거를 예의주시하며 검토한 결과, 오히려 그것은 틀림이 없는 사실이라는 확신을 얻게 되었다. 그리하여 그들은 부정하려고 했던 바로 그 일을 다시 사실이라고 입증하는 책을 내고 말았다! 로드 리틀턴의 《사울의 회심에 관한 고찰(Observations on Saul's Conversion)》과 길버트 웨스트의 《예수 그리스도의 부활의 역사 및 증거에 관한 고찰(Observations on the History and Evidences of the Resurrection of Jesus Christ)》이 그것이다.

역사상 모든 시대의 불신자들도 그리스도의 부활로 인해 모든 이적이 가능하다고 하는 사실을 인식했다. 그러므로 예수 그리스도의 부활은 성경의 초자연적 특성을 확립하는 일에서 중요한 의미를 지닌 진리다.

2. 그리스도의 부활의 성질

그리스도의 부활은 그가 다시 살아나셔서 육체와 영혼이 재결합했다는 사실만을 말하지 않는다. 만일 이것이 전부라면, 그는 "잠자는 자들의 첫 열매"(고전 15:20)나, '죽은 자들 가운데에서 먼저 나신 자'(계 1:5)로 불릴 수 없었을 것이다. 그리스도 안에서 그의 인성(육체와 영혼)은 원시적 순수함과 권능과 완전함으로 회복되었을 뿐 아니라, 이전보다 더욱 고등한 수준으로까지 올라가 그의 육체와 영혼이 생적(生的) 유기체(有機體)로 재연합된 것이 곧 그의 부활이라 할 것이다. 그의 외적 모습은 전과 별로 다름이 없었으나, 손쉽게 인식하지 못할 정도의 차이가 있었다. 그의 몸은 물질적이며 참된 육체였으나, 동시에 갑자기 나타날 수도 있고, 놀라운 방법으로 인간의 시계(視界)에서 사라질 수도 있는 육체요, 시간과 공간의 제한에서 벗어난 영(靈)의 완전한 조직으로 변형된 육체였기에, 그것은 영적(靈的)인 '신령한 육체'였다(눅 24:31, 36, 39; 요 20:19, 21:7; 고전 15:50).

분명히 그리스도의 영적 생명에서도 변화가 있었다. 이것은 그가 종교적으로나 윤리적으로 변화되었다는 것을 뜻하는 것이 아니라, 그의 영혼이 장차 천계(天界)의 환경에 완전히 적응할 수 있는 새로운 성질의 몸을 부여받았다는 것을 의미한다. 그는 부활을 통하여 생명을 주는 영(靈)이 되신 것이다(고전 15:45).

1) 그리스도 부활은 실제적인 부활이다

예수는 죽은 것이 아니라 다만 기절했다가 무덤의 냉기와 냄새를 맡고 깨어났다고 하는 소위 파울루스(Paulus)와 스트라우스(Strauss)의 이론은 신성모독이며, 성경의 명백한 의미를 지닌 진리를 사악하게 변경한 것이다. 그리스도가 실제로 죽으셨다는 것은 다음 사실들로 분명하다. 예수의 무덤을 지키던 백부장과 군사들이 예수의 죽음을 확인했다(막 15:45; 요 19:33), 여인들이 예수의 죽은 몸에 향유를 부으려고 무덤에 찾아갔다(막 16:1). 또 군병이 찌른 창에 그리스도의 옆구리에서 피와 물이 쏟아져 나왔는데, 특히 이에 대해서 에번스(Evans)는 이렇게 말했다.

"생리학자나 자연과학자들은 심장을 포함한 중요 기관들이 기절의 상태를 배제하고, 오직 죽음의 사실을 명백히 증거하는 것으로 의견을 모으고 있다."[39]

이 외에도 그리스도가 실제로 죽으셨다는 사실은 더 열거할 수 있다. 그리스도는 제3일에 겨우 절반만 죽었던 사람으로 나타난 것이 아니라, 죽음을 강하게 정복하신 자로 나타나셨으며, 밧모섬에 나타나신 그리스도는 두려워 그 발 앞에 엎드린 사도 요한에게, "두려워하지 말라 나는 처음이요 마지막이니 곧 살아 있는 자라 내가 전에 죽었었노라 볼지어다 이제 세세토록 살아 있어 사망과 음부의 열쇠를 가졌노니 그러므로 네가 본 것과 지금 있는 일과 장차 될 일을 기록하라"(계 1:17-19)라고 선포하셨다. 여기서 그리스도는 자신이 전에 "죽었었노라"고 인정하신다. 그리고 "하늘과 땅의 모든 권세"를 받으신 주님께서는 그의 지상명령을 수행하는 교회에게, "내가 너희와 항상 함께 있으리라"라는 아름다운 약속을 해주셨고, 지금도 주님은 자신을 구주로 영접한 성도 안에 그가 보내신 성령으로 내주(內住)하고 계신다(마 28:18-20; 요 14:16-20).

2) 그리스도의 부활은 육체적 부활이다

그리스도의 부활을 믿는다고 말하는 사람 중에도 그리스도의 육체적 부활 사실을 믿으려 하지 않는 자들이 많다. 그들은 그리스도의 죽음과 부활을 단순히 하나의 체험의 양면이라고 주장한다. 즉, 그리스도는 그의 죽음에서 그의 육체적 생명을 초월하고, 그의 부활에서 영적 생명으로 들어갔다는 것이다. 그리고 그리스도의 출현은 그리스도의 영의 출현이거나(Keim의 영혼설), 단순한 주관적 환각(Reman의 환각설)이라고 설명했다. 이런 학설은, 그리스도가 부활 후 출현했다고 본다는 차이점을 제외하고는, 오늘날의 파괴적인 비평자들이나 천년왕국 여명파(Millennial Dawnists), 여호와 증인, 크리스천 사이언스파(Christian Scientists), 그리고 기타 사람들의 지지를 받고 있다. 이상의 여러 견해에 대하여 우리는 이렇게 대답한다.

의사 누가는 예수의 부활에 대해 다음과 같이 자세히 기록했다. 부활하신 예수가 제자들에게 갑자기 나타나시자, 제자들이 놀라고 무서워하여 그 보는 것을 영으로 생각했다. 그때 예수께서 "어찌하여 두려워하며 어찌하여 마음에 의심이 일어나느냐 내 손과 발을 보고 나인 줄 알라 또 나를 만져 보라 영은 살과 뼈가 없으되 너희 보는 바와 같이 나는 있느니라"라고 말씀하시며, 자신의 손과 발을 내보이셨다. 그리고는 "여기 무슨 먹을 것이 있느냐" 하고 물으셔서 구운 생선 한 토막을 드렸더니, 받으셔서 그 앞에서 잡수셨다(눅 24:36-42).

마태는 부활하신 그 아침에 그리스도를 만났던 여인들이 그리스도의 발을 붙잡았다고 기록했다(마 28:9). 다윗은 성령의 감동으로 예언하기를, 그리스도의 육체가 썩지 않을 것이라고 했다(시 16:10; 행 2:31). 예수를 매장했던 무덤은 텅 비었으며, 무덤 속에는 예수께서 입으셨던 세마포가 놓여 있었고, 또 머리를 쌌던 수건은 세마포와 함께 놓이지 않고, 다른 곳에 개켜 있었다고(요 20:1-8), 예수의 빈 무덤을 조사했던 제자들이 자세히 밝혔다(요 20:6-7; 막 16:6).

그리스도께서는 부활하신 이후에 그의 제자들이 보는 앞에서 음식을 드셨고(눅 24:41-45), 못 박히신 그의 손과 발을 그들에게 보이셨으며, 그의 부활을 의심하던 도마에게는, 앞서 그가 했던 말을 그대로 인용하여, "네 손가락을 이리 내밀어 내 손을 보고 네 손을 내밀어 내 옆구리에 넣어 보라 그리하여 믿음 없는 자가 되지 말고 믿는 자가 되라"고 말씀하셨다. 이에 도마는 예수 앞에 엎드려, "나의 주님이시요 나의 하나님이시니이다"라고 자신의 신앙을 고백했다(요 20:25-28).

그리스도께서는 자신이 죽었다 사흘 만에 육체적으로 부활하실 것을 미리 예언하셨다(요 2:19-22; 마 12:39-40). 무덤 속에 있던 천사도 그리스도께서 말씀하신 대로 부활하셨다고 선언했다(눅 24:6-7). 이 밖의 많은 성경 구절이 그리스도의 부활이 영적인 부활이라는 것에 추호(秋毫)의 긍정도 허락하지 않고, 육체적 부활이었음을 명백히 증거해 주고 있다(요 5:28-29; 고전 15:20; 엡 1:19-23).

3) 그리스도의 부활은 독특한 부활이다

성경에 죽었다 다시 살아난 사람이 여럿이 있는데, 사르밧 과부의 아들(왕상 17:17-24), 수넴 여인의 아들(왕하 4:17-37), 회당장 야이로의 딸(막 5:22-43), 나인성 과부의 아들(눅 7:11-17), 베다니의 나사로(요 11:1-44), 다비다(행 9:36-43), 유두고(행 20:7-12) 등이 그들이다. 이들 모두 죽었다 다시 살아났고, 그리스도께서도 죽어 장사 지낸 지 사흘 만에 육체적으로 다시 살아나셨다는 것은 동일하다. 그러나 그들 모두는 그리스도께서 부활 후 받은 것과 같은 부활체(復活體)는 받지 않았음이 분명하다. 그들은 성령 하나님의 권능으로 죽었다 부활하여, 일정 기간 세상에 살다 오래전에 다 죽어, 그들의 육체는 다 흙으로 돌아가고, 그들의 영혼은 주신 이 하나님께 돌아갔다. 그러나 그리스도의 부활하신 몸은, 그가 부활하시기 전의 모습을 지니고 있었으나, 이전과는 다른 몸으로, 시간과 공간의 제약을 초월하는 신령한 몸이다. 그래서 유대인들이 두려워 문을 잠그고 숨어 있던 제자들에게 갑자기 나타나기도 하고(요 20:19), 제자들과 대화하시다 갑자기 그들의 시계(視界)에서 사라지기도 하셨다(눅 24:29-31). 나중에 그리스도의 승천과 재림에 관한 부분에서 다시 그리스도께서 부활하신 이후에 하신 일을 고찰하겠지만, 그리스도는 지금도 구원받은 성도 안에 성령으로 내주하시며 영원히 살아 계신다(롬 6:9-10; 딤후 1:10; 계 1:18).

3. 그리스도의 부활의 의의

그리스도 부활에는 세 가지 중요한 의미가 있다.
첫째, 그리스도의 부활은 그리스도께서 언약적 의무로서 율법의 모든 요구에 응하셨다는 성부의 선언이다.

둘째, 그리스도의 부활은 장차 신자들의 칭의, 영적 출생, 미래의 부활에서 발생할 것을 상징하는 예표적 사건이다(롬 6:4-5, 9, 8:11; 고전 6:14, 15:20-22; 고후 4:10-11, 14; 골 2:12; 살전 4:14).

셋째, 그리스도의 부활은 신자의 칭의, 중생, 마지막 부활의 원인일 뿐 아니라, 그들 부활의 첫 열매가 되신다(롬 4:25, 5:10; 고전 15:20; 엡 1:20; 빌 3:10; 벧전 1:3).

4. 그리스도의 부활의 신빙성

예수 그리스도의 부활은 모든 자연적 해석을 허용치 않는 하나의 이적이다. 바로 이러한 이유로, 오늘날 많은 사람이 그것은 물리적으로 불가능하다며 그리스도의 부활을 부정하고 있다. 즉, 물질의 미분자들은 시간의 과정 안에 많은 물체를 구성하여, 그것들이 한 때 본래의 한 부분을 이루었던 그 전물체로 결코 회복될 수 없기 때문이라는 것이다. 그러나 부활을 부정하는 사람들은 1세기의 그리스도 교회에서 그리스도의 부활에 대한 신앙이 일반적이었다는 그 부정할 수 없는 사실에 대해서도 설명하지 않으면 안 된다.

1) 증거와 논증

하나님의 능력의 비상한 현현은 일반적인 사실에 의해 추론되어서는 안 된다. 하나님의 능력의 비범한 현현의 기초는 특이한 근거를 지닌 것이어야 하는데, 이 논증이 바로 그러한 것이다. 증거를 신빙성 있게 만드는 데는 필수적인 세 가지 사실이 따라야 한다. 즉, 첫째로 증인이 유자격자로 곧 직접 눈으로 본 목격자여야 하고, 둘째로 증인의 수는 많을수록 좋으며, 셋째로 증거가 온전히 그 가치를 인정받기 위해서는 증인들이 신망이 있는 자여야 한다.

먼저 그리스도의 부활을 증거한 모든 사도가 이 모든 사실의 증인으로서 유자격자다. 그들은 자신들이 계속 눈으로 직접 본 목격자라고 거듭해서 말한다(눅 24:33-36; 요 20:19, 26; 행 1:3, 21-22). 즉, 사도들은 자기들의 가르침을 막연하게 타인의 보고에 기초하지 않았다. 성경은 부활하신 그리스도를 본 사람이 500명이 넘는다고 확증했다(고전 15:3-8). 에번스(Evans)는 현재 우리의 재판에서는 살인을 확증하는 데는 충분한 증인이면 되고, 대역죄는 2인, 유언서 작성에는 3인, 구두 유언 성립에는 7인의 증인이면 족하다고 말하면서, 현행법에서 7인의 증인이 최대 다수의 필요한 증인의 수를 성립시킨다고 말한다.[40]

증인의 인격에 대하여 보더라도, 성경이나 기타 대적자들이나 어느 누구도 증인들을 도덕적 기초에서 비난을 퍼붓던 사례는 결코 발견할 수 없었다는 것만 보아도, 그리스도의 부활을 증거하는 증인들의 인격은 믿을 만하다. 우리는 이 외에도 사도들이 이 경이로운 사실을 선포할 때, 다만 그것을 선포하는 데만 동기가 있었지, 다른 어떤 이면의 동기가 별달리 있었던 것이 아니라는 역사적 사실과 사도들이 생명의 위협을 무릅쓰고 이 사실을 전한 것을 기억해 볼 때, 그들의 증거가 과연 얼마나 강력한 것이었는지를 알 수 있다.

그리스도께서 부활하신 날 이른 새벽으로부터 그 후 40일 동안에 있었던 제반 사건은 대개 다음과 같은 순서로 나타난 것으로 보인다. 부활의 아침 일찍이 세 여인이 예수의 무덤에 찾아갔다 천사를 만나 그리스도의 부활 소식을 듣게 된다(마 28:1-8; 막 16:1-7; 눅 24:1-8). 이 여인들 중 막달라 마리아는 베드로와 요한에게 이 사실을 말하러 갔으며(요 20:1-2), 다른 두 여인은 (아마도) 베다니에 있던 다른 제자들에게 이 소식을 전하러 갔다(눅 24:9-10). 그 후 베드로와 요한

이 마리아에 앞서 무덤으로 달려갔으나 주님은 보지 못하고 돌아왔다(요 20:3-10).

이후 그리스도는 다음과 같은 순서로 무려 12회나 각기 다른 장소와 사람들에게 나타나셨다: 베드로와 요한이 이미 무덤을 떠난 후 무덤에 왔던 마리아(막 16:9; 요20:11-18), 길가의 다른 여인들(마 28:9), 엠마오 도상의 두 사람(막 16:12-13; 눅 24:13-35), 시몬 베드로(눅 24:34; 고전 15:5), 열 명의 사도(요 20:19, 24), 열한 명의 제자(요 20:26), 디베랴의 사도들(요 21:1-14), 갈릴리산에 모인 사도들(마 28:16-17), 갈릴리산에 모인 약 500명의 형제(고전 15:6), 야고보(고전 15:7), 승천하시던 산에 모인 제자들(눅 24:50-51; 막 16:19; 행 1:9), 바울(고전 15:8).

2) 인과율의 논증(The Argument from Cause and Effect)

모든 결과에는 원인이 있다. 기독교 역사에는 그리스도의 육체적 부활을 원인으로 삼고 있는 수많은 결과가 있다.

첫째로, 빈 무덤이다. 성경은 그리스도를 장사지냈던 무덤이 비어 있다고 말한다. 이것이 진실이 아니라면 당시 누군가가, 제자들은 속이는 자들이라는 것을 보여 주면서 무덤이 비어 있지 않다고 말했을 것이다. 군병들이 졸고 있는 사이에 제자들이 와서 그리스도의 시체를 훔쳐 갔다고 하는 대제사장들과 당시 장로들의 새빨간 거짓말을 오늘날의 몇몇 현대주의자들이 진리로 받아들이고 있지만, 주님의 무덤 속에 그가 입으셨던 세마포가 놓여 있었고, 머리를 쌌던 수건은 다른 곳에 쌌던 대로 놓여 있었다는 것 등의 확실한 증거물은 어떻게 설명할 것인가? (요 20:3-8). 만일 제자들이 와서 시체를 훔쳐 갔다면 분명 이렇게 될 수 없었을 것이다.

둘째로, '주의 날'(Lord's day)이다. 안식교도들은 일요일 예배 준수는 그리스도 이후 수세기를 지나오다 로마 황제 콘스탄틴 대제가 기독교를 국교로 제정할 때(AD 313)부터 이교도인 로마인들로부터 시작되었다고 주장하면서, 다음과 같은 말을 인용한다. "가톨릭 당국자들은 그리스도 이후 수백 년이 지난 뒤 로마교회가 그런 변화를 초래했다고 말하여 그런 인상을 주고 있다."[41]

여러 해 동안 안식교도로 살았던 캔 라이트는, "'주의 날'은 사도들로 더불어 시작된 것이지, 이교도나 교권주의적 로마와 더불어 시작된 것이 아님을 보여 준다"고 말했다.[42] 사도들이 주일을 주일이 되도록 바꾸었다고 인정하는 사람 중에도 혹자는, 사도들이 그렇게 한 목적은 새로운 종교를 세우거나, 그들의 죽은 스승을 명예롭게 하기 위함이었다고 주장한다. 그러나 이에 대해 주목할 만한 것은, 사도들은 모두 유대인이었다는 사실이다. (유대인들이 왜 새 종교를 세우려 하겠는가?) 또 유대인들이 그들이 신성시하던 제7일 '안식일'을 지키는 것은 에덴동산에서부터 시작된 것이며, 또 하나님께서 그들과의 언약의 표로 그 안식일을 주신 것인 만큼, 어떤 유대인이라도 이 안식일 준수를 폐하고 돌아선다는 것은, 앞서 말한 여러 이유로 부당하다(출 31:13; 겔 20:12, 20). 그런데 어떻게 그들이 새로운 날을 제정할 수 있었겠는가? 또 사실 보잘것없는 어부들이었던 그들로서는 새로운 종교를 만들거나 소개할 위치에 있지도 못했으며, 유대인으로서 그들은 어떤 한 사람의 명예를 위해 휴일을 제정할 수도 없었고, 또 그렇게 하지도 않았다.

그렇다면 주일의 기원은 무엇인가? 그것은 사도들이 그날을 그리스도의 육체적 부활을 기념하고, 주의 승인 아래 '주의 날'로 만들었다는 사실에 근거해서만 설명이 가능하다.

셋째로, 기독교 교회다. 기독교회는 어떤 원인의 한 결과다. 제자들과 함께 공동체 생활을 하신 그리스도의 생애에 의해 제자들이 받은 인상은 이만저만한 것이 아니었다. 그런데 그 주님, 그리스도가 십자가에 못 박히셨을 때, 그들의 모든 소망은 무너지고 말았다. 그처럼 실의와 낙심에 빠졌던 제자들이 다시 예루살렘에 돌아와 스스로 모이기 위해 기운을 내게 되었던 동기나, 무섭게 달려드는 핍박자의 면전에서, 또 동료 유대인들에게 그리스도의 이름을 과감하게 선포하기에 이르렀던 일 등은, 어떤 다른 이유가 아니라 그리스도께서 죽은 자 가운데서 살아나셨다는 절대적인 확신에 기인한 것이다. 이렇게 제자들의 모임이 기독교회의 시초가 되었고, 교회의 설립은 그리스도의 육체적 부활에 그 근원을 두고 있다.

넷째로, 신약 성경이다. 그리스도의 부활이 없었다면 어떻게 신약 성경이 기록될 수 있었겠는가? 에번스는 이에 대해 이렇게 말한다.

"만일 그리스도께서 무덤에 그대로 장사된 채로 누워 있었다면, 그리스도의 생애와 죽음의 이야기도 아마 그와 더불어 영원히 매장되고 말았을 것이다.…신약은 부활에 관한 책이다."[43]

5. 그리스도의 부활에 대한 성경적 증거

예수 그리스도의 부활은 역사상 가장 잘 알려진 유명한 기적이다. 그리스도의 부활은 여러 가지 면에서 기독교 신앙의 핵심인데, 역사상 많은 사람이 다음과 같이 견해의 일치를 보여 왔다.

- 토머스 아놀드: "그리스도가 돌아가셨고, 죽은 자 가운데서 살아나셨다는 사실보다 더 훌륭하고 완벽한, 모든 종류의 증거에 의해 판명된 사실은 인류 역사에 없다."
- B. F. 웨스트코트: "모든 증거를 종합해 보면…그리스도의 부활보다 더 잘 혹은 더 다양하게 지지를 받는 역사적으로 중요한

사건은 없다고 해도 과언이 아니다."
- 존 로크: "우리 구세주의 부활은…기독교에서 참으로 중요하다. 그리스도가 메시아로 서느냐 서지 못하느냐가 부활에 달려 있을 만큼 중요하다."
- 빌리 그레이엄: "완전한 미래의 설계는 부활이 좌우한다."
- 존 스토트: "기독교의 정수는 부활이다. 기독교의 중심에 부활이란 개념이 있다. 부활을 제거하면 기독교는 무너진다."
- 윌리엄 라이언 펠프스: "예수 그리스도의 이야기 중에서 가장 중요한 사건은 부활이다."
- 벤자민 B. 월필드: "그리스도의 부활은 엄연한 사실이다."[44]

성경에서 부활하신 그리스도를 목격한 수많은 사람 중 하나인 사도 바울은, 고린도전서 15장에서 이렇게 말한다.

"형제들아 내가 너희에게 전한 복음을 너희에게 알게 하노니 이는 너희가 받은 것이요 또 그 가운데 선 것이라 너희가 만일 내가 전한 그 말을 굳게 지키고 헛되이 믿지 아니하였으면 그로 말미암아 구원을 받으리라 내가 받은 것을 먼저 너희에게 전하였노니 이는 성경대로 그리스도께서 우리 죄를 위하여 죽으시고 장사 지낸 바 되셨다가 성경대로 사흘 만에 다시 살아나사 게바에게 보이시고 후에 열두 제자에게와 그 후에 오백여 형제에게 일시에 보이셨나니 그중에 지금까지 대다수는 살아 있고 어떤 사람은 잠들었으며 그 후에 야고보에게 보이셨으며 그 후에 모든 사도에게와 맨 나중에 만삭되지 못하여 난 자 같은 내게도 보이셨느니라"(1-8절).

"그리스도께서 죽은 자 가운데서 다시 살아나셨다 전파되었거늘 너희 중에서 어떤 사람들은 어찌하여 죽은 자 가운데서 부활이 없다 하느냐 만일 죽은 자의 부활이 없으면 그리스도도 다시 살아나지 못하셨으리라 그리스도께서 만일 다시 살아나지 못하셨으면 우리가 전파하는 것도 헛것이요 또 너희 믿음도 헛것이며 또 우리가 하나님의 거짓 증인으로 발견되리니 우리가 하나님이 그리스도를 다시 살리셨다고 증언하였음이라 만일 죽은 자가 다시 살아나는 일이 없으면 하나님이 그리스도를 다시 살리지 아니하셨으리라…그리스도께서 다시 살아나신 일이 없으면 너희의 믿음도 헛되고 너희가 여전히 죄 가운데 있을 것이요 또한 그리스도 안에서 잠자는 자도 망하였으리니 만일 그리스도 안에서 우리가 바라는 것이 다만 이 세상의 삶뿐이면 모든 사람 가운데 우리가 더욱 불쌍한 자이리라"(12-19절).

그러므로 이 장에서는 '예수 그리스도는 정말 죽음에서 살아나셨는가?'라는 질문에 답하고자 한다. 이를 위해 먼저 성경적 증거와 당시의 정황적 증거, 교회 밖의 비기독교적인 역사적 증거를 살펴볼 것이다.

① 그리스도의 부활은 오래전 예언되었다.

"죽으면 어찌 다시 살리이까"(욥 14:14)라는 질문은 사람들이 구약 시대부터 해오던 오랜 질문 중 하나로, 죽은 자의 부활은 인간의 이성이나 경험으로 이해하거나 해결할 수 없는 문제다. 그러나 '몸의 부활'은 구약 시대 선지자들의 입을 통하여 이미 예언된 진리다. 다니엘 12장 2절은 "땅의 티끌 가운데에서 자는 자 중에서 많은 사람이 깨어나 영생을 받는 자도 있겠고 수치를 당하여서 영원히 부끄러움을 당할 자도 있을 것이며"라고 말하고 있고, 이사야 26장 19절은 "주의 죽은 자들은 살아나고 그들의 시체들은 일어나리이다 티끌에 누운 자들아 너희는 깨어 노래하라 주의 이슬은 빛난 이슬이니 땅이 죽은 자들을 내놓으리로다"라고 말한다.

특별히 구약 시대 3대 의인 중 한 사람인 욥은 "내가 알기에는 나의 대속자가 살아 계시니 마침내 그가 땅 위에 서실 것이라 내 가죽이 벗김을 당한 뒤에도 내가 육체 밖에서 하나님을 보리라 내가 그를 보리니 내 눈으로 그를 보기를 낯선 사람처럼 하지 않을 것이라 내 마음이 초조하구나"(욥 19:25-27)라고 말했다.

욥이 모세의 율법이 기록되기 이전에 이미 '살아 계신 구속자'와 장차 세상에 오실 구속자를 간절히 대망했으며, "내 가죽이 벗김을 당한 뒤에도 내가 육체 밖에서 하나님을 보리라"(욥 19:26)라는 놀라운 부활 신앙을 보여 준다.

② 예수께서 자신의 부활을 거듭 예언하셨다.

그리스도께서는 예루살렘으로 올라가는 길에 열두 제자에게 자신이 예루살렘에서 당할 일을 말씀하셨는데, 이것은 세 번째 수난 예고에 해당한다.

> "보라 우리가 예루살렘에 올라가노니 인자가 대제사장들과 서기관들에게 넘겨지매 그들이 죽이기로 결의하고 이방인들에게 넘겨주겠고 그들은 능욕하며 침 뱉으며 채찍질하고 죽일 것이나 그는 삼 일 만에 살아나리라"(막 10:33-34).

이 외에도 예수께서는 자신의 부활에 대해 여러 번 말씀하셨다(마 12:38-40; 막 8:31, 9:31; 요 2:18-22).

③ 그리스도는 십자가에서 죽으셨다.

크리스천사이언스(Christian Science)의 설립자인 메리 베이커 에디(Mary Baker Eddy)는 예수는 죽으신 것이 아니라 "죽음처럼 보이는 것"을 경험하셨을 뿐이라고 말했다.[45] 그러나 성경은 그리스도가 십자가에 달려 돌아가셨음을 강조하고 있다.

첫째, 예수께서는 대제사장과 총독 빌라도의 법정에 끌려다니며 재판받으시고 심문과 구타를 당하시느라 밤을 새우셔서 이미 기진맥진하셨다. 둘째, 예수께서는 혹심한 매질을 당하셨다. 이 매질은 많은 죄수가 십자가에 달려 처형되기도 전에 죽게 할 만큼 무시무시한 형벌이었다. 셋째, 그리스도는 십자가에 못 박히셨고, 직업적인 사형 집행인들이 예수의 죽음을 공포했다. 넷째, 예수의 죽음을 확인하기 위해 군병이 창으로 예수님의 옆구리를 찔렀을 때, 창이 심장을 찔렀기 때문에 피와 물의 혼합물이 옆구리에서 쏟아져 내렸다. 다섯째, 대략 45킬로그램의 린넨과 향유로 예수의 시체에 염을 했다. 만약 예수께서 구타, 채찍질, 십자가 처형은 물론 창으로 옆구리를 찌르고 그 창끝이 심장을 찌른 후에도 돌아가시지 않았다면, 아마 이 유대인의 장례법에 의해 질식해서 돌아가셨을 것이다. 여섯째, 이 모든 것을 이겨내고 만에 하나 예수께서 살아 계셨다 해도, 차가운 암석 동굴 무덤에서 물 한 모금, 빵 한 조각 섭취하지 못하고, 치료도 받지 못한 채 사흘 동안 견딘다는 것은 불가능하다. 예수는 분명 성경과 그가 예언하신 대로 나무에 달려 돌아가셨다.

④ 예수는 쉽게 찾을 수 있는 무덤에 매장되었다.

예수께서 태어나시기 무려 700여 년 전에, 하나님께서는 선지자 이사야를 통하여 예수가 죽은 후 부자와 함께 있게 될 것(사 53:9)이라고 하셨는데, 이것은 예수께서 부자와 무덤에 장사 될 것을 예언하신 것이다. 사실 이것은 당시 예수의 형편에서는 말이 안 되는 이야기였다. 예수나 그 제자들은 비싼 매장지를 살 수 없는 가난한 사람들이었기 때문이다. 하지만 예수가 돌아가신 후, 당시 산헤드린 공회원이자 매우 부유한 아리마대 요셉이라는 사람이 예수의 장사를 위해 로마 총독 빌라도에게 찾아가 예수의 시체를 요구했다. 그리고 같은 산헤드린 공회원인 니고데모가 제공한 100근쯤 되는 몰약과 침향 섞은 것을 예수의 시체에 발라 염하고, 유대인의 장례법대로 시신을 세마포로 싸서, 누구나 찾기 쉽고 확인할 수 있는 자신이 제공한 새 무덤에 매장했다(막 15:42-46; 요 19:38-42).

말하자면 그 무덤의 소유자인 아리마대 요셉, 그로부터 예수의 시체 인도를 요구받아 예수의 죽음을 확인한 연후에 내어준 총독 빌라도, 무덤을 지키기 위해 겹겹이 둘러선 약 100명의 군인, 무덤을 방문하고 무덤이 비어 있음을 발견한 제자들과 여인들, 이 모든 사람이 예수의 죽음과 그가 매장된 무덤을 정확히 알고 있었다. 예수가 죽음에서 살아나지 않았다면, 예수의 무덤을 열어 예수의 시신을 증거로 제시하면서, 그가 부활하지 않았음을 증명하기란 아주 쉬운 일이었을 것이다.

⑤ 예수는 돌아가신 지 사흘 만에 다시 살아나 육체를 입고 나타나셨다.

'여호와의 증인'은 교회 역사에서 이단으로 간주해 온 많은 잘못된 교리에 기초해, 찰스 테이즈 러셀(Charles Taze Russell, 1852~1916)을 중심으로 1872년 미국 피츠버그에서 시작되었다. 이들은 예수의 육체적 부활을 거부하고, 예수가 영적으로 살아나셨다고 주장이다. 하지만 그러한 양자택일적인 주장은 역사적 사실과 일치하지 않는다.

많은 사람이 부활하신 예수를 직접 만났고, 그의 몸도 만졌다. 여인들이 예수의 발을 붙잡았고(마 28:9), 마리아는 예수의 몸을 붙들었다(요 20:17). 또 예수는 자신의 부활을 의심하는 도마에게 나타나, 자신의 손과 발과 옆구리의 상처를 보이시며 만져 보라고 하셨다. 예수는 부활하신 후 제자들에게 여러 번 나타나셨지만, 제자들은 예수가 정말로 죽음에서 육체적으로 살아났는지 확신하지 못했다. 그래서 주님은 자신의 육체적 부활을 강조하셨고, 그 사실을 증명하기 위해 지상에 약 40일간 머무르시며 여러 차례 제자들을 만나 확신을 주셨다. 의사 누가는 예수의 부활에 대하여 다음과 같이 증언한다.

> "이 말을 할 때에 예수께서 친히 그들 가운데 서서 이르시되 너희에게 평강이 있을지어다 하시니 그들이 놀라고 무서워하여 그 보는 것을 영으로 생각하는지라 예수께서 이르시되 어찌하여 두려워하며 어찌하여 마음에 의심이 일어나느냐 내 손과 발을 보고 나인 줄 알라 또 나를 만져 보라 영은 살과 뼈가 없으되 너희 보는 바와 같이 나는 있느니라 이 말씀을 하시고 손과 발을 보이시나 그들이 너무 기쁘므로 아직도 믿지 못하고 놀랍게 여길 때에 이르시되 여기 무슨 먹을 것이 있느냐 하시니 이에 구운 생선 한 토막을 드리니 받으사 그 앞에서 잡수시더라"(눅 24:36-43).

> "문자 그대로 예수의 육체적 부활 말고는, 예수의 부활에 대한 대안적인 설명을 증명할 수 있는 그 어떤 믿을 만한 역사적 증거도 없음에 주목하는 것은 의미심장하다."[46]

⑥ 예수의 부활은 부활 사건이 일어난 직후에 성경으로 기록되었다. 마가복음의 저자는 예수가 십자가 처형을 향해 나아가고 상황을 기술하면서 그 이름을 밝히지 않은 채 '대제사장'을 언급한다(막 14:53-54, 60-61, 63). 이는 당시의 독자들이 그가 누구인지 알리라고 예상했기 때문이라는 논리적인 추정이 가능하다. 가야바가 주후 18~37년에 대제사장이었으므로, 이 전통에 대한 가능한 가장 늦은 연대는 37년이다.[47]

그 연대는 예수의 죽음 시기와 너무나 가까워. 예수의 부활 '전설'이 형성되기에는 충분한 시간이 되지 못했을 것이다. 이는 곧 예수의 부활에 대한 성경 내용이 아직 살아 있는 증인들이 부활의 사실을 증언하는 동안에 기록되었음을 증명한다. 부활하신 예수를 맨 나중에 대면했던 사도 바울도 고린도전서 15장에서 부활하신 그리스도를 목격한 사람들을 열거하는 중에, "그 후에 오백여 형제에게 일시에 보이셨나니 그 중에 지금까지 대다수는 살아 있고 어떤 사람은 잠들었으며"(고전 15:6)라고 말하고 있다. 그러므로 예수의 부활은 오랜 시간이 흐른 뒤 형성된 신화적 전설이 아니다. 이에 트리니티 성공회신학교 전 학장 존 로저스(John Rogers)는 "예수의 부활은 고대 역사가들이 무턱대고 소중히 여긴 자료다"라고 말한다.[48]

⑦ 예수의 부활은 초대교회 신조에서 공포되었다.

고린도전서 15장 3-4절에서 바울은, "성경대로 그리스도께서 우리 죄를 위하여 죽으시고 장사 지낸 바 되셨다가 성경대로 사흘 만에 다시 살아나사"라고 말한다. 이 진술은 초대교회 신조로 널리 수용되고, 예수의 부활 직후인 주후 30~36년에 벌써 유포되기 시작했다. 그 신조가 이른 시기에 유포된 것을 고려하면, 십자가와 신조 사이에는 예수의 부활에 대한 그 어떤 전설이라도 저절로 생길 만한 충분한 시간적 여유가 없다. 그뿐 아니라 증인들이 아직 살아 있어서 부활을 둘러싼 사실들에 대해 그들에게 질문할 수 있었다. 그 신조의 빠른 작성 연대도 교회가 부활과 마찬가지로 예수에 대한 진실을 우화나 민간전승을 가지고 오염시키지 않았음을 증명한다. 오히려 초기 교회는 예수의 죽음, 매장, 부활에 대한 단순하고 논쟁의 여지가 없는 사실들을 순전하게 고수했다.

⑧ 예수의 부활은 가족에게도 확신을 주어 예수를 하나님으로 경배하게 했다.

예수께서 성령 하나님의 권능으로 잉태되었으므로, 동일한 어머니 마리아에게 난 의붓동생 야고보는 본래 예수를 믿지 않았고, 그의 주장에 반대했다(요 7:5). 그런데 죽음에서 부활하신 예수를 보고, 그 마음에 큰 변화가 일어났다(고전 15:7). 거기서 더 나아가 야고보는 예루살렘 교회의 목회자와 감독이 되었고, 자신의 이름으로 된 신약 성경을 저술했다(행 15:13-21; 약 1:1). 야고보는 초대 교회 형성에 크게 기여했으며, 모든 사람에게 예수가 유일하신 참 하나님이라고 선포하며 전도하다 순교했다(행 12:17, 15:13-21, 21:18; 갈 2:9). 예수의 어머니 마리아 역시 초대교회의 일원으로 아들을 하나님으로 경배했는가 하면(행 1:14), 예수의 또 다른 동생 유다도 자신의 이름으로 된 신약 성경 한 권을 기록했다(행 1:14; 유 1:1). 설령 예수가 하나님이 아니었다 해도, 일부 사람에게는 자신이 하나님이라고 확신시킬 수 있었을 것이다. 하지만 예수가 자신의 어머니와 형제들에게 자신을 유일하신 참 하나님으로 경배하도록 설득하는 모습을 상상하는 것은 불가능하다. 또한 하나님이 아닌 자를 하나님으로 경배하는 사람은 우상 숭배자이므로, 율법에 따라 이생에서도 핍박을 당하게 되고, 내세에서는 영원한 지옥의 고통을 겪게 되기 때문이다.

⑨ 그리스도의 부활은 바울과 같은 가장 지독한 적들에 의해 확인되었다.

바울은 상습적으로 기독교인을 박해하고 죽이던 독실한 유대교 바리새인이었다(행7:54-60; 빌 3:4-6). 그러나 바울은 부활하신 그리스도를 만나고 회심한 후, 가장 역동적으로 그리스도의 교회를 옹호하고 확장시킨 위대한 사도가 되었다(행 9:1-30).

만약 예수께서 죽음에서 살아나지 않으셨다면, 바울은 절대로 예수를 하나님으로 경배하지 않았을 사람이다. 바울은 거짓 하나님께 예배하는 사람은 지옥의 영원한 불 못에 던져진다고 믿고 있었고, 그 믿음이 옳다고 믿었기 때문이었다. 그래서 바울은 예수를 혐오했고, 또한 예수께서 죽음에서 살아나 바울의 오류를 증명해 주지 않으셨다면, 결코 유대교에서 기독교로 개종할 사람이 아니었다. 더욱이 바울은 신약 성경 13권을 기록했는데, 거의 모든 책에서 예수 그리스도는 죽은 자 가운데서 부활하셨다고 주장하고 있다.

6. 그리스도의 부활에 대한 정황적 증거

그리스도께서 정말로 육체적으로 부활하셨다는 성경의 가르침에 덧붙여, 만약 그리스도께서 실제로 부활하지 않으셨다면 일어날 수 없는 변화들이 그리스도의 부활 후에 발생했다. 거꾸로 말하면, 예수 그리스도의 부활을 부인하려면, 그리스도께서 정말로 부활하지 않으셨다면 그런 변화들이 어떻게 일어날 수 있었는지를 말할 수 있어야 한다.

① 예수 그리스도의 제자들의 변화

그리스도께서 돌아가시고 부활하시기 전, 소심한 예수의 제자들은 대제사장과 유대인 당국자들이 두려워 다락방에 몸을 숨긴 채 문을 꼭 닫고 숨어 있었다(요 20:19). 그러나 부활하신 예수 그리스도를 만난 후에는 마치 다른 사람처럼 변화되어 누구도 두려워하지 않았을 뿐 아니라, 자신들이 보고 들은 것을 담대히 증언하는 예수 부활의 증인들이 되었다. 그리스도의 부활을 증거하다 체포되어 심문을 받을 때도, 자신들이 보고 들은 것을 전하지 않을 수 없다며,

도리어 예수의 이름으로 능욕을 받게 되는 것을 기쁘게 여겼다(행 4:16-21, 5:40-41). 또한 한 걸음 더 나아가, 그들 역시 예수 그리스도처럼 죽어도 산다는 부활의 신앙을 갖게 되어, 핍박자들의 어떤 폭력이나 죽음까지도 두려워하지 않는 사자와 같이 용맹한 자들이 되었고, 그렇게 예수께서 위탁하신 복음을 전하다 제자들 모두가 순교를 당했다.

만약 제자들이 부활하신 그리스도를 정말로 목격하지 않았더라면, 의심할 여지 없이 그들은 그들이 전하던 복음을 취소하고, 고생하지 않아도 되는 좀 더 평안한 삶을 선택했을 것이다. 거짓을 위해 죽기보다는 진실을 말하고 생명을 유지하는 편을 분명히 택했을 것이다. 다른 제자들도 그렇지만, 특별히 그리스도의 부활이 아니고는 베드로의 변화를 어떻게 설명할 수 있는가? 그는 예수께서 재판을 받고 계신 그 저녁에, 제자의 신분을 속이고 대제사장의 법정에 들어가 원수의 무리와 함께 있을 때, 자기의 정체가 드러날 위기에 처하자, 예수를 알지 못한다고 세 번이나 저주하며 맹세까지 했던 겁쟁이였다. 그러나 부활하신 그리스도를 대면한 후에는 그리스도를 죽인 그 군중 앞에서 담대히 그리스도의 부활을 선포했다(행 2:14-37). 사실 제자들은 유대인들이 두려워 다락방에 숨어 있었다(요 20:19). 그러나 예수께서 부활하신 후 40일을 지상에 머무시는 동안, 제자들은 그 부활하신 예수와 만나 대화하고 음식을 나누며 교제하고 새 힘을 얻었고, 결국 세상으로 나가 두려움 없이 부활하신 예수 그리스도를 선포했다(행 3:12-26, 4:1-20, 31, 33; 8:4).

미국 법학계의 권위자로 유명한 하버드대학 교수 사이먼 그린리프(Simon Greenleaf, 1783~1853)는 예수의 제자들에 대하여 "만약 그들의 증거가 진실이 아니라고 하더라도 그들에게는 그런 거짓을 꾸며야 할 이유가 없었다"고 말한다. 그는 하버드 법학대학 재직 중 증언을 조사하다,《공정한 법정에서 행해진 증거의 규범에 의한 사복음서 저자들의 증언에 대한 검토(An Examination of the Testimony of the Four Evangelists by the Rules of the Evidence Administered in Court of Justice)》라는 책을 썼는데, 이 책은 당시 기독교의 진실성에 대한 가장 의미심장한 역작 중 하나의 지위를 차지했다. 저자는 이 책에서 예수 그리스도의 부활에 대한 사도들의 증언의 가치를 논하는 일에 많은 지면을 할애했는데, 그중 일부를 여기에 인용한다.

"사도들이 전한 위대한 진리는 그리스도가 죽은 자 가운데서 살아났다는 것이며, 또한 죄에 대한 회개와 그를 믿는 믿음을 통해서만 사람이 구원을 얻을 수 있다는 것이었다. 그들은 가장 실망스러운 상황뿐 아니라, 사람의 마음을 가장 무섭게 하는 공포의 상황에서도 이 교리를 언제나 한 음성으로 한결같이 주장했다. 그들의 종교 지도자들은 최근까지 공적인 법정에서 죄인으로 판결받아 처형되었다. 종교는 그의 제자들을 타도하려 했다. 세계의 모든 지배자와 위인들의 관심과 열정은 그들을 반대했고, 세계의 사조도 그들을 반대했다. 이 새 신앙을 전하면서 더구나 전혀 반항하지도 않고, 평화스러운 방법으로 전하는데도 그들은 모욕과 반대와 욕설과 박해와 헐벗음과 갇힘과 고문과 죽음 외에 아무것도 기대할 수 없었다. 그러나 그들은 이 신앙을 열심히 전했다. 이 모든 비참함에 당황하지 않고 오히려 기뻐하면서 감수했다. 한 사람씩 한 사람씩 비참하게 숨질 때, 살아남은 자들은 전보다 더한 열심과 결심으로 그들의 일을 수행했다. 군인 전쟁사에서도 이 같은 영웅적인 지속성과 인내와 주저하지 않는 용기의 예는 찾아보기 힘들다. 그렇다면 그들의 믿음의 근거와 그 위대한 사실과 주장하는 진리의 증거를 주의 깊게 재고할 필요가 있다. 그리고 그것은 가장 격렬하게 자주 그들을 충동한 것이었다. 그러므로 예수께서 실제로 부활하지 않았거나, 부활했더라도 확실히 알지 못했다면, 그들이 예수의 부활을 전파하다 박해를 받고 순교를 한다는 것은 도저히 불가능하다. 만일 그들이 이 문제에서 속는다는 것이 실질적으로 가능하다면, 인간의 사정은 그들로 하여금 자신들의 잘못을 발견하고 시인하게 했을 것이다. 거짓임을 안 후에도 만약 그 같은 큰 거짓을 계속 고집한 것이라면, 한평생 사람이 외부로부터 당할 수 있는 모든 불행을 만나게 되었을 뿐 아니라, 이 세상은 물론 내세에서까지 행복의 소망 없이 더욱 내적인 양심의 고통을 감수해야 했을 것이다.

더구나 사도들의 성품이 보통 인간과 같다는 점은 그들에게 어울리지 않는 것 같으나, 그들의 생애는 그들이 우리 모든 사람과 같은 사람이었다는 것을 보여 준다. 그들은 우리와 같은 동기로 흔들렸고, 같은 두려움으로 떨었으며, 같은 정열과 유혹과 결함을 면할 수 없었다. 그리고 그들의 기록을 보면, 그들은 매우 강한 확신을 소유하고 있었음을 알 수 있다. 또한 그들의 증거가 거짓이라면, 그렇게 날조해야 할 어떤 이유도 찾을 수가 없다."[49]

사도 바울의 변화와 그의 증거는 오직 그리스도의 부활로 설명하는 것이 합리적이다. 바울은 로마의 영토인 길리기아 다소에서 태어나, 유대 최고의 학자 가말리엘의 문하생으로 헬라어, 아람어, 히브리어 그리고 율법에 대하여 깊은 학식이 있었다. 바울이 일찍이 '사울'이라는 이름을 가졌을 때, 그는 예수 그리스도를 약속된 메시아요, 부활의 주님이라고 믿고 전파하는 사람들을 잡아 옥에 가두고 죽이는 일을 사명으로 알고, 거기에 자기의 정열과 시간을 다 바쳤던 사람이다. 바울 자신이 군중과 아그립바 왕 앞에서 증거할 때, 그렇게 자기 자신을 소개했다(행 22, 26장). 그러던 그가 어떻게 그리스도의 사도가 되었는가? 바울은 그가 후에 기록한 고린도전서 15장에서, 부활하신 그리스도를 목격한 사람들의 이름을 일일이 거론하면서, "맨 나중에 만삭되지 못하여 난 자 같은 내게도 보이셨느니라"(8절)라고 말한다. 그리스도와 그를 믿고 따르는 추종자들을 미워하고 박해하던 사울이 어떻게 자신이 핍박하던 예수 그리스도를 믿고 섬기며, 그의 복음을 전파하는 일에 그토록 목숨을 바쳐 헌신하게 되었는가? 그의 생애의 극적인 변곡점은 부활하신 그리스도를 만난 것이었고, 그 후 그는 그리스도의 계시로 예수의 속죄의 죽음과 영생의 부활의 의미를 깨닫고는 몸 바쳐 헌신하게 된 것이다(고후 5:14-15).

② 기독교회의 탄생

예수의 제자들은 스승인 그리스도께서 십자가에 달려 돌아가시자 낙심하고 뿔뿔이 흩어져 고향으로 낙향하는 자도 있었고(눅 24:13-35), 어떤 제자들은 다락방에 숨어 있기도 했다(요 20:19). 이곳저곳에 흩어져 있던 제자들이 예수께서 부활하셨다는 소식을 듣자 하나둘씩 예루살렘에 모여들기 시작했다. 그리고 그들 중에 부활하신 그리스도께서 10회 이상이나 나타나 말씀하시고, 음식을 같이 나누며 교제하시다, 부활 후 지상에 머물러 계신 지 40일 만에 그들이 보는 가운데 승천하셨다(행 1:2-11). 그러나 그들은 다시 흩어지지 않고, 함께 모여 기도하며, 부활하신 주님을 찬양하며 경배했는데, 그 모임이 오늘의 유대인 회당이자, 기독교회가 된 것이다(행 1:12-14).

유명한 역사학자 필립 샤프(Philip Schaff)는 그의 훌륭한 책《기독교 교회의 역사》에서 다음과 같이 말하며 "이 사실이 없었다면 교회는 결코 이루어질 수 없었다"고 단언한다.

"교회는 그 창시자의 부활에 기초한다. 이 사실이 없었다면 교회는 결코 생길 수 없었거나, 혹 생겼다 할지라도 잠시 후에 자연적으로 사멸했을 것이다. 부활의 이적과 기독교의 실존은 매우 밀접하게 관련되어 있어, 그들은 함께 존립하거나 아니면 함께 사라질 수밖에 없다. 만일 그리스도가 죽은 자 가운데서 부활했다면, 그의 다른 모든 이적은 확실하고 우리의 믿음도 헛되지 않는다. 그의 죽음이 우리의 속죄와 칭의와 구원에 유효하게 한 것은 그의 부활이었다. 부활이 없었다면 그의 죽음은 우리 죄가 머무르는 무덤이 되어 버렸을 것이다. 죽은 구세주의 복음은 하나의 모순이며, 간악한 속임수였을 것이다. 이것이 사도 바울의 추론이며, 그 힘은 저항할 수 없는 것이다."

계속해서 그는 "그러므로 분명히 그리스도의 부활은 기독교의 진위를 판가름하는 시금석이다. 그것은 가장 큰 이적이거나, 역사가 기록한 가장 큰 속임수다"라고 말하며, 부활에 대한 비판적 가설이나 철학적 전제를 가지고 출발하는 비평가들에게 이렇게 말한다.

"역사적 문제는 수학적 문제와는 다르다. 이적(異蹟)이 불가능하다는 철학적 전제를 가지고 출발한 비평가들에게는 부활을 변호하는 어떤 논쟁도 무용하다. 육체의 부활과 영혼의 불멸을 부인하는 자들에겐 더욱 그렇다. 그러나 사실(fact)은 움직일 수 없는 것이며, 만일 비판적 가설이 심리학적으로나 역사적으로 불가능하다고 입증된다면, 비판적 가설에 기초를 두고 있는 철학에 치명적 결과를 초래하게 된다. 역사가의 사명은 선입관념(先入觀念)을 가지고 역사를 조작하거나, 그 자신의 좋아하는 대로 조정하는 것이 아니라, 최선의 증거로 그것을 표현하는 것이며, 그것 자체가 말하게 하는

것이기 때문이다."⁵⁰⁾

사도 베드로는 사도행전 2장 14-36절의 총 23구절에 걸쳐 기록된 그의 설교 내용 중 반이 넘는 12구절에서 예수 그리스도의 부활에 대하여 언급하고 있다. 신성하게 설립된 최초의 교회의 첫 번째 설교자로 등장한 베드로는 설교의 중심 내용으로 예수 그리스도의 부활하심을 전하되, 그리스도를 십자가에 못 박아 죽인 자들 앞에서 "이 예수를 하나님이 살리신지라 우리가 다 이 일에 증인이로다"(행 2:32)라고 말했고, "그런즉 이스라엘 온 집은 확실히 알지니 너희가 십자가에 못 박은 이 예수를 하나님이 주와 그리스도가 되게 하셨느니라"(행 2:36)라고 담대히 설교했다.

스패로우 심슨(W. J. Sparrow-Simpson)은 그의 저서 《부활과 현대 사상》에서 이렇게 말했다. "초대 기독교인의 설교는 부활로서 확고해지는 예수의 위치에 그 기초를 두었다."⁵¹⁾ 영국 옥스퍼드 리펀 홀(Ripon Hall)의 교장이며, 〈현대 교인(Modern Churchman)〉의 편집자였던 메이저(H. D. A. Major) 박사는 "부활, 그것은 예수 그리스도가 능력을 가지신 하나님의 아들이라는 사실을 선언했다"고 말하며, 이렇게 덧붙였다. "만약 예수께서 십자가에 달리심으로 제자들에게 마지막이었다면 기독교는 존재하기 어려웠다. 교회는 예수께서 메시아라는 사실 위에 세워졌다. 십자가에 못 박히신 메시아는 진정한 의미에서의 메시아는 아니었다. 그는 유대교의 배척을 받고, 하나님께 저주를 받은 사람이었다. 로마서 1장 4절에서 바울이 선언한 대로 그가 능력 있는 하나님의 아들임을 선포한 것은 그의 부활이었다."⁵²⁾

③ 주일 예배를 드리게 된 동기

초대교회는 유대인들이 수천 년 동안 지켜 오던 토요일(안식일) 예배를 중단하고, 그리스도의 부활을 기념하는 오늘날의 일요일을 '주님의 날'(Lord's Day)로 제정해 주일 예배를 드리기 시작했다(행 20:7; 고전 16:1-2). 만약 예수께서 그가 예언하신 대로 삼 일 만에 부활하지 못하고, 구약 성경의 예언이 성취되지 않았다면, 유대인들이 그렇게 소중하게 여기는 토요일 곧 안식일 예배를 중단할 수는 없었을 것이다.

④ 예배의 대상이 바뀌게 된 동기

예수 그리스도께서 부활하신 이후, 예배를 드리는 날이 토요일에서 주일로 바뀌게 되었을 뿐 아니라, 예배의 대상도 바뀌게 되었다. 십계명이 거짓 신, 우상에게 예배하는 것을 엄격히 금하는 것을 고려할 때, 그리스도의 부활 사건이 없었다면, 독실한 유대인들이 그리스도를 유일하신 참 하나님으로 경배하는 것은 상상조차 할 수 없는 일이다.

불신자 역사가들조차 그리스도의 부활 이후에 대중이 예수 그리스도를 유일하신 참 하나님으로 경배했다고 말한다. 소(小) 플리니우스(Pliny the Younger, AD 61 혹은 62~113)는 백과사전 편집자인 노(老) 플리니우스(Pliny the Elder)의 조카로, 2세기 초 비시디아(튀르키예 북서부)의 총독이었다. 주후 111년경 로마의 트라야누스 황제에게 보낸 편지에서 그는 초기 기독교 예배 모임을 보고했다. 거기에는 "그들은 일정한 요일에 날이 새기 전에 모이는 것을 관례로 하는데, 그 모임에서 그들은 신에게 하듯이 그리스도에게 찬송을 불렀다"라고 기록되어 있다.[53]

앗시리아계 로마의 풍자가인 사모사타의 루키아노스(Lucian of Samosata)는 주후 170년경에 다음과 같이 기록했다.

"폐하께서도 아시다시피 그리스도인들은 오늘날까지 한 남자, 그리스도인의 고상한 의식을 도입하고, 그 때문에 십자가에 못 박힌 고귀한 인물에게 예배를 드립니다.…아시는 바와 같이, 그 미혹된 사람들은 영생할 것이라는 일반화된 신념에서 출발합니다. 그 영생에의 신념 덕택에 그들은 일반적으로 죽음을 경결하면서 자발적으로 헌신합니다. 그리고 원래의 율법 수여자는 그들이 회심하고, 그리스 신들을 부인하고, 십자가에 못 박힌 현인에게 예배를 드리고, 그 현인의 법에 따라 사는 순간부터 그들 모두가 형제라고 가르쳐 그들을 감동시켰습니다."[54]

예수께서 당시의 수많은 사람처럼 십자가에서 수치스럽게 돌아가신 후 부활하시지 못했다면, 사람들이 왜 부활 직후에 예수 그리스도를 하나님으로 경배하기 시작했는지에 대한 질문이 계속될 것이다.

⑤ 빈 무덤과 초대교회의 설교 내용

성경에서 예수의 빈 무덤을 찾아간 인물로 거명된 여인들은 초대교회 유명 인사들이었다. 그러므로 빈 무덤이 거짓이었다면, 얼마든지 그들에게 질문해 사실 여부를 확인할 수 있었을 것이다(막 15:40, 47, 16:1). 더욱이 당시 문화에서는 여자의 증언이 존중받지 못했기 때문에, 빈 무덤이 허구라서 예수의 부활을 날조했다면, 남자가 빈 무덤을 발견한 것으로 보고했을 것이다. 여자들이 예수의 빈 무덤에 맨 처음 도착한 것으로 기록되었다는 것은, 성경 기술이 조작이 아니라 실제임을 확인해 준다.

빈 무덤이 널리 인정된 사실이 아니었다면, 제자들은 신앙의 핵심을 방어하기 위해 틀림없이 불신자들을 설득했을 것이다. 그런데 예수의 빈 무덤 여부가 아니라, 무덤이 빈 이유를 두고 논쟁이 벌어졌다.[55] 또 빈 무덤이 모두가 동의한 사실로 널리 알려졌기 때문에, 초대교회의 어떤 설교도 빈 무덤을 명백하게 변증하지 않았다. 더욱이 사도행전을 보면, 그리스도의 부활이 모든 설교와 가르침의 핵심 진리로 전달되었음을 알 수 있다. 예수 그리스도의 부활이 인류 역사를 바꿨기에 이를 소홀히 할 수 없었기 때문이다. 사도행전은 초대교회의 역사를 기록한 28장으로 된 성경인데, 총 12장에 그리스도의 부활이 등장한다.

⑥ 초대교회의 고속 성장

초대교회의 고속 성장과 특별한 수준의 헌신에는 이유가 있었음이 틀림없다. 모든 결과에는 원인이 있고, 그처럼 세계를 바꾼 결과에도 현상적인 원인이 필수 불가결할 것이다. 그렇다면 여기서 그리스도의 부활 말고 다른 어떤 것이 초대교회의 헌신, 인내, 고속 성장을 설명할 수 있는가? 같은 날, 같은 장소에서, 같은 방법으로, 두 남자가 각각 예수의 좌우편에서 죽었다. 그런 유사성이 있음에도 그 사람들은 이름조차 모르고, 수많은 사람이 그들을 하나님으로 경배하지도 않는다. 왜 그런 것일까? 그들은 여전히 죽은 채로 있고, 오직 예수 그리스도만이 홀로 죽음에서 살아나 그의 교회를 남기고 승천하셨기 때문이다. 이제는 예수의 부활에 대한 비기독교적인 역사적 증거를 살펴볼 것이다. 이를 통해 우리는 기독교적인 성향을 갖고 있지 않은 사람들조차도 성경의 증언을 확신시켜 주고 있음을 확인하게 될 것이다.

7. 그리스도의 부활에 대한 비기독교인의 역사적 증거

고대 로마인, 그리스인, 유대인은 여러 면에서 매우 다름에도 일치되는 것이 하나 있었는데, 그들 모두가 예수 그리스도를 반대하고, 그리스도의 죽음을 원했다는 것이다(행 4:27). 그 때문에 예수의 죽음이 널리 알려졌고, 그들의 문화권에 속한 백성들 사이에 보고되었다. 따라서 예수께서 죽음에서 살아나셨다는 사실을 확인하기 위해, 비록 그리스도인은 아니지만 당시 그 뉴스를 담담하게 전하는 사람들을 통해, 그리스도의 부활에 대한 유명한 고대 역사의 기록을 살펴볼 것이다. 그러한 로마인, 그리스인, 유대인의 증언이 유익한 것은, 그 증언이 그리스도에 대한 성경 기술의 진정성을 확인해 주기 때문이다.

① 플라비우스 요세푸스(Flavious Josephus, AD 37~100)

요세푸스는 예수께서 십자가에 달려 돌아가시고 몇 년 지나지 않아 태어난 유대인 역사가다. 《유대 고대사》에 실린 "플라비우스 증언"(Testimonum Plavianum)이라 불리는 요세푸스의 유명한 진술에 다음과 같이 기록되어 있다.

"그 당시에 예수라는 사람이 있었는데, 그를 사람으로 부르는 것이 적법하다면, 그는 현명한 사람이었다. 그는 놀라운 일들을 행한 사람이요, 진리를 기쁘게 수용하는 이들의 교사였기 때문이다. 그는 많은 유대인과 이방인의 주의를 끌었다. 그는 그리스도였다. 빌라도가 유대 지도자들의 제안으로 그에게 십자가형을 선고했을 때, 처음에 그를 사랑하던 사람들은 그를 저버리지 않았다. '그가 죽은 지 사흘째 되는 날에 살아서 그들 앞에 나타났기 때문이다.' 그런데 선지자들이 그 사실은 물론, 예수에 대해 만 가지 놀라운 일을 예언한 바 있다. 그리스도라는 그에게서 비롯된 호칭인 그리스도인 지파는 오늘날에도 소멸되지 않고 남아 있다."[56]

② 가이우스 수에토니우스 트란퀼리우스(Gaius Suetonious Tranquillus, 69~160)

가이우스는 로마 제국 오현제 시대의 역사가이자 정치가다. 흔히 수에토니우스라 불린다. 종신독재관(딕타토르)이 된 가이우스 율리우스 카이사르 및 제정 로마의 초대 황제 아우구스투스부터 도미티아누스에 이르는 로마 제국의 초창기 11명의 황제를 다룬 《황제 열전(De vita Caesarum)》을 쓴 사람으로 널리 알려져 있다.

90년대부터 수에토니우스는 로마에서 변호사로 활동했는데, 원로원 의원으로 역사가가 된 소(小) 플리니우스와도 친분이 있었다. 플리니우스는 수에토니우스를 물심양면으로 지원했고, 문필에 일가를 이룬 인물이라고 기록을 남겼다. 수에토니우스는 역사가이자 로마 황실의 편찬자로서 일했다. 그는 네로 황제의 전기에서, "새롭고 잘못된 미신(부활)을 품은 부류인 그리스도인들을 처벌했다"라고 말했는데, 초대교회 만연한 부활 신앙을 가리켜 '미신'(迷信)이라고 칭하며, 그리스도인들을 박해한 것을 언급했다.[57]

③ 소(小) 플리니우스(Plinius the Younger, 61~113)

로마 트라야누스 황제에 이르러 기독교 박해는 최고조에 이르게 된다. 이즈음인 주후 111년, 소아시아 튀르키예 북쪽 해안의 비시니아(Bithynia, 비두니아) 지방 총독으로 임명 받은 소 플리니우스가 비두니아에 부임했을 때, 그곳에서는 전혀 예상치 못한 문제가 그를 기다리고 있었다. 당시 비두니아 지역에는 복음이 왕성하게 전파되어 이교도들의 신전들은 텅 비었고, 제물로 쓰인 짐승들의 고기는 매매를 할 수 없을 정도였다. 그가 부임했을 때 어떤 자가 새로 온 총독에게 환심을 사기 위하여 기독교인들의 명단을 고발했다. 총독은 기독교가 불법임을 이미 알고 있었기 대문에 조사에 착수했다. 이때 소환된 자들 중에 자신은 신자가 아니라고 주장하거나, 과거에는 기독교 신자였으나 현재는 아니라고 주장하는 사람들이 있었다. 총독은 그것을 확인하기 위하여 그들로 로마 황제의 신상 앞에 향불을 피운 후 절하고, 그리스도를 저주하라고 했다. 총독은 진정한 그리스도인들은 차라리 목숨을 버릴지언정 그와 같은 배교 행위는 하지 않는다는 것을 알고 있었다. 이때 소환된 사람들 가운데 기독교인이 아니라고 주장한 자들은 총독이 지시하는 대로 한 후, 기독교인이 아니라는 판정을 받고 석방되었다. 그러나 기독교인임을 자처한 자들은 목숨을 버릴지언정 배교 행위를 하지 않았다. 총독은 그들에게 세 번의 구명 기회를 주었으나 그들은 끝까지 배교하지 않았고, 스스로 죽음의 길을 택했다. 총독은 그러한 자들을 처형했고, 그중에 로마 시민권을 가진 자들은 로마법에 따라 처결하기 위하여 로마 법정으로 이송했다. 당시에 로마 시민은 오직 로마의 법정에서 재판을 받게 되어 있었다.

이때 총독은 두 가지 의문을 가지게 되었다. 하나는 '과연 기독교인들이 어떤 죄를 범했는가?' 하는 것이었고, 다른 하나는 '기독교인들이 목숨을 버리면서까지 자신들의 신앙을 고수하려는 이유가 무엇인가?' 하는 것이었다. 이에 총독은 기독교인들의 신조와 신앙생활을 자세히 추적해 보았다. 총독이 조사한 바에 의하면, 기독교인들은 범죄자들이 아니라, 오히려 모범적인 삶을 살고 있었다. 그들은 소문대로 인육을 먹거나, 영아를 살해하여 제물을 바치지 않았으며, 근친상간을 비롯한 부도덕한 행위도 하지 않았다. 그들은 다만 동이 트기 전에 함께 모여서 그리스도라는 사람을 찬양하고, 그에게 기도할 뿐이었다. 그들은 또한 과거에는 공동 식사를 하기 위하여 함께 모였으나, 로마 당국이 비밀 집회를 금지한 후로는 그 모임도 중지했다.

총독은 조사 결과에 만족할 수 없었다. 소문과 조사 결과가 너무 대조적이었기 때문이다. 총독은 진실을 알아내기 위하여 두 명의 여신도를 심하게 고문해 보았다. 그러나 그 결과는 마찬가지였다. 총독은 매우 당황했다. 아무런 범죄도 저지르지 않고, 오히려 사회에 유익한 모범적 생활을 하는 자들을 단지 기독교인이라는 이유로 처벌한다는 것은 로마의 법 정신에 위배되는 일이거니와, 로마의 정의로움에 크게 위배된다고 생각했다. 이에 소 플리니우스는 기독교인들에 대한 처벌을 시행하는 와중에 로마의 법치주의와 종교적 현실의 대립 사이에서 갈등을 느꼈고, 결국 총독은 기독교인들에 대한 처벌을 일단 중지시킨 후, 트라야누스 황제에게 기독교인들에 대한 처벌 문제를 문의하는 다음과 같은 공문을 보냈다.

"저는 그리스도인들에 대해 어떻게 해야 할지 모르겠습니다.…누구든지 기독교도가 되면 꼭 그렇게 처형되어야만 합니까? 그들이 실제로 무슨 나쁜 일을 한 것이 틀림없는 사실입니까? 만일 피고 스스로가 기독교도가 아니라고 한다면, 그를 놓아 주어도 되겠습니까? 스스로 그리스도인임을 시인하는 자들에 대해 저는 그들이 로마 시민일 때는 로마로 보내도록 하고, 로마 시민이 아닌 경우에는 죽이라는 명령을 받았습니다. 그러나 저는 그들은 고집이 너무 세기 때문에 벌을 받아 마땅하다고 생각하는 바입니다. 저는 그들이 폐하의 제단에 분향하고 그리스도를 욕하면 살려주려고 세 번이나 기회를 주었습니다.…제게는 집사라고 불리는 여자 노예가 몇 명 있는데, 저는 그들을 고문했습니다. 저는 그들에게서 몇 가지 미친 생각들 이외에는 나쁜 것을 아무것도 발견하지 못했습니다. 수많은 사람이 이런 어리석은 것에 감염되어 우리의 신전은 거의 텅 비어 버렸습니다. 그러나 지금은 사람들이 돌아오고 있습니다."

또 다른 보고서에는 이렇게 기록되어 있다.

"저는 그리스도인을 조사하는 데 참여한 적이 없습니다. 그래서 저는 일반적으로 그들에게 가해지는 형벌의 범위의 성격도, 수사를 시작하는 근거와 강제수사의 정도도 모릅니다.…또 그들은 그들의 죄와 허물을 모두 합해 봤자 고작 이런 정도밖에 안 된다고 선언했습니다. 즉, 그들은 정해진 요일(예수의 부활을 기념하는 일요일) 동트기 전에 정기적으로 모여, 마치 하나님께 하듯 그리스도께 경의를 표하는 시들을 번갈아 낭송했습니다."[58]

플리니우스 총독의 이 같은 질의 공문에 트라야누스 황제는 간단하게 대답했다. 황제의 답변을 요약하면 다음과 같다.

"로마 통치 영역에 거주하는 모든 주민은 로마의 법령에 따라야 한다. 그러나 기독교인들의 처벌에 관해서는 별도로 규정된 법이 아직 없다. 따라서 그들이 특별한 죄를 범하지 않는 한 기독교인이라는 이유로 그들을 색출해 낼 필요는 없다. 그것은 시간과 국력을 낭비하는 것이기 때문이다. 그러나 일단 고발된 자들은 로마법대로 처벌하라. 황제 신상에 분향하고, 예를 올리는 자는 방면하되, 그것을 거부하는 자들은 처벌하라. 그러나 익명으로 고발하는 것은 받아들이지 말라. 그것은 로마의 법 정신에 어긋나는 것이다."

트라야누스 황제의 칙령은 고도의 정치적인 방책이었다. 로마 제국과 황제의 위신과 자존심을 세우는 한편, 계속되는 기독교인들과의 마찰을 피하여 정치적인 안정을 도모했던 것이다. 트라야누스 황제의 칙령은 비시니아 총독에게만 전달되었을 뿐, 다른 지역에는 전달되지 않았지만, 이 칙령에 대한 소식이 다른 지역에도 확산, 적용되었다. 이를 계기로 로마 사회의 기독교에 대한 인식이 바뀌게 되었다. 기독교인들의 신앙이나 그들의 신앙적 삶이 국가나 사회에 어떤 위협적인 것이 아니라는 사실이 밝혀졌고, 기독교를 적대시하던 자들이 오히려 기독교에 입문하는 지경에 이르렀다. 아울러 기독교에 대한 박해도 당분간 주춤하게 되었다.

④ 유대적인 설명

그리스도의 부활을 새롭게 설명하려는 교회 초기의 시도들은 그리스도의 빈 무덤을 부인하지 않았다(마 28:13-15). 부인은커녕 적대적인 유대인들이 예수의 시체를 도난당했다고 거짓 주장하는 바람에 빈 무덤을 사실로 인정하는 결과를 초래하고 말았다. 하지만 다음과 같은 이유로 시체를 도난당했다는 주장은 지지하기 어렵다.

첫째, 거대한 바윗돌로 예수의 무덤을 막고, 돌로 닫은 그 무덤의 돌을 움직이지 못하도록 봉인까지 했다. 그뿐 아니라 약 100명의 로마 군사들이 그 무덤 하나를 겹겹이 둘러싸고 지키고 있었다. 그런데 어떻게 그처럼 무장한 로마 병정들이 지키고 있는 그 무덤에 몰래 접근해 거대한 바윗돌을 옮길 수 있단 말인가?

둘째, 만약 예수의 시체가 도난당했다면, 거대한 몸값이 도둑들에게 제안되어 시체를 내놓지 않을 수 없었을 것이다. 혹 제자들이 시체를 훔쳤을 경우, 그들이 당한 고문과 죽음은 시체를 내놓기에 충분했을 것이다.

셋째, 예수의 시체가 도난당했다고 치자. 그렇다면 예수께서 살아나 40일 동안 지상에 계시면서 수많은 사람에게 나타나신 사실은 어떻게 설명해야 하는가? 결론적으로, 시체 도난설은 그럴듯하지도 않고, 그 시체가 어떻게 소생했는지도 설명하지 못한다.

반면 앞서 소개한 비기독교인들의 역사적 증언은 그리스도께서 돌아가셨다 삼 일 만에 다시 살아나셨다는 성경의 증언과 일치한다. 예수 그리스도의 죽음과 부활은 논쟁의 여지 없이 정확히 맞아떨어지는 사실(진리)이기 때문이다. 그리스도의 부활은 성경적으로나 정황적으로, 그리고 역사적 증거상 역사적 사실임이 분명하다.

예수는 자신이 하나님이심을 의심의 여지가 없도록 증명하시기 위해, 자신이 죽음에서 살아날 것과 자신 이전에 살았던 모든 사람을 심판하셔서 그들의 운명을 결정하실 것을 약속하셨다(요 5:17-30). 첫 번째 약속은 예수가 죽음에서 부활하셨을 때 성취되었고, 두 번째 약속은 우리가 죽을 때, 혹은 예수께서 재림하실 때 성취될 것이다. 이에 예수께서는 다음과 같이 말씀하셨다.

"내가 진실로 진실로 너희에게 이르노니 내 말을 듣고 또 나 보내신 이를 믿는 자는 영생을 얻었고 심판에 이르지 아니하나니 사망에서 생명으로 옮겼느니라 진실로 진실로 너희에게 이르노니 죽은 자들이 하나님의 아들의 음성을 들을 때가 오나니 곧 이때라 듣는 자는 살아나리라"(요 5:24-25).
"아버지께서 자기 속에 생명이 있음같이 아들에게도 생명을 주어 그 속에 있게 하셨고, 또 인자됨을 인하여 심판하는 권세를 주셨느니라 이를 기이히 여기지 말라 무덤 속에 있는 자가 다 그의 음성을 들을 때가 오나니, 선한 일을 행한 자는 생명의 부활로, 악한 일을 행한 자는 심판의 부활로 나오리라"(요 5:26-29).

여기서 예수는 이 땅에서 살아가는 우리에게 좀 더 급박하게 회개하고 주 예수 그리스도를 구주로 믿고 영접하여 정죄의 심판에서 구원받을 것을 요청하시며 기회를 주신다.

그러므로 죄인 된 우리를 위해 대속의 죽음을 당하신 후, 부활하심으로 죄와 사망을 정복하시고 살아 계신 예수 그리스도를 알고도, 그를 믿지 않고 사랑하지 않는 사람은 안타깝게도 죽은 후 지옥의 영원한 고통 가운데 거하게 되는 운명에 처해 있다. 예수의 죽음과 부활을 통해서만 죄를 용서받고, 영생을 얻을 수 있기 때문이다.

5장

그리스도의 승천과 재림

1. 그리스도의 승천

예수 그리스도는 그가 여러 차례 예언한 대로 죽은 자 가운데서 삼 일 만에 부활하신 후 40일간 지상에 머물며, 제자들을 비롯하여 각기 다른 장소에서 수많은 사람을 만나 대화하고 식사도 함께 나누셨다. 그리고 제자들에게 "예루살렘을 떠나지 말고 내게서 들은 바 아버지께서 약속하신 것을 기다리라 요한은 물로 세례를 베풀었으나 너희는 몇 날이 못 되어 성령으로 세례를 받으리라"(행 1:4-5)라고 말씀하신 후, 그들이 지켜보는 가운데 흰옷 입은 두 천사의 보호를 받으며 하늘로 올라가셨다(행 1:9-11).

그리스도의 승천은 성경에서 그의 부활만큼 많이 다루어지지 않았다. 부활은 예수의 생애에서 참된 전환점이었다면, 승천은 부활을 보충하는 것이요 부활의 완성이라 할 수 있기 때문이다. 이것은 승천이 독자적 의의를 갖지 못한다는 의미가 아니다. 승천에 대한 성경의 증거는 매우 충분하다. 예수는 죽으시기 전에 이에 대하여 거듭 말씀한 바 있다(요 6:62, 14:2, 12, 16:5, 10, 17, 28, 17:5, 20:17). 누가는 이에 대하여 두 번이나 설명했다(눅 24:50-53; 행 1:6-11).

바울은 이것을 반복적으로 말했으며(엡 1:20, 4:8-10; 딤전 3:16), 히브리서 기자는 그 의의에 대해 관심을 촉구했다(히 1:3, 9:24).

① 승천의 성질: 승천이란, 중보자의 인격이 그의 인성에 의하여 땅에서부터 하늘로 유형적으로 올라가는 것이라 말할 수 있다. 그것은 한 장소에서 다른 장소로 가는 경역적(境域的) 옮김이었다. 이는 물론 하늘도 땅과 마찬가지로 장소임을 의미한다. 그러나 예수의 승천은 단순히 한 장소에서 다른 장소로 옮겨가는 것만을 의미하는 것이 아니었다. 그것 역시 그리스도의 인성이 한층 더 변화되었음을 의미하는 것이었다. 그 인성은 현재 천상의 영광의 충만함에 들어가셔서 하늘나라의 생명에 완전히 적응하게 되었다.

오늘날 학자 중에는 천당(천국)이 한 장소라기보다는 오히려 한 정장(情狀)으로 보고, 예수의 승천을 경역적인 것으로 생각하지 않는 자들이 더러 있다. 그러나 성경은 분명히 천당을 한 장소로 묘사했다. 그것은 천사나 구원받은 성도들 같은 피조물들이 사는 곳이며(마 18:10; 고후 5:1), 가끔 다른 한 장소인 땅과 나란히 언급되었다(대상 16:31; 전 5:2; 사 66:1). 더욱이 성경은 하늘은 위에, 지옥은 아래에 있는 것으로 말하고 있다(신 30:12; 수 2:11; 시 139:8; 롬 10:6-7).

② 루터파의 승천관: 루터파의 승천관은 개혁교회의 승천관과 다르다. 그들은 승천을 경역적 옮김으로 보지 않고, 상태의 변화로 간

주했다. 다시 말하면 그리스도의 인성(人性)이 성육신 시에 부여받은 신적 완전성을 충분히 향유하고 행사하게 되었기 때문에, 그 인성이 영원히 편재(omnipresent)하게 되었다는 것이다.

2. 그리스도의 승천의 의의

우리는 그리스도의 승천에서, 예수께서 대제사장으로서 성부 하나님께 완전한 제사를 드리기 위하여 내밀한 지성소에 들어가심을 보게 된다. 그것은 현재 그리스도와 함께 천당에 앉은 자들(엡 2:6)과 또한 영원히 그와 함께 살기로 결정된 신자들의 승천을 예고하는 것이다(요 17:24). 마지막으로, 승천은 역시 그리스도에게 속한 사람들을 위하여 장소를 준비하는 방도이기도 하다. 주님은 자신이 제자들이 있을 곳을 예비하기 위하여 아버지께로 가야 할 필요성을 지상에 계실 때 말씀하신 바 있다. 예수께서 어딘가로 떠나신다고 하자, 불안해하며 근심하는 제자들에게 주님은 이렇게 말씀하셨다.

> "너희는 마음에 근심하지 말라 하나님을 믿으니 또 나를 믿으라 내 아버지 집에 거할 곳이 많도다 그렇지 않으면 너희에게 일렀으리라 내가 너희를 위하여 거처를 예비하러 가노니 가서 너희를 위하여 거처를 예비하면 내가 다시 와서 너희를 내게로 영접하여 나 있는 곳에 너희도 있게 하리라"(요 14:1-3).

그리스도는 승천하신 후 성부의 우편 보좌에 앉으셨다. 그는 자신이 장차 하나님의 보좌 오른편에 앉게 되리라는 것을 예언하셨다(마 26:64). 베드로는 그의 설교에서 이에 대하여 언급했고(행 2:33-36, 5:31), 몇몇 서신도 이것을 말하고 있다(엡 1:20-22; 히 10:12; 벧전 3:22; 계

3:21, 22:1). 여기서 "하나님의 우편"이라는 표현은 문자적으로 해석할 것이 아니라, 권능과 영광의 자리를 말하는 상징적인 의미로 이해해야 할 것이다. 그리스도가 성부의 우편에 앉으셨다는 것은, 교회와 우주에 대한 통치권이 그에게 주어졌다는 것, 그리고 이에 합당한 영광에 참여하게 되었다는 것을 뜻한다.

그것은 그리스도의 신인(神人)으로서의 공적인 임직식인 것이다. 그리스도는 하나님 우편에 앉아 계시는 동안 교회를 통치하시고 보호하시며, 자기 백성의 유익을 위하여 우주에 대하여 권위를 행사하신다. 따라서 그는 그의 완전한 제사를 성부에게 드리며, 모든 신자를 위하여 끊임없이 간구하심으로, 교회의 유익을 효력 있게 하시며 안전하게 하신다. 그리고 성령과 그의 종들을 통하여 자기 백성들을 계속 교훈하신다.[59]

3. 그리스도의 유형적 귀환

예수 그리스도의 승귀(exaltation)에서 최고의 계단은 그가 심판주의 자격으로 이 땅에 재림하시기까지는 다다르지 못한다. 그리스도는 이것을 특별한 권세라고 말씀하셨다(요 5:22, 27). 사도들 역시 그렇게 말했다(행 10:42, 17:31). 그 밖의 성경의 다른 여러 구절도 그의 심판적 활동에 대하여 언급한다(마 19:28, 25:31-34; 눅 3:17; 롬 2:16, 14:9; 고후 5:10; 딤후 4:1; 약 5:9).

어떤 사람은 그리스도의 재림을 과거에 두고, 그의 재림의 약속은 이미 그가 오순절에 성령으로 오신 그때 벌써 실현되었다고 주장한다. 그러나 그것은 예수께서 약속하신 대로 보내 주신 성령으로(행 1:4-5; 요 14:16-17), 이 성령의 강림하심은 영적이고 무형적인 강림이었다(행 2:1-4). 성경은 분명히 우리에게 그리스도의 육체적이며 유형적인 강림을 기다리라고 가르치고 있으며(행 1:11), 오순절이 지난 후에도 우리는 그리스도의 다시 오심을 대망하도록 계속 교훈을 받고 있다(고전 1:7, 4:5, 11:26; 빌 3:20; 골 3:4; 살전 4:15-17; 살후 1:7-10; 딛 2:13; 계 1:7).

예수 그리스도의 재림은 세계의 심판과 자기 백성의 구원을 완성하는 것을 목적으로 한다. 그러므로 그리스도의 재림은 그의 구속 사역의 완성과 함께 예수 그리스도의 완전한 승리를 온 천하에 나타내는 영광스러운 날이 될 것이며, 사도 요한에게 장래 일을 계시하시고, 그것을 기록하라 명하신 그리스도께서 "내가 진실로 속히 오리라" 하고 말씀하실 때, "아멘, 주 예수여, 오시옵소서!"라고 화답하고, 그날만을 고대해 오던 순교자들과 성도들의 기도가 이루어지는 감격스러운 순간이 될 것이다. 마라나타!

6장

예수 그리스도는 하나님인가?

앞서 살펴보았듯이, 구약 성경은 사람으로 태어나지만 또한 하나님이신 메시아의 강림을 예언했다(사 9:6). 예수 그리스도는 메시아에 대해 예언된 조건을 충족시키는 역사상 유일한 인물이다. 신약 성경의 저자들은 곳곳에서 그리스도가 하나님이심을 주장하고 있다. 예를 들면, 사도 요한은 자신의 복음서 첫 장에서 "이 말씀은 곧 하나님이시니라…말씀이 육신이 되어 우리 가운데 거하시매 우리가 그의 영광을 보니 아버지의 독생자의 영광이요 은혜와 진리가 충만하더라"(요 1:1, 14)라고 말하고 있다. 사도 바울은 그리스도를 가리켜 '만물 위에 계신 하나님'이라 칭했으며(롬 9:5), '그 안에 신성의 모든 충만이 육체로 거하신다'고 기록했다(골 2:9).

베드로는 신자들이 "우리 하나님과 구주 예수 그리스도"로부터 의를 힘입었다고 선언한다(벧후 1:1). 마태는 다음과 같이 이사야 7장

14절을 인용하면서 하나님의 신성을 예수께 적용한다.

"보라 처녀가 잉태하여 아들을 낳을 것이요 그의 이름은 임마누엘이라 하리라 하셨으니 이를 번역한즉 하나님이 우리와 함께 계시다 함이라"(마 1:23).

히브리서 기자는 "이는 하나님의 영광의 광채시요 그 본체의 형상이시라 그의 능력의 말씀으로 만물을 붙드시며"(히 1:3)라고 말한다. 그는 또 하나님께서 당신의 아들에 대하여 말씀하셨다면서 다음과 같이 시편 45편 6절을 인용한다.

"하나님이여 주의 보좌는 영영하며 주의 나라의 규는 공평한 규이니이다"(히 1:8).

이처럼 사도들은 그리스도의 신성을 여러 차례 주장했다. 나아가 사도들뿐 아니라 심지어 귀신들조차 예수 그리스도가 하나님이심을 인정했다(마 8:29; 눅 4:34, 41).

1. 예수 그리스도의 신적 행위

그리스도는 자신의 신성을 확인하는 발언을 한 것에 더하여, 다음과 같이 마치 자신이 하나님인 것처럼 행동했다.

- 예수는 한 중풍병자에게 "작은 자야, 네 죄 사함을 받았느니라"라고 하셨다(막 2:5-11). 이에 대한 서기관들의 반응은 옳았다. "오직 하나님 한 분 외에는 누가 능히 죄를 사하겠느냐."
- 예수는 "하늘과 땅의 모든 권세를 내게 주셨으니"라고 선포한

후, "너희는 가서 모든 민족을 제자로 삼아 아버지와 아들과 성령의 이름으로 세례를 베풀고 내가 너희에게 분부한 모든 것을 가르쳐 지키게 하라"라는 대 위임령(The Great Commission)을 내리셨다. 그리고 "볼지어다 내가 세상 끝날까지 너희와 항상 함께 있으리라"라는 아름다운 약속을 하셨다.

● 하나님은 모세에게 '십계명'을 주셨다. 그러나 예수는 우리에게 '새 계명'을 주셨다.

"새 계명을 너희에게 주노니 서로 사랑하라 내가 너희를 사랑한 것같이 너희도 서로 사랑하라"(요 13:34)

● 예수는 자신의 이름으로 기도할 것을 요구하셨다.

"너희가 내 이름으로 무엇을 구하든지 내가 행하리니…내 이름으로 무엇이든지 내게 구하면 내가 행하리라"(요 14:13-14). "너희가 내 안에 거하고 내 말이 너희 안에 거하면 무엇이든지 원하는 대로 구하라 그리하면 이루리라"(요 15:7).

● 구약 성경과 신약 성경 모두 하나님 외에 다른 것에게 경배하는 것을 엄격히 금하고 있음에도(출 20:1-4; 신 5:6-9; 행 14:13, 15; 계 22:8-9), 예수는 적어도 아홉 차례 이상 다음과 같은 사람들에게서 경배를 받으셨다.

1. 고침을 받은 한 나병환자(마 8:2)
2. 죽은 딸이 살아난 한 관리(마 9:18)
3. 폭풍을 겪고 난 제자들(마 14:33)
4. 한 가나안 여인(마 15:25)

5. 야고보와 요한의 어머니(마 20:20)
6. 귀신 들린 거라사 사람(막 5:6)
7. 고침을 받은 한 맹인(요 9:38)
8. 모든 제자(마 28:17)
9. 도마(요 20:28)

예수는 이들이 자신에게 경배했을 때 단 한 마디의 질책도 하지 않으셨다. 오히려 경배를 받으셨을 뿐 아니라, 자신의 신성을 인정한 사람들을 심지어 칭찬하셨다(마 16:16-17; 요 20:29). 곧 예수는 "주님은 그리스도시오, 살아계신 하나님의 아들이십니다"라고 신앙을 고백한 베드로에게 "네가 복이 있도다 이를 네게 알게 한 이는 혈육이 아니요 하늘에 계신 내 아버지시니라"(마 16:16-17)라고 하시며, 그에게 축복하셨다. 이는 오직 자신이 하나님임을 진지하게 인식하고 있을 때만 할 수 있는 것이다. 이제 이 주제에 대해 종합해 보고자 한다. C. S. 루이스는 이에 대해 다음과 같은 탁월한 글을 남겼다.

"이 유대인 가운데 한 남자가 갑자기 나타나 하나님으로 자처하며 다니기 시작한 것입니다. 그는 자신에게 사람들의 죄를 용서해 줄 권한이 있다고 주장했습니다. 그리고 자기가 전부터 항상 존재해 왔다고 했습니다. 또 마지막 날 다시 와서 세상을 심판하겠다고 했습니다.
여기서 우리가 분명히 짚고 넘어가야 할 점이 있습니다. 인도인 같은 범신론자라면 얼마든지 자기가 하나님의 일부라고 말하거나, 하나님과 하나라고 말할 수 있습니다. 그러니까 그런 사람들한테는 이 말이 하등 이상하게 들리지 않을 수 있지요. 그러나 이 사람은 유대인이었고, 따라서 그가 말하는 하나님은 그런 범신론적인 하나님이 아니었습니다. 유대인의 하나님은 세상 밖에 계시며, 세상을 만드신 존재, 세상 모든 것과 완전히 구별되는 존재입니다. 이 점을 생각한다면, 이 사람의 말이야말로 인간의 입에서 나올 수 있는 가장 충격적인 말임을 알 수 있을 것입니다."[60]

우리의 이웃이 이런 말을 한다고 상상해 보라. "나는 처음이요 나중이다. 나는 스스로 있는 자다. 네 죄를 용서받길 원하는가? 내게 용서해 줄 권한이 있다. 어떻게 살아야 하는지 알고 싶은가? 내가 곧 세상의 빛이다. 누구든지 나를 따르는 자는 어두움에 다니지 않을 것이며, 생명의 빛을 얻을 것이다. 누구를 믿어야 할지 알고 싶은가? 하늘과 땅의 모든 권세가 내게 주어졌다. 어떤 근심이나 부족한 것이 있는가? 내 이름으로 구하라. 만일 네가 내 안에 거하고, 내 말이 너희 안에 있으면, 원하는 대로 구하라. 그러면 네게 주어질 것이다. 아버지 하나님께 나아가길 원하는가? 어느 누구도 나를 통하지 않으면, 아버지께로 올 자가 없다. 아버지와 나는 하나다."

그가 진지하게 이런 말을 한다면, 우리는 어떻게 생각하겠는가? 이런 터무니없는 주장에 "정말 대단한 스승이구나"라고 생각할 사람은 아무도 없다. 오히려 "자신을 하나님이라고 주장하다니, 완전히 돌았군" 하고 말할 것이다. 이 점에 대해 C. S. 루이스만큼 명쾌하게 설명한 사람이 아직까지 없기에 재차 그의 글을 그대로 인용한다.

"제가 이런 말을 하는 것은 '나는 예수를 위대한 도덕적 스승으로 기꺼이 받아들이지만, 자신이 하나님이라는 주장만큼은 받아들일 수 없다'라는 어리석기 짝이 없는 말을 그 누구도 못 하게 하기 위해서입니다. 우리는 이런 말을 할 수 없습니다. 인간에 불과한 사람이 예수와 같은 주장을 했다면, 그는 결코 위대한 도덕적 스승이 될 수 없습니다. 그는 (자신이 계란이라고 말하는 사람과 수준이 똑같은) 정신병자이거나, 아니면 지옥의 악마일 것입니다. 이제 우리는 선택을 해야 합니다. 이 사람은 하나님의 아들이었고, 지금도 하나님의 아들입니다. 그게 아니라면, 미치광이거나 그보다 못한 인간입니다. 우리는 그를 바보로 여겨 입을 틀어막을 수도 있고, 악마로 여겨 침을 뱉고 죽일 수도 있습니다. 그러나 위대한 스승이니, 어쩌니 하는 선심성 헛소리에는 편승하지 맙시다. 그는 우리에게 그럴 여지를 주지 않았습니다. 그에게는 그럴 여지를 줄 생각이 처음부터 없었습니다."[61]

C. S. 루이스의 말은 단연코 옳다. 예수가 분명하게 자신이 하나님이라고 주장했으므로, 그는 단지 위대한 스승이 될 수 없다. 위대한 스승은 자기가 하나님이라는 거짓 주장으로 사람들을 기롱(欺弄)하지 않는다. 예수는 자신이 하나님이라고 주장했으므로, 오직 세 가지 가능성만 존재한다. 즉, 그는 거짓말쟁이거나, 미치광이거나, 아니면 정말 하나님이다. 그가 거짓말쟁이라는 말은 앞뒤가 맞지 않으며, 역사가 동의하지 않는다. 예수는 가장 높은 수준의 도덕을 따라 살았고, 그 도덕을 가르쳤다. 또 스스로 진리를 말하고 있다고 생각하지 않았다면, 그가 그것을 위해 목숨을 내던졌을 공산은 더욱 없다. 또한 예수가 자신이 하나님이라고 생각했음에도 실제로는 하나님이 아니었다면, 그는 미치광이다. 그러나 귀신 들린 사람과 미치광이를 온전한 사람으로 고쳐준 예수가 미치광이라는 말은 앞뒤가 맞지 않을 뿐 아니라, 그에게는 전혀 어울리지 않는다. 그는 이 세상 어떤 책에서도 찾을 수 없는 심오한 진리의 말씀을 세상에 남겼다. 심지어 그의 대적들을 포함해 모든 사람이 예수야말로 진리를 가르치는 신실한 사람이라고 입을 모았다(막 12:13-14).

그렇다면 그가 정말 하나님이라는 가능성만 남는다. 피터 크리프트(Peter Kreeft)는 이 점에 대하여 다음과 같이 간단하게 논증하고 있다.

"오직 두 가지 가능성이 존재한다. 예수는 하나님이거나, 하나님이 아니다. 가장 간단한 형태의 논증은 이와 같다. 첫째, 자신에 대한 그의 주장이 참이라면 예수는 하나님이었으며, 둘째, 자신에 대한 그의 주장이 참이 아니라면, 그는 나쁜 사람이다. 선량한 사람이라면 자신이 하나님이라고 주장하지 않기 때문이다. 그러나 그는 나쁜 사람이 아니었다. 역사상 나쁘지 않았던 사람이 하나라도 존재한다면, 그는 바로 예수일 것이다. 따라서 그는 하나님이었고 지금도 하나님이다."[62]

2. 예수 그리스도가 하나님이라는 증거

앞서 살펴보았듯이 예수는 자신이 하나님이라고 분명히 주장하셨고, 종종 하나님처럼 행동하셨다. 그러나 그는 거기서 그치지 않고, 자기 자신이 하나님임을 입증하셨다. 그는 누구와도 비견할 수 없는 세 가지 증거를 통해 스스로 입증하셨다.

① 예수는 기원전 수백 년으로부터 약 2천 년 전에 활동했던 선지자들을 통해 예언된 메시아로, 하나님의 작정하신 때가 되어 '여인의 후손'으로 이 세상에 오셔서 그 예언들을 모두 성취하셨다(창 3:15; 사 7:14, 9:1-7, 11:1-5, 28:16, 52:13-53:12, 61:1-3; 단 2:31-45; 미 5:2-4; 눅 1:26-38, 2:1-20; 갈 4:4-5).

성경의 '원복음'(Proto-evangelium)이라고 말하는 창세기 3장 15절에서, 하나님께서는 뱀의 모습으로 나타난 사탄에게, "내가 너로 여자와 원수가 되게 하고 네 후손도 여자의 후손과 원수가 되게 하리니 여자의 후손은 네 머리를 상하게 할 것이요 너는 그의 발꿈치를 상하게 할 것이니라"라고 말씀하셨다. 기원전 700년대에 활동했던 선지자 이사야는, "보라 처녀가 잉태하여 아들을 낳을 것이요 그의 이름을 임마누엘이라 하리라"(사 7:14)라고 예언했고, 거의 같은 시기에 활동했던 선지자 미가는 메시아가 탄생할 장소까지 예언했는데, 그들이 예언한 대로 예수 그리스도는 성령의 권능으로 유대 땅 베들레헴에서 동정녀 마리아의 몸을 통하여 '한 아기'의 모습으로 탄생하셨다(사 9:1-7; 미 5:2-4; 눅 2:1-14). 성경은 "아브라함이 이삭을 낳고 이삭은 야곱을 낳고"(마 1:2)라는 구절에서 볼 수 있듯, 남자인 아버지가 아이를 낳는 것으로 표현한다. 그러나 예수 그리스도는 역사상 전무후무(前無後無)한 일로 동정녀(童貞女)의 몸에서 태어나셔서 인류 구원의 성업을 이루셨다. 이에 사도 바울은, "때가 차매 하나님이 그 아들을 보내사 여자에게서 나게 하시고 '율법 아래에 나게 하신 것'은 율법 아래에 있는 자들을 속량하시고 우리로 아들의 명분을 얻게 하려 하심이라"(갈 4:4-5)라고 말했다.

② 예수 그리스도는 죄 없는 거룩한 삶을 사셨으며, 하나님만 하실 수 있는 많은 기적을 행하셨다. 그리스도는 "나실 바 거룩한 이"(눅 1:35)요, 하나님의 "거룩한 자"(행 2:27), "거룩하고 의로운 이"(행 3:14), 하나님의 "거룩한 종 예수"(행 4:27)시다. 그는 본질상 거룩하시다. 그러므로 그는 죄가 없으신 분이시다(히 4:15; 요일 3:5). 그리스도는 행위적으로도 거룩하시다. 그러므로 그는 "죄인에게서 떠나 계시고"(히 7:26), "죄를 알지도 못하신 이"(고후 5:21)시며, 언제나 아버지 성부 하나님을 기쁘시게 하는 일만 행하셨다(요 8:29). 그는 죄를 범하

지 아니하시고, 그 입에 거짓도 없으시며, 욕을 당하시되 맞대어 욕하지 아니하시고, 고난을 당하시되 위협하지 아니하시고, 오직 공의로 심판하시는 자에게 부탁하셨다(벧전 2:22-23). 예수께서 그의 대적들에게 자기를 죄로 책잡아 보라고 했을 때, 이 도전을 받아들인 자는 아무도 없었다. 그리스도는 모든 일에 우리와 한결같이 시험을 받은 자이지만 죄는 없으시다(히 4:15).

기적이란 무엇인가? 기적은 사건의 정상적인 과정을 방해하는 신의 특별한 행위다. 무신론자 앤터니 플루(Antony Flew)는 이것을 잘 표현했다. "기적은 자연이 그 자신의 의지만을 따랐다면 결코 일어나지 않았을 어떤 것이다."[63] 따라서 우리는 이렇게 말할 수 있다. 자연법칙은 자연적 원인에 의해 정상적으로 일어나는 일을 말하는 것이라면, 기적은 초자연적 원인에 의해 드물게 일어나는 일로, 만물의 제1 원인자이신 창조주 하나님이 자연법칙을 초월하여 자기의 뜻과 위엄을 나타내는 한 방편이다.

기적은 단지 가능성만 있는 게 아니라, 이미 현실화되었다. 무(無)에서 우주가 창조된 사실이야말로 세상에서 가장 위대한 기적이기 때문이다. 따라서 성경 창세기 첫 부분에 등장하는 "태초에 하나님이 천지를 창조하시니라"(창 1:1)라는 구절이 진리라면, 성경에 기록된 다른 모든 기적도 쉽게 믿을 수 있을 것이다. 무로부터 천지 만물을 창조하신 창조주 하나님은 홍해도 갈라지게 할 수 있고, 하늘로부터 불을 내릴 수도 있으며, 큰 물고기 뱃속에 있는 사람을 안전하게 사흘 동안 지켜낼 수 있고, 미래의 일들을 정확히 예견할 수 있으며, 물을 포도주로 바꿀 수 있고, 병자들을 즉시 고칠 수 있으며, 죽은 자를 다시 살릴 수 있음은 물론이다. 이 모든 기적은 무한한 권능을 소유하신 존재이면서, 태초에 이 우주를 창조했던 분에게는 간단한 일들이기 때문이다.

독일의 가톨릭 신학자 볼프강 트릴링(Wolfgang Trilling)은 이렇게 말했다. "나는 예수가 실제로 여러 기적을 행했다는 것을 확신하며 역사적 사건으로 받아들인다. …기적을 언급하는 기사들은 복음서 안에서 너무나 많은 공간을 차지하고 있는 탓에, 그 모든 기사가 잇따라 창작되었거나, 예수의 행적으로 가공되었을 가능성은 매우 희박하다."[64]

윌리엄 크레이그(William L. Craig) 역시 이런 결론을 내리고 있다. "역사적 인물 예수가 기적을 행했다는 사실에는 논란의 여지가 없다."[65]

C. S. 루이스는 이렇게 말한다. "우리가 신을 인정한다면, 기적도 인정해야 하는가? 그렇다. 정말이지 그것을 피할 방도가 없다. 그것은 이미 결론이 난 문제다."[66]

예수 그리스도의 신성에 관한 증거는 그가 죄 없다는 사실에만 의존하지 않는다. 그에 대하여 예언한 모든 예언이 성취되었고, 수많은 기적이 역사에서 실제로 일어났기 때문이다.

③ 예수 그리스도는 자신이 죽은 자 가운데서 부활하게 될 것을 제자들에게 여러 차례 예언했고(마 16:21-23, 20:17-19, 26:1-2; 막 8:31, 9:31, 10:32-34), 그가 말한 대로 3일 만에 무덤에서 다시 살아난 후 지상에 40일을 머물며 제자들을 비롯하여 수많은 사람에게 나타나 부활한 자신의 몸을 보이셨다(마 28:1-10; 막 16:1-14; 눅 24:13-49; 요 20:11-29, 21:1-18).

앞서 살펴본 것처럼, 예수는 공생애를 통하여 수많은 이적을 행하셨다. 그는 제자들과 함께 적은 범선에 몸을 싣고 항해하던 중, 태풍으로 인해 큰 풍랑이 일어나 배가 파선될 위험에 처하자, 바람과 바다를 향해 꾸짖으셨고, 즉시 바람과 파도가 순종하여 잔잔하게 되었다(마 8:23-27; 막 4:35-41). 또 각종 병자를 고치셨고(마 8:1-17, 9:1-8, 27-35; 막 3:1-12; 요 9:1-11), 오병이어(五餠二魚)로 굶주린 군중 5천 명을 먹이셨고(마 14:13-21; 막 6:30-44; 눅 9:10-17), 역시 굶주린 군중을 긍휼히 여기시며 칠병이어(七餠二魚)로 4천 명을 먹이셨다(마 15:32-38; 막 8:1-9). 그리고 예수는 여러 명의 죽은 자를 살리시는 이적을 행하셨다(막 5:35-43; 눅 7:12-16; 요 11:17-44). 이 같은 이적들은 사람은 할 수 없는 것들이다. 누가 태풍이 일어나 큰 풍랑이 치는 바다를 향해 꾸짖을 수 있으며, 바람과 파도에 명령하여 잠잠하게 할 수 있는가? 그것은 우주와 대자연을 지배하시고 통치하시는 하나님만 가능한 일이다. 누가 각종 병자를 고치고, 죽은 자를 다시 살릴 수 있다는 말인가! 그것은 인간으로서는 도저히 불가능한 일이며, 오직 창조주시요, 모든 생명의 주인이신 하나님만이 가능한 일이다.

역사가 시작된 이래로 누가 자신이 죽었다 다시 살아나리라고 예언한 그대로 살아난 사람이 있는가? 오직 예수 그리스도 외에는 아무도 없다. 우리는 이미 메시아 강림의 예언, 예수께서 행한 이적, 그리고 그의 부활의 확고한 증거를 살펴보았다. 그러나 예수가 죄 없는 자라는 견해에 대해서는 어떠한가?

예수는 이렇게 말했다. "너희 중에 누가 나를 죄로 책잡겠느냐"(요 8:46). 더욱이 그와 더불어 3년 동안 밤낮으로 공동 생활을 한 제자들도 예수가 죄 없으신 분이라고 주장했다.

- 베드로는 예수를 "죄를 범하지 아니하시고 그 입에 거짓도 없으시며"(벧전 2:22) "흠 없고 점 없는" 어린 양(벧전 1:19)으로 묘사한다.
- 요한은 그리스도에 대해 "그에게는 죄가 없느니라"(요일 3:5)라고 말한다.

- 바울은 예수에 대해 "죄를 알지도 못하신 이"(고후 5:21)라고 증언한다.
- 히브리서 기자는 예수에 대해 "죄는 없으시니라"(히 4:15)라고 주장한다.

누군가와 3년은 고사하고, 3일만 함께 지내도 금세 그의 흠을 발견하게 된다. 신약 성경의 저자들은 예수에게 그런 흠이 하나도 없었다고 말한다. 그가 지고의 인격을 가진 분이었다고 확증한 이들은 단지 그의 친구들만이 아니었다. 그리스도의 대적들도 그로부터 아무런 흠을 찾을 수 없었다. 예수에게 있는 흠집을 찾으려 혈안이 되어있던 바리새인들조차 아무것도 찾지 못했다(막 14:55). 그리고 오히려 예수가 참되시며, 진리로 하나님의 도를 가르친다고 말하며 그 사실을 인정했다(막 12:14).

예수를 고소하기 위해 바리새인들이 온갖 노력을 다했음에도, 로마 총독 빌라도는 그가 아무 잘못이 없는 무죄한 사람임을 깨달았다(눅 23:22). 그러나 그리스도의 신성에 관한 증거는 그가 죄 없다는 사실에만 의존하지 않는다. 성취된 예언, 기적, 그리고 그의 부활이야말로 예수가 곧 하나님이었음을 입증하고도 남는다.

다시 말하면, 그리스도는 전에도 계시고, 지금도 계시고, 장래에도 계시는 하나님이란 뜻이다. 이에 성경은 "예수 그리스도는 어제나 오늘이나 영원토록 동일하시니라"(히 13:8)라고 말한다. 사도 요한은 부활하신 예수 그리스도께서 자신에게 나타나 계시하신 모든 말씀과 광경을 기록한 요한계시록의 1장 1절에서 "예수 그리스도의 계시라"라는 말로 시작하고, 1장 8절에서 "주 하나님이 이르시되 나는 알파와 오메가라 이제도 있고 전에도 있었고 장차 올 자요 전능한 자라 하시더라"라고 기록했다. 이처럼 신약 성경 제4 복음서와 몇몇 서신과 요한계시록을 기록한 사도 요한은 예수 그리스도를 '주님'과 '하나님'으로 고백하고 있다(요 1:1-14; 계 1:8).

3. 그리스도의 신성에 대한 반대 의견

그렇다면 예수는 왜 이미 알려진 것보다 더욱 분명하게 자신을 세상에 드러내지 않았는가? 회의론자들은 물론 예수가 자신이 하나님이라고 몇 차례 분명히 주장하긴 했으나, 그가 실제로 하나님이었다면 더 자주 명백하게 자신을 드러낼 수 있지 않았겠느냐고 지적한다. 한편으로는 그들의 말이 옳다. 그것이 필요하다고 생각했다면, 그는 좀 더 자주 직접적으로 자신의 신성을 주장했을 것이다. 그러나 그가 그렇게 하지 않은 몇 가지 이유는 다음과 같이 설명할 수 있다.

첫째, 예수는 메시아가 오셔서 자신들을 로마의 압제로부터 해방시켜 줄 것이라고 오해하고 있었던 당시 유대인들로부터 간섭받기를 원하지 않았다. 예수의 신중한 접근에도 이것은 실로 문젯거리가 되었다. 한번은 기적을 행한 다음, 예수는 자신을 억지로 왕으로 추대하려는 유대인들을 피해 도망까지 가야 했다(요 6:15).

둘째, 예수께서 이 땅에 계실 때, 부딪히는 모든 문제마다 자신의 권세를 사용했다면, 그는 우리에게 가장 위대한 본보기가 될 수 없었을 것이다. 그러나 그는 "나는 마음이 온유하고 겸손하니 나의 멍에를 메고 나를 배우라 그리하면 너희 마음이 쉼을 얻으리니"(마 11:29)라는 말씀대로, 우리에게 온유함과 겸손으로 섬김의 완벽한 본을 보여 주셨으며, 나아가 우리가 어떻게 우리 자신이 아닌 아버지 하나님을 영화롭게 해드려야 하는지를 보여 주셨다.

셋째, 예수께서는 대속 제물로서의 사명을 완수하기 위해, 언제 어디서 자신의 신성을 드러내야 할지에 매우 신중하셨다. 그가 지나치게 드러내놓고 자신의 신성을 주장하거나 기적을 행하셨다면, 유대인들은 그를 죽이지 않았을지 모른다. 그러나 또 너무 드러내지 않았다면, 그가 하나님이라는 증거는 거의 남기지 못했을 것이며, 나아가 그의 메시지를 전하기에 충분한 제자나 추종자들을 모을 수 없었을지도 모른다.

넷째, 우리는 예수가 살던 당시의 종교적 상황을 이해하지 않으면 안 된다. 그는 자신이 구약의 율법(이 율법은 여러 세기 동안 유대인들의 경외와 복종의 대상이었으며, 모든 종교와 정치 행위의 기초였다)을 성취했다는 개념을 제시하셨다(마 5:17). 이것에 대하며 르-이트(N. T. Wright)는, "이것은 마치 이슬람교 국가에서 어떤 사람이 알라의 뜻을 성취하는 것이라고 주장하면서 마호메트를 욕보이고, 코란을 불태우는 것과 같다"라고 말했다.[67]

그러므로 예수께서 자주 비유를 통해 가르치시고, 자신의 신성을 간접적으로 드러내셨다는 것은 조금도 이상한 일이 아니다. 그는 마음이 열린 사람들을 확신시키기엔 충분하나, 자기 전통을 고집하는 사람들의 자유의지는 꺾지 않을 정도의 증거를 허락하신 셈이다. 이렇듯 예수께서 자신의 신성을 더 자주 천명하지 않으신 데는 그럴 만한 이유가 있었다. 그러나 그는 이미 충분할 정도로 자신의 신성을 드러내셨다는 사실 또한 간과해서는 안 된다. 앞서 언급한 것처럼, 예수는 유대인들 앞에서(요 8:58), 그리고 대속 제물로서의 사명을 곧 이룰 것을 알았을 때 대제사장 앞에서(마 26:64; 막 14:62; 눅 22:70), 자신이 하나님임을 분명히 주장하셨다.

4. 예수가 자신의 신성을 간접적으로 부인한 듯이 보이는 경우

비평가들은 종종 신약 성경에서 그리스도의 신성에 의문을 제기할 만한 세 가지 사례를 인용하곤 한다. 그 첫 번째는 마태복음 19장 17절로, 한 젊은 부자 관원이 예수를 "선한 선생"이라 부르자, 예수는 "선한 이는 오직 한 분이시니라"라고 대답해, 자신의 신성을 부인하고 있는 것처럼 보인다.

그러나 이런 의구심은 비평가들의 실수에 불과하다. 여기서 예수는 자신의 신성을 부인하고 있지 않다. 오히려 예수는 관원으로 자신의 답변을 깊이 헤아려 예수의 신성을 깨닫게 하려는 의도가 있는 것으로 보인다. 즉, 실제로 예수는 이렇게 묻고 있는 것이다. "네가 나를 가리켜 선하다고 하는데, 그 말이 무슨 의미인지 아느냐? 너는 내가 하나님이라고 말하는 것이냐?" 이러한 의도는 그 정황에서 분명히 드러나는데, 이는 불과 몇 구절 뒤에서 예수가 자신을 가리켜 "영광의 보좌에 앉아" 제자들과 함께 통치하게 될 "인자"로 지칭하고 있기 때문이다(마 19:28).

그리스도의 신성에 대한 두 번째와 세 번째 반대 의견은, 예수가 성부 하나님보다 크지 않으며, 한정된 지식을 갖고 있었다는 것과 관련이 있다. 요한복음 14장 28절에서 예수는 "아버지는 나보다 크심이라"라고 인정함으로 자신을 하나님보다 못한 존재로 규정했다. 또한 마태복음 24장 36절에서도 "그러나 그날과 그때는 아무도 모르나니 하늘의 천사들도, 아들도 모르고 오직 아버지만 아시느니라"라고 하면서, 예수 자신도 재림의 때를 알지 못한다고 선언했다. 그가 성부 하나님보다 아래에 있으며, 지식이 한정되어 있다면, 어떻게 그가 하나님일 수 있는가?

이 문제는 삼위일체 하나님에 대해 올바르게 이해한다면 충분히 대답할 수 있다. 앞서 삼위일체 하나님에 대하여 이미 살펴보았으니, 여기선 우선 삼위일체에 대해 오해하기 쉬운 부분부터 짚어 보자. 삼위일체는 세 분의 하나님이 존재한다거나, 한 하나님이 세 가지 모습을 갖고 있다거나, 하나님의 본질이 세 가지라는 의미가 아니다. '삼위일체'(Trinity)는, 하나의 신성(神性)을 가진 세 인격을 의미한다(three persons in one divine essence). 바꾸어 말하면, 하나의 신성을 공유하는 세 인격 곧 성부, 성자, 성령이 존재한다는 것이다. 삼위일체는 마치 정삼각형이 세 개의 꼭지점이 있지만 여전히 하나의 삼각형인 것과 같다.

성자 하나님이신 예수는 성부 하나님과 신성을 공유하면서, 독특하게도 인성(人性) 역시 갖고 있다. 예수는 그 안에 신성과 인성, 양성(兩性)을 소유하고 있다. 그래서 초대교회 교부 아타나시우스는 "하나님의 성육신은 신성의 차감(差減)이 아니라, 도리어 인성의 부가(附加)다"라고 말했다. 사실 예수가 여인의 몸에 잉태되었을 때도 그는 하나님이기를 그치지 않았다. 단지 인성을 더했을 뿐이다.

그렇다면 우리는 두 번째, 세 번째 반대 의견에 어떻게 대처해야 하는가? 예수는 두 본성을 가지고 있으므로, 그에 대해 사실상 두 가지 방향의 질문을 던져야 한다. 가령 예수는 자신의 재림 시기를 알았는가? 하나님으로서는 '그렇다'지만, 인간으로서는 '아니오'다. 예수는 모든 것을 알았는가? 하나님으로서는 '그렇다'지만, 인간으로서는 '아니오'다. 예수는 배가 고팠을까? 하나님으로서는 '아니오'지만, 인간으로서는 '그렇다'다. 예수는 피곤함을 느꼈는가? 역시 하나님으로서는 '아니오'지만, 인간으로서는 '그렇다'다.

또한 삼위일체의 개념은 우리가 예수의 "아버지는 나보다 크심이라"라는 선언의 의미를 이해할 수 있도록 도와준다. 아버지와 아들은 본질에서는 같으나, 직무에서는 서로 다르다. 이것은 인간의 관계에 견주어 볼 때도 알 수 있다. 예를 들어, 지상의 아버지는 아들과 같은 인간이지만, 더 높은 자리를 차지한다. 마찬가지로, 성자 하나님이신 예수와 성부 하나님은 서로 직무는 다르지만, 동일한 하나님이시다(요 1:1, 8:58, 10:30).

예수에게 인성이 부가되었을 때, 그는 자원하여 자신을 성부 하나님 아래 두었으며, 나아가 인성의 고유한 한계를 인정했다. 이것은 바울이 빌립보서에서 설명한 내용과 동일하다(빌 2:5-11). 그러나 예수가 자신의 신성을 잃거나, 하나님이기를 그만두는 일은 없었다.

5. 예수께서 말씀하시는 예수 그리스도

2천 년 전, 예수께서 지상에 계실 때, 가이사랴 빌립보 지방에서 제자들에게 이렇게 물었다. "사람들이 인자를 누구라 하느냐?" 그들은 "더러는 세례 요한, 더러는 엘리야, 어떤 이는 예레미야나 선지자 중의 하나라 하나이다"라고 대답했다(마 16:13-14). 오늘날에도 세계의 많은 사람이 예수 그리스도를 세계의 3대 성인(聖人) 중 하나라고 말하며, 그 외에 선지자, 혁명가, 도덕가, 인류의 스승, 거짓말쟁이 등으로도 불린다. 이처럼 예수에 대한 여러 평가가 엇갈린다면, 차라리 예수께서 스스로 자신에 대해 말씀하시도록 하는 것이 타당할 듯하다. 그렇다면 예수는 스스로 자신이 하나님임을 주장한 적이 있는가?

① 예수가 자기 자신이 하나님임을 직접적으로 주장한 예

예수 그리스도는 분명하고도 단호하게, 그리고 반복해서 자신이 하나님이라고 말씀하셨다. 만약 그의 진술이 사실이 아니라면, 그 진술은 제1계명을 범하는 불경죄에 해당할 것이다. 사실 그리스도가 하나님이라는 믿음은 기독교인이 날조한 것이 아니라, 기독교인

들이 믿는 것이다. 그것은 예수께서 몸소 알려 주신 사실이기 때문이다. 많은 종파와 사람들이 예수 그리스도가 하나님이심을, 혹은 그리스도께서 하나님으로 인정되셨음을 부인하는데, 이것은 하나님의 진리의 계시서인 성경이 말씀하는 진리를 깨닫지 못한 데서 오는 잘못이다. 예를 들면, 여호와 증인 파수대협회는 "예수는 절대로 하나님이라고 공언하지 않으셨다"고 말한다.[68]

그런가 하면, 바하이 교도들은 예수가 하나님의 현현이고 선지자지만, 마호메트와 바하올라보다는 열등했다고 생각한다. 불교에서는 예수는 하나님이 아니고, 부처처럼 해탈한 사람이었다고 가르친다. 크리스천 사이언스의 창시자 메리 베이커 에디(Mary Baker Eddy)는 "예수 그리스도는 하나님이 아니다"라고 단호하게 말한다. 그러나 다음과 같이 성경에 기록된 대제사장 가야바의 노골적인 질문에 대한 예수 그리스도의 답변이 있는 만큼, 이 문제에 대한 직설적인 주장은 더는 부언할 필요가 없을 것이다.

> "침묵하고 아무 대답도 아니하시거늘 대제사장이 다시 물어 이르되 네가 찬송 받을 이의 아들 그리스도냐 예수께서 이르시되 내가 그니라 인자가 권능자의 우편에 앉은 것과 하늘 구름을 타고 오는 것을 너희가 보리라 하시니 대제사장이 자기 옷을 찢으며 이르되 우리가 어찌 더 증인을 요구하리요 그 신성모독 하는 말을 너희가 들었도다 너희는 어떻게 생각하느냐 하니 그들이 다 예수를 사형에 해당한 자로 정죄하고"(막 14:61-64)

우리는 여기서 대제사장의 직설적인 질문에, 예수께서 직설적으로 대답하신 "내가 그니라"라는 말씀에 주목해야 한다. 그런 다음 예수는 자신을 가리켜 '인자'라고 부르면서 그가 하늘 구름을 타고 올 것이라고 말씀하셨다. 가야바와 거기 모인 군중은 그 말이 암시하는 바를 알았다. 이것은 구약 성경의 선지자 다니엘이 보았던 종말의 때에 관한 환상을 언급한 것이었다. 메시아 곧 인자가 성부 하나님("옛적부터 항상 계신 이")이 그에게 허락한 권위로 온 세상을 심판하기 위해 이 땅에 오실 것이며, 온 세상이 그에게 경배할 것(단 7:13-14)이라는 환상이다. 물론 하나님 자신 외에는 누구도 찬송과 경배를 받아서는 안 된다. 그러나 여기 자신이 세상을 심판할 자가 되어, 만방의 백성으로부터 경배를 받을 것이라고 주장하는 그리스도가 계신다. 그는 자신이 하나님임을 주장하셨으며, 당시 거기에 모인 사람들은 그 말의 뜻을 알고 있었다.

공관복음 기자인 마태, 마가, 누가는 모두 가야바의 질문에 "내가 그니라"라고 대답하신 그리스도의 말씀을 기록하고 있는 반면, 제4복음서 기자인 요한은, 예수께서 "내가 그니라"라는 답변으로 자신의 신성(神性)을 주장하는 다른 경우에 대해 전해 준다. 이 일은 유대인들과의 긴박감 넘치는 대화 장면에서 등장한다. 예수의 참 정체에 대해 몇 차례 질문과 답변이 오간 끝에, 대화는 예수께서 바리새인들에게 선포하는 장면으로 그 정점에 이른다.

> "너희 조상 아브라함은 나의 때 볼 것을 즐거워하다가 보고 기뻐하였느니라 유대인들이 이르되 네가 아직 오십 세도 못 되었는데 아브라함을 보았느냐 예수께서 이르시되 진실로 진실로 너희에게 이르노니 아브라함이 나기 전부터 내가 있느니라 하시니"(요 8:56-58).

유대인들은 아브라함이 자신들의 조상이라는 사실을 자랑스럽게 여겨 왔다(요 8:33). 그러한 그들에게 예수께서는 "너희 조상 아브라함은 나의 때 볼 것을 즐거워하다가 보고 기뻐하였느니라"라고 말함으로 당시 유대인들을 당황하게 했고, 오늘에도 이 뜻을 이해하지 못하는 많은 사람을 당황하게 한다. 그러나 이 구절은, 아브라함이 그 아들 이삭의 출생에 대한 약속을 받고 기뻐한 사실을 말한다(참조. 창 17:17). 이삭의 출생은, "네 씨로 말미암아 천하 만민이 복을 받으리니"(창 22:18)라는 하나님의 놀라운 약속에 대한 내용을 포함하고 있기 때문이다. 그러므로 그것은 아브라함으로 하여금 메시아께서 그의 후손으로 나게 될 것을 내다보게 한 것이며, 아브라함은 그것을 믿음의 눈으로 미리 내다보며 즐거워했다.

그때 유대인들이 "네가 아직 오십도 못 되었는데 아브라함을 보았느냐?"라고 묻자 예수께서는 "진실로 진실로 너희에게 이르노니 아브라함이 나기 전부터 내가 있느니라"(58절)라고 대답하셨다. 여기서 "아브라함이 나기 전부터 내가 있느니라"(Before Abraham was born, I am)라는 말은 문법적으로 시제가 맞지 않는 표현 같지만, 이는 예수께서 자신이 하나님이심을 나타내는 강력한 표훈이다.

그리스도께서는 2천 년 전에 살았던 아브라함뿐 아니라 인류의 조상 아담도, 아니 천지의 만물도 창조되기 전에 이미 선재(先在)하신 하나님이시다(요 1:1, 14). 여기서 '아브라함이 있기 전부터'(γενέσθαι, 과거형)와 '내가 있느니라'(ἐγὼ εἰμί, 현재형)에는 깊은 암시가 있다. "나는…이다"(ἐγὼ εἰμί, I AM)라는 표현은 여호와 하나님의 대명사로서(출 3:14), 그의 신성을 표시하는 가장 강력한 말이다. 예수께서는 자주 "나는…이다"라는 표현을 사용하셨는데, 요한복음에서만 7회나 나타난다. "생명의 떡"(6:35), "세상의 빛"(8:12), "문"(10:7, 9), "선한 목자"(10:11, 14), "부활이요 생명"(11:25), "길, 진리, 생명"(14:6), "참 포도나무"(15:1, 5) 등이 그것이다. 원래 이 말("I AM")은 모세가 이스라엘 백성을 애굽에서 구원하라는 하나님의 명령을 받았을 때, 하나님께서 망설이는 모세에게 알려 주신 하나님의 대명사다.

"나는 스스로 있는 자이니라(I AM WHO I AM)…너는 이스라엘 자손에게 이같이 이르기를 스스로 있는 자가 나를 너희에게 보내셨다 하라"(출 3:12-14).

그러므로 여기서 "아브라함이 나기 전부터 내가 있느니라(I AM)"라는 말은, 아브라함이 나기 전에 계셨다는 뜻이라기보다, '영원하신 하나님은 과거도 미래도 없다. 그는 스스로 존재하시기 때문에 시간에 매이지 않는다. 그러므로 성자 하나님이신 예수 그리스도는 그때나 지금이나 그의 존재하심은 늘 현재적으로 살아 계신 분이다'라는 뜻이다. 이에 알프레드 비켄하우젤(Alfred Wikenhauser)은 "'내가 있느니라'라고 한 말씀에 그의 존재가 어떤 역사적 시간에든 지배를 받지 않는다는 것이 표현되어 있다"고 말했다.[69]

대제사장 가야바가 "네가 찬송을 받을 자의 아들 그리스도냐?"라고 물었을 때, 예수는 분명히 "내가 그니라"라고 직설적으로 대답하심으로 자신이 영원한 자존자(自存者)임을 주장하셨다. 그리고 이것이 바로 유대인들이 그에게 침을 뱉고, 그의 얼굴을 주먹으로 치며, 신성 모독죄로 그를 십자가 처형에 처한 결정적인 이유였다(막 14:60-65). 그럼에도 오늘날 '예수는 자신이 하나님이라고 주장하지 않았다'고 말하는 사람들에게 노먼 가이슬러(Norman Geisler)는 이렇게 물었다. "예수가 자신이 하나님임을 주장하지 않았다면, 유대인들이 왜 예수를 죽였을까?" 그가 자신이 하나님임을 주장하지 않았다면, 어쩌면 모든 고대사 가운데 가장 제대로 입증된 사건, 곧 예수가 십자가에 달린 사건은 설명하기가 곤란해진다.

예수를 믿지 않던 유대인들도 예수가 자신이 하나님이라고 주장하는 것을 알았다. 어떤 때는 그가 여호와의 이름을 더럽힌다는 이유로 돌을 들어 치려 했다. "예수가 자신이 하나님이라고 주장한 사실이 당시 1세기 사람들에게는 명백한데, 현대의 회의론자에게는 명백하지 않은 이유가 대체 무엇인가?"라고 물으며, 그는 그리스도 자신이 하나님임을 간접적으로 주장한 예를 다음과 같이 들었다.

- 예수는 "아버지여 창세 전에 내가 아버지와 함께 가졌던 영화로써 지금도 아버지와 함께 나를 영화롭게 하옵소서"(요 17:5)라고 기도했다. 그러나 구약 성경은 하나님이 오직 한 분이라고 말하고 있으며(신 6:4; 사 45:5 이하), 또한 하나님은 "나는 내 영광을 다른 자에게…주지 아니하리라"(사 42:8)라고 말한다.
- 예수는 "나는 처음이요 마지막이니"(계 1:17)라고 선포한다. 이 말은 정확히 이사야서 44장 6절에서 하나님이 스스로를 일컬어 말씀하셨던 바다.
- 예수는 "나는 선한 목자라"(요 10:11)라고 말한다. 그러나 구약 성경은 "여호와는 나의 목자시니"(시 23:1)라고 말한다. 더욱이 하나님은 이렇게 말씀하신다. "목자가 양 가운데에 있는 날에 양이 흩어졌으면 그 떼를 찾는 것같이 내가 내 양을 찾아서"(겔 34:12).
- 예수는 자신이 모든 백성의 심판자라고 주장한다(마 25:31 이하; 요 5:27). 그러나 선지자 요엘은 하나님의 말씀을 다음과 같이 인용한다. "내가 거기에 앉아서 사면의 민족들을 다 심판하리로다"(욜 3:12).
- 예수는 이렇게 말했다. "나는 세상의 빛이니 나를 따르는 자는 어둠에 다니지 아니하고 생명의 빛을 얻으리라"(요 8:12). 그러나 시편 기자는 "여호와는 나의 빛이요"(시 27:1)라고 말했다.
- 예수는 이렇게 선포했다. "아버지께서 죽은 자들을 일으켜 살리심같이 아들도 자기가 원하는 자들을 살리느니라"(요 5:21). 그

러나 구약 성경은 오직 하나님만이 생명을 주시는 분(신 32:39; 삼상 2:6), 죽은 자를 살리시는 분(단 12:2; 욥 19:25), 유일한 심판자(신 32:35; 욜 3:12)라고 말한다.

- 예수는 "내가 곧 길이요 진리요 생명이니 나로 말미암지 않고는 아버지께로 올 자가 없느니라"(요 14:6)라고 단언하셨다.
- 예수는 "나와 아버지는 하나이니라"(요 10:30)라고 분명히 말했다. 그 뒤로 곧바로 이 구절이 이어진다. "유대인들이 다시 돌을 들어 치려 하거늘 예수께서 대답하시되 내가 아버지로 말미암아 여러 가지 선한 일로 너희에게 보였거늘 그 중에 어떤 일로 나를 돌로 치려 하느냐 유대인들이 대답하되 선한 일로 말미암아 우리가 너를 돌로 치려는 것이 아니라 신성모독으로 인함이니 네가 사람이 되어 자칭 하나님이라 함이로라." 바로 이 사람들이 후에 하나님을 사칭(詐稱)한 신성 모독죄로, 예수를 사형에 해당한 자로 정죄하고, 십자가에 못 박아 죽였다. 이와 관련해 재판관 게이너(Gaynor)는 예수께서 지상 생애에서 마지막으로 받으신 재판에 대해, "사복음서를 보면, 예수가 유죄 판결을 받으신 죄목은 신성 모독죄였음이 분명하다"라고 말한 적이 있다.[70]

세계 역사상 참으로 많은 사람이 하나님을 대변한다고 주장했다. 하지만 자기가 하나님이라고 주장한 사람은 놀라울 정도로 드물다. 예를 들어, 부처나 크리슈나, 마호메트, 공자, 간디 같은 종교 지도자들은 하나님이라고 자칭하지 않았다. 오히려 그들은 추종자들에게 자신은 하나님이 아님을 확인시켰다. 이와는 매우 대조적으로 예수 그리스도는 분명하게 반복해서 자신이 하나님이라고 말씀하셨다. 그래서 당시 유대인들은 그런 놀라운 주장을 하는 예수를 죽이려고 계속해서 이모저모로 방도를 찾고, 거짓 증인도 찾아내 세웠다. 그들이 볼 때 사람인 예수가 자신이 하나님이라고 주장했으니, 이것은 그들의 법대로 신성 모독죄를 범한 것이 확실하기 때문이다.

선한 영적 인간을 넘어서는 존재로서의 그리스도의 신성은 매우 중요하다. 금세기의 전설적인 전도자 빌리 그레이엄은 "예수님은 또 다른 위대한 종교적 교사도 아니고, 영적 진리를 모색하는 긴 계보에 낀 또 한 사람도 아니셨다. 예수님은 진리 그 자체이셨다. 예수님은 성육신하신 하나님이셨다"라며 이 사실을 가장 잘 표현해 주었다.[71] 또한 예수는 비유를 통해 자신의 신성을 은시적으로 선포하셨다. 몇몇 비유에서 예수가 자신을 하나님 역할을 하는 이로 묘사하고 있는 예를 살펴보자.

- 예수가 죄인을 영접하여 그들과 음식을 같이 먹는다고 바리새인들이 비난하자(눅 15:2), 예수는 세 가지 비유로 대답하신다. 잃어버린 양, 잃은 드라크마, 그리고 잃은 아들(눅 15:4-32) 비유가 그것이다. 이 세 비유가 암시하는 바는, 구약 성경이 하나님의 행동으로 언급하고 있는 일을 예수가 하고 있다는 것이다. 곧 그분은 잃어버린 양을 찾는 '목자'이며, 회개하는 죄인들을 집으로 기꺼이 맞아들이는 자비로운 '아버지'다(겔 34:11; 시 103:8-13). 이에 덧붙여 말하자면, 바리새인들은 잃은 아들의 비유에서 불평하는 형에 비유되고 있다. 바리새인들은 이 형처럼 자신이 선을 행했기 때문에 마땅히 아버지가 주는 선물을 받을 자격이 있다고 오해했다. 그런 점에서 이 비유는 그리스도의 신성을 강조할 뿐 아니라, 구원이 힘써서 얻는 것이 아니라 값없이 주시는 하나님의 선물이라는 것도 가르치고 있다(엡 2:8).

● 마태복음 19장 28-30절에서, 예수는 자신 곧 '인자'가 만물이 새롭게 될 때 이스라엘의 영광스러운 보좌 위에 앉아 다스릴 것이며, 그를 따르던 이들도 그와 더불어 다스릴 것이라고 선언하신다. 그런 다음, 그는 곧바로 일꾼들과 포도원의 비유를 가르치셨다(마 20:1-16). 하나님의 나라는 고용주가 소유하고 있는 포도원으로 비유된다. 그 고용주는 모든 일꾼에게 일한 시간에 관계없이 똑같은 품삯을 지불하며, 그로써 하나님의 은혜가 봉사 시간을 비롯해, 어떤 공로에 근거하여 주어지는 것이 아님을 알리고 있다("나중 된 자로서 먼저 되고 먼저 된 자로서 나중 되리라"). 이 비유에서 예수는 그 포도원을 소유하고, 값없이 은혜를 베푸는 고용주로 대변된다. 구약 성경에서 하나님은 포도원 주인으로 기록되었다는 점에서(사 5:1-7), 이 비유로 말씀하신 그리스도는 자신을 하나님과 동일시하신 것이다.

● 예수는 열 처녀의 비유(마 25:1-13)를 포함해 몇몇 경우에 자신을 '신랑'이라고 지칭하신다(마 9:15, 25:1; 막 2:19; 눅 5:34). 구약 성경이 하나님을 신랑과 동일시하고 있다는 점에서(사 62:5; 호 2:16), 예수는 자신을 하나님과 동일시하고 계신 것이다. 그 밖에도 예수가 비유를 통해 자신이 하나님임을 암암리에 주장하시는 예가 많이 있다. 이와 관련해 필립 페인(Philip Payne)은 다음과 같은 결론을 내리고 있다. "기록된 예수의 비유 52개 가운데 20개는 구약 성경에서 하나님을 지칭하는 정형적인 이미지로 그리스도 자신을 묘사하고 있다."[72]

② 예수는 자신이 하늘에서 내려왔다고 말씀하셨다.

아주 드문 경우에 사람들이 임사 체험(죽음에 가까이 이르렀던 체험) 등의 일로, 자신이 하늘에 올라간 적이 있다고 주장하는 사람들이 있다. 케빈 윌리엄스(Kevin Williams)는, 임사 체험을 한 것으로 보고된 유명 인사 중에는, 제인 시모어(Jane Seymour), 피터 셀러스(Peter Sellers), 엘리자베스 테일러(Elizabeth Taylor), 샤론 스톤(Sharon Stone), 래리 해그먼(Larry Hagman), 게리 버지(Gary Busey), 토니 베넷(Tony Bennett), 버트 레이놀즈(Bert Reynolds), 쉐비 체이스(Chevy Chase), 조지 루커스(George Lucas), 윌리엄 피터슨(William Petersen) 등이 있다. 오지 오즈번(Ozzy Osborn)도, "어둠을 뚫는 한 줄기 하얀빛을 보았지만, 뭔가를 하는 천사도, 트럼펫을 부는 사람도, 하얀 수염을 기른 남자도 보지 못했다"라고 주장했다.[73]

무슬림 '예언자' 마호메트 역시 이따금 지상에서 천국으로 올라가곤 했다고 주장했다. 예루살렘 성지의 최초 부지에 서 있는 바위 사원(the Dome of the Rock)은 세계에서 세 번째로 거룩한 무슬림 기념관으로 여겨지는데, 마호메트가 주장한 사건을 기념하는 곳이다. 바로 그 장소에서 마호메트는 칠층천(天)을 통해 부라크(Buraq)라는 신기한 하늘 짐승을 타고 가브리엘 천사의 호위를 받으며, 알라가 계신 곳으로 올라갔다고 한다. 그곳에서 마호메트는 수많은 천사와 더불어 아담과 아브라함 같은 성경 인물들을 만났고, 모세와는 이야기까지 나누었다고 전해진다. 마호메트가 하늘을 방문한 동안에 하나님께서 그에게 무슬림은 하루에 다섯 번씩 기도해야 한다는 명령을 하셨다고 한다. 하지만 임사 체험이나, 하늘을 엿보았다는 마호메트와는 달리, 예수 그리스도는 더욱 대담한 주장을 하셨다. 예수는 모세를 만나고, 알라를 엿본 적이 있다는 정도의 주장을 하신 것이 아니다. 예수 자신은 원래 하늘에 사셨는데, 그 영원한 집을 떠나 인간이 되어 지구를 방문한 하나님이라는 대담한 주장을 하셨다.

"내가 하늘에서 내려온 것은 내 뜻을 행하려 함이 아니요 나를 보내신 이의 뜻을 행하려 함이니라"(요 6:38). 이런 대담한 주장 때문에 예수와 예수의 말씀을 들은 사람들 사이에 갈등이 있었다. "자기가 하늘에서 내려온 떡이라 하시므로, 유대인들이 예수에 대하여 수군거려 이르되, '이는 요셉의 아들 예수가 아니냐? 그 부모를 우리가 아는데, 자기가 지금 어찌하여 하늘에서 내려왔다 하느냐…제자 중 여럿이 듣고 말하되, '이 말씀은 어렵도다. 누가 들을 수 있느냐 한 대, …. 그때부터 그의 제자 중에 많은 사람이 떠나가고, 다시 그와 함께 다니지 아니하더라. 예수께서 열두 제자에게 이르시되 '너희도 가려느냐?' 시몬 베드로가 대답하되 '주여, 영생의 말씀이 계시매 우리가 뉘게로 가오리이까? 우리가 주는 하나님의 거룩하신 자이신 줄 믿고 알았사나이다"(요 6:41-69).

성육신하신 하나님이라는 예수의 주장은, 다른 어떤 세상 종교의 창시자도 말한 바가 없다. 굳이 그에 근접한 경우를 찾는다면, 부처가 비슈누의 '화신'(avatar)이라는 힌두교의 주장 정도이다. 하지만 부처 자신은 그런 주장을 한 적이 없다. 그와 반대로 예수는 자신이 하나님이라고 분명하게 진술하셨다. 하나님 홀로 천국을, "나의 영원한 집"으로 부르시고, 하나님 홀로 하늘로 올라가실 수 있는 것처럼, 하늘에서 내려오실 수 있다. 마지막으로 예수께서 하늘에서 내려오셨다는 진술은 예수의 영원성도 증명한다. 예수는 인간으로 태어나시기 전, 하늘에서 아버지 하나님과 사셨다. 이것은 어떤 인간에게도 해당되지 않는 말이다(요 15:15, 3:13, 8:58; 13:13, 17:15, 24; 고전 8:6, 15:47; 딤후 1:9; 히 5-6, 13:8; 벧전 1:20; 계 1:8, 13:8). 예수는 성육신 이전에도 그리스도의 현현을 통해 카메오로 구약성경에 종종 등장하신다. 예를 들면, 예수는 야곱과 씨름하셨고(창 32장), 하늘의 군대 장관으로 여호수아로부터 경배를 받으시고(수 5:13-14), 불타는 용광로에서 다니엘 및 그의 친구들과 함께 계셨던 네 번째 남자이다(단 3:25).

③ 예수는 자신이 하나님의 아들이라고 말씀하셨다.

예수는 지상에 계실 때, '인자'라는 호칭을 가장 선호하셨는데, 사복음서에서 약 80회에 걸쳐 '인자'란 자칭호(自稱号)을 사용하셨다. 이 '인자'란 호칭은 구약 성경 다니엘에 나오는 말인데, 다니엘은 예수가 태어나시기 600여 년 전에 이 호칭을 글로 기록했다. 다니엘의 환상 가운데 인자가 옛적부터 항상 계신 이(the Ancient of Days) 곧 하나님께 나아가신다(단 7:13). 그런데 인자는 땅이 아니라, 구름을 타고 하늘에서 나타나신다. 그런 사실은 예수가 단순한 인간이 아니심을 나타낸다. 예수는 메시아의 통치권과 권위를 받으시는데, 이는 어떤 천사도 얻을 수 없는 것이다. 신적인 사람만이 메시아의 통치권과 권위를 받을 수 있다. 다니엘은 다윗이 시편 110편에서 언급한 분에 대해 말한다. 구약 성경은 하나님과 나란히 앉아 계신 그 신적인 분을 하나님과 동등하신 분으로 여긴다. 삼위일체의 제2위이신 그분은 세상을 구제하는 메시아의 사명을 받아 모든 원수를 무찌르시고, 사망의 덫에 걸린 사람들을 구출하시기로 약속되어 있었다. 그래서 하나님이신 예수 그리스도는 모든 사람, 모든 나라, 모든 종교 위로 높아져 영원하신 왕으로서 예배를 받으신다. 예수께서 하나님으로서 장차 구름을 타고 오시는 인자가 되실 것이라고 주장한 이는, 다른 사람이 아닌 예수 그리스도 자신이시다(마 24:30, 26:64; 막 13:26, 14:62; 눅 21:27, 22:69; 행 1:9-11; 살전 4:17; 계 1:7, 14:14).

④ 예수는 하나님만 하실 수 있는 기적을 행하셨다.

예수는 위대하신 지도자요 교사이셨지만, 그분의 사역에는 하나님만이 하실 수 있는 기적적인 사건들도 포함된다. 예수 그리스도가 행하신 기적은 과학적 합리주의자가 자연주의에 굴복한 근대에 이르러 더욱 강력한 반대에 부딪쳤다. 자연주의에 의하면, 기적은 철학적으로 불가능하다. 그 결과 근대에 생긴 종파들은 그리스도의 기적을 무시하거나 부인하려고 애썼다. 예를 들면, 유니테리언 보편주의에 기초한 책인 《선택된 신앙(A Chosen Faith)》은, "우리 대부분은 예수에 대해 중요한 것이 소문난 기적적인 탄생이나 죽음에서 부활했다는 주장이 아니라, 그분이 사신 방식이라는 데 동의할 것이다. 예수의 사랑의 힘, 가르침의 통찰력 있는 단순성, 선거권이 없는 억압받는 사람들을 섬기는 본보기의 위력은 결정적인 것이었다"라고 말한다.[74]

하지만 예수께서는 많은 기적을 행하셨고, 그 기적들이 예수 그리스도가 하나님이라는 주장을 증명하는 데 도움이 되었음을 예수는 역설하신다. 요한복음 10장 36-38절에서 예수는, "아버지께서 거룩하게 하사 세상에 보내신 자가 나는 하나님의 아들이라 하는 것으로 너희가 어찌 신성모독이라 하느냐 만일 내가 내 아버지의 일을 행하지 아니하거든 나를 믿지 말려니와 내가 행하거든 나를 믿지 아니할지라도 그 일은 믿으라 그러면 너희가 아버지께서 내 안에 계시고 내가 아버지 안에 있음을 깨달아 알리라"라고 말씀하셨다.

신약 성경에는 예수께서 많은 이적을 행하신 풍부한 증거가 있다. 40여 개에 달하는 구체적인 기적이 신약 성경에 기록되어 있다. 복음서 중 가장 짧은 마가복음은 기적을 다루는 데 대략 책의 3분의 1을 할애했다. 게다가 예수를 반대하는 사람들조차 예수가 초자연적인 기적을 행하셨음을 인정했다(마 12:24, 27:42; 요 11:47). 성경 밖 예수의 적대자들도 그의 기적을 입증한다. 유대교의 《탈무드》는 예수가 "마술을 행하였다"고 비난했다.[75] 강력한 기독교 적대자 켈수스는 훗날 예수가 마술을 행했다는 주장을 반복했다.[76]

초대교회 시대의 저명한 유대인 역사가 요세푸스 역시 예수는 "경이로운 일들을 행한 사람"이었다고 보고했다.[77]

예수가 행하신 기적 중에는 귀신을 쫓아내고, 각종 병자를 치료하고, 심지어 죽은 자를 살려낸 것만이 아니라, 그의 명령으로 폭풍과 큰 파도마저 잔잔하게 되는 일도 있었다. 예수의 제자 중에는 베드로를 비롯하여 여러 명의 노련한 어부가 있었고, 이들은 오랜 세월 바다에서 생활해 온 자들인지라 웬만한 풍랑에는 대처할 만한 능력이 있었다. 그러나 어느 날 제자들은 예수와 함께 배를 타고 가는 중에 갑자기 불어닥친 큰 폭풍으로 인해 풍랑이 일어나 물이 배 안에 들어오고, 배가 전복될 위기를 만나게 되었다. 이에 제자들이 두려움에 떨고 있을 때, 곤히 주무시던 예수께서 깨어 일어나 바람을 꾸짖으시고, 바다를 향해 "잔잔하라, 고요하라" 하고 명하시자, 바람이 그치고 파도가 잠잠해졌다. 대자연이 예수의 한마디 명령에 복종한 것이다. 이에 마가복음 4장 41절에, "그들이 심히 두려워하여 서로 말하되 그가 누구이기에 바람과 바다도 순종하는가 하였더라"라고 기록되었다. 그들은 성경을 잘 알고 있었다. 한마디 말씀으로 폭풍을 잔잔하게 하시거나, 폭풍을 일으키시는 분은 다름 아닌 하나님이시다. 하나님만이 그가 지으신 대자연을 그같이 다루신다(시 33:7, 65:7, 89:9, 104:7-9, 107:28-30, 135:7; 욥 26:12, 38:8; 욘 1:4, 15).

예수는 평생 참으로 많은 기적을 행하셨는데, 그 모든 기적은 예수가 물질 세계를 통치하심을 증명하는 것이다. 예수께서 이렇게 기적을 행하신 목적은, 예수가 하나님이심을 증명하심으로 우리로 예수를 믿고 구원을 얻게 하려는 것이었다(요 20:30-31). 결국 예수 그리스도께서 행하신 기적은 사실상 그의 신성을 나타내는 표적(sign)이었다.

⑤ 예수 그리스도께서는 자신은 죄가 없다고 말씀하셨다.

죄는 빼기, 더하기와 같다. '빼기'의 죄는 선한 일을 하지 않은 것이고, '더하기'의 죄는 나쁜 일을 하는 것이다. 그러면 여기서 말하는 '선한 일'과 '나쁜 일'은 구체적으로 무엇을 말하는가? 천지 만물을 창조하신 창조주 하나님이 자신의 형상으로 창조하신 인간을 만물의 영장으로 만드시고, 그들의 안녕과 행복을 위해 도덕법을 만들어 주셨는데, 그것들이 십계명을 비롯한 율법과 규범 등이다.

하나님이 친히 돌에 새겨 모세에게 전해 주신 십계명에는 적극적으로 '하라'(Do)는 계명이 있고, '하지 말라'(Do not)는 소극적인 계명이 있는데, 우리 인간은 '하라'는 선한 일을 하지 않은 소극적인 태만 죄(sins of omission)와 '하지 말라'는 나쁜 일을 행한 적극적인 죄(sins of commission)를 모두 범한 죄인이다. 그러므로 인류의 세계 역사에서 자신에게 죄가 없다고 자신 있게 주장한 정상적인 사람은 아무도 없다. 그렇게 말할 수 있는 사람은 자신의 말과 행동, 생각, 동기가 한결같이 전적으로 순전하며 선하다고 선언하는 것이기 때문이다. 따라서 옛날이나 오늘이나 누구도 완전한 사람은 없다.

복음서에는 예수께서 회개하라고 사람들을 부르시는 모습이 종종 나타난다. 예수가 죄를 짓도록 유혹당하는 모습도 등장한다(마 4:1-11; 눅 4:1-13). 그러나 예수께서 죄를 지으셨다거나, 개인적인 죄를 회개하셨다는 기록은 어디에도 없다. 그에게는 죄가 없었기 때문이다. 예수의 대적들은 그에게 거짓 혐의를 씌워 기소하려 했지만, 그들의 거짓말들은 아귀가 맞지 않아 근거 없는 것으로 판명 나고 말았다(막 14:55-56). 오히려 예수는 자신은 죄가 없다고 선언하셨다. 그리고 자신의 선언이 옳지 않다고 생각되면 누구든지 나서서 증명해 보라고 도전하셨다. "너희 중에 누가 나를 죄로 책잡겠느냐 내가 진리를 말하는데도 어찌하여 나를 믿지 아니하느냐"(요 8:46).

예수 그리스도의 완전하고 죄 없는 생애가 그가 과거에도 현재에도 하나님이시라는 사실을 증명한다. 하나님만이 죄가 없으시기 때문이다. 예수의 자기에게는 죄가 없으시다는 주장은 역사상 그 유례가 없는 것으로, 예수의 제자들이 신약 성경 전체를 통해 반복적으로 확증했으며, 예수의 제자 대부분은 그 주장을 철회하지 않은 까닭에 많은 고난을 겪어야 했고, 순교까지 당했다.

예수의 무죄를 입증한 사람으로 그의 최측근 제자인 베드로(행 3:14; 벧전 1:19, 2:22, 3:18)와 요한이 있으며, 요한은 자신에게 죄가 없다고 주장하는 사람은 누구든지 거짓말쟁이라고 하면서(요일 1:8), 예수 그리스도는 죄가 없다고 말한다(요일 3:5). 예수의 동생 야고보(약 5:6)와 예전의 대적자 바울(고후 5:21)도 이를 증언했고, 그뿐 아니라 예수의 재판을 지휘한 로마 총독 빌라도(눅 23:22), 예수의 사형을 집행한 병사(눅 23:47), 예수 옆에서 십자가에 처형당한 죄수(눅 23:41), 더구나 배신자 가룟 유다까지 예수께서 죄가 없으심을 인정했다(마 27:3-4).

⑥ 예수 그리스도는 사람의 죄를 용서하셨다.

인간은 죄의 결과로 역사상 수많은 전쟁과 질병, 죽음, 그리고 온갖 범죄와 빈곤 등을 처리하느라 많은 재원과 노력을 소비하고 있음에도, 대다수가 여전히 죄를 용서받는 길을 알지 못한 채 살아간다. 기껏해야 몇몇 종교가 신도에게 선행과 재생과 같은 것을 통해 하나님께 죄의 값을 지불할 수 있는 것처럼 가르치며 애쓰고 있지만, 그런 것으로는 인간이 지은 죄를 용서받지 못한다.

반면 범죄한 인간의 견지에서의 죄 용서에 대한 예수 그리스도의 주장은 실로 놀랍다. 누가복음 7장 48절에서 예수는 죄를 지었지만 회개하는 한 여인에게 "네 죄 사함을 받았느니라"라고 말씀하셨다. 누가복음 5장 20-21절에도, "예수께서 그들의 믿음을 보시고 이르시되 이 사람아 네 죄 사함을 받았느니라 하시니 서기관과 바리새인들이 생각하여 이르되 이 신성모독 하는 자가 누구냐 오직 하나님 외에 누가 능히 죄를 사하겠느냐"라고 기록되어 있다.

누군가가 자신이 하나님이기에 인간의 죄를 용서할 권세가 있다고 말하는 모습을 상상할 수 있겠는가? 죄는 인간의 문제다. 그리고 모든 죄는 궁극적으로 하나님께 짓는 것이다(시 51:4). 따라서 하나님만이 죄를 용서하실 권세를 가지신다(렘 31:34; 시 130:4). 예수 그리스도께서 죄를 용서하실 수 있었던 것도, 예수 그리스도가 하나님이시라는 단 한 가지 사실 때문이었다. 이에 예수께서는 그런 주장을 하시면서, 우리에게 죄를 고백하고, 그의 대속적인 죽음과 부활을 믿음으로 죄를 용서받고, 구원을 얻으라고 권면하신다(마 11:27-28, 28:18-20; 요 11:25-27, 14:6).

⑦ 예수는 사람들에게 하나님이신 주님 예수께 기도하라고 가르치셨다.

기도란 매사에 유한한 인간이 무한하시고 전능하신 하나님께 아뢰는 것으로, 인간이 똑같이 유한한 인간에게 요구하는 것을 '기도'라고 말하지 않는다. 하지만 예수께서는 우리에게 예수께 기도하라고 거듭거듭 말씀하셨다(요 14:13-14, 15:16, 16:24). 그렇게 하심으로써 예수는 자신이 하나님이심을 확실히 하셨다. 예수께서 그렇게 가르치신 결과, 신약 시대 최초의 순교자 스데반(행 7:59-60)과 가나안 여인(마 15:25) 같은 사람들이 하나님이신 예수께 기도했다. 사도행전 7장 59절을 보면, 초대교회 집사 스데반은 전도하다 붙잡혀 돌에 맞아 고통스럽게 죽어가는 순간에, "주 예수여, 내 영혼을 받으시옵소서"라고 기도를 드렸다. 역사상 수많은 사람이, 그리고 오늘날 예수께 예배드리는 수십억의 사람이 "예수의 이름으로" 기도하며, 스데반처럼 절체절명의 순간에도 큰 소리로 부르짖으며 예수께 기도를 드린다.

⑧ 예수는 자신이 천국에 이르는 유일한 길이라고 말씀하셨다.

예수는 자신이 하늘에서 내려오셨다고 선언하셨을 뿐 아니라, 자신만이 모든 사람으로 천국에 이르게 하는 유일한 길이요, 진리요 생명이라고 선언하셨다. 천국 가는 길을 가르쳐 줄 수 있는 종교적이고 영적인 선생은 많지만, 그들은 자기가 그 길 자체라고 주장하지는 않는다. 그와 대조적으로 예수께서는 요한복음 14장 6절에서, "내가 곧 길이요 진리요 생명이니 나로 말미암지 않고는 아버지께로 올 자가 없느니라"라고 말씀하시면서, 자신이 천국에서의 영생으로 가는 '그 길'(the Way)임을 보증하셨다. 예수의 이 말씀은 그가 과거에도 현재에도 살아 계신 하나님이심을 증명한다. 천국이 하나님께 속해 있고, 천국에서 영원히 하나님과 함께 살 사람을 결정하시는 분도 오직 하나님이시기 때문이다. 다른 종교들 역시 천국에 이르는 길을 확보해 두었다고 항의하는 사람도 있을 것이다. 하지만 예수는 예수 자신만이 영생에 이르는 유일하고 좁은 길이요, 그 외의 다른 모든 길은 지옥의 영원한 죽음에 이르는 길일 뿐이라고 선언하심으로, 그러한 신화들의 정체를 여실히 폭로하셨다(마 7:13-27).

요약과 결론

나사렛 사람 예수 그리스도는 자신이 구약 성경의 예언에 따른 메시아이자 하나님이라고 주장했다. 그의 주장은 다양한 방식으로 표출되었다. 즉, "내가 그니라"라고 직접적으로 주장하기도 했고, 자신의 신성을 간접적으로 암시하기도 했다. 죄를 용서하고, 하나님의 권위로 계명을 주고, 하나님께만 돌려져야 할 경배를 받는 등 그의 여러 행위 또한 자신이 하나님이라는 사실을 스스로 믿고 있었음을 보여 준다. 그리고 그는 다음과 같은 방법으로 자신이 하나님임을 입증했다.

a. 수백 년 전에 기록된 많은 메시아의 예언을 성취했다. 예수는 역사에서 유일하게 이 모든 예언을 성취한 사람으로 이미 드러났다.

b. 죄 없는 삶을 살았을 뿐 아니라, 하나님만 하실 수 있는 여러 기적을 행했다.

c. 자신이 죽은 자 가운데서 부활할 것을 예언하고, 그것을 성취했다.

우리는 이 사실들이 의심의 여지 없이 확실히 입증되었음을 굳게 믿는다. 따라서 우리는 예수 그리스도는 곧 하나님이시라는 결론에 이른다.

6. 인류의 유일한 구세주는 누구인가?

1) 세상의 구세주들

'구세주'(savior)는 일반적으로 곤경에서 구해 주는 '구조자' 또는 '구제자'를 말한다. 역사상 구세주로 간주되고, 그렇게 불렸던 여러 사람이 있었다. 고대 그리스 문화에서는 에피쿠로스(Epicurus, BC 341) 같은 철학자들이나 제우스(Zeus) 같은 신들, 프톨레마이오스(Ftolemaios) 같은 통치자들이 그들이다.

에피쿠로스는 고대 그리스의 철학자이자 에피쿠로스학파(Epicurianism)의 창시자다. 에피쿠로스는 300여 권의 저작이 있는데 그중에 몇 권만 전해진다. 현재 알려진 에피쿠로스학파 철학 대부분은 후대 추종자나 해설자에게서 유래했다. 에피쿠로스의 철학 목적은, 행복하고 평온한 삶을 얻는 데 있었다. 그가 말하는 행복하고 평온한 삶은 평정(ataraxia), 평화, 공포로부터의 자유, 무통(aponia) 등의 특징이 있다. 그는 쾌락과 고통은 무엇이 좋고 악한 것인지에 대한 척도가 되고, 죽음은 몸과 영혼의 종말이기 때문에 두려워하지 말아야 하며, 신은 인간을 벌하거나 보상하지 않고, 우주는 무한하고 영원하며, 세상의 모든 현상은 궁극적으로 공간을 움직이는 원자들의 움직임과 상호작용으로부터 나온다고 가르쳤다.

제우스(Zeus, Jupiter)는 그리스 신화의 주신(主神)이다. 로마 신화의 유피테르(Luppiter)와 동일시된다. 제우스는 긴 수염이 나 있는 강인하고 위엄 있는 남성의 모습으로 묘사되는데, 상체는 나신이며, 한쪽 손에는 번개 혹은 홀(笏)을 들고 있다. 제우스는 번개나 비 같은 기상 현상을 주재할 뿐 아니라, 세계의 질서와 정의를 유지하며, 왕권과 및 사회적 위계질서를 보장하기도 한다. 또한 호색한이기도 한 그는 헤라의 질투에도 여신이나 인간 여성, 그리고 님프들과 차례대로 어울려 그 수가 헤아릴 수 없이 많다. 제우스의 이러한 호색적 측면은 우주 만물은 주신의 힘과 질서와 정의를 바탕으로 형성되어 있으며, 우주에 주신의 힘과 질서와 정의가 미치지 않는 영역이 없음을 상징하는 것이라고 해석한다.

신화에 나오는 이름난 영웅들은 대부분 제우스의 후손들(또는 사생아들)이다. 특기할 만한 점은 제우스와 헤라 사이의 적자들보다 제우스의 사생아들이 그 능력이 훨씬 뛰어났다는 것이다. 한 예로, 제우스와 헤라 사이에서 태어난 아들인 헤파이스토스는 손재주는 모든 신 중 가장 뛰어나며 착했던 반면, 얼굴은 못생겼을 뿐 아니라 절름발이였으며, 아레스는 전쟁의 신임에도 성급했다. 반면 헤라클레스는 모든 신 중에 가장 힘이 세었으며, 아폴론은 멋지고 지혜가 뛰어난 데다 예술과 예언에 능했으며, 제우스와 우리노스 사이에서 태어난 아프로디테는 미모가 뛰어나 사랑과 미의 여신이 되고, 헤르메스와 아테나는 지혜가 있었다.

프톨레마이오스 왕조는 기원전 305년부터 30년까지 이집트를 다스린 프톨레마이오스 왕국의 왕가를 말한다. 때로는 왕조의 시조인 프톨레마이오스 1세의 아버지인 라고스의 이름을 따 라고스 왕조라고도 한다. 왕은 파라오라고 칭했고, 기존 이집트의 전통과 연속성이 있기에 이집트 제32왕조라고도 불린다. 알렉산드로스 대왕의 부하 장군이자 부관 역할을 맡아 수행했던, 마케도니아 왕국의 '소마토필라게스'라 불리는 7명 중 한 명이었던 프톨레마이오스는, 기원전 323년에 알렉산드로스가 죽은 후 이집트의 사트라프로 임명되었는데, 기원전 305년에 이르러 스스로 '프톨레마이오스 1세 소테르'로 칭하고, 이집트의 통치자가 되었다. 이집트인들은 즉시 그를 독립 이집트 왕국의 파라오의 후계자로 인정했고, 그의 후손들이 기원전

30년 로마 공화정에 멸망할 때까지 275년간을 이집트의 통치자로 군림했다.

이전의 고대 이집트 왕조들처럼, 프톨레마이오스 왕조는 자매간 혼인을 포함한 근친상간 풍습을 소극적으로 시행해 왔지만, 거의 1세기에 들어서는 본격적으로 이런 풍습이 행해졌다. 남자 통치자들은 모두 프톨레마이오스라고 칭했고, 여자 통치자들은 클레오파트라, 아르시노에, 베레니체로 불렀다. 통상 그들의 이름 뒤에 붙이는 숫자는 현대 역사 연구가들이 편의상 붙이는 것으로, 당대의 그리스 계열 왕가는 이름 뒤에 붙이는 별칭으로 구별했다. 바로 '프톨레마이오스 1세' 뒤에 '소테르'라는 희랍어가 붙어있는데, 이 말은 '구세주' 혹은 '구원자'라는 뜻이 있다.

미국에서 '구세주'라는 개념은 유행하는 대중문화에서도 여전히 인기 있는 주제다. 공포 영화 〈달콤한 구세주〉(Sweet Savior)가 있고, 드라마 〈구세주〉(Savior) 같은 영상물도 있다. 음악에서는 밥 딜런, 리자 마리 프레슬리, 써티 세컨즈 투 말스(30 seconds to Mars) 등이 〈구세주〉(Savior)란 제목의 노래를 불렀다. 세이비어 머신(Savior Machine)이란 기독교 오페라 그룹과 시빌드 세이비어(Severed Savior)란 메탈 밴드 그룹도 있다. 코미디계에서는 트라이던트 코믹스(Trident Comics)가 〈구세주〉(Savior)를 제작했다. 소프트웨어계는 우리의 하드 디스크 장치를 구제할 'RD1(디지털 카메라의 일종) 기본 입출력 시스템 구제 소프트웨어'(Bios Savior Software)를 포함한다. 텔레비전은 〈로우 앤드 오더〉(Law and Order)라는 프로그램에서 "구세주"(Savior)라는 이야기를 방영했다.[78]

이렇게 각 나라의 대중문화뿐 아니라, 많은 종교 역시 자기 나름대로 구세주 개념을 가지고 있다. 불교에서는 사람이 모든 욕망, 즉 오욕칠정(五慾七情)을 끊음으로 스스로를 구제해야 한다고 말한다. 유교에서는 교육, 자기성찰, 자기 계발, 도덕적 삶을 통해 스스로를 구제하라고 가르친다. 힌두교에서는 소외된 자아를 탈피해 신과의 연합 가운데 살려고 노력함으로 스스로를 구제한다. 이슬람교에서는 선행의 삶을 통해 스스로를 구원한다. 정통 유대교에서는 회개, 기도, 율법에 순종하기 위한 선행을 통해 스스로를 구원한다. 뉴에이지에서는 새로운 시각을 얻음으로 스스로를 구원하는데, 그 시각에 의하면, 사람은 신적 통일체인 만물에 연결되어 있다. 도교(道敎)에서는 도(道)와 제휴하여 우리 속에 그리고 우리 주변에 화평과 조화가 이루어지게 함으로 스스로를 구원한다고 믿는다. 거의 모든 종교의 영성이 조금씩 차이는 있지만 공통으로 공유하고 있는 것은, 구세주가 있다면 그는 스스로를 구원하는 사람이라는 것이다.

2) 오직 유일하신 구세주

우리는 인류가 살아온 그 어느 시대보다 불확실한 시대를 살아가고 있다. 이러한 시대일수록 인류에게 구세주가 절실하게 필요하다. 인류는 오랜 역사를 통하여 그 당시 구세주로 여겼던 수많은 사람으로부터 실망과 좌절을 겪어 왔으며, 결국 그들도 우리와 같은 죄인 중 한 사람이었다는 것을 깨닫게 되었다.
기원전 700년대에 예언자로 활동했던 선지자 이사야는 어두운 이 세상에 "큰 빛"으로 오신 메시아와 그의 나라에 대하여 이렇게 예언했다.

"전에 고통받던 자들에게는 흑암이 없으리로다 옛적에는 여호와께서 스불론

땅과 납달리 땅이 멸시를 당하게 하셨더니 후에는 해변 길과 요단 저쪽 이방의 갈릴리를 영화롭게 하셨느니라 흑암에 행하던 백성이 큰 빛을 보고 사망의 그늘진 땅에 거주하던 자에게 빛이 비치도다…이는 한 아기가 우리에게 났고 한 아들을 우리에게 주신 바 되었는데 그의 어깨에는 정사를 메었고 그의 이름은 기묘자라, 모사라, 전능하신 하나님이라, 영존하시는 아버지라, 평강의 왕이라 할 것임이라 그 정사와 평강의 더함이 무궁하며 또 다윗의 왕좌와 그의 나라에 군림하여 그 나라를 굳게 세우고 지금 이후로 영원히 정의와 공의로 그것을 보존하실 것이라 만군의 여호와의 열심이 이를 이루시리라"(사 9:1-2, 6-7).

① 하나님만이 우리의 구세주이시다

하나님만이 인류의 구세주이시고, 하나님만이 인류의 희망의 유일한 근거라는 개념은 구약 성경 특히 시편과 이사야서의 공통된 주제다. 예를 들면, 이사야 43장 11절은 "나 곧 나는 여호와라 나 외에 구원자가 없느니라"라고 말한다. 계속해서 45장 21절은 "나 외에 다른 신이 없나니 나는 공의를 행하며 구원을 베푸는 하나님이라 나 외에 다른 이가 없느니라"라고 기록한다. 또한 62장 11절은 "여호와께서 땅 끝까지 선포하시되 너희는 딸 시온에게 이르라 보라 네 구원이 이르렀느니라 보라 상급이 그에게 있고 보응이 그 앞에 있느니라 하셨느니라"라고 선포한다.

이처럼 하나님께서 친히 하나님 외에 다른 구세주가 없고, 하나님과 같은 구세주도 없으며, 하나님만이 모든 나라와 모든 민족의 구세주라고 말씀하셨다. 우리의 구세주 하나님은 인간에게 구원의 선물을 주실 것으로 약속된 "한 아기"로 인류 역사에 오신 그분이시다. 앞서 언급한 대로, 선지자 이사야 이전 시대부터 하나님의 백성들은 그가 약속하신 구세주 예수 그리스도의 도래를 오랫동안 대망해 왔다.

② 예수 그리스도는 우리의 구세주 하나님이시다

'구세주'라는 단어는 신약 성경에 24회 나오는데, 그중 8회는 일반적으로 하나님을 지칭하고, 16회는 특별하게 예수 그리스도를 지칭한다. 한 예로, 디도서 2장 13절은 "우리의 크신 하나님 구주 예수 그리스도"라고 언급한다.

명사형 '구세주'(savior)뿐 아니라, '구원하다'(save)나 '구원'(salvation)과 같은 관련 단어들도 신약 성경에 자주 등장한다. 그런 단어들 역시 예수를 우리의 하나님과 구세주로 표현한다. 천사가 예수는 자기 백성을 그들의 죄에서 '구원하시기' 위해 태어날 것이라고 선언한 것도 여기에 포함된다(마 1:21). 그때 하나님이 천사를 통해 예수의 도래를 직접 알려 주셨는데, 그것은 예수께서 태어나시기 약 700년 전, 선지자 이사야를 통해 주어진 약속의 성취였다. 더욱이 하나님은 동정녀 마리아에게서 태어날 아기 이름을 '자기 백성을 죄에서 구원할 자'라는 뜻인 '예수'로 지으라고 명하셨다. 그래서 예수가 탄생하셨을 때, 천사도 '구세주'가 나셨다고 선언했다(눅 2:11). 구세주가 오시기를 오랜 세월 동안 갈망해 온 경건한 노인 시므온은 갓난아기 예수를 보자마자 그를 품에 안고서, "내 눈이 주의 구원을 보았사오니"(눅 2:30)라고 말했다. 이처럼 하나님은 예수가 구세주로 오실 것을 구약 성경에서 약속하셨고, 예수가 곧 마리아의 몸을 통해 오리라고 일찍이 공지하셨으며(창 3:15; 눅 1:26-38; 갈 4:4), 예수가 탄생하실 때 그 도래를 선언하시고, 천사와 사람들에게 영광과 찬송을 받으셨다(눅 2:8-20).

③ 예수 그리스도는 만백성의 구세주이시다

예수 그리스도는 나이, 출신 국가, 인종, 문화, 지파, 언어 등과 관계없이 전 세계 많은 사람을 구원하실 수 있는 만백성의 구세주이시다. 이것은 매우 의미심장한 일이다. 많은 종교가 자기 민족에만 관심이 있고, 인종이나 국가, 문화가 다른 백성들에게는 무관심하거나 적대시하기까지 하는 잘못된 구세주 개념을 가지고 있기 때문이다. 단 한 분의 구세주를 인정한다는 점에서는 기독교가 배타적이지만, 예수 그리스도가 모든 백성을 구원으로 초청하신다는 점에서는 매우 포괄적이다.

성경은 예수를 유대인의 구세주로 언급한다(행 5:30-31). 물론 예수는 유대인으로서 이 세상 역사에 들어오셨고, 유대인으로서 사셨고, 많은 유대인은 예수를 구세주의 도래에 대한 구약 성경의 예언의 성취로 간주하고 있다. 그래서 초대교회의 시작은 대다수가 유대인으로 구성되었다.

예수 그리스도는 교회의 구세주이시다(엡 5:23). 이것은 세계 교회란 표현이 다양한 지역교회와 교단과 네트워크에 존재하는 한, 예수는 회개하는 신앙으로 예수께 나아가는 모든 그리스도인의 구세주가 되심을 뜻한다. 예수는 교회의 구세주이고, 역사의 다양한 시대와 지구상의 문화를 통틀어 교회라는 이름을 가진 공동체의 주님이다.

예수는 세상의 구세주이시다(요일 4:14). 요한계시록 5장 9절의 예수께 드리는 예배에서 불린 "각 족속과 방언과 백성과 나라 가운데에서 사람들을 피로 사서 하나님께 드리시고"라는 노래는, 세계적이고 다문화적인 구세주로서의 예수의 모습을 가장 훌륭하게 묘사해 준 듯하다. 한마디로 예수는 실제로 모든 민족, 모든 남자와 여자, 모든 무식한 자와 유식한 자, 모든 부자와 가난한 자의 영광스러운 구세주이시다.

예수는 잃어버린 자들의 구세주이시다(눅 19:10). 죄를 짓고 성부 하나님에게서 멀어진 우리 인생은 돌아오는 길을 전혀 찾지 못하는 미련한 아이와도 같다. 그런데 예수께서 큰 자비로 이 세상에 오셔서 길 잃은 우리를 찾으시고, 죄로 인해 앞을 가로막고 있는 멸망에서 우리를 구원하신다. 이런 면에서 예수는 세상 종교가 제시하는 구세주관과 전혀 다르다. 세상 종교에 의하면, 우리 스스로가 길을 잃었기 때문에 종교가 규정한 길을 따라서 자신이 돌아갈 길을 재발견해야 한다. 하지만 그런 종교와 달리 예수는 우리가 길을 잃어 집을 찾아갈 소망이 없기에, 그가 우리를 찾아 구원해 주지 않으시면 영원히 멸망한다는 사실을 알고 계신다.

마지막으로, 예수는 우리 같은 죄인의 구세주이시다. 이것을 가장 분명하게 이해한 사람은 아마도 바울이었을 것이다. 바울은 그리스도의 교회를 핍박하고, 신자들을 체포하여 감옥에 가두고 죽이기까지 했던 사람이다. 하나님의 구원에 가장 부적합한 사람이 있다면 다름 아닌 바울이 그 사람이었다. 그런데 예수는 바울을 구원하셔서 자신이 얼마나 영광스러운 구세주인지를 입증하셨다. 바울은 신약 성경 중 로마서와 갈라디아서를 비롯하여 13권의 성경을 기록해 기독교 신학을 정립한 위대한 사도가 되었다.

그는 디모데전서 1장 15-17절에서 이렇게 말한다.

"미쁘다 모든 사람이 받을 만한 이 말이여 그리스도 예수께서 죄인을 구원하시려고 세상에 임하셨다 하였도다 죄인 중에 내가 괴수니라 그러나 내가 긍휼을 입은 까닭은 예수 그리스도께서 내게 먼저 일체 오래 참으심을 보이사 후에 주를 믿어 영생 얻는 자들에게 본이 되게 하려 하심이라 영원하신 왕 곧 썩지 아니하고 보이지 아니하고 홀로 하나이신 하나님께 존귀와 영광이 영원무궁하도록 있을지어다 아멘."

예수가 오직 은혜로 우리를 구원해 주시지 않으면, 우리에게 남는 것은 '잘못된 애처로운 종교적 신'뿐일 것이다. 그 신은 나쁜 사람은 제쳐두고 착한 사람만 사랑하기에 죄인에게 희망을 주지 못한다. 그리고 우리 모두가 죄인이라는 것은 엄연한 사실이다. 따라서 우리는 스스로를 구원할 수 없고, 우리를 구원하실 죄 없는 구세주가 필요하다.

그러나 안타깝게도 모든 사람이 예수 그리스도의 구세주 되심을 인정하는 것은 아니다. 예를 들어, 유명한 사탄 숭배자 안톤 라베이는 "그리스도는 구세주와 신으로서의 사역 양쪽에서 모두 실패했다"라고 말했다.[79] 그러나 예수가 실패한 구세주인 것이 아니라, 인간이 예수 그리스도께 돌이키는 일에 실패하면, 예수 그리스도만이 주실 수 있는 그 영광스러운 지복(至福), 곧 구원을 받을 수 없다는 사실을 분명히 알아야 할 것이다(행 4:12).

④ 예수 그리스도는 만백성을 구원하신다

인류에게 구세주는 오직 한 분뿐이지만, 그는 모든 것에서 우리를 구원하신다. 간략하게 여기서는 다섯 가지만 언급하고자 한다.

a. 예수는 죄에서 우리를 구원하신다(마 1:21).

예수께서 우리의 죄를 대신하여 속죄의 제물이 되셨기 때문에, 우리가 그를 주님과 구세주로 믿고 영접할 때, 우리는 비로소 죄에서 구원받고 죄를 이기는 삶을 살 수 있다. 이것은 우리가 우리 죄를 수용한다거나 처리한다는 의미가 아니다. 우리가 죄에서 구원을 받아 실제로 죄를 극복하며, 예수와 함께 새로운 삶을 살게 된다는 의미다. 안타깝게도 오늘을 살아가고 있는 사람들은 죄에 대한 온갖 변명, 곧 중독에서부터 불쾌한 기질에 이르는 모든 것이 우리의 개성 유형, 민족적 천성, 유전적 경향의 결과라는 변명을 하기에 바쁘다. 이것은 일종의 운명론에 의한 것인데, 이에 따르면 우리는 하나님을 대신하여 우리를 지배하는 불변의 생활 방식에 갇혀 있기에 죄에서 구원받을 수가 없다.

b. 예수는 죽음에서 우리를 구원하신다(딤후 1:10).

죽음은 죄의 형벌이자 결과이기 때문에, 청교도 존 오웬(John Owen)이 말한 대로, 예수의 죽음은 "죽음을 죽이는 죽음"이었다. 예수가 우리 대신 돌아가셔서 우리를 죽음에서 구원하셨다. 우리는 예수 그리스도를 구세주로 믿음으로 이생의 종말에 영생을 얻는다. 예수께서 하나님의 자녀들을 죽음에서 구원하셨기 때문에, 최악의 원수인 죽음은 구원받은 그들을 이제 더는 지배하지 못한다.

c. 예수는 사탄에게서 우리를 구원하신다(살후 2:6-10).

우리는 죄 때문에 사탄에게 사로잡혀 있을 때가 많다. 또 일반 영성을 통해 사탄에게 사로잡히는 경우가 많이 있다. 영적이라는 것은 영적으로 결부되어 있다는 뜻이기 때문에, 그런 경우 영성은 사실상 귀신 숭배의 동의어다. 영적 결합은 때로 하나님과 천사들이 아니라, 사탄 및 귀신들과 이루어지기도 한다. 사탄은 확실하게 보이지 않으면 널리 사랑받지 못한다는 것을 알기 때문에 때로는 성경 말씀으로 위장하고 음모를 꾸민다. 마치 예수께서 공생애 시작에 앞서 광야에서 마귀에게 시험을 받으셨을 때, 성경 말씀으로 대답하자 마귀도 성경을 인용하되 그릇되게 인용하여 유혹했던 것과 같다(마 4:1-6). 구원이 아니라 영성만으로 충분하다고 생각하는 속기 쉬운 사람들 앞에, 사탄은 때로 "광명한 천사"(고후 11:14)로, 선하고 도덕적으로 믿을 만한 존재로 가장한다. 하지만 예수의 피 값으로 사신 바

된 하나님의 백성은 사탄과 귀신들을 예수 그리스도의 이름으로 물리치고 승리하며 살 수 있도록, 예수 그리스도의 이름에 따르는 권위가 그들에게 위임되었다.

d. 예수는 하나님의 진노와 지옥에서 우리를 구원하신다(롬 5:9).

그리스도인이 된다는 것은 하나님의 거룩하고 의로운 진노에서 구원받은 죄인이 된다는 것이다(롬 5:9-10). 성경에서 20여 개의 다양한 단어로 표현된 '하나님의 진노'는 구약 성경에'만 600회 이상 나타난다. 하나님의 진노는 신약 성경에서도 반복적으로 언급된다(롬 2:5, 3:5, 5:9; 엡 5:6; 골 3:6; 살전 1:10). 하나님의 진노는 지옥에 있는 회개하지 않은 사람들에게 쏟아부어진다. 예수의 십자가는 회개하지 않는 사람들을 기다리는 영원한 전조인 반면, 우리를 죄의 형벌에서 구원받도록 예수께로 돌이키는 강력한 이유다. 그 누구도 하나님의 진노를 피할 근거가 없다. 어떤 사람들은 사랑의 하나님이 사람들을 지옥에 보내신다는 생각으로 갈등하고 있지만, 어떤 사람들은 거룩하신 하나님이 어떻게 아무나 천국에 들이시는지를 두고 갈등한다. 우리가 살아야 하는 삶을 그대로 사신 후, 우리의 죄 때문에 우리 대신 하나님의 진노를 다 받으시고 견디신 구세주 예수 그리스도의 사역을 통해서 우리는 구원받을 수 있고, 구원을 받을 것이다.

e. 예수 그리스도는 인류의 유일한 구세주이시다.

관용과 다양성이 난무하는 오늘의 포스트 모더니즘 시대를 살아가는 현대인들에게 예수 그리스도가 인류의 유일한 구세주이시며, 따라서 예수는 다른 어떤 구세주와도 구별되고, 다른 어떤 구세주라 여겼던 그 누구보다 우월하신 구세주(The Savior)라고 진술하는 것은 가장 큰 논쟁의 여지를 줄 것이다.

예를 들면, 부처는 사람을 계몽하는 데 84,000갈래의 길이 있다고 가르쳤는데, 이것은 마치 각각 다른 방향으로 가는 84,000갈래 길이 모두 같은 목적으로 향한다고 말하기라도 하는 것처럼 일리가 있다.[80] 지금은 작고했지만, 살아생전에는 한국의 3대 철학자 중 한 사람으로 알려지기도 했던 안병욱 교수는, 그의 많은 저서 중 하나인 《안병욱 명상록》의 "종교의 알파와 오메가"에서 이렇게 말했다.

"산의 정상은 하나다. 그러나 그 정상에 도달하는 길과 방법은 여러 가지다. 우리는 종교를 이런 논리로 생각하는 것이 좋다. 모든 고등 종교가 추구하는 목표는 동일하지만, 그 목표에 도달하는 방법은 여러 가지다."[81]

인도의 마하트마 간디는 "나는 오랜 연구와 긴 경험에서 다음과 같은 결론에 도달했다. (1) 모든 종교는 진실하다. (2) 모든 종교는 그 내부에 약간의 과오를 갖는다. (3) 모든 종교는 나 자신의 종교인 힌두교와 마찬가지로 나에게 존귀한 것이다. 타의 신앙에 대한 나의 존경은 나 자신의 신앙에 대한 존경과 마찬가지다"라고 말했다.[82]

그렇다면 우리는 '하나님은 없다'라고 주장하는 무신론자들이나, '하나님이 있는지 없는지 모르겠다'라는 불가지론자들, 또는 수백만의 신이 있다고 하는 힌두교와 같은 범신론자들 모두가 똑같은 하늘 정상에 오른다고 믿어야 하는가? 우리는 죽음 이후에는 삶이 없다는 사람이나, 다시 육신을 입게 된다는 사람, 또는 심판을 받기 위해 부활하여 심판주 예수 그리스도 앞에서 각기 심판을 받고, 혹자는 영원한 천국에, 혹자는 지옥에서 영원한 형벌을 받는다는 사람들 모두가 죽음 이후 동일한 장소에 있게 된다고 믿어야 하는가? 우리는 정말로 자기가 스스로를 구원할 수 있다고 믿는 사람들과 동일한 곳에 이르게 된다고 믿어야 하는가?

예수 그리스도의 배타성과 우월성, 단일성은 정확히 성경의 가르침이다. '예수 그리스도가 유일하신 구세주이시다'라는 사실에 닻을 내린 이 진리는, 여러 면에서 초대교회 때부터 현재까지의 그리스도인들이 마주친 반대와 핍박의 주요 원인이다. 사실 예수께서 유일하신 구세주라는 점이 초대교회를 알리는 외침이었다. 예를 들어, 베드로는 성령 하나님에게 이끌려 매우 확실하게 (예수 그리스도 외에) "다른 이로써는 구원을 받을 수 없나니 천하 사람 중에 구원을 받을 만한 다른 이름을 우리에게 주신 일이 없음이라"라고 선포했다 (행 4:12). 초기 그리스도인과 그 이후의 모든 신실한 그리스도인은 베드로와 같은 이 외침을 통해 예수 그리스도의 말씀이 메아리치게 했다. 예수 그리스도를 자신의 유일한 구세주로 고백하고, 그 진리를 철회하지 않음으로 닥쳐온 온갖 핍박과 환난과 죽음의 고통을 기쁘게 당했다.

누구보다도 예수 그리스도께서 자신이 구원에 이르는 여러 길 중 하나가 아니라, 구원에 이르는 유일한 '그 길'이라고 선언하셨다. "내가 곧 길(the way)이요 진리(the truth)요 생명(the life)이니 나로 말미암지 않고는 아버지께로 올 자가 없느니라"(요 14:6)라고 분명히 말씀하심으로, 예수 그리스도 자신이 인류의 유일한 구세주임을 명백히 밝히셨다.

구약의 선지자 중에 그 누구보다도 메시아(구세주)에 대하여 많은 예언을 했던 이사야는, 예수 그리스도께서 처녀의 몸에서 태어나실 것으로부터(사 7:14), 온갖 수난과 함께 십자가에 달려 속건 제물이 되어 죽으셨다가(사 53장) 그가 말씀하신 대로 사흘 만에 부활하신 예수를 구세주로 믿음으로 죄 사함을 받고, 구원을 얻은 자들이, 그가 예비하신 새 하늘과 새 땅에서 누리게 될 참된 행복을 다음과 같이 예언했다.

"이러므로 땅에서 자기를 위하여 복을 구하는 자는
진리의 하나님을 향하여 복을 구할 것이요
땅에서 맹세하는 자는 진리의 하나님으로 맹세하리니
이는 이전 환난이 잊어졌고 내 눈앞에 숨겨졌음이라

보라 내가 새 하늘과 새 땅을 창조하나니
이전 것은 기억되거나 마음에 생각나지 아니할 것이라
너희는 내가 창조하는 것으로 말미암아 영원히 기뻐하며 즐거워할지니라

보라 내가 예루살렘을 즐거운 성으로 창조하며 그 백성을 기쁨으로 삼고
내가 예루살렘을 즐거워하며 나의 백성을 기뻐하리니
우는 소리와 부르짖는 소리가 그 가운데에서 다시는 들리지 아니할 것이며
거기는 날 수가 많지 못하여 죽는 어린이와
수한이 차지 못한 노인이 다시는 없을 것이라...

그들의 수고가 헛되지 않겠고
그들이 생산한 것이 재난을 당하지 아니하리니
그들은 여호와의 복된 자의 자손이요
그들의 후손도 그들과 같을 것임이라

그들이 부르기 전에 내가 응답하겠고
그들이 말을 마치기 전에 내가 들을 것이며
이리와 어린 양이 함께 먹을 것이며
사자가 소처럼 짚을 먹을 것이며
뱀은 흙을 양식으로 삼을 것이니
나의 성산에서는 해함도 없겠고 상함도 없으리라
여호와께서 말씀하시니라"(사 65:16-20, 23-25).

"주의 의는 영원한 의요 주의 율법은 진리로소이다"(시 119:142).
"Your righteousness is everlasting and Your Law is True."
(Psalmes 119:142).

진리의 규범, 십계명
The Rule of Truth, The Ten Commandments

서론

　하나의 교리를 진술하는 것과 그 교리를 진심으로 믿고 그에 따라 자신의 삶을 바꾸는 것은 전혀 다른 일이다. 이것은 성경의 모든 가르침에 해당하는 말이지만, 특히 타락한 인간의 죄에 관한 교리에 적용되는 말이다. 이 교리는 우리가 쉽사리 받아들이려 하지 않는, 우리의 입맛에는 맞지 않는 가르침이다. 이에 하나님께서는 우리가 그 가르침을 확실히 믿을 수 있도록 매우 상세히 말씀하신다.

　하나님께서 죄를 죄로, 그리고 죄인을 죄인으로 계시하기 위해 선택하신 제일의 수단은 바로 성경에 나타난 하나님의 율법이다. 바로 이것을 계시하려는 것이 율법의 제일의 목적이다. 율법에 대한 전형적인 견해는, 그 율법의 목적이 우리가 어떻게 해야 선한 존재가 되느냐를 가르치기 위한 것이라고 보는 것이다. 그러나 성경이 강조하고자 한 것은 그 점이 아니다. 율법이 악한 자에게는 악을 삼가도록 가르치고, 또 신자들에게조차 그리스도인으로 살아가는 동안에 계속 그렇게 해나가도록 하나님의 뜻과 성품을 나타내는 하나의 표현으로서 교훈을 주기 위한 것이라는 데는 의심의 여지가 없다. 그러나 율법의 주요 목적은 우리로 자신이 죄인이라는 것과 우리에게는 구세주가 필요하다는 점을 확신케 하려는 것이다. 즉, 우리에게 구세주를 가르쳐 주기 위한 것이다. 인간은 하나님 보시기에 세 가지 면에서 죄인이라고 말한다. 즉, 우리는 출생으로 인하여 죄인이다(우리는 인류의 시조 아담으로부터 유전되는 원죄와 죄의식을 받았다). 또 선택함으로 죄인이 된다(우리는 조상들의 죄를 의도적으로 다시 범한다). 그리고 우리 인간은 하나님의 판결로서도 죄인이다. 이러한 판결이 우리에게 선포되는 것이 바로 율법을 통해서다. 율법은 하나님의 진리의 표준으로, 그것 앞에서 우리는 모두 부족한 존재임이 드러난다. 그러므로 우리는 율법으로 정죄함을 받든, 아니면 구세주께로 가든 둘 중 어느 하나를 선택해야만 한다.

1. 하나님의 법과 질서

하나님은 온 우주 만물을 창조하시고 다스리신다. 즉, 300억 이상이나 되는 무수한 천체들과 조류 등이 있는 공중 세계(atmosphere), 사람을 비롯한 모든 생물이 있는 지상 세계(lithosphere), 물속에서 헤엄치는 어류들이 있는 수중 세계(hydrosphere)도 그의 법으로 다스리신다. 하나님은 천지를 창조하실 때, 혼돈 가운데 있는 것을 위의 궁창과 아래의 물, 그리고 바다와 육지로 정돈하여 구별하시고, 공허한 하늘에는 해, 달, 별과 새들로, 육지에는 생물들로, 바다에는 물고기들로 채우시고, 어두움을 빛으로 밝히셨다. 그리고 이것들을 다스릴 사람을 자신의 형상을 따라 지으신 후 안식하심으로 온 우주 만물을 질서 정연하게 하셨고, 아담에게는 선과 악, 어두움과 빛을 분별하게 하셨는데, 이것이 우주의 질서요 법인 것이다. 그러므로 하나님은 창조주이실 뿐 아니라, 바로 온 우주의 질서와 법을 제정하신 분이시다. 따라서 모든 피조물은 하나님의 법에 절대의존하여 살아야 하는데, 다른 비이성적인 존재인 천체들이나 하등 동물들은 하나님의 법 순리와 자연법칙대로 순종하고 있으나, 타락한 인간만은 문명과 과학을 자랑하며 오늘도 무너지게 될 바벨탑을 높이 쌓아가고 있다.

모든 존재는 하나님으로부터 시작되었다(창 1:1). 또 하나님께서는 천지 만물을 창조하실 때 선하게 창조하셨다. 창세기 1장에서 하나님은 6일 동안 매일 창조 사역을 마치시고 자신이 지은 피조물을 보시면서 "좋았더라"(God saw that it was good)라는 말을 일곱 번이나 하셨다. 그러므로 인간이 추구하는 진선미(眞善美)는 하나님을 중심으로 한 생활에서 오는 것이다. 이에 스탈(Stahl)은 "유일신론이 법률과 도덕의 근본이다"라고 말하면서, 도덕은 하나님의 형상대로 지음을 받은 인간 의지에서 자기 완전의 영역에 달하는 것이요(마 5:45), 종교는 인간을 하나님에게 연결해 주며, 그의 뜻을 우리에게 알려 주는 것과 같다고 했다. 그러므로 법을 지켜도 하나님을 떠난 법은 온전할 수가 없는 것이다. 오늘날 사람들은 무수한 법들을 만들어내고는 있으나, 그 근본인 도덕법을 보수(保守)하려고 힘쓰지는 않는다. 그러므로 우리는 하나님의 영원한 지혜와 계시이며, 인간의 심령 속에 새겨져 있는 진리의 규범이자, 항구적인 도덕법인 십계명을 바로 알고, 그 법에 순종하며 살아야 한다.

2. 율법의 어원적 의미

일반적으로 '법'(法)은 나라마다 각기 조금씩 다르게 표현된다. 영어의 경우, 법을 'law'라고 하는데, 이 말은 'to lay'에서 온 말이다. 여기서 'lay'는 '두다', '놓다', '눕히다', '앉히다', '가지런히 놓다' 등의 뜻을 가진 동사로, 'law'는 '(덫을) 장치하다 혹은 놓다', '(식탁을) 차리다', '(무거운 짐, 세금, 책임 등을) 지우다, 부과하다, 걷다', '(계획을) 세우다, 진술하다, 주장하다' 등으로 다양하게 사용된다.

중국에서는 법을 '규칙과 좇는 것'(則也制從也)이라고 했고, 고대 중국에는 천하를 다스리는 데는 인(仁), 의(義), 예(禮)와 같은 도덕보다는 법률이 중요하다고 주장하는 법가(法家)가 있었고, 이 학설을 대표하는 사람으로 관자(管子), 신자(申子), 상자(商子), 한비자(韓非子) 등이 있었다. 불교에서 법은 '삼보'(三寶)의 하나로 물(物), 심(心), 선(善), 악(惡)의 모든 사상(事象)을 말한다.

《우리말 대사전》(이희승 편)에는 법을 ① 법률, 법령, 조례 등 구속력을 갖는 온갖 규칙, ② 예의와 도리, ③ 양식· 방법 등으로 풀이해 놓았다.

그렇다면 성경이 말하는 율법의 의미는 무엇인가?

1) 히브리어의 의미

히브리어로 율법을 '토라'(תּוֹרָה)라고 하는데, 이 말은 '토르'(תּוֹר)에서 온 말로 '질서', '줄'(row), 선악을 판단하는 '표준', '지도', '교훈'을 뜻한다. 다른 하나는 '호라'(חרה)에서 온 말인데, 그 뜻은 '인도하다'(창 46:28), '가르치다'(사 13:8), '창을 던지다'(to throw darts) 등이며, '신령한 일을 위해 제비를 뽑는다'라는 뜻도 있다. 결국 '토라'는 하나님의 뜻을 알아보는 지시인 것이다(출 8:16, 20; 겔 7:26).

2) 헬라어의 의미

헬라어로 법은 '노모스'(νόμος)인데, 이 말은 '풍속' 또는 '관습'을 의미하며, '나누다'라는 뜻을 가진 '네모'(νέμω)라는 동사에서 왔다. 이는 곧 하나님과 사람에 관한 의무를 구분해 준다는 뜻이다.

그러므로 법은 일반적으로 보면 규범이고, 성경적으로 보면 하나님의 계시(啓示, 시 1:2, 19:7), 그 계시를 구체화한 구약 성경 전체(요 10:34, 12:34, 15:25), 모세 오경(눅 24:44), 때로는 교훈, 도덕법(롬 2:4), 의식 법전(눅 16:16) 등이나, 궁극적으로는 하나님의 모든 계시를 축소한 '십계명'을 뜻한다(마 22:36-40).

3. 하나님께서 율법을 제정하신 목적

1) 율법의 정의

그렇다면 하나님의 율법이란 도대체 무엇인가? 이 질문은 우리가 언뜻 생각하는 것처럼 대답하기가 그리 쉬운 것은 아니다. 율법의 개념은 복잡하고 그 뜻을 파악하기도 어렵다. 영어 사전을 찾아봐도 오히려 매우 곤란해진다. 예를 들면, 포괄적인 옥스퍼드(Oxford) 영어사전에는 '율법'이란 단어의 정의로 23개가 수록되어 있다. 이보다 좀 더 제한된 어휘를 담고 있는 웹스터(Webster) 사전에는 9가지의 의미와 함께 동의어가 상세히 수록되어 있다.

성경적 의미로는 '모세 육경'(모세 오경과 여호수아)과 에스겔 40장에서 48장에 있는 "유대인 또는 모세의 법"이라고 되어 있고, 기독교적 용법으로는 '구약'을 의미한다고 되어 있다. 바로 이 성경적 의미에 우리의 관심이 쏠리는 것이기는 하지만, 이 경우조차 문제는 간단하지 않다. 구약 성경의 용법과 특히 신약 성경의 개념은 매우 다양하다. 구약 성경에서 '율법'이라는 단어에 대한 가장 간단하고 가장 제한된 의미로는 '율법서'라는 뜻인데, 이것은 신명기 또는 좀 더 상세히 말하면, 신명기의 핵심이라 할 수 있는 십계명을 가리킨다. 그 율법은 이스라엘 사람들이 가나안 정복 초기에 요단강을 건넌 후 그들 중에 세운 돌 기념비 위에 기록되었고(신 27:2-3), 하나님이 제정하여 모세에게 주신 십계명은 후에 성막 안에 있는 언약궤 안에 보관되었다.

그 후 이 단어는 좀 더 넓은 의미로, 구약 성경의 처음 다섯 권, 즉 모세 오경 또는 히브리어로 '토라'(תּוֹרָה)라고 부르는 것을 가리키는 것으로 사용되었다. 초기의 기록된 율법이 언급되어 있는 역사서들에서는 바로 이런 의미로 '율법'이란 단어가 사용되었다(참조. 역대상 16:40, 22:12). 그런데 점차 이 단어의 의미가 확대되었음이 분명하다. 신약 성경에 자주 나오는 "율법과 선지자"라는 어구는 이미 그 이전부터 사용되었음이 분명한데, 이때의 '율법'은 예언서를 제외한 구약 성경 전체를 가리키는 뜻으로 사용된다. 사실 시편에서 이 단어는 그러한 의미조차 초월하여 일반적인 하나님의 계시를 의미하고 있다(시 1:2, 19:7-9, 94:12).[1]

특별히 신약 성경에서 이 단어가 사용될 때, 특히 바울의 서신들에서는 구약 성경에서의 이 네 가지 의미가 더욱 넓은 의미로도, 또 더 좁은 의미로도 사용되고 있다. 이에 어느 한편에서 이 '율법'이라는 단어가 단지 율법의 한 법규를 가리키는 말로 쓰이고 있다. 그 예를 로마서 7장 3절의 "남편이 죽으면 그 법에서 자유롭게 되나니"라는 말씀에서 찾아볼 수 있다. 다른 한편에서 이 단어는 법의 원리를 가르치는 매우 광범위한 의미로 쓰여 이방인까지도 이것을 의식하고 있는 것으로 나타나 있다. 그 한 예가 로마서 2장 14절의 "율법 없는 이방인이 본성으로 율법의 일을 행할 때에는 이 사람은 율법이 없어도 자기가 자기에게 율법이 되나니"라는 구절이다. 그뿐 아니라 바울의 변증 서신에서 율법이란 말은, 이것으로는 아무도 의롭게 될 수 없는 법 원리를 가리키는 것으로도 쓰인다(갈 2:15-16, 3:2, 5).

성경에서는 '율법'이란 단어를 이처럼 매우 다양한 의미로 사용하고 있는데, 그렇다면 이것은 무엇을 의미하는가? 율법에 관한 이 여러 가지 정의가 본래부터 서로 모순되는 것이라면, 이것은 성경이 무엇이 율법인가 하는 것에 대하여 보편적으로 받아들일 수 있는 정의를 내려주지 못한다는 것을 의미할 것이다. 그러나 이 여러 정의 사이에는 서로 모순이 없다. 오히려 이것들을 주의 깊게 연구해 보면, 성경의 각 기자들이 가장 광범위한 의미에서의 하나님의 율법에 대하여 중요하고도 형성적인 개념을 깨닫고 있음을 알 수 있다. 그리고 이 개념으로부터 좀 더 열등한 정의가 내려지고, 특별한 정의는 의미를 지니게 된다. 다시 말하면, 이 모든 정의가 내포하고 있는 중심 개념은, '율법'이란 하나님의 성품을 나타내는 한 가지 표현 양식이므로, 율법의 다양하고도 특별한 표현 형태들이 있음에도 그것은 마치 하나님이 그러하듯이, 하나의 단일체라 할 수 있다는 것이다. 우리가 성경의 관점을 이런 식으로 이해해도 좋은 것은, '율법'(토라)이란 단어가 결코 구전된 인간의 말이나, 단순한 인간적 유전의 어떤 다른 형태라는 뜻으로 사용되지 않는다는 사실로서 보증할 수 있다.

2) 율법의 성격

그렇다면 율법이 기록되어 전해진 이유는 무엇인가? 우리는 이미 이 질문에 대하여 앞서 이미 두 가지로 대답한 바 있다. 즉, 우리에게 죄를 깨닫게 하고, 주 예수 그리스도를 구세주로서 제시하기 위한 것이다. 이제 이것들을 좀 더 자세히 살펴보고자 한다.

① 악을 억제하는 일: 언뜻 생각하기에, 구약의 율법은 하나님께서 택하신 백성이 아닌 자들과는 전혀 관계가 없는 것처럼 보인다. 우리는 율법은 이스라엘 민족에게 주어진 것이지 일반적인 모든 민족에게 주어진 것은 아니라고 주장하고 싶어 한다. 그러나 이러한

생각은 두 가지 이유에서 잘못된 것이다.

첫째로, 이런 생각은 이스라엘 내의 모든 사람이 구원받는 것은 아니라는 것을 간과한 것이다. 구원은 언제나 유대 민족 전체가 아닌 '남은 자'와 관계된 일로서 설명되어 왔다. 그러나 구원을 받든 그렇지 않든, 이스라엘 민족은 적어도 민법(民法)이라고 할 수 있는, 즉 어떤 일들은 금지하고, 또 어떤 경우에는 형벌을 부과하는 법 아래에 있었다. 둘째로, 그러한 생각은 이스라엘의 법과 고대 이방 민족의 가장 훌륭한 법들 사이의 유사성을 간과한 것이다. 이 둘 사이의 유사함이 시사해 주는 것은, 구약의 율법이 하나님의 거룩하신 성품이 가장 순수하게 표현된 것이라 하더라도, 하나님의 성품은 일반적인 도덕적 의식 속에도(비록 좀 더 열등한 형태이긴 하지만) 표현되어 왔다는 점이다. 그러므로 도덕법에 대한 우주적 의식과 그것에 대한 필요성 같은 것이 존재해 왔다. 그래서 기독교인이 아닌 사람들에게도, 비록 성령께서 그들을 죄로부터의 회개와 그리스도에 대한 믿음의 길로 역사해 주시지는 않더라도, 율법은 어느 정도 가치가 있는 것이다. 이런 면에서 볼 때, 율법의 목적은 바로 악을 억제하기 위함이다. 존 칼빈(John Calvin)의 말처럼, "율법의 한 가지 기능은…율법의 무서운 위협을 듣지 않는다면 선과 악에 대해 무관심하게 행동할 사람들이, 어떤 행동에 대한 형벌을 두려워하며 자신을 억제하도록 하기 위한 것이다." 그뿐 아니라 "이처럼 억지로 강요되고 강제된 의라 할지라도 인간들의 공동사회에는 꼭 필요한 것이다. 주님께서는 모든 것이 뒤죽박죽 혼란스럽지 않도록 이 의(義) 안에 인간들을 위한 평안을 마련해 주셨기 때문이다."[2]

바울이 디모데에게 쓴 편지 중에도 율법의 이러한 기능에 대해 말하는 구절이 있다.

"알 것은 이것이니 율법은 옳은 사람을 위하여 세운 것이 아니요 오직 불법한 자와 복종하지 아니하는 자와 경건하지 아니한 자와 죄인과 거룩하지 아니한 자와 망령된 자와 아버지를 죽이는 자와 어머니를 죽이는 자와 살인하는 자며 음행하는 자와 남색하는 자와 인신 매매를 하는 자와 거짓말하는 자와 거짓맹세하는 자와 기타 바른 교훈을 거스르는 자를 위함이니"(딤전 1:9-10).

이 구절들과 다른 구절들이 우리에게 가르쳐 주는 바는, 율법은 마치 잡아매는 밧줄과 같은 것으로, 우리의 죄 많은 본성이 그렇게 하지 않으면 거칠고도 파멸의 방향으로 사납게 날뛰는 것을 억제하기 위함이라는 것이다. 그러나 율법이 그 같은 역할을 한다면 우리는 다음과 같은 측면을 생각하지 않을 수 없다. 즉, 하나님께서 인류에게 자신을 계시하는 일에 율법이 으뜸가는 것은 아니라는 점이며, 바울의 말처럼 율법은 죄로 인하여 들어온 것(롬 5:20; 갈 3:19)이라는 점이다. 율법은 그것이 하나님의 성품을 표현해 주는 한 방법이기 때문에 선한 것이다. 그러나 이 율법이 하나님께서 그의 피조물과 맺기를 원하시는 관계가 이루어지게 하는 근거가 되지는 못한다. 율법은 임시적인 것이다. 따라서 율법이 기록되어 존재하지 않았던 때가 있었고, 앞으로 율법이 더는 그 역할을 할 필요가 없는 때가 올 것이다.

② 악을 드러내는 일: 율법의 두 번째 기능은 죄를 죄로서, 그리고 죄인을 죄인으로서 드러내는 것이다. 율법은 하나님 앞에서 언제나 자신이 옳다고 꿈꾸는 인간의 마음속에 숨겨진 위선을 벗겨 버리고, 그 부패함을 보여 주기 위하여 주어진 것이다.

바울은 이렇게 말했다.

"율법으로 말미암지 않고는 내가 죄를 알지 못하였으니 곧 율법이 탐내지 말라 하지 아니하였더라면 내가 탐심을 알지 못하였으리라-"(롬 7:7).

"이는 계명으로 말미암아 죄로 심히 죄 되게 하려 함이라"(롬 7:13).

성경은 여러 곳에서 율법의 핵심을 간단히 설명하고 있다. 어떤 사람이 예수께 찾아와 율법 중 어느 계명이 제일 크냐고 물었다. 예수께서는 "네 마음을 다하고 목숨을 다하고 뜻을 다하여 주 너의 하나님을 사랑하라"라고 하셨고(마 22:37; 참조. 신 6:5), 이에 덧붙여 "둘째도 그와 같으니 네 이웃을 네 자신같이 사랑하라"라고 하셨다(마 22:39; 참조. 레 19:18). 이처럼 예수께서는 율법의 전체적인 내용을 종합적으로 설명하심으로써, 어떤 의식이나 규칙의 차원을 넘어서 한 개인과 하나님, 그리고 한 개인과 다른 모든 개인 사이의 관계가 어떠해야 하는지를 잘 나타내 주었다. 즉, 이 두 관계는 모두 사랑으로서 묶여야 한다. 우리가 해야 할 일은 바로 이것이다. 그러나 우리는 우리의 마음과 목숨과 뜻을 다하여 하나님을 사랑하지 않았고, 또 이웃을 나 자신처럼 사랑하지도 않는다.

구약에 나타난 율법의 총체인 십계명은 출애굽기 20장 1-17절과 신명기 5장 6-21절에 나타나 있다. 우리는 다음 장에서 이 계명들에 대하여 상세히 살펴볼 것이며, 다만 여기서는 아무도 그 계명들을 온전히 지킬 수 없다는 사실만을 말해두고자 한다. 우리는 그 계명들을 지켜보겠다는 마음으로 그것에 다가갈 것이다. 그러나 그 계명들에 비추어 우리 자신을 실제로 살펴보면, 우리는 누구나 그 계명을 따라 살지 못하고 있음을 발견하게 된다.

십계명의 전반부는 그리스도께서 크고 첫째 되는 계명으로 말씀하신 바와 같이, 하나님께 대한 우리 인간의 관계를 다루고 있는데, 그 전반부의 내용은 다음과 같다. 즉, 우리는 그분만을 섬겨야 하고,

(물질적이거나 정신적인) 우상을 두지 말아야 하며, 그의 이름이 거룩히 여김을 받으시게 해야 하고, 안식일을 거룩히 지켜야 한다. 그러나 특별히 그리고 엄숙히 율법을 전수한 유대인들이 그러했던 것처럼 우리 역시 이에 순종하지 않는다. 십계명의 후반부는 그리스도께서 두 번째 큰 계명으로 말씀하신 것으로, 우리가 다른 사람들과 맺어야 할 관계에 대하여 말해 준다. 즉, 우리는 부모를 공경하고, 살인과 간음과 도둑질과 거짓말을 하지 말아야 하며, 다른 사람이 소유한 것은 무엇이든 탐내지 말아야 한다. 그러나 우리는 이것도 제대로 지키지 못한다. 결국 율법은 우리의 죄를 드러내 우리로 하나님 앞에 아무 소망도 없는 존재로 나타나게 한다. 이처럼 죄를 드러내는 율법의 기능은 역사적으로, 즉 율법이 주어진 때도 잘 나타나 있다. 모세가 시내산에서 계명들을 받고 있던 바로 그때, 정작 그 계명을 받아야 할 백성들은 산 아래에서 하나님이 금하셨던 바로 그 일을 행하고 있었다. 이 일이야말로 하나님의 의는 인간으로서는 결코 성취할 수 없음을 극명하게 예시해 준 역사적 사건이라 할 수 있다.

여기서 하나님께서 우리에게 그가 세우신 의의 표준들을 따라 살기를 바라시는 일은 부당하다며 성경의 주장에 이의를 제기하는 사람이 있을 수 있다. 그러면서 우리는 크고 첫째 되는 계명 또는 두 번째 계명, 심지어는 처음의 십계명에 대해 말할 것이 아니라, "그러므로 무엇이든지 남에게 대접을 받고자 하는 대로 너희도 남을 대접하라"(마 7:12)와 같은 황금률을 적용하는 편이 나을 수도 있고, 예수께서도 친히 "이것이 율법이요 선지자니라"라고 말씀하지 않았는가 하고 주장할 수 있을 것이다. 이에 대해서는, 이처럼 우리 주장에 반대하는 의도가 하나님의 표준들을 깎아내리기 위한 것이라면, 그것은 부당하고 불가능하며 어리석은 행위일 뿐이라고 답할 수 있다. 하나님께서는 최고의 표준들을 인간에게 요구하실 권리가 있으시며, 사실 다른 표준들은 그 어떤 것도 그들에게 맞지 않는다. 그리고 우리가 이 표준을 공정하다고 생각하든 그렇지 않다고 생각하든, 우리는 바로 이 표준으로 심판을 받게 될 것이다. 그러나 이같이 생각하지 않더라도, 우리가 어떤 표준으로 심판받기를 원하는가 하는 것은, 어떤 면에서는 정말 중요한 것이 아니라고 말할 수 있다. 실상 우리는 다른 사람들이 우리에게 해주기를 바라는 그대로를 다른 사람들에게 해주지 않기 때문에, 그들이 말하는 황금률에 따라 심판해도 우리가 하나님으로부터 정죄를 받게 되는 것은 마찬가지일 것이기 때문이다.

그러면 이보다 좀 더 낮은 표준은 어떠한가? '공정한 행동'과 같은 최하위의 표준은 어떠한가? 다른 사람을 공정하게 대우한다는 것은 어떤 것인가? 우리는 이처럼 행하는가? 우리는 우리와 상대방과의 관계가 어떠하든 언제나 모든 사람을 똑같이 공정하게 대하는가? 이러한 질문을 하는 것 자체가 바로 이 질문에 대한 답변이라고 말할 수 있다. 즉, 우리는 모두 자신이 적어도 언제나 그처럼 행동하는 것은 아님을 잘 알고 있다. 따라서 우리는 율법이 그 형태가 어떠하든지 간에, 즉 가장 고귀한 것으로부터 가장 열등한 것까지 모든 법은 죄를 드러내 주며, 죄인에게 그에 합당한 정죄를 내린다고 결론 내릴 수 있다. 존 칼빈의 말처럼, 사실 율법은 거울이다. 그 거울을 통해 "우리는 자신의 약점을 곰곰이 생각해 보게 된다. 그러면 이로부터 우리의 죄악이 떠오르게 되고, 마침내는 이 두 가지로부터 저주가 비롯된다. 이는 마치 거울이 우리의 얼굴에 있는 흠집들을 보여 주는 것과 같다."[3]

바울은 다음과 같이 말한다.

"우리가 알거니와 무릇 율법이 말하는 바는 율법 아래에 있는 자들에게 말하는 것이니 이는 모든 입을 막고 온 세상으로 하나님의 심판 아래에 있게 하려 함이라 그러므로 율법의 행위로 그의 앞에 의롭다 하심을 얻을 육체가 없나니 율법으로는 죄를 깨달음이니라"(롬 3:19-20).

이렇게 율법에는 여러 가지 기능이 있다. 그러나 하나님 앞에 사람을 의롭게 하는 이 한 가지 일만은 할 수 없다. 그 대신 율법은 우리가 죄인임을 드러내 주는 역할을 한다.

3) 율법 안에 있는 복음

율법의 첫째 기능이 인간의 죄를 드러내는 일이라 할지라도, 하나님께서는 그를 배역한 피조물들이 자신들이 죄인임을 발견하고 절망에 빠진 모습을 보고 기뻐하지 않으신다. 하나님은 "자, 이제 적어도 자신이 죄인이라는 점은 알게 되었겠지? 그들은 자신의 이런 모습을 좋아할 거야" 하고 말씀하시는 분이 아니다. 그는 결코 그런 분이 아니시다. 그가 우리의 죄를 밝히시는 일에는 한층 심오한 목적이 분명히 나타나 있다. 그것은 사람들이 자신의 죄를 깨닫고, 그 죄로부터 깨끗해지기 위해 '그리스도께로 돌아서게' 하려는 것이다. 거울은 사람들이 자신의 얼굴에 묻은 오염물을 보고 그것을 씻어 버리기 위해 비누와 물을 찾아갈 수 있도록 마련되어 있는 것이다.

앞에 제시한 예시가 지닌 한 가지 단점은, 율법이 문제의 해결에 대하여 전혀 아무 말도 해주지 않는다는 인상을 준다는 점이다. 그러므로 우리는 여기서 앞서 율법의 정의를 내리며 살펴보았던 율법의 가장 광범위한 정의, 즉 성경적 계시 전체로서의 율법을 생각해 봐야 한다. 그러한 의미에서 율법은, 그것을 어겼을 경우 우리를 정죄할 금지 조항만 담고 있는 것이 아니라, 완전한 구원에의 약속도 내포하고 있다.

하나님께서는 율법을 주실 때 제사들에 관한 교훈도 주셨다. 즉, 하나님은 모세를 입법자로 택하셨을 때, 아론을 대제사장으로 택하기도 하셨다. 이것은 마치 하나님께서 "너는…하지 말지니라"라고 십계명에서 큰 소리로 말씀하시는 바로 그 순간에도, 아주 조용히 "그러나 나는 네가 그것들을 다 지키지 못하리라는 것을 안다. 그래서 그 죄책(罪責)에서 벗어나게 할 방법을 이렇게 알려 준다"라고 말씀하시는 것과 같다.

구약의 모든 제사는 이러저러한 모양으로 주 예수 그리스도께서 오실 것을 가리키고 있다. 그러나 그리스도께서 드리는 제사의 의미는 무엇보다 이스라엘 민족이 속죄의 날에 드리는 두 제사에 대한 교훈에 명백하게 나타나 있다. 첫 번째 제사 때는 염소 한 마리를 광야로 내몰아 그곳에서 죽도록 내버려 둔다. 광야로 보내기 전 그 염소는 먼저 아론 또는 그를 계승한 제사장에게로 가져간다. 그러면 제사장은 염소의 머리에 그의 두 손을 얹는다. 그렇게 하여 그는 자신과 그가 대표하는 백성들을 염소와 동일시하는 것이 된다. 그는 기도하며 백성들의 죄를 고백한다. 이렇게 상징적인 방법으로 그는 그 죄를 염소에게 전가(轉嫁)한 것이 된다. 그 후 염소를 광야로 내보낸다. 이 의식은 염소가 그들의 모든 불의를 지고 광야로 나가게 된다는 의미로 묘사되어 있다(레 16:22). 여기서 이 제물은 예수 그리스도를 가리키는 상징물이다. 그리스도는 이 염소처럼 우리를 위하여 우리의 모든 불의를 지고, 그것을 없애버리기 위하여 성문 밖에서 고난을 받으셨다고 성경은 말한다(히 13:12).

다른 한 가지 제사는 성전 뜰에서 드려졌는데, 여기서는 피를 취하여 지성소로 가지고 들어가 언약궤 위에 뿌렸다. 그 피가 놓여야 할 장소 역시 이 전체 의식과 마찬가지로 상징적 의미를 지니고 있다. 즉, 지성소 안 중앙에 놓인 법궤 혹은 언약궤의 뚜껑 위에 있는 속죄소(mercy seat)에 피를 뿌려 속죄 의식을 시행했다. 이 법궤 안에는 하나님이 직접 두 돌비에 새겨 모세에게 주신 십계명이 있고, 언약궤 위에 있는 두 날개를 활짝 편 두 그룹은 속죄소와 법궤를 지켜보고 있는데, 이 공간은 하나님이 임재하시는 가장 거룩한 처소이기에 지성소(至聖所)라고 한다.

피 없이 율법과 그룹만 존재하는 언약궤는 무시무시한 그림을 연상케 할 것이다. 그곳에는 율법이 있다. 그런데 우리는 이것을 어겼다. 그곳에는 또한 하나님이 계신다. 그런데 우리 인간들은 하나님께 반역했다. 그뿐 아니라 하나님께서 이를 내려다보실 때, 그가 보시는 것은 바로 우리가 어긴 율법인 것이다.

이것은 심판의 그림이다. 즉, 하나님의 은혜가 없는 우리의 절망적인 모습이 드러난 그림이다. 그러나 이때 제사가 드려진다. 대제사장이 지성소에 들어가 무죄한 희생물의 피를 속죄소 위에 뿌린다. 거룩하신 하나님과 죄인인 우리 사이에 이 일이 이루어진다. 대속(代贖)이 일어난 것이다. 무죄한 자가 죽어야 할 죄인을 대신하여 죽었고, 피가 그 증거다. 이렇게 하여 "죄의 삯은 사망"이라는 하나님의 법칙에 따라 마땅히 죽어야 할 죄인이 하나님의 진노에서 벗어난 것이다! 그러므로 하나님은 이제 은혜 안에서 죄인을 보신다.[4]

그 제물은 누구인가? 그가 바로 예수 그리스도시다. 우리는 그리스도께서 오시기 전에 살았던 사람 중에 얼마나 많은 사람이 구원에 대하여 이해했는지 알 수 없다. 어떤 이들은 선지자처럼 상당히 많은 내용을 이해했음이 확실하다. 그런 반면 거의 이해하지 못한 사람들도 있었을 것이다. 그러나 이 이해의 수준이 어떠하든지 간에 율법의 목적은 명백하다. 그것은 죄를 드러내고, 그다음으로 구세주로서 주 예수 그리스도께서 오심을 알리려는 것이다. 하나님께서 우리에게 복음을 주실 수 있으려면 그 전에 먼저 우리를 율법으로 죽이셔야 한다. 그러나 하나님은 그렇게 하심으로 율법에 복음이 내포되어 있음을 보여 주시고, 그 복음을 그의 성령을 통하여 우리에게 가르쳐 주시는 은혜의 하나님이시다. 그래서 바울은, "죄의 삯은 사망이요 하나님의 은사는 그리스도 예수 우리 주 안에 있는 영생이니라"(롬 6:23)라고 말한다.

1장

십계명 서문

"하나님이 이 모든 말씀으로 말씀하여 이르시되 나는 너를 애굽 땅, 종 되었던 집에서 인도하여 낸 네 하나님 여호와니라"(출 20:1-2).

'출애굽기'의 명칭은 70인역(LXX)의 '엑소도스'(Exodos)에서 유래했는데, 이는 '출발'을 의미한다. 우리말 번역에서 '출애굽'이라고 한 것은 일종의 해석역(解釋譯)이다. 히브리 원문에서 이 책 이름은 '웨엘레 쉐모트'(וְאֵלֶּה שְׁמוֹת)이며, 그 뜻은 "또한 이것들이 이름들이다"인데, 이는 곧 "이것들이 애굽으로 내려간 야곱의 아들들의 이름들이다"라는 뜻이다. 그러므로 이 책은 창세기에서 별도로 있었던 책이 아니라, 본래는 창세기에 연속되는 책이다. 따라서 이 책의 저작자도 창세기를 기록한 모세다.

1. 서문의 서론

"하나님이 이 모든 말씀으로 말씀하여 이르시되"라는 말은 십계명의 서문 중 서론에 해당한다. 지금까지 선지자를 통해서 말씀하신 하나님께서 특별히 여기서는 자신이 직접 말씀하신다. 여기서 하나님이 말씀하셨다는 것은 그가 이 계명의 입법자(立法者)임을 뜻하고, "이 모든 말씀"은 하나님의 영원하신 진리의 규범인 십계명을 말한다. 하나님께서는 이스라엘 민족이 지켜야 할 계명들을 알려 주시기 전에, 먼저 자기가 어떤 분이심을 알려 주셨다. 곧 그는 그 백성을 구원해 주시는 사랑의 구주시라는 것이다. 그는 이렇게 그 백성의 행동 원리를 제시하시기보다 먼저 그들의 마음을 여셨다. 곧 그들이 하나님의 명령을 달갑게 받을 수 있도록 먼저 그들에게 대한 그의 사랑이 어떠함을 말씀해 주셨다. 하나님의 백성이 하나님의 계명을 지키게 되는 이유는, 그가 먼저 그들을 사랑하여 구원해 주셨기 때문이다(요일 4:7-11). 그러므로 그 계명의 자리는 은혜의 관계이지, 보상주의(報償主義)적인 관계가 아니다. 유대주의자들은 그것을 보상주의적인 율법으로 잘못 보았다. 그러나 구약의 본래 정신은 그렇지 않다. 게르할더스 보스(Geerhardus Vos)는 이스라엘에 대한 율법의 자리가 은총의 관계 안에 있음을 다음 네 가지로 지적했다.

(1) 이스라엘의 출애굽 사건은 율법을 받기 전에 된 일이니, 율법을 지킴이 그 원인이 될 수 없으며, (2) 그들이 가나안 복지를 얻은 이유도 그들이 먼저 율법을 지킨 까닭이 아니며, (3) 이스라엘은 범죄한 후 처벌을 당했으나, 영원히 버림받은 것이 아니고 회개하면 그 징벌이 해제되었다. 곧, 회개하기만 하면 용서받는 것은 은혜로 되는 것이다. 죄의 값은 사망이므로, 은혜의 법이 아니고는 범죄자가 회개해도 죽을 수밖에 없다. (4) 율법의 의식적 부분에는, 하나님과 사람

의 관계가 은혜로 된 사실을 많이 가르치고 있다. 예컨대 성전의 희생제물을 죄의 속가(贖價)로 바치는 것을 들 수 있다. 양의 피를, 그리스도의 피의 약속의 표로 드리는 것은 명백한 은혜의 구원 제도를 보여 준다.[5]

1) 계명의 제정자, 하나님

토머스 왓슨(Thomas Watson)은 입법자에게 필요한 두 가지를 말했는데, 그 첫째는 지혜다. 율법은 현명하신 하나님의 지혜로 제정된 것이다(욥 9:4). 둘째는 권위다. 하나님은 전능하신 창조주의 권능으로 율법을 제정하여 만인에게 주셨다. 십계명은 인간이 지켜야 할 모든 도덕법의 기초이자 중심 원리다. 우리는 이것이 인간의 하나님께 대한 도덕과 인간 상호 간의 도덕율(道德律)이므로 도덕법이라고 한다. 크리소스톰(Chrysostom)은 "성경이 화원(花園)이라면, 십계명의 도덕법은 그중의 왕인 꽃이다"라고 표현했다.[6]

2) 영원한 진리의 규범

앞서 살펴본 바와 같이, 하나님은 진리이시고, 또한 그의 말씀이 진리이기에, 하나님이 친히 말씀하시고, 그가 친히 손으로 기록해 주신 십계명이야말로 영원한 진리의 규범이자, 모든 도덕법의 기초다. 이에 성경은 이렇게 말하고 있다.

"주의 의는 영원한 의요 주의 율법은 진리로소이다"(시 119:142).
"주의 모든 계명들은 진리니이다"(시119:151).
"주의 말씀의 강령은 진리이오니 주의 의로운 모든 규례들은 영원하리이다"

(시 119:160).

그리고 이 계명을 지켜야 할 이유에 대하여 이렇게 말한다.

"후일에 네 아들이 네게 묻기를 우리 하나님 여호와께서 명령하신 증거와 규례와 법도가 무슨 뜻이냐 하거든 너는 네 아들에게 이르기를 우리가 옛적에 애굽에서 바로의 종이 되었더니 여호와께서 권능의 손으로 우리를 애굽에서 인도하여 내셨나니 곧 여호와께서 우리의 목전에서 크고 두려운 이적과 기사를 애굽과 바로와 그의 온 집에 베푸시고 우리 조상들에게 맹세하신 땅을 우리에게 주어 들어가게 하시려고 우리를 거기서 인도하여 내시고 여호와께서 우리에게 이 모든 규례를 지키라 명령하셨으니 이는 우리가 우리 하나님 여호와를 경외하여 항상 복을 누리게 하기 위하심이며 또 여호와께서 우리를 오늘과 같이 살게 하려 하심이라 우리가 그 명령하신 대로 이 모든 명령을 우리 하나님 여호와 앞에서 삼가 지키면 그것이 곧 으리의 의로움이니라 할지니라"(신 6:20-25).

2. 서문의 본론

십계명의 서문에서 하나님은 이스라엘 백성을 애굽 땅 노예 생활에서 구출해 낸 사실을 언급하여 자신들을 구원하신 분의 은혜를 잊지 말 것을 암묵적으로 제시하신 후, 그들을 큰 이적과 기사로 구원한 자는 "너희 하나님 여호와로다"라고 분명히 밝히셨다.

구약 성경에는 하나님의 이름이 여러 가지로 나타난다.

(1) 엘(אל): 이 '엘'(אל)은 가장 널리 사용된 이름으로, 바벨론, 아라메야, 베니게, 히브리, 아라비아 사람들이 사용했다. 이 말은 원래는

셈족어(Semitic)였던 것이 후에 여러 종족의 방언으로 변했음을 알수 있다.

(2) 엘로힘(אֱלֹהִים): 이는 히브리어 '엘로아'(אֱלוֹהַּ)의 복수형이다. 단수로는 시편 18편과 신명기 32장에 사용되었다. 출애굽기 20장 1-2절, 곧 십계명 서문에서 사용된 명칭은 '엘로힘'과 '여호와'(יהוה)다. 셈족어에서 하나님은 언제나 두려움과 존경의 감정을 자아내는 강한 존재다. 인간은 하나님의 능력이 증오의 형태로 나타나든, 혹은 구약에서 볼 수 있듯 선택하고 명령하는 한 주(主)의 형태로 나타나든, 그분 하나님 앞에서는 꿇어 엎드릴 수밖에 없다.

(3) 여호와(יהוה): '여호와'라는 이 이름이 히브리어의 '…이다'라는 존재 동사와 결합하여 특별한 뜻을 나타내게 된 것은 출애굽 시대에 된 일이지만, 이 이름은 이미 그 전에 있었다. '여호와'라는 발음은 정확한 발음은 아니다. 히브리인들은 하나님의 이름은 신성한 것이어서 함부로 부를 수 없다고 믿었기 때문에 '아도나이'(אֲדֹנָי)라는 말로 대치하여 사용했다. 이것을 문서에 기록하거나 인쇄할 때 모음을 붙여서 '여호와'라고 발음하게 되었다. 본래의 발음은 '야웨'(Yahweh)다. 이 명칭은 구약에서 거의 6,000회나 등장한다.

스트라우스(Strauss)는 '여호와'는, ① '예히'(Jehi) 즉 '미래에 계시다'(He will be), ② '호베'(Hove) 즉 '현재에 계신다'(Being or He That is), ③ '하이아하'(hahyaha) 즉 '과거에 계셨던 분'(He was) 등 세 말의 합성어라고 말했다.[7]

스트라우스의 지적처럼, '야웨 하나님'은 과거에도 살아 역사하셨을 뿐 아니라, 현재에도 살아 계시고, 장래에도 늘 살아 계시는 하나님이심을 말한다. 하나님은 떨기나무 불꽃 가운데 나타나셔서 모세를 부르실 때(출 3:1-10), "나는 네 조상의 하나님이니 아브라함의 하나님, 이삭의 하나님, 야곱의 하나님이다"(I am the God of your father, the God of Abraham, the God of Issac, and the God of Jacob)라고 말씀하셨다. 여기서 하나님은 이스라엘 12지파의 조상인 아브라함으로부터 이삭, 야곱(이스라엘)에 이르기까지 이스라엘 3대 조상의 이름을 부르시며, "나는 아브라함의 하나님, 이삭의 하나님, 야곱의 하나님'이다'(I am)"라고 하시는데, 이때 우리는 현재 존재 동사 하나에 세 조상의 이름이 연결되어 있음을 보게 된다. 이것은 하나님은 아브라함 때나, 이삭의 때나, 야곱의 때나 언제나 살아 역사하시는 영원하신 하나님이심을 나타낸다.

이 명칭들은 유대인에게 경외의 대상이었던 이름으로(신 28:58), 하나님의 자기 충족성, 영원성, 독립성, 불변성 등의 뜻이 포함되어 있다(말 3:6). 그는 언제나 살아계신 분으로, 모든 힘의 근원이며, 지(知), 지(智), 성(聖), 선(善), 진(眞), 미(美)에 대한 존재의 하나님이요, 영원히 자존하신 분이시다(출 3:13-14; 신 32:40).

2장

첫 번째 계명

"나는 여호와 너희 하나님이다"(신 5:6-7)
I am the Lord your God

성경은 개권벽두에 "태초에 하나님이 천지를 창조하시니라"(창 1:1)라는 우렁찬 대전제로 시작한다. 우리의 신앙고백인 사도신경도, "전능하사 천지를 만드신 하나님"이라는 고백으로 시작된다. 동서고금을 막론하고 인간의 가장 기본적인 도덕법이 있는데, 그것은 하나님께서 모세를 통하여 주신 십계명이다. 십계명은 글자 그대로 열 가지 계명으로, 인간이 하나님을 어떠한 자세로 어떻게 섬겨야 하는지와 인간이 인간과의 개인적 사회적 관계에서 어떻게 해야 하는지에 대한 가장 기본적 도덕의 법칙을 명백히 제시해 주고 있다. 십계명 중에서도 이 첫째 계명은, 십계명의 가장 기초가 되는 계명이다.

현대는 공산주의 사회나 민주주의 사회를 막론하고 무신론 사상과 유물론적 사상이 세계적으로 팽배하여, 우리는 시시각각으로 무신론적 실존주의, 인본주의, 합리주의, 공리주의 등의 맹렬한 도전을 받고 있으며, 이미 오래전에 교회 안에서조차 '하나님의 죽음'을 외치는 말세의 말기를 살고 있다. 이런 시기이기에 하나님을 믿는다고 하는 우리는 우리 각자의 신앙을 재확인해 보고 재정립시킬 필요가 있다. 이제 하나님의 진리의 규범인 십계명을 하나씩 차례로 살펴보자. 먼저 "나는 너를 애굽 땅, 종 되었던 집에서 인도하여 낸 네 하나님 여호와니라 너는 나 외에는 다른 신들을 네게 두지 말라"라는 이 첫 계명은 어떤 의미가 있는가?

1. 삼위일체가 되신 유일신 사상을 가르쳐 준다

우리가 믿는 하나님은 천지 만물을 창조하셨을 뿐 아니라, 인류를 사망의 죄에서 구속하고 보호하고 인도하고 섭리해 주시는 살아 계신 삼위일체가 되신 하나님이시다. 그러므로 이 첫 계명은 다음의 의미가 있다.

(1) 종교 혼합주의(Syncretism)나 범신론적 사상을 배격한다.
본문의 "나 외에"라는 말의 히브리 원어는 '알 파나이'(עַל־פָּנַי)인데, 이는 '내 앞에서' '나와 동등하게' '나와 대립시켜서' '내 얼굴을 거슬려' 등의 뜻이 있다. 그러므로 이는 인간이 하나님과 대립시켜서, 하나님과 동등하게, 혹은 하나님보다 더 어떤 인간이나 사물을 사랑하게 될 때, 그것이 우상이 되고, 우상을 섬기는 죄가 된다는 것을 가르쳐 준다. 그래서 다음 제2계명에서는 우상을 섬기는 자에 대한 '보응'(retaliation)과 하나님을 섬기는 자에 대한 '보상'(remuneration)을 자세히 말씀하신다. 불교를 비롯한 기타 이방 종교에서는 신(神)이 수 없이 많다. 나무에는 '목신'(木神)이 있고, 돌에는 '돌신'이 있고, 남성 신이 있는가 하면 여성 신도 있고, '사랑의 신'(Venus)이 있는가 하면 '전쟁의 신'(Ares)이 있고, 심지어 '술의 신'(Bacchus)도 있다. 이같이 극단의 범신론적인 사상은 사실 무신론 종교라고 보는 것이 더 타당한 것이다. 그러나 성경은 개권벽두부터 하나님으로 시작한 것처럼, 십계명도 하나님으로부터 시작하여, ① 하나님은 누구인가?(Who God is) ② 하나님은 무엇을 하신 분인가?(What God did) ③ 하나님은 무엇을 요구하시는가?(What God demands)를 분명히 제시해 주고 있다.

(2) 이 계명은 모든 법과 도덕의 기초가 된다. 모든 개인이나 가정이나 국가의 흥망성쇠는 하나님의 손에 달려 있다. 그러므로 진리되신 하나님의 뜻을 벗어난 법은 악법이요, 창조주 하나님으로부터 시작되지 않은 도덕은 이미 도덕이 아니다. 한 율법사가 예수께 나아와 "선생님, 율법 중에 어느 계명이 큽니까?"라고 물었을 때, 예수께서는 "네 마음을 다하고 목숨을 다하고 뜻을 다하여 주 너의 하나님을 사랑하라"고 하시며, "이것이 크고 첫째 되는 계명"이라고 답하셨다(마 22:35-38). 그러므로 우리 인간이 하나님을 자기 하나님으로 삼고, 그를 섬기며 그의 뜻에 따라 사는 것은 우리 인간에게 부여된 가장 숭고하고 고귀한 최고의 의무다.

2. 이 계명은 "나 외에는 다른 신들을 네게 두지 말라"라고 말한다

이 말은 "나는 네 하나님 여호와다"라는 가르침과 관련된 것으로, 그 영원 자존하신 하나님 외에 다른 신들을 너희에게 있게 해서는 안 된다는 말씀이다. 전도자 빌리 그레이엄은 현대인들이 오늘날 불교나 기타 이교도들처럼 나무나 물, 불 등을 신으로 섬기지는 않을지라도, 그들이 섬기고 있는 현대의 우상이 세 가지가 있다고 말

했는데, 곧 이기주의와 과학주의, 황금만능주의(Mammonism)가 그것이다.[8]

로마서 1장 19-20절은 이렇게 말한다.

"이는 하나님을 알 만한 것이 그들 속에 보임이라 하나님께서 이를 그들에게 보이셨느니라 창세로부터 그의 보이지 아니하는 것들 곧 그의 영원하신 능력과 신성이 그가 만드신 만물에 분명히 보여 알려졌나니 그러므로 그들이 핑계하지 못할지니라."

■ **우주론적 논증**: 인간은 누구나 인과의 법칙을 믿는다. 심은 대로 거둔다는 인과의 법칙을 부인하는 사람은 아무도 없다. 자연과학도 이 법칙 위에 성립된 것이다. 다시 말하면, 모든 결과는 원인이 있다. 우주도 우연히 생긴 것이 아니라 하나의 결과다. 따라서 이 우주가 생성되게 한 제1 원인자가 있으며, 이 제1 원인자는 무에서 유를 창조하신 하나님일 수밖에 없다는 것이 우주론적 논증이다. 만약 누가 이 논증을 부인하려면 '우주는 영원하다'라고 주장할 수밖에 없을 것이다. 그러나 그것은 사실이 아니다. 과학적으로도 그렇다. 과학적인 견지에서 볼지라도, 이 지구나 천체는 영원히 있었던 것이 아니고, 일정한 역사적 시기로부터 시작되었다는 것이 정설이기 때문이다. 히브리서 3장 4절은 "집마다 지은 이가 있으니 만물을 지으신 이는 하나님이시라"라고 분명히 밝히고 있다.

■ **목적론적 논증**: 우주의 질서 정연한 고안과 법칙을 볼 때, 하나님의 존재를 인정할 수밖에 없다는 것이 목적론적 논증이다. 사실 우주는 일정한 목적에 의해서 고안되고 창조된 것이 분명하다. 사람의 눈에는 보이지 않는 세포 조직으로부터 방대한 우주 천체의 조직과 질서까지 이 모든 것이 얼마나 정확하고 섬세한지 모른다. 우주

안에 있는 그 수를 헤아릴 수 없는 많은 유성이 지금도 일정한 궤도와 속도에 따라 공전과 자전을 하고 있다. 우리가 살아가고 있는 지구도 그 수많은 유성 중의 하나다. 천체만이 아니다. 하나하나의 물질 자체도 그렇다. '물질'을 '분자'로 분석하고, '분자'는 '원자'로 분석한다. '원자'를 쪼개어 보면 거기에 '전자'가 있고, 작은 '원자' 가운데도 우주와 같은 '핵'을 중심으로 하여 주위를 빙빙 돌고 있는 '양자'들이 있다. 그렇다면 자연계는 어떠한가?

꽃 한 송이도 얼마나 정교하고 섬세하게 구성되어 있으며, 그 종류는 또 얼마나 많은가! 눈송이 하나도 약 200억 개에 달하는 눈송이로 구성되어 있다는데, 이 역시 정교하게 고안된 하나의 작품이다. 이렇게 모든 고안된 작품의 배후에는 반드시 그것의 고안자가 있는 법이다. 이 방대하고 섬세한 우주의 고안자가 누구인가? 그분이 곧 이 천지 만물과 인간을 창조하신 하나님이 아니고 누구란 말인가! 만일 우리가 천지 만물을 창조하신 하나님의 존재를 부인한다면, 이 우주 전체는 우연히 생겨났다고 말할 수밖에 없을 것이다. 그러나 이는 마치 벽돌과 나무 조각들을 공중에 무심코 던졌더니 이 건물이 되었다는 말과 같고, 이 손목시계가 영원하다거나 우연히 생겼다고 주장하는 것과 같다. 정상적인 이성을 가진 사람이라면 이 같은 어리석은 이야기를 할 사람은 아무도 없을 것이다.

⑴ 로마서 1장 19절은 "이는 하나님을 알 만한 것이 그들 속에 보임이라"라고 말한다. 여기서 '그들 속' 곧 인간의 마음속에 하나님을 알 만한 것을 보여 주셨다고 하는데, 이것은 무엇을 의미하는가? 그것은 하나님이 인간에게 주신 도덕성 곧 양심을 가리킨다.

요한복음 8장에 이에 대한 좋은 예가 있다. 서기관과 바리새인들이 한 여인을 예수께 끌고 와 이렇게 질문했다. "선생님, 이 여자가 간음하다 현장에서 잡혔나이다. 모세의 율법에는 이러한 여자를 돌로 치라 했는데, 선생은 어떻게 말하겠습니까?" 그들의 이러한 행동에는 그 여인을 정죄하려는 의도도 있었지만, 그보다 더 큰 의도는 예수로부터 고소할 조건을 얻기 위함이었다. 그때 주님은 그들을 향해 "너희 중에 죄 없는 자가 먼저 돌로 치라"라고 말씀하셨다. 잠시 침묵이 지난 후 무슨 일이 있었는가? 성경은 "그들이 이 말씀을 듣고 양심에 가책을 느껴 어른으로 시작하여 젊은이까지 하나씩 하나씩 나가고 오직 예수와 그 가운데 섰는 여자만 남았더라"(요 8:9)라고 기록하고 있다.

여기서 누가 그 무리를 그 자리에서 물러가게 했는가? 예수께서 "죄 없는 자가 먼저 돌로 치라"고 하셨을 때, 그들의 양심이 감히 돌을 들지 못하게 했을 뿐 아니라, 그들로 그곳을 스스로 물러가게 했다. 이렇게 양심은 우리에게 옳고 그름을 판단해 준다. 옳은 것은 "하라", 옳지 못한 것은 "하지 말라"고 명령도 한다. 또는 어떤 것은 "잘했다", 어떤 것은 "잘못했다"고 칭찬과 책망도 한다.

그렇다면 이 '양심의 소리'는 어디에서부터 오는 것인가? 이것은 곧 인간을 지으신 하나님으로부터 오는 것이다. 이에 성경은 "사람의 영혼[양심]은 여호와의 등불이라"(잠 20:27)라고 했다.

철학자 임마누엘 칸트는 그의 명저 《실천이성 비판》의 마지막 부분에서, "내가 성찰하면 성찰할수록 새롭고 높아지는 별들이 있으니, 그것은 내 가슴에 반짝이는 양심의 도덕률이다"라고 말했다.[9] 이 양심은 하나님의 계시이며, 하나님은 도덕적 하나님 곧 공의의 하나님이신 것을 우리에게 분명히 가르쳐 준다.

(2) 하나님의 형상으로 창조된 인간에게는 하나님을 향한 '종교적 본능'이 있다. "인간은 불치병적으로 종교적이다"라고 인류학자들은 말한다. 그래서인지 우리 인간은 누구나 큰 위험과 위급한 환경을 만나면, 자기도 모르게 "하나님, 나 좀 살려 주세요"(Save me God!)라

고 부르짖는다.

유명한 장자크 루소(Jean-Jacques Rousseau, 1712~1778)가 무신론을 강의하려고 배를 타고 영국을 향해 가는 중에 대서양에서 그만 큰 풍랑을 만나 파선의 위기를 당했다. 그러자 그는 자기도 모르는 사이에 "하나님, 당신이 계신다면 나를 구원해 주소서!"라고 외쳤다. 그런데 잠시 후 다행히 바람과 풍랑이 멈추었고, 그는 다른 승객들과 함께 구출되어 무사히 영국에 상륙했다. 그리고 예정된 일정대로 무신론 강연을 하게 되었다. 그때 그와 동행했던 친구가 "자네는 바다에서는 유신론자요, 육지에서는 무신론자일세"라고 말했다는 일화가 있다.

프랑스의 유명한 무신론자 볼테르(Voltaire, 1694~1778)는 평생을 무신론자로 살다 죽기 바로 직전에, "나는 하나님과 인간에게 버림을 받았다. 나는 지옥에 떨어지는구나! 오, 예수여!"라고 말했다. 이와 같은 신(神) 신념의 보편성은 하나님의 존재에 대한 확실한 증거다. 그러나 이에 대하여 혹자는 이의를 제기할 수 있다. 과거부터 현재에 이르기까지 '하나님은 없다'고 말하는 공산주의자들을 위시하여 무신론을 주장하는 사람들이 인류 전체의 반 이상을 차지하고 있지 않느냐고 반론을 제기할 수 있을 것이다.

나는 이 반론을 심리학적 견지에서 본 '신 신념의 잠재성'으로 답하고자 한다. 심리학에서는 인간의 의식에 '현재 의식'(활동 의식)과 '잠재의식'이 있다고 말한다. 현재 의식이란, 현재 필요한 것만을 의식하는 심리 상태를 말한다. 오랫동안 먹지 못하여 굶주림이 심한 사람에게는 음식을 먹고 싶어 하는 의식이 현재 의식으로서 그의 전 심리를 지배하게 된다. 이런 경우에는 의복이나 오락에 대한 욕구가 없는 것은 아니지만, 그 순간에는 그런 것이 다만 잠재의식이 되는 것이다. 며칠 동안 잠을 자지 못한 사람에게는 자고 싶은 욕망

외에는 다른 것이 없다. 이 경우에는 수면욕이 활동 의식이요, 다른 모든 의식 즉 식욕, 성욕, 명예욕, 권세욕 등은 모두 잠재의식이 되는 것이다. 마찬가지로 신 개념도 활동 의식과 잠재의식으로 순환하는 것뿐이다.

따라서 무신론주의적인 환경과 교육 아래에서 자란 사람들은 하나님에 대한 필요를 느끼지 못하기에 하나님이 없다고 생각하고 주장하며 살아간다. 그렇지만 누구나 자기의 지식이나 재산, 권세, 명예, 가족, 국가, 친구, 그리고 자기의 힘으로도 어찌할 수 없는 절박한 위기에 직면하게 되면, 볼테르나 루소처럼, 자기도 모르는 사이에 하나님을 찾게 되는 것이다. 이것이 바로 신 신념의 잠재의식이 현재 의식으로 순환 상승하는 현상이다.

(3) 하나님은 우리 인간에게 '영원을 사모하는 마음'을 주셨다. 전도서 3장 11절은 "하나님이 모든 것을 지으시되 때를 따라 아름답게 하셨고 또 사람들에게는 영원을 사모하는 마음을 주셨느니라"라고 말한다. 이에 우리 인간의 심령 깊은 곳에는 '영원'에 대한 관념이 있다. '영생'에 대한 깊은 동경이 있다. 그리고 '영적 기갈'이 있다. 그렇다면 이런 것들은 누구에게서 오는 것인가?

돼지는 잘 먹고 자기 누울 자리만 있으면 그것으로 만족한다. 그러나 인간은 그렇지 않다. 공산주의 유물론자들은 그저 경제문제 즉 빵 문제만 해결되면 인간에게 유토피아가 도래한다고 선전한다. 그러나 그것은 결코 사실이 아니다. 역사를 보라. 석가모니가 의식주가 부족해서 호화로운 궁전에서 출가하여 고행을 했는가? 톨스토이는 유명한 문학가요 귀족의 아들로서 의식주에 아무런 부족함이 없었는데, 왜 영적인 큰 고민을 하게 되었는가? 우리 인간에게는 영원을 사모하는 마음, 곧 종교적 본능이 있고, 또 이것은 인간의 그 본능을 채워 줄 수 있는 대상이신 하나님이 엄연히 존재하시기 때문이다. 이에 플라톤은 "무신론은 영적 질병"이라고 말하고, 성 어거스틴은 《참회록》 첫 부분에서, "오, 하나님이여, 내가 당신의 품 안에서 안식을 얻기까지는 내 마음에 안정이 없었나이다"라고 고백한 것이다.[10]

그렇다! 인간은 하나님의 형상대로 창조된 피조물이기 때문에, 그 마음속에 하나님을 모시고 살지 않는 사람에겐 마치 텅 빈 고궁(古宮)처럼, 그 무엇으로도 메꾸지 못하는 공허함이 있으며 안식이 없는 것이다. 이에 십계명의 첫 계명은, "나는 천지 만물과 함께 너를 지은 하나님이다"라고 선언할 뿐 아니라, "나 외에는 다른 신들을 네게 두지 말라"라고 경계해 주고 있다. 우주의 심연과 지구의 만물, 아름다운 자연 속에서 살면서 이 천지 만물을 창조하시고 자신에게 생명을 주신 하나님을 알지 못하고, 하나님이 없다고 말하는 사람처럼 무지하고 어리석은 사람은 없다. 이에 성경은 "어리석은 자는 그의 마음에 이르기를 하나님이 없다 하는도다"(시 14:1)라고 말한다. 그러나 지혜자요, 하나님의 은총을 받은 자는 시편 기자와 같이, "하늘이 하나님의 영광을 선포하고 궁창이 그의 손으로 하신 일을 나타내는도다"(시 19:1)라고 노래한다. 보버그(C. G. Boberg) 역시 "주 하나님 지으신 모든 세계 내 마음속에 그리어 볼 때 하늘의 별 울려 퍼지는 뇌성 주님의 권능 우주에 찼네 주님의 높고 위대하심을 내 영혼이 찬양하네 주님의 높고 위대하심을 내 영혼이 찬양하네"라고, 위대하신 창조주 하나님을 찬송한다.

이 천지 만물과 함께 우리의 생명을 창조하신 하나님은 영원자존(永遠自存)하신 하나님이시므로, 옛날 아브라함이나 모세의 때만 아니라 지금도 살아 계셔서 온 인류 역사를 주관하신다. 그는 또 거룩하시고 공의로우신 하나님이시다. 그래서 죄의 모습을 보는 것만으로도 괴로워하시는 분이시요, 그 죄의 값을 반드시 요구하시는 분이시다. 또한 그는 사랑과 긍휼이 풍성하신 하나님이시다. 그래서 죄인을 구원하시기 위해 자신의 독생자를 세상에 보내 십자가를 지게 하심으로 죄인들의 구속의 길을 마련하셨으며, 죄인이 회개하고 하나님께 돌아오기를 천 년을 하루같이 하루를 천 년같이 참고 기다리고 계신다(벧후 3:8-9).

우리는 스스로를 속이지 말아야 한다. 하나님은 업신여김을 받지 않으신다. 사람은 무엇이든지 심은 대로 거두게 된다. 육체를 위하여 심는 자는 육체로부터 썩어질 것을 거두고, 하나님의 성령을 위하여 심는 자는 성령으로부터 영생을 거두게 된다(갈 6:7-8). 세상에는 여러 가지 죄가 많이 있지만, 그중에서 가장 큰 죄가 무엇인가? 그것은 '불신'(不信)의 죄로, 하나님을 믿지 않은 죄다. 옛날 지혜자도 "순천자(順天者)는 흥(興)하고 역천자(逆天者)는 망(亡)한다"고 말했다.

하나님이 가장 기뻐하시는 것이 무엇인가? 그는 하나님의 존재하심을 믿고, 하나님의 뜻을 따라 사는 자에게 영원한 생명을 주심을 믿는 자를 보실 때 가장 기뻐하시며, 저주보다 축복하기를 기뻐하신다. 우리가 불완전하고 거짓된 사람의 말을 듣고서도 그 말을 믿고 교제하며 동업까지 하는데, 하물며 참되시고 영원하시며 우리 인간의 생명의 주인이신 하나님과 그의 말씀을 불신한 죄가 얼마나 큰가? 만약 독자 중에 아직도 삼위일체 하나님을 불신하는 분이 있다면, 그 불신의 죄를 회개하되, 하나님이 보내신 독생자 예수 그리스도를 자신의 주님과 구주로 영접함으로, 전능하신 하나님의 대가족의 일원이 되어 하나님을 '아버지'라 부르는 하나님의 자녀가 되시기를 기원한다.

3장

두 번째 계명

우상을 섬기지 말라"(출 20:4-6)
You must never bow and serve to any idols

　앞서 살펴본 것과 같이 첫째 계명 "나 외에는 다른 신들을 네게 두지 말라"라는 말씀은 다신론이나 범신론 사상을 경계하며, 여호와 하나님만을 사랑하고 공경하고 섬기라는 것이 가장 핵심이었다. 제2계명은 제1계명에서 말씀한 그 하나님을 어떻게 섬기며, 어떻게 예배를 드려야 될 것인가에 대한 중요한 교훈이다. 살아 계신 하나님을 섬기는 백성은 다른 사람들과 같이 생명 없는 우상을 만들어 놓고, 거기에 절하거나 섬기지 말라는 것이다. 이에 "위로 하늘에 있는 것이나 아래로 땅에 있는 것이나 땅 아래 물속에 있는 것의 어떤 형상도 만들지 말며"라고 하신 것이다. 그러므로 이 둘째 계명은 하나님을 섬기는 방법, 즉 예배의 방법에 관한 계명이다.

1. 이 둘째 계명이 특별히 금하는 것은 무엇인가?

먼저 이것은 종교적 예술 활동이나 그것의 활용을 금하는 것이 아니다. 다시 말하면, 그림을 그리거나 조각을 하는 예술 활동 그 자체를 금하는 것이 아니라는 것이다. 솔로몬왕 때 지은 그 성전에 관한 기사를 보면, 여러 가지 화초나 나무의 열매나 사자와 같은 동물의 그림이나 조각물로 성전을 아름답게 장식했다. 또 지성소 안에는 날개가 있는 천사 모양의 두 그룹을 만들어 법궤 위에 두었다.

그렇다면 이 둘째 계명이 금하는 것은 무엇인가? 그것은 간단히 말하면, 신령한 하나님을 물질적 형상으로 만드는 것을 금하신 것이다. 그래서 출애굽기 20장 4절에서 "위로 하늘에 있는 것이나 아래로 땅에 있는 것이나 땅 아래 물속에 있는 것의 어떤 형상도 만들지 말며"라고 설명한 것이다. 사실 이 계명은 우리 어리석은 인간에게 매우 필요한 계명이다. 인간은 누구나 어떤 감추인 것이나 보이지 않는 것은 더 보고 싶어 하고, 자기가 소유하지 못한 것은 더 소유하고자 하는 욕망이 있다.

그래서 요즈음은 이러한 인간의 심리를 이용해서 교육하는 소위 시청각 교육 방법이 활용되고 있고, 그 방법을 통하여 말로만 듣고는 이해하기 어려웠던 사물이나 원리를 직접 보고 듣고 때로는 만져 봄으로 더욱 효과적인 교육의 결과를 얻고 있다. 그런데 이러한 인간의 심리가 지나쳐, 심지어 신령한 하나님까지도 직접 육안으로 보고, 소리를 듣고, 손으로 직접 만져 보고 체험해 보려는 무모한 행동으로 나타나는 경우가 발생하는 것이다.

출애굽기 32장은 이러한 인간의 양태를 그대로 보여 주고 있다. 모세가 산에 올라가 40주야를 머물며 하나님으로부터 직접 하나님을 섬기는 여러 가지 법과 규례를 계시받고 있었을 때였다. 산 아래에 있던 이스라엘 백성이 모세가 산에서 내려옴이 더딤을 보고는 아론에게 "우리를 애굽에서 인도하여 낸 그 사람은 어떻게 되었는지 모르겠으니 일어나 우리를 인도할 신을 우리를 위해 만들라"라고 재촉했고, 아론은 그들이 가지고 있었던 금장식들을 거두어 송아지 형상을 만들었다. 그러자 그들은 "이스라엘아! 이는 너희를 애굽 땅에서 인도하여 낸 너희의 신이로다"라고 말하며, 먹고 마시고 노래하고 춤추며 뛰놀았다. 즉, 그들은 육안(肉眼)으로 보이지 않는 신령한 하나님을 육안으로 보이는 물질적 형상, 곧 우상으로 만들어 놓고 섬겼던 것이다.

하나님과 대립되는 어떤 우상을 섬기게 될 때 우리는 인간 최대의 죄악을 범하게 됨과 동시에 온갖 헛된 미신에 빠지게 된다. 여로보암왕 때도 이스라엘 백성이 하나님을 금송아지 형상으로 만들어 섬기게 되면서, 그 후에는 바알과 아세라 우상 외에도 여러 가지 우상을 겸하여 섬기게 되었다.

그러므로 우리가 이 계명과 아울러 생각할 것은, 앞서 언급한 종교적 예술 작품이나 상징을 사용할 때 매우 주의해야 한다는 것이다. 물론 어떤 성화나 성상이나 십자가 등을 가정이나 교회 안에 둘 수는 있다. 그러나 그것들이 우상화되어서는 안 된다. 예를 들면, 성화나 성상 앞에서 절을 하거나, 엎드려 경배를 드리거나, 기도를 드려서는 안 된다. 그런데 오늘날에도 로마 가톨릭교회에서는 이런 일이 계속되고 있다. 성화나 성상(예수상, 마리아상, 베드로상, 기타 성인의 상 등), 십자가상을 향해 엎드려 기도하거나 경배한다면, 이는 분명히 십계명의 제1계명과 2계명을 범하는 큰 죄가 된다.

원래 히브리어로 '우상'을 뜻하는 말이 여러 가지가 있으나, 그중 대표적인 '에릴'(אֱלִיל)은 '허무하다'라는 뜻이며(레 26:1; 사 2:8), 헬라어로 '우상'은 '에이돌론'(εἴδωλον)인데, 이는 '형상' 혹은 '거짓 신'이란 뜻으로(신 4:15-19) 영어의 '우상'이란 뜻인 '아이돌'(idol)이 여기서 파생된 말이다.

모세는 자기 자신이 영광스러운 하나님의 모습을 보기를 간절히 원했던 사람이었지만, 나중에 이렇게 경고했다.

"너희가 어떤 형상도 보지 못하였은즉 너희는 깊이 삼가라 그리하여 스스로 부패하여 자기를 위해 어떤 형상대로든지 우상을 새겨 만들지 말라 남자의 형상이든지, 여자의 형상이든지, 땅 위에 있는 어떤 짐승의 형상이든지, 하늘을 나는 날개 가진 어떤 새의 형상이든지, 땅 위에 기는 어떤 곤충의 형상이든지, 땅 아래 물 속에 있는 어떤 어족의 형상이든지 만들지 말라 또 그리하여 네가 하늘을 향하여 눈을 들어 해와 달과 별들, 하늘 위의 모든 천체 곧 너희의 하나님 여호와께서 천하 만민을 위하여 배정하신 것을 보고 미혹하여 그것에 경배하며 섬기지 말라"(신 4:15-19).

그러므로 이 계명이 교훈하는 것은, 우상은 사람이 만든 것이요(사 2:8; 암 5:26; 호 13:2), 피조물의 모방이고(신 4:16) 생명 없는 죽은 것들의 형상이므로(시 115:4-8; 사 44:9-10; 호 4:12) 우리의 예배와 섬김의 대상이 될 수 없다는 것이다.

2. 이 계명이 좀 더 적극적으로 '하라'고 명령하는 교훈은 무엇인가?

이것은 예수께서 요한복음 4장 24절에 분명히 가르쳐 주셨다.

"하나님은 영이시니 예배하는 자가 영과 진리로 예배할지니라."

(1) 하나님은 영이시다. 그러므로 그는 물질이 아니시다. 따라서 그는 우리 인간의 육안으로 볼 수 있는 분이 아니다. 성경은 "하나님을 본 사람이 없다"고 말한다(요 1:18). 하나님은 영이시므로, 시간과 공간을 초월하시며 영원부터 영원까지 자존(自存)하신다(출 3:14; 느 9:6). 따라서 하나님은 어느 곳이든 계시는 무소부재(無所不在)하신 전능하신 분이시다.

그러므로 하나님을 어떤 물질적 형상으로 표시하거나 상징화할 수 없다. 이에 이런 하나님 앞에 나아와 예배하는 사람은 곧 영과 진리로 예배를 드려야 한다. 우리 말 개역한글 성경에는 "신령과 진정으로 예배할지니라"라고 번역되었지만, 개역개정 성경의 번역처럼 '진정'보다 '진리'로 번역하는 것이 더 타당하다. 신약 성경 원어인 헬라어로 이 말은 '알레데이야'(ἀλήθεια)로 영어의 'truth'(진리)에 해당하며, '진리'는 어떤 한 사람만이 받아들일 수 있는 주관적인 것이 아니라, 객관적으로 누구나 받아들일 수 있는 보편타당성을 가진 참된 이치이기 때문이다.

(2) 하나님은 진리이시다. 주님은 우리에게 영으로 예배할 뿐 아니라, 진리로 예배하라고 하셨는데, 이미 앞서 살펴본 것처럼, 하나님이 진리이시며 예수 그리스도가 진리이시다. 예수는 "내가 곧 길이요 진리요 생명이니 나로 말미암지 않고는 아버지께로 올 자가 없느니라"(요 14:6)라고 말씀하셨다. 하나님께 나아가는 길, 곧 하나님께 예배하는 길이요, 진리요, 생명이신 예수 그리스도를 통하지 않고는 누구도 하나님께 온전한 예배를 드릴 수 없다. 우리는 예수를 통하여 영과 진리로 예배하는 것이다. 다시 말하면, 우리가 예수를 믿고, 죄 사함을 받고 거듭나 하나님의 자녀가 되지 못하면, 우리는 하나님을 아버지라 부를 수 없으며, 또한 영과 진리의 예배를 드릴 수 없다. 그래서 우리가 모든 찬송과 기도를 예수의 이름으로 드리는 것이다.

(3) 예배의 의미: '예배'에 사용된 히브리어 중 대표적인 것은 '샤하'(שחה)인데, 이 말의 원래의 뜻은 '몸을 굽혀 경배하다' 혹은 '땅에 엎드리다'이다(대하 29:30; 욥 1:20). 신약 시대에 사용된 헬라어로 '예배'의 대표적인 단어는 '섬기다'라는 뜻의 '라트레이아'(λατρεία, 눅 2:37; 롬 12:1; 히 12:28; 계 7:15)와 '무릎을 꿇고 엎드리다'라는 뜻의 '프로스퀴네오'(προσκυνέω, 마 2:11, 4:10; 고전 14:25) 등이 있는데, 이 말들은 신자의 생활 전반에 걸쳐 광범위하게 사용되었다. 그러므로 우리가 하나님을 경배하고 섬긴다는 것은, 어떤 추상적이고 관념적인 것이 아니라, 좀 더 구체적이고 실제적인 것으로, 우리의 생활 전반에 나타나는 넓은 의미로서의 예배 행위 일체를 가리키는 말이다.

사실 우리 인간이 자기를 지으신 창조주 하나님께 예배를 드린다는 것은, 피조물 된 우리 인간이 할 수 있는 최대의 의무요, 최고 최선의 행위인 것이다. 그러므로 우리는 하나님께 예배할 때, 그 중심으로부터 영과 진리로, 참과 전심으로 예배드려야 한다. 우리가 예배당에 나아와 하나님께 예배를 드린다 하더라도, 이스라엘 역사 말기의 이스라엘 백성들처럼, 만약 우리가 마음을 다해 영과 진리로 예배하지 못하고, 의식과 형식에 따라 마지못해 마음에 없는 예배를 드린다면, 그 예배는 하나님께서 받지 않으시고, 이는 결국 우상에게 드리는 예배가 되고 말 것이다. 이에 선지자 이사야는, "이 백성이 입으로는 나를 가까이하며 입술로는 나를 공경하나 그들의 마음은 내게서 멀리 떠났나니"(사 29:13)라며 영과 진정으로 예배하지 못했던 이스라엘 백성들을 책망했다.

(4) 그렇다면 구체적으로 진리의 예배란 무엇을 말하는가? 이것도 예수가 오셔서 우리에게 분명히 가르쳐 주셨다. 구약 시대에는 하나님께 제사를 드릴 때, 흠 없는 양과 소를 잡아서 드렸다. 즉, 생명이 있는 것을 죽여서 죽은 제사를 드렸다. 그러나 예수가 오신 이후

의 예배, 즉 제사는 '죽은 제사'가 아닌 '산 제사'를 드리게 되었다. 이에 바울은 "그러므로 형제들아 내가 하나님의 모든 자비하심으로 너희를 권하노니 너희 몸을 하나님이 기뻐하시는 거룩한 산 제물로 드리라 이는 너희가 드릴 영적 예배니라"(롬 12:1)라고 말했다. 그러므로 우리가 드릴 영적 예배는 우리 몸으로, 우리의 생활로 드리는 '산 제사', 즉 우리의 삶으로 하나님께 기쁨과 영광을 돌려 드리며, 그를 섬기며 예배하는 것이다. 매일의 우리의 말과 행동, 그리고 마음의 경영이 하나님께 드리는 거룩한 제사요, 예배가 되어야 한다. 우리가 하나님의 전에 나아와 하나님께 찬송을 부르고, 기도하고, 설교를 통해 하나님의 말씀을 듣고, 감사와 헌신의 표로 헌금을 하고, 성례를 거행하는 예배는 참으로 고귀한 인간의 의무요, 감사의 표현이다. 이러한 예배가 있기에 우리 인간이 짐승과 다른 것이다. 그래서 히브리서 기자는 히브리서 10장 22-25절에서, "우리가 마음에 뿌림을 받아 악한 양심으로부터 벗어나고 몸은 맑은 물로 씻음을 받았으니 참 마음과 온전한 믿음으로 하나님께 나아가자 또 약속하신 이는 미쁘시니 우리가 믿는 도리의 소망을 움직이지 말며 굳게 잡고 서로 돌아보아 사랑과 선행을 격려하며 모이기를 폐하는 어떤 사람들의 습관과 같이 하지 말고 오직 권하여 그날이 가까움을 볼수록 더욱 그리하자"라고 간곡히 권면하고 있다.

3. 이 계명은 죄에 따른 경고와 이 계명을 지키는 자에 대한 축복이 약속되어 있다

(1) 먼저 이 계명을 지키지 않은 자에 대한 경고의 말씀이 있다. "나 네 하나님 여호와는 질투하는 하나님인즉 나를 미워하는 자의 죄를 갚되 아버지로부터 아들에게로 삼사 대까지 이르게 하거니와"

(출 20:5). 여기서 '질투하는 하나님'은 히브리어로 '엘 칸나'(אֵל קַנָּא)인데, 옛날 성경에는 이것이 '노여워하는 하나님'로 번역되었으나 지금의 개역개정 성경은 '질투하는 하나님'으로 번역했다.[11] 이 번역은 존 칼빈이나 델리취(Delitzsch) 같은 신학자들이 지지하는 번역이다.

여기서 뜻이 비슷한 것 같지만 내용이 전혀 다른 두 낱말이 있다. 곧 '시기'와 '질투'다. '시기'는 영어로 'envy', '질투'는 'jealousy'인데, 여기서 '시기'는 한자로 '승기자염'(勝己者廉)으로 자기보다 나은 사람을 싫어하는 마음을 가리킨다. 그러나 '질투'는 사랑의 단일성을 나타내는 마음의 표현이다. 예를 들어, 남편과 아내 사이에는 서로 사랑의 단일성이 유지되고 있는데, 다른 어떤 대상이 그 둘 사이에 들어오게 되면 나타나는 감정이 '질투'다. 그러므로 사랑의 농도가 깊으면 깊을수록 질투의 농도도 깊은 것이다. 성경은 여러 곳에서, 하나님과 그를 믿는 성도의 관계를 혼인한 부부 관계로 보고 있으며, 그 부부간의 사랑에서 인간이 떠날 때는 하나님이 노하시고 질투하시는 것으로 묘사하고 있다(시 78:58-59; 잠 6:34; 아 8:6). 그러므로 우리 믿는 성도들과 주님의 관계에는 다른 어떤 우상이 존재할 수 없는 것이다. 물론 이 말은 다른 사람과 하나님을 동시에 사랑할 수 없다는 뜻은 아니다. 오히려 사도 요한은 요한1서 4장 19-21절에서 이렇게 말하고 있다.

"우리가 사랑함은 그가 먼저 우리를 사랑하셨음이라 누구든지 하나님을 사랑하노라 하고 그 형제를 미워하면 이는 거짓말하는 자니 보는 바 그 형제를 사랑하지 아니하는 자는 보지 못하는 바 하나님을 사랑할 수 없느니라 우리가 이 계명을 주께 받았나니 하나님을 사랑하는 자는 또한 그 형제를 사랑할지니라."

예수께서는 모든 계명을 단 두 가지의 사랑으로 압축하여 교훈하셨다. 즉 첫째로 "네 마음을 다하고 성품을 다하고 뜻을 다하여 주 너희 하나님을 사랑하라"라는 것인데, 이것은 나 자신이나 나 외의 어떤 사람이나 물질보다도 하나님을 더 귀히 여기고 사랑하라는 것이다. 둘째는, "이와 같으니 네 이웃을 네 몸과 같이 사랑하라"라는 것으로, 이는 하나님과 사람을 똑같이 사랑하라는 말씀이지만, 그 표준은 다르다. 하나님은 나 자신이나 나 외의 어떤 사람이나 사물보다 더 귀히 여기고 사랑하라는 것이지만, 인간은 곧 나 자신의 몸과 같이 사랑하라는 것이다.

그러므로 가령 우리가 하나님보다 돈을 더 사랑하면 그 돈이 우상이 되고, 하나님보다도 자기를 더 사랑하면 곧 자신이 우상이 되고, 하나님보다도 어떤 인간을, 하나님보다 이 세상을 더 사랑하면, 곧 그것들이 우상이 된다는 말씀이다. 그래서 주님은 "하나님과 재물을 겸하여 섬길 수 없다"고 말씀하셨고, 바울은 "탐심은 우상 숭배니라"(골 3:5; 참조. 엡 5:5)라고 말했다.

(2) 이 계명에는 '삼사 대'와 '천 대'라는 대조적인 보응과 보상이 나타나 있다. 하나님을 사랑하지 않고 계속 우상을 섬기는 자에게는, 그 죄를 3~4대까지 보응을 하시겠다는 것이다. 인간은 사회적 동물이다. 인간은 피차 횡적으로 종적으로 연결되어 있다. 조상과 우리도, 지난 세대와 현세대도 다 연결되어 있다. 우리는 인류의 이 연대성을 기억하며 살아야 한다. 따라서 내가 죄를 지으면 나 혼자만 관계되는 것이 아니다. 온 사회에 악한 영향을 끼친다. 우리 인간은 횡적으로 서로 연결된 사회에 사는 까닭이다. 그뿐인가? 우리는 종적으로도 연결된 사회에 살기 때문에 그 후손에게도 영향을 끼치게 된다. 악인은 죽으나 그가 뿌린 죄의 씨앗은 그대로 사회에 남아 있다. 그래서 한 세대가 심으면 다른 세대가 거두는 것이다. 가라지를 심고 가는 사람이 많으면 그다음 오는 세대에 많은 가라지를 거두

게 된다. 우리가 유전의 법칙이나, 한 가문의 족보, 세계 민족과 국가의 역사를 보면 이는 사실이다.

그러므로 우리는 조심해야 한다. 내가 뿌린 악을 내가 거둘 뿐 아니라 그 악의 영향이 다음 세대에까지 미칠 때가 있기 때문이다. 그러나 우리가 이것을 생각할 때 감사한 것은, 악(惡)만 그렇게 연결되는 것이 아니라 선(善)도 연결된다는 것이며, 또 이 선에 대한 하나님의 보응은 '삼사 대'가 아닌 '천 대'까지 이른다는 사실이다. 사실 이 '삼사 대'와 '천 대'라고 하는 보응과 보상의 개념은, 하나님의 크신 은혜와 사랑을 나타낸다. 그리고 하나님을 사랑하고 그 계명을 지키는 자에게는 천 대까지 은혜를 베풀어 주신다는 사실은, 역사 가운데 분명히 나타나고 있다.

아브라함이 하나님을 사랑하고 자기와 언약하신 하나님의 말씀을 따라 살았을 때, 하나님은 오랜 세월 동안 늘 그와 동행하셨고, 그 후손 중에 수많은 왕과 위인이 태어나 이 세상 그 누구도 그와 견줄 수 없는 명문가를 이루게 하셨다. 그뿐 아니라 그가 세상을 떠난 2천 년 후에는, 그의 자손 중에서 인류를 구원하실 메시아, 예수 그리스도가 이 세상에 오셔서, 천하 만민이 복을 받는 길을 열어 놓으셨다.

하나님은 영이시다. 하나님은 우리의 중심을 보신다. 우리가 교회에 나와 예배를 드리고 신앙생활을 한다고 하지만, 실제로 하나님께 예배할 때마다 영과 진리로 예배를 드리고 있는가? 우리가 하나님을 바로 섬기지 못하면, 필연적으로 다른 우상을 섬길 수밖에 없게 되는데, 혹 내가 하나님보다 더 사랑하고 섬긴 것이 있다면 그것이 무엇인가? 한번 겸손하고 솔직하게 자신을 돌아보자. 정말 내 마음에 자리하고 있는 우상이 없는가? 내가 하나님보다 더 사랑하는 것은 없는가? 만일 있다면, 즉시 마음 문을 열고 회개함으로 그 우상을 마땅히 제거해 버려야 한다.

4장

세 번째 계명

하나님의 이름을 헛되이 사용하지 말라"(출 20:7)
You shall not misuse the name of the Lord

"너는 네 하나님 여호와의 이름을 망령되게 부르지 말라 여호와는 그의 이름을 망령되게 부르는 자를 죄 없다 하지 아니하리라"(출 20:7).

첫째 계명은 종교 혼합주의나 범신론적 사상을 배격하고, 삼위일체가 되신 하나님의 유일신 사상을 가르치는 명령이고, 둘째 계명은 헛된 우상의 형상을 만들지 말고, 그것들을 섬기거나 예배하지 말라는 명령이다. 이제 살펴보고자 하는 제3계명은, 거룩하신 하나님의 이름을 헛되이 사용하지 말라는 명령이다.

웨스트민스터 소요리 문답 제54문은 "셋째 계명이 명하는 것은 무엇인가?"라고 묻고, 그에 대한 답으로, "제3계명의 명하는 것은, 하나님의 이름과 칭호와 속성과 규례와 말씀과 행사를 거룩하고 존경하는 마음으로 사용하라는 것이다"라고 말한다.[12] 이것이 이 셋째 계명의 간략한 뜻이다. 그런데 이 셋째 계명은 아이러니하게도, 불신자들보다도 하나님을 믿고 그를 경외한다는 우리 신자들이 가장 범하기 쉬운 계명이다. 그러므로 오늘 우리는 이 계명이 가르치는 분명한 뜻을 깨달아 하나님의 거룩하신 이름을 망령되이 일컫는 죄를 범하지 않도록 힘써야 할 것이다.

1. 하나님의 이름을 망령되이 일컫지 말라고 명하셨다

여기서 '망령되이'의 히브리 원어는 '랏쇠웨'(לַשָּׁוְא)다. 세계적인 명성을 가진 히브리어 학자 게제니우스(Gesenius)의 《히브리어 사전》에 의하면, 이 '망령되이'라는 히브리어 '랏쇠웨'는 히브리어 '샤우'(שָׁוְא)라는 동사에서 온 말로, '악하다'(evil) '(말버릇이) 나쁘다', '작란하다', '부정', '불법 행위', '허위', '거짓말', '빈', '알맹이가 없는', '공허하다', '무가치하다' 등의 뜻이 있다.[13]

그러므로 "하나님의 이름을 망령되이 일컫지 말라"는 말씀은, 하나님의 이름을 헛되이 잘못 사용하거나 악용하는 것을 금한다. 그렇다면 하나님의 이름을 잘못 사용하거나 악용한다는 것이 무엇인가?

(1) 하나님의 이름을 신용(信用)하지 않는 것이다. 여기서 '하나님의 이름을 신용하지 않는다'는 말은 무슨 뜻인가? 기도는 신자의 영적 호흡이다. 그래서 예수를 믿는 그날부터 죽는 순간까지 계속되어야 하는 것이 그리스도인의 기도다. 그런데 우리가 하나님께 어떤 제목으로 기도를 드렸다면, 마땅히 그 기도의 응답에 대한 믿음의 기대

를 가져야 한다. 그러나 실제로는 우리가 그렇지 못할 때가 있다. 즉, 기도를 드리면서도 믿지 않는 것도 여기에 해당한다.

말라기 2장 2절은 이렇게 말한다.

> "만군의 여호와가 이르노라 너희가 만일 듣지 아니하며 마음에 두지 아니하여 내 이름을 영화롭게 하지 아니하면 내가 너희에게 저주를 내려 너희의 복을 저주하리라 내가 이미 저주하였나니 이는 너희가 그것을 마음에 두지 아니하였음이라."

그러나 로마서 4장 19-22절에서는, 아브라함이 아이를 전혀 바랄 수 없는 조건 가운데서도 하나님의 약속을 바라고 믿음으로, 하나님께서 아브라함의 그 믿음을 의로 여기셨다(창 15:5-6)고 사도 바울은 말한다.

> "그가 백 세나 되어 자기 몸이 죽은 것 같고 사라의 태가 죽은 것 같음을 알고도 믿음이 약하여지지 아니하고 믿음이 없어 하나님의 약속을 의심하지 않고 믿음으로 견고하여져서 하나님께 영광을 돌리며 약속하신 그것을 또한 능히 이루실 줄을 확신하였으니 그러므로 그것이 그에게 의로 여겨졌느니라."

(2) 거짓 맹세: 유대인들은 맹세할 때는, 흔히 하나님의 이름으로 맹세했다. 자기의 진실함을 표현하는 최고의 맹세로 하나님의 이름을 사용했다. 그런데 어떤 사람은 하나님의 이름으로 거짓 맹세도 했다. 이런 경우, 문자 그대로 하나님의 이름을 헛되이 악용한 것이다. 이와 같은 일이 흔했기 때문에 예수께서는 맹세하지 말라고 하시되, 하늘로도, 땅으로도, 머리로도 맹세치 말라고 하시면서, "예"이면 "예", "아니다"이면 "아니요"라고 분명하고 진실하게 말하라고 하

셨다. 그러므로 함부로 맹세해서는 안 되며, 일단 맹세했으면 그것을 진실하게 지켜야 한다.

오늘날도 우리가 하나님 앞에서 엄숙히 서약하는 일이 있다. 가령 목사나 장로, 시무 집사가 안수를 받을 때 서약을 하고, 결혼식을 거행할 때 신랑 신부가 하나님 앞에서 엄숙히 결혼 서약을 한다. 이렇게 하나님 앞에서 서약하고 그것을 지키지 않으면, 곧 이 계명을 범하는 것이다. 이에 전도서 5장 4-6절은 이렇게 말한다.

"네가 하나님께 서원하였거든 갚기를 더디게 하지 말라 하나님은 우매한 자들을 기뻐하지 아니하시나니 서원한 것을 갚으라…네 입으로 네 육체가 범죄하게 하지 말라 사자 앞에서 내가 서원한 것이 실수라고 말하지 말라 어찌 하나님께서 네 목소리로 말미암아 진노하사 네 손으로 한 것을 멸하시게 하랴."

(3) 하나님을 위해 성별된 것들을 경외심으로 대하라는 것이다. 이 계명은 히브리인들의 '거룩하다'라는 '성'(聖) 개념처럼, 하나님과 하나님을 위해 따로 구별된 사람이나 사물은 거룩하니 경외심을 가지고 대할 것을 가르친다. 그래서 구약 시대부터 하나님께 예배하는 건물을 '성전'(Holy Temple)이라 하는데, 그것은 이 건물이 하나님께 예배와 기도를 드리며 하나님을 위한 거룩한 목적으로 사용되기 때문이다. 이뿐 아니라 성경, 성찬기, 성직자 등 역시 하나님을 위한 거룩한 목적으로 구별된 사람이나 사물을 성별되었다고 말하며, 그것들을 경외심으로 대하라는 것이다. 전도서 5장 1-2절은 "너는 하나님의 집에 들어갈 때에 네 발을 삼갈지어다 가까이하여 말씀을 듣는 것이 우매한 자들이 제물 드리는 것보다 나으니 그들은 악을 행하면서도 깨닫지 못함이니라 너는 하나님 앞에서 함부로 입을 열지 말며 급한 마음으로 말을 내지 말라 하나님은 하늘에 계시고 너는

땅에 있음이니라 그런즉 마땅히 말을 적게 할 것이라"라고 말한다. 또 하박국 2장 20절에서는, "오직 여호와는 그 성전에 계시니 온 땅은 그 앞에서 잠잠할지니라"라고 말한다.

우리는 하나님이 임재하시는 이 성전에 들어설 때, 우리의 발을, 말과 몸가짐을 삼가 조심하는가? 영과 진리로 예배드려야 할 예배 시간에 혹 옆 사람과 잡담하거나, 몸은 성전 안에 있지만 마음은 다른 곳에 가 있지는 않은가?

(4) 성경과 찬송에 대한 경외심: 성경은 기록된 하나님의 말씀이므로, 우리가 경외심으로 이 하나님의 말씀을 읽고 그의 말씀을 들어야 한다. 또 찬송은 하나님의 거룩하신 이름과 그의 위대하신 능력을 찬양하며 감사하는 '찬미의 제사'이므로, 마땅히 하나님을 경외하는 태도로 찬송을 불러야 한다. 그런데 한국교회에서 흔히 볼 수 있는 잘못된 습관 중 하나로, 어떤 특별 집회나 부흥회에서 "찬송가 몇 장을 부르시면서 자리 정돈합시다!"라고 한다든지, 주일학교 교사가 어린 학생들의 소음을 제압하기 위한 한 방편으로 찬송가를 부르게 하는 경우가 있다. 이 얼마나 잘못된 일인가! 찬송가를 그러한 잘못된 방편으로 사용해서는 절대로 안 된다.

(5) 하나님께 드리는 헌금에도 경외심이 따라야 한다. 앞서 언급한 것처럼, 헌금은 하나님을 위해 드리는 성별된 예물이기 때문이다. 그래서 민수기 18장 32절은 "성물을 더럽히지 말라"고 말한다. 또 말라기 1장 13절은 "만군의 여호와가 이르노라 너희가 또 말하기를 이 일이 얼마나 번거로운고 하며 코웃음치고 훔친 물건과 저는 것, 병든 것을 가져왔느니라 너희가 이같이 봉헌물을 가져오니 내가 그것을 너희 손에서 받겠느냐"라고 말하는데, 즉 이것은 제물을 받지 않

으시겠다는 말이다. 그리고 8절 이하에서 하나님은 이스라엘 백성을 이렇게 책망하셨다.

> "만군의 여호와가 이르노라 너희가 눈 먼 희생제물을 바치는 것이 어찌 악하지 아니하며 저는 것, 병든 것을 드리는 것이 어찌 악하지 아니하냐 이제 그것을 너희 총독에게 드려 보라 그가 너를 기뻐하겠으며 너를 받아 주겠느냐 만군의 여호와가 이르노라 너희는 나 하나님께 은혜를 구하면서 우리를 불쌍히 여기소서 하여 보라 너희가 이같이 행하였으니 내가 너희 중 하나인들 받겠느냐 만군의 여호와가 이르노라 너희가 내 제단 우에 헛되이 불사르지 못하게 하기 위하여 너희 중에 성전 문을 닫을 자가 있었으면 좋겠도다 내가 너희를 기뻐하지 아니하며 너희가 손으로 드리는 것을 받지도 아니하리라" (말 1:8-10).

2. 이 계명은 하나님의 이름이 거룩하게 되게 할 것을 요구한다

(1) 하나님의 이름이 거룩하게 되게 하는 것은 우리의 첫 번째 소원이어야 한다. 예수께서 제자들이 "우리에게 기도를 가르쳐 주소서"라고 요구했을 때, "너희는 이렇게 기도하라"며 가르쳐 주신 주기도문은, "하늘에 계신 우리 아버지여"라는 우리의 기도의 대상이신 하나님을 부르는 것으로 시작된다. 그 하나님은 이 세상 모든 만물을 창조하신 창조주이실 뿐 아니라, 믿는 자들로 성령으로 거듭나 하나님의 자녀가 되게 하신 분이시므로, 예수는 그 하나님을 "우리의 아버지"라고 부르도록 가르치셨다. 그리고 다음으로 그 하나님의 이름이 거룩히 여김을 받으시도록 첫 번째 기원을 드리게 하셨다. 이것은 우리 믿는 사람이 기도나 삶 가운데서 맨 먼저 추구해야 할 것을 말하는데, 바로 하나님의 이름이 거룩히 여김을 받게 해달라는 것이

다. 그러므로 주님이 가르쳐 주신 주기도의 첫 소원인 "이름이 거룩히 여김을 받으시오며"라는 기원은 십계명의 셋째 계명과 상통한다.

여기서 "거룩히 여김을 받으시오며"의 헬라어는 '하기아스데토'(ἁγιασθήτω)인데, 이 말은 문법상으로 수동태로서, 하나님 스스로가 거룩하시라는 말이 아니라, 내가 거룩히 하여 드릴 테니 받으시라는 뜻이다. 그렇다면 하나님은 이미 거룩하신 분이요, 거룩은 그의 속성 중 하나인데, 허물 많은 인간이 하나님의 이름을 거룩히 여김을 받게 한다는 말은 무슨 뜻인가? 이 주기도의 첫 조문은 소청인 동시에 '서약적 요소'가 있다. 다시 말하면, 우리가 하나님의 그 거룩한 이름에 합당한 경외심과 공경하는 마음으로 예배(경배)를 드리게 해달라는 소원과 함께, 소청자인 내가 하나님의 그 거룩하심처럼 나의 성결한 삶을 통하여 하나님의 이름이 거룩히 여김을 받게 해드리겠다는 서원적인 기도라는 것이다. 그러므로 우리가 하나님의 그 거룩하신 이름을 망령되이 일컫지 않고 거룩함을 돌려 드리려면, 우리 자신이 주님처럼 성결한 생활을 해야 한다. 즉, 우리의 생각과 말과 행동 하나하나가 하나님의 거룩하심에 합당한 것이 되어야 하고, 우리의 그 성결한 생활로 말미암아 하나님의 이름이 거룩히 여김을 받으시고, 그 거룩하신 이름에 합당한 영광을 돌리기를 원하는 것이다.

(2) 우리의 언어로 하나님의 거룩하신 이름을 망령되게 해서는 안 된다. 우리나라에는 아버지의 이름을 함부로 부르지 않는 풍습이 있다. 꼭 대답해야 할 경우에는, '무슨 자, 무슨 자'라고 간접적으로 대답한다. 이것은 자기의 부친을 경외하는 뜻에 따른 우리의 언어 풍습이다. 우리가 육신의 아버지 이름을 경외감을 가지고 그렇게 대한다면, 거룩하신 하나님의 이름은 얼마나 더 경외심을 가지고 대해야 하겠는가!

옛날 히브리 사람들 역시 그들의 말로 '하나님'이란 뜻인 '야웨'라는 말이 있었지만, 이 제3계명에 따라 그 말을 감히 사용하지 못하고, 대신 그 말을 '주'(Lord)라는 뜻인 '아도나이'(יְ-ָ)로 대치하여 사용했다. 그러나 얼마 후에는 이 '아도나이'라는 말의 모음을 따서 '여호와'라는 명칭을 주로 사용하다, 대제사장이 1년에 한 번 대속죄일에 지성소에 들어가 온 백성들을 위해 기도할 때 비로소 '야웨'라는 하나님의 칭호를 사용했다. 물론 우리가 현재에도 꼭 그렇게 할 것은 아니나 그 정신만은 배워야 할 것이다. 그런데 오늘날 미국인들의 언어생활을 보면, 이 계명이 말하는 것처럼 하나님의 이름을 망령되게 사용하는 일이 얼마나 많은지 모른다. 그 대표적인 예가, "Oh, my God!"이나 "Jesus Christ!"다. 전자는 우리말의 경우, "아이쿠!" 혹은 "저런!"에 해당하는 말로, 이들은 어떤 불행한 일을 당하거나, 안 좋은 일을 보거나, 심지어 운동하다 실수할 때도, 항상 이 표현을 사용한다. 이보다 더욱 심한 경우는 아마도 "Jesus Christ!"라는 말일 것이다. 이들은 어떤 맹세, 불신, 당황, 실망, 고통 따위를 나타내는 감탄사로 흔히 "Jesus Christ!"라고 말한다. 물론 이것은 우리말로 직역한다면 "오, 나의 하나님!"이요, "예수 그리스도시여!"에 해당할 것이다. 그러나 이 말이 의미하는 속어의 뜻은 "에이, 빌어먹을!" "에이, 제기랄!" 등이다. 그러므로 우리의 이 같은 언어생활로 범죄하지 않도록 조심해야 한다.

(3) 우리의 삶으로 하나님의 이름을 거룩하게 되도록 해드려야 한다. 성경에 나오는 '거룩'이라는 말은 히브리어 '카도쉬'(קָדוֹשׁ)에서 온 것인데, 이 '거룩'이라는 단어에는 두 가지 뜻이 있다. 첫째는 '구별됨' 혹은 '다름'을 나타내며, 둘째는 '순결' 혹은 '의로움'이다. 성부, 성자, 성령 삼위일체 하나님은 절대적으로 거룩하신 분이며, 거룩은 그

의 속성 중의 하나다. 하나님께서는 자신이 거룩하시므로 자기 백성 또한 거룩할 것을 요구하신다. 그래서 레위기 19장 2절에, "너희는 거룩하라 이는 나 여호와 너희 하나님이 거룩함이니라"라고 말씀하셨다. 신약 시대에 그리스도인을 일컫는 가장 일반적인 명칭은 '성도'(聖徒, Saints)인데, 이것은 복수형으로 곧 '거룩한 무리'이니, 개인을 지칭할 때는 곧 '성자'(聖者, Saint)다. 그리스도인들은 그리스도 예수 안에서 죄 사함을 받고 거룩해졌기 때문이다(고전 6:11). 따라서 우리는 죄로부터 분리되어 정결하고 거룩한 삶을 살 수 있는 존재가 된 것이다(히 9:11-14).

이에 사도 바울은 고린도전서 6장 19-20절에서 "너희 몸은 너희가 하나님께로부터 받은 바 너희 가운데 계신 성령의 전인 줄을 알지 못하느냐 너희는 너희 자신의 것이 아니라 값으로 산 것이 되었으니 그런즉 너희 몸으로 하나님께 영광을 돌리라"라고 말했다.

그렇다. 우리는 "죄의 값은 사망이다"라는 하나님의 법칙에 따라, 모두 죽어 마땅한 죄인이었다. 그러나 주님께서 우리의 죄를 친히 담당하시고 십자가에 달려 속죄의 죽음을 당하심으로, 그를 믿는 우리는 죄 사함을 받고 구원을 얻어 하나님의 자녀가 되었다. 즉, 우리는 주님의 피 값으로 산 하나님의 소유 된 백성이 된 것이다. 그러므로 우리는 하나님의 이름을 거룩하게 해드려야 할 의무가 있고, 그에게 마땅히 기쁨과 영광을 돌려 드려야 한다. 이에 바울은 고린도전서 10장 31절에서, "그런즉 너희가 먹든지 마시든지 무엇을 하든지 다 하나님의 영광을 위하여 하라"라고 말한 것이다.

3. 이 계명에도 마지막으로 첨가한 경고의 말씀이 있다

"여호와는 그의 이름을 망령되게 부르는 자를 죄 없다 하지 아니하리라"(출 20:7). 이는 하나님의 이름을 망령되게 부르는 자는 죄인이 되어 하나님의 형벌을 피할 수 없으리라는 말씀이다. 이에 말라기 2장 2절에서는 "만군의 여호와가 이르노라 너희가 만일 듣지 아니하며 마음에 두지 아니하여 내 이름을 영화롭게 하지 아니하면 내가 너희에게 저주를 내려 너희의 복을 저주하리라"라고 말한다. 또 신명기 28장 58-59절에서는 "네가 만일 이 책에 기록한 이 율법의 모든 말씀을 지켜 행하지 아니하고 네 하나님 여호와라 하는 영화롭고 두려운 이름을 경외하지 아니하면 여호와께서 네 재앙과 네 자손의 재앙을 극렬하게 하시리니 그 재앙이 크고 오래고 그 질병이 중하고 오랠 것이라"라고 경고하고 있다. 그뿐 아니라 레위기 24장 16절에서는, "여호와의 이름을 모독하면 그를 반드시 죽일지니 온 회중이 돌로 그를 칠 것이니라 거류민이든지 본토인이든지 여호와의 이름을 모독하면 그를 죽일지니라"라고 기록하고 있다. 이것은 물론 구약 시대 모세가 하나님께 받아 제정한 모세의 율법이요, 오늘날에도 그대로 실행하는 것은 아니다. 그러나 그 원칙은 변하지 않았다. 따라서 하나님의 이름을 모독하거나 그 성호를 망령되이 부르면, 그 자신도 알게 모르게 형벌이 오고야 만다. 이 형벌에 대한 몇 가지 역사적 사실을 소개한다.

기독교 이단인 아리안파의 감독 올림피아(Olympias)라는 사람이 하나님의 삼위일체 되심을 모독할 때, 갑자기 번개가 세 번을 내려치더니 벼락이 그의 머리 위에 떨어져 그 자리에서 즉사했다. 또 줄리안(Julian)의 관원 펠릭스(Felix)라는 사람은 교회에서 성찬식 때 사용하는 성찬 그릇을 보고, "마리아의 아들, 참 좋은 그릇으로 대접을 받는구나!"라고 조롱했는데, 얼마 후 그는 그 입에서 피를 토하고 즉사했다는 기록이 있다. 이렇게 하나님의 이름을 모욕한 자가 그 자리에서 즉시 심판을 받아 죽거나, 나중에라도 심판을 받게 되리라는 것을 성경은 여러 곳에서 말하고 있다(갈 6:7; 히 10:31).

그렇다면 어떻게 하여야 우리가 하나님의 그 거룩하신 이름을 망령되이 부르지 않고 그를 영화롭게 할 수 있는가?

첫째, 우리가 믿는 하나님은 무소부재(無所不在)하신 분으로 어디나 계시고, 무엇이나 아시며, 무엇이나 능치 못할 것이 없으신 하나님이심을 알고, 언제나 '코람데오'(koram Deo)의 정신, 곧 언제 어디서나 '내가 하나님 앞에 있다'라는 '신전의식'(信前意識)을 가지고 하나님을 경외하는 생활을 해야 한다.

둘째는, 매일 성경을 규칙적으로 읽고, 깨어 기도함으로 경건에 이르기를 힘쓰며, 만일 실수하고 범죄한 일이 있을 때는 즉각 회개하고, 하나님의 보호와 인도를 간구함으로 성령께서 내 안에 능력으로 역사하시게 해야 한다(겔 36:25-27). 그리고 항상 하나님을 경외하며, 우리의 말이나 삶을 통하여 그의 이름이 거룩히 여김을 받으시게 하고 그에게 영광을 돌리는 삶을 살아야 한다.

5장

네 번째 계명

주일을 기억하여 거룩히 지키라(출 20:8-11)
Remember the Lord's day by keeping it holy

제1계명은 '경배의 대상'으로서 여호와 하나님만을 섬기라고 했고, 제2계명은 '경배의 방법'으로서 하나님 아닌 어떤 모양의 우상이나 형상을 하나님의 자리에 대치시켜 놓고 거기에 절하거나 섬기지 말라고 했다. 그리고 제3계명은 '경배의 정신'으로서 하나님의 이름을 헛되이 사용하지 말고, 그의 이름에 합당한 거룩함과 공경하는 마음으로, 하나님의 이름을 비롯한 하나님의 속성과 규례와 말씀을 사용하라고 명령했다. 이제 살펴볼 제4계명은 "안식일을 기억하여 거룩히 지키라"는 계명이다. 이것은 하나님께서 우리 인간에게 허락하신 시간 중 7분의 1을 성별하여 온전히 하나님께 드림으로 '주님의 날'로 삼으라는 말씀이다.

일찍이 하나님께서는 우리 인류에게 모든 만물을 거저 주시고, 하나님의 은혜를 잊지 않고 살도록 하기 위해 한 제도를 세우셨는데, 그것이 곧 물질의 십일조 제도다.

이것은 하나님께서 우리 인간에게 허락하신 모든 것, 즉 우리의 건강과 지혜와 재능 등 모든 재료를 통하여 얻는 수입의 10분의 1을 '하나님의 것'으로 성별하여 하나님께 바치라는 것이다. 그런데 하나님께서 이 본문에서는 물질만이 아니라, 시간에 대해서도 일, 월, 화, 수, 목, 금, 토요일의 7일 중 한 날을 성별하여 '주님의 날'로 삼으시고, 우리의 육신과 영혼이 주님 안에서 안식하게 하신 것이다.

사실 이 계명을 생각할 때, 우리는 하나님 앞에 먼저 감사를 드리지 않을 수 없다. 한 주간 동안 일에 지치고 피곤한 우리에게 휴식할 수 있는 안식의 날을 주셨을 뿐 아니라, 이날을 거룩하게 지킬 때 풍성하신 축복을 내리시기 때문이다. "수고하고 무거운 짐 진 자들아 다 내게로 오라 내가 너희를 쉬게 하리라"(마 11:28)라고, 온 인류를 초청하신 주님의 말씀 그대로, 하나님은 피곤한 온 세계 인류에게 안식일을 제공해 주시고, 더 나아가서는 영원한 안식의 축복을 약속해 주셨다. 우리 인간의 몸과 마음은 반드시 휴식이 필요하다. 쉬는 가운데 피로가 회복되며 새로운 힘이 생긴다. 쉬지 않고 일하는 사람보다 적당히 쉬며 일하는 사람이 더 많은 일을 할 수 있다는 것은 이미 과학적으로도 증명된 바다.

이 계명은 어떤 특수한 사람만 쉬라고 한 것이 아니다. 즉, 아버지와 어머니만 쉬라는 것이 아니라 아들과 딸에게도 안식을 주고, 주인만 안식할 것이 아니라 그 집 안에 있는 남자 종이나 여자 종들, 또 상점이나 회사에서 일하는 점원이든 직원이든, 그 밖의 모든 고용된 사람들에게도 안식을 주라는 것이다. 그리고 사람만 아니라,

집에 있는 짐승들에게까지도 안식을 주라는 것이다. 이를 볼 때 과연 하나님은 공의로우시고, 사랑과 자비와 긍휼이 풍성하신 분이시다. 그러므로 우리는 안식일을 주신 하나님께 감사하는 마음으로 안식일을 거룩히 지켜야 할 것이다.

1. 첫째로 우리가 생각할 것은 안식일은 어느 날에 지켜야 할 것인가 하는 문제다

이는 우리와 견해를 달리하는 사람들도 있기 때문이다. 구약 시대 유대인들이 지켜오던 제7일 안식일(토요일)은 신약 시대에 와서 이레 중 첫날인 주일로 바뀌었다. 물론 이것은 인간의 작정도 아니요, 교회의 권위로 설정한 것도 아니다.

이에 대한 가장 큰 이유와 근거는 본서 3부 4장 예수 그리스도의 부활, (6), (7) 항목에서 이미 자세히 언급한 것처럼, 인류의 구속 사역을 완성하신 예수 그리스도의 부활에 그 근거를 두고 있다. 이것에 대한 분명한 대답은, 역사상 가장 성경적이며 논리적이라고 평가를 받는 웨스트민스터 대요리 제116문답에 다음과 같이 잘 정리되어 있다.

> "창세로부터 그리스도의 부활까지는 이레 중 제7일이 안식일이요 (창 2:3; 눅 23:56), 그리스도의 부활로부터 세상 끝날까지는 이레 중 첫날 곧 주일이 그리스도인의 안식일이다."[14]

그렇다. 우리가 제7일 토요일을 안식일로 지키지 않고, 7일 중 첫날인 일요일을 안식일로 지키며 '주일'이라고 부르는 것은, 어떤 인간의 지시나 작정에 따라 된 것이 아니라, 이와 같은 성경적이요 신학적인 정당한 이유가 있기 때문이다.

구약 시대의 역사상 가장 큰 일은 무엇인가? 그것은 하나님께서 천지 만물을 창조하신 일이다. 이 천지창조 이상 더 크고 위대한 역사는 없다. 하나님께서 6일 동안에 모든 창조 사역을 마치고 7일째 되는 날은 쉬시면서 그날을 축복하시고, 인간을 비롯한 세상 만물의 창조를 기념하여 안식일을 거룩히 지키라고 명령하셨다(출 20:8-11). 그 후 구약 시대 성도들은 7일 중 마지막 날을 안식일로 지켜 왔다.

그렇다면 신약 시대의 역사상 가장 크고 위대한 사역은 무엇인가? 그것은 죄로 인해 죽을 수밖에 없는 인간들을 구원하시기 위해 하나님의 아들 예수 그리스도께서 이 세상에 오셔서 만민의 죄를 대신 지시고 십자가에 달려 돌아가신 후 사흘 만에 부활하신 사건이다. 그런데 예수께서 부활하신 그날은 안식 후 첫날, 곧 오늘의 '주일'이다. 그러므로 신약 시대 성도들은 인류의 구속 사역, 곧 '인간의 재창조' 사역을 마치신 그날, 즉 '주일'에 모여 부활하신 예수께 예배를 드리게 되었다.

구약의 성도들이 첫 번째 창조의 완성을 기념하여 안식일을 지켰던 것처럼(출 31:17), 그리스도의 새 창조 사역 가운데 '새로운 피조물'이 된 신약 시대의 성도들이 인류의 구속, 곧 인류의 '재창조' 사역을 완성한 주님이 부활하신 날에 세상일을 쉬며, 구속받은 자로서의 감사와 찬양과 경배를 주님에게 드리는 것은 너무도 마땅한 일이다. 이에 출애굽기 12장 16절에서는, "너희에게 첫날에도 성회요 일곱째 날에도 성회가 되리니 너희는 이 두 날에는 아무 일도 하지 말고 각자의 먹을 것만 갖출 것이니라"라고 말하고 있다.

사도 요한은 이날을 '큐리아케 헤메라'(κυριακῇ ἡμέρᾳ), 곧 '주의 날'이라고 말했고, 바로 이날에 요한은 성령의 감화를 받고 계시를 받았는데, 그것을 기록한 것이 요한계시록이다(계 1:10).

예수께서 부활하신 후, 열한 제자에게 두 번이나 나타나 자신을 보이셨는데, 이날은 7일 중 첫날인 바로 주일이었다.

또 약속하신 보혜사 성령을 이레 중 첫날인 오순절 주일에 보내 주셨다. 그리고 주님이 부활 승천하신 후 사도들이 주일에 모여서 예배를 드리기 시작했다.

사도행전 20장 7절에는 "그 주간의 첫날에 우리가 떡을 떼려 하여 모였더니"라고 기록되어 있는데, 이것은 매즈 첫날 곧 오늘날의 주일에 사도들이 성도들과 함께 모여 예배를 드리고, 성찬식을 거행했다는 증거다. 또 고린도전서 16장 1절에서 연보 곧 헌금에 대해서 언급한 후, 그다음 절에 "매주 첫날에 너희 각 사람이 수입에 따라 모아 두어서 내가 갈 때에 연보를 하지 않게 하라"(고전 16:2)라는 기록이 있다. 그러므로 벌써 사도들이 생존해 있던 그때부터 매 주일 첫날인 주일에 그들은 한곳에 모여 예배를 드리되, 헌금도 하고 성찬 예식도 거행한 것이다.

이렇게 하나님의 섭리 가운데 사도들로부터 전승되어 온 매주 첫날의 '주일 예배' 제도는, 주후 313년 로마의 콘스탄틴 황제가 기독교를 국교로 정하고, 매주 첫날인 일요일은 세상 일을 쉬고 하나님께 예배하는 날로 선포하기 훨씬 이전부터 계속 지켜져 왔다는 것이, 성경 외에도 역사적 기록으로 현재까지 남아 있다. 주후 100년경에 기록된 바나바 서신에는 "우리는 주님이 부활하신 날 주일을 지키노라"라고 기록되어 있고, 주후 107년에 기록된 이그나티우스(Ignatius)의 글에는 "괴상한 교훈에 속지 말라…새 소망에 이른 자는 안식일을 더 지키지 않고 주일을 지킨다"라고 언급되어 있다. 또 주후 145~150년경의 순교자 유스티노(Justinus)는 "일요일에 모든 도시의 사람들은 한 곳에 모여서 사도들의 글을 읽으라. 이날은 주님께서 부활하신 날이다"라고 했고, 주후 2세기의 《사도 신조》라는 책에서는 "주일에 어김없이 모여서 하나님을 찬송하며 감사하여라"라고 기록되어 있다. 주후 155~202년대의 교부 이레네오는 "주님의 부활을 오직 주일에 모여 축하하라. 이날에만 유월절 떡을 떼라"라고 가르쳤다.[15] 이렇게 7일 중 첫날인 주일은 그리스도께서 죄와 사망의 권세를 이기고 부활하신 날이요, 주님의 부활 생명에 동참하게 된 그리스도인들의 진정한 안식일이 된 것이다.

2. 주일을 어떻게 지킬 것인가?

이 문제에 대하여 〈웨스트민스터 대요리 문답〉 제117문답은 이렇게 말한다.

> "안식일 또는 주의 날은 그날 종일 거룩히 안식해야 하며(출 20:8, 10), 언제나 죄악된 일은 물론이고 다른 날에는 합법적인 세상 직업과 오락까지도 금하고 성결하게 지켜야 하며(렘 17:21-22), 필요한 자선 사업을 제외한 전체 시간을 기쁨으로 공사 예배에 사용하여야 한다(레 23:3; 눅 4:16; 행 20:7). 그리고 이 목적을 위해서 그날 전부터 세상일을 알맞게 서둘러 처리하고, 우리의 마음과 생각을 가다듬고 근면과 절제로서 준비하여, 주님 앞에 나아와 영과 진리로 예배하며, 우리에게 맡겨진 임무를 자유롭고 적절하게 수행해야 한다"(출 20:8; 눅 23:54, 56; 느 13:19).[16]

넷째 계명이 명하는 '안식일'이란, 먼저 글자 그대로 세속 일을 '그치고', '멈추고', '쉰다'라는 뜻이다. 따라서 주일에는 다른 날에 합당한 일이나 오락 같은 것들을 쉬고, 오로지 하나님 앞에 나아와 감사와 찬양의 예배를 드리며 거룩히 보내라는 것이다. 구약 성경을 보면 안식일에 대한 모세의 율법이 매우 엄격했음을 알 수 있다. 율법은 안식일에 일용할 양식인 만나를 거두는 일(출 16:26-28)이나 땔감을 얻기 위해 산에 가서 나무하는 일(민 15:32-33)을 할 수 없었고, 포도나 무화과, 물고기 혹은 식물들을 매매하는 등의 상거래를 금했으며, 특히 이사야 58장 13절 이하를 보면, 안식일에 세속적인 일을 위해서 달려가는 발과 인간을 위한 오락을 구하거나 행하는 것 등을 엄격히 금했다. 출애굽기 31장 12절 이하에서 하나님께서는 모세에게 다음과 같이 친히 명하셨다.

> "너희는 안식일을 지킬지니 이는 너희에게 거룩한 날이 됨이니라 그날을 더럽히는 자는 모두 죽일지며 그날에 일하는 자는 모두 그 백성 중에서 그 생명이 끊어지리라…이같이 이스라엘 자손이 안식일을 지켜서 그것으로 대대로 영원한 언약을 삼을 것이니 이는 나와 이스라엘 자손 사이에 영원한 표징이며 나 여호와가 엿새 동안에 천지를 창조하고 일곱째 날에 일을 마치고 쉬었음이니라"(출 31:14-17).

사실 이와 같은 율법적인 안목으로 본다면, 아마 우리는 한 사람도 예외 없이 안식일을 범한 자가 될 것이요, 안식일을 더럽힌 우리는 율법이 정죄하는 바에 따라 벌써 죽었어야 마땅한 죄인일 것이다. 그러나 우리가 여기서 기억할 것은 존 칼빈이 말한 바와 같이, "구약 시대 안식일에 지켰던 육체적 안식은 신자들을 죄의 멍에서 해방해 주신 그리스도 안에서 완성된 것으로 재해석되어야 할 것이다."[17] 이 말은 구약 성경의 안식일에 대한 모든 규례와 율법은 무시해도 좋다는 말이 아니라, 성경이 말한바 "성전보다 큰 이"요 "안식일의 주인"이 되신 주님이 기뻐하시는 뜻대로 안식일, 즉 주일을 지켜야 한다는 말이다.

마태복음 12장에 의하면, 안식일을 지키는 문제로 당시 유대인들과 예수 사이에 의견 대립이 있었던 것을 볼 수 있다. 안식일에 예수께서 제자들과 함께 밀밭 사이를 지나가시는데, 제자들이 시장하여 밀 이삭을 잘라 비벼 먹었다. 이때 바리새인들이 그것을 보고 예수께 나아와, '당신의 제자들이 안식일에 해서는 안 되는 일을 했다'며 항의했다. 그 이유는, 남의 밀을 따 먹었다는 데 있지 않고, 밀을 잘라 비비는 그 자체가 '타작하는 일'이기에 예수께 고발한 것이다. 또 그들은 주님이 안식일에 병든 자를 고치시는 것을 보고, 안식일을 범했다고 비난했다. 그때 주님은 "너희 중에 어떤 사람이 양 한 마리가 있어 안식일에 구덩이에 빠졌으면 끌어내지 않겠느냐 사람이 양보다 얼마나 더 귀하냐 그러므로 안식일에 선을 행하는 것이 옳으니라"(마 12:11-12)라고 대답하셨다. 그리고 "나는 자비를 원하고 제사를 원하지 아니하노라 하신 뜻을 너희가 알았더라면 무죄한 자를 정죄하지 아니하였으리라 인자는 안식일의 주인이니라"(마 12:7-8)라고도 말씀하셨다. 그러므로 주일은 세상일은 쉬는 대신, 하나님이 기뻐하시는 예배와 선한 일에 힘쓰는 날이다. 주일은 땅에 속한 날이 아니고, 하늘에 속한 성일(聖日)이요, 글자 그대로 '주님의 날'이기 때문이다.

십계명의 넷째 계명은 "안식일을 기억하여 거룩히 지키라"라고 명한다. 우리가 주일을 거룩히 지키려면, 이날이 무슨 날인지를 먼저 기억해야 한다. 이날은 주님께서 우리 믿는 자들의 죄를 대신 지시고 십자가에 달려 죽으시고 장사 된 지 사흘 만에 부활하신 날이다. 다시 말하면, 주님이 죄인인 나를 대신하여 죽었다가 다시 사신 날이니, 결국 죄인인 나는 율법 안에서 죽었고, 그리스도 예수 안에서 "새로운 피조물"(고후 5:17)로 거듭나게 된 가장 즐겁고 복된 날이다!

우리가 모태에서 죽을 수밖에 없는 죄인으로 태어나는 생일을 몇 십 년이 지나도 기억하며 기념하고, 남남끼리 만나 부부가 된 결혼

기념일을 오래오래 기억하며 즐거워하고 축하한다면, 어떻게 우리가 이날을 기억하며 즐거워하지 않을 수 있겠는가! 그러므로 우리가 진정으로 주일을 거룩히 지키려면, 이날이 어떤 날인지를 알아야 할 뿐 아니라, 그것을 기억하고 이날 부활하신 주님에 대한 우리의 믿음이 선행되어야 한다. 이에 히브리 기자는 히브리서 11장 6절에서 "믿음이 없이는 하나님을 기쁘시게 하지 못하나니 하나님께 나아가는 자는 반드시 그가 계신 것과 또한 그가 자기를 찾는 자들에게 상 주시는 이심을 믿어야 할지니라"라고 말했다. 따라서 '믿음'이 없는 '성례'가 헛된 것처럼, '믿음'이 없는 '주일 성수'란 있을 수 없는 것이다.

이에 우리는 주일을 맞이할 때, 웨스트민스터 대요리 문답이 설명해 준 바와 같이, 주일 전에 세상일을 알맞게 서둘러 처리하고, 우리의 마음과 생각을 가다듬고 근면과 절제로 주일을 준비해야 한다. 주일에는 죄가 되는 일은 물론, 다른 날에는 합법적인 세상 직업과 오락까지도 쉬면서, 주일 아침부터 저녁까지 온종일을 예배와 심방 및 복음 전도, 그리고 자선을 베푸는 선한 일에 헌신하도록 힘써야 한다. 그리고 예배할 때는 영과 진리로 예배를 드려야 한다. 몸은 예배당에 나와 앉아 있지만, 그 마음은 다른 곳에 두고 있는 사람은 영과 진리로 예배드릴 수 없다. 또 예배 시간이 지나 이미 예배가 한창 진행되는 중에 예배당에 들어와 어떻게 영과 진리의 예배를 드릴 수 있겠는가? 영과 진리의 예배를 드리고 하나님이 내리시는 말씀의 은혜를 받으려면, 미리 예배가 시작되기 전에 성전에 나아와, 지난 엿새 동안에 알게 모르게 지은 죄와 허물을 고백하며 회개하고, 설교자를 비롯하여 예배순서를 맡은 예배위원들을 위해 기도하며, 모든 순서에 영과 진리로 참여해야 한다.

그리고 중요한 것은 예배는 겸손히 순종하는 자세로 드려야 한다는 것이다. 선지자 사무엘이 하나님의 말씀에 불순종한 사울 왕에게 무엇이라고 책망했는가? 하나님은 번제나 제사보다 그의 말씀에 순종하는 것을 기뻐하신다며 이렇게 말했다.

"순종이 제사보다 낫고 듣는 것이 숫양의 기름보다 나으니 이는 거역하는 것은 점치는 죄와 같고 완고한 것은 사신 우상에게 절하는 죄와 같음이라"(삼상 15:22-23).

3. 주일을 성수하는 자에 대한 축복은 무엇인가?

출애굽기 20장 11절은 "나 여호와가 안식일을 복되게 하여 그날을 거룩하게 하였느니라"라고 말한다. 여기서 '복되게'와 '거룩하게'라는 말은 서로 밀접한 관계가 있으며, 주일을 거룩히 지키는 것과 성도의 축복은 필연적 관계에 있다.

하나님께서는 선지자 이사야를 통하여 안식일을 거룩히 지키는 자에게 삼 대의 축복을 약속하셨다.

"만일 안식일에 네 발을 금하여 내 성일에 오락을 행하지 아니하고 안식일을 일컬어 즐거운 날이라, 여호와의 성일을 존귀한 날이라 하여 이를 존귀하게 여기고 네 길로 행하지 아니하며 네 오락을 구하지 아니하며 사사로운 말을 하지 아니하면 네가 여호와 안에서 즐거움을 얻을 것이라 내가 너를 땅의 높은 곳에 올리고 네 조상 야곱의 기업으로 기르리라 여호와의 입의 말씀이니라"(사 58:13-14).

첫 번째 복인 "네가 여호와 안에서 즐거움을 얻을 것이다"라는 말은, 참 평안과 기쁨이 넘치는 생애가 될 것이라는 뜻이다. 두 번째 복은 "내가 너를 땅의 높은 곳에 올릴 것이다"라는 것인데, 이것은 존귀한 신분과 생애를 말한다. 세 번째 복의 "네 조상 야곱의 기업으로 기르리라"라는 말은 영육 간의 풍성함과 승리의 삶을 의미한다.

우리는 주일을 성수하지 않으면 벌 받을 것이라는 생각보다, 주일을 기억하여 그날을 거룩히 지키지 않으면 주께서 약속하신 놀라운 축복을 놓치게 된다는 것을 알고, 피곤한 인생이 주 안에서 안식함으로 은혜를 받고 새 힘을 얻어, 한 주간을 힘있게 살도록 축복하신 주께 감사하는 마음으로 주일을 거룩하게 지켜야 한다.

6장

다섯 번째 계명

네 부모를 공경하라(신 5:16)
Honor your parents

"너는 네 하나님 여호와께서 명령한 대로 네 부모를 공경하라 그리하면 네 하나님 여호와가 네게 준 땅에서 네 생명이 길고 복을 누리리라"(신 5:16).

십계명 중 제5계명의 위치는, 모세가 하나님께 받은 두 돌판의 십계명 중 둘째 돌판에 새겨진 첫 번째 계명으로서, 인간을 향한 다른 계명(6~10계명)의 초석이요 근원적인 계명이며, 다른 계명에는 없는 축복이 약속된 중요한 계명이다. 사실 부모와 자녀의 관계는 처음부터 숙명적이다. 이 세상에 부모 없이 태어나는 자식은 없다. 친구나 배우자는 사람이 선택하지만, 부모는 하나님이 선택해 주신다.

1. 공경의 대상으로서의 부모

(1) 부모의 의미: 일반적으로 우리는 우리를 낳아 주고 키워 주신 육친의 두 분을 부모라 칭한다. 그러나 지금 본문이 말하는 "네 부모를 공경하라" 함은, 우리를 낳아 주고 양육해 준 육친의 부모를 공경하라는 말일 뿐 아니라, 사회적인 면에서 부모와 같은 사역적인 위치에 있는 사람들에게도 순종하고 공경하라는 말이다.

웨스트민스터 대요리 제124문에 보면, 제5계명이 말하는 '부모'에 대하여 다음과 같이 설명해 주고 있다.

"① 아버지와 어머니의 뜻은, 비단 육친의 부모뿐 아니라, 연령이나 (딤전 5:1-2) 은사(恩賜)에서 윗사람을 말하며(창 4:20-21, 45:8), ② 특히 하나님의 법령에 의하여 이룩된 가족(왕하 5:13), 교회(왕하 2:12; 갈 4:19), 나라에서(사 49:23) 곧 위상 위에 있는 사람을 말한다."

그러므로 제5계명이 말하는 '부모'는 ① 가정에서의 육친, ② 교회에서의 성직자, ③ 국가에서의 주권자, ④ 연륜 상의 윗사람, ⑤ 직업상에서 주인, 직장의 고용주 등으로 넓은 의미가 있다.

(2) 그렇다면 왜 육친의 부모 이외의 사람들을 부모와 같은 범주에 넣고 순종하고 공경하라고 하는가? 웨스트민스터 대요리 문답 제125문은 그 이유에 대해 이렇게 답한다.

"윗사람을 아버지와 어머니라고 부르는 것은, 그들이 육신의 부모와 같이 아랫사람들을 모든 의무에서 가르치며, 그들의 몇 가지 관계에 따라서 그들에게 사랑과 자비심을 나타내며(엡 6:4; 살전 2:7-8, 11), 아랫사람들로 하여금 그들의 친부모에게 하듯 윗사람들에게 기쁜 마음으로 의무를 다하게 해주기 때문이다"(고전 4:14-16).[18]

2. 부모에 대한 효도의 방법으로서의 공경

앞서 효도의 대상으로서의 부모에 대해서 살펴보았으므로, 이제는 그 부모를 어떻게 공경할 것인가 하는 공경의 방법에 대하여 생각해 보고자 한다.

(1) '공경하다'의 성경 원어의 의미: 여기서 '공경하다'는 히브리어 '카베드'(כבד)에서 온 말인데, 원래 '무겁다'라는 뜻이다. 우리는 어떤 사명이나 일의 귀함과 중요함을 말할 때 흔히 '무겁다'라고 표현한다. 이것은 한국뿐 아니라 세계 여러 나라의 동일한 언어풍습이다. 예를 들면, 우리는 어떤 사명이 크고 귀할 때 '막중(莫重)한 사명'이라고 말한다. 그리고 귀한 일이나 큰일을 '귀중(貴重)하다' 혹은 '중대(重大)하다'라고 하며, '무거울 중(重)' 자를 넣어 사용한다.

마찬가지로, '카베드'라는 말도 '귀중하게 여기다'라는 뜻이다. 따라서 '공경'이라는 말을 영어로는 'honor'라고 번역했는데, 원래 영어의 'honor'는 라틴어 '호노스'(honos)에서 온 말로, '존경하다' '경외하다', '명예', '영광'이란 말과 함께 '높이 평가하다'라는 뜻이다.

(2) 육신의 부모를 공경해야 한다: 어느 종교의 경전보다도 기독교 성경은 부모에게 효도할 것을 거듭 강조한다. 자녀가 부모에게 순종하고 부모를 공경한다는 것은 천륜(天倫)이요, 하나님의 명령이다.

① 그러므로 자녀 된 자는 마땅히 부모에게 합당한 존경을 드려

야 한다(히 12:9). 부모에 대한 공경은 정신적인 것뿐 아니라 물질적인 것까지도 포함된다. 그리고 존경은 마음으로부터 해야 한다. 부모를 마음으로 존경할 때 외적인 행동은 저절로 따르기 마련이다(창 46:29; 왕상 2:19-20).

② 한편, 자녀들은 부모에게 순종해야 한다. 이것은 하나님의 명령인 천륜이기에 그렇고, 불효하면 천벌을 받고, 효도하면 하늘의 복을 받기 때문이다. 이에 골로새서 3장 20절은 "자녀들아 모든 일에 부모에게 순종하라 이는 주 안에서 기쁘게 하는 것이니라"라고 말한다. 그러므로 자녀는 부모가 주의 교양과 훈계로 양육할 때 범사에 순종해야 한다.

③ 부모에게 필요한 것을 드림으로 그들을 기쁘시게 해야 한다. 우리가 어릴 때는 부모가 우리를 온갖 수고와 정성으로 키워 주셨고, 우리의 필요한 것을 주셨으니, 자녀 된 자는 부모의 노후에 부모를 그렇게 마땅히 부양해야 한다. 요셉이 연로하신 아버지 야곱을 그렇게 봉양하며 효도했고, 주님 역시 생전에 부모 공경에 대한 교훈도 주셨지만(마 15:4-16), 십자가에 달려 글자 그대로 살을 도려내는 혹심한 고통 중에서도 육신의 어머니 마리아의 여생을 생각하시고 제자 요한에게 어머니의 봉양을 부탁하셨다(요 19:2-27). 그러므로 부모 공경은 내가 평안하고 넉넉할 때만 하는 것이 아니고, 어렵고 빈궁한 때도 해야 한다.

공자는 자유라는 제자가 부모의 효도에 대하여 질문했을 때, "요즘 효도란 봉양만 잘하면 되는 줄로 안다. 그것쯤이야 개나 망아지도 할 수 있는 일인데, 존경하지 않는다면 이에 다를 바가 없지 않느냐?"라고 대답했다고 한다. 이같이 부모를 존경하며 그에게 순종하고 합당한 효를 행함으로 부모를 기쁘시게 해야 한다. 나아가 부모에게 근심과 심려를 끼쳐서는 안 되며, 만약 부모에게 어떤 실수나 결함이 발견될 경우, 그 실수를 드러내지 않고 가려 드리고 여전히 부모를 공경해야 한다.

(3) 성직자에 대한 공경

① 육신의 부모는 자녀에게 생명을 부여해 준 매개자라 한다면, 복음의 사역자인 성직자는 영적 출생인 중생의 매개자다.

이에 사도 바울은 고린도전서 4장 15절에서 "그리스도 안에서 일만 스승이 있으되 아버지는 많지 아니하니 그리스도 예수 안에서 내가 복음으로써 너희를 낳았음이라"라고 말한다. 그리스도인 된 성도는 복음의 자녀이며, 그리스도는 바로 복음이요, 성직자는 복음의 중매자이자 아비요 산모라고 성경은 말한다(고전 4:15; 갈 4:19; 빌 2:22).

사도 바울은 갈라디아 교인들에게 "나의 자녀들아 너희 속에 그리스도의 형상을 이루기까지 다시 너희를 위하여 해산하는 수고를 하노니"(갈 4:19)라고 말했다. 로마 가톨릭교회에서는 성직자를 '신부'(Father)라고 부른다. 이것은 성직자들이 수행하고 있는 사역적 직무에서 나온 말이다. 열왕기하 13장 14절을 보면, 선지자 엘리사가 병으로 죽게 되어 침상에 있을 때, 이스라엘의 요아스왕이 그에게 찾아와 눈물을 흘리며, "내 아버지여 내 아버지여 이스라엘의 병거와 마병이여"라고 말한다.

그러므로 "네 부모를 공경하라"라는 제5계명은, 육신의 부모만이 아니라 자신의 영혼이 잘되고 범사가 잘되도록 복음을 가르치며, 복음으로 양육하고 훈계하며 기도하는 성직자들도 부모와 같이 소중히 여기고, 그의 가르침에 순복하라는 뜻이다. ① 성직자들은 하나님께서 불러 '하나님의 사자'(말 2:7)로 세우셨으며(왕상 17:16; 왕하 4:1, 31; 엡 1:22, 3:3; 빌 2:12-30, 4:15-20), ② 하나님의 사신으로(고후 5:20), 성경대로 즉 합법적으로 임직되었고, ③ 주의 말씀으로 교훈하며(마

28:19-20), 성례와 권징을 시행하는 주님의 사역자이기 때문이다.

② 성직을 맡은 자의 입장을 이해하고, 보호해 주어야 한다.

성직자들은 하나님의 복음을 위하여 헌신, 봉사하는 자들이기 때문에, 항상 사탄의 표적이 되고 있다. 구약 시대 모세의 누이 미리암이 모세를 비방하다 나병에 걸린 것이나, 고라를 비롯해서 다단, 아비람, 온 등이 작당하여 모세와 아론을 대적하다 이스라엘 총회 중에서 하나님의 심판을 받아 산 채로 음부에 떨어져 죽은 일은, 오늘 우리에게도 큰 경종을 울리고 있다.

따라서 토머스 왓슨은 "성직자들에게 중상모략이 올 때는 복음으로 양육을 받는 자녀들이 그들을 보호하고 변호해 주어야 한다"고 말하며(딤전 5:19), 그 이유를 이렇게 설명했다. "그들은 항상 밤이나 낮이나 복음과 기도로 성도들을 위해 변호하고 보호해 주고 있는데, 그가 전하는 복음으로 양육을 받는 자들이 어찌 그들을 변호하고 보호하지 않을 수 있겠느냐?" 로마의 콘스탄틴 황제는 성직자를 부당하게 중상하는 자를 화형에 처할 정도로 성직자들을 보호하고 변호했다.[19]

③ 성직자들이 주의 말씀을 선포할 때 '아멘'으로 응답해야 한다.

교역자는 특히 하나님의 말씀을 연구하고, 그 말씀을 인간의 삶에 적용시키고 체계화하여 교회 앞에 하나님의 말씀을 선포하는 선지자다. 그러므로 그들이 전하는 하나님의 뜻을 믿음으로 겸허하게 받아 '아멘'으로 응답한다는 것은, 인간 성직자에 대한 예의일 뿐 아니라, 그들을 세우신 하나님께 대한 예의요 존경인 것이다.

사실 복음 사역자에게서 가장 큰 기쁨은 이것이다. 교역자가 하나님 말씀으로 교훈할 때, 그 말씀들을 인간의 말로 받아들이지 않고, 데살로니가 교회 교인들처럼 하나님께서 그가 세우신 주의 종의 입을 통하여 자신에게 말씀하시는 것으로 받아, 그 생활에 열매가 나타나는 것을 보는 것이다. 이에 사도 바울은 데살로니가전서 2장 13절에서 "이러므로 우리가 하나님께 끊임없이 감사함은 너희가 우리에게 들은 바 하나님의 말씀을 받을 때에 사람의 말로 받지 아니하고 하나님의 말씀으로 받음이니 진실로 그러하도다 이 말씀이 또한 너희 믿는 자 가운데에서 역사하느니라"라고 말한다.

(4) 관원에 대한 존경: 한 나라의 대통령을 비롯한 그 나라의 관원들은 백성들의 생명을 보호해 주고, 나라의 안녕과 질서를 보존해 주는 매개자들이다. 이스라엘의 다윗왕을 비롯하여 히스기야왕과 요시아왕, 로마의 콘스탄틴 황제, 미국의 조지 워싱턴 대통령, 우리나라의 세종대왕 같은 이들은 그 나라의 국부가 되었다.

신학자 하지(A. A. Hodge)는 "한 나라의 정부는 사람의 뜻으로 세워진 것이 아니라 창조주 되신 하나님께서 복음을 전하고 우주의 질서를 보존하게 하기 위하여 그의 섭리 가운데 세우셨다"고 말했다.[20]

이에 성경은, 국가의 권세자들은 하나님께서 그 나라의 질서와 안녕을 위해서 세우셨으니, 그들을 위하여 기도하며, 그들이 나라와 국민을 위해 하는 일에 협조하고 순종해야 한다고 거듭 말하고 있다(참조. 대하 29:5-7; 잠 28:16, 31:4-5; 슥 8:16-17). 사도 바울은 로마서 13장 1-2절에서 "각 사람은 위에 있는 권세들에게 복종하라 권세는 하나님으로부터 나지 않음이 없나니 모든 권세는 다 하나님께서 정하신 바라 그러므로 권세를 거스르는 자는 하나님의 명을 거스름이니 거스르는 자들은 심판을 자취하리라"라고 말했다. 또 사도 베드로는 베드로전서 2장 13-17절에서 "인간의 모든 제도를 주를 위하여 순종하되 혹은 위에 있는 왕이나 혹은 그가 악행하는 자를 징벌하고 선행하는 자를 포상하기 위하여 보낸 총독에게 하라 곧 선행으로 어리석은 사람들의 무식한 말을 막으시는 것이라 너희는 자유가 있으나 그 자유로 악을 가리는 데 쓰지 말고 오직 하나님의 종과 같이 하라 뭇 사람을 공경하며 형제를 사랑하며 하나님을 두려워하며 왕을 존대하라"라고 말했다.

(5) 직장에서의 주종(主從)관계: 사람은 누구나 여러 가지 해야 할 일과 의무가 많이 있는데, 이 의무와 사명을 감당하고 수행해 나가려면 자연히 지도자와 지도를 받는 피지도자가 있기 마련이다. 그러므로 한 직장의 주인이요, 사장은 가정의 아버지와 같고, 사원은 형제자매와 같은 것이다. 그래서 성경에 보면, 나아만의 종들은 주인인 나아만을 "아버지"라 불렀고(왕하 5:13), 승천하는 선지자 엘리야를 보고 엘리사는 "내 아버지여 내 아버지여"(왕하 2:12)라고 외쳤다. 그러므로 "네 부모를 공경하라"라는 이 제5계명이 가르치는 공경의 대상은, 육신의 부모만이 아니라, 그리스도의 복음으로 성도들을 양육하는 성직자들과, 국가와 민족을 위해 봉사하는 대통령을 비롯한 관원들, 한 직장의 직책상 윗자리에 있는 주인 등에 이르는 좀 더 넓은 대상을 말한다. 그러므로 웨스트민스터 대요리 문답 제128문은 성경이 교훈한 대로, 한 직장의 아랫사람은 윗사람에게 ① 순종해야 하며(엡 6:6; 벧전 2:18), ② 근면하고(마 25:26), ③ 성실히 일해 줄 것이며(마 24:45), ④ 불평하지 말고 묵묵히 봉사할 것을 자세히 설명해 주면서, 다음과 같은 경우는 죄라고 경계하고 있다.

① 자신이 마땅히 해야 할 책임과 의무를 태만히 하는 일(마 15:5-6), ② 상사의 인품, 지위, 명령 및 교정에 더하여 시기하거나(시 106:16), 멸시하고 반항하는 것(삼하 15:1-12), ③ 상사에 대하여 조롱하고 저주하며, 완악한 마음으로 그 상사와 그 국가에 대하여 수치와 불명예가 되게 하는 것(잠 19:26) 등이다.[21]

3. 효도의 결과로 받는 축복은 무엇인가?

(1) 장수의 축복을 받는다.

성경을 보면, 노아 홍수 이전에는 인간의 수명이 보통 백수십 년에서 수백 년, 가장 오래 산 사람은 900년 이상을 산 사람도 있었다. 그런데 홍수 심판 이후 인간의 수명이 짧아져, 어떤 생명은 모태에서 죽기도 하고, 혹자는 유아 시절에, 혹자는 꽃다운 청춘에 세상을 떠난다. 그리하여 죽음은 매일같이 예고도 없이 인류에게 찾아와, 1초마다 세계 곳곳에서 한 사람 이상 죽어, 일 년이면 무려 3,000만 명 이상이 죽는다.

로마서 6장 23절에서 "죄의 삯은 사망이요"라고 말씀한 대로, 죽음은 인류의 시조 아담과 이브가 범죄한 결과로 그의 후손인 우리 인류에게 왔다(창 3:16-19). 그래서인지 저마다 죽음을 두려워하고 죽기를 싫어하는 인간에게 일찍이 하나님께서는 이 세상에서 우리가 오래 살 수 있는 축복을 약속하셨는데, 그것이 바로 제5계명에 나타난 대로, 부모에게 효도하는 자에게 약속하신 '장수(長壽)의 축복'이다. 장수의 복은 당대만이 아니라 계대적인 축복을 의미한다.

여기서 "네 생명이 길리라"는 히브리어로 '아라크'(אָרַךְ)라는 말인데, '연장되다', '계속해서 길어지다', '오래 머물다' 등의 뜻으로, 자손의 자손까지 이어가리라는 의미다. 성경에 의하면, 아버지 다윗을 배반했던 압살롬은 단명했을 뿐 아니라 그 말로가 비참했다. 그러나 레갑 사람들은 부모에게 효도함으로 장수하고 대대로 번성했다고 기록되어 있다.

(2) 번영의 축복이다.

신명기 5장 16절은 "너는 네 하나님 여호와께서 명령한 대로 네 부모를 공경하라 그리하면 네 하나님 여호와가 네게 준 땅에서 네 생명이 길고 복을 누리리라"라고 약속한다. 또 사도 바울은 에베소서 6장 2-3절에서 "네 아버지와 어머니를 공경하라 이것은 약속이 있는 첫 계명이니 이로써 네가 잘되고 땅에서 장수하리라"라고 말하며, 부모를 공경하는 자에 대한 하나님의 약속을 재확인해 주고 거듭 약속해 주고 있다. 여기서 "복을 누리리라"는 히브리어로 '야타부'(יָטַב)라는 말인데, 사도 바울이 재확인한 "네가 잘되고"와 같은 뜻으로, ① '형통하리라'(to do well, to be well) ② '기쁘게 하다'(to make mercy)라는 두 가지의 뜻이 있다. 그러므로 이 제5계명에 따라 부모를 주 안에서 공경하는 것은, 우리 당대는 물론 후손들까지 형통하고 장수하는 길이요, 부모와 함께 우리 자신도 큰 기쁨과 행복을 얻게 되는 축복이 따른다.

더욱이 우리는 만유의 주인이시며, 우리의 생명의 창조주이신 하나님 아버지의 자녀 된 자로서, 그의 말씀에 순종하며, 그 거룩하신 이름에 합당한 영광을 돌리며 사는 하나님의 자녀가 될 때, 하늘에 계신 우리 아버지께서는 우리에게 영원한 생명과 함께 천국을 주실 것이다.

7장

여섯 번째 계명

살인하지 말라(출 20:13; 마 5:17-26)
You shall not kill

앞서 서술한 대로 제1계명부터 제4계명까지는, 우리 인간이 마땅히 행해야 할 하나님에 대한 의무를 가르친 '크고 첫째 되는 계명'이요, 제5계명부터 10계명까지는 우리의 이웃에 대한 의무를 교훈하는 '크고 둘째 되는 계명'이다. 우리의 하나님에 대한 의무인 제1계명부터 제4계명을 우리 주님께서는 "네 마음을 다하고 목숨을 다하고 뜻을 다하여 주 너의 하나님을 사랑하라"라는 말씀으로 요약하시고, 인간에 관한 제5계명부터 10계명까지는 "네 이웃을 네 자신같이 사랑하라"라는 말씀으로 요약하시면서, 이 두 가지 하나님과 인간에 대한 계명은 "온 율법과 선지자의 강령"이라고 말씀하셨다(마

22:37-40).

이제 여섯째 계명은 "살인하지 말라"라는 계명이다. 이 계명을 성경 원문대로 더 정확히 말하자면, "너는 죽이지 말 것이니라"(You shall not kill)라는 뜻이다. 이 계명은 생명의 존엄성에 대한 계명이다. 이 세상에서 가장 귀한 것이 무엇인가? 돈인가? 금강석이나 금, 은 보석인가? 이런 것도 귀하기는 하나, 가장 귀한 것은 생명이다. 우리가 아이를 낳아 양육한다지만, 우리 인간은 그 어린 생명이 어떻게 뱃속에서 생성되어 모태에서 10개월이나 자라다 이 세상에 나오는지 다 알 수 없다.

모든 생명은 하나님께로부터 왔고, 특히 인간은 하나님의 형상대로 창조되었기 때문에 참으로 신비롭고 더욱 귀한 것이다. 이 여섯째 계명은, 이같이 귀한 생명을 보전하기 위해 주신 계명이며, 모든 생명을 존귀하게 여기라는 것이 이 여섯째 계명의 근본정신이다. 그러므로 우리는 생명 있는 꽃 한 송이라도 귀히 여겼던 20세기의 위대한 선교사 알베르트 슈바이처(Albert Schweitzer, 1875~1965)의 근본사상과 같이, 생명에 대한 경외심을 가져야 한다. 이 세상 모든 생명 중에서 가장 존귀한 것은 인간의 생명이다. 우리 인간은 하나님의 형상대로 창조되었기 때문이다. 그래서 하나님께서는 아담과 하와를 자기의 형상대로 창조하시고, 그들에게 "생육하고 번성하여 땅에 충만하라"고 하셨고, 또한 "땅을 정복하라, 바다의 물고기와 하늘의 새와 땅에 움직이는 모든 생물을 다스리라"고 축복하셨다(창 1:26-28). 그러므로 이 여섯째 계명이 교훈하며 명령하는 것은, 하나님께서 자신의 형상을 따라 창조된 인간의 귀한 생명을 누구든지 살해하지 말라는 것이다(창 9:6).

1. 무엇이 살인인가?

살인에는 여러 가지 형태가 있다.

(1) 직접적인 살인이 있다. 일찍이 인류의 조상 아담과 하와에게서 태어난 가인은 동생 아벨을 쳐 죽였다. 그래서 가인은 직접 살인자의 조상이 되었고, 그 후에 태어난 모든 인류는 '가인의 후예'가 되어, 가인과 똑같은 살인죄를 얼마나 많이 범하고 있는지 모른다. 문명이 발달한 현대에는 옛날에 없었던 살인사건도 발생하고 있다. 정비 불량의 차량을 운행하거나 부주의한 운전자로 인해 죽는 사람도 많다. 작은 섬나라 괌에서만도 한 달 평균 교통사고로 최소 두 사람씩 죽고 있다. 그뿐인가? 현대에는 가족계획을 한다는 미명으로 얼마나 많은 살인사건이 자행되고 있으며, 불륜한 관계에서 생겨난 태아들이 얼마나 많이 죽어가고 있는가? 우리 믿는 사람들은 산모의 생명이 위독한 경우는 예외지만, 이미 생겨난 태아를 낙태하는 것은 살인행위와 같다는 것을 알아야 한다. 그러나 옛날부터 현재에 이르기까지 다음 몇 가지 경우에는, 이 제6계명에 저촉되지 않는 것으로 간주되어 왔다. ■ 국법에 의한 사형: 구약 시대 모세의 율법으로부터 오늘에 이르기까지 살인자는 죽이도록 하는 법은 늘 있었다. ■ 정의에 입각한 전쟁 수행 중에서의 살인: 1950년 북한의 공산주의자들이 남침해 왔을 때, 그들을 막기 위해 전쟁에 나가 싸우는 것은 국민의 의무였다. 즉, 침입한 외적을 방어하기 위해 정의에 입각한 전쟁에서 부득이 상대편 적을 사살할 경우, 이때는 이 여섯째 계명에 저촉되지 않는다. ■ 정당방위로 인정되는 부득이한 경우 등이다. 우리는 국법으로 사형이 필요 없는 사회, 전쟁 없는 평화의 세계를 위해 기도하며 노력해야 한다.

(2) 간접 살인이 있다. 직접 살인보다도 이 간접 살인이 훨씬 많다. 오래전 한국에서도 일본에서도 있었던 일로, 자격 없는 엉터리 의사에게 자기의 자격증을 대여해 주고 아무 일도 하지 않으면서 한 달에 얼마씩 봉급을 받아오던 의사와, 무자격자로 개업하여 환자를 다루던 가짜 의사 수십 명이 검거되었던 일이 있었다. 자기의 의사 면허증을 무자격자에게 대여해 준 그 자체가 불법일 뿐 아니라, 자격 없는 자로 사람의 생명을 다루는 의사로서 행세하게 한 처사야말로 바로 간접 살인에 해당하는 것이다. 또한 음식점에서 부패한 음식을 팔아 사망하는 경우 또는 부정한 식품이나 부정 약품을 판매하는 등의 처사 역시 간접 살인 행위이며, 이 밖에 술이나 마약 심지어 담배까지도 간접 살인의 원인이 될 수 있다.

(3) 심리적 살인이 있다. 예수는 그 유명한 산상설교의 일부분으로 마태복음 5장 21-22절 이하에서, "옛 사람에게 말한 바 살인하지 말라 누구든지 살인하면 심판을 받게 되리라 하였다는 것을 너희가 들었으나 나는 너희에게 이르노니 형제에게 노하는 자마다 심판을 받게 되고"라고 말씀하셨다. 여기서 예수는 형제에게 노하지 말라고 하셨다. 왜 그런가? 그것은 살인의 '동기'가 되기 때문이다. 우리가 가끔 어떤 일로 섭섭함을 느껴 노할 때가 있다. 그러나 그러한 분한 마음이나 분노의 감정은 곧바로 버리지 않으면 안 된다. 분한 마음이나 분노를 오래 마음에 품고 있으면 그것은 곧 미움 혹은 증오라는 독을 품은 병아리를 낳게 되기 때문이며, 이것이 곧 간접적인 살인이 되는 것이다. 그래서 성경은 "그 형제를 미워하는 자마다 살인하는 자니 살인하는 자마다 영생이 그 속에 거하지 아니하는 것을 너희가 아는 바라"(요일 3:15)라고 말한다. 이 심리적인 살인은 직접적인 살인의 원인이 되는 것이다.

그러므로 우리의 마음에 어떤 분노나 증오심이 싹틀 때는 곧바로 그것을 버림으로 원한이나 복수 감정이 마음에 조금이라도 남아 있도록 해서는 안 된다. 이에 성경은 "분을 내어도 죄를 짓지 말며 해가 지도록 분을 품지 말고 마귀에게 틈을 주지 말라"(엡 4:26-27)라고 말하고 있으며, 예수께서도 "예물을 제단에 드리려다가 거기서 네 형제에게 원망들을 만한 일이 있는 것이 생각나거든 예물을 제단 앞에 두고 먼저 가서 형제와 화목하고 그 후에 와서 예물을 드리라"(마 5:23-24)라고 말씀하셨다.

(4) 인간은 '입'과 '혀' 혹은 '펜'으로 살인할 때가 있다.

주님은 마태복음 5장 22절에서, "형제에게 노하는 자마다 심판을 받게 되고 형제를 대하여 라가라 하는 자는 공회에 잡혀가게 되고 미련한 놈이라 하는 자는 지옥 불에 들어가게 되리라"라고 말씀하셨다. 이것은 다른 사람의 이름이나 명예를 훼손하는 것을 금하신 말씀이다. 앞서 제3계명에서 살펴본 바와 같이, 이름은 그 사람의 전 인격을 대신하는 것이므로 남의 이름, 곧 그의 인격을 짓밟고, 그의 명예를 훼손하는 것은, 바로 그 사람을 죽여 매장하는 것과 다름 없다. 그래서 성경은 형제에게 '라가'라고 욕하는 자는 공회에 잡혀가 심판을 받게 되고, '미련한 놈'이라고 하는 자는 지옥 불에 들어가게 되리라고 말한다. 우리는 우리의 입으로, 펜으로 다른 사람의 명예를 훼손하고 이 계명을 범하고 있지는 않은지 스스로 반성하여, 그런 일이 있다면 마땅히 회개해야 한다. 그리고 말을 조심하여 덕스럽지 못한 언사나 다른 사람의 명예를 훼손하는 말을 해서는 안 된다.

(5) 영적인 살인이 있다. 인간의 명예도 귀하지만, 그보다 더 귀한

것은 인간의 영혼이다. 그러므로 한 영혼을 그릇되게 인도하는 것은 더욱 큰 살인죄다. 토머스 왓슨은 그의 《십계명 강해》에서 인간의 영혼을 죽게 하는 원인으로서 영적 살인을 다음의 네 가지로 말했다.

■ 나쁜 본(本)을 보여 남을 타락하게 하는 것. ■ 창녀와 같이 남을 유혹하는 것(잠 7:7-13), ■ 목자가 교인에게 진리의 말씀으로 먹이지 않고(히 5:12; 벧전 5:2), 이단적 독초를 먹이거나(벧후 2:1), 추잡한 행위로 순진한 양무리의 영혼을 오염시키는 것, ■ 나쁜 교제를 통해서 영혼을 파괴하는 행위 등이다(렘 5:5).[22]

이에 예수께서 "누구든지 나를 믿는 이 작은 자 중 하나를 실족하게 하면 차라리 연자 맷돌이 그 목에 달려서 깊은 바다에 빠뜨려지는 것이 나으니라"(마 18:6)라고 말씀하셨다. 그러므로 나 자신이 범죄하지 않도록 주의해야 하지만, 또한 내가 다른 사람을 죄에 빠지게 하지 않도록 더욱 조심해야 한다.

(6) 자살이다. 제6계명의 "살인하지 말라"는 계명은 문법적으로 볼 때는 목적격이 없다. 즉, 단순히 죽이지 말라고만 했지, '누구를' 혹은 '무엇을' 죽이지 말라는 목적격이 없는, 일견 불완전한 문장처럼 보인다. 그러나 이것은 오히려 깊은 뜻이 있는데, 이 계명이 금지한 대상은 다른 사람의 생명은 물론, '너 자신의 생명도 죽이지 말라'는 넓은 뜻이 포함된 명령이다. 그러므로 자살은 다른 사람을 살인하는 것과 같은 살인 행위인 것이다. 어떤 사람은 '내가 내 생명을 죽이는데 무슨 상관인가'라고 말하지만, 우리에게는 우리의 생명조차 좌우할 아무런 권리가 없다. 모든 생명은 하나님께로부터 온, 하나님께 속한 것이기 때문이다.

그러므로 내가 내 생명을 끊는 것도 다른 사람을 살해하는 죄와 똑같을 뿐 아니라, 대개 자살의 경우는 자기가 범한 살인죄를 회개하지 못하고 죽기 때문에 구원받지 못하고 지옥에 떨어지고 마는 것이다. 성경에는 자살한 사람이 다섯 명 등장한다. 그들은 모두 신앙에서 타락한 사람들이다. 사울왕과 그의 호위병이 자살했고, 다윗왕을 배신한 아히도벨, 악한 왕 시므리(왕상 16:18), 그리고 예수님을 은 30에 팔아넘긴 배신자 가룟 유다가 그들인데, 이들 모두는 하나님의 은혜를 배반하고, 그 마음이 타락한 자들이다. 자살은 하나님을 믿지 않고, 내세도 믿지 않고, 장차 주님이 오셔서 선악 간에 심판하실 최후의 심판도 믿지 않는 세상 사람들이 절망 가운데 택하는 최후의 죄다. 그러므로 우리는 이 계명을 생각할 때, '무엇이 살인죄다' 하고 지적으로 깨닫는 것으로 끝날 것이 아니라, 지나간 날 알게 모르게 수없이 이 제6계명을 범한 죄를 마땅히 회개하지 않으면 안 된다.

2. 어떻게 하면 이 계명을 바로 지킬 수 있는가?

(1) 기독교적 인생관을 확립해야 한다.

20세기는 그 어느 세기보다 가장 많은 사람이 죽은 전쟁의 세기다. 두 차례에 걸친 세계대전에서 희생된 사람의 수는 말할 것도 없고, 나치 정권 아래 무죄한 유대인이 600만 명 이상 학살당했다. 또 중국과 구 소련의 혁명이 일어났을 때, 수천만 명이 살해되었고, 그동안 세계 도처에서 일어났던 수많은 전쟁과 테러들을 통하여 얼마나 많은 사람이 살해되었는지 미처 다 헤아릴 수도 없는 참혹한 시대다. 왜 이렇게 참혹한 시대가 되었는가? 그리고 그 원인은 어디에 있는가?

20세기에는 유물론(Materialism) 사상이 대두되어 인류에게 그릇된 인생관을 갖게 하였다. 유물론은 우주 만물의 궁극적 실재를 물질이라고 보고, 정신적이고 관념적인 일체의 현상을 물질에 환원시켜 고찰하는 사상이다. 이 학설에 의하면 일체의 정신 현상이나 심적 과정은 물질의 부대 현상이나 거기서 파생되는 하나의 현상에 지나지 않는 것이기에 그 독자성과 궁극성을 인정하지 않는다. 따라서 유물론자들은 영이신 하나님이나 성령, 부활, 영생 등과 같은 정신 현상이나 신령한 것 일체를 부정한다. 그러므로 유물론적인 입장에서는 인간이나 짐승이나 별로 다를 것이 없다. 짐승이란 필요하면 먹여 살리다 필요 없으면 없애 버려도 된다. 이렇게 사람이 유물론적인 윤리관을 가질 때, 짐승 아닌 사람조차도 이용 가치가 있을 때는 적당히 대우해 주고 이용 가치가 없어질 때는 아무렇게나 대우하고 제거해 버리게 되는 것이다. 이같이 그릇된 사상을 가진 공산주의자들과 잘못된 윤리관을 가진 자들이 이 땅에 많기에 그렇게도 끔찍한 살인사건이나 전쟁이 계속 일어나고 있다

우리 인간이란 육체라는 물질적 요소만 있는 것이 아니라, 그 안에 하나님의 형상인 고귀한 영혼이 살아 있음을 알아야 한다. 그리고 인간 생명의 존귀함을 깨달아 그 존귀한 생명을 사랑해야 한다. 그러므로 기독교적 인생관의 회복만이 이 험악한 사회를 변화시키고 평화로운 사회를 건설할 수 있는 것이다.

⑵ 우리의 감정을 극기하고 자제할 줄 알아야 한다.

누구나 일시적으로 성을 낼 수는 있다. 그러나 그것을 오래 품고 있으면 안 된다. 미움과 분노를 오래 마음에 품고 있으면 사람이 악해지고, 마침내 살인하는 데까지 이를 수 있기 때문이다.

【예화】 몇 명의 의사들이 독소를 실험하기 위해 개 한 마리를 잡아 네 시간 동안 결박해 놓고, 마구 때리며 잔뜩 성이 나게 한 후,

그 개의 뇌수에서 '엑스'를 취하여 봤더니 '시안'이란 독소가 생겼고, 그 독소를 개에게 주사했더니 그 자리에서 즉사(卽死)했을 뿐 아니라, 그 외에도 80마리의 개를 더 죽일 수 있는 독소가 생겼다는 연구 결과가 있다.

그러므로 우리의 일상생활에서 우리의 감정을 자제하는 훈련이 필요하다. 물론 이것은 우리 인간의 힘만으로는 불가능하다. 주님을 의지하며 깨어 기도하고 말씀에 순종하는 믿음으로 하나님의 은혜를 받게 될 때는, 우리는 우리 자신을 이길 수 있을 뿐 아니라, 죄를 이기고, 또 이 세상을 이길 수 있다. 이에 사도 요한은 요한1서 5장 4-5절에서 "무릇 하나님께로부터 난 자마다 세상을 이기느니라 세상을 이기는 승리는 이것이니 우리의 믿음이니라 예수께서 하나님의 아들이심을 믿는 자가 아니면 세상을 이기는 자가 누구냐"라고 말했다. 또 사도 바울은 "그러나 이 모든 일에 우리를 사랑하시는 이로 말미암아 우리가 넉넉히 이기느니라"(롬 8:37)라고 당당하게 외쳤다. 이뿐 아니라 한 걸음 더 나아가, 우리 믿는 사람들은 주님의 말씀 그대로 이웃을 내 몸과 같이 사랑하고 이해하며, 나를 핍박하는 원수까지라도 흔연히 용서하고 사랑할 수 있도록 노력해야 한다. 사실 다른 사람을 살해하는 것이나, 자기 자신을 죽이는 자살 행위가 없는 명랑하고 행복한 사회는 한 사람 정치가의 힘으로 이루어지는 것이 아니다. 그 국가와 민족의 정신적 기초가 중요한 것이다.

그러므로 우리는 하나님의 말씀으로 살아가는 바른 인생관을 가지고, 자신의 감정생활을 절제할 뿐 아니라, 한 걸음 더 나아가 살인 없는 명랑하고 복된 사회 건설을 위해 우리가 속한 사회에 복음을 전파해, 한 사람이라도 더 그리스도인이 되도록 최선의 노력을 다해야 한다.

8장

일곱 번째 계명

간음하지 말라(출 20:14; 고전 6:9-20)
You must not commit adultery

    십계명은 지금으로부터 약 3,600여 년 전에 하나님께서 인간의 행복을 위하여 모세를 통하여 우리 인간에게 내리신 진리의 규범이다. 그런데 이 십계명은 기원전 1400년 전부터 오늘에 이르기까지 전 세계 인간 사회의 윤리의 규범과 도덕의 기초가 되어 왔다. 앞서 살펴본 "살인하지 말라"는 제6계명은 고귀한 인간의 생명을 보존하기 위하여 주신 계명이라면, "간음하지 말라"는 제7계명은 신성한 가정을 보존하기 위하여 하나님이 모세를 통하여 주신 계명이다. 그러므로 우리는 가정의 성격과 중요성을 먼저 이해해야 한다.

1. 가정이란 무엇인가?

(1) 가정의 기원: 민중서관이 발행한 이희승 박사의 《국어대사전》에 의하면, '가정'이란, "① 한 가족이 살림하고 있는 집안 ② 주인을 중심으로 하여 어버이와 자식, 부부들이 공동생활을 하고 있는 사회의 가장 작은 집단"이다.[23]

그렇다. 이것이 우리가 일반적으로 알고 있는 가정이다. 그런데 성경은 국어대사전이 말해 주지 않는 가정의 기원과 함께, 가정의 질서와 신성한 가정의 행복을 보존하기 위하여 하나님께서 십계명과 모든 율법을 제정하여 인간에게 주셨다고 말한다. 하나님이 친히 이 땅에 세우신 두 개의 공동체가 있는데, 그 첫 번째인 가정은 하나님이 최초로 세우신 가장 작은 '가정 공동체'이고, 다른 하나는 하나님의 부르심을 받은 무리가 모이는 '교회 공동체'다. 하나님이 인간을 지으시되 자기의 형상을 따라 인류의 시조 아담을 창조하시고, 그를 통하여 모든 동물의 수컷과 암컷의 이름을 짓게 하셨다. 그리고 그때까지 혼자였던 아담을 위해 하나님은 "사람이 혼자 사는 것이 좋지 아니하니 내가 그를 위하여 돕는 배필을 지으리라"(창 2:18)라고 하시고는, 아담을 깊이 잠들게 하신 후 그의 갈빗대 하나를 취해 살로 대신 채우시고, 그 갈빗대로 여자를 만드셔서 아담에게로 이끌어 오셨다. 그때 아담이 "이는 내 뼈 중의 뼈요 살 중의 살이라 이것을 남자에게서 취하였은즉 여자라 부르리라"(창 2:23) 하며, 그녀를 기쁨으로 맞아들였다. "이러므로 남자가 부모를 떠나 그의 아내와 합하여 둘이 한 몸을 이룰지로다"(창 2:24)라고, 인류 최초의 가정의 기원에 대하여 성경은 말한다. 그러므로 가정은 인간이 아닌 하나님께서 한 남자와 한 여자를 이끌어 한 몸, 곧 부부가 되게 하고 가정을 이루게 하신 것이므로, 천륜에 속하며 신성한 것이다. 그래서 인간

사회에서 최고의 사랑 표현은 가정에서 시작된다. 피차간에 전적으로 신뢰하고, 상대방을 위해 자신을 희생하는 생활, 두 사람이 한 몸이 되어 사는 생활이 곧 이 가정에서 비롯되는 것이다.

한편, 성경은 그리스도와 교회의 거룩한 관계를 부부 관계로 표현한다. 그리스도는 신랑이요, 교회는 그의 신부라고 부른다. 가정은 이처럼 신성하다. 하나님께서는 이 가정을 통하여 우리 인간들에게 참된 행복을 주신다. 또한 이 가정을 통하여 하나님께서는 귀한 생명이 이 세상에 태어나게 하신다. 다시 말하면, 가정을 통하여 인간이 태어나고, 가정을 통하여 자녀가 양육을 받고 장성한다. 그리고 민족의 대대손손이 이 가정을 통하여 계승되는 것이다. 그뿐 아니라 가정은 사회와 국가의 기본단위이며, 사회질서의 기초다. 그러므로 각 가정이 문란해지고 파괴되면 그 사회는 혼란에 빠지게 된다. 예나 지금이나 세계 역사를 살펴볼 때, 어떤 민족의 문화나 국가의 패망은 가정의 도덕적 타락으로 인한 사회적 혼란에 기인했다. 고대 사회에 가장 음란하기로 유명했던 소돔과 고모라가 유황불로 형벌을 받아 멸망하고 말았고, 세계의 도시라 불리었던 로마 제국이 멸망하기 직전, 그 시민들의 도덕 생활이 얼마나 문란했고 성적으로 타락했는지는 역사가 증언한다. 음란한 시대를 살아가고 있는 우리는 이 같은 역사적 사실을 큰 경고로 받아야 한다.

예부터 우리나라는 '부부는 하늘이 정해 주신다'고 하여 '천정배필'(天定配匹)이라고 말했다. 이 말은 성경의 견해와 일치한다. 부부는 중매쟁이나 주례자에 의해 배필로 만나는 것이 아니다. 하나님께서 여자를 만드시고 아담에게 이끌어 오시고 부부가 되게 하신 것같이, 가정은 하나님이 세우시고 축복하신 가장 작은 사랑의 공동체다. 그러므로 우리는 가정의 신성함과 행복을 유지하기 위하여 성실한 노력을 아끼지 않아야 하며, 이를 위해서는 남편이나 아내가 피차 부부의 대의와 정조를 지켜 나감으로 신성한 가정을 깨끗이 보존해야 한다. 따라서 이 계명을 지키지 않는 자들에게는 자연히 형벌이 따르게 된다. 옛날 모세의 율법 시대에는 이 계명을 범하는 자에게 극형을 내렸다. 레위기 20장 10절을 보면, "누구든지 남의 아내와 간음하는 자 곧 그의 이웃의 아내와 간음하는 자는 그 간부와 음부를 반드시 죽일지니라"라고 말한다. 물론 오늘날에는 이와 똑같은 율법을 가진 나라는 없을 것이다. 그러나 하나님께서는 오늘날에도 자신이 친히 제정하신 이 계명을 어기는 자를 죄 없다 하지 않으시고 반드시 처벌하신다.

그래서 음란한 생활을 하는 사람들에게는 특수한 질병이 따르는데, 그것은 무서운 임질이나 매독뿐 아니라, 후천성 면역 결핍증이라는 에이즈(AIDS)와 같은 무서운 질병이다. 이 같은 성병이 가정에 들어오게 되면, 보통은 자녀를 낳을 수 없으며, 혹 낳더라도 그 아이는 불구가 된다. 또한 이런 병균이 뇌세포에 침입하게 되면 정신이상이 나타나게 되며, 여러 가지 불치의 병 증세를 얻게 된다. 나아가 이런 성병이 가정에 침입하게 되면, 자신만이 아니라 후대에까지 화가 미치게 되어, 결국 그 가정은 파괴되고 만다. 그러므로 하나님께서 신성한 가정을 보전하기 위하여 우리 인간들에게 명하신 이 "간음하지 말라"는 제7계명의 뜻을 바로 알고 실천함으로, 온 천하보다 귀한 자신의 몸을 깨끗하고 건강하게 보존할 뿐 아니라, 우리의 가정을 깨끗하고 신성하게 보존해야 한다.

2. 간음이란 무엇인가?

(1) 성경적 간음의 의미: 성경이 '간음'에 대해 사용하는 대표적인 표현은 다음과 같다.

① 히브리어로 '간음'을 '나아푸'(נאף)라고 하는데, 이는 남녀 간의 불법적인 성적 교제를 포괄적으로 일컫는 말이다. (가) 결혼한 사람이 미혼자인 다른 편과 불법으로 성적인 교제를 하는 것을 뜻하는데, 이 경우는 '단순 간음'(single adultery)이라 한다(레 20:10; 잠 6:32; 렘 29:23). (나) 기혼한 남녀의 간음 행위를 말하는데, 이 경우는 '이중 간음'(double adultery)이라 한다.

② '간음'에 사용된 다른 히브리어는 '자눈'(זנון)인데, 이 말은 주로 (가) 미혼 남녀 사이의 불법 성교를 말하며(to commit fornication), 다른 하나는 (나) 법적으로 부당한 남녀 사이의 성적 교제 등이 포함된다(창 38:24; 레 19:29; 호 3:3).

③ 이 밖에 제7계명에 해당하는 간음죄에는 '강간'(rape), '동성애'(homosexual love, Gay/lesbianism), '남색'(sodomy/gay), '탐색'(a male prostitutes), '수음'(獸淫), '겁탈'(pillage) 등의 음탕한 행위 일체와 매음 행위, 결혼 약속 위반, 결혼 전 모든 불순한 관계 등이 포함된다(잠 7:5-27, 23:31-35; 롬 1:26-27).[24]

성경에 사형에 해당하는 32종류의 죄가 있는데, 그중 13개가 음란에 따른 사형죄다. 얼마나 음란죄를 중하게 다루었는지 가히 짐작할 수 있다. 모든 죄가 다 무서운 것이요 해로운 것이지만, 특히 간음죄는 자기의 몸(고전 6:18)과 영혼에 해독을 주며, 가정에 악영향을 주는 매우 무서운 죄다. 그러므로 음행한 자가 그 죄를 뉘우쳐 회개하지 않는다면 그 영혼은 정죄를 받고, 영원한 파멸에 이르게 된다. 이에 고린도전서 6장 9-10절은 "음행하는 자나 우상 숭배하는 자나 간음하는 자나 탐색하는 자나 남색하는 자나…하나님의 나라를 유업으로 받지 못하리라"라고 말하고 있으며, 히브리서 13장 4절에는 "음행하는 자들과 간음하는 자들을 하나님이 심판하시리라"라고 기록되어 있다. 베드로후서 2장 10절은 "육체를 따라 더러운 정욕 가운데서 행하며 주관하는 이를 멸시하는 자들에게는 형벌할 줄 아시느니라"라고 말한다. 이처럼 성경은 하나님의 나라를 유업(구원)으로 받지 못하고 오히려 하나님의 형벌을 받게 될 자들로 음란한 자, 우상숭배자, 간음하는 자, 탐색하는 자, 남색하는 자 등을 언급하고 있다.

인류의 시조 아담과 하와를 창조하시고 그들에게 "생육하고 번성하여 땅에 충만하라"고 축복하신 하나님의 뜻과는 정반대로, 사탄은 "죄의 삯은 사망"이라는 하나님의 공식대로 인류를 죄짓게 하여 죽게 하는 것으로 끝나지 않고, 인류를 전멸시키기 위해 요즈음은 전 세계에 동성애자들을 양산하여, '인권 차별 금지법'이라는 미명으로, 성소수자들이 오히려 다수 시민의 자유와 인권을 유린하는 시대가 되게 했다. 이에 신앙의 자유를 찾아 경건한 청교도들이 목숨을 걸고 아메리카 대륙에 건너와서 건국한 미국마저도 지난 2015년 오바마 대통령 재임 시, 한 남자와 한 여자의 결합을 결혼으로 규정한 연방 결혼법도 고치고, 세계에서 21번째로 동성애자들의 결혼을 합법화한 나라가 되고 말았다!

그러나 하나님의 영원한 진리의 말씀인 성경은 간음과 온갖 음행만이 아니라, 동성 간의 결혼이나 성행위를 엄격히 금하고 있다. 고린도전서 6장 9절의 "남색하는 자"는 남녀 간의 동성애자(gay, lesbian)를 말하고, "탐색하는 자"는 '남창', 즉 남자 창기(a man prostitutes)를 가리키는 말이다. 그러므로 우리는 이 7계명이 금하는 어떤 음란한 죄를 범하지 않았는지 스스로 돌이켜 보고, 만일 그중 어느 하나라도 발견되었다면, 다음이나 내일로 미루지 말고 바로 즉시 하나님 앞에서 철저히 회개해야 한다. 팥죽 한 그릇에 장자의 명분을 팔아버린 에서와 같이, 그 죄를 회개할 기회가 다음에는 우리에게 영영 오지 않을 수도 있기 때문이다.

(2) 간음은 포괄적으로 영적 간음도 내포한다. 성경은 이스라엘 백성이 살아 계신 여호와 하나님을 섬기지 않고 우상을 숭배하는 행위를 '간음'이라 규정했고, 하나님은 영적으로 간음한 개인이나 민족을 반드시 징계하셨다. 그러므로 우리 신자가 영적인 간음인 우상 숭배의 죄를 범한다면 제1계명과 제7계명을 함께 범하게 되어 '이중 죄'가 되는 것이다. 이에 성경은 마땅히 하나님만을 섬겨야 할 이스라엘 백성이 하나님을 떠나 우상을 섬길 때, 종종 남편을 떠나 다른 남자와 음행하는 '음녀'로 이스라엘을 묘사했다(사 57:3-10; 겔 23:43-49; 호 4:12-14).

우리가 지금까지는 하나님의 은혜로 이 제7계명이 금하는 죄를 범하지 않았을지라도, 우리는 자신의 성결한 생활과 가정의 신성함과 단란함을 항상 유지하도록 언제나 깨어 기도하며, 그와 같은 시험과 유혹에 넘어지지 않도록 좀 더 적극적인 대책을 세우고 노력해야 한다. 언제 어느 때에 우리에게도 옛날 다윗왕이 겪은 시험이 찾아오고, 요셉에게 다가온 보디발의 아내와 같은 유혹이 엄습해 올지 모르기 때문이다.

3. 이 계명을 실천하기 위한 방안은 무엇인가?

(1) 먼저 마음을 깨끗이 유지해야 한다.

누구나 불결한 생각이 마음을 스쳐 지나갈 수는 있다. 그러나 불결한 음욕을 마음속에 계속해서 품고 있으면 안 된다. 영국의 속담처럼, 새가 많이 날아다니는 골짜기를 지날 때, 새가 머리 위로 날아다니는 것은 제재할 수 없겠지만, 머리에 앉아 둥지를 틀도록 놓아두어서는 안 될 것이다. 그래서 주님은 산상설교 중 "또 간음하지 말라 하였다는 것을 너희가 들었으나 나는 너희에게 이르노니 음욕을 품고 여자를 보는 자마다 마음에 이미 간음하였느니라"(마 5:27-28)라고 말씀하셨다. 그러므로 우리는 마음을 늘 깨끗이 보존하도록 힘써야 한다.

(2) 항상 기도해야 한다.

연약한 인간이 그 마음을 청결하게 항상 유지하기란 쉬운 일이 아니다. 그러므로 우리의 마음을 청결하게 유지하려면, 항상 깨어 기도해야 한다. 사도 바울은 "쉬지 말고 기도하라"(살전 5:17)라고 말하고, 주님은 "시험에 들지 않게 깨어 기도하라 마음에는 원이로되 육신이 약하도다"(마 26:41)라고 말씀하셨는데, 이것은 예나 지금이나 주님을 따르는 제자들에게 주님이 주시는 경고의 말씀이다.

(3) 성경을 날마다 읽고 묵상해야 한다.

시편 1편 1-3절은 "복 있는 사람은 악인들의 꾀를 따르지 아니하며 죄인들의 길에 서지 아니하며 오만한 자들의 자리에 앉지 아니하고 오직 여호와의 율법을 즐거워하여 그의 율법을 주야로 묵상하는도다 그는 시냇가에 심은 나무가 철을 따라 열매를 맺으며 그 잎사귀가 마르지 아니함 같으니 그가 하는 모든 일이 다 형통하리로다"라고 말한다. 이 시편에 따르면, 복 있는 사람이 해야 할 것이 크게 두 가지가 있다. 첫째는 소극적으로 하지 말아야 할 것 세 가지가 있다. ① 악인의 꾀를 따르지 않고, ② 죄인의 길에 서지 않으며 ③ 오만한 자리에 앉지 아니하는 것이다. 이것은 마음의 청결을 유지하기 위해서 복 있는 사람이 해서는 안 될 것을 말하는 소극적인 내용이라면, 복 있는 사람이 적극적으로 해야 할 것은, ① 오직 여호와의 율법을 즐거워하며 그 말씀을 날마다 읽고, ② 그 율법을 주야로 묵상하는 것이다. 그러나 현대 그리스도인들은 마땅히 날마다 읽고 묵상해야 할 하나님의 말씀인 성경은 읽지 않고 멀리하며, 오히려 저속한 잡지나 소설, 전자 게임, 영화, TV 등을 가까이하며 날마다 그것들을 묵상하다 보니 자연히 그 마음이 해이해지고, 불결한 생각에 마음이 사로잡혀, 자신도 모르게 드라마의 주인공이 되어가고 만다. 물론 좋은 영화나 TV 프로그램도 많이 있다. 그러므로 우리는 성경이 "범사에 헤아려 좋은 것을 취하고 악은 어떤 모양이라도 버리라"(살전 5:21-22)라고 하신 말씀과 같이, 우리의 마음을 청결하게 하는 좋은 것은 취하고, 악한 것은 그 모양이라도 버리는 지혜로운 자가 되어야 한다.

(4) 맡은 책임에 충실하고, 근면하고 부지런하게 생활하며, 남녀 교제에 조심해야 한다.

다윗왕과 같은 성군(聖君)도, 나라가 전쟁의 와중에 있었지만 백주에 낮잠을 자고 한가롭게 지낼 때 시험에 들었고, 그로 인해 그의 일생일대에 큰 상처와 오점을 남기게 되지 않았는가? 한가하고 게으른 사람에게 온갖 불결한 생각이 찾아오게 된다. 그러므로 자기가 맡은 일에 근면하고 충실해야 할 뿐 아니라, 남녀 사이에 교제를 조심해야 한다. 경건한 장소에서 경건한 교제를 해야 하며, 의심이 생길 수 있는 곳에서 의혹을 살 만한 교제를 해서는 안 된다.

그리고 나는 이미 결혼하여 가정을 이룬 성도들에게 주님의 이름으로 권면하고자 한다. 결혼은 이혼하기 위해서 하는 것이 아니다. 이혼은 두 사람을 짝지어 주신 하나님께 도전하는 큰 죄악이다. 예수께서는 결혼한 부부를 향해 "이제 둘이 아니요 한 몸이니 그러므로 하나님이 짝지어 주신 것을 사람이 나누지 못할지니라"(마 19:6)라고 말씀하셨고, 말라기 2장 16절은 "나는 이혼하는 것과 옷으로 학대를 가리는 자를 미워하노라"라고 말하고 있다. 그러므로 우리는 하나님을 대적하며, 그의 진노의 대상이 되어서는 안 된다.

청년 요셉이 애굽에서 종노릇하다 그 집주인인 보디발의 아내로부터 집요한 유혹을 받았을 때, 무엇이 그로 하여금 그녀의 집요한 유혹을 물리침으로 하나님께 범죄치 않고 순결을 지킬 수 있게 했는가? 그것은 그가 항상 '하나님 앞에서', 즉 '신전의식'(神前意識)으로 살았기 때문이다. 보디발의 아내가 자기 집의 사람들 모두를 밖으로 내보낸 후 요셉에게 '이 집에는 나와 너밖에 아무도 없다'고 하며 동침을 요구했으나, 요셉은 "내가 어찌 이 큰 악을 행하여 '하나님께' 죄를 지으리이까"(창 39:9)라고 말하며 완강히 거절한 채 집 밖으로 뛰쳐나갔다.

요셉은 언제나 자신은 하나님 앞에 있다는, 개혁자 존 칼빈이 애용했던 '코람 데오'(Coram Deo)의 정신으로 살았다. 우리도 이와 같은 '신전의식'(神前意識)으로, 우리가 무엇을 하든지 하나님 앞에서 행하는 것임을 기억하며 살아야 한다. 그리고 우리 가정의 정신적 기초는 하나님을 경외하는 신앙이 되어야 한다.

고린도전서 6장 19-20절에서 사도 바울은, "너희 몸은 너희가 하나님께로부터 받은 바 너희 가운데 계신 성령의 전인 줄을 알지 못하느냐 너희는 너희 자신의 것이 아니라 값으로 산 것이 되었으니 그런즉 너희 몸으로 하나님께 영광을 돌리라"라고 말한다. 그렇다. 우리는 우리 몸 안에 성령이 내재하시는 그리스도의 지체가 되었다. 교회의 머리가 되시는 주님의 지체가 되고, 성령의 전이 된 성도의 몸을 더러운 죄로 오염시켜서는 안 된다. 왜 그런가? 우리의 몸은 우리의 것이 아니요, 예수 그리스도의 보배로운 피 값으로 산, 거룩하신 주님의 소유 된 백성이 되었기 때문이다. 그러므로 "그런즉 너희가 먹든지 마시든지 무엇을 하든지 다 하나님의 영광을 위하여 하라"(고전 10:31)라는 말씀처럼, 우리의 몸과 삶으로 하나님께 영광을 돌려야 한다.

9장

여덟 번째 계명

도둑질하지 말라(출 20:15)
You must not steal

"도둑질하지 말라"는 십계명 중 제8계명으로, 이 8계명은 우리 재산의 보호와 관리에 깊이 관계된 계명이다. '도둑질'은 앞서 살펴본 살인 및 간음과 함께 현대 3대 범죄 중 하나다.

본래 '도둑'이란 말은 '옆으로 제쳐 놓다'라는 뜻의 히브리어 '가납'(גנב)에서 유래되었는데, 이것은 '잘못된 목적을 위하여 잘못된 수단과 방법으로 재물을 다루는 것'을 의미한다. 사실 도둑질의 역사는 인간의 역사만큼이나 오래되었다. ① 아담과 하와가 하나님이 금하신 금단의 열매를 도둑질함으로써 이미 태초부터 이 죄는 인간사회에 존재한 것이다. ② 아간 한 사람이 시날산 외투 한 벌과 금괴를 도둑질함으로 그 가족은 물론 이스라엘 민족 공동체에 큰 불행을 초래했고, 이스라엘이 아이성 전투에서 의외로 비참한 참패를 당하게 된 원인이 되었다. ③ 예수의 제자 중 하나인 가룟 유다가 회계 사무를 맡아 보면서 신앙을 빙자하여 도둑질했다고 성경은 말한다(요 12:4-6). ④ 또한 초대교회의 부흥에 찬물을 끼얹은 사건도 바로 이 8계명에 저촉된 죄였다. 아나니아와 삽비라 부부는 지능적인 도둑이었다. 그들은 하나님께 헌금을 약속하고 뒤로는 자신들을 위해 바치기로 약속한 헌금 일부를 빼돌리려 하다 하나님의 저주를 받고 죽고 말았다(행 5:1-11). 이 8계명이 경계하는 죄는 단순히 물질적인 문제만이 아닌 좀 더 광범위한 의미를 지니고 있다.

1. 도둑질의 종류는 무엇인가?

1) 하나님의 것을 도둑질하는 경우다.

(1) 하나님의 시간을 도둑질하지 말라.

우리의 모든 날, 모든 시간이 주님의 날이지만 특별히 주일은 '주님의 날'이다(계 1:10). 그래서 우리는 안식일 후, 이레 중 첫째 날인 이 날을 주일 혹은 '주님의 날'(Lord's day)이라고 부른다. 그런데 우리의 죄를 친히 담당하시고 십자가에 달려 돌아가신 후 주님이 부활하신 이날에, 우리가 만약 주님을 기억하고 주님의 전에 나아와 그에 합당한 예배를 통하여 그에게 찬양과 경배를 드리지 않는다면, 우리는 '주님의 날'을 도둑질하는 것이 된다.

(2) 하나님의 물질을 도둑질하지 말라.

이 땅의 모든 물질이 주님의 것이지만 특별히 우리 수입의 10분의 1 즉 십일조는 주님의 것으로, 마땅히 성별하여 하나님께 드려야 할 거룩한 예물이다. 성경은 사람의 것도 도둑질하지 말아야 하지만, 특별히 하나님의 것을 도둑질하지 말라고 경고하고 있다. 말라기 3장 8-9절에서는 "사람이 어찌 하나님의 것을 도둑질하겠느냐 그러나 너희는 나의 것을 도둑질하고도 말하기를 우리가 어떻게 주의 것을 도둑질하였나이까 하는도다 이는 곧 십일조와 봉헌물이라 너희 곧 온 나라가 나의 것을 도둑질하였으므로 너희가 저주를 받았느니라"라고 말하고 있다. 곧이어 그다음 절에서는 "만군의 여호와가 이르노라 너희의 온전한 십일조를 창고에 들여 나의 집에 양식이 있게 하고 그것으로 나를 시험하여 내가 하늘 문을 열고 너희에게 복을 쌓을 곳이 없도록 붓지 아니하나 보라"(말 3:10)라고 말한다.

(3) 하나님의 영광을 도둑질하지 말라.

마땅히 하나님께 돌려야 할 영광을 우리가 받게 될 때, 우리는 하나님의 영광을 가로채는 도둑이 된다. 다니엘 5장을 보면, 기원전 539년에 바벨론 제국의 마지막 왕인 벨사살이 자기 나라의 번영과 자기의 권세를 과시하기 위해 귀빈 1천 명을 왕궁에 초대하여 큰 잔치를 베풀었다. 그는 그때 선대, 느부갓네살왕이 예루살렘 성전에서 노획한 금, 은 기명을 가져오게 하여, 귀인들과 함께 그 금잔에 술을 마시고, 자기의 권세를 자랑하며, 바벨론의 우상을 찬양했고, 하나님께서는 이런 그를 그냥 놔두지 않으셨다. 그는 바로 그날 밤에 왕위를 빼앗기고, 들로 쫓겨나 소처럼 풀을 먹는 비참한 최후를 맞이했다. 벨사살왕이 그런 비참한 최후를 맞이하게 된 이유를 다니엘은, "왕은 그의 아들이 되어서 이것을 다 알고도 아직도 마음을 낮추지 아니하고 도리어 자신을 하늘의 주재보다 높이며…금, 은, 구리, 쇠와 나무, 돌로 만든 신상들을 찬양하고 도리어 왕의 호흡을 주장하시고 왕의 모든 길을 작정하시는 하나님께는 영광을 돌리지 아니한지라"(단 5:22-23)라고 말한다.

영국의 유명한 설교가요 목회자인 찰스 스펄전은 말라기 3장 8절을 본문으로 설교하면서, 우리가 하나님의 것을 도둑질할 수 있는 것으로, 다음 세 가지를 지적했다. ① "십일조를 하나님께 바치지 않고 내가 사용하는 것은, 하나님의 것을 도둑질하는 행위요, 마땅히 감사한 마음으로 드려야 할 헌물을 드리지 않는 것도, 하나님의 은혜를 도둑질하는 것이요", ② "7일 중의 하루는 주님의 날인데, 그날을 주님의 날로 사용하지 못하는 것은, '주님의 날' 도둑이요, 하나님께 드려야 할 예배를 드리지 않은 것은 예배 도둑이요", ③ "하나님께 드려야 할 영광을 내가 가로채는 것은 하나님의 영광을 도둑질하는 행위다"라고 말했다.[25]

2) 이웃의 것을 도둑질하는 경우다.

이웃의 생명을 도둑질하는 범죄는 "살인하지 말라"는 제6계명에 해당하고, 이웃의 정조를 도둑질하는 것은 "간음하지 말라"는 제7계명에 해당한다. 그리고 이웃의 명예를 도둑질하는 범죄는 제9계명에 해당하지만, 제8계명은 이웃의 재산을 도둑질하는 범죄다. 그렇다면 이웃의 것을 도둑질하는 것들은 어떤 것이 있는가?

〈웨스트민스터 대요리 문답〉 제142문답에서는 제8계명이 금한 죄를 다음 몇 가지로 말한다. ① 직접적인 도둑질로 절도(엡 4:28), 강도(시 62:10), 도둑질한 어떤 것을 받는 것(시 50:18; 잠 29:24) 등이다. ② 사기 횡령 및 협잡 거래(살전 4:6), 거짓 도량형(부정직한 상거래를 의미함; 잠 11:1, 20:10), 토지 경계를 옮기는 것(신 19:14), 대인관계의 계약이나 신용을 지키지 않고 불공평하고 불성실히 대하는 것(시 37:21; 암 8:5) 등이다. ③ 부당이익(강탈), 고리대금(출 22:25; 시 15:5; 겔 18:8, 13, 17,

22:12; 마 23:25), 뇌물(사 33:15), 상대방을 욕보이려는 소송(잠 3:30), 불공평한 울타리(사 5:8) 등이다. ④ 가격을 올리기 위해 상품을 매점매석하는 행위(잠 11:26), 불법한 직업(행 19:19) 등이다.[26] 이렇게 성경이 말하는 도둑질은 남의 것을 몰래 훔치는 절도나, 강탈하는 강도질만이 아니라, 그 범위가 매우 넓은 것을 알 수 있다.

(1) 남의 돈을 빌려 쓰고 갚지 않는 것은 도둑질 행위다.

그래서 성경은 "피차 사랑의 빚 외에는 아무에게든지 아무 빚도 지지 말라"(롬 13:8)고 말한다. 또 시편 37편 21절에서는, "악인은 꾸고 갚지 아니하나 의인은 은혜를 베풀고 주는도다"라고 말하는데, 여기서 악인의 삶의 모습은 의인과는 반대로, 남의 돈을 꾸고도 갚지 않는 도둑의 심리에 젖어 있음을 알 수 있다. 그러므로 빌려오고 되돌려주지 않은 물건 역시 도둑질한 물건이며, 고용된 일꾼의 정당한 임금을 떼어먹는 기업주의 행위도 도둑질에 해당한다. 그래서 야고보서 5장 4절에서 "보라 너희 밭에서 추수한 품꾼에게 주지 아니한 삯이 소리 지르며 그 추수한 자의 우는 소리가 만군의 주의 귀에 들렸느니라"라고 말한다.

(2) 높은 이자로 돈을 빌려주는 '고리대금 놀이'를 하는 것도 도둑질이다.

원래 '이자'(利子)의 히브리어 명사형은 '나샤'(נֶשֶׁךְ)인데, 이 말은 '나샤크'(נָשַׁךְ)라는 동사에서 온 말로, 그 뜻은 ① '물어뜯다'(to bite), ② '괴롭게 하다'(to vex), ③ '누르다'(to oppress), ④ '매우 탐내다'(covet) 등이다. 이 단어의 뜻들은, 높은 이자를 얻어 쓰는 사람이나 고리대금을 하는 사람, 양자에 해당하는 이자의 성격을 잘 설명해 준다. 그러므로 이자를 빌려 쓰는 자는, 그 빚의 원금과 이자가 뱀같이 자신을 물어뜯어 괴롭히고 억압할 줄 알고, 남의 돈을 빌리는 일은 할 수 있는 한 하지 말아야 하며, 특히 고리대금의 사채는 더욱 그렇다.

성경은 '돈놀이'를 금하되, 특히 믿는 성도와 성도 간의 돈놀이를 엄격히 금하고 있다. 출애굽기 22장 25절을 보면, "네가 만일 너와 함께한 내 백성 중에서 가난한 자에게 돈을 꾸어 주면 너는 그에게 채권자같이 하지 말며 이자를 받지 말 것이며"라고 말하고 있고, 에스겔 22장 12절에서는 하나님께서 이스라엘 백성의 죄악을 책망하는 말씀 중에, "네가 변돈과 이자를 받았으며 이익을 탐하여 이웃을 속여 빼앗았으며 나를 잊어버렸도다 주 여호와의 말씀이니라"라고 말씀하고 있다. 그리고 에스겔 18장 10절 이하에서는, 악인의 죄악상을 열거하고 있는데, 여기서는 '돈놀이' 하는 죄를 악인의 생활에 있는 강포, 살인, 우상숭배, 간음죄 등과 같이 열거한 후, "이 모든 가증한 일을 행하였은즉 반드시 죽을지라"라고 엄히 경계하고 있다. 그런가 하면, 신명기 23장 19-20절에서는, "네가 형제에게 꾸어 주거든 이자를 받지 말지니 곧 돈의 이자, 식물의 이자, 이자를 낼 만한 모든 것의 이자를 받지 말 것이라…그리하면 네 하나님 여호와께서 네가 들어가서 차지할 땅에서 네 손으로 하는 범사에 복을 내리시리라"라고 말하며, 경계와 더불어, 변리를 받고 돈을 빌려 주지 아니한 자에게 축복을 약속하고 있다. 그렇다면 성경은 어떤 이자도 인정하지 않고 죄악시한단 말인가? 물론 그것은 아니다. 국법이 규정한 범위 안에서 좋은 동기로 돈을 빌리거나 은행에 저축한 돈의 이자를 받는 것은 가능하며, 주님도 이것은 인정하셨다(눅 19:23).

그러므로 부득이하게 돈을 빌려야 할 경우는, 어디까지나 국가가 정한 법적 테두리 안에서 은행거래를 해야 하고, 부득이하게 좋은 동기에서 돈을 꾸어 주려면, 구제하는 마음으로 이자 없이 꾸어 주거나, 다시 받을 것을 기대하지 말고 주어야 한다.

(3) 부당한 뇌물을 받는 것도 도둑질이다.

성경은 뇌물거래를 금한다. 출애굽기 23장 8절을 보면, "너는 뇌물을 받지 말라 뇌물은 밝은 자의 눈을 어둡게 하고 의로운 자의 말을 굽게 하느니라"라고 경계하고 있다. 뇌물을 탐는 것만이 아니라, 수고하지 않고 얻으려는 불로소득(不勞所得) 정신이나, 일하지 않고 또는 국법을 어겨가며 치부하려는 모든 행위는 제8계명을 위반하는 도둑질에 해당한다.

(4) 거짓 증거하는 것도 도둑질에 해당한다.

즉, 형제나 자매나 이웃에 대하여 거짓된 말로 위증하는 것과, 근거가 없는 헛소문 등을 확인하지도 않고 다른 사람에게 옮겨 그 사람을 난처한 입장에 몰아넣는 행위는, 주님이 말씀하신 대로, 온 천하보다 귀한 한 인격의 명예를 훼손하고 도둑질하는 죄다. 셰익스피어는 "오셀로"(Othello, The Moor of Venice)에서 인간의 명예가 얼마나 귀중한 것인지를 이렇게 표현한다. "남자여, 여자여, 그대들의 명성은 그대들의 혼의 보석이니, 지갑을 잃은 것은 작은 것을 잃은 것이나, 명예를 잃은 것은 모든 것을 잃은 것이다."[27]

2. 도둑질의 원인은 무엇인가?

그렇다면 사람들이 무엇 때문에 도적질하며, 그 도적질을 하게 되는 원인은 무엇인가?

(1) 마귀 때문이다.

마귀는 태초로부터 하나님의 형상대로 창조된 인간의 생명을 도둑질하고자 했다. 그래서 마귀는 인간의 마음에 탐욕을 심고, 인간을 타락하게 한 우리의 최초이자 최대의 원수다. 가룟 유다가 도둑질하고 예수를 배반하게 된 것은, 여러 가지 다른 이유도 있지만 가장 결정적인 것은, 사탄이 그 속에 들어갔기 때문이라고 성경은 말한다(요 13:27). 도둑질의 배후에는 보이지 않는 사탄의 조종이 있다.

(2) 탐심 때문이다.

아담과 하와가 에덴동산에 있던 금단의 실과를 도둑질한 것도 바로 이 탐심 때문이었다. 창세기 3장 6절은 "그 나무를 본즉 먹음직도 하고 보암직도 하고 지혜롭게 할 만큼 탐스럽기도 한 나무인지라"라고 말하고 있다. 왜 아간이 도둑질하여 결국 자신과 그 가족이 멸망당하게 되고, 이스라엘 공동체에 큰 피해를 주게 되었는가? 그가 전쟁에서 노획한 아름다운 시날산 외투와 금괴를 볼 때 탐심이 생겼기 때문이다.

(3) 불신 때문이다.

하나님을 믿지 않는 불신이야말로 도둑질의 근본 뿌리다. 내가 성실하게 일하면 하나님은 나의 필요를 반드시 채워 주실 것이라고 믿는 사람은 도둑질하지 않는다. 그러나 하나님을 향한 믿음이 없는 사람은 언제나 하나님을 대적하며, 일용할 양식을 보장하신 하나님의 약속 자체를 불신하기 때문에 항상 의식주 문제에 염려하고 불안을 느끼며, 그것을 극복하기 위해서 도둑질도 사양하지 않는다. 이 같은 불신앙을 가진 사람의 말이 시편 78편 19절에 이렇게 기록되어 있다. "하나님을 대적하여 말하기를 하나님이 광야에서 식탁을 베푸실 수 있으랴."

그렇다. 인간의 생각으로는 도저히 불가능한 일이다. 이스라엘 백성이 430년 동안 노예 생활하던 애굽을 떠나 광야의 생활을 할 때의 인원이 약 200만 명으로 추산되는데, 그 많은 사람이 마실 물도 없고, 농사할 수도 없는 메마른 광야에서 어떻게 살 수 있으며, 그것도 하루이틀도 아닌 40년 이상을 불모지 광야에서 어떻게 생존할 수 있겠는가? 그러나 하나님께서는 인간은 불가능한 그 일을 행하시되, 매일 하늘로부터 만나를 내려 먹게 하시고, 목말라할 때는 반석에서 물이 솟아 나오게 하셔서, 자기 백성을 그때그때 먹고 마시게 하셨다. 그리고 불신앙으로 하나님을 대적하던 무리는 광야에서 다 멸하시고, 하나님의 약속을 믿고 목숨을 걸고 순종한 여호수아와 갈렙 같은 신앙의 사람은 가나안 전쟁에서 구원하셨다. 그 후 모세를 대신하여 세우신 여호수아로 하여금 출애굽 당시 20세 미만이었던 새로운 세대들을 이끌고 젖과 꿀이 흐르는 그 약속의 땅 가나안에 들어가 살게 하셨다.

3. 이 계명에 따른 인간의 의무는 무엇인가?

우리가 이 계명을 순종하기 위해서 가져야 할 바른 태도는 무엇인가?

(1) 과도한 욕망을 버려야 한다.

앞서 도둑질의 원인으로 사탄과 탐심, 불신 이 세 가지를 언급했는데, 우리가 도둑질을 하지 않으려면, 무엇보다도 우선 과도한 욕망을 버려야 한다. 성경은 "돈을 사랑함이 일만 악의 뿌리가 되나니 이것을 탐내는 자들은 미혹을 받아 믿음에서 떠나 많은 근심으로써 자기를 찔렀도다"(딤전 6:10)라고 말하며, "욕심이 잉태한즉 죄를 낳고 죄가 장성한즉 사망을 낳느니라"(약 1:15)라고 선언한다. 또 로마서 12장 16절은, "서로 마음을 같이하며 높은 데 마음을 두지 말고 도리어 낮은 데 처하며 스스로 지혜 있는 체하지 말라"라고 교훈한다.

(2) 자족의 마음을 가져야 한다.

인간의 심장은 작지만 그 마음의 탐욕은 그 무엇으로도 메꿀 수가 없다. 헬라어로 '탐심'은 '에피뒤미아'(ἐπιθυμία)인데, 이 말은 '에피뒤메오'(ἐπιθυμέω)라는 동사에서 온 것으로, '끊임없이 바라다'라는 뜻이다. 현재 가진 것으로 만족하지 못하고 더 가지려고 끊임없이 바라는 마음, 이 탐심은 실로 무서운 것이다. 그래서 성경은 "탐심은 우상숭배니라"(골 3:5)라고 경고하며, "돈을 사랑하지 말고 있는 바를 족한 줄로 알라"(히 13:5)고 말한다.

사도 바울은, "우리가 세상에 아무것도 가지고 온 것이 없으매 또한 아무것도 가지고 가지 못하리니 우리가 먹을 것과 입을 것이 있은즉 족한 줄로 알 것이니라"(딤전 6:7-8)라고 권면하며, "나는 비천에 처할 줄도 알고 풍부에 처할 줄도 알아 모든 일 곧 배부름과 배고픔과 풍부와 궁핍에도 처할 줄 아는 일체의 비결을 배웠노라"(빌 4:12)라고 고백했다. 그 비결이 무엇인가? 그것은 바로 '자족(自足)하는 마음'(빌 4:11)이다.

(3) 근면하고 성실하게 일해야 한다.

성경은 "일하기 싫어하거든 먹지도 말게 하라"(살후 3:10)고 하면서, "게으른 자여 개미에게 가서 그가 하는 것을 보고 지혜를 얻으라"(잠 6:6)라고 말한다. 그러므로 우리는 항상 근면하며 성실하게 일해야 한다.

(4) 청지기관을 확립하여 자신에게 있는 것으로 하나님과 이웃을 위해 봉사해야 한다.

돈은 우리의 주인이 될 수 없다. 돈은 우리가 종으로 부려야 한다. 예수께서는 "사람의 생명이 그 소유의 넉넉한 데 있지 아니하니라"(눅 12:15)라고 말씀하셨다. 성경은 "도둑질하지 말라"라고만 하지 않고, 나아가 "다시 도둑질하지 말고 돌이켜 가난한 자에게 구제할 수 있도록 자기 손으로 수고하여 선한 일을 하라"(엡 4:28)고 말한다.

사도 바울은 사도행전 20장 33절 이하에서, "내가 아무의 은이나 금이나 의복을 탐하지 아니하였고…범사에 여러분에게 모본을 보여준 바와 같이 수고하여 약한 사람들을 돕고 또 주 예수께서 친히 말씀하신 바 주는 것이 받는 것보다 복이 있다 하심을 기억하여야 할지니라"(행 20:33-35)라고 자신의 삶을 간증하면서, "주는 것이 받는 것보다 복이 있다"라는 주님의 말씀을 인용하여 우리에게 당부하고 있다.

【예화】 석유왕 존 록펠러(John D. Rockfeller, 1839~1937)는 학교 교육은 중학교도 제대로 못 마쳤지만, 어려서부터 신앙생활을 하며 십일조 생활을 철저히 하여 대사업가요, 대부호로 하나님의 큰 축복을 받은 사람으로 세계에 널리 알려져 있다. 그의 십일조 생활은 그의 나이 8세 때 얻은 20센트에서 시작되었다. 그의 비망록에는 "재산이 자꾸 늘어가도 어기지 않고 여전히 십일조를 꼭 바치는 것이 내 평생의 즐거움이요 행복이었다"고 기록되어 있었다. 어느 날 한 신문기자가 찾아와 그에게, "그 막대한 재산을 모은 비결이 무엇입니까?"라고 물었을 때, 그는 껄껄 웃으며 "나를 부자로 만든 것은 내가 아닙니다. 하나님이 내게 주셔서, 나는 다만 받은 것뿐입니다"라고 대답했다.

사람들은 그 신문기사를 읽고 미국의 세계적 석유왕이며, 세계 굴지의 재벌이 대답한 그의 말이 너무도 겸손하다고 말했지만, 성경적 청지기관(Stewardship)을 확립한 신앙인으로서는 너무도 당연한 말이었다.

그는 유명한 미 동부 아이비리그 대학 중의 하나인 시카고 대학을 비롯하여 록펠러 센터, 뉴욕 리버사이드 교회, 병원, 학교 등을 설립했고, 그의 후손 중에는 뉴욕주지사를 4회나 연임하다 나중에 미국의 제41대 부대통령을 지낸 넬슨 A. 록펠러(Nelson A. Rockfeller)를 비롯하여 수많은 인재가 배출되었고, 록펠러재단은 지금도 세계 50여 나라에서 문화사업을 전개하고 있으며, 여기에 지출되는 예산만 1년에 8억 달러가 넘는다.

그의 좌우명이자 록펠러가의 가훈은 이것이다. "주 예수 그리스도의 구속의 은총에 감사하며, 대대손손이 십일조 생활을 할 것이며, 재물은 하나님의 것이다. 우리는 그것을 잠시 맡아 관리하는 청지기이므로 한푼도 잘못 사용됨이 없이, 하나님의 뜻에 따라 바르게 사용해야 한다." 록펠러는 생전에 이 가훈으로 자녀들에게 늘 교훈했다고 한다.[28]

결론

도둑질은 제8계명이 금하는 무서운 죄다. 이 죄에 대한 심판이 성경에 명백히 선언되어 있다. "도둑질하는 자는 하나님의 나라를 결코 유업으로 얻지 못하리라." 도둑질이 이처럼 무서운 죄인 것은 사실이나, 그렇다고 용서받을 수 없는 죄는 아니다. 그러므로 우리도 구원받은 삭개오처럼 주님 앞에 엎드려, "만일 누구의 것을 속여 빼앗은 일이 있으면 네 갑절이나 갚겠나이다"(눅 19:8)라고 자백하고, 성령의 인도하심을 따라 우리가 할 수 있는 것은 마땅히 보상해야 한다. 이것은 내가 보상함으로 용서를 받기 위함이 아니다. 우리는 예수 안에서 이미 용서를 받았으므로 그 회개에 합당한 열매를 맺어야 하기 때문이다.

　독생자 예수 그리스도와 함께 우리에게 필요한 모든 것을 주시는 하나님이 우리의 아버지가 되셨다면, 우리는 그 하나님으로 만족할 수 있어야 하지 않겠는가? 이제는 하나님 아버지와 이웃에게 은혜의 빚을 진 자임을 자각하고, 우리의 남은 날, 우리에게 있는 모든 것으로 하나님과 이웃을 섬기며, 더욱 복된, '받는 자'보다 '주는 자'가 되어, 하나님의 풍성하심을 체험하며, 승리하는 생애가 되어야 할 것이다.

10장

아홉 번째 계명

거짓 증거 하지 말라(출 20:16; 약 3:1-12)
You must not give false witness

"네 이웃에 대하여 거짓 증거 하지 말라"(출 20:16)는 십계명의 제9계명이다.

(1) 제9계명은 다른 어떤 계명보다 우리 인간이 제일 많이 범하는 계명이다. 우리 인간은 남의 이야기 하기를 좋아하기 때문이다. 예부터 "큰 마음을 가진 사람은 '사상'에 대한 이야기를 하고, 보통 마음을 가진 사람은 '시사'에 대한 이야기를 하고, 작은 마음을 가진 사람은 '남'에 대한 이야기를 한다"라는 말이 있다. 그런데 사람들 대부분은 그 마음이 크게 성숙하지 못하여서 사사로운 남의 이야기 하기를 좋아한다.

(2) 이 계명을 범하는 사람들은 이 계명을 범하고도 죄책을 느끼는 사람이 매우 적다. 나는 하나님의 은혜로 부르심을 받아 목사로서 50년 이상을 목회해 오고 있지만, 자기 일생에 범한 여러 가지 죄를 자복하는 가운데, 다른 계명을 범한 것을 자복하는 사람은 많이 보았지만, 이 9계명을 범했다고 자복하는 사람은 단 한 사람도 보지 못했다.

(3) 이 9계명은 어떤 의미에서 제3계명과 대조되는 계명이다. 제3계명이 언어를 통하여 '하나님'께 범하는 죄를 말하는 것이라면, 이 9계명은 언어를 통해 '사람'에 대해 범하는 죄를 말하고 있다. 그리고 이 9계명은 앞서 살펴본 제8계명과도 대조를 이루는 계명이다. 제8계명이 이웃의 재산에 관계된 계명이라면, 제9계명은 이웃의 명예에 관계된 계명이다. 즉, 전자는 이웃의 유형 재산에 대한 것이라면, 후자는 이웃의 무형의 재산인 명예에 관한 것을 다루고 있다.

한편, 증거에는 두 가지 종류가 있는데, 하나는 공적 증거요, 다른 하나는 사적 증거다.

1. 공적 증거에서 거짓 증거 하지 않도록 주의해야 한다

이것은 우리가 국가의 법정에서 증언하거나, 혹은 증인으로 서게 될 때 해당되는 말이다. 이런 경우에 감정이나 악의로, 혹은 뇌물을 받고 거짓을 증거하여 이웃을 해치는 경우는 옛날이나 오늘이나 흔하다. 성경을 보면, ① 애굽 바로 왕의 시위대장 보디발의 아내가 요셉을 유혹하다 그 일이 뜻대로 되지 않자, 거짓 증거로 요셉을 무고함으로 무죄한 청년 요셉이 감옥에 들어가게 되었다. ② 아합왕의 아내 이세벨이 나봇의 포도원을 탐내, 그것을 빼앗기 위해 거짓 증인 두 사람을 내세워 그가 하나님과 왕을 저주했다고 꾸며, 나봇을 돌로 쳐 죽이고 그의 포도원을 빼앗고 말았다. ③ 인간적인 견지에서 볼 때, 예수께서 십자가에 달리신 것은 유대인의 거짓 증거에 의해 정죄되었기 때문이며, 스데반 집사가 순교한 것 역시 이 거짓 증거에 의한 것이다.

법정에서 거짓 증거, 즉 위증하는 것은 인간 당사자만 속이는 것이 아니라, 하나님을 속이는 죄가 된다. 비록 인간이 운영하는 지상 법정이 불완전할지라도, 그 법정은 하나님의 공의를 인간 사회에서 대행하는 기관임을 우리는 기억해야 한다. 잠언 19장 9절은 "거짓 증인은 벌을 면치 못할 것이요 거짓말을 뱉는 자는 망할 것이니라"라고 말한다. 위증한 사람에 대해, 고대 그리스 아덴에서는 그 시민권을 박탈했고, 고대 로마에서는 그를 낭떠러지로 데리고 가서 아래로 떨어뜨려 비참히 죽게 했으며, 고대 애굽에서는 그의 코와 귀를 잘랐다고 역사는 증언한다.

2. 둘째로 사적 증거가 있다

우리는 언제 어디서나 이웃에 대해서 말할 때는, 마치 법정의 증언대에 서서 선서를 하고 증언하는 것처럼 위증하지 않도록 삼가 조심해야 한다. 세상에는 소위 '여론의 법정'이라는 것이 있다. 흔히 어떤 사람에 대한 여론이 이 사람 저 사람의 입을 통하여 조성되었는데, 현대는 제한된 사람을 만나 입으로 전파하던 과거와는 비교가 안 될 만큼 빠르게 전파되며, 그 범위는 전 세계적이다. 사람을 대상으로 순식간에 여론을 조성할 수 있는 인터넷과 SNS(Social Networking Service)를 통하여 악한 소문을 내고 여론을 조성하는 일이 있는데, 그 판결은 국가 법정의 판결 못지않게 그의 명예, 신분, 가정, 행복에 크나큰 영향을 준다. 그래서 어떤 사람은 그런 일로 억울한 누명을 쓰고 너무 분해서 상대방을 죽이기도 하고, 심지어는 자기 자신을 죽이는 극단적인 선택을 하기도 한다.

그러므로 우리는 공적인 자리는 물론, 사적인 자리에서도 남을 중상하거나, 왜곡 선전하거나, 악평하거나, 확인되지 않은 풍문을 옮기는 것 등은 모두 이 9계명을 범하는 것임을 알아야 한다. 또 마땅히 말을 적게 하여 부지중에 이웃에 대하여 거짓 증거 하지 않도록 조심해야 한다. 그러나 어떤 경우에는 오히려 침묵이 거짓 증거가 될 수 있다는 것도 알아야 한다. 예를 들면, 어떤 사람에 대한 사실이 아닌 풍설(風說)이 돌고 있는데, 그것이 사실이 아닌 것을 분명히 알면서도 말하지 않고 침묵을 지킨다면, 그것은 간접적으로 이 9계명을 범하는 것임을 알아야 한다. 그래서 사도 야고보는 이 9계명과 연관하여 무엇보다도 '혀'를 조심하라고 경고하고 있다. "스스로 경건하다 생각하며 자기 혀를 재갈 물리지 아니하고 자기 마음을 속이면 이 사람의 경건은 헛것이라"(약 1:26). 또 "혀는 곧 불이요 불의의 세계라"(약 3:6)라고 말하는데, 이는 지옥의 불을 연상하게 하여, 우리가 우리의 혀를 잘못 사용하는 것이 얼마나 위험한 것인지를 알려 주는 심각한 경고의 말씀이다. 이 같은 '혀'에 대한 여러 나라의 속담을 소개한다.

"혀가 길어지면 생명이 짧아진다"(튀르키예).

"혀는 뼈 하나 없고 아주 약하고 작으나 많은 사람을 찌르고 죽인다"(헬라).

"네 혀가 네 목을 베지 못하게 하라", "칼은 쓸수록 더 무뎌지나, 혀는 쓸수록 더 날카로워진다"(아라비아).

병원에서 진찰을 받을 때면, 종종 의사들이 혀를 보자고 한다. 아마도 혀를 보고 여러 가지 병을 알아내는 모양이다. 이같이 우리가 하나님 앞에서 이따금 혀를 내밀고, 우리의 혀를 진단받을 필요가 있다고 생각한다. 우리의 혀는 어떠한가? 어떤 사람은 혀가 너무 길어서 여기저기 잘못 놀리다 문제를 만들고 큰 난관에 봉착할 때가 있다. 잠언은 "말이 많으면 허물을 면하기 어려우나 그 입술을 제어하는 자는 지혜가 있느니라"(잠 10:19)라고 말한다. 사도 야고보도 "내 사랑하는 형제들아 너희가 알지니 사람마다 듣기는 속히 하고 말하기는 더디 하며 성내기도 더디 하라"(약 1:19)고 말했다. 하나님께서는 인간을 지으실 때 귀는 두 개 만드시고, 입은 하나만 만드셨다. 듣기는 잘하고, 말은 적게 하라고 그렇게 하신 것이 아닐까.

간혹 사석이든 공석이든 남의 말을 조용히 듣지 못하고 자기 말만 앞세우고 말을 많이 하는 사람을 볼 수 있다. 그러나 우리는 성경의 교훈대로 할 수 있는 대로 말은 적게 해야 한다. 왜 그런가? 옛말과 같이 말이 많으면 실수가 많기 때문이다. 특별히 허망하고 덕스럽지 못한 풍설을 옮기지 않도록 조심해야 한다. 그리고 풍설 혹은 소문이라는 것은 흡사 눈덩이와 같아서 옮겨지고 굴러갈수록 점점 커지는 법이다.

우리나라 속담에 "발 없는 말이 천 리를 간다"(無足言千里行)라는 말이 있다. 우리의 말은 발도 없고 날개도 없지만, 천리만리 먼 곳까지 전해진다. 특히 요즈음과 같은 코로나바이러스(COVID19)로 인한 비대면(contactless) 시대에도 인터넷과 SNS 등으로 좋은 소식이든 나쁜 소식이든 그 소식은 삽시간에 전 세계로 전파될 수 있음을 기억하고, 이웃에 대하여 거짓 증거 하지 않도록 힘쓸 뿐 아니라, 한 걸음 더 나아가 항상 진실을 말하고, 들어서 은혜가 되고, 격려가 되고, 소망이 되고, 기쁨이 될 수 있는 말만 하도록 힘써야 할 것이다.

3. 거짓을 미워하고 거짓말을 하지 말라

(1) "네 이웃에 대하여 거짓 증거 하지 말라"는 제9계명은, 공적인 자리나 사적인 자리에서나 거짓말하지 말라는 말이다. 그래서 현대 영어로 번역된 LB 성경에서는, "You must not lie"라고 옮겨 "너는 거짓말해서는 안 된다"라고 강조되어 있다. 그러므로 우리는 항상 거짓을 미워하고, 거짓말을 멀리해야 하고, 말을 할 때는 진실을 말하고, 더불어 진실된 삶을 살아야 한다. 출애굽기 23장 1절은 "너는 거짓된 풍설을 퍼뜨리지 말며 악인과 연합하여 위증하는 증인이 되지 말며"라고 경고하고 있다.

지난 1924년 동경에 대지진이 있었을 때, 수많은 재일 교포가 일본 사람들에게 학살당했다. 왜 그런 일이 생겼는가? 어떤 일본 사람이 "조센징(朝鮮人)이 불을 놓았다"라는 풍설을 주변에 퍼뜨렸기 때문이다. 그 풍설에 분노한 일본 사람들이 조선인을 찾아 만나는 대로 죽이고, 그들의 집을 방화하고 수많은 재일 교포를 살해했다. 이것은 옛날 로마의 네로 황제가 기독교인들을 박해하기 위하여 로마 시가지에 자신의 신하들을 시켜 불을 질러 놓고 기독교인들이 불을 질렀다고 풍설을 퍼뜨려 로마 시민들이 기독교도에 대한 적개심을 품게 했던 것과 같은 참으로 비열하고 잔인한 일이었다.

이처럼 거짓 화제를 만드는 사람이나, 그것을 사용하는 사람도 악한 행위로 하나님의 심판을 받게 된다. 따라서 유언비어를 함부로 전하지 말고, 특히 남의 허물을 말하지 않도록 조심해야 한다. 주님께서는 산상 설교를 통하여 "비판을 받지 아니하려거든 비판하지 말라"(마 7:1)고 하시고, "어찌하여 형제의 눈 속에 있는 티는 보고 네 눈 속에 있는 들보는 깨닫지 못하느냐 보라 네 눈 속에 들보가 있는데 어찌하여 형제에게 말하기를 나로 네 눈 속에 있는 티를 빼게 하라 하겠느냐 외식하는 자여 먼저 네 눈 속에서 들보를 빼어라 그 후에야 밝히 보고 형제의 눈 속에서 티를 빼리라"(마 7:3-5)라고 말씀하셨다. 이같이 사람들은 자기의 더 큰 허물은 보지 못하면서 다른 사람의 허물을 지적하고 그것을 비난할 때가 많다. 그러나 사도 바울은, "사람이 만일 무슨 범죄한 일이 드러나거든 신령한 너희는 온유한 심령으로 그러한 자를 바로잡고 너 자신을 살펴보아 너도 시험을 받을까 두려워하라"(갈 6:1)라고 말했다. 이는 가령 어떤 사람의 분명한 잘못이 드러났다 하더라도 이것을 다른 사람에게 옮기지 말고, 조용히 그 사람과 마주 앉아서 사랑으로 바로잡아 주고, 자신도 그러한 시험에 들지 않도록 조심하라는 권면이다. 흔히 남의 결점을 말하는 사람의 깊은 내면에는 열등감이 있고, 시기심과 교만이 잠재해 있는 것이다.

이에 관해 혹자는 "남의 허물을 부득이 말해야 할 때는 스스로 아래 세 가지 질문을 해보고, 이를 통과할 수 있을 때만 그것을 말하라"라고 조언하기도 한다.

① 내가 말하려고 하는 이 이야기가 사실인가?
② 내가 이 이야기를 다른 사람에게 말하는 것이 그에 대한 사랑(친절) 때문인가?
③ 이 이야기를 꼭 해야 하는가?
이 세 가지 질문을 통과하지 못한다면 다른 사람의 허물을 말하지 말라는 것이다.

(2) 남의 허물을 듣기 좋아하는 것도 이 계명의 공범자가 될 수 있다. 남의 물건을 도둑질하는 것도 죄지만, 그 도둑질한 물건을 사는 사람도 죄를 짓는 것이기 때문이다. 우리 인간은 이상하게도 졸다가도 어느 누가 남의 추문을 말하기 시작하면 정신을 가다듬고 추문에 귀를 기울여 즐겨 듣는 못된 습성이 있다. 그래서 전에 성 어거스틴이 주재하던 수도원 식당에는 이런 표어가 붙어 있었다고 한다. "남의 허물을 이야기하는 사람을 이 식탁은 환영하지 않습니다." 이처럼 그 식당에서는 음식을 먹으면서 남의 허물을 이야기하지 못하도록 했다는 것이다.

노아는 하나님께서도 인정하신 구약 시대 3대 의인 중 한 명이다. 그러나 그는 인생 말년에 한 번 큰 실수를 했다. 물이 귀한 팔레스타인 지방에서 포도주는 그들의 주음료인데, 어느 날 포도주를 너무 많이 마시는 바람에 취해서 벗은 몸으로 잠을 자게 된 것이다. 그때 그의 아들 함이 방에 들어와 그 광경을 목격하고는 밖에 나가 형제들에게 그 사실을 고자질했다. 그러자 함의 말을 들은 셈과 야벳은 이불을 가지고 뒷걸음으로 방에 들어가 벗은 아버지의 몸을 덮어 주었다. 누가 잘한 것이고, 결국 누가 복을 받았는가? 그 후 함은 저주를 받고, 셈과 야벳은 축복을 받지 않았는가? 이렇게 남의 허물을 사랑으로 덮어 주는 사람이 덕이 있고, 그런 사람이 복을 받는다.

(3) 언제나 진실을 말하고, '예'와 '아니오'를 분명히 해야 한다. 하나님께서는 우리의 행동에 대하여 심판하실 뿐 아니라, 무슨 말을 하든지 우리가 한 그 말에 대해서도 심판하실 것이다. 이에 성경은 "그런즉 거짓을 버리고 각각 그 이웃과 더불어 참된 것을 말하라"(엡 4:25)라고 말하며, "진실한 입술은 영원히 보존되거니와 거짓 혀는 잠

시 동안만 있을 뿐이니라"(잠 12:19)라고 말한다.

그리고 사람의 말은 한번 입 밖에 나오면, 다시 주워 담을 수가 없는 것이다. 중세기에는 죄를 지으면 신부에게 가서 그 죄를 자백하고, 그 죄의 대가로 노동을 하는 풍습이 있었다. 어떤 사람이 하루는 신부에게 와서, "제가 아무개에 대하여 무슨 일이 있었다고 여러 사람에게 말을 했는데, 나중 알고 보니 그것이 거짓말이었습니다. 신부님, 어찌하면 좋겠습니까?"라고 자복했다. 그때 신부가 그 사람의 호주머니에 닭털을 가득히 넣어 주면서, "거짓말을 옮긴 그 집집마다 찾아가 대문 앞에 이 닭털 하나씩 놓고 오라"고 지시했다. 그는 그대로 하고 돌아왔다. 그때 신부는 한 가지 더 하도록 지시했는데, 그에게 빈 주머니 하나를 내주며, "당신이 조금 전에 흩어 놓은 그 닭털을 다시 그 주머니에 담아 오라"고 했다. 그는 난색을 표하며, "오늘 아침 바람이 불어서 닭털이 다 날아갔을 텐데, 어떻게 그 닭털을 주워 옵니까?"라고 반문했다. 그때 신부가 그에게 이렇게 충고했다고 한다. "말이라는 것은 한 번 뱉은 다음에는 다시 주워 담을 수 없는 것입니다. 그러니 앞으로는 말을 조심하시오."

다윗 왕은 "여호와여 내 입에 파수꾼을 세우시고 내 입술의 문을 지키소서"(시 141:3)라고 기도했다. 우리도 다윗왕처럼 이 같은 기도를 드려야 할 것이다. 선지자 이사야가 웃시야왕이 죽던 해(BC 740년경)에 성전에 들어가 기도할 때, 보좌에 앉아 계신 거룩하신 하나님의 환상을 보았다. 천사들이 "거룩하다. 거룩하다" 하고 노래를 부른다. 이때 이사야는 자신을 돌아보게 되었고, 자신의 입술이 거짓되고 더러운 것을 깨달았다. 그러자 그는 "화로다 나여 망하게 되었도다 나는 입술이 부정한 사람이요"(사 6:5)라며 탄식했다. 그때 천사

하나가 제단에서 불붙은 숯불을 가져다 그의 입술에 대며 말했다. "이것이 네 입에 닿았으니 네 악이 제하여졌고 네 죄가 사하여졌느니라"(사 6:7).

우리의 입술도 성령의 불로 깨끗함을 받아야 한다. 입술이 거듭나야 한다. 입술이 정결해야 한다. 우리의 입술이 정결해지면 마음이 상한 자를 고쳐 주고, 슬픈 자를 위로하며, 절망에 있는 자에게 소망을 주고, 축복의 말을 할 수 있을 뿐 아니라, 복음을 힘 있게 전파할 수 있을 것이다.

우리는 우리의 입술이 성령의 불로 세례를 받아 깨끗해져, 그 입술로 주님의 성호를 찬양하며, 온 천하보다 귀한 사람의 영혼을 구원하는 복음의 나팔이 되기를 늘 간구해야 할 것이다.

11장

열 번째 계명

네 이웃의 집을 탐내지 말라(출 20:17)
You must not covet your neighbor's house

"네 이웃의 집을 탐내지 말라 네 이웃의 아내나 그의 남종이나 그의 여종이나 그의 소나 그의 나귀나 무릇 네 이웃의 소유를 탐내지 말라"(출 20:17).

하나님께서 인류의 안전과 행복을 위해 제정하여 모세를 통하여 우리 인류에게 허락하신 십계명 중 마지막 열 번째 계명은, 앞선 모든 계명의 결론적 계명이다. 따라서 이 열 번째 계명은 앞서 살펴본 아홉 가지 계명 하나하나와 깊이 관련되어 있는 계명으로, 이 계명을 범하면 모든 계명을 범하게 되는 무서운 결과를 가져오게 된다. 세계적인 부흥사 무디는 세상에서 사탄의 유혹에 가장 잘 넘어가는 두 가지 유형의 사람이 있다고 했는데, 첫째는 외식하는 위선자이고, 둘째는 탐심을 가진 자라고 말했다.[29] 사실 이것은 예수께서 이미 말씀하신 것과 다름이 없다. 예수는 누가복음 12장 1절에서 "바리새인들의 누룩 곧 외식을 주의하라"고 말씀하셨고, 이어 15절에서는 "삼가 모든 탐심을 물리치라 사람의 생명이 그 소유의 넉넉한 데 있지 아니하니라"라고 말씀하셨다.

탐심은 인류의 역사와 공존해 온 해묵은 죄로, 탐심이 가져온 온갖 불행과 저주는 인류 역사에 면면히 점철되어 있다. 그러나 오늘날 세상 사람들은 탐심을 죄로 보지 않을 뿐 아니라, 오히려 탐심을 가진 자를 알뜰한 살림꾼이니, 장래를 잘 준비하는 사람이니 하며 추켜세우고, 온갖 탐심으로 부(富)를 축적한 자나, 높은 자리를 차지한 사람에게 출세한 사람이요, 성공한 사람이라고 칭찬하며 박수갈채를 보낸다. 이에 오늘날 우리가 살아가고 있는 이 세대에는 이 같은 탐심이 그 어느 세대보다도 무섭게 증가일로에 있고, 독버섯처럼 자라나고 있으며, 이미 사회 구석구석에서 이 탐심으로 인한 각종 범죄와 끔찍한 사건과 재난이 계속 일어나고 있다.

1. 탐심이란 무엇인가?

(1) 성경의 어원적 의미: '탐심'(貪心)은 '탐하다'라는 뜻의 히브리어 '하마트'(חמד)에서 온 말로, 신약 성경 원어인 헬라어의 '에피두미아'(ἐπιθυμία)에 해당한다. 이는 '남의 것을 계속 바라고 탐하는 욕망'(출 20:17, 34:24; 잠 6:25, 12:12; 미 2:2)을 의미하며, 행동으로 끝을 보고야 마는 죄악이다(약 1:14-15).

성경 여러 곳에서 사용된 이 '탐심'의 종합적인 의미는 '어떤 사물이나 사람을 소유할 권리가 없는 사람이 그 사물이나 사람을 계속 소유하려고 하는 마음'이다. 그러므로 예를 들어, 고등학교를 졸업한 학생이 대학교에 진학하여 더 공부하겠다고 하는 것은 탐심이 아니다. 그것은 지극히 정상적인 자연스러운 현상으로, 진보와 발전과 향상의 소망을 가진 인간으로서 당연하고 아름다운 것이다. 성경 헬라어 원문의 뜻처럼, '탐심' 혹은 '탐욕'은 '이미 있는데 더욱 많이 지나치게 계속 갖고자 하는 소유욕'을 가리킨다. 이에 성 어거스틴은 '탐심'은 "충분한 것보다 더 원하는 것"(to desire more than enough)이라고 설명했다(욥 40:23; 잠 30:15).

이 열 번째 계명을 보면 소유격이 대단히 강조되어 7회나 나타난다. "네 이웃의 집을…네 이웃의 아내…그의 남종…그의 여종…그의 소…그의 나귀…네 이웃의 소유를 탐내지 말라." 그러므로 내게 소유권이 없는 이웃에 속한 것, 사람이든 사물이든 그것을 부당하게 탐내기 시작할 때, 이 열째 계명이 금하는 탐심의 죄를 범하게 되는 것이다.

(2) '탐심'은 구체적으로 어떤 죄인가?

① 탐심은 인간이 범할 수 있는 모든 죄 중에 가장 보편적인 죄다. 그러므로 이 탐심에 대한 죄책에서 벗어나 있다고 장담할 사람은 이 세상에 아무도 없을 것이다. 인류의 시조 아담과 하와가 이 탐심의 죄를 범함으로 인류 최초의 죄인 원죄(Original Sin)가 생겼고, 이 원죄는 그들로부터 태어난 수많은 인류에게 유전되어, 각자가 범하는 수많은 '본죄'(Actual Sin)를 낳고 낳게 하여, 인류를 비극의 역사로 몰아넣은 것이다. 구약의 롯과 그 아내, 라반, 야곱, 발람, 아간, 제사장 엘리의 아들들, 사울왕, 다윗왕, 게하시, 그리고 많은 제사장 등이 이 열째 계명을 범했다.

신약 성경에도 이 탐심 죄를 범한 자들이 소개되고 있는데, 한 부자 청년 관원에게 예수께서 지적하신 죄가 바로 이 물질에 대한 탐욕이었다. 그리고 가룟 유다와 바리새인들, 아나니아와 삽비라 부부가 그러했고, 돈으로 성령을 사려 했던 시몬 등 수많은 사람이 이 탐심으로 멸망한 것이다.

② 탐심은 모든 죄의 근본이 되는 죄다. 성경은, "욕심이 잉태한즉 죄를 낳고 죄가 장성한즉 사망을 낳느니라"(약 1:15)라고 말한다. 이에 어떤 신학자는 이 탐심을 가리켜 "모든 죄의 어머니"라고 말했다. 인류의 시조 아담과 하와가 범한 최초의 죄도 이 탐심이었음은 이미 언급했다. 열왕기상 21장은, 남의 소유를 탐했던 아합왕과 그의 아내 이세벨의 종말이 어떠했는지를 우리에게 잘 보여 주고 있다.

아합왕은 자기 궁전 곁에 있던 나봇의 포도원을 탐냈다. 그 포도원을 자기 소유로 만들기 위하여 처음에는 그 포도원을 자기에게 팔라고 나봇에게 요구했다. 나봇이 포도원을 팔 수 없다고 하자, 그는 간교한 아내 이세벨과 모의하여 거짓 증인 두 사람을 내세워 무죄한 나봇을 죄인으로 만들어 사형시키고 그 포도원을 착취했다. 이 과정을 한번 생각해 보자.

처음에는 아합이 그 포도원을 보고 탐심을 가짐으로 제10계명을 범했다. 그리고 그 탐심을 채우기 위해 정당한 방법을 시도해 보았지만 여의치 않게 되자, 거짓 증인 두 사람을 매수하여 거짓 증거를 하게 함으로 제9계명을 또 범하게 된다. 그리고 그는 한 걸음 더 나아가 죄 없는 나봇을 죽임으로 제6계명을 범하게 되고, 마지막에는 그 나봇의 포도원을 빼앗아 자기의 소유가 되도록 도둑질함으로 제8계명까지 범하게 되었다. 탐심이 '죄악의 어머니'라는 말이 무슨 의미인지 충분히 실감할 수 있을 것이다. 이에 성경은 "돈을 사랑함이 일만 악의 뿌리가 되나니"(딤전 6:10)라고 말한다. 그렇다. 탐심은 그 죄 하나, 그것만으로 끝나는 것이 아니라, 모든 죄를 불러들이는 원천적인 동기가 되는 죄임을 성경은 우리에게 알려 준다.

③ 탐심은 우상숭배다. 골로새서 3장 5절은 "탐심은 우상 숭배니라"라고 분명히 말한다. 탐심을 가지고 있는 사람은 하나님보다 더 사랑하는 그 무엇을 소유하고 있기 때문이다. 사도 바울은 "그들의 신은 배요"(빌 3:19)라고 말했다. 이는 '이 사람들은 탐심을 자기 하나님으로 삼고 있다'라는 뜻이다.

우리가 탐심을 갖게 되면, 앞서 소개한 아합왕과 이세벨처럼 점점 더 깊고 더 많은 죄로 한없이 빠져들어 가게 된다. 마치 끝없이 깊은 바닥 없는 무저갱의 심연처럼 이 죄에 빠져들게 되는 것이다. 전도서 5장 10절은 "은을 사랑하는 자는 은으로 만족하지 못하고 풍요를 사랑하는 자는 소득으로 만족하지 아니하나니 이것도 헛되도다"라고 말한다. 그렇다. 원래 탐심이란, 더욱 많이 갖고자 하는 끊임없는 욕망이기 때문에 얼마의 돈으로, 소득으로 만족할 수가 없는 것이다. 그리고 탐심을 가진 자의 마음속에는 어떤 고상한 생각도, 위대한 정신도, 하나님께 대한 거룩한 열망도 자리를 잡을 여유가 없다. 그러므로 탐심을 가진 사람은 돈이, 쾌락이 우상이 되어 그것을 계속 추구하게 된다.[30]

2. 탐심의 성격

이제 성경이 말하는 탐심의 구체적 성격을 살펴보자.

(1) '사람'에 대한 탐심이 있다. 이 열 번째 계명은 이웃의 아내나, 그의 남종이나, 그의 여종을 탐내지 말라고 했다. 다윗왕은 우리아

의 아내 밧세바를 보고 탐심이 생겼다. 그러나 그는 그 열 번째 계명을 범한 것에서 멈추지 않았다. 곧 왕의 권력으로 그녀를 궁전에 불러들여 간음함으로 제7계명을 또 범하게 된다. 그리고 나중에 밧세바가 임신했다는 소식을 듣게 되자 그것을 은폐하기 위해 그녀의 남편 우리아에게 특별휴가를 주어 자기 아내 밧세바와 동침하도록 시도한다. 그러나 충성스러운 우리아는 '내 주 요압 장군도 야전에서 전쟁 중에 있는데, 내가 어찌 내 집에 들어가서 아내와 잠자리를 같이 할 수 있겠느냐'며 궁전의 신하들과 함께 자고 자기 집에 가기를 거부한다. 이에 다윗은 우리아의 상관인 요압 장군에게 편지를 써 보내어 우리아를 최전방 전선에 보내 그를 포함하여 몇 사람을 죽게 함으로 제6계명인 살인죄까지 범하고 만다.

소유할 수 없는 사람을 탐하는 것은 결국 이렇게 비극을 가져오는 것이다. 모든 죄 가운데 가장 비극적인 죄의 씨가 여기에서 생겨난다. 오늘날 이혼이나 각종 남녀 간의 불륜은 모두가 다 이 같은 사람을 탐하는 탐심에서부터 오는 죄악임을 알고, 탐심이 싹틀 때 우리의 마음에 그것이 자리를 잡지 못하도록 곧 주님을 의지하고 기도함으로 탐심을 즉시 물리쳐야 한다.

(2) '신분'과 '위치'에 대한 탐심이 있다. 마가복음 10장에는, 야고보와 요한 두 사람이 하나님의 나라가 임할 때, 자기 두 사람 중에 하나는 주님의 우편에, 다른 하나는 좌편에 앉게 해달라고 예수께 요청하는 장면이 등장한다(막 10:35-40). 그런가 하면, 누가복음 22장 24절 이하에는 제자들이 "천국에서 누가 제일 높은가?" 하고 서로 아웅다웅하며 다투는 장면이 나타난다.

우리는 자신과 가까운 친구나 이웃이 몸에 병이 나거나 어려운 처지에 있을 때는, 흔쾌히 구제도 해주고, 불쌍히 여기며 찾아가 위로도 한다. 그러나 그 친구가 나보다 앞서가기 시작하고, 나보다 먼저 성공할 때는 마음이 편하지 않고, 그를 향하여 축하하는 마음보다는 오히려 시기하고 질투하는 마음이 생긴다면, 이것이 곧 신분에 대한 탐심이다.

교회에서 종종 제직 임명이나 임직 투표 때 심한 후유증이 일어나는 것은, 많은 교회가 경험하는 안타까운 현상이다. 예수께서는 "너희 중에 누구든지 으뜸이 되고자 하는 자는 너희의 종이 되어야 하리라 인자가 온 것은 섬김을 받으려 함이 아니라 도리어 섬기려 하고 자기 목숨을 많은 사람의 대속물로 주려 함이니라"(마 20:27-28; 막 10:44-45)라고 말씀하셨다. 다른 사람의 높은 자리나 성공한 위치를 탐하거나 시기하는 마음은, 주님을 배우고 주님이 가신 길을 따라간다는 우리 그리스도인의 바른 자세가 아니다. 주님이 말씀하신 것처럼, 섬기는 마음이 주님을 따르는 성도의 마음이라면, 탐심은 예수 믿는 성도가 가져서는 안 될 마음이다. 다시 말해, 자아 중심적이고 이기심이 가득한 생활은 예수를 믿고 그의 가신 길을 따르는 성도의 삶과는 거리가 멀다는 것이다. 그러므로 다른 사람의 신분과 위치에 대하여 시기하거나 경쟁하는 마음은 하나님 앞에서 합당하지 못한 탐심이니 마땅히 버려야 한다.

(3) '물질'에 대한 탐심이다. 하나님께서 우리 인간에게 물질을 주신 것은, 물질을 잘 다스리고 선용하여 하나님의 뜻을 이루고 하나님께 영광을 돌리도록 하기 위함이다. 이를 위해 하나님께서 세상을 창조하시고, 그 물질들을 우리에게 거저 주신 것이다. 그러나 타락한 인생들은 그 물질을 잘 보존하고 다스리고 선용하여 하나님께 영광을 돌려 드리기보다 오히려 그것을 훼손하고, 그것의 노예가 되고, 탐욕에 얽매여 살아가고 있다. 이에 주님은 "한 사람이 두 주인

을 섬기지 못할 것이니…너희가 하나님과 재물을 겸하여 섬기지 못하느니라"(마 6:24)라고 말씀하셨다. 오늘날은 유물사관을 가진 공산주의자들만이 아니라 많은 사람이 이 탐심으로 인해 하나님보다 물질을 더 사랑하며, 실상은 물질 우상을 섬기며 살아가고 있다. 그러나 탐심은 다음의 결과를 초래한다.

① 탐욕을 가진 사람은 양심의 소리를 듣지 못하게 된다. 민수기 22-23장을 보면, 선지자 발람의 이야기가 나온다. 그는 선지자로서 하나님께 기도하면 그대로 모든 일이 이루어지곤 했다. 그런데 이웃 나라 모압 왕 발락이 이스라엘과 전쟁을 할 때 자기 나라가 불리한 것이 확실해지자, 이 발람 선지자를 세 번이나 자기 나라에 초청하여 탐심의 미끼를 던지며 유혹했다. 그는 하나님의 경고의 말씀이 있었지만, 자기에게 약속된 재물과 영화에 눈이 어두워져 모압 왕 발락이 보낸 사자들에게 끌려가는 어리석은 잘못을 저지르고 만다. 이렇게 황금과 부귀영화에 눈이 어두워지면, 비록 날마다 하나님의 말씀을 듣고 읽으며, 하나님 앞에 예배 드린다고 예배당에 나와 앉아 있어도, 하나님의 세미한 음성을 듣지 못하고, 자신 안에서 들리는 양심의 소리를 듣지 못하게 된다. 그래서 자기의 유익을 위하여 남을 중상하고 모략하는 일도 주저하지 않게 된다.

② 탐심을 품게 되면, 이기심이 생기고 남의 것을 착취하게 한다. 베드로후서 2장 3절은 "그들이 탐심으로써 지어낸 말을 가지고 너희로 이득을 삼으니 그들의 심판은 옛적부터 지체하지 아니하며 그들의 멸망은 잠들지 아니하느니라"라고 말한다. 남의 돈을 빌리고 갚지 않거나, 가난한 노동자의 임금을 착취하는 일은 국법에도 어긋나는 죄일 뿐 아니라, 이 열 번째 계명을 범하는 죄임을 알아야 한다. 오늘날 사람들은 돈의 가치를 절대적인 것으로 생각하여 그것을 얻기 위해서는 수단과 방법을 가리지 않고 있다. 이에 물질에 대한 탐

심으로 온갖 거짓이 꾸며지고 폭행이 난무하며 끔찍한 살인극까지 벌어지고 있는 세상이다.[31]

【예화】 ■ 오래전 한국에서 있었던 금융학원 이사장 김형진 씨 살해 사건의 범인은 아버지의 재산 상속을 노린 당시 현직 대학 교수였던 그의 장남이었다. 범인 김성복(당시 41세)은 서울의 명문대학을 졸업한 후, 도미 유학하여 경제학 박사 학위를 받고 귀국한 뒤 S대 교수로 재직 중 해강농수산회사를 설립하여 운영하다 경영난으로 사채를 빌려 쓰게 되고, 빚 독촉을 받게 되었다. 빚 독촉에 시달린 그는 부친이 이사장으로 있는 학교법인 명의의 어음에까지 손을 대게 되었고, 결국 이러한 사실이 자기 아버지에게 알려질 위기에 처하자, 마지막 방법으로 아버지의 유산상속을 위해 범행을 저지르게 된 것이었다.

불법적인 사채놀이도 하나님의 계명을 위반하는 죄임을 알아야 한다. 유대인의 탈무드에는 "부자에게는 상속자는 있어도 자식은 없다"라는 말이 있다.

■ 어떤 교인이 구멍가게라도 하나 차리고 싶어 목돈 마련을 위해 계를 들었다. 그렇게 몇 년을 하다 목돈이 생기자 처음 생각이 달라졌다. 그래서 높은 이자를 주겠다고 돈을 빌려 달라는 사람들을 대상으로 사채놀이를 얼마간 지속하다 그만 빌려 준 돈을 떼이게 된다. 결국 그는 약속어음을 발행한 것을 기한 내에 막지 못하게 되어 파산하고 감옥살이를 하게 되었다. 주님은 "삼가 모든 탐심을 물리치라 사람의 생명이 그 소유의 넉넉한 데 있지 아니하니라"(눅 12:15)라고 말씀하셨다.

결론

결론적으로 탐심은 모든 계명을 범하는 근본적인 죄악이다.
① 탐심은 "너는 나 외에는 다른 신들을 네게 두지 말라"는 제1계명을 위반하는 죄다. 하나님 아닌 '맘몬' 우상을 섬기는 것이므로 결국 제1계명을 범하게 되는 것이다.
② 제2계명은 "우상을 섬기지 말라"고 말하는데, 탐심을 가진 자는 하나님 아닌 물질(맘몬) 우상을 섬기는 것이기에 제2계명을 범하는 것이다. 성경은 "너희도 정녕 이것을 알거니와…탐하는 자 곧 우상 숭배자는 다 그리스도와 하나님의 나라에서 기업을 얻지 못하리니"(엡 5:5)라고 말한다.
③ 탐심은 게하시나 아나니아 혹은 압살롬과 같이 부왕의 왕관을 탐하여 거짓 맹세하고 다른 이름을 인정하게 되기에 제3계명을 범하는 죄다.
④ 제4계명은 "안식일을 기억하여 거룩하게 지키라"라고 했는데, 탐욕으로 주일에도 일하고 주일을 성수하지 않는다면 주일을 도둑질한 것이므로 이 제4계명을 범한 것이다.
⑤ 제5계명은 "네 부모를 공경하라"라고 했으나, 탐심으로 부모의 재산에만 관심을 두고 부모를 공경하지 않는다면 제5계명을 범한 것이다.
⑥ 아합과 이세벨과 같이 다른 사람의 소유를 빼앗기 위해 거짓 증인을 세워 억울하게 무죄한 사람을 죽인 것도 탐심으로 인해 제6계명을 범한 것이다.
⑦ 제10계명이 금한 '이웃의 아내'를 탐한 것은 곧 제7계명을 범한 것이다.
⑧ 탐심은 제8계명을 범하게 하는 근원적인 죄다.

⑨ 제9계명은 "거짓 증거 하지 말라"라고 말하는데, 탐심을 가진 자는 이웃을 중상하거나 거짓 증거 하는 것을 주저하지 않기에 제9계명을 범하게 된다.

결국 제5계명부터 제10계명까지는 이웃에 대한 계명으로, 이웃에 대하여 행동으로나 말로, 생각으로까지 해를 끼쳐서는 안 된다고 말한다. 다시 말하면, 부모를 공경하지 않고, 살인하고, 간음하고, 도둑질하는 일은 '행동'으로 이웃을 해롭게 하여 계명을 범하는 것이라면, 이 열 번째 계명인 탐심은 마음의 '생각'으로 시작하여 앞서 언급한 대로 모든 계명을 범하게 하는 무서운 근원적인 죄악인 것이다.

이처럼 우리는 이웃을 해롭게 해서는 안 될 뿐 아니라, 하나님을 공경해야 하는 것이 십계명의 정신이다. 위로는 하나님을 사랑하고, 옆으로는 이웃을 내 몸과 같이 사랑하는 것이 곧 율법이요, 선지자요, 성경 말씀의 대강령 곧 '큰 뜻'이라고 우리 주님께서 말씀해 주신 이유가 바로 이것이다.

그러므로 우리는 하나님을 사랑하고 이웃을 사랑함으로 율법과 선지서의 큰 뜻을 이루라고 하신 주님의 명령을 받들어 그 교훈을 실천해야 할 것이다. 즉, 이웃에게 탐심을 갖지 않는 것은 물론, 적극적으로 그들을 보살펴 도와주고 사랑함으로 일만 악의 뿌리가 되는 탐심을 극복하고, 우리 각 사람에게 향하신 주님의 뜻을 이루어 하나님 아버지께 영광을 돌리며, 위로부터 내려주시는 주님의 평화와 축복을 풍성히 누리며 살아야 할 것이다.

각주(FOOT NOTE)

머리말

1. Webster's New World Dictionary of American English, Third College Edition, Victoria Neufeldt, Editor in Chief (Simon & Schuster, New York: 1991), p. 249.
2. 블레즈 파스칼, 《팡세》, 신상초 역(서울: 을유문화사, 1962), p. 316.
3. Nancy Pearcey, "Total Truth," (Published by Crossway Books, Wheaton, Ill., 2006), p. 35(프랜시스 쉐퍼가 1981년 4월, 미국 노틀담 대학교 강연에서 한 말이다).

1부 진리란 무엇인가?

서론: 진리에 대한 인간의 목마름

1. 〈불교신문〉, 2408호(2002년 3월 12일 자). op., cit. & referred.
2. 공자, 《논어》, 이성호 역(서울: 혜문출판사, 1965), p. 176, 178.
3. Norman L. Geisler, Frank Turek, Don't Have Enough Faith to be an Atheist (Wheaton, Il: Crossway Books, 2009), pp. 65-66.
4. 블레즈 파스칼, 《팡세》, p. 196, 219.
5. 성영은, The Korean Christian Journal, "우주 여행 시대", p. 11(기독교윤리실천운동에서 발간한 웹진 '좋은 나무'에서 퍼온 글).
6. 성영은, "우주여행시대", p. 11.
7. 채필근, 《철학과 종교의 대화》(서울: 대한기독교서회, 1964), pp. 38-43.

8. 채필근, 《철학과 종교의 대화》, pp. 45-48 참조.
9. Norman L. Geisler, Frank Turek, Don't Have Enough Faith to be an Atheist, pp. 34-40, referred.
10. Carl Sagan, Cosmos (New York: Random House, 1980), p. 4.
11. Norman Geisler, Frank Turek, Don't Have Enough Faith to be an Atheist, pp. 48-49.
12. Southern Evangelical Seminary에서 열린 1998년 변증학 총회의 오디오테이프, "Exposing Naturalistic Pressuppositions of Evoluation," Tape AC9814,(www.impactapologetics.com을 보라).
13. A. H. Strong, Systematic Theology (Philadelphia: The Griffith and Rowland Press, 1907), p. 21.
14. Henry Thiessen, Lectures in Systematic Theology (Grand Rapids, MI: Wm B. Eerdmans Publishing Co., 1987), pp. 1-4, referred.
15. Origenes, Contra Celsus, II, 51.
16. David Hume, Enquiry Concerning Human Understanding (Chicago: The Open Court Publishing Co., 1926), pp. 120-121.
17. T. C. Chamberlain, R. D. Salisbury, Geology II (New York: Henry Holt & Co., 1937), p. 407.
18. William G. T. Shedd, Dogmatic Theology I (New York: Charles Scrobner's Son, 1889), p. 64.
19. William G. T. Shedd, Dogmatic Theology I , p. 64.
20. Henry Thiessen, Lectures in Systematic Theology, pp. 7-19, referred.
21. Steven Nadler, "God Exists, Philosophically, Review of Spinoza: A Life", p. 48(http://www.nytimes.com/books/99/07/18/reviews/990718,18gottlit.html, The New York Times-Books).
22. Thos Kepler, Contemporary Religious Thought (New York: Abingdon Cokesbury Press, 1941), p. 168.
23. Henry S. Coffin, Ibid, p. 176.
24. Edward S. Ames, Ibid, op, cit., p. 180.
25. A. B. Davidson, The Theology of the Old Testament (New York: Charles

Cribner's Sons, 1907), p. 39.

26. Henry Thiessen, Lectures in Systematic Theology, pp. 75-76.
27. H. B. Smith, System of Christian Theology (New York A. C. Armstrong and Son, 1897), p. 7.
28. Charles Hodge, Systematic Theology (Grand Rapids, MI: Wm B. Eerdmans Publishing Co., 1946), p. 367.
29. H. Martensen, Christian Dogmatics (Edinburgh: T and T Clark, 1866), p. 73.
30. John Milely, Systematic Theology (New York: Hunt and Eaton, 1893), p. 60.
31. H. B. Smith, System of Christian Theology, pp. 11-12.
32. A. H. Strong, Systematic Theology, p. 52.
33. Immanuel Kant, The Critiquue of Pur-Reason (London: George Bell and Sons, 1887), p. 3.
34. Charles Hodge, Systematic Theology, p. 195.
35. William Schmidt, The Origin and Growth of Religion (New York: The Dial Press, Inc., 1935), p. 257.
36. A. H. Strong, Systematic Theology, p. 56.
37. William Schmidt, The Origin and Growth of Religion, p. 58.
38. Charles Hodge, Systematic Theology, pp. 197-198.
39. William Evans, The Great Doctrines of the Bible (Chicago: The Bible Institute Colportage Association, 1912), p. 13.
40. A. B. Davidson, The Theology of the Old Testament (New York: Charles Scribmer's Sons, 1907), p. 34.
41. Immanuel Kant, The Critiquue of Pur-Reason, p. 392.
42. David Hume, A Treatise of Human Nature I (London: J. M. Dent and Sons, Ltd., 1928), p. 95; An Enquiry Concerning Human Understanding, p. 143.
43. Alex Patterson, The Other Side of Evolution (Chicago: The Bible Institute Colportage Association, 1903), pp. 88-97.
44. Immanuel Kant, The Critiquue of Pur-Reason, p. 378.
45. James Jean, The Mysterious Universe (New York: Macmillian Company, 1933), pp.

180-181.
46. Charles Hodge, Systematic Theology, p. 215.
47. William G. T. Shedd, Dogmatic Theology I, p. 242.
48. William G. T. Shedd, Dogmatic Theology I, p. 246.
49. Immanuel Kant, The Critiquue of Pur-Reason, p. 384.
50. A. H. Strong, Systematic Theology, p. 77.
51. Immanuel Kant, The Critiquue of Pur-Reason, p. 385.
52. Immanuel Kant, The Critiquue of Pur-Reason, p. 364.
53. A. H. Strong, Systematic Theology, p. 87.
54. James Orr, The Christian view of God and the World (Grand Rapids, Mi: Wm. B. Eerdmans Publishing Co., 1948), pp. 104-105.
55. A. H. Strong, Systematic Theology, pp. 82-83.
56. St. Augustine, The Confession of St. Augustine VII, XI (New York: E. P. Dutton and Co., Inc., 1932), p. 25.
57. Henry Thiessen, Lectures in Systematic Theology, pp. 25-31, referred.
58. Francis L. Patton, A Summary of Christian Doctrine (Philadelphia: The Westminster Press, 1911), pp. 15-16.
59. Colin Brown, editor, The New International Dictionary of New Testament Theology, vol. 3, "Truth" (Grand Rapids, MI: Zondervan Publishing House, 1978), pp. 874-902, referred.
60. J. J. Von Allmen, Edit., Vocabulary of the Bible (Seoul: The Christian Literature Society, 1966), op, cit., & referred, pp. 340-343.

2부 문자화된 진리, 성경

1. Louis Berkhof, Manual of Christian Doctrine (Grand Rapids, MI: Wm. B. Eerdmans Publishing Co., 1969), p. 13..
2. Louis Berkhf, Manual of Christian Doctrine, 15-16.

3. Louis Berkhf, Manual of Christian Doctrine, pp. 23-36
4. Benjamin B. Warfield, Inspiration and Authority of the Bible (Grand Rapids, MI: Wm B. Eerdmans Publishing Co., 1963), p. 133.
5. John Calvin, Edited by John T. McNeill, trans. by Ford Lewis Battles, Institutes of the Christian Religion I (Philadelphia: The Westminster Press), p. 181.
6. Robert Wilson, "A Scientific Investigation of the Old Testament," Loraine Boettner, Studies in Theology (Philadelphia, Pa: The Presbyterian and Reformed Publishing Co., 1967), p. 39.
7. Mark Discoll, Garry Breshers, Vintage Jesus: "Timeless to Timely Questions" (Wheaton, Il: Cross Books, Publishing Ministry of Good News Publishers), pp. 94-106, referred.
8. Mark Discoll, Vintage Jesus: "Timeless to Timely Questions", p. 98
9. Wilbur M. Smith, In Josh McDowell, Evidence That Demands a Verdict, vol. I (San Bernardino, CA: Here' Life, 1992), p. 22.
10. Dwight Pentecost, Prophecy for Today (Grand Rapids, MI: Zondervan Publishing House, 1971), pp. 14-15.
11. Josh McDowell, Evidence That Demands a Verdicts, p 141.
12. Blaise Pascal, PENSEES, trans. A. J. Kraisheimenr (London: Pemguin, 1966), p. 141.
13. Norman Geisler and William Nix, General Introduction to the Bible (Chicago: Moody, 1986), pp. 85-86. referred.
14. Norman Geisler and Turek, I Don't Have Enough Faith to be an Atheist, pp. 642-658, referred.
15. 그 외의 몇 가지 기적은 천사 혹은 하나님이 행하신 것이다. 성경이 증거하고 있는 그 외의 기적 목록은 "Miracles in the Bible," in Norman Geisler, Baker Encyclopedia of Christian Apologetics (Grand Rapids, MI: Baker, 1999)를 보라.
16. Norman Geisler, Don't Have Enough Faith to be an Atheist, pp. 665-675, referred.
17. Bruce Metzger, Interview by Lee Strobel, The Case for Faith (Grand Rapids, MI: Zondervan, 1998), p. 69.
18. James Orr, The Christian view of God and the World, p. 209.

19. Edward Young, Thy Word is Truth (Grand Rapids, MI: Wm. B. Eerdmans Publishing Co.,1981), pp. 267-269.
20. Augustine, Reply to Faustus the Manichaean, in P. Schaff, ed., A Select Library of the Nicene and Anti-Nicene Father of the Christian Church, 14 vols. 1st series, 1886-1894, reprint (Grand Rapids, MI: Eerdmans Publishing Co.,1952), 11, 5.
21. Lewis Wallace, BEN-HUR, a tale of the Christ (New York: The American Library, 1959), pp. 7-43, referred.
22. Edward Young, Thy Word is Truth, p. 12.

3부 성육신한 진리, 예수 그리스도

1. A. H. Strong, Systematic Theology, p. 304.
2. G. C. Berkouwer, The Person of Christ, trans. John Vriend (Grand Rapids, MI: Eerdmans,1954), p. 94.
3. Blaise Pascal, PENSEES, p. 57.
4. Westminster Shorter Catechism, Q. 6, p. 258.
5. 여기서 영어 'proceeds'는 '나아가다', '시작하다', '발생하다', '착수하다' 등의 뜻을 가진 단어다. 그동안 교회는 성령이 아버지로부터 나온다고 믿어오다, 주후 589년 톨레도 회의(Synod of Toledo)에서 작성된 라틴어판 '콘스탄티노플 신조'에서 "나는 아버지와 아들에게서 나오시는 성령을 믿습니다"라고 추가 확정되었다.
6. C. S. Lewis, Mere Christianity (New York: McMillan, 1952), pp. 54-55.
7. 서철원, 《성경과 개혁신학》, "나의 신학", (서철원 박사 은퇴기념 논총, 신학자 38인 논문집, 서울: 쿰란출판사, 2007), pp. 57-58.
8. Louis Berkhof, Manual of Christian Doctrine, pp. 75-83, referred.
9. Mark Driscoll, Garry Breshers, Vintage Jesus: "Timeless to Timely Questions", pp. 19-20.

10. Rob Bell, Velvet Elvis: Repainting the Christian Faith (Grand Rapids, MI: Zondervan, 2006), p. 26.
11. J. Gresham Machen, The Virgin Birth of Christ (New York: Harper & Brothers, 1930), p. 382.
12. J. Gresham Machen, The Virgin Birth of Christ, p. 383.
13. James Orr, The Virgin Birth of Christ (New York: Charles Scribner's Sons, 1907), p. 138.
14. Rendel Harris, trans. and ed., The Apology of Aristoles (London: Cambrige University Press, 1893), p. 25.
15. William A. Jurgens, Faith of the Fathers (Collegevill, MI: Liturgical Press, 1998), p. 342.
16. J. Gresham Machen, The Virgin Birth of Christ, p. 269.
17. Plavious Josephus, Jewish War, p. 7, 203.
18. Cicero, Pro Rabirio, p. 5, 16.
19. C. Truman Davis, M.D., "A Physician Analyzes the Crucifixion: A Medical Explanation of What Jesus Endured on the Day He Died." 원래 이 글은 Arizona Medical Association의 'Arizona Medicine' 1965년 3월호에 실린 내용이다.
20. Arther W. Pink, The Seven Sayings of the Savior on the Cross (Grand Rapids, MI: Baker Book House,1958), pp. 23-183, referred.
21. R. A. Torray, What the Bible Teaches (New York: Fleming H. Revell Co., 1898), p. 144.
22. A. H. Strong, Systematic Theology, II, p. 729.
23. A. H. Strong, Systematic Theology, II, pp. 136-145.
24. John Miley, Ibid, I, p. 60.
25. William G. T. Shedd, Dogmatic Theology I, p. 64.
26. A. H. Strong, Systematic Theology, II, pp. 769 and below.
27. A. H. Strong, Systematic Theology, II, p. 735.
28. J. Fisher, History of Christian Doctrine, p. 111.
29. Charles Hodge, Systematic Theology, II, p. 489.

30. Charles Hodge, Systematic Theology, II, p.493.
31. William G. T. Shedd, Dogmatic Theology I, p. 390.
32. William G. T. Shedd, Dogmatic Theology I, p. 391.
33. William G. T. Shedd, Dogmatic Theology I, p.393 and below.
34. Charles Hodge, An Exposition of the Epistle to the Corinthians (Grand Rapids, MI: Wm. B. Eerdmans Publishing Co., 1949), p. 510.
35. Charles Hodge, Systematic Theology, II, p. 475.
36. Adolf Deissmann, Light from Ancient East (New York: Geo. H. Dron Co., 1927), pp. 327 and below.
37. William G. T. Shedd, Dogmatic Theology I, p. 398.
38. A. H. Strong, Systematic Theology (Philadelphia: the Griffith and Rowland Press, 1907), p. 130.
39. William Evans, The Great Doctrines of the Bible (Chicago: The Bible Institute C. Association, 1912), p. 86.
40. William Evans, The Great Doctrines of the Bible, p. 92.
41. D. M. Canright, The Complete Testimony of the Early Fathers (New York: Fleming H. Revell Co., 1916), p. 54.
42. D. M. Canright, The Lord's Day from Neither Catholics Nor Pagans (New York: Fleming H. Revell Co., 1915), p. 214.
43. William Evans, The Great Doctrines of the Bible, pp. 91-92.
44. Mark Driscoll and Gerry Breshears, Vintage Jesus: "Timeless to Timely Questions", p. 200.
45. Mary Baker Eddy, Science and Health with key to the Scripture (Boston: First Church of Christ, 1934), p. 46.
46. William Lane Craig, "Did Jesus Rise from the Dead?" in Jesus Under Fire, ed. J. P. Moreland and Michael J. Wilkins (Grand Rapids, MI: Zondervan, 1996). p. 186.
47. J. P. Moreland, Scaling the Security City (Grand Rapids, MI: Baker Book House Co., 1987), p. 172.
48. Richard N. Ostling, "Who was Jesus?" TIME, August 15, 1988, p. 41.

49. Simon Greenleaf, An Examination of the Testimony of the Evangelists Examined by the Rules of Evidence Administered in Courts of Justice (New York: 1874), pp. 28-31.
50. Philip Schaff, History of Christian Church, vol. I, Apostolic Christianity A. D. 1-100 (Grand Rapids, MI: Wm. B. Eerdmans Publishing Co., 1988), pp. 172-173.
51. W. J. Sparrow-Simpson, The Resurrection and Modern Thought (London, UK: 1911), p. 230.
52. H. D. A. Major, Mission and Message of Jesus (New York: 1938), p. 213.
53. Pliny, Letters, trans. William Melmoth (Cambridge: Harvard University Press, 1935), p. 2:10, 96.
54. Lician, "The Death of Peregrine," in The Works of Lucian of Samosata, trans. H. W. Fowler and F. G. Fowler (Oxford: Clarendon, 1949), pp. 4:11-13.
55. Maurry Harris, Raised Immortal: Resurrection and Immortality in the New Testament (Grand Rapids, MI: Eerdmans Publishing Co., 1985), p. 40.
56. Flavious Josephus, "Jewish Antiquities" in The New Complete Works of Josephus, trans. William Whiston (Grand Rapids, MI: Kregel, 1999), p. 43, 57; Gaius Suetonious Tranquillus, Vita Nero, op. ci., pp. 16,11-13.
58. Pliny, the younger, Letters, pp. 10.96. 1-7.
59. Louis Berkhof, Manual of Christian Doctrine, pp. 195-198, referred.
60. C. S. Lewis, Mere Christianity, pp. 54-55.
61. C. S. Lewis, Mere Christianity, pp. 55-56.
62. Peter Kreeft, "Why I believe Jesus is the son of God," Norman Geisler and Paul Hoftman, eds., Why I am a Christian: Leading Thinkers Explain Why They Believe (Grand Rapids, MI: Baker, 2001), pp. 228-229.
63. Antony Flew, "Miracles," in The Encyclopedia of Philosophy, Paul Edwards, ed., vol. 5, (New York: McMillan and the Pree Press, 1967), p. 346.
64. Paul Copan and Ronald Taceli, eds., Jesus' Resurrection Fact or Figment? (Downers Grove, Il.: Inter-Varsity Press, 2000), p. 181.
65. Paul Copan and Ronald Taceli, Jesus' Resurrection Fact or Figment?, p. 185.
66. C. S. Lewis, Miracles (New York: McMillan and the Free Press, 1947), p. 106.

67. Jefrey L. Sheler, Is Bible True? (San Francisco: Harper San Francisco, 1999), p. 208.
68. Watch Tower Bible and Tract Societyof Pennsylvania, "Is God Always Superior to Jesus?," "Should you Believe in the Trinity?," Watch Tower Online ed., (http:// www.watch.org/e/ti/index. htm?article_06.htm.).
69. A. Wikenhauser, Das Evangelium nach Johannes, p. 185.
70. Charles Edmond Deland, The Mis-trials of Jesus (Boston, Ma: Richard G. Badger, 1914), pp. 118-119.
71. Billy Graham, "God's Hand on My Life," News Week, March 29, 1999, p. 65.
72. Philip B. Payne, "Jesus' Implicit Claim to Deity in His Parables," Trinity Journal 2NS (1981), p. 17.
73. Kevin Williams, "NDEs of the Rich and Famous: Hollywood Sees the Light," Near-Dead Experiences and the Afterlife(http://www.near-death.com/famous.html).
74. John A. Buehrens and Forrest Church, A Chosen Faith; An Introduction to Unitarian Universalism (Boston: Beacon, 1998), p. 7.
75. Sanhedrin, p. 43a.
76. Origenes Admantius, Contra Celsum, p. 38.
77. Flavius Josephus, "Jewish Antiquities" in The New Complete Works of Josephus, Trans., William Whiston (Grand Rapids, MI: Kregel, 1999), pp. 18, 63.
78. Mark Driscoll and Garry Breshears, Vintage Jesus: "Timeless to Timely Questions", pp. 271-272.
79. John Fritcher, "Straight from the Witch's Mouth," Arthur C. Lehmann and James E. Meyers eds., Magic, Wirchcraft, and Religion, 4th ed., (Mountainview, CA: Mayfield, 1996), p. 389.
80. Mark Driscoll, Garry Breshers, Vintage Jesus: "Timeless to Timely Questions", p. 281.
81. 안병욱, 《안병욱 전집》 20권, "안병욱 명상록"(서울: 삼육출판사, 1989), p. 153.
82. 안병욱, "안병욱 명상록", p. 151.

4부 진리의 규범 십계명

1. Gerhard Kittel, trans. Geoffrey W. Bromile, IV, Compare the article on 'nomos'("law) in The Theological Dictionary of the New Testament (Grand Rapids, Mi: Eerdmans, 1967), pp. 1022-1085, particularly pp. 1044-1046.
2. John Calvin, Edited by John T. McNeill, trans. by Ford Lewis Battles, Institutes of the Christian Religion I (Philadelphia: The Westminster Press), pp. 358-359.
3. John Calvin, Institutes of the Christian Religion I, p. 355.
4. James M. Boice, Foundation of Christian Faith, (Downers Grove, Ill: Inter-Varsity press, 1986), pp. 283-295 referred.
5. Gerhardus Vos, Biblical Theology (Grand Rapids, MI: Wm. B. Eerdmans Publishing Co.), pp. 73-74.
6. Thomas Watson, The Ten Commandments, (The Banner of T. T), p. 12.
7. L. Strauss, "Prepare to Commandments," The Eleven Commandments (Loizeaux Brothers, New York:), p. 53
8. Billy Graham, World Aflame (New York: Pocket Boos, 1971), pp. 38-40.
9. Immanuel Kant, The Critique of Pur-Reason, p. 368.
10. Augustine, The Confession of St. Augustine (New York: E. P. Dutton and Co., 1932), p. 5.
11. C. F. Keil and Delitsch, Biblical Commandment on the Old Testament, vol, II, pp. 114-118 referred.
12. Westminster Shorter Catechism, Q. 53-56, larger Catechism, Q. 111-114.
13. Samuel Prideaux Tregelles, Gesenius' Hebrew and Chaldee Lexicon to the Old Testament Scriptures (Grand Rapids, MI: Eerdmans Publishing Co., 1967), pp. 442-443. 14. 김의환 편저, 《개혁주의 신앙고백집》(서울: 생명의 말씀사, 2003), pp. 215-216.
15. Pliny, Letters, p. 2:10, 96.
16. 김의환, 《개혁주의 신앙고백집》, pp. 216-218
17. Matthew Henry's Commentary, vol. I, op. cit., p. 360

18. Westminster Larger Catechism, Q. 122-133, Shorter Catechism, Q. 63-66.
19. Thomas Watson, The Ten Commandments, pp. 122-137 referred.
20. A. A. Hodge, The Confession of Faith, pp. 293-294.
21. Westminster Larger Catechism, A, 131-133, Shorter Catechism, A, 64-66.
22. Thomas Watson, op. cit, pp. 143-144.
23. 이희승, "가정" 《국어대사전》(서울: 민중서관, 1997), p. 28.
24. C. F. Keil & F. Delitzsch, Biblical Commentary on the Old Testament, vol., II, pp. 123-124.
25. 찰스 스펄전, 《구원의 은혜》, 박범룡 역(서울: 생명의 말씀사, 1998), p. 138.
26. Westminster Shorter Catechism, Q,73-75, Larger Catechism, Q, 140-142.
27. William. Shakespeare, Othello, The Moor of Venice, (New York: Broomsbury Publishing, 1965), p. 169.
28. 김문제, 《십계명과 십자가》(서울: 제일출판사, 1970), pp. 405-407 참조.
29. D. Moody Smith, Interpreting the Gospels for preaching (Philadelphia: Fortress Press, 1980), p. 69.
30. Matthew Henry's Commentary on the whole Bible, vol I, p. 362.
31. John Calvin, Commentary on the Four Last Books of Moses, vol, III, pp. 186-189, referred.

참고문헌(BIBLIOGRAPHY)

Berkhof, Louis. Systematic Theology. Fourth Revised and Enlarged Edition. Grand Rapids, MI: Wm, B. Eerdmans Publishing Co., 1941.

_____. Manual of Christian Doctrine. Grand Rapids, MI: Wm. B. Eerdmans Publishing Co., 1969.

Berkouwer, G. C. Studies in Dogmatics, The Church. Grand Rapids, MI: Wm. B. Eerdmans Publishing Co., 1976.

Beromily, Geoffrey W. General Editor, The International Standard Bible Encyclopadia, Vol. 1, Vol. 4. Grand Rapids, Mi: Wm. B. Eerdmans Publishing Co., 1988.

Bethge, Eberhard, Edited, Dietrich Bonhoeffer. Letters and Papers from prison. NY: Macmillan Publishing Co., Inc, 1971.

Bickersteth, Edward Henry. THE TRINITY. Grand Rapids, MI: Kregel Publications, 1957.

Boettner, Loraine. Studies in Theology. Philadelphia, PA: The Presbyterian and Reformed Publishing Co., 1967.

_____. The Reformed Doctrine of Presbyterian. Philadelphia, PA: The Presbyterian and Reformed Publishing Co., 1974.

_____. The Millennium. Philadelphia, PA: The Presbyterian and Reformed Publishing Co., 1957.

_____. Roman Catholicism. Philadelphia, PA: The Presbyterian and Reformed Publishing Co., 1965.

Boice, James M. Foundation of Christian Faith, (Inter Varsity Press, Downners Grove, Il:), 1986.

Brown, Colin. The New International Dictionary of New Testament Theology, Vol. 1, Vol. 3. Grand Rapids, MI: Regency Reference Library from

Zondervan Publishing House, 1978.

Chadwick, Henry. The Early Chuch. NY: Dorset press, 1969.

Conway, J. D. What the Church Teaches. New York: Harper & Brothers Publishers, 1962.

Davidson, A. B. The Theology of the Old Testament. NY: Charles Cribner's Sons, 1907.

Discoll, Mark, Breshers, Garry. Vintage Jesus: Timeless to Timely Questions. Wheaton, Il: Crossway Books Publishing Ministry of Good News Publishers, 2007.

Elwell, Waltar A. A Evangelical Dictionary of Theology. Grand Rapids, Mi: Baker Book House, 1984.

_____. Hand Books of Evangelical Theological Theologians. Grand Rapids, Mi: Baker Book House, 1993.

Encyclopedia Britannica in 30 Volumes, Knowledge in Depth, Vol. 10. Chicago, Il: Encyclopedia Britannica, Inc., 1981.

Erickson, Millard J. Christian Theology. Grand Rapids, MI: Baker Book House, 1985.

Evans, William. The Great Doctrines of the Bible. Chicago: The Bible Institutes C. Association, 1912.

Farley, Benjamin W. John Calvin's Sermons on the Ten Commandments. Grand Rapids, MI: Baker Book House, 1980.

Flavius Josephus. The New Complete Works of Josephus. Trans. William Whiston. Grand Rapids, MI: Kregel, 1999.

Fletcher, Joseph. Situation Ethics, The New Morality. London: SCM Press, 1966.

Folk, Jerry. Doing Theology, Doing Justice. Minneapolis: Fortress Press, 1991.

Geisler, Norman L. Turek Frank, I don't have Enough Faith to be an Atheist. Wheaton, Il: Published by Crossway Books, 2009.

Grudem, Wayne. Systematic Theology, An Introduction to Biblical Doctrine. Grand Rapids, MI: Zondervan Publishing House, 1994.

Hada-Lebel, Mireile. Flavius Josephus, Eyewitness to Rome's First Century

Conquest of Judea. Translated By Richard Miller. NY: Macvmillan Publishing Co., 1993.

Hamilton, Victor P. The Book of Genesis. Grand Rapids MI: Wm. B. Eerdmans Publishing Co., 1995.

Hengstenberg, E. W. Christology of the Old Testament. Grand Rapids, MI: Kregel Publications, 1970.

Hodge, A. A. Outlines of Theology. Carlisle, PA: The banner of Truth Trust, 1972.

Hodge, Charles. Systematic Theology. Grand Rapids, MI: Wm. B. Eerdmans Publishing Co., 1946.

Hoekema, Anthony A. The Bible and the Future, (Wm B. Eerdnans Publishing Co., Grand Rapids, MI:), 1979.

Kane, J. Herbert. A Global View of Christian Missions from Pentecost to the Present. Grand Rapids, MI:Baker Book House, 1975.

Kant, Immanuel. The Critique of Pur-Reason. London: George Bell and Sons, 1887.

Kepler, Thos. Contemporary Religious Thought. NY: Abingdon Cokesburg Press, 1941.

Kittel, Gerhard. Translated, Geoffrey W. Bromile, IV, The Theological Dictionary of the New Testament. Grand Rapids, MI: Wm. B. Eerdmans Publishing Co., 1967.

Kuyper, Abraham. Lectures on Calvinism. Grand Rapids, MI: Wm. B. Eerdmans Publishing Co., 1987.

Lewis, C. S. Miracles. New York: McMillan and the Free Press, 1947.

_____. Mere Christianity. New York: McMillan, 1952.

Lewis, Sunderland. The Preacher's Complete Homiletic Commentary on the Books of The Bible, Vol. 1, Genesis, Vol. 4 Numbers, 16-36, Deuteronomy, Vol. 21, Matthew, Vol. 23, Like. Grand Rapids, MI: Baker Book House, 1997.

Lockyer, Herbert. All the Parables of the Bible. Grand Rapids, MI: Zondervan Publishing House, 1963.

Machen, J. Gresham. The Virgin Birth of Christ. New York: Harper and

Brothers, 1930.

Maier, Paul L. Josephus, The Essential Writings. Grand Rapids, MI:Kregel Publications, 1988.

Marty, Martin E. Protestantism, Its Churches and Cultures, Rituals and Doctrines, Yesterday and Today. NY: Holt, Rinehart and Winston, 1972.

Matthew, Henry. Matthew Henry's Commentary on the Whole Bible, Vol. I, Vol. V. Old Tappan, New Jersey: Fleming H. Revell Co.

McNeil, John T. Editor, Battles, Ford Lewis, Translated. Calvin: Institutes of the Christian Religion, in Two Volumes. Philadelphia, PA: The Westminster Press.

Morris Henry M. The Genesis Record, A Scientific and Devotional Commentary on the Book of Beginnings. Grand Rapids, MI: Baker Book House, 1976.

Murray, John. Principle to Conduct, Aspect of Biblical Ethics. Bedford Square, London: The Tyndale Press, 1957.

Nicoll, W. Rebertson. The Sermon Outline Bible, Vol. 1, Genesis to II Samuel, Vol. 5, Matthew 1-21, Vol. 7, Like to John. Grand Rapids, MI: Baker Book House, 1988.

Orr, James. The Christian View of God and the World. Grand Rapids, MI: Wm. B. Eerdmans Publishing Co., 1948.

_____. The Virgin Birth of Christ. New York: Charles Scribner's Sons, 1907.

Packer, J. J. Knowing God. Downers Grove, Il: IVP Books, An imprint of InterVarsity Press, 1973.

_____. Evangelism and the Sovereignty of God. Downers Grove, Il: IVP Books, An imprint of InterVarsity Press.

_____. God Has Spoken. This Edition First Published by Hodder & Stoughton An Hachette, UK Co., 2016.

Patton, Francis. A Summary of Christian Doctrine. Philadelphia: The Westminster Press, 1911.

Pearcey, Nancy. Total Truth. Wheaton, II: Published by Crossway Books, 2005.

Pine-Coffin, R. S. Translated with an Introduction, Saint, Augustine Confessions. NY: Dorset Press, 1961.

Pink, Auther W. The Seven Sayings of the Savior on the Cross (Grand Rapids, MI: Baker Books House, 1958.

Ross, Allen P. Creation and Blessing, A guide to the study and exposition of the Book of Genesis, Grand Rapids, MI: Baker Book House, 1988.

Schaeffer, Francis A. How Should We Then Live? Grand Rapids, Mi: Fleming H. Revell, a Division of Baker Book Publishing House, 1976.

_____. Escape from Reason. Grand Rapids, Mi: Baker Publishing House, 1970.

Schaff, Philip. The Creeds of Christendom with a History and Critical Notes, Vol. I, History Creeds, Vol. II, The Greek and Latin Creeds with translations, Vol. III, The Evangelical Protestant Creeds with Translations. Grand Rapids, MI: Baker Book House, 1993.

_____. History of Christian Church, Vol. I, Apostolic Christianity A. D. 1-100. Grand Rapids, MI: Wm. B. Eerdmans Publishing Co., 1988.

Schmidt, William. The Origin and Growth of Religion. New York: The Dial Press, Inc., 1935.

Shedd, William G. T. Dogmatic Theology. New York: Charles Scribner's Sons, 1889.

Simpson, Albert B. The Holy Spirit, Power from High. PA: Christian Publications Camp Hill, 1994.

Sproul, R. C. What is Reformed Theology? Grand Rapids, MI: Baker Book House, 1997.

_____. Essential Truths of the Christian Faith. Carol Stream, Il: Tyndale House Publishers, Inc., 1992.

Spurgeon, Charles Haddon, Spurgeon's Sermons, Vol. I-III. Grand Rapids, MI: Baker Book House Co., 1883.

Steele, David N., Thomas, Curtis C., Quinn, S. Lance. The Five Points of Calvinism. New Jersey: Presbyterian and Reformed Publishing, Phillipsburg, 1963.

Stott, John. The Contemporary Christian, Applying God's Word to Today's world. Downers Grove, Il: Inter-Versity Press, 1992.

_____. Christian Basics. Grand Rapids, MI: Baker Books House, 1991.

Strong, A. H. Systematic Theology. Philadelphia: The Griffith and Rowland Press, 1907.

Thayer, Joseph Heary. Greek-English Lexicon of the New Testament. Grand Rapids, MI: Baker Book House Co., 1977.

Thiessen, Henry C. Lectures in Systematic Theology. Grand Rapids, MI: Wm. B. Eerdmans Publishing Co., 1979.

Van Til, Cornelius. The Case for Calvinism. Philadelphia, PA: Presbyterian and Reformed Publishing Co., 1964.

_____. The Depense of the Faith. Philadelphia, PA: Presbyterian and Reformed Publishing co.,1963.

Vincent, Marvin R. Word Studies in the New Testament, Vol. I. Peabody, Massachusetts: Hendrickson Publishers, 1886.

Vos, Geerhardus. The Pauline Eschatology. Grand Rapids, MI: Baker Book House Co., 1979.

_____. Biblical Theology, Old and New Testaments. Grand Rapids, MI: Wm. B. Eerdmans Publishing Co., 1948.

Wallace, Lewis. BEN-HUR: A Tale of the Christ. New York: The American Library, 1959.

Warfield, B. Benjamin. Inspiration and Authority of the Bible. Grand Rapids, MI: Wm. B. Eerdmans Publishing Co., 1963.

_____. Calvinism in Calvin and Augustine. Philadelphia, PA: The Presbyterian and Reformed Publishing Co., 1980.

Warren, Rick. The Purpose Driven Life. Grand Rapids, MI: Zondervan Publishing House, 2002.

Westminster Short and Larger Catechism. Philadelphia: The Westminster Press, 1956.

Webster's Third New International Dictionary of the English Language, unabridged a Merriam- Webster with Seven Language Dictionary.

Chicago, Il: Encyclopedia Britannica, Inc., 1976.

Whiston, William. The works of Flavius Josephus, Vol. I, The Wars of the Jews, Josephus and Masada, Vol. II, The Life Josephus Antiquities of the Jews, I-VIII, Vol. III, Antiquities of the Jews, Books IX-XVII, By Charles F. Pfeiffer. Grand Rapids, MI: Baker Book House Co., 1990.

_____. Translated. The Complete Works of Josephus(Flavius Josephus). Grand Rapids, MI: Kregel Publications, 1995.

Wood, Leon. A Survey of Israel's History. Grand Rapids, MI: Zondervan Publishing House, 1970.

Woodbridge John D. Great Leaders of the Christian Church. Chicago, Il: Moody Press, 1988.

Wuest, Kenneth S. Wuest's Word Studies from the Greek-New Testament for the English reader, Vol. I, II, II, IV. Grand Rapids, MI: Wm. B. Eerdmans Publishing, 1973.

Young, Edward. Thy Word is Truth. Grand Rapids, MI: Wm. B. Eerdmans Publishing Co., 1981.

Zorn, Raymond O. Church and Kingdom. Philadelphia. PA: The Presbyterian and Reformed Publishing C.,1962.

공자. 논어. 이성호 역. 서울: 혜문출판사, 1965.
김문제. 십계명과 십자가. 서울: 제일출판사, 1970.
김세윤. 주기도문 강해. 서울: 두란노, 2000.
김의환 편저. 개혁주의 신앙 고백집. 서울: 생명의 말씀사, 2003.
서철원. 성경과 개혁신학, "나의 신학". 서울: 쿰란출판사, 2007.
안병욱. 안병욱 전집(20권). "안병욱 명상록". 서울: 삼육출판사, 1989.
찰스 스펄전. 구원의 은혜. 박범룡 역. 서울: 생명의 말씀사, 1998.
채필근. 철학과 종교의 대화. 서울: 대한기독교서회, 1964.

진리란 무엇인가?

포스트 모던 시대의 총체적 진리

1판 1쇄 인쇄 _ 2023년 8월 1일
1판 1쇄 발행 _ 2023년 8월 10일

지은이 _ 조환
펴낸이 _ 이형규
펴낸곳 _ 쿰란출판사

주소 _ 서울특별시 종로구 이화장길 6
편집부 _ 745-1007, 745-1301~2, 743-1300
영업부 _ 747-1004, FAX 745-8490
본사평생전화번호 _ 0502-756-1004
홈페이지 _ http://www.qumran.co.kr
E-mail _ qrbooks@daum.net / qrbooks@gmail.com
한글인터넷주소 _ 쿰란, 쿰란출판사
페이스북 _ www.facebook.com/qumranpeople
인스타그램 _ www.instagram.com/qrbooks
등록 _ 제1-670호(1988.2.27)
책임교열 _ 김영미·이주련

ⓒ 조환 2023 ISBN 979-11-6143-853-5 94230
　　　　　　　　979-11-6143-855-9 (세트)

책값은 뒤표지에 있습니다.
이 출판물은 저작권법에 의해 보호를 받는 저작물이므로 무단 복제할 수 없습니다.
파본(破本)은 구입처에서 교환해 드립니다.